Briefwechsel

GOETHE – ZELTER

Briefwechsel

GOETHE ZELTER

Auswahl, Vorwort und Kommentar
von Werner Pfister

Artemis Verlag Zürich
und München

ISBN 3 7608 2717 9
Printed in Germany

VORWORT

«Freud und Leid haben wir in diesen zwanzig Jahren einzeln und zusammen genugsam erlebt und erfahren», schreibt Goethe am 9. Januar 1824 an Zelter, «und so war mir denn auch Deine liebe Gegenwart in meinem peinlichen Zustand höchst erquickend; ich fühlte es und ich weiß es, und es freut mich, daß die andern es auch anerkennen, die niemals recht begreifen, was ein Mensch dem andern sein kann und ist.» Goethe zieht Bilanz, rechnet in diesem Brief gleichsam die Summe seiner nun annähernd ein Vierteljahrhundert andauernden Freundschaft zum Berliner Musiker und Komponisten Carl Friedrich Zelter auf.

Um es gleich vorwegzunehmen: Goethe hat sich getäuscht. Was hier ein Freund dem andern gewesen ist, das haben «die andern» nie so recht anerkennen wollen. Weder die Zeitgenossen noch die Nachgeborenen. Eher löst das Thema Goethe und Zelter Verlegenheit aus; fast scheint es zum guten Ton zu gehören, bei der Erwähnung der beiden so etwas wie peinliches Berührtsein mitanklingen zu lassen.

Dabei liegen die Fakten auf der Hand: Kein anderes Briefgespräch hat Goethe mit vergleichbarer Intensität, mit soviel persönlicher Anteilnahme und freundschaftlicher Zuneigung geführt. Sowohl durch den Umfang – zwischen 1799 und 1832 sind an die neunhundert Briefe gewechselt worden – als auch durch das innere Gewicht hebt sich der Briefwechsel mit Zelter von allen anderen Goethe-Korrespondenzen ab. Nirgends kommt eine nur annähernd vergleichbare Fülle von Themen, von Gegenständen und Personen zusammen. Große, weltbewegende Ereignisse werfen hier ihre Schatten; persönlicher Kleinkram sorgt für Abwechslung. Das reicht vom mit leichter Hand hingeworfenen Aperçu bis zum eifrig verhandelten Hof- und Gesellschaftsklatsch, von Zelters lebendig-amüsanten Musik- und Theaterbriefen aus dem weltstädtischen Berlin bis zu den tiefgründigen Altersschreiben aus Goethes einsamer Weimarer Dichterstube. Alles in allem eine beispiellos farbenreiche Palette. Auch die Hell-Dunkel-Kontraste fehlen nicht: der vierte Koalitionskrieg und die napoleonische Besetzung Preußens, die später zur Völkerschlacht bei Leipzig führt; dazu die persönlichen Schicksalsschläge: der Selbstmord von Zelters Stiefsohn, der Tod von Goethes einzigem Sohn im fernen Italien, der Tod von Zelters jüngstem, noch nicht volljährigem Sohn im Feldzug gegen Napoleon – die Liste läßt sich fortsetzen. Doch Goethe und Zelter halten stand; Einverständnis, Anteilnahme und tröstende Zuversicht sprechen aus jedem dieser Briefe.

Mit Recht gilt der Briefwechsel mit Zelter zudem als ergiebigste Quelle für das Studium von Goethes ambivalenter, widersprüchlicher Beziehung zur Musik. An kritischen Einwänden, an negativ bilanzierenden Verdikten hat es hier bekanntlich nicht gefehlt. Ein Gelehrten-Mißverständnis, gewiß: Da meint man, von Goethe alles erwarten zu können, und reagiert dann um so schärfer, wenn dieser solche Ansprüche nicht erfüllt. Wobei diese Kritik vielfach gar nicht bei Goethe, sondern bei Zelter ansetzt: Dieser sei schuld daran, daß Goethe in veralteten (andere sagen: reaktionären) musikästhetischen Vorstellungen verhaftet geblieben sei. Denn es entsprach dem Lauf der Dinge, daß Zelter, der erfahrene Professionist in Sachen Musik, mehr und mehr zu einer einflußreichen Autorität für Goethe wurde. In dieser Funktion darf man den Berliner Musiker durchaus mit anderen Fachberatern Goethes vergleichen: mit Schiller, mit Riemer oder mit Meyer – wobei Zelters musikalisch-fachlicher Kompetenz zumindest aus heutiger Sicht nurmehr beschränkt Kredit gegeben wird. Als Komponist blieb Zelter unbedeutend: eine Randerscheinung der Musikgeschichte, die gleichsam in einer Fußnote abgehandelt werden kann. Aber auch dem Pädagogen Zelter steht man nicht unkritisch gegenüber – zumal er es vor allem darauf anzulegen schien, die aufkeimenden biedermeierlichen Gefühlsüberschwänge seiner Schüler auf einen wohltemperiert-nüchternen, dafür aber regelkonformen vierstimmigen Satz zurückzubinden. Manche frühen Werke von Felix Mendelssohn-Bartholdy, dem Meisterschüler Zelters, kommen diesem Lernziel denn auch hörbar nahe.

Was Zelters zahlreiche Goethe-Vertonungen anbelangt, so wird auch der unvoreingenommene Hörer einige Mühe haben mit der oft schnörkelhaft affektüberladenen Faktur dieser meist strophisch angelegten Gesänge. Ohne Reminiszenzen an die Koloraturfreudigkeit der italienischen Opera seria kommt Zelter kaum aus, und auch aus seinen gelungensten Liedern tönt stets der Widerhall einer dem barocken Geist verpflichteten Ästhetik. Die Zeitgenossen, jedenfalls die hellhörigen unter ihnen, haben das auch bemerkt. Und kritisiert. «Ich kenne von Zelter nur seine Liederkompositionen», hat Johann Christian Lobe 1820 in einem Gespräch zu Goethe bemerkt. «In der geistigen Auffassung erscheinen sie mir bedeutend und treffend ausgedrückt, aber ihre Form ist antiquiert.» Goethe will Genaueres wissen, und so fährt Lobe fort: «Unsere Musiksprache... ist seit Haydn und Mozart eine blühendere, sprechendere und anmutigere geworden. Die Melodie ist bei Zelter immer charakteristisch deklamiert, akzentuiert und rhythmisiert, aber seine Tonfiguren... sind jetzt veraltet. Dies fällt bei einfachen Singmelodien, die sich besonders dem Volkston nahehalten, nicht auf, aber es tritt stark hervor beim Akkompagnement. Das Zeltersche ist selten mehr als die nötige Erfüllung der Harmonie und die Ergänzung und Ausgleichung des rhythmischen Flusses. Die Neueren haben es in ihren besseren Werken zur Mitsprache des Gefühls erhoben.» Goethe scheint aufmerksam zugehört und auch verstanden zu haben; dennoch blieb er skeptisch. Vielleicht aus Freundschaft zu Zelter.

Wie gesagt: Man hat diese Freundschaft kaum je vorbehaltlos gewürdigt. Schuld daran dürfte eine simple methodische Fehlleistung sein: daß sich die Nachwelt nicht an die Briefe hielt, an diese bewegenden Dokumente eines Freundschaftbundes, der seiner Festigkeit und Dauer nach im Leben beider Männer nicht seinesgleichen gefunden hat. Stattdessen wird unentwegt auf die Divergenz ihrer künstlerischen Bedeutung hingewiesen – auf den Abstand, ja auf die Welt, die zwischen den beiden liegt. Hier der übermächtige, ins Inkommensurable emporstilisierte Goethe, dort der zum Kleingedruckten verkümmerte Zelter.

*

Carl Friedrich Zelter – wen wundert es, daß bei solchen Prämissen selbst das offizielle Preußen schon bald einmal nicht mehr so genau wußte, was es denn mit diesem Musensohn auf sich hat. Die folgende Geschichte zeigt das. Da war der Dichter Theodor Fontane im Sommer 1869 wieder einmal unterwegs, um Anschauungsmaterial für seine «Wanderungen durch die Mark Brandenburg» zusammenzutragen. Die Marschroute führte ihn durch die Gegenden des Schielow- und Glindowersees nach Petzow. Auch bei den großen Ziegelbrennereien an der «Grelle» wurde pflichtschuldigst ein Augenschein genommen. Plötzlich ging Fontane auf eine der umliegenden Hütten zu; ein Detail hatte seine Aufmerksamkeit erregt. Tatsächlich – «aus dem Weinlaub hervor schimmerte eine weiße Tafel mit der Inschrift: ‹Hier ward Zelter geboren am 11. Dec. 1758.›» Wie in den «Wanderungen» nachzulesen ist, soll der preußische Staatsrat Peter Christian Wilhelm Beuth diese Gedenktafel seinem Freund Zelter errichtet haben; der Entwurf dazu stammt von Karl Friedrich Schinkel, seinerseits Berliner Oberlandesbaudirektor. Ein ehrendes Andenken, eine Huldigung zweifellos. Dennoch: Fontane, Beuth und Schinkel – sie haben sich alle drei getäuscht. Zelter wurde nicht in Petzow, sondern in Berlin geboren.

«Im Jahre 1758, am 11. Dezember, während des Siebenjährigen Krieges, in Berlin, in dem Hause, wo ich dieses schreibe, bin ich geboren.» Dieser barocke Satz, formuliert mit einer für seinen Autor unspezifischen Beflissenheit, die fast ans Bürokratische grenzt, steht am Anfang von Zelters Selbstbiographie. Zweimal, 1808 und 1825, befaßte sich der Berliner Musiker mit der Aufzeichnung seines Lebens. Der Text liegt in mehreren, jeweils unvollendeten Fassungen vor, reicht von Zelters Geburt bis zu seiner zweiten Vermählung und umfaßt somit die Jahre 1758 bis 1796. Insgesamt bieten diese Aufzeichnungen eine wertvolle Ergänzung zu Zelters Briefwechsel mit Goethe, der 1799 einsetzt und demnach die zweite Lebenshälfte abdeckt. Wer Zelters Jugend und seine Lehrzeit bis hin zum wohlbestallten Maurermeister kennenlernen will, wer den Weg dieses resolut-zielstrebigen Bauunternehmers zur einflußreichen Berliner Musikerpersönlichkeit und zum Freund Goethes nachvollziehen will, der hält sich mit Gewinn an diese lebendig formulierten, mit Ironie und süffisantem Sarkasmus nicht zurückhaltenden biografischen Aufzeichnungen.

Geboren also in Berlin: an der Münzstraße Nummer eins, einige Häuserzeilen hinter dem Alexanderplatz. Sechs Jahre alt war Carl Friedrich, als sein Vater, der Maurermeister George Zelter, zwei Ziegeleien in der «Grelle» pachtete und den Jungen dann oft mit in diese Gegend hinausnahm. George Zelter brachte es dank seiner geschäftstüchtigen Energie bald zum angesehenen Unternehmer; als getreuer Verehrer Friedrichs des Großen konnte er am grandiosen Bauprogramm teilhaben, welches der Preußenkönig nach dem Siebenjährigen Krieg in Sanssouci inszenierte. Wenn man Zelters Biographie glauben darf, so war es von allem Anfang an klar, daß er in die Fußstapfen seines Vaters zu treten hatte. Immerhin waren ihm noch zwei Jahre auf dem Gymnasium gegönnt – «bis eine Schlägerei, wobei ich mich zu tätig erwies, mir die Relegation zuwege brachte». Verständlich, daß das bei den Eltern Betroffenheit auslöste: «Mein Vater zeigte sich sehr ernsthaft gegen mich, und meine Mutter schwamm in Tränen.» Umgehend ließ ihn der Vater zur Lehre einschreiben, und so befaßte sich der Jüngling fortan mit Baukunst, mit Geometrie und Statistik – mehr dem Vater zuliebe als aus eigenem Antrieb. Der Weg war klar vorgezeichnet, und erste Erfolge stellten sich planmäßig ein: 1777 wurde Zelter in den Gesellenstand erhoben, sechs Jahre später absolvierte er die Meisterprüfung und wurde Teilhaber am väterlichen Geschäft. Scheinbar eine perfekte berufliche Karriere – doch irgendwo steckt der Wurm in der Sache. Wer in Zelters Selbstbiographie blättert, dem fällt auf, daß der Autor an auffällig früher Stelle eine gewichtige Passage über seinen «natürlichen Widerwillen ... gegen alles Handwerk und das wiederkehrende Einerlei desselben» eingeschoben hat. Daß er, mit anderen Worten, zu einem Maurermeister eben nur wenig Lust habe. Die sich aufdrängende Frage, wozu er denn wirklich Lust verspürte, führt uns wiederum um Jahre zurück, in die Wintermonate 1766/67. Und sie führt zu einem ganz anderen Bereich in Zelters Leben: zur Musik.

«In Absicht auf Musik kann ich mir aus dieser stumpfen Periode nur erinnern, daß eine kleine Violine, welche mir etwa im achten Jahre der Weihnachten brachte, viel Freude gemacht und mich anhaltender beschäftigt hat als andere Kindereien.» Dieser vorerst spielerische Umgang mit Musik fand eine ebenso vergnügliche Fortsetzung im improvisierten Orgelbau «aus kleinen Latten und Bretterwerk», und zwar im Garten des väterlichen Hauses. Bald lernte der Jüngling, dem Beispiel seiner beiden klavierspielenden Schwestern nacheifernd, die Orgel und das Klavier selbst zu traktieren. «Mein Klavierlehrer war ein Organist, und in Jahr und Tag war ich wohl so weit, beim Gottesdienst unter Aufsicht des Meisters den Choral mit der Orgel zu begleiten.» Vorerst stießen solche musikalischen Ambitionen im Elternhaus auf ein begeistertes Echo. Als daraus aber eine unstillbare, alles andere verdrängende Passion wurde, gebot der Vater Einhalt. «Aus der Kunst ein Gewerbe zu machen, lag damals ganz außer der Ansicht eines Professionisten. Man begriff nicht, zu was das Musizieren dienen sollte.» So blieb dem Maurerlehrling nichts anderes übrig, als seine Zeit einzuteilen: am Tag seinen Pflichten nachzukommen, um abends um so ungehemmter der musikalischen Leidenschaft zu frönen. Viele Nächte brachte Zelter mit Noten-Abschreiben zu; und als es ihm einmal an einer geeigneten Vorlage fehlte, begann er, selbst zu komponieren.

Carl Friedrich Zelter, aus einer momentanen Verlegenheit zum Komponisten geworden! «Mein Vater erweckte mich aus dieser Schwärmerei durch den Befehl, die Musik für jetzt ganz beiseite zu legen.» Was Zelter natürlich nicht tat, sondern sein Musizieren ganz einfach außer Haus verlegte – beispielsweise in die Wohnung von Johann Friedrich George, Stadtpfeifer der Königstädtischen Vorstadt zu Berlin. Dieser soll «alle gangbaren Instrumente» gespielt haben. Hier konnte Zelter ungehindert üben und komponieren, und bald durfte er auf Serenaden und bei Konzerten mittun. 1778 bekam er gar Gelegenheit, in Döbbelins Theater an der Behrenstraße auszuhelfen: im Orchester bei den ersten Geigen oder als Akkompagnist beim Korrepetieren. In diesem Theater lernte Zelter das einschlägige Singspiel-Repertoire, aber auch die großen Dramen Shakespeares und Lessings kennen. Zudem animierte ihn die Theateratmosphäre; er bekam Lust auf eine selber komponierte Oper und nahm sich Gellerts «Orakel» vor – ohne das Werk allerdings zu vollenden. Auch einige Szenen aus Metastasio-Opernbüchern wurden versuchsweise komponiert; zudem stammt ein Bratschenkonzert aus diesen Jahren. Aber erst 1782 wagte Zelter als Komponist den Schritt an die Öffentlichkeit. Zur Einweihung einer neuen Orgel in der Berliner Georgenkirche komponierte er die Kantate «Halleluja! Lobet den Herrn in seinem Heiligtum». Sie scheint gefallen zu haben; jedenfalls bemühte sich nach der Aufführung selbst der angesehene Musikästhetiker Friedrich Wilhelm Marpurg auf die Empore, wo er den jungen Komponisten – bei allem Lob – zu mehr Fleiß anhielt. Diese Ermahnung blieb nicht unbeachtet: «Daß zu einem guten Stil eine gute Kunst gehöre, die ich als Anfänger nicht besitzen konnte, war mir klar. So beschloß ich, zu einem Meister zu gehen und die Schule zu machen.»

Diesen Meister fand Zelter in Karl Friedrich Christian Fasch, dem Komponisten und zweiten Clavicembalisten am Hofe Friedrichs des Großen. Alternierend mit Carl Philipp Emanuel Bach hatte Fasch den Monarchen bei seinem Flötenspiel jeweils zu begleiten. Den Weg von Berlin zur Potsdamer Residenz, wo Fasch auch unterrichtete, ging Zelter jeweils zu Fuß – sechs Wegstunden hin, am selben Tag wiederum sechs Stunden zurück, und dies jede Woche. Fasch hielt ihn an, die alten Meister zu studieren, die Kontrapunktiker und Generalbassisten; hier könne man lernen, was ehrliches Komponistenhandwerk sei. Zelter hat da nicht widersprochen. Und wenn es schließlich darum geht, die künstlerische Qualität von Zelters Musik zu beurteilen, so wird man gut daran tun, den gelernten Maurermeister, den versierten Handwerker nicht aus den Augen zu verlieren. Komponieren – das war für Zelter primär eine Sache des Handwerks und darin nicht wesentlich verschieden von der Fertigkeit, eine Mauer im Winkelmaß hochzuziehen oder ein Kreuzgewölbe aufzumauern.

Im Januar 1787 starb der Vater; die Mutter war seit einem Schlaganfall im Jahr 1784 gelähmt und also auf die Hilfe des Sohnes angewiesen. Alle Geschäfte lasteten nun auf den Schultern des jungen Bauunternehmers. Im Oktober 1787 vermählte er sich mit Sophie Eleonora Flöricke; aus erster Ehe brachte sie zwei Töchter und einen Sohn mit und schenkte ihrem zweiten Gatten insgesamt noch acht Kinder. So hatte Zelter für das Wohl einer vielköpfigen Familie zu sorgen – und dennoch ließ er es mit seiner Musik nicht still auf sich beruhen. Vor allem behielt er den Kontakt zu Fasch bei. Dieser begann 1789, im Kreise einiger Schüler regelmäßig Singübungen abzuhalten. «Man versammelte sich am Abend, man trank Tee, man sprach, erzählte, kurz zerstreute sich, und an die Sache selbst ward nur nebenher gedacht.» Dabei war es gerade diese Sache, die Fasch – und später auch Zelter – berühmt machen sollte. Nebenher wurde nämlich gesungen: geistliche Gesänge alter Meister, Chorlieder, Psalmen und dergleichen. Eingeübt wurden diese Gesänge mit Klavier; darauf verstand sich Zelter, der 1791 zur Gruppe stieß, besonders gut. Zelter war es auch, der sich für diese Singgesellschaft nach einem geeigneten Probelokal umsah und dabei auf den unbenützten runden Saal in der Königlichen Akademie der Künste stieß. Damit ist das Stichwort gefallen: Weil sich nun «singende Stimmen in den Mauern einer wirklichen Akademie versammelten» – ja, was lag da näher, als sich fortan stolz «Singakademie» zu nennen? Da war sie geboren: die große, traditionsreiche Berliner Singakademie, deren Name für ein respektables Stück Berliner Kulturgeschichte steht.

Doch davon später. Festzuhalten bleibt vorläufig, daß sich Zelter mit seinem Beitritt zur Singakademie dezidiert der Musik zuwendet. Der Weg des Bauunternehmers zum späteren Singakademie-Direktor (1800), zum Musikpädagogen, zum Assessor (1806) und Professor an der Akademie der Künste (1809) sowie zum Lehrer und Leiter des preußischen Instituts für Kirchenmusik (1819 beziehungsweise 1829) ist klar vorgezeichnet. Ein Weg, der Zelter zu den zentralen Positionen im Berliner Musikleben führen wird. Und auch zu Goethe.

*

Goethe und die Musik: Das Thema, vielschichtig und voller Tücken, beginnt keinesfalls mit Zelter, aber es endet womöglich mit ihm, erhält durch ihn eine letzte, maßgebende Prägung. Nicht daß Zelter das Verhältnis Goethes zur Musik grundlegend beeinflußt oder gar in neue Bahnen gelenkt hätte. Vielmehr ließ sich der Dichter in seinen

Anschauungen, in seiner Erfahrung mit der Musik von Zelter bestätigen. Dieser lieferte die Argumente und setzte im Detail auseinander, was der Dichter in Sachen Musik vordem nur ahnungshalber und oft halb unbewußt erlebt hatte.

Diese Erfahrungen reichen zurück bis in die Kinderjahre im Frankfurter Elternhaus, wo die Musik ihren festen Platz hatte. Der Vater spielte Laute, die Mutter sang und konnte sich selbst am Flügel begleiten. Um Hausmusik, damals ein vorrangiges Bedürfnis in gehoben-bürgerlichen Kreisen, war man also nie verlegen. Unumgänglich war auch, daß der kleine Goethe Klavier spielen lernte. Drei Jahre dauerte der Unterricht; immerhin erwarb sich der Knabe ein paar musikalische Grundkenntnisse, die man – auch im Hinblick auf das grundsätzliche Musikverständnis Goethes – wohl dahingehend zusammenfassen kann, daß Goethe zwar Noten lesen konnte, aber nicht die Musik. Eine gewisse Liebe zum Klavier blieb jedoch erhalten; der Streichersche Flügel, den Goethe 1821 erwarb, bildete unbestritten das Zentrum der musikalischen Veranstaltungen im Weimarer Haus. Gefeierte Virtuosen wie Johann Nepomuk Hummel oder der junge Felix Mendelssohn-Bartholdy haben auf diesem Flügel im geselligen Kreis musiziert. Überhaupt gehörte das Begriffspaar Musik und Geselligkeit für Goethe stets eng zusammen. Davon zeugen auch die Hausmusikveranstaltungen, die «kleine Sang- und Klanggesellschaft», die Goethe ab 1807 bis zum Tod seiner Gattin Christiane 1816 einmal pro Woche zu sich ins Haus lud. Unter Leitung von Franz Karl Albert Eberwein studierte man Chorlieder und geistliche Musik, aber auch Zelter-Gesänge ein, wobei Goethe gelegentlich als Baß-Sänger mithalf oder zumindest Fragen der Interpretation miterörterte.

Musik im Dienst der Geselligkeit: Mit dieser Prämisse hatte sich Goethe schon Jahre zuvor vertraut gemacht – als er 1791 auf Ansuchen des Herzogs Karl August die Leitung des Weimarer Hoftheaters übernahm. Umsichtig, wenn auch mit einer gewissen Ambivalenz, widmete sich Goethe der Oper, wobei er seine Erfahrungen mit Musik um einige gleichsam professionelle Aspekte erweiterte. Schon die Liste der in Goethes Intendantenzeit aufgeführten Komponisten ist da aufschlußreich. Dittersdorf, Paisiello und

Cimarosa verraten des Dichters schon in früheren Jahren genährte Liebe zur Spieloper und zur Buffa; daneben fehlen auch die Erfolgskomponisten jener Tage nicht: Cherubini, Boieldieu, Spontini und Ritter von Gluck. Eindeutiger Favorit aber ist Mozart. Bis zu seiner Demission als Theaterleiter am 13. April 1817 – vorangegangen war ein handfester Theaterskandal – setzte Goethe über zweihundert Mozart-Aufführungen an: den «Don Giovanni» und die «Entführung», den «Figaro» und – am häufigsten – die «Zauberflöte». Eine stolze Bilanz! Vielleicht, daß sie letztlich jenem Eindruck zu verdanken ist, den Goethe am 25. August 1763 empfing, als er den in Frankfurt gastierenden siebenjährigen Mozart spielen hörte. Jedenfalls hielt er dem einstigen Wunderkind die Treue bis hin zu dessen letzter Oper, dem «Titus», den er zur Einweihung des neuen Theaters in Bad Lauchstädt spielen ließ. Solche professionellen Beziehungen zur Musik beschränken sich indes keineswegs auf das Wirken Goethes als Intendant. Im Gegenteil richtete dieser verschiedentlich seine eigentliche Tätigkeit – das Schreiben – auf die Musik aus. Indem er beispielsweise nichts sehnlicher wünschte, als daß seine Gedichte vertont würden: Erst dann wollte er sie für vollendet gelten lassen. Ein Mißverständnis, gewiß, aber ein ungeahnt fruchtbares. Kein anderer Dichter hat mit seiner Lyrik einen vergleichbaren Einfluß auf die Liederkomponisten und damit auf die Entwicklung des deutschen Kunstlieds zu Beginn des 19. Jahrhunderts ausgeübt.

Nicht nur zur Musik, auch zu Musikern suchte Goethe Kontakt. Stets war er an einem produktiven Zusammenwirken von Dichter und Komponist interessiert. Noch in seine Leipziger Studentenzeit gehört die Begegnung mit Bernhard Theodor Breitkopf; diesem fällt – mit den 1769 publizierten «Neuen Liedern» – das Verdienst zu, erstmals Goethe-Gedichte in Musik gesetzt zu haben. Später, wiederum in Frankfurt ansässig und nun ein promovierter Jurist, suchte Goethe einen Komponisten für seine Singspiel- und Operettendichtungen (die zum Teil noch in Frankfurt und, ab 1775, in Weimar entstanden): «Erwin und Elmire», «Hanswursts Hochzeit oder Vom Lauf der Welt», «Claudine von Villa Bella», «Scherz, List und Rache». Beziehungen bestanden zu Johann André, einem Offenbacher Seidenwarenfabrikanten, Musikverleger und Komponisten. André nahm sich 1775 «Erwin und Elmire» vor und schrieb drei Jahre später auch eine Bühnenmusik zu «Claudine von Villa Bella». Eine liebenswürdige Randnotiz aus jenen Tagen: Am 24. Mai 1776 ging eine Aufführung von «Erwin und Elmire» über die Bretter des Liebhabertheaters am Weimarer Hof. Die Gesangseinlagen stammten diesmal aber nicht von André, sondern aus fürstlicher, will sagen: allerhöchster Feder – von der Herzogin Mutter Anna Amalia von Sachsen-Weimar-Eisenach. Kein Zweifel: Die Musen waren in Goethes Weimar gut aufgehoben. In diese Zeit fiel auch Wielands Versuch, Goethe mit dem Opernreformer und Bilderstürmer des Musiktheaters, mit Christoph Willibald Gluck, in Kontakt zu bringen; aber eine Verbindung kam nicht zustande.

Zum Weimarer Zirkel gehörte auch Karl Siegmund von Seckendorf, Kammerherr des jungen Herzogs und ein eifriger, nicht unbegabter Liebhaber-Komponist. Neben einigen respektablen Goethe-Liedvertonungen komponierte Seckendorf auch großumfängliche Bühnenmusiken zu Goethes Singspielen «Jery und Bätely» und «Lila». Zudem knüpfte der Dichter in seinen ersten Weimarer Jahren Beziehungen zu dem aus Frankfurt gebürtigen und seit 1775 in Zürich als Musiklehrer tätigen Komponisten Philipp Cristoph Kayser. Er bat ihn um Musikeinlagen zu «Jery und Bätely» sowie zu «Scherz, List und Rache». Kaysers Leistungen blieben offenbar hinter den Erwartungen Goethes zurück; dennoch hielt dieser den Kontakt mit dem zurückhaltenden, fast etwas scheuen Musiker aufrecht und lud ihn im Herbst 1787 zu sich nach Rom. Hier machte Kayser den Dichter mit der altitalienischen Kirchenmusik vertraut, mit Palestrina und Marcello, und Goethes spätere Neigung zur geistlichen Vokalmusik dürfte hier eine ihrer Wurzeln haben.

Im Frühjahr 1789, einige Monate nach der Rückkehr von der Italien-Reise, empfing Goethe den an der Berliner Königlichen Oper tätigen Kapellmeister und Komponisten Johann Friedrich Reichardt, der ihm seine Bühnenmusik zu «Claudine von Villa Bella» vorzuspielen wünschte. Sie scheint dem Dichter gefallen zu haben; jedenfalls entspann sich in den folgenden Jahren eine fruchtbare Zusammenarbeit zwischen den beiden Künstlern – zeitweise allerdings getrübt durch Reichardts allzu freimütiges Einstehen für die Ideen der Französischen Revolution. Goethe hat da bekanntlich mit scharfen «Xenien» reagiert. Reichardt mußte bald darauf seinen Dienst in Berlin quittieren, und binnen Jahresfrist sah man ihn in Halle an der Saale das Amt eines Salineninspektors bekleiden. Beeindruckend ist die Zahl seiner Goethe-Kompositionen. Neben einigen Singspiel-Vertonungen schrieb Reichardt auch Bühnenmusiken zu den Dramen «Clavigo», «Tasso» und «Egmont», zum «Götz» sowie zum ersten Teil des «Faust». Hinzu kommen an die hundertfünfzig Lieder – eine Bilanz, die später wohl nur noch Zelter übertroffen hat.

Die «Xenien» stammen aus den Jahren 1795/96. In dieser Zeit scheint Goethe zum erstenmal Lieder von Zelter gehört zu haben, und zwar im Hause des Jenaer Justizrates Gottlieb Hufeland. Hier arrangierte der baltische Musiker Johann Friedrich Bonneval de La Trobe, ein Freund Zelters, musikalische Abendunterhaltungen. Es muß im April 1795 gewesen sein, als La Trobe für einmal nicht nur eigene Kompositionen, sondern auch Lieder von Zelter vortragen ließ. Wie sehr Goethe von Zelters Musik beeindruckt war, zeigt folgende Reminiszenz: Unter den zu Gehör gebrachten Zelter-Gesängen befand sich auch «Ich denke dein» (komponiert auf einen Text von Friederike Brun). Die Liedmelodie «hatte einen unglaublichen Reiz für mich», schrieb Goethe ein Jahr später an Friederike Helene Unger, die Gattin seines Berliner Verlegers, «und ich konnte nicht unterlassen, selbst ein Lied dazu zu dichten.» Entstanden ist so das Goethe-Gedicht «Nähe des Geliebten». Diese Erinnerung teilte er Frau Unger aus aktuellem Anlaß mit: als er sich bedankte für die als Geschenk übersandten «Zwölf Lieder am Klavier zu singen» – der ersten, 1796 publizierten Liedersammlung Zelters. Auf den Dichter haben sie zweifellos einen günstigen Eindruck gemacht – «und so kann ich von Herrn Zelters Kompositionen meiner Lieder sagen: daß ich der Musik kaum solche herzliche Töne zugetraut hätte». Das sollte Frau Unger ausrichten und Zelter zudem sagen, wie sehr es Goethe wünschte, «ihn persönlich zu kennen». Zelter hat darauf nicht reagiert; vielleicht, weil ihm Dank und Begeisterung Goethes nicht mit den richtigen Worten gemalt wurden. Auch Goethe setzte sich in der Folge nicht direkt mit Zelter in Verbindung, und so hieß es abermals auf eine Vermittlung von dritter Seite her warten.

Gelegenheit bot sich im Sommer 1797: Abraham Mendelssohn, der Berliner Bankier und Vater von Felix Mendelssohn-Bartholdy, befand sich in Geschäften unterwegs nach Paris. Auf der Durchreise in Jena ließ er sich bei Schiller melden, um diesem für seinen «Musenalmanach» einige Zelter-Lieder zu überbringen. Anschließend reiste er weiter nach Frankfurt, wo zufällig auch Goethe weilte – auch er unterwegs: auf seiner dritten Reise in die Schweiz. Goethe lud Mendelssohn zu sich, damit ihm dieser von Schiller berichte. Dabei kam das Gespräch auch auf Zelter; wiederum wurde Goethes Neugier geweckt, und er scheint den Gedanken an den Musiker nicht mehr losgeworden zu sein. «Wenn ich jemals neugierig auf die Bekanntschaft eines Individuums war, so bin ichs auf Herrn Zelter», schrieb Goethe im Juni 1798 an August Wilhelm von Schlegel. Auch den Grund dieser Neugier verschwieg er nicht: «Gerade die Verbindung zweier Künste ist so wichtig und ich habe manches über beide im Sinne, das nur durch den Umgang mit einem solchen Manne entwickelt werden könnte.» Doch es verging nochmals ein volles Jahr, bis dieser Umgang zustande kam. Wiederum bat Goethe seinen Berliner Verleger Unger, ihn doch bei Zelter «aufs beste» zu empfehlen. Was dieser auch tat und Zelter sogar den Brief Goethes vorzeigte. Nun waren alle Zweifel behoben; Zelter antwortete umgehend und leitete mit seinem Brief, datiert vom 11. August 1799, eine für ihn wie auch für Goethe einzigartige Korrespondenz ein, die erst mit dem Tod des Dichters ein Ende finden sollte.

*

Zum Briefwechsel vorerst ein paar Zahlen. Insgesamt stehen dreiunddreißig Briefjahre vor uns: die Zeitspanne vom August 1799 bis März 1832. Weitere drei Jahre haben wir schon kennengelernt: 1796–1799, die Zeit einer schrittweisen Annäherung. Wie die Korrespondenz in Gang kommt, ist Goethe fast auf den Tag genau fünfzig Jahre alt, Zelter um neun Jahre jünger. Wiederum nach drei Jahren stehen sich die beiden im Februar 1802 erstmals gegenüber. Alles in allem kommt es zu vierzehn Begegnungen zwischen Goethe und Zelter; sie finden stets in Weimar oder in einem der böhmischen Bäder statt, die Goethe jeweils in den Sommermonaten aufzusuchen pflegte. Nie ist es Zelter gelungen, den Dichter aus seinem vertrauten Kreis, aus der kleinstädtischen Weimarer Umgebung in die preußische Metropole zu locken. Zusammengerechnet haben die beiden Freunde in den gut drei Jahrzehnten ihrer Bekanntschaft kaum wesentlich mehr als zwanzig Wochen miteinander verbracht, dagegen aber an die neunhundert Briefe gewechselt. Diese Zahlen legen den Schluß nahe, daß sich der freundschaftliche Verkehr mehr auf das intensive Briefgespräch stützt als auf den unmittelbaren, persönlichen Kontakt. In der Tat lebt diese Freundschaft vornehmlich in den Briefen und aus ihnen, wirkt durch das geschriebene, in die Ferne gerichtete Wort. Genau darin unterscheidet sich der Zelter-Briefwechsel auch von anderen Korrespondenzen Goethes – etwa mit dem Weimarer Freund Meyer, mit Herzog Karl August oder mit Dichterkollege Schiller, wo es stets Schwerpunkte im Gespräch gibt, aber auch Momente des Abflauens und Verebbens. Die Gründe dafür liegen auf der Hand: Den Weimarer Bekanntenkreis kann Goethe auch im persönlichen Umgang pflegen; bei Zelter im fernen Berlin dagegen ist er auf die schriftliche Kommunikation angewiesen. Was Goethe, jedenfalls in späteren Jahren, zweifellos als Pluspunkt verbucht hat: «Der Abwesende ist eine ideale Person, die Gegenwärtigen kommen sich einander gar trivial vor» – nachzulesen im Brief an Zelter vom 19. Oktober 1829.

Dennoch schätzt der Dichter Zelters persönliche Gegenwart und dessen urwüchsige, zuweilen unverblümt derbe Art – auch wenn sie in einem auffälligen Kontrast steht zum eigenen, eher zurückhaltenden und besonnenen Wesen. Nie verhehlt er seine offenherzige Bewunderung für Zelters rastlos tätige Betriebsamkeit, für das vielseitige, nach außen in die Öffentlichkeit Einfluß nehmende Wirken dieses in Herkunft, Lebensweise und Temperament so ganz anderen Menschen. «Wenn die Tüchtigkeit sich aus der Welt verlöre, so könnte man sie durch ihn wieder herstellen», meint

Goethe im Brief vom 10. August 1805 an Herzog Karl August – eine Charakteristik, die sich durch eine Reihe weiterer Äußerungen Goethes ergänzen und bestätigen läßt bis hin zum späten, von Eckermann überlieferten Ausspruch: «Ja, Zelter ist immer grandios und tüchtig!»

Wie gesagt: Im Februar 1802 haben sich die beiden erstmals persönlich gegenübergestanden. Überblickt man die nachfolgenden drei Jahrzehnte, so bilden die Jahre 1812 und dann wieder 1822 auffällige Zäsuren. Im Winter 1812 nimmt sich Zelters Stiefsohn Karl Ludwig Flöricke das Leben; es hat Zerwürfnisse mit dem Vater gegeben, der offenbar die Heirats- und Zukunftspläne seines geliebten Stiefsohnes nicht billigen wollte. In seiner Verzweiflung wendet sich Zelter an den Weimarer Freund: «Sagen Sie mir bitte ein heilendes Wort.» Umgehend greift Goethe zur Feder und schreibt: «Dein Brief, mein geliebter Freund, der mir das große Unheil meldet, welches Deinem Hause widerfahren, hat mich sehr gedrückt, ja gebeugt...» Hat Zelter richtig gelesen? Man kann sich seine grenzenlose Verblüffung wohl vorstellen: Da redet ihn Goethe zum erstenmal mit dem freundschaftlich-vertrauten «Du» an und schenkt ihm, was er vordem nicht einmal Schiller, geschweige denn Riemer oder Meyer gegönnt hat. In Zelters Selbstbiographie liest man dazu folgenden Kommentar: «Goethes Briefe aber folgten in dieser Zeit oft genug aufeinander, daß ich merken durfte, an die Stelle eines verlorenen Sohnes einen lebendigen Bruder gewonnen zu haben.» Auch Goethe hat solchen Freundschaftstrost erfahren. Am 9. Mai 1805 stirbt Schiller, der treue Dichtergefährte; mit ihm verliert Goethe «einen Freund und in demselben die Hälfte meines Daseins». Zelter läßt es sich nicht nehmen, dem Dichterfreund persönlich beizustehen, und reist Anfang August nach Bad Lauchstädt. «Zelter hat mich auf einige Tage besucht und mir durch seine Gegenwart große Freude gemacht», schreibt Goethe Mitte August an Charlotte von Stein. «Man fängt wieder an, ans Leben zu glauben, wenn man solche Menschen sieht, die so tüchtig und redlich wirken...» Und er bleibt letztlich den Dank nicht schuldig: Ende 1822 beauftragt er Riemer, die Briefe Zelters durchzusehen und zu ordnen – die Publikation dieses Briefwechsels ist nun beschlossene Sache, und einige Jahre später arbeitet

Goethes Rechtsberater Kanzler von Müller zuhanden der Erben einen entsprechenden Vertrag aus. Zelters Genugtuung ist groß: Mit diesem Entschluß ist seine Korrespondenz in eine Reihe mit der Schillerschen gerückt worden – der einzigen, die Goethe sonst noch zur Veröffentlichung bestimmt hat.

Der Vergleich mit dem Schiller-Briefwechsel ist noch in anderer Hinsicht aufschlußreich. In diesen Briefen erörtern beide Dichter Fragen und Probleme des poetischen Handwerks; das Fachgespräch dominiert, so daß die Korrespondenz insgesamt ebenso sehr das Dokument einer Künstler-Interessengemeinschaft wie das einer Freundschaft bildet. Zwar ist auch hier die Rede vom «Bunde der Freundschaft und der Liebe». Doch vollzogen wird dieser Bund erst im Briefdialog mit Zelter – einem Dialog, der weit über das nur Sachbezogene hinaus seine Kreise zieht. Unbestritten kommt der Musik ein besonderer Stellenwert zu; sie war Anlaß für die Verbindung, und sie bleibt dem Briefwechsel als thematische Konstante auch erhalten. Dennoch ist es keineswegs das musikalische Fachinteresse, welches den Dichter zusehends enger an den Musiker bindet und das Fundament ihrer Freundschaft ausmacht. Die Musik – so hat man bei der Lektüre jedenfalls den Eindruck – bildet in zahlreichen Briefen oft nicht viel mehr als einen Einstieg und Anknüpfungspunkt für das vertrauliche Gespräch. Und wenn Musik ausnahmsweise doch einmal eine zentrale Rolle spielt, dann in einer ganz besonderen Weise: Daß Goethe nämlich einige seiner Gedichte nach Berlin übersendet, die ein paar Wochen später prompt als Zelter-Lieder wiederum nach Weimar zurückkehren. «Es ist das Schöne einer tätigen Teilnahme, daß sie wieder hervorbringend ist», heißt es beinahe programmatisch schon im ersten Brief Goethes an Zelter. «Denn wenn meine Lieder Sie zu Melodien veranlaßten, so kann ich wohl sagen, daß Ihre Melodien mich zu manchem Liede aufgeweckt haben...» Ein wechselseitiges Ansporrnen zu künstlerischer Produktivität! Darauf kommt Goethe Jahre später wieder zu sprechen in seiner Anzeige der 1821 veröffentlichten neuen Sammlung von Zelter-Liedern: «Sie zeugen von der Wechselwirkung zweier Freunde, die seit mehreren Jahren einander kein Rätsel sind; daher es dem Komponisten natürlich ward, sich mit dem Dichter zu identifizieren, so daß dieser sein Inneres aufgefrischt und belebt, seine Intentionen ganz aufs neue wieder hervorgebracht fühlen mag...»

Ein weiteres kommt hinzu: Zelter ist nicht nur ein eifriger Goethe-Komponist, sondern ein womöglich noch fleißigerer (und zuweilen überraschend einsichtiger) Goethe-Leser. Nach dem Urteil des Dichters gar «der erste und einzige, der in die Sache selbst eingeht». Tatsächlich spricht aus jedem Urteil Zelters dessen ganze, reiche Persönlichkeit; Gedanken und Worte sind bei ihm nie angekränkelt von der Blässe schulischer Gelehrsamkeit, sondern strotzen geradezu vor gesunder, urwüchsiger Originalität. Zelter ist schlagfertig, findet im richtigen Moment stets das richtige Wort, die griffige Formulierung und anschauliche Sentenz. Eckermann hat das folgendermaßen rapportiert: «Zelters Person und Gegenwart tat mir sehr wohl. Er war als ein glücklicher gesunder Mensch immer ganz dem Augenblick hingegeben, und es fehlte ihm nie am rechten Wort. Dabei war er voller Gutmütigkeit und Behagen und so ungeniert, daß er alles heraussagen mochte und mitunter sogar sehr Derbes.» Goethe hat sich daran nicht gestört, im Gegenteil: «Er kann», so hat er es Eckermann erläutert, «bei der ersten Bekanntschaft etwas sehr derbe, ja mitunter sogar etwas roh erscheinen. Allein, das ist nur äußerlich. Ich kenne kaum jemanden, der zugleich so *zart* wäre wie Zelter.» Eine auffällige Antinomie! Sie findet sich auch in August Wilhelm von Schlegels Zelter-Charakterisierung: «Seine Bekanntschaft zu machen hatte für mich etwas eigentümlich Anziehendes, weil er wirklich zugleich Maurer und Musiker ist. Seine Reden sind handfest wie Mauern, aber seine Gefühle zart und musikalisch.»

Mehr noch als Zelter *in persona* hat Goethe womöglich dessen Briefe geliebt. Sorgsam verwahrt er sie, nach Jahrgängen geordnet, und liest sie bei Gelegenheit im Freundeskreis vor. «Es ist ein wunderliches Dokument, das an wahrem Gehalt und barockem Wesen wohl kaum seinesgleichen finden möchte.» Und stets bittet er den Freund in Berlin, dieser möge mit ausführlichen Episteln ja nicht zurückhalten. Also erstattet Zelter Bericht: von seinen Tagesgeschäften, immer wieder von der Singakademie und der Liedertafel, dann von den abenteuerlichen Reisen – besonders amüsant die Schilderung eines Pfingstaufenthaltes in der Herrnhuter Brüdergemeinde –, von der Berliner Musik- und Theaterszene, von Aufführungen im alten französischen Komödienhaus (bis 1801), im Königlichen Schauspielhaus und (ab1821) im pompösen neuen Schinkel-Musentempel. Da kann er bei Goethe, dem Weimarer Hoftheater-Intendanten, auf professionelles Interesse rechnen. In der Tat lesen sich diese über die Jahre und Jahrzehnte zwischen Berlin und Weimar gewechselten Theaterbriefe wie ein halbvergessenes Kapitel aus der europäischen Theatergeschichte. Natürlich kommt die Oper nicht zu kurz; hier urteilt Zelter als Fachmann, unbestechlich, aber auch mit bissigen Untertönen. Etwa in seinen sarkastischen, zwischen Bewunderung und schroffer Ablehnung schwankenden Kommentaren zur Rossini-Welle, die Berlin in den zwanziger und dreißiger Jahren regelrecht überflutet. Interessanterweise handelt es sich dabei weitgehend um Opern-Novitäten, die heutzutage wiederum aus verstaubten Archiven ausgegraben werden und nun auf unseren Bühnen, und auf Schallplatte, erneut ihre Lebensfähigkeit beweisen sollen: «Otello», «Guillaume Tell», «La donna del lago», oder «Le siège de Corinthe».

Neben Rossini ist es vor allem Gaspare Luigi Pacifico Spontini, der die Berliner Gemüter erhitzt. Vom Preußenkönig Friedrich Wilhelm III. höchst persönlich an die Oper engagiert, kommt der keineswegs friedfertige, sondern im Gegenteil stets zänkisch-kampfbereite Spontini den Zeitgenossen wie eine schlecht inszenierte Napoleon-Imitation vor: ein kleinwüchsiger, despotischer Generalmusikdirektor (der erste in der europäischen Musikgeschichte), ausgerüstet mit dem legendären Ebenholztaktstock samt Elfenbeinknauf. Er dirigiert hauptsächlich eigene Opern: «La Vestale», «Fernando Cortez», «Olympia» (in der deutschen Textfassung von E. T. A. Hoffmann) und «Agnes von Hohenstaufen» – längst vergessene Monumentalwerke, die alle einem musikalisch strengen, pathetischen Klassizismus frönen. Der Gegensatz zur aufkeimenden deutschen romantischen Oper, die mit E. T. A. Hoffmanns «Undine» (1816) und Carl Maria von Webers «Freischütz» (1821) ihre ersten herrlichen Blüten treibt, könnte größer nicht sein. Um so auffälliger, daß Zelter nicht für die eine oder andere

Stilrichtung Partei ergreift, sondern an beiden herumzumäkeln hat. Zeitgenössische Musik, wenn sie nicht aus der eigenen Werkstatt kommt, stößt bei ihm fast ausnahmslos auf Ablehnung; zumindest geht Zelter stets auf Distanz. Noch Robert Schumann hat in seinen «Davidsbündler»-Büchern die «Anekdote vom alten Zelter» zitiert, «der eines Abends mit Chamisso durch die Straßen Berlins spazierend in einem Hause Klavier spielen gehört und zugehört, nach einer Weile aber Chamisso beim Arm genommen und gesagt: ‹Komm, der macht sich seine Musik selbst.›» Wenn es um Fragen des Musikverständnisses geht sowie um die Fähigkeit, künstlerische Qualität in neuer, in zeitgenössischer Musik treffsicher zu orten, dann schneidet Zelter nicht eben gut ab. Er, der sich in seiner Singakademie vor allem geistlicher Musik widmet, hat wohl nicht die richtige Optik, um den Geist auch in neuer Musik zu erkennen.

Man kann es nicht genug betonen: Zelters Name und Bedeutung, vor allem aber auch seine Einstellung zur Musik – man mag sie für beschränkt halten oder gar als reaktionär beschimpfen – sind aufs engste mit dieser singakademischen pädagogischen Tätigkeit verbunden. Auf einen Nenner gebracht bildet diese das Fundament aller seiner Ansichten und Urteile. Das wird auch im Briefgespräch mit Goethe spürbar, wo die Singakademie und alles, was mit ihr zusammenhängt, gleichsam Thema Nummer eins ist – so wie Goethes regelmäßige Berichte über die jeweils neuesten Produkte aus der Weimarer Dichterstube ebenfalls eine thematische Basis der Korrespondenz bilden. Beidem soll in der Folge noch kurz unsere Aufmerksamkeit gelten; erst aus dem Horizont solcher Zusammenhänge läßt sich dann über Goethes problematische Einschätzung der Musik – und Zelters Anteil daran – diskutieren.

*

«Schon manchmal hab ich bedacht, wie wir beide gleichsam an die entgegengesetzten Enden der sozialen Welt angewiesen sind; Du, in die kreiselnde Bewegung einer volkreichen Königstadt verschlungen, hast alles persönlich zu bestehen, unterrichtest und lehrst, gibst und genießest, arbeitest und vollbringst, versammelst und dirigierst, gebietest und herrschest und was nicht alles; hierzu noch der Familienzirkel und fremde Gelage gerechnet, da gibt es denn schon etwas auszuhalten. Indem ich einsam, wie Merlin vom leuchtenden Grabe her, mein eignes Echo ruhig und gelegentlich in der Nähe, wohl auch in der Ferne vernehmen lasse.» Der über achtzigjährige Dichter hat diese Bilanz gezogen. Obwohl er weiterhin unbeirrbar schreibt und dichtet und weitläufig auch Kontakte pflegt, läßt er sich nicht darüber hinwegtäuschen, daß Alter, Art und Gesinnung ihn mehr und mehr von den Nachkommenden trennen. Zusehends zieht er sich von der Weimarer höfischen Gesellschaft und von jeder betriebsamen Öffentlichkeit zurück; mancher ehemals lebendige Kontakt verebbt langsam und unvermerkt. «Mir erscheint der zunächst mich berührende Personenkreis wie ein Konvolut sibyllinischer Blätter», schreibt er am 19. März 1827 an Zelter, «deren eins nach dem andern, von Lebensflammen aufgezehrt, in der Luft zerstiebt...» Schwere Prüfungen folgen: der Tod des Großherzogs Karl August im Juni 1828 sowie, zwei Jahre später, der Verlust des einzigen Sohnes. Goethe scheint zu verstummen und flieht seinen Kreis: Die Briefe aus Dornburg, wohin er sich in seinem Schmerz um den verstorbenen Großherzog zurückgezogen hat, zeigen das deutlich.

Wie gesagt: Goethe läßt fortan sein «eignes Echo» vernehmen. Mit anderen Worten: Er beginnt sich selber historisch zu werden – eine Formulierung, die er in späteren Jahren oft verwendet: im Brief vom 7. Oktober 1829 an Justus Friedrich Carl Hecker beispielsweise oder in einem der letzten Schreiben an den getreuen Humboldt. Hier erläutert Goethe auch, was es mit diesem Historisch-Werden auf sich hat: «Ob etwas in der vergangenen Zeit, in fernen Reichen, oder mir ganz nah räumlich im Augenblicke vorgeht, ist ganz eins, ja ich erscheine mir selbst immer mehr und mehr geschichtlich.» Die Spuren dieses Prozesses reichen weit zurück – wohl bis ins Jahr 1809, wo es in Goethes Tagebuch unter dem 11. Oktober heißt: «Schema einer Biographie». Damit hat der Dichter gleichsam den Grundstein gelegt für ein immenses autobiographisch-dichterisches Projekt. «Aus meinem Leben» heißt fortan nicht nur der Obertitel dieser geplanten Autobiographie, sondern auch Goethes Arbeitsdevise: Sein eigenes

Leben soll, von den frühesten Kindheitserinnerungen an, zum dichterischen Stoff werden. Über die Jahre und Jahrzehnte entstehen so – neben und nach der Arbeit an der Gedichtsammlung «West-östlicher Divan» und der Roman-Fortsetzung «Wilhelm Meisters Wanderjahre» – in loser Folge die autobiographischen Bücher «Dichtung und Wahrheit», «Italienische Reise», «Kampagne in Frankreich 1792» sowie die «Annalen». Was ehemals subjektiver Erlebnisstoff war, reichend von den Frankfurter Anfängen 1749 bis in die unmittelbare Gegenwart von 1822, wird nun dichterisch aufgearbeitet und aus altersweiser Einsicht gleichsam objektiviert.

Carl Friedrich Zelter, der eifrige Goethe-Leser, hat sich mit diesem «Echo» aus der Weimarer Ferne intensiv beschäftigt und die neuen Bücher jeweils verschlungen – wenn es auch ein Rätsel bleiben muß, wo dieser rastlos betriebsame Musiker, Dirigent, Chorleiter, Universitätsdozent, Akademieprofessor, Vater und damit Versorger einer zeitweilig fünfzehnköpfigen Familie Zeit und Muße fand für seine Goethe-Lektüre. Zweifellos war er ein Organisationsgenie, nach heutigem Sprachgebrauch ein gewiefter Macher: zielstrebig, unnachsichtig, effizient und stets reüssierend. Was er auch in die Hände nahm – stets scheint er es sich ganz und gar zu eigen gemacht zu haben. Somit dürften seine Widersacher und Neider auch recht gehabt haben mit der Behauptung, Zelter halte sämtliche Fäden des Berliner Musiklebens in seiner Hand. Liebstes Kind aber ist ihm wie gesagt die Singakademie: nach dem Willen ihres Gründers Fasch «eine Art von Kunstkorps, das man allenfalls Akademie nennen könnte, für die heilige Musik». Diese Gründerdevise hat programmatischen Charakter. Man widmet sich vornehmlich geistlicher Musik. Nicht eigentlich der Kirchenmusik: Die Singakademie wirkt nicht in Gottesdiensten mit, sondern versteht sich als Konzertforum, singt im eigenen Akademiegebäude am Festungsgraben oder noch lieber im Konzertsaal des neuen Schinkel-Schauspielhauses. Besonders erwähnenswert ist in diesem Zusammenhang die vom jungen Mendelssohn angeregte Aufführung von Bachs «Matthäus-Passion» am 11. März 1823 – die erste Aufführung dieses monumentalen Werks seit Bachs Tod. Zelter selbst hat sich dieses gigantische Unternehmen nicht zugetraut; bezeichnenderweise äußert er Vorbehalte gegenüber der theatralischen Dimension von Bachs Passionsmusik, und es braucht von Mendelssohns Seite her einiges an wohlformulierter Überredungskunst, bis der Alte endlich einwilligt.

Überdenkenswert ist ferner die ideologische Dimension, die sich hinter dem Wahlspruch «für die heilige Musik» verbirgt: eine Kampfansage gegen die profane Musik, gegen die weltliche oder besser: verweltlichte Musik. Bezeichnenderweise findet man dieses Gegensatzpaar auch bei Goethe. Am 27. Juli 1807 schreibt er nach Berlin: «Mit der Oper, so wie sie bei uns zusammengesetzt ist, mag ich mich nicht abgeben, besonders weil ich diesen musikalischen Dingen nicht auf den Grund sehe. Ich möchte dabei das Seculum sich selbst überlassen und mich ins Heilige zurückziehen.» Was im Klartext heißt, daß sich Goethe von der profanen Oper distanziert und der geistlichen Musik zuwendet – im Rahmen der wöchentlich abgehaltenen Hausmusikveranstaltungen, die übrigens ganz nach dem Vorbild von Zelters Singakademie gedacht sind: «im Sinne Ihrer Anstalt, obgleich nur als der fernste Abglanz derselben». Goethe und Zelter kämpfen also an ein und derselben Front: gegen eine neutönerisch-verweltlichte Musik, vor allem gegen die stark in Mode gekommene Instrumentalmusik, deren geballter Subjektivismus sich einem herkömmlichen, in althergebrachten Vorstellungen verankertem Musikverständnis weitgehend entzieht. Zelter spricht beschwörend von «Irrlichtern und Blutstreifen am Horizonte des Parnasses» und nennt in diesem Zusammenhang Cherubini und Beethoven: daß viele sonst verständige Musikfreunde beim Anhören von Beethovens Musik von einer Leidenschaft ergriffen würden «wie die Anhänger der griechischen Liebe».

Zelter, wie gesagt, nimmt kein Blatt vor den Mund. Einzig geht es ihm und Goethe darum, «die Kunst und die Meisterschaft in derselben als das eigentliche Mittel zur Herstellung reiner Sittenhaftigkeit und ... Religiosität» zu bewahren. Und sich demzufolge, wie die meisten seiner Zeitgenossen – Schiller, Hegel und Schleiermacher mit inbegriffen –, gegen die allerorts überhandnehmende Instrumentalmusik und gegen das schnöde Virtuosentum selbstgefälliger Künstler zu wehren.

Paganini und Hummel heißen die beiden bekanntesten. Der eine bringt sein Publikum mit teufelsgeigerischen Eulenspiegeleien zum Rasen, der andere gehört zur Gilde der Tastenvirtuosen, die mit stupender Fingerfertigkeit Staunen und wollüstige Schauer bei den Zuhörern erregen. Gerade Schiller hat solche Entwicklungen mit harten Worten in seiner Schrift «Vom Erhabenen» gegeißelt: daß sich «die Musik der Neuern ... vorzüglich nur auf die Sinnlichkeit anzulegen» scheine. Im Klartext sagt Schiller weiter: «Ein bis ins Tierische gehender Ausdruck der Sinnlichkeit erscheint dann gewöhnlich auf allen Gesichtern, die trunkenen Augen schwimmen, der offene Mund ist ganz Begierde, ein wollüstiges Zittern ergreift den ganzen Körper, der Atem ist schnell und schwach, kurz alle Symptome der Berauschung stellen sich ein: zum deutlichen Beweise, daß die Sinne schwelgen, der Geist aber oder das Prinzip der Freiheit im Menschen der Gewalt des sinnlichen Ausdrucks zum Raube wird.» Da kann die Losung nur noch lauten: Weg von diesem neumodischen Intrumentenkult, weg von aller effekthascherischen Virtuosenallüre und hin zum ursprünglichen, zum gottgewollten Instrument – zur menschlichen Stimme, zum unbegleiteten Chorgesang. Auch darin ist sich Zelter mit Goethe einig. «Wie mich der einfache Gesang ergreift» – davon hat bekanntlich schon Werther geschwärmt. Und Goethe bleibt dabei: «Eine Stimme, die Gott macht, schmeißt ein ganzes Zeughaus von Kunstmitteln nieder.»

Solche Überlegungen führen mitten in den Fragenkreis rund um Goethes problematische – andere sagen: widersprüchliche – Beziehung zur Musik. Fest steht, daß der Dichter mit Musik hauptsächlich Vokalmusik meint und dieser unübersehbar einen vorrangigen Platz einräumt. Fest steht weiter, daß Goethe Musik nicht anhand ihrer Faktur beurteilt – etwa beim Partiturstudium –, sondern aufgrund ihrer Wirkung. «Musik kann ich nicht beurteilen, denn es fehlt mir an Kenntnis der Mittel, deren sie sich zu ihren Zwecken bedient», schreibt er am 13. Juni 1796 an Friederike Helene Unger; «ich kann nur von der Wirkung sprechen, die sie auf mich macht, wenn ich mich ihr rein und wiederholt überlasse.» Und in den «Maximen und Reflexionen» stößt man auf die Sentenz: «Die Würde der Kunst erscheint bei der Musik vielleicht am eminentesten, weil sie keinen Stoff hat, der abgerechnet werden müßte. Sie ist ganz Form und Gehalt und erhöht und veredelt alles, was sie ausdrückt.» Ein zweifellos fortschrittlicher Standpunkt. Jedenfalls verdienen solche musiktheoretischen Aperçus mehr Respekt als all die wortreichen Bemühungen derer, die gewitzt darüber spekulieren, was denn die Musik da und dort bedeute oder darstelle. Nichts stellt sie dar; Musik, im Sinne Goethes verstanden, leidet nicht an jener fatalen Zweiteilung in Stoff und Geist, in Töne und ihre Bedeutung. Im musikalischen Kunstwerk sieht Goethe Form und Gehalt idealerweise zur Einheit verschmolzen.

Was so dezidiert klingt, ist dennoch voll von Widersprüchen. Obwohl nämlich Goethe der Musik eine idealische Einheit von Form und Gehalt zubilligt, sucht er – der Augenmensch – beim Musikhören doch stets nach etwas Stofflichem, nach etwas Vorstellbar-Anschaulichem, welches gleichsam unter der tönenden Oberfläche verborgen ist. «Es ist wunderlich», hat er zu Eckermann gesagt, und zwar über Mendelssohns Klavierquartett op. 3, «wohin die aufs höchste gesteigerte Technik und Mechanik die neuesten Komponisten führt; ihre Arbeiten bleiben keine Musik mehr, sie gehen über das Niveau der menschlichen Empfindungen hinaus, und man kann solchen Sachen aus eigenem Geist und Herzen nichts mehr unterlegen.» Und weiter: «Doch das Allegro hatte Charakter. Dieses ewige Wirbeln und Drehen führte mir die Hexentänze des Blockbergs vor Augen, und ich fand also doch eine Anschauung, die ich der wunderlichen Musik supponieren konnte.» Zwei bedeutungsvolle Bemerkungen; wenn in ihnen gleichsam der Schlüssel zu Goethes Musikverständnis liegt, dann erklärt sich die längsthin bekannte Vorliebe des Dichters für gesungene Musik eigentlich von selbst. Wer nämlich Vokalmusik zu beurteilen hat, der wird um entsprechende Anschauungen nie verlegen sein. Und dies aus einem einfachen Grund: Wo sich der Musik «aus eigenem Geist und Herzen» nichts Anschauliches unterlegen läßt, dort kann man alleweil bequem auf jene Anschauungen zurückgreifen, welche der vertonte Text in Fülle bereithält. Die Musik, so verstanden, stellt dann in Tönen genau das dar, was der zugrundeliegende Text an Bedeutung bereithält. Wird «Über allen

Gipfeln ist Ruh» gesungen, so drückt die Musik also jene Ruhe aus, die über allen Gipfeln herrscht. Solche Musik erfüllt dann, was ihr der Text vorgibt, fließt folgsam in jenen Bahnen, die vom Dichterwort vorgezeichnet sind. Ein Mißverständnis, und ein typisch dichterisches dazu. So wird ein Jahrhundert später ein anderer Dichter – Hugo von Hofmannsthal, aus seiner Zusammenarbeit mit Richard Strauß in musikalischen Dingen ja nicht ganz unerfahren – dieselbe Ansicht vertreten. Und zwar in einer Würdigung von Goethes Singspiel- und Operndichtungen, die «eine beseelte und erhabene Musik mit ausgestreckten Händen herbeizurufen scheinen». Bekanntlich ist Goethes Libretti keine vollgültige Vertonung zuteilgeworden – von Mozarts «Veilchen»-Lied aus «Erwin und Elmire» einmal abgesehen. So stehen sie, laut Hofmannsthal, nun da, gleichend «einem herrlichen Wasserwerk in einem alten Park, steinernen Schalen, Kaskadengebäuden, Zuläufen und Bassins von köstlicher Erfindung und Anordnung, denen die Fluten, die in ihnen hinströmen, von ihnen aufsteigen und gen Himmel stäuben sollten, ausgeblieben sind». Gewiß, ein poetisches Bild; aber es verkürzt die Musik wiederum zum bloßen Abbild der dichterisch vorgegebenen Struktur, zur physikalischen Erfüllung im Rahmen der vorgestellten Wasserwerk-Architektur.

Es liegt auf der Hand, daß eine solcherart verstandene Musik nur in beschränktem Maß – wenn überhaupt – künstlerische Eigenständigkeit haben kann. Daß, um es vereinfacht zu sagen, das Musikalisch-Produktive zugunsten des Reproduktiven zurückgedrängt wird. Genau das aber hat Goethe an Zelters Liedvertonungen als charakteristisch empfunden und es zweifellos auch geschätzt. «Das Originale seiner Kompositionen ist, soviel ich beurteilen kann, niemals ein Einfall, sondern es ist eine radikale Reproduktion der poetischen Intention» – nachzulesen im Brief vom 18. Juni 1798 an August Wilhelm von Schlegel. Was da despektierlich tönen mag, ist keineswegs so gemeint. Auf musikalische Nachahmung, auf Reproduktion des Dichterworts kommt es Goethe wesentlich an. So mündet sein Lob über Zelters «Johanna Sebus»-Vertonung in die aufschlußreiche Bemerkung: «Nur eines will ich erwähnen: daß Sie auf eine sehr bedeutende Weise von demjenigen Gebrauch gemacht, wofür ich keinen Namen habe, das man aber Nachahmung, Malerei und ich weiß nicht sonst wie, nennt und das bei den andern sehr fehlerhaft und ungehörig ausartet.» Knapper, radikaler läßt sich dieses ästhetische Credo wohl kaum formulieren. Und es spricht eindeutig gegen die Vorherrschaft (oder Gleichberechtigung) der Musik. Dieser historische Schlagabtausch zwischen der einen und anderen Kunst ist für Goethe längst entschieden: *prima le parole, dopo la musica.* Oder, wie er es im Brief an Zelter vom 11. Mai 1820 anschaulich formuliert: «Deine Kompositionen fühle ich sogleich mit meinen Liedern identisch, die Musik nimmt nur, wie ein einströmendes Gas, den Luftballon mit in die Höhe. Bei anderen Komponisten muß ich zuerst aufmerken, wie sie das Lied genommen, was sie daraus gemacht haben.» Wobei Goethe mit «Lied» stets das Gedicht meint – sein Gedicht nota bene, das andere schlichtweg «genommen», aus dem sie etwas «gemacht» haben. Begreiflich, daß das einen zünftigen Dichter verdrießt.

*

Wer nun Bilanz zieht, wird zweierlei hervorheben. Einmal die stets wache und freundschaftliche Anteilnahme, die in jedem dieser Briefe zum Ausdruck kommt. Dann das ungebrochene, selbst nach Jahren und Jahrzehnten nicht erlahmende Interesse beider Briefpartner an einer produktiven Auseinandersetzung. Einverständnis spricht da aus jedem Brief, ebenso der Wille zum Zusammenhalten – auch dort, wo die Meinungen auseinandergehen. Verschieden im Wesen, aber einig in der Freundschaft: Aus solchem Fundament erwächst ein Dialog, der beiderseits auf dem Bewußtsein der Eigenständigkeit beruht, der Gemeinsames nach Vermögen unterstützt und fördert und auch dem Trennenden die Anerkennung nicht versagt. «Es ist das Schöne einer tätigen Teilnahme, daß sie wieder hervorbringend ist» – so hat Goethe im ersten Brief an Zelter das singuläre Wechselverhältnis von Produktivität und freundschaftlich fördernder Anteilnahme umschrieben, wo jeder pflichtgemäß seinen eigenen Kreis ausschreitet und dennoch am andern teilhat. Diese Zuversicht bleibt lebendig bis zu Zelters letztem Schreiben, datiert vom 22. März 1832: «Wir haben noch zu säen und zu pflanzen und vom Erdreich zu lernen, was ihm frommt.»

Goethe hat diesen Brief nicht mehr gelesen; er ist am selben Tag gestorben. Drei Tage später trifft die Nachricht gegen Abend in Zelters Haus ein; die Tochter, die den Brief empfängt, übergibt ihn dem Vater erst am folgenden Morgen. Stumm nimmt der Alte die Nachricht auf; dann verläßt er das Haus und geht auf den Sophienkirchhof, wo er seine eigene Grabstelle bestimmt. Am 31. März schreibt er nochmals nach Weimar: an Kanzler Müller, den Testamentsvollstrecker Goethes. «Ich bin wie eine Witwe, die ihren Mann verliert, ihren Herrn und Versorger!» Auch eine Bitte fügt er an: «Hören Sie nicht auf, mich Ihrer freundschaftlichen Mitteilungen zu würdigen. Sie werden ermessen, was ich wissen darf, da Ihnen das niemals getrübte Verhältnis zweier im Wesen stets einigen, wenn auch dem Inhalte nach weit voneinander entfernten Vertrauten bekannt ist.» Trost sucht Zelter bei der Musik, im Kreis seiner Singakademie. Am 31. März leitet er nochmals eine Aufführung von Haydns «Schöpfung», zwei Wochen später, am Palmsonntag, folgt Bachs «Matthäus-Passion». Am 27. April wohnt er noch der Erstaufführung von Otto Nicolais doppelchörigem «Te Deum» bei – dann nimmt er auch hier Abschied. Am 15. Mai 1832 stirbt er, acht Wochen nach Goethe. Die Totenrede hält Friedrich Schleiermacher.

Werner Pfister

Goethes Werke werden im folgenden zitiert (Bandnummer, Seitenzahl) nach: Johann Wolfgang Goethe, Gedenkausgabe der Werke, Briefe und Gespräche. Herausgegeben von Ernst Beutler. 24 Bände und 3 Ergänzungsbände. Zürich 1948 ff.

DIE BRIEFE

An Goethe

Hochwohlgeborner Herr!

Mein braver Freund, Herr Unger, hat mir mit einer Stelle Ihres Briefes an ihn eine unaussprechliche Freude gemacht. Der Beifall, welchen meine Versuche sich bei Ihnen erwerben können, ist mir ein Glück, das ich wohl gewünscht, aber nicht mit Zuversicht gehofft habe, und obwohl ich über manche gelungene Arbeit bei mir selbst außer Zweifel gewesen bin, so gereicht mir die freie Zustimmung eines Mannes, dessen Werke meine Hausgötter sind, zu einer Beruhigung, die ich niemals so rein und heiß gefühlt habe als jetzt.

Ich sehe es für eine schöne Belohnung an, wenn Sie mir ferner Ihre Gedichte zur Komposition anvertrauen wollen, die ich nicht anders zu loben verstehe als durch den unvermischten Widerklang meines innersten Gemüts; und ich darf sagen, daß ich an diesen Ihren Gedichten mit heiliger Sorge gearbeitet habe, was mein Talent reichen mögen.

Außer den Gedichten, die im Schiller'schen Almanach nach meiner Musik gedruckt stehen, habe ich den «Zauberlehrling», die «Braut von Korinth», die «Erinnerung», das «Blümlein Wunderschön», «Der Junggesell und der Mühlbach» und das «Bundeslied» komponiert, die ich Ihnen gar gern schicken möchte, wenn Sie es erlauben wollen. Ich habe daran wohl schon längst gedacht und es nicht wagen wollen. Ein Wink von Ihnen, und sie sind in Ihren Händen, sobald es sein kann.

Ich empfehle mich Ihrem geneigten Andenken und verharre mit der reinsten Verehrung und Liebe

Ew. Hochwohlgebornen ergebenster Zelter.

Berlin, den 11. August 1799

Herr Unger: Johann Friedrich Gottlob Unger (1753–1804), Berliner Verleger und Buchdrucker, seit 1800 Professor an der Berliner Akademie.

Ihres Briefes: Am 5. August 1799 hatte Goethe seinem Verleger Unger geschrieben: «Empfehlen Sie mich Gönnern und Freunden, besonders Herrn Zelter aufs beste. Es würde gewiß der kleinen Liedersammlung, die ohnehin diesmal ein wenig mager ausfällt, zum großen Vorteil gereichen, wenn dieser fürtreffliche Künstler einige neue Melodien dazu stiften wollte...» Mit der «kleinen Liedersammlung» ist der siebente Band der bei Unger erscheinenden «Neuen Schriften» Goethes gemeint; er enthält ausschließlich Lieder, Balladen, Elegien und Romanzen.

meine Versuche: In Zelters erster Liedersammlung, 1796 bei Carl August Nicolai, Berlin und Leipzig, erschienen, finden sich insgesamt fünf Goethe-Vertonungen: «Nur wer die Sehnsucht kennt» (1, 343), «Wer nie sein Brot mit Tränen aß» (1, 345), «Wer sich der Einsamkeit ergibt» (1, 344), «Heiß mich nicht reden» (1, 343) sowie «Kennst du das Land» (1, 111).

im Schiller'schen Almanach: Im von Friedrich Schiller (1759–1805) herausgegebenen «Musenalmanach für das Jahr 1797» stehen insgesamt sieben Lieder Zelters, darunter die Vertonungen der beiden Gedichte Goethes «Mignon als Engel verkleidet» (1, 344) und «Musen und Grazien in der Mark» (2, 102). Für den Musenalmanach 1798 komponierte Zelter vier Lieder, darunter Goethes Gedicht «Der Gott und die Bajadere» (1, 158).

«Zauberlehrling»: Zelters Vertonung von Goethes Gedicht «Der Zauberlehrling» (1, 149).

«Braut von Korinth»: Zelters Vertonung von Goethes Gedicht «Die Braut von Korinth» (1, 152).

«Erinnerung»: Zelters Vertonung von Goethes gleichnamigem Gedicht (1, 48).

«Blümlein Wunderschön»: Zelters Vertonung von Goethes Gedicht «Das Blümlein Wunderschön» (1, 119).

«Der Junggesell und der Mühlbach»: Zelters Vertonung von Goethes gleichnamigem Gedicht (1, 130).

«Bundeslied»: Zelters Vertonung von Goethes gleichnamigem Gedicht (1, 83).

*

An Zelter

Mit aufrichtigem Dank erwidere ich Ihren freundlichen Brief, durch den Sie mir in Worten sagen mochten, wovon mich Ihre Kompositionen schon längst überzeugt hatten: daß Sie an meinen Arbeiten lebhaften Anteil nehmen und sich manches mit wahrer Neigung zugeeignet haben. Es ist das Schöne einer tätigen Teilnahme, daß sie wieder hervorbringend ist; denn wenn meine Lieder Sie zu Melodien veranlaßten, so kann ich wohl sagen, daß Ihre Melodien mich zu manchem Liede aufgeweckt haben, und ich würde gewiß, wenn wir näher zusammen lebten, öfter als jetzt mich zur lyrischen Stimmung erhoben fühlen. Sie werden mir durch Mitteilung jeder Art ein wahres Vergnügen verschaffen.

Ich lege eine Produktion bei, die ein etwas seltsames Ansehen hat. Sie ist durch den Gedanken entstanden, ob man nicht die dramatischen Balladen so ausbilden könnte, daß sie zu einem größern Singstück dem Komponisten Stoff gäben. Leider hat die gegenwärtige nicht Würde genug, um einen so großen Aufwand zu verdienen.

Ich wünsche recht wohl zu leben und bitte, den Herrn Unger vielmals zu grüßen. Goethe

Weimar, am 26. August 1799.

eine Produktion: Dem Brief legte Goethe sein Gedicht «Die erste Walpurgisnacht» (1, 146) bei.

*

An Goethe

Ich ermangele nicht, Ew. Hochwohlgebornen wieder einige meiner Kompositionen zu senden, und wenn auch, außer dem «Ständchen», keins davon ganz neu ist, so ist doch auch keins durch den Druck bekannt. Sie sind fast alle mit Hinsicht auf Metrum und Versbau entstanden, und ich möchte mich gern in diesem Fache der Kunst einer gründlichen Belehrung würdig machen. Die kurzen Verse, mitten unter den langen, sind in der Musik das Schwierigste, wenn man dazu nimmt, daß der Ton und das Gemüt eines Gedichts dabei auch nicht verabsäumt sein sollen.

Das «Herbstlied» bedarf einer etwas lebhaften Bewegung. «Der Junggesell und der Mühlbach» scheint mir einen glücklichen Wurf zu haben, besonders wenn es abwechselnd von zwei Personen gesungen wird. Auch das «Blümlein Wunderschön» könnte von zwei Personen gesungen werden. Zur «Braut von Korinth» weiß ich selbst nicht recht, was ich sagen soll. Meine Freunde, denen ich es vorgesungen, loben es, und ich habe nichts dagegen einzuwenden. Es kann sein, daß dieses Gedicht nur auf diese Art vorgetragen sein will. Ich singe es gleichsam sprechend, und wenn es mit einer etwas hohlen Stimme, wie man wohl etwas Schauderhaft-Geheimnisvolles zu *erzählen* pflegt, gesungen wird, so kömmt auch wohl heraus, was drinnen ist. Die kurzen Zeilen unter den langen wollte ich am meisten respektieren, und darüber ist eine etwas abenteuerliche Taktart entstanden. Für den Sänger liegt die meiste Schwierigkeit darin: die vielen Strophen so zu modulieren, daß das Gedicht am Ende nicht kalt werde, weil die Melodie so oft wiederholt wird. Da es endlich für alle kein Gedicht ist, so werden es auch nicht alle singen. Das «Bundeslied» habe ich von hundertundzwölf klingenden Stimmen an einer Tafel singen hören und erfahren, was ein deutscher Vers kann. Das «Ständchen» ist nicht das beste Gedicht; mir war am meisten an der äußeren Form eines Ständchens gelegen, die bei einem Stücke, das unter dem Fenster eines geliebten Mädchens geklimpert wird, das Wichtigste ist.

Ich weiß nicht, ob ich fürchten muß, Ew. Hochwohlgebornen mit meinem Geschreibe lästig zu werden. Ich habe lange genug einen Wunsch unterdrückt, den ich immer endlich zu äußern wagen will. Man sagte hier vor einiger Zeit, daß dieselben eine ernsthafte musikalische Oper gedichtet hätten. Vielleicht bin ich falsch berichtet, allein wie wollte ich mich freuen, wenn ich Sie zu einem so verdienstlichen Werke vermögen könnte! Und welch eine angenehme Arbeit würde die Komposition einer solchen Oper für mich sein! Ich möchte nicht gern als ein Prahler erscheinen, allein ich weiß, was ich leisten kann, und würde unter einer solchen Leitung nicht leicht etwas Mittelmäßiges hervorbringen. Durch Ihre «Iphigenia» habe ich mich fast überzeugt, daß wir bei einer solchen Arbeit einander finden würden, vielleicht um nie getrennt zu werden. Bei meiner besondern Neigung zu einem Teile der Musik (dem dramatischen), der jetzt ebenso allgemein als ohne Glück angebaut wird, hat es nicht fehlen können, daß eine Menge dramatischer Versuche mir fast unwillkürlich unter die Hand gewachsen sind, von denen mir mehrere verkündigen, daß das Große mir gelingen könnte. Ich habe von diesen Versuchen nichts bekannt gemacht, aber ich werde Ihnen Proben davon senden, über welche mir Ihre

Bemerkungen goldne Worte sein sollen. Mehrere Opern habe ich teilweise bearbeitet, weil die Gedichte nur teilweise mit meiner Neigung stimmten. Wir haben hier die sehr nahe Hoffnung, ein neues, größeres Theater zu erhalten, und es läßt sich denken, daß von nun an große Begebenheiten auch größer erscheinen werden. Diesen Umstand möchte ich nicht gern ungenützt lassen, um unter den Kindern des Parnasses nicht ferner mit leerer Hand zu stehn und über den Geschmack der Zeit zu seufzen.

Herr Unger sagte mir letzthin, daß Ew. Hochwohlgeboren mir einige Fragen vorzulegen willens wären. Meine Wissenschaft stehet Ihnen ganz zu Dienst, soweit sie reicht, und was ich nicht weiß, wird mein väterlicher Freund Fasch, ein gründlicher und feiner Theorist, mit Vergnügen ergänzen. Ich empfehle mich am liebsten durch meine Lieder, weil ich Sie einmal nicht besser zu bedienen weiß, als wenn ich Ihnen Ihre eigene Gerichte vorsetze, und verharre mit der aufrichtigsten Hochachtung.

Ew. Hochwohlgebornen ergebenster Zelter.

Berlin, den 30. Januar 1800.

«Ständchen»: Das Lied «Zu meiner Laute Liebesklang»; Zelter nahm es – unter dem Titel «Ständchen» – in den zweiten Band seiner «Zwölf Lieder, am Clavier zu singen» (1801) auf. Der Verfasser des Gedichts konnte nicht ermittelt werden.

«Herbstlied»: Zelters Vertonung des gleichnamigen Gedichts von Johann Ludwig Tieck (1773–1853), romantischer Dichter und Journalist in Berlin, Jena und Hamburg, 1825 Dramaturg und Hofrat in Dresden, ab 1842 in Berlin.

musikalische Oper: Goethe beantwortete diese Anfrage im Brief vom 20. Mai 1801 mit dem Hinweis auf sein Fragment gebliebenes Werk «Der Zauberflöte zweiter Teil» (6, 1091).

«Iphigenia»: Goethes Schauspiel «Iphigenie auf Tauris». Die erste Fassung, in Prosa geschrieben, wurde Ende März 1779 abgeschlossen (6, 102). Ihr folgten noch drei Umarbeitungen; die endgültige, in fünffüßigen Jamben, stammt aus dem Jahr 1786 (6, 148).

dramatischer Versuche: Um 1788 arbeitete Zelter an einer Oper «Das Orakel» nach einer Textvorlage des Leipziger Dichters und Professors Christian Fürchtegott Gellert (1715–1769). In seiner Zelter-Biographie erwähnt Georg Richard Krause zudem ein Ballett «Columbine» nach einer Idee des Berliner Bildhauers und Direktors der Akademie der Künste Johann Gottfried Schadow (1764–1850).

größeres Theater: Das vom Architekten Carl Gotthard Langhans (1732–1808), dem Direktor des Oberhofbauamtes in Berlin, erbaute Neue Schauspielhaus wurde am 1. Januar 1802 eröffnet.

Fasch: Der Komponist Karl Friedrich Christian Fasch (1736–1800), neben C. Ph. E. Bach zweiter Clavicembalist am Hofe Friedrichs des Großen, Begründer und Leiter der Berliner Singakademie, dessen Nachfolge sein Schüler Zelter 1800 antrat.

*

An Zelter

Sie haben durch das Denkmal, das Sie Faschen errichtet, ein sehr verdienstliches Werk vollendet und auch mir dadurch recht viel Vergnügen gemacht.

Das Andenken an ein vergangenes Menschenleben zieht sich so sehr ins Enge zusammen, daß die Neigung erst wieder die Asche palingenesieren und den verklärten Phönix unserm Auge darstellen muß. Jeder Biedermann darf wünschen, auf diese Weise von dem Freunde, dem Schüler, dem Kunstgenossen dereinst geschildert zu werden.

Wie übel nehmen sich gegen ein so liebevoll wieder auferwecktes Individuum jene Nekrologen aus, die, indem sie das, was Gutes und Böses durch das Leben eines bedeutenden Menschen von der Menge gewähnt und geklatscht worden, gleich nach seinem Verscheiden emsig gegeneinanderstellen, seine sogenannten Tugenden und Fehler mit heuchlerischer Gerechtigkeit aufstutzen und dadurch, weit schlimmer als der Tod, eine Personalität zerstören, die nur in der lebendigen Vereinigung solcher entgegengesetzten Eigenschaften gedacht werden kann.

Die Entstehung der sechszehenstimmigen Messe und der daraus hervorwachsenden Singgesellschaft hat mich besonders ergötzt. Wie sehr habe ich dem guten Fasch gegönnt, daß er so glücklich war, eine solche Idee zuletzt noch realisiert zu sehen.

In einem frühern Briefe, auf den ich Ihnen leider die Antwort schuldig geblieben, fragen Sie an, ob nicht etwas, das einer Oper ähnlich sieht, sich unter meinen Papieren befinde.

Von einem zweiten Teil der «Zauberflöte» werden Sie die ersten Szenen in dem nächsten Wilmannischen Taschenbuche finden; zu einem ernsthaften Singstücke, «Die Danaiden», worin nach Art der älteren griechischen Tragödie der Chor als Hauptgegenstand erscheinen sollte, hatte ich vor einigen Jahren den Entwurf gemacht; aber keins von beiden Stücken werde ich wohl jemals ausführen. Man müßte mit dem Komponisten zusammenleben und für ein bestimmtes Theater arbeiten, sonst kann nicht leicht aus einer solchen Unternehmung etwas werden.

Senden Sie mir doch von Zeit zu Zeit etwas von Ihren Kompositionen, die mir viel Vergnügen machen. Übrigens lebe ich in keiner musikalischen Sphäre; wir reproduzieren das ganze Jahr bald diese, bald jene Musik, aber wo keine Produktion ist, kann eine Kunst nicht lebendig empfunden werden.

Leben Sie wohl und gedenken mein. Goethe

Weimar, am 29. Mai 1801.

das Denkmal: Zelters Abhandlung «Carl Friedrich Christian Fasch. Mit dessen Bildnis», Berlin 1801.

palingenesieren: umschaffen, verwandeln; von Palingenesie = Wiedergeburt, Wiederholung.

sechszehenstimmigen Messe... Singgesellschaft: Als es den Sängern der Königlichen Oper nicht gelang, Faschs anspruchsvolle sechzehnstimmige Messe für Chor a capella zu des Komponisten Zufriedenheit aufzuführen, beschloß dieser, seine Hoffnungen künftig auf sangesfreudige Laien zu setzen. Aus ihnen entstand 1791 die Berliner Singakademie.

Wilmannischen Taschenbuche: Im «Taschenbuch der Liebe und der Freundschaft» auf das Jahr 1802, herausgegeben von Friedrich Wilmans, Buchhändler und Schriftsteller in Bremen, ist Goethes «Zauberflöten»-Fragment erstmals veröffentlicht worden.

«Die Danaiden»: Ein ins Jahr 1797 zurückreichender, nicht erhaltener Opernentwurf Goethes.

*

An Zelter

Seitdem Sie, werter Herr Zelter, nichts von mir vernommen, bin ich, ohne eine weite Reise zu machen, meist von Hause entfernt gewesen. In Lauchstädt hatte ich dem Bau eines neuen Theaters vorzustehen und die Eröffnung desselben einzuleiten, wobei denn, wie gewöhnlich in solchen Fällen, für das Vergnügen anderer mit wenig eigenem Vergnügen zu sorgen war. Sodann verweilte ich eine Zeitlang in Jena, in literarischer und bibliothekarischer Einsamkeit; doch haben weder Lärm noch Stille diesmal etwas hervorgebracht, woran der Tonkünstler sein Behagen finden könnte.

Wir wollen hoffen, daß eine freundschaftliche Geselligkeit des Winters uns wieder manchmal in einen lyrischen Zustand versetzen wird, welches denn wohl am sichersten geschähe, wenn Sie Ihren Vorsatz ausführten und wieder zu uns kämen. Geben Sie mir doch hierüber bei Zeiten eine freundliche Gewißheit.

Für die gute Aufnahme des jungen Steffany nehmen Sie meinen besten Dank, der sich verdoppeln wird, wenn Sie die Gefälligkeit haben wollen, mir ein Wort über die Ihnen etwa bekannte Aufführung des jungen Menschen zu sagen. Was für Collegia würden Sie ihm diesen Winter anraten? welchen Aufwand erfordern sie? und könnte man ihm etwa durch irgendein Vorwort hierin eine Erleichterung und einen unentgeltlichen Eintritt verschaffen? Möchten Sie mir wohl hierüber bald Ihre Gedanken mitteilen.

Das Vorspiel, das ich zu der Eröffnung des Lauchstädter Theaters gemacht habe, werden Sie bald gedruckt sehen. Anfangs hatte ich keine Neigung, es herauszugeben, weil alles auf die Gelegenheit, den Moment, die Individualität des Personals, die Gewalt der Musik und der übrigen sinnlichen Darstellung berechnet war; nun mag denn aber, was auf dem Papiere stehen geblieben ist, auch in die Welt gehen und wirken, so gut es kann.

Geben Sie mir bald ein Zeichen Ihres Andenkens!

Weimar, den 31. August 1802. Goethe

Lauchstädt: Am 21. Juni 1802 begab sich Goethe nach Lauchstädt; dort wurde am 26. Juni das neue Theater mit Goethes Vorspiel «Was wir bringen» (3, 592) und mit Mozarts Oper «Titus» eröffnet.

Jena: Am 3. August 1802 fuhr Goethe für drei Wochen nach Jena.

des jungen Steffany: Am 1. April 1802 schrieb Goethe an Zelter: «Einer unserer tüchtigen Geschäftsmänner, der subalternen Klasse, hat seinen Sohn zum Zimmermann bestimmt. Dieser junge Mensch hat drei Jahre in der Lehre gestanden und nun ¾ Jahre bei uns als Geselle gearbeitet. Nun möchte man ihn in die Fremde schicken, und man glaubt, daß er in Berlin vieles zu lernen Gelegenheit finden würde.» Es handelt sich um den Sohn des Jenaer Bauverwalters Georg Christoph Steffany; Goethe hatte den Auftrag übernommen, über die Möglichkeit einer Berliner Anstellung bei Zelter Auskunft einzuholen. Am 7. April 1802 antwortete Zelter: «Ihr junger Zimmermann wird uns willkommen sein, und er kann von nun an so bald herwandern, als er will, und gleich hier in Arbeit treten.»

Vorspiel: Vgl. o. Anm. zu *Lauchstädt*.

An Goethe Berlin, den 6. Oktober 1802

Endlich kann ich Ihnen berichten, daß der junge Steffany bei der Bauakademie aufgenommen ist und noch heute seine Matrikel erhalten wird. Er ist willens, die Geometrie nebst der Trigonometrie und Körperlehre, Feldmessen, Statik und endlich das Collegium über Brücken-, Schleusen-, Hafen- und Wegebau zu hören. Der Geldbetrag für diese Collegia wird nach meiner Rechnung etwa gegen fünf- bis sechsunddreißig Taler betragen können, welche er zum Teil, so wie er sie zu bezahlen gehalten ist, schon von mir empfangen hat. Er wird sehr fleißig sein müssen, wenn er dabei noch etwas im Zeichnen tun will, besonders da die kurzen und finstern Tage des Winters das letztere erschweren. Dieses habe ich ihm vorgestellt, und er hat versprochen, sein Möglichstes zu tun. Was ich dabei helfen und dienen kann, wird gern geschehen. Er ist jetzt fast täglich in meinem Hause bei meinem Sohne, und die beiden jungen Leute scheinen Geschmack aneinander zu finden. Indessen bin ich mit meinem Sohne in der letzten Zeit nicht eben zufrieden. Er braucht zu viel Geld und weiß keine offene Rechenschaft von dessen Gebrauche abzulegen. Da er bis jetzt gemauert hat, so hat er von mir Gesellenlohn, das ist monatlich 10 rh., und außerdem alles frei erhalten; dabei aber hat er sich eine Schuld von 62 rh. auf den Hals gebracht, die ich nur im äußersten Fall zu zahlen entschlossen bin. Künftigen Montag werde ich ihn zum Gesellen sprechen, und dann hat er den blauen Himmel vor sich und mein Gebot hinter sich.

Warum ich Ihnen, mein ehrwürdigster Freund, dies schreibe, hat keine geringere Absicht, als Sie zu bewegen, mir ein Mittel vorzuschlagen, diesen jungen Menschen, der wirklich eigne Anlagen hat, auf einen Weg zu bringen, der bei einiger Analogie mit seinem Talent ihm selbst begreiflich und angenehm wird. Er ist mein Stiefsohn, und ich habe bis daher für ihn und seine zwei Schwestern getan, was ich vielleicht für meine übrigen acht Kinder nicht so kann. Sein Vater und seine Mutter, die die schönste Frau in Berlin war, sind nicht mehr, aber ich liebe diese Kinder mit Zittern, und es würde mich zum unglücklichsten Manne machen, wenn dieser junge Mensch ganz umschlüge, was sehr leicht möglich ist. Ich schicke ihn deshalb fort von hier, weil die hiesige *race* der Jünglinge großenteils durch Stumpfheit, Leerheit und Verachtung alles Ernstes sehr herunter ist. Nach Paris schicke ich ihn deswegen, weil es dort wenigstens Leben, Treiben und Geschäftigkeit gibt, die einen jungen Menschen von Anlagen in Bewegung setzen können, denn das Gekrieche hier auf dem Steinpflaster und im Sande herum tötet den letzten Funken, woran die Alten selber schuld sind und sich noch viel damit wissen. Meine Frage also wäre: ob es wohl nicht recht gut wäre, wenn Sie einmal einige ernsthafte Worte an den jungen Steffany ergehn ließen, die meinem Sohn, der Ihren Namen vergöttert, zugleich zum Heil würden; es würde ganz gewiß viel Gutes wirken, und der Steffany würde sich nicht weiter führen lassen als er weiß, daß er mitgehn soll. Besonders hat dieser eine Art von Zurückhaltung gegen mich, welche wohl freilich nur Schüchternheit ist; denn wenn ich ihn zum Essen bitten lasse, so kömmt er nach Tische und hat schon gegessen, obgleich er des Abends mit meinem Sohne auf dessen Stube isset. Ich weiß, daß ich in Ihrer Gunst stehe, und fühle es als mein Glück, deshalb mute ich Ihnen zu, daß Sie mich über meine Frage belehren werden. Künftiges Frühjahr soll mein Sohn also fort. Er hat selbst beschlossen, über Weimar zu gehn, welches mir recht ist. Er soll Ihnen einen Brief von mir bringen; aber er soll Deutschland nicht verlassen, ohne das Antlitz des größten deutschen Mannes zu sehn.

Vergeben Sie mir meinen langen Brief und empfehlen Sie mich Ihrem teuren Hause. Zelter.

bei meinem Sohne: Zelters am 30. August 1784 geborener Stiefsohn Karl Ludwig Flöricke; er führte ab 1809 als Maurermeister das väterliche Baugeschäft; nahm sich am 14. November 1812 das Leben (Vgl. Zelters Brief vom 14. November 1812, S. 96).

seine zwei Schwestern: Zelters Stieftöchter Susanne Henriette Wilhelmine Flöricke (1780–1849) und Caroline Friederike Eleonore Flöricke (1782–1852).

meine übrigen acht Kinder: Aus Zelters erster Ehe mit Johanna Sophia Eleonora Flöricke, geb. Kappel (1761–1795) stammen sechs Kinder: Johanna Urania Adelheid (1789–1870), Georg Friedrich (1789–1827), Juliane (1791–1862), Dorothea Augusta, genannt Doris (1792–1852), Charlotte Rosamunde (1794–1862) und Angelica Augusta (1795–1863). Zwei weitere Töchter, Augusta Angelica und Clara Sophie, starben kurz nach der Geburt. Aus Zelters zweiter Ehe mit Juliane Caroline Auguste Pappritz (1767–1806) stammen zwei Kinder: Adolf Raphael (1799–1816) und Clara Antigone (1800–1816).

Vater ... Mutter: August Wilhelm Flöricke (1747–1786), Kaufmann, Inhaber einer Spezereihandlung in Berlin, sowie Johanna Sophia Eleonora Flöricke, geb. Kappel; sie vermählte sich am 28. Oktober 1787 mit Zelter.

*

An Zelter

Der Fall, mein wertester Herr Zelter, wegen dessen Sie sich an mich wenden, ist gewöhnlich, aber bedenklich. Der Mensch löst sich freilich gar zu geschwind von denen los, denen er noch manchen Rat und Beistand verdanken könnte; doch diese Unart dient zu seinem Glück, wenn er sich dereinst selbst helfen muß und jeden Rat und Beistand entbehrt. Die Schwierigkeit bleibt immer, bei Jungen und Alten, daß derjenige, der sein eigner Herr sein will, sich auch selbst zu beherrschen wisse, und dieser Punkt wird in der Erziehung aus mehr als Einer Ursache verabsäumt. Die Weise, wie ich darüber denke, benimmt mir alle Hoffnung an ein schriftliches Wirken gegen Entfernte und gewissermaßen Fremde. In der Gegenwart läßt sich manches leisten; aber nur durch stetige Behandlung.

Das zurückgezogene Wesen des jungen Steffany kenne ich auch an ihm und andern jungen Leuten. Jeder gebildete Mann benimmt ihnen gleich völlig alle Freiheit, und sie mögen sich nicht gerne da befinden, wo sie sich zu weit zurück, ja vielleicht gar in einem Gegensatz fühlen.

Wie gern möchte ich mit Ihnen eine solche Materie durchsprechen, die, weil sie sich an alles anschließt, schriftlich so schwer zu behandeln ist.

Noch habe ich nicht alle Hoffnung verloren, Sie diesen Winter bei uns zu sehen. Professor Meyer heiratet und ist ausgezogen. Sie finden deshalb ein leidlicher Quartier.

Voß hat, wie Sie wohl wissen, Eutin verlassen und sich in Jena angekauft. Er wünscht sehnlich, mit uns andern, Sie wiederzusehen.

Wenn ich gegenwärtig von kleinen Gedichten nichts schicke, so verzeihen Sie. Ich bin eben im Begriff, eine Partie derselben durchzuarbeiten, und mag sie gern zusammenhalten, bis ich an jedem in seiner Art nichts weiter tun kann.

Wenn Sie Ihren Sohn in die Welt schicken, so lassen Sie ihn bei mir vorbeigehen. Haben Sie die Güte, sich des jungen Steffanys ferner anzunehmen, und besuchen uns, sobald es möglich ist.

Weimar, am 3. November 1802 Goethe.

bei uns zu sehen: Die Begegnung zwischen Goethe und Zelter – es handelt sich um ihre zweite; die erste hatte vom 24. bis 28. Februar 1802 stattgefunden – kam dann in der ersten Junihälfte 1803 zustande.

Professor Meyer: Johann Heinrich Meyer (1759–1832), Maler und Kunstschriftsteller aus Stäfa am Zürichsee, ab 1795 Lehrer an der Zeichenschule in Weimar, gehörte zu Goethes Vertrauten. Bis kurz vor seiner Heirat mit Amalie Karoline v. Koppenfels (* 1771) am 12. Januar 1803 hatte er im Haus am Frauenplan gewohnt.

Voß: Johann Heinrich Voß (1751–1826), Dichter sowie berühmter, wenn auch umstrittener, Homer- und Horaz-Übersetzer; Herausgeber des Göttinger Musenalmanachs; war Rektor in Otterndorf und anschließend in Eutin. Verlegte 1802 seinen Wohnsitz nach Jena.

Ihren Sohn: Zelters Stiefsohn Karl Ludwig Flöricke.

*

An Zelter

Ich begreife recht wohl, daß eine Entschließung dazu gehört, seinen Kreis zu verlassen und in dieser Jahrszeit auswärtige Freunde aufzusuchen. Diesmal aber hat mich Ihr absagender Brief in gar vielfachem Sinne betrübt. Außer dem, was wir für das Allgemeine und Höhere der Kunst durch Kommunikation würden gewonnen haben, bin ich noch in dem besondern Fall, daß ich diesen Winter mit der Organisation der Oper und des Orchesters mehr für die Zukunft als für den Augenblick beschäftigt bin, wobei ich Ihren Beistand mir als ganz unentbehrlich gedacht habe.

Die Wichtigkeit des alten sprichwörtlichen Rates: Gehe vor die rechte Schmiede! ist mir früh einleuchtend gewesen; aber was hilft die Einsicht, wenn die Schmiede so weit liegt, daß man mit seinem Geschirr sie nicht erreichen kann?

Ich darf daher die Hoffnung, Sie zu sehen, nicht aufgeben und tue deswegen einen Vorschlag, den Sie freundlich aufnehmen werden.

Wäre es möglich, daß Sie mehr oder weniger Zeit fänden, einen Ausflug zu uns zu unternehmen, so würde ich in meiner gegenwärtigen Lage und in Rücksicht des großen Vorteils, den ich für die Anstalten, die mir am Herzen liegen, durch Sie erwarte, mich verpflichtet fühlen, Ihnen wenigstens die Kosten der Hin- und Herreise zu erstatten und für Ihren hiesigen Aufenthalt zu sorgen. Wollten Sie alsdann die Beschwerlichkeit der Reise und die Verwendung Ihrer kostbaren Zeit gegen das Vergnügen aufrechnen, das Sie allenfalls bei uns genießen möchten, so blieben wir doch nicht in so hohem Grad Ihre Schuldner, und es ließe sich vielleicht eine Leitung treffen, daß wir uns, wo nicht mit Ihrem großen Vorteil, doch wenigstens ohne Ihren ökonomischen Nachteil auch künftig öfters sehen könnten.

Bedenken Sie das und sagen mir Ihre Gedanken über diesen Vorschlag, auf den ich um so eher eine günstige Antwort hoffe, als Sie wegen Zeit keineswegs geniert sind und binnen hier und Pfingsten Ihre Ankunft uns jeden Tag willkommen sein würde.

Noch steht Ihr Zimmer ruhig und bereit, Sie zu empfangen.

Alle Freunde gedenken Ihrer mit Enthusiasmus, welcher durch die gestern erst wieder aufgeführten neuen Kompositionen des «Reiterliedes» und der «Zwerge» aufs neue angefacht worden. Schiller dankt sehr lebhaft.

Es ist ein neuer Tenor bei uns angelangt, der eine sehr schöne Stimme hat, aber in jedem Sinne Noviz ist. Was würde ihm und uns ein Wink sein, auf welche Weise er sich weiterzubilden hätte! Ich nenne nur dieses einzige Glied aus der Kette der Verbindlichkeiten, die wir Ihnen schuldig zu werden wünschten.

Daß die Verbesserung unsers Theaters und besonders der Musik, in Rücksicht der Vermählung unseres Erbprinzen und der in dem letzten Viertel des gegenwärtigen Jahres notwendigen Feste und so weiter, ein ernsthaftes Geschäft sei, brauche ich nicht zu sagen, so wie ich meine getane Vorschläge und Bitten nicht wiederhole.

Die verlangte sehr liebenswürdige Komposition liegt bei.

Wenn Sie die von Herder ehemals herausgegebenen «Volkslieder» durchlaufen sowie seine «Zerstreuten Blätter», finden Sie gewiß manches, was Sie anspricht. Ich wünsche sehr, daß in meinen kleinen Konzerten jeder Freund sich über sich selbst verwundere, wenn er seine Arbeiten durch Ihr Organ wieder vernimmt.

Sagen Sie mir doch ein gründliches Wort, wie Sie Madame Mara gefunden.

Leben Sie recht wohl und lassen mir bald ein erfreuliches Wort hören. Goethe.

Weimar, den 10. März 1803.

absagender Brief: Am 3. Februar 1803 hatte Zelter geschrieben, daß er «die schöne Hoffnung, einige Tage des Winters in Weimar zu leben, wohl werde aufgeben müssen».

Organisation der Oper: Von 1791 bis 1817 amtierte Goethe als Intendant des Weimarer Hoftheaters.

des «Reiterliedes»: Es handelt sich um Zelters Bühnenmusik zu Schillers Stück «Wallensteins Lager», 11. Auftritt («Wohl auf, Kameraden, aufs Pferd, aufs Pferd!»)

«Zwerge»: Zelters Vertonung von Goethes Gedicht «Hochzeitslied» (1, 123).

Tenor: Der am Stuttgarter Theater wirkende Sänger Franz Brand.

Vermählung: Die Vermählung des Erbprinzen Karl Friedrich von Sachsen-Weimar-Eisenach mit der Großfürstin Maria Paulowna, der Tochter des 1801 ermordeten Zaren Paul I., fand am 3. August 1804 statt.

«Volkslieder» ... «Zerstreute Blätter»: In den Jahren 1778/79 erschienen in zwei Teilen die vom Geschichtsphilosophen und Dichter Johann Gottfried Herder (1744–1803) herausgegebenen «Volkslieder»: eine Sammlung von ins Deutsche übersetzten englischen, schottischen, spanischen, lettischen, litauischen, altnordischen und griechischen Liedern. Später gab Herder insgesamt sechs Sammlungen der «Zerstreuten Blätter» heraus; sie erschienen in den Jahren 1784, 1786/87, 1792/93 und 1797.

Madame Mara: Die Opernsängerin Elisabeth Gertrud Mara, geb. Schmehling (1749–1833), ab 1766 in Leipzig und Dresden, 1771 auf Lebenszeit an die Berliner Hofoper berufen; daneben ausgedehnte Gastspieltätigkeit in ganz Europa.

*

An Goethe Berlin, 15. Julius 1803.

Herr Geheimer Rat v. Wolzogen ist so willfährig gewesen, durch einen Bekannten sechs Exemplare meiner Lieder für Sie mit abgehen zu lassen. Eins davon war für Schillern und eins für den guten Ehlers bestimmt, die übrigen sollen Ihrer Disposition unterworfen sein.

Seit meiner Zurückkunft von Weimar und Dresden hat sich ein neuer Zustand in mir angefunden. Ich habe Ihren «Cellini» gelesen, den ich, teils aus Zeitmangel und anderer unerheblichen Ursachen wegen, unverantwortlicher Weise noch nicht gelesen hatte, obschon ich wußte, daß der «Cellini» in den «Horen» schon vor Jahren erschienen ist. Ich habe das Buch mit unnennbarem Anteil gelesen und bin davon durch und durch erschüttert. Alle Gedanken an die Dinge der Welt sind mir davon vergangen, und die Sehnsucht nach Italien hat sich meiner wieder so bemeistert, daß ich nichts als weinen möchte. Herr v. Wolzogen hat mit mir über die Tunlichkeit gesprochen, mich in dies Vaterland der Musen zu führen. Ich habe seine wohlmeinende Absicht erkannt, woher sie kömmt. Was für Talente und Produkte könnte ich vorzeigen, um mich einer für mich so kostbaren Unternehmung würdig zu beweisen? da alles noch in mir wie im Schoß der Mutter ruht und auf eine Zeit hofft, die wohl niemals erscheint. Jeder Nerv meines Geistes fängt erst jetzt an, sich nach und nach loszumachen von den Bändern und Schienen, die Zufall und Gehorsam ihm angelegt hatten, und nun, da ich immer verständiger und zahmer werden sollte, fühlte ich mich wie ein junges Pferd, das zum erstenmal seine Freiheit ahndet.

Beinahe 30 Jahre habe ich die Last und den Druck getragen, die mich auf dem flachen Boden halten, indem mich eine unbekannte Macht nach oben zieht, und ich lebe noch und kann noch ruhig scheinen, wo die höchste Anstrengung meines Leibs und Gemüts nicht sichtbar werden soll.

Hätte ich doch das Glück zwanzig Jahre eher gehabt, in Ihren Kreis zu geraten! Alles um mich her in dieser großen Stadt lebt von dem, was es liebt, und ihm ist wohl bei dem, was es treibt. Ich darf nicht einmal dreist sagen, was ich liebe, und was ich bin, soll ich nicht sein. Was ich so machen kann, wie es keiner macht, verlangt keiner, und was die meisten wenigstens eben so gut als ich können, gibt mir ein saures Brot, das ich ohne Freude über vergoßnen Schweiß genieße.

Aus dieser Darstellung sollen Sie, mein ehrwürdiger Freund, beurteilen, was Sie mir wert sind, indem Sie mich wert achten. So viele Jahre habe ich mit Anstrengung mein Innerstes meinen nächsten Nachbarn verhehlt, und Sie haben in der Ferne den Schleier hinweggezogen. Von meiner Ergebenheit gegen Sie sage ich Ihnen nichts, denn was sollte ich wohl sagen? Nur zeigen möchte ich Ihnen, was ich durch Sie sein könnte.

Wie mich manchmal die ungeheure Leidenschaft zur Kunst anpackt und mich nicht loslassen will, bis ich meine Kleinen ansehe. Dann gibt sich's wieder, und ich bin wieder der alte.

Ich hätte billig vorher daran denken sollen, meinen äußern Zustand zu verändern. Die Furcht, ein unzulängliches Talent zu kultivieren, so wie der Mangel aller Ermunterung haben mich fast erdrückt. Bei dem allen bin ich doch dahin gekommen, in der Kunst das Bessere vom Guten zu unterscheiden, in der Kunst, die eben so wie ich unter dem Druck einer populären Sensation erstickt.

Ihre «Natürliche Tochter» ist bis heute zweimal gegeben worden. Was soll ich Ihnen davon sagen? Alle hier tun, was sie können, und jeder das Seinige, wie er nun ist. Daß wir hier zu Lande vor der Hand dahin kommen, etwas Natürliches natürlich zu finden und zu gebrauchen, dazu ist vor der Hand keine Aussicht, doch kann es besser werden. Die Hoffnung ist schwach, aber nicht unmöglich. Eine totale Geschmacksfinsternis, die nicht von der Stelle rückt, in die sich alles einfugt, dem das Denken sauer wird, die ihren höchsten Genuß in der Mäkelei, Vergleichungssucht, kurz die Lust in der Unlust zu finden meint, kann nur durch eine gewaltsame Explosion aus der stinkenden Ruhe in einen andern Zustand übergehn, und was dann draus wird, muß man wieder hinnehmen. Wer von dem Undank unserer Kunstwelt will zu erzählen haben, darf sich nur um sie bemühen.

Brockmann aus Wien ist jetzt hier und hat im «Clavigo» den Beaumarchais gespielt. Er ist mit jauchzendem Beifall empfangen worden. Meines Urteils über sein Spiel enthalte ich mich, da er ein Mann ist, der einen großen Ruf für sich hat. Gut hat er in jedem Falle gespielt, doch nun verstehe ich erst ganz, was der brave Fleck, der nichts recht machen konnte, für ein Mann gewesen ist.

Den 7. August. Indem ich Ihren lieben Brief vom 28. Julius erhielt, hatte ich so eben Schillers Vorrede zur «Braut von Messina» mit Muße gelesen und bereits Hand an einen Versuch gelegt, die Chöre des Stücks in eine musikalische Form zu bringen. Soviel habe ich bis jetzt gesehn, daß ich ein ruhiges Jahr haben müßte, glücklich in das neue Genre hineinzugeraten. Sobald etwa soviel fertig ist, daß man es erkennen kann, schreibe ich Ihnen über meinem Fund. Was Sie mir über die Chöre geschrieben, ist mir sehr nützlich dabei gewesen, weil es mir mehr um eine bestimmte Ansicht des alten griechischen Chors als um meine neue Erfindung zu tun ist. Der Musiker ist so auf eine horrible Art unter dem Dichter geordnet und bedarf außerdem der ganzen Kraft seiner Kunst. Ihr Gedanke, einen Versuch mit einem kurzen Oratorio zu machen, ist vortrefflich, und ich wünschte aus mehr als einer Ursache ihn ausgeführt zu sehn. Es ist ein neuer Weg zum Herzen, und ich denke unaufhörlich daran.

Daß Ihnen jemand ein Buch dedizieren könnte, ohne es Ihnen zu senden, ist mir gar nicht beigefallen. Es ist Ihnen und Herren Müller (wahrscheinlich dem Kantor der Leipziger Thomasschule) dediziert.

Sobald die «Natürliche Tochter» wieder gegeben wird, will ich mich bemühen, alles zu verstehn, was unsere Schauspieler reden, und Ihnen darüber schreiben, was ich kann. Es ist fast unmöglich, in dem großen schallenden Hause einen ganzen Vers zu gewinnen, und über die Plage vergeht einem zuletzt aller Mut. Die Komödienzettel werde ich sammeln und Ihnen zuschicken.

Ihre Lieder sollen mir höchst willkommen sein, zumal jetzt, da ich vor lauter Arbeit nicht arbeiten kann. Mit Schmerzen habe ich schon auf die Erscheinung der «Natürlichen Tochter» gehofft, allein es ist noch nicht zu bekommen.

Was ich über das Orchesterwesen niedergeschrieben, erhalten Sie anbei. Etwas Vollständiges ließe sich nur hervorbringen, wenn man eine Zeitlang mit einem Orchester unablässig zu tun hätte. Ich wünschte zu wissen, ob Ihnen das Wenige interessant ist und ob ich Ihnen von Zeit zu Zeit mehr darüber schreiben darf; doch dann müßte ich die Blätter zurückhaben, von welchen ich keine Kopie genommen. Es wäre gar viel zu sagen, und worüber Sie Auskunft verlangten, würde ich Ihnen gar gerne dienen. Ich glaube das Wesen zu kennen wie einer und jetzt besser darüber reden zu können wie alle, die an der Ordnung sind. Es müßte eine ganz neue Zucht eingeführt werden, wenn etwas gewonnen werden sollte.

Leben Sie so wohl, als ich es wünsche, und empfehlen mich Ihrem lieben Hause. Auf ewig. Ihr Zelter.

Wolzogen: Friedrich Wilhelm Ernst von Wolzogen (1762–1809), Legationsrat, 1796 Kammerherr Karl Augusts, dann Geheimrat in Weimar.

Ehlers: Wilhelm Ehlers (1774–1854), Opernsänger, Schauspieler und Komponist, 1801 bis 1805 am Weimarer Hoftheater; vertonte Gedichte Goethes.

«Cellini» ... in den «Horen»: Goethes Übersetzung der 1728 erstmals veröffentlichten Lebensbeschreibung des Goldschmieds und Bildhauers Benvenuto Cellini (1500–1571). Die Übersetzung wurde zuerst im 2. und 3. Jahrgang der von Schiller herausgegebenen literarischen Zeitschrift «Die Horen» (1796/97) veröffentlicht; die leicht veränderte und um einen Anhang erweiterte Buchfassung erschien 1803 bei Cotta (15, 415).

Sehnsucht nach Italien: Von dieser Sehnsucht ist in den folgenden Jahren noch mehrmals die Rede. So schrieb Zelter am 2. Juli 1805: «Ich denke jetzt auf nichts, als wie ich nach Italien kommen soll, um wenigstens zwei Jahre dort zu sein; denn ein Jahr würde draufgehn, zu verschnaufen, den gewohnten Menschen abzulegen und mich an die neue Luft zu gewöhnen.» Auch nach der Besetzung Berlins durch die napoleonischen Truppen spielte Zelter mit dem Gedanken an eine Italien-Reise (vgl. Zelters Brief vom 6. August 1807, S. 47). Im folgenden Jahr gab er diesen Gedanken auf und schrieb am 27. Januar 1808: «Meine italienische Reise habe ich aufgeben müssen. Ich glaube diese Neigung jetzt bemeistert zu haben und kann mit Ruhe daran denken, besonders wann mir einfällt, daß im 50. Jahre sich eine Neigung zur Bequemlichkeit einstellt, die mit einem nomadischen Leben auf fremdem Grund und Boden nicht verträglich ist.»

«Natürliche Tochter»: Die Berliner Erstaufführung von Goethes Trauerspiel «Die natürliche Tochter» (6, 315) fand am 12. Juli 1803 statt.

Brockmann: Johann Franz Hieronymus Brockmann (1745–1812), ab 1778 als Schauspieler am Wiener Burgtheater, 1789 bis 1791 als dessen Leiter.

«Clavigo»: Goethes Trauerspiel «Clavigo» (4, 754).

Fleck: Johann Friedrich Ferdinand Fleck (1757–1801), kam 1783 nach Berlin, wo er 1786 Mitglied des Nationaltheaters und 1790 auch dessen Regisseur wurde.

«Braut von Messina»: In der Vorrede zu seinem Trauerspiel «Die Braut von Messina» äußerte sich Schiller über den Chor in der antiken Tragödie.

über die Chöre geschrieben: Bezugnehmend auf Schillers Vorrede zu seiner «Braut von Messina» und im Hinblick auf Zelters Versuch, eine Bühnenmusik zu Schillers Tragödie zu komponieren, schrieb Goethe im Brief vom 28. Juli 1803 einen ausführlichen, historisch-informativen Kommentar zum Wesen und zur Entwicklung des Chors in der griechischen Tragödie.

ein Buch: Ignaz Ernst Ferdinand Arnold: «Mozarts Geist. Seine kurze Biografie und ästhetische Darstellung seiner Werke», Erfurt 1803 (mit gedruckter Widmung an Goethe).

Herren Müller: August Eberhard Müller (1767–1817), Komponist und Organist in Leipzig.

großen, schallenden Hause: Das 1802 eröffnete Neue Schauspielhaus.

Orchesterwesen: Am 28. Juli 1803 fragte Goethe: «Mögen Sie mir einmal die Pflichten eines Konzertmeisters skizzieren? soviel als allenfalls für unsereinen zu wissen nötig ist, um einen solchen Mann einigermaßen zu beurteilen und allenfalls zu leiten.»

So mancher Reisende zeugt von Ihren Werken und Taten, insofern sie erscheinen und nach außen wirken; Ihr erquikkender Brief läßt mich ins Innre sehen, wo keine Stahlfeder treibt, sondern ein lebendiger Geist anregt. Wie schätz' ich Sie glücklich, daß Sie in diesem selbstgeschaffnen Elemente bildend fortwirken und daß Sie hoffen können, auch etwas für die Dauer geleistet zu haben! Dabei muß man denn auch, däucht mich, der großen Masse zu Ehren reden, auf die man oft schilt, die aber denn doch die bildsamen Organe hergibt und auch Mittel verleiht, das Geleistete fortzupflanzen. Wir andern in unsern engen Kreisen tun, wie Zauberer, augenblickliche Wunder und sehen sogleich jedes aus der Luft gegriffne Phantom wieder in Luft zerfließen.

Haben Sie Abschrift oder Konzept Ihres eingereichten Aufsatzes, so teilen Sie mir ihn mit, daß ich mich daran labe. Was Sie davon melden, ist ganz nach meinem Herzen.

Freilich haben die Menschen überhaupt gewöhnlich nur den Begriff vom Neben- und Miteinander, nicht das Gefühl vom In- und Durcheinander, denn man begreift nur, was man selbst machen kann, und man faßt nur, was man selbst hervorbringen kann. Weil in der Erfahrung alles zerstückelt erscheint, so glaubt man das Höchste auch aus Stücken zusammensetzen zu können.

Von dem herrlichen Genuß, den Sie so manchem gewähren, bin ich leider getrennt; was ich mir davon im Geiste zueigne, ist mir schon ein großes Gut. Sagen Sie mir manchmal ein frohes lebendiges Wort!

Fast möcht' ich schließen, doch füge noch einiges Besondre hinzu.

Was unser Schauspiel zu leisten vermag, hat sich beim «Tell» gezeigt, der recht gehörig gegeben worden. Unsre Oper ist dagegen desto unerfreulicher. Gestern fand ich Ihre schönen Bemerkungen über so manche Orchesterpunkte, davon ich keinen Gebrauch machen können, weil ich das chaotische Wesen eben aufgeben mußte. Darf ich etwa die kleinen Aufsätze in das Intelligenzblatt der «Jenaischen Allgemeinen Literaturzeitung» einrücken lassen? unter den Strich, am Ende, wo Sie manche gute Bemerkung über Kunst und Sprache werden gefunden haben. Darf ich W.K.F.

drunter setzen? wodurch wir die Aufsätze bezeichnen, die von uns oder ganz in unserm Sinne sind. Womöglich geben Sie uns auch bald eine Rezension.

Mein Schreiber ist von mir weggezogen, und so muß ich nach so vielen Jahren selbst wieder die Feder ergreifen. Ob ich einen andern finde, der mir ebenso bequem ist, ob ich eigenhändig ein besserer oder schlimmerer Korrespondent werde, muß sich zeigen.

Eben finde ich Ihren Brief, mit welchem Sie mir die Bemerkungen über Orchester schickten. Gewiß, wenn Sie solche gedruckt sähen, würden Sie gereizt werden, auf diesem Wege weiterzugehen und zu sprechen. Ich wünsche gar sehr Ihre Erlaubnis. So etwas, einmal im Publikum, bleibt nicht ohne Wirkung für uns alle.

Leben Sie recht wohl. Ich sinne, wie es möglich sein könnte, Sie dieses Jahr auf irgendeine Weise zu sehen.

Dank für die Komödienzettel. Fahren Sie mit dieser Gabe fort.

Weimar, den 28. März 1804. Goethe.

erquickender Brief: Zelters Brief vom 5. März 1804.

Aufsatzes: Auf Bitten des Freiherrn Fürst Karl August von Hardenberg (1750–1822), Kurator der Königlichen Akademie der Künste, 1791 bis 1807 preußischer Staatsminister und ab 1810 Staatskanzler, reichte Zelter am 28. September 1803 eine Schrift zuhanden der preußischen Kulturbehörden ein; darin plädierte er für eine staatlich beaufsichtigte und geförderte Musikpflege und -erziehung.

«Tell»: Schillers Schauspiel «Wilhelm Tell» wurde am 17. März 1804 im Weimarer Hoftheater uraufgeführt.

«Jenaischen Allgemeinen Literaturzeitung»: Auf Goethes Initiative hin wurde der seit 1797 in Jena wirkende Professor für alte Sprachen, Heinrich Karl Abraham Eichstädt (1772–1848), im Herbst 1803 mit der verwaisten Redaktion der «Jenaer Allgemeinen Literatur Zeitung» betraut. Goethe selbst warb eine Reihe von bedeutenden Mitarbeitern an und war der Zeitung von 1804 bis 1807 als Redakteur und Rezensent verbunden.

W. K. F.: Abkürzung für Weimarer Kunst-Freunde. Unter diesem Zeichen publizierten Goethe und Johann Heinrich Meyer (1759–1832), seit 1795 Lehrer an der Weimarer Zeichenschule und ab 1807 deren Direktor, ihre Mitteilungen über Kunstfragen.

Mein Schreiber: Johann Jakob Ludwig Geist (1776–1854), von 1795 bis 1804 Goethes Diener und Sekretär.

An Zelter

Ihr Aufsatz, verehrter Freund, hat mir und einigen Eingeweihten, denen ich solchen kommuniziert, viel Vergnügen gemacht, ja er hat uns erbaut, und wir sind in unserer Überzeugung vom Guten und Rechten gestärkt worden. Er ist ganz aus dem Grunde des Charakters und Talents hervorgegangen und muß auf einigermaßen empfängliche Gemüter die lebhafteste Wirkung hervorbringen. Was wird aber die Welt daran finden und daraus machen? die nicht gern hören mag, wenn man die Klagepunkte gegen sie artikuliert, und die freilich nicht daran denken kann, einen würdigen Genuß zu schaffen, den sie nicht kennt, sondern vielmehr nach einem flüchtigen hascht, der sich aus ihr selbst gebildet hat und ihr also gemäß ist.

Sehr schlimm ist es in unsern Tagen, daß jede Kunst, die doch eigentlich nur zuerst für die Lebenden wirken soll, sich, insofern sie tüchtig und der Ewigkeit wert ist, mit der Zeit im Widerspruch befindet und daß der echte Künstler oft einsam in Verzweiflung lebt, indem er überzeugt ist, daß er das besitzt und mitteilen könnte, was die Menschen suchen.

Wir sind darin mit Ihnen einverstanden, daß der Musik zuerst und allein durch den Kirchengesang zu helfen sei und daß für ein Gouvernement selbst in jedem Sinne nichts wünschenswerter sein müßte, als zugleich eine Kunst und höhere Gefühle zu nähren und die Quellen einer Religion zu reinigen, die dem Gebildeten und Ungebildeten gleich gemäß ist. Sie haben hierüber sich so schön und bündig ausgedrückt, daß man nichts hinzuzusetzen wüßte.

Nun wollten wir aber um der Wirkung willen Ihnen ans Herz legen, daß Sie wo möglich die Opposition, in der Sie mit der Zeit stehen, verbärgen, auch überhaupt mehr von den Vorteilen, welche Religion und Sitten aus einer solchen Anstalt ziehen, als von denjenigen sprächen, welche die Kunst zu erwarten hat. Zu dem Guten, von dem wir überzeugt sind, die Menschen zu bewegen, dürfen wir uns nicht unserer Argumente bedienen, sondern wir müssen bedenken, was ohngefähr die ihrigen wären.

Heute sage ich nicht mehr, damit Gegenwärtiges, das ich schon so lange verschoben, fortkomme. Der Aufsatz liegt bei, den ich mir habe abschreiben lassen, um ihn manchmal wieder zu lesen und solchen Freunden mitzuteilen, die sich daran erquicken.

Wie sehnlich wünschte ich, Sie in dem Wirkungskreise zu sehen, außerhalb dessen Sie, wie ich wohl fühle, nicht zufrieden leben können.

Haben Sie irgendeins meiner oder eines Freundes Lieder komponiert, so bitte ich, mir solche gefällig zuzusenden. Es ist zwar jetzt alles ton- und klanglos um mich her, aber was von Ihnen kommt, verschaffe ich mir doch zu hören, und ich fühle mich wieder auf eine ganze Zeit erfrischt.

Noch darf ich nicht vergessen, daß Sie in Berlin die Akquisition eines sehr interessanten Mannes gemacht haben, es ist Herr Doktor Tralles von Neuschatell; seine Kultur ruht auf mathematischem Grund und Boden, auch ist er in physischen und naturhistorischen Dingen sehr bewandert und ein durchaus heller und freier Kopf. Ich habe ihm empfohlen, Sie aufzusuchen, und ersuche Sie nun um das gleiche. Es sollte mich wundern, wenn Sie nicht mit ihm in ein schönes Verhältnis kommen können.

Leben Sie recht wohl und gedenken mein und schreiben mir bald wieder.

Weimar, den 13. Juli 1804. G.

Ihr Aufsatz: Vgl. Goethes Brief vom 28. März 1804, Anm. zu «Aufsatzes», S. 19.

Tralles von Neuschatell: Johann Georg Tralles (1763–1822) aus Neuchâtel (Schweiz) wurde als Professor der Physik nach Berlin berufen; am 5. und 6. Juli 1804 besuchte er Goethe in Weimar.

*

An Goethe Berlin, 22. Julius 1804.

Ihr herrlicher Brief vom 13. dieses hat mich erquickt wie ein Wort des Trostes aus Wolken; er hat mich nicht bloß gestärkt und erfrischt, er hat mir neue Quellen angewiesen, welche zu verfolgen ich nicht säumig sein werde. O, wie haben Sie recht! was wird die Welt dazu sagen, daß der Eine Tropfen im Strome nicht mit dem Strome fortwill? sie, die keine Eigenschaft des Stromes kennen will als ein gänges gedankenloses Fließen und seine erste Eigenschaft, das Wässern, darüber vergißt.

Ihre Vorschläge in Absicht der Wirkung auf die Opposition sind aus meiner tiefsten Seele; ja ich hatte während der Arbeit beständig den einzigen Gesichtspunkt: die Kunst und die Meisterschaft in derselben als das eigentliche Mittel zu Herstellung reiner Sittenhaftigkeit und einer solchen Religiosität, die den äußern Menschen aus dem innewohnenden Gotte moralisch, in jedem einzelnen Falle gleichsam neu konstruiert, darzustellen und so ein moralisches Weltwesen zu resultieren, das äqual wäre einer unsterblichen Originalität und in seiner unendlichen Vielfachheit wie die Strahlen der ewigen Sonne auf *Eins* zurückführte. Dies wollte ich sagen, wenn ich es hier recht gesagt hätte. Allein da in dem vorliegenden Falle von Kunst allein die Rede war, da die Vorschläge ausschließlich über die Kunst gefordert worden, die dem gegenwärtigen Geschlecht wie ein Leibrock könnten aufgemessen werden, so wollte ich bei den Worten der Kunst bleiben und den Sinn, der von selber erfolgen müsse, im Sinne behalten. Aber wie bin ich erschrocken, als ich nach einiger Durchlesung Ihres Briefes meinen Aufsatz wieder übersah und fand, daß er für die Personen, für welche er bestimmt war, offenbar zu dreist und derb geschrieben ist und ich dennoch nicht imstande wäre, es anders zu machen, wenn ich auch von vorne anfangen wollte, und so habe ich wirklich wenig Hoffnung, daß etwas Rechtes bei der Sache herauskommen werde. Und möchte es auch wirklich zu einem Anfang kommen, so werden sie heut über ein Jahr alten Wein trinken wollen, der heut gekeltert ist, und wenn es auch möglich wäre, die Sache reif und mannbar hinzustellen, so würden sie sie nicht erkennen.

Sie haben mir in Ihrem Briefe Hoffnung gegeben, noch ein mehreres über diese Sache mitzuteilen; tun Sie es doch ja bald: ich kann Ihnen mit keinen Worten sagen, wie unendlich ich mich daran erfreue und wie das Bedürfnis immer in mir wächst, die zerstreuten Funken meines Geistes zu Haufen zu führen, wenn ich nicht verdorren will.

Den Herrn Doktor Tralles habe ich noch nicht gesehn, obgleich mir sein Ruf zu Ohren gekommen ist. Wenn *er* sich finden lassen will, soll er mich bald haben, noch aber habe ich nicht gehört, daß er in Berlin sei.

Und nun, mein verehrungswürdiger Freund, von einer Sache und eine Frage, die ich nicht ohne Erröten tue. Sie haben mir vor einem Jahr ein Geschenk gemacht, dessen Wert ich nicht gleich erkannt habe. Sie sandten mir dabei einen Vorrat von spanischem Tabak, woran ich Zeit meines Lebens genug zu haben gedachte, indem mein fester Vorsatz war, von da an ein guter Wirt zu werden. Darüber entfernte ich mich von dem Gebrauche alles andern Tabaks, und nun nach Jahr und Tag sehe ich den Boden in meiner geliebten Büchse, an der ich alle Woche mein Auge weidete und daraus meine Dose füllte. Ich kann sagen, daß dieser Spaniol meinen Kopf verbessert hat und ich seit einem Jahre von einem Schnupfen fast ganz befreit bin, der sonst mein beständiger Gefährte war. Man hat hier mehr als eine Art Spaniol zu Kauf, der aber scharf, beißig und ölicht ist, auch eine viel dunklere Farbe hat. Sie schrieben mir dabei:

> «Der Spaniol des Herrn v. Knebel schmeckte Ihnen, und es fand sich noch ein Vorrat. Wo? sollen Sie erfahren, wenn er glücklich in Ihre Hände gelangt.»

O sagen Sie mir um aller Musen willen: wo ist dieses Wo? wem verdanke ich diese Wohltat? die ich dazumal nicht verstand, weil ich die Wirkung nicht kannte. Ist er etwa von Ihrer unvergleichlichen Herzogin Mutter, die ich gern zu der meinigen machen möchte, wenn zwei gute Mütter für einen Sohn nicht zu viel wären? Dann gebe ich meine Hoffnung auf; aber Herr v. Knebel weiß wahrscheinlich, wo dieser Spaniol zu haben ist, und er soll mir für keinen Tabakspreis zu teuer sein, wenn ich die Gelegenheit nur erfahren kann. Was ich überwinde, indem ich *Ihnen* dieses eröffne, will ich nicht sagen, denn die Not ist schlimmer wie die Notwendigkeit. Der einzige Trost, der mir dabei übrigbleibt, ist das Gefühl: wie Sie die Sünde hassen müssen, da Sie den Sünder so lieben können.

Leben Sie wohl, mein ewig geliebter Freund! könnte ich doch nur in jeder Woche zwei Stunden in Ihrer Luft leben.

Zelter.

Den 23. Juli. *Abends.* Soeben habe ich den Herrn Doktor Tralles kennen lernen. Er ist seit wenigen Tagen hier, und ich hoffe, ihn öfterer zu sehn.

29. Julius. Da Ihr Brief heute wieder liegen bleibt, so sende ich ein Lied mit, das ich soeben gemacht. Reichardt hat das italienische Gedicht so schön in Musik gesetzt, daß ich nicht daran dachte, es zu komponieren; indessen fand ich heut Ihr Gedicht, und da ging's mit eins drüber hin, und ich will zufrieden sein, wenn sich meine Melodie zur Reichardt'schen verhält wie die Übersetzung des Gedichts zum Original. Gestern abend habe ich Schillers «Tell» wieder gesehn: es fängt an zu gehn, aber so langsam, daß ich fürchte, sie kommen nicht damit zu Ende. Iffland spielt mehreres wirklich schön, aber was ist das unter so vielen?

Doktor Tralles: Vgl. Anm. in Goethes Brief vom 13. Juli 1804, S. 21.

«Der Spaniol des Herrn v. Knebel...»: Zelter zitiert aus Goethes Brief vom 1. Juli 1803; als Beilage zu jenem Brief ließ Goethe eine Portion Spaniol-Tabak seines Freundes Karl Ludwig v. Knebel (1744–1834) an Zelter übersenden.

Herzogin Mutter: Anna Amalia, Herzogin von Sachsen-Weimar-Eisenach (1739–1807), Mutter des Herzogs Karl August.

ein Lied... Reichardt: Zelters Vertonung von Goethes Gedicht «Nachtgesang» (1, 63), welches dieser einem italienischen Volkslied mit dem Kehrreim «Dormi, che vuoi di più» nachgebildet hatte. Johann Friedrich Reichardt (1752–1814), Musiker und Komponist, vertonte das italienische Original, Zelter dagegen die Nachdichtung Goethes.

Iffland: August Wilhelm Iffland (1759–1814), einer der bedeutendsten Schauspieler seiner Zeit, ab 1796 Direktor des Nationaltheaters in Berlin, durch Gastspiele in den Jahren 1796, 1798, 1810 und 1812 auch in Weimar berühmt geworden.

*

An Zelter

Durch Herrn Levi sende abermals eine Portion Spaniol; unsere teure Herzogin Amalia übergab mir denselben mit vielen Grüßen an Sie. Ich wünsche, daß er so gut sein möge wie der vorige und daß es mir gelingt, Ihnen mehr zu schicken.

Der «Götz» ist gespielt, ich sende hier den bunten Zettel. Herr Levi übernimmt, Ihnen von dem Stück und der Aufführung zu erzählen. Ich würde es selbst gut heißen, wenn es nicht übermäßig lang wäre. Die nächsten Male laß' ich es teilweise spielen, und dann wird sich finden, welche einzelne Partieen das Publikum am liebsten missen will, die mögen dann herausbleiben.

Herr Levi wird Ihnen sagen, daß Ihr Chorgesang sich gar schön und liebenswürdig ausgenommen und den bedeutenden Augenblick recht zweckmäßig hervorgehoben habe. Auch ein Bogen unserer diesjährigen Kunstausstellung liegt bei. Nächstens mehr. Lassen Sie ja bald von sich hören.

Weimar, am 24. September 1804 Goethe.

Der «Götz»: Seit Februar 1804 arbeitete Goethe an einer Neufassung seines Schauspiels «Götz von Berlichingen» von 1771/73 (4, 515 resp. 4, 642) mit dem Ziel einer größeren Bühnenwirksamkeit; die neue Fassung wurde am 22. September 1804 im Weimarer Hoftheater uraufgeführt.

Die nächsten Male: Aufführungen fanden noch am 29. September und 13. Oktober 1804 statt, wobei der Versuch einer auf zwei Abende verteilten Aufführung des «übermäßig» langen Schauspiels gewagt wurde.

Ihr Chorgesang: Im Hinblick auf die Uraufführung seiner Neufassung des «Götz» schrieb Goethe am 30. Juli 1804: «Nun wollte ich Sie um ein paar kleine Stücke Musik bitten, erstlich zu Georgens Lied: ‹Es fing ein Knab' ein Vögelein›, das Sie, wie ich glaube, schon komponiert haben. Zweitens um einen sanften, andächtigen, herzerhebenden vierstimmigen Gesang, mit lateinischem Text, der ohngefähr acht Minuten dauert. Es kann ein Stück aus einer Messe sein, oder was es auch sonst ist.» Zum einen handelt es sich um das kurze Lied Georgs aus dem dritten Akt (Schloßhof), zum andern um eine Begleitmusik zur Trauungsszene von Maria von Sickingen, ebenfalls im dritten Akt. Als Gesangstext wählte hier Zelter Worte aus dem 111. Psalm.

*

An Goethe Berlin, 22. Dezember 1804.

Meine Frau ist aufs höchste erfreut, Ihnen mit etwas aufzuwarten, das wenigstens um die jetzige Jahreszeit nicht für Geld zu haben ist. Ihre märkische Rüben werden soeben gepackt, um, sobald das Wetter gelinder ist, abzugehn, weil diese kleinen Gewächse den Frost nicht vertragen können und sogleich faulen. Es verdrießt mich bloß, daß ich sie Ihnen nicht heute noch schicken kann, indem heute Posttag ist und ich soeben Ihren lieben, lieben Brief erhalte.

Ich laboriere heute an der Verdauung einer ungeheuern Spektakeloper, «Die Sternenkönigin», welche ich gestern zum ersten Male gesehn habe und gegen deren unendlichen Schlechtigkeit wir alle zu Felde liegen und dabei das Stück spielen und auch sehn.

Mein Kursus geht seinen guten Gang. Das Beste, was ich davon hoffe, ist, daß er mich zu etwas in der Kunst und Wissenschaft führen wird, das ich noch nicht kenne, und dann habe ich mehr als Einen Zweck erreicht.

Hätten Sie einmal eine lustige Stunde, so wollte ich Ihnen eine kleine Arbeit dazu vorschlagen: einen Plan zu einem kleinen schalkhaften Singspiele von einen oder 2 Akten auszudenken, worin es etwas munter hergeht.

Ihre neue Erbprinzessin wird nebst dem Erbprinzen von Weimar zum Karnaval erwartet, welches wegen der Entbindung der Königin aufgeschoben ist. Was mir dabei wichtig ist, weiß ich wohl; ich denke: Sie sollten einmal mitkommen, wenn auch nicht, unsre Opern zu sehn.

Tausend Lebewohl! Zelter.

märkische Rüben: Am 16. Dezember 1804 äußerte Goethe ein «irdisches Bedürfnis», das Zelter «recht gut befriedigen» könne: «Schicken Sie mir doch mit dem Postwagen einen halben Scheffel echte märkische Rübchen, nur lassen Sie solche gut emballieren, damit sie nicht gleich von der Kälte leiden.»

«Die Sternenkönigin»: Romantisches Feenmärchen mit Gesang, am 17. Dezember 1804 erstmals in Berlin aufgeführt; die Musik stammte von Ferdinand Kauer (1751–1831), Bratschist am Wiener Leopoldstädter Theater und Komponist von über hundert Singspielen und kleinen Opern.

Mein Kursus: Am 8. Dezember 1804 schrieb Zelter: «Ich hatte hier unter meinen Freunden bekannt gemacht, daß ich willens sei, eine Art von Kursus der Singkunst mündlich vorzutragen. Dazu fanden sich bald mehrere Teilnehmer, und ich brauche nun schon seit 14 Tagen dazu wöchentlich 9 Stunden, auf die ich mich anfänglich und bis jetzt mit großem Fleiße präparieren mußte, um mich nicht zu zerstreuen, und einer Erwartung zu entsprechen, die sich ohne meine Prätension etabliert hat. Indessen bin ich besser in den Zug gekommen, als ich es selber geglaubt hätte, und bin nicht in Zweifel, etwas Ersprießliches zu wirken.»

Erbprinzessin ... Erbprinzen: Karl Friedrich, Erbprinz von Sachsen-Weimar-Eisenach (1783–1853) und seine Gattin Maria Paulowna (1786–1859).

Königin: Die preußische Königin Luise Auguste Wilhelmine Amalie (1776–1810), geb. Prinzessin von Mecklenburg-Strelitz, Gattin Friedrich Wilhelm III. von Preußen.

An Zelter

Seit der Zeit, daß ich Ihnen nicht geschrieben habe, sind mir wenig gute Tage geworden. Ich dachte mich selbst zu verlieren, und verliere nun einen Freund und in demselben die Hälfte meines Daseins. Eigentlich sollte ich eine neue Lebensweise anfangen; aber dazu ist in meinen Jahren auch kein Weg mehr. Ich sehe also jetzt nur jeden Tag unmittelbar vor mich hin und tue das Nächste, ohne an eine weitre Folge zu denken.

Da indessen die Menschen aus jedem Verlust und Unglück sich wieder einen Spaß herauszubilden suchen, so geht man mich von seiten unsres Theaters und von mehreren Seiten dringend an, das Andenken des Abgeschiedenen auf der Bühne zu feiern. Ich mag hierüber weiter nichts sagen, als daß ich dazu nicht abgeneigt bin und jetzt nur bei Ihnen anfragen möchte, ob Sie mir dabei behülflich sein wollen, und zwar zuerst, ob Sie mir Ihre Motette : «Der Mensch lebt und bestehet», wovon mir die «Musikalische Zeitung» Nr. 27 Nachricht gibt, gefällig mitteilen und noch einiges andre in feierlichem Stile entweder komponieren oder komponierte Musikstücke, deren Charakter ich Ihnen angeben würde, zu Unterlegung schicklicher Worte aussuchen und überlassen wollten. Sobald ich hierüber Ihre nähere Gesinnung weiß, so erfahren Sie das Weitere.

Die schöne Folge Ihrer kleinen Aufsätze über Orchestereinrichtungen habe ich bisher bei mir liegen lassen und zwar, weil sie eine Art von Satire auf unsre eigenen Zustände enthielten. Jetzt wünscht sie Reichardt für die «Musikalische Zeitung»; ich suche sie wieder auf, sehe sie an und kann sie unmöglich dem Intelligenzblatt unsrer «Literaturzeitung» entziehen, wo sie sich nächstens unter dem Strich gar trefflich ausnehmen sollen. Es haben sich einige Umstände bei uns geändert, und am Ende darf man ja wohl auch dasjenige tadeln, was man geschehn läßt.

Geheimderat Wolf von Halle ist gegenwärtig hier. Könnte ich doch auch hoffen, Sie dieses Jahr zu sehen. Wäre es nicht möglich, daß Sie Ende Juli nach Lauchstädt kämen, um daselbst jene obengedachte Arbeit einzuleiten und ausführen zu helfen? Bedenken Sie das und sprechen mir nur von der Möglichkeit; die Mittel wollen wir alsdenn auch schon bedenken.

Wie sieht es mit Ihrem Spaniolvorrat aus? Ich bin indessen glücklich genug gewesen, wieder eine Partie von dem echten zu erhalten. Wie soll ich Ihnen denselben zuschicken?

Leben Sie recht wohl und lassen mir bald von sich hören.

Weimar, den 1. Juni 1805. G.

einen Freund: Am 9. Mai 1805 war Friedrich Schiller gestorben.

auf der Bühne zu feiern: Für die Totenfeier Friedrich Schillers wollte Goethe ursprünglich Schillers dramatisches Fragment «Demetrius» vollenden; dieser Plan wurde aber nicht ausgeführt. Stattdessen entwarf Goethe eine chorisch-dramatische Trauerdichtung «Schillers Totenfeier»; Zelter sollte hierzu die Musik beisteuern. Auch diese Arbeit kam über schematische Entwürfe nicht hinaus. An der Gedenkfeier am 10. August 1805 im Theater in Bad Lauchstädt wurde schließlich Schillers «Lied von der Glocke», zusammen mit einem von Goethe eigens dazu verfaßten «Epilog zu Schillers Glocke» (2, 95), szenisch dargestellt.

«Der Mensch lebt...»: Zelters Motette «Der Mensch lebt und bestehet», auf ein Gedicht von Matthias Claudius (1740–1815), komponiert für zwei Chöre und Continuo.

Ihrer kleinen Aufsätze: Vgl. Zelters Brief vom 15. Juli 1803, Anm. zu «Orchesterwesen», S. 14.

«Literaturzeitung»: Die «Jenaische Allgemeine Literatur-Zeitung»; vgl. Goethes Brief vom 28. März 1804, S. 19.

nach Lauchstädt: Zelter und Goethe trafen in der zweiten Augustwoche 1805 in Bad Lauchstädt zusammen.

*

An Goethe Berlin, 2. Julius 1805.

Ihren lieben Brief vom 19. Junius erhalte ich soeben und danke herzlichst für den göttlichen Spaniol, der allerdings echt und vielleicht noch feiner als der erste ist.

Für das Exemplar des «Wilhelm Meister» hat die verwitwete Madame Unger schlechterdings kein Geld von mir nehmen wollen, obgleich ich nicht gesagt habe, daß es für Sie sein solle, und also habe ich Ihnen auch keinen Geldbetrag angeben können; wir beide sind darüber im voraus auf dem reinen, und wenn ich wüßte, wie ich Ihnen mein ganzes Herz und Sein einpacken und übersenden sollte, so – doch das ist immer bei Ihnen, denn Gott weiß, daß ich jede Stunde an Sie denke und mich mit Ihnen unterhalte.

Meine Frau geht Mitte dieses Monats nach Pyrmont und

kann etwa 6 Wochen ausbleiben. Lassen Sie mich doch wissen, wannehe Sie nach Lauchstädt gehn und wie lange Sie dort zu bleiben gedenken.

Auf Ihr Schema bin ich vollkommen vorbereitet und erwarte es. Sobald ich Ihre Gedanken weiß, sollen Sie von Posttag zu Posttag Nachricht haben. Ich werde mich von allen Nebenarbeiten rein zu halten suchen, um mit Eifer und Muße zu leisten, was ich kann. Ich eile, denn der Brief muß auf die Post. Ewig Ihr Zelter.

Über den «Winckelmann» künftig.

«Wilhelm Meister»: Bei Friederike Helene Unger (1751–1813), der Witwe des Berliner Verlegers Johann Friedrich Gottlob Unger, besorgte Zelter für Goethe ein Exemplar seines Romans «Wilhelm Meisters Lehrjahre».

nach Lauchstädt: Goethe weilte vom 3. Juli bis 5. September 1805 in Bad Lauchstädt und Halle; Mitte August trat er eine zehntägige Reise über Bernburg und Magdeburg nach Helmstedt an.

Ihr Schema: Goethes geplante Trauerdichtung «Schillers Totenfeier»; vgl. Goethes Brief vom 1. Juni 1805, Anm. zu «auf der Bühne zu feiern», S. 28.

«Winckelmann»: «Winkelmann und sein Jahrhundert. In Briefen und Aufsätzen herausgegeben von Goethe». Tübingen, in der Cotta'schen Buchhandlung, 1805.

*

An Goethe Dienstag, 30. Juli 1805. Berlin.

Meine Sehnsucht nach Ihnen und Ihre letzte Einladung nach Lauchstädt zusammen bringen mich beinahe zur Verzweiflung. Ich habe soviel Arbeit und Brotwesen auf dem Halse, daß ich nicht von der Stelle kann und auf meinem Acker bleiben muß. Außerdem wir heut über acht Tage der Geburtstag unseres Königes auf der Singakademie gefeiert, wozu ich allerlei Anstalten bereitet habe, mit denen ich auch noch nicht zu Rande bin.

Es gab eine Zeit, und sie ist noch nicht lange vorüber, in der mir die Meinung natürlich geworden war: das Höchste, was ein Mensch, der mit sich selbst einverstanden ist, machen könne, sei Ihr «Tasso», mein «Tasso». Diese Meinung habe ich zwar nicht abgelegt, doch wie ich die «Natürliche Tochter» wieder und wieder lese und nach und nach in das freie Naturell dieser Personen eingehe, wie sie sich

meinem Gemüte offenbaren und befestigen, tritt ein Bild des menschlichen Wesens vor meine Sinne, das mich die Welt unter jedem Sonnenpunkt kennen lehrt. Ja wahrhaftig! man hat an dem zehntausendsten Teil der Kunst genug, wer sie ganz versteht, und ich beschwöre Sie im Namen alles Heiligen und Ewigen: lassen Sie von diesem Werke nicht ab! Es wird immer eine Zeit geben, wie es immer eine gegeben hat, doch diese Zeit wird nicht wiederkommen; sie wird eine neue gebären, doch die neue wird nicht die vorige sein. Ich bin mit Ihrem Werke, wie es da ist, vollkommen befriedigt; ich würde es sein, wenn nur Ein Akt davon vorhanden wäre. Meine Begierde nach der Folge ist ganz unendlich und hat allen dermaligen theatralischen *Zwekken* so den Abschied gegeben, daß ich auf dem Theater, das, wenn Gott wollte, gar nicht sein müßte, nichts lieber sehe, als was die Leute eben treiben und worin sie sich gefallen.
Abends. Mein Brief muß auf die Post, leben Sie wohl!

Ewig Ihr Zelter.

Geburtstag unseres Königs: Am 3. August 1805 feierte der preußische König Friedrich Wilhelm III. (1770–1840) seinen Geburtstag.

Tasso: Goethes Schauspiel (1790).

«Natürliche Tochter»: Goethes Trauerspiel (1803).

*

An Zelter Weimar, den 5. März 1806.

Schon lange habe ich, mein lieber und vortrefflicher Freund, nichts von Ihnen gehört und begreife recht gut, daß es Ihnen geht wie uns andern. Jeder hat so viel in seinem Kreise zu tun, daß er sich nach außen wenig umsehen kann. Indessen bin ich auf mancherlei Art fleißig und hoffe Ihnen mit dem, was ich tue und vorbereite, wo nicht bald, doch auch nicht allzu spät, einige Freude zu machen. Auch Sie sind gewiß zum Vergnügen und zur Erbauung mancher Menschen tätig, nur daß ich leider meinen Teil davon nicht so leicht nehmen kann.

Berlin und Sie zu besuchen, war ich diese Zeither manchmal angelockt, so manches aber hält mich wieder unbeweglich an der Stelle, und da seh' ich denn freilich nicht, wie es zu einem gesegneten Entschluß kommen könnte. Weil ich doch aber ein dringendes Bedürfnis fühle, nicht allein von Ihnen zu hören, sondern auch mir Ihre Zustände recht klar zu vergegenwärtigen und Ihnen die meinigen näherzubringen, so bin ich auf den Gedanken gekommen, Ihnen meinen Sohn zu schicken, daß er Sie von mir herzlich grüße und in früher Jugendzeit, wo die weltlichen Dinge noch einen lustigen Eindruck machen, das Bild einer so großen Stadt in sich aufnehme und auch zu meinem Genusse lebhaft zurückbringe.

Ob er nun gleich schon ein gesetzter und gefaßter Knabe ist, so möchte ich ihn doch nicht ganz allein und sich selbst überlassen in diesem städtischen Strudel denken. Die Frage wäre also, ob Sie ihm in Ihrer Nähe eine Wohnung verschaffen und zunächst für seine Bedürfnisse sorgen möchten. Ich sende Ihnen eine Assignation, damit er nicht gerade alles nötige Geld in der Tasche habe. Weiter sag' ich nichts: denn alles übrige bleibt den Umständen überlassen. Die Hauptfrage ist, ob Ihnen ein solcher Besuch nicht lästig sei. An meine übrigen Freunde in Berlin geb' ich ihm Briefe und Karten mit, und die Verhältnisse werden sich schon finden. Aber vor allen Dingen möcht' ich ihn an einem sicheren Platz etabliert wissen. Länger als vierzehn Tage oder drei Wochen dürfte der Aufenthalt nicht dauern. In der Karwoche könnte er anlangen. Tausend Grüße und Bitte um baldige Antwort. G.

mein Sohn: Goethes Sohn August (1789–1830); seine geplante Reise zu Zelter nach Berlin kam, obwohl sie einige Male verschoben wurde, nicht zustande. Erst im Mai 1819 besuchte er Berlin in Begleitung seiner Frau.

Assignation: Geld- oder Zahlungsanweisung.

*

An Goethe Berlin, 18. März 1806.

Anstatt etwas Freudiges, Angenehmes zu berichten, erhebe ich mich aus der tiefsten Trauer, um Ihnen zu sagen, daß ich vorgestern, unvermutet und gegen alle Vorbedeutung, meine liebenswürdige geliebte Frau, kurz vor der Entbindung, durch den Tod verloren habe. Das Kind ward nach dem Tode zur Welt gebracht und auch tot.

Was ich anfangen werde und wie ich's tragen werde, weiß ich noch nicht. Ich bin nun wieder allein und hoffe.

Wenn ich sage, daß in den zehn Jahren unserer Ehe nur eine Meinung und Gesinnung über alles Äußere und Innere unter uns gewesen ist, daß keine Faser an ihr war, von der ich nicht geliebt wurde, so sage ich: sie verdiente, von Ihnen gekannt zu sein, denn dies gehörte zu ihren Wünschen.

Morgen früh wird sie bestattet. Ich bin allein und habe Platz die Fülle. Schicken Sie Ihren Sohn, sobald Sie können, er soll nirgend sein als bei mir. Meine Wohnung ist: *Neue Münzstraße Nr. 1.*

Zelter.

meine ... Frau: Zelters zweite Frau Juliane Caroline Auguste, geb. Pappritz, war am 16. März 1806 gestorben.

*

An Zelter

Kaum ist mein Brief abgegangen, der die verspätete Reise meines Augusts meldet, so kommt der Ihrige mit der unerwarteten traurigen Nachricht, die mich ganz außer Fassung bringt. Eben zu der Zeit, da ich mir Berlin mehr als je vergegenwärtige, da wir den Plan vor uns haben, die Neue Münzstraße aufsuchen, eben da ich hoffe, durch meinen Knaben Ihr Wesen, Ihre Umgebung mir nähergebracht zu sehen, wie er mir vorm Jahr das Bild meiner Mutter zurückbrachte, so erleben Sie den gewaltsamen Riß, den ich in jedem Sinne mitempfinde, ich mag mir nun Sie einsam, von einer großen Haushaltung und manchen schwierigen Geschäften umgeben denken, oder ich mag auf mich zurückkehren und mir in meiner eignen Lage ein so schreckliches Ereignis imaginieren. Leider ist das Hindernis, das meinen Abgesandten zurückhält, nicht zu beseitigen, sonst fertigte ich ihn gleich ab, weil die Gegenwart eines neuen freundlichen und liebenden Wesens Ihnen vielleicht heilsam würde und das daraus entspringende Gute die Unbequemlichkeit wohl überwöge, die er verursacht. Mir wäre es auch ein Trost, einen Repräsentanten meiner Neigung und herzlichen Teilnahme bei Ihnen zu wissen; doch auch das soll nicht sein, und gerade trifft das alles zusammen in eine Zeit, wo ich auch mancherlei zu heben und zu schleppen habe. Nicht weiter! Bitte um baldige Nachricht. G.

Weimar, den 26. März 1806.

mein Brief: Am 22. März 1806 schrieb Goethe: «Da nicht jedermann wie Napoleon sagen kann, welchen Tag er kommen, sehen und siegen will, so ergebe ich mich darein, daß eine kleine Hindernis eintritt und mein August nicht in der Karwoche bei Ihnen sein kann.»

meiner Mutter: Goethes Sohn August hatte den April des Jahres 1805 in Frankfurt bei Goethes Mutter verbracht.

*

An Goethe Berlin, 20. März 1806.

Ich habe mir Arbeit vorgenommen und kann nicht in Zug kommen, es will nicht gehen, überall nicht.

Ich bin wie ein gespaltener Baum. Die schöne Hälfte, die Sommerseite ist mir abgetrennt, und gegen diese wirkt nun alles an, was schmerzhaft ist.

Die Freunde wollen mich aus dem Hause haben, mich von mir selber entfernen; das will ich nicht. Ich kann nur durch mich selber wieder zum Ganzen meiner selbst kommen, und ich werde überwinden. Ich fühle meine Kraft und hoffe übrigzubehalten, doch will ich meinen Zustand lebendig fühlen.

Vor fünf Tagen ahnte ich noch kein Unglück; ich kann sagen, es freute mich, noch ein Kind und mein Dutzend wieder vollzuhaben. Mein jüngster Sohn war auf einem Karfreitag geboren, sie hatte ihn darum Raphael genannt; sie glaubte wieder einen Sohn zu tragen, dieser sollte Felix heißen, und nun kommt mir das!

Am Sonnabend, dem Tage vor ihrem Tode, war sie in die Kirche gegangen, die Probe meiner Musik zu hören. Ich sollte es nicht wissen, und wie freute ich mich, sie dort zu sehn. Sie sagte mir nachher so viel Angenehmes und Verständiges darüber, daß ich nun erst wußte, was ich gut gemacht habe. Sie habe zum ersten Male, sagte sie, ihren schweren Leib gefühlt, weshalb sie nicht mitsingen können.

O mein Freund, warum haben Sie diese wohltuende, mächtige, süße Stimme nicht gehört! Aus ihrem Gesange ging ein Gefühl der Gesundheit in das unbesorgte Ohr, wofür ich nur den einen Ausdruck kenne, den sie mit ins Grab genommen hat. Das reine Herz strömte wie eine frische stärkende Luft aus ihrem Munde, rührend, erleichternd. Wenn sie auf der Akademie im Chore sang, konnte ich ihre sanfte erquickende Stimme unter hundertundfunfzig erkennen, ohne daß sie sich angreifen durfte. Der Ton ging leicht und los heraus, wie sie nur den Mund öffnete. Vor zwei Jahren, da eben ihre Stimme durch Nervenschwäche angegriffen war, sang sie mit Madame Mara in einer hiesigen Kirche. Die Freunde der Mara stritten und glaubten überall, wo die göttliche Stimme tönte, ihren Liebling zu hören; einer von unsern Kennern hatte gesagt: «Da sieht man –» und so weiter.

Sie wissen, mein edler Freund, wie ich über die Mara gesonnen bin, der an Vermögen, gründlicher Virtuosität und Geschmack nie eine deutsche Sängerin beigekommen ist; doch ihre Stimme hat zwei gefährliche Registertöne, die sich wie ein böses Schicksal manchmal, selbst wenn sie aufgelegt zum Singen ist, zwischen ihren Willen und ihr Vollbringen stellen und selbst ihr großes Talent verlegen machen. Meiner Frauen Tonleiter war durch drittehalb Oktaven wie eine kostbare Reihe gleichgeschliffner Brillanten, ineinander spielend und zugleich abgesondert, woraus eine Kantilena hervorging, die nicht überraschte, doch immer mehr entzückte, je mehr man sie hörte.

Mittwoch nachmitag, den 26. Soeben erhalte ich Ihren Brief; soeben ist das Zimmer, worin Ihr August residieren soll, fertig worden. Sein Bett, sein Sekretär, Tische, Stühle stehen zu seinem Empfange bereit, er kann morgen kommen und wird willkommen sein. Daß mein Gedanke, Sie hier zu sehn, nicht übel war, wußte ich wohl, wenn ich nur nicht immer mehr erfahren müßte, daß das Beste, was ich denke und wünsche, am wenigsten geschieht, und so muß denn auch ich mich darein ergeben.

Es ist Sonnabend. Ich sage Lebewohl, der Brief muß zur Post. Z.

Raphael: Zelters jüngster Sohn Adolf Raphael.
Madame Mara: Die Opernsängerin Gertrud Elisabeth Mara.

An Zelter

In etwa drei Wochen werde ich nach Karlsbad gehen. Vorher möchte ich noch ein Wort von Ihnen vernehmen und frage deshalb an, wie Sie sich befinden. Leider ist meines Sohnes Reise zu Ihnen durch den Aufschub auch aufgehoben worden, und ich muß mir für diesmal die Freude versagen, durch seine Augen nach Berlin in Ihr Haus zu sehen. Ich habe mich die Zeit leidlich befunden und bin wenigstens mäßiger von meinen Übeln heimgesucht worden. Die Ausgabe meiner Schriften, die Redaktion der «Farbenlehre», ein Vortrag physikalischer Gegenstände nach meinen Ansichten ist, was mich so von einem Tage zum andern beschäftigt, außer dem, was uns noch so nebenher interessieren mag. Auch haben wir einen angenehmen und hoffnungsvollen jungen Mann bei uns, einen Doktor Oehlenschläger aus Kopenhagen, den Sie vielleicht in Berlin gesehen haben. Er besitzt ein unverkennbares poetisches Talent und wird auch für uns Deutsche, da er unsre Sprache zu bemeistern sucht, manches Angenehme hervorbringen. Da mich mein Geschick diesen Sommer noch weiter von Ihnen entfernt, so kann ich freilich auf glückliche und erquickende Augenblicke, wie die Lauchstädter vorigen Sommer waren, nicht rechnen. Schreiben Sie mir daher in diesen Tagen ein Wort, damit man sich wenigstens im Geiste wiedersehe. Leben Sie recht wohl und gedenken mein.

Weimar, den 2. Junius 1806. G.

Karlsbad: Goethe reiste am 29. Juni 1806 nach Karlsbad.

Ausgabe meiner Schriften: «Goethes Werke. Erster – Dreizehnter Band». Tübingen in der J. G. Cotta'schen Buchhandlung, 1806–1810.

«Farbenlehre»: Während mehrerer Monate, unterbrochen nur durch den Karlsbader Aufenthalt, arbeitete Goethe im Jahr 1806 täglich an seiner «Farbenlehre».

Vortrag: Vom 2. Oktober 1805 bis 11. Juni 1806 hielt Goethe in der «Mittwochsgesellschaft» allwöchentlich Vorträge über physikalische Themen.

Oehlenschläger: Adam Gottlob Oehlenschläger (1779–1850), dänischer Dichter, ab 1810 Professor für Aesthetik in Kopenhagen; er besuchte Goethe wiederholt im Frühjahr 1806.

An Zelter Jena, den 15. August 1806.

Von meiner Karlsbader Kur kann ich nur kürzlich so viel sagen, daß es mich reut, sie nicht früher angestellt zu haben. Der Gebrauch des Trinkens und Badens ist mir sehr wohl bekommen, und da ich sehr auf mich acht gebe, so ist wirklich etwas Wundersames in alle diesem, und ich freue mich, daß ich meinen Unglauben aufgeben kann. In guter Reisegesellschaft habe ich ein ganz frohes Leben geführt, habe viele Bekanntschaften gemacht, und mancher ist mir persönlich begegnet, dessen Namen und Wirkungen ich sonst nur kannte. Die seltsame Quelle, die aus den urältesten Gebirgen heiß hervorspringt, hat uns diesmal so wie früher auf die Urdokumente hingewiesen, und wir verdanken der Zeit, die in Erfahrungen und Betrachtungen vorschreitet, auch hier gar manches. Da ich mit freieren Empfindungen und besseren Hoffnungen zurückkehre, such' ich die Fäden anzuknüpfen, die ich gelassen hatte und die mir entfallen waren, und so seh' ich in einem sehr engen Kreise einen sehr interessanten Herbst vor mir. Einiges höchst Erfreuliches habe ich bei meiner Rückkunft noch außer Ihrem Briefe vorgefunden, zum Beispiel die Äußerungen eines jungen Malers über Farbe, bestimmt und umständlich. Ein Teil seines kurzen Aufsatzes steht beinah wörtlich in meiner «Farbenlehre». Zu einem andern Teil findet sich der Kommentar in meiner Arbeit, und dann hat der Verfasser solche Stellen, die ich ihn ersuchen werde mir abzutreten, weil man das, wovon ich überzeugt bin, nicht besser sagen kann. Diese Zustimmung eines Lebenden, der bisher gar nichts von mir und meinen Bemühungen gewußt hat, gibt mir eine neue Lust, weiter fortzufahren und mein Pensum zu endigen. Soweit für diesmal. Der Ring folgt hierbei, dem ich Glück wünsche, daß er Ihnen so nah kommt, welches mir versagt ist. Lassen Sie bald von sich hören. G.

eines jungen Malers … «Farbenlehre»: Gemeint ist der Maler Philipp Otto Runge (1777–1810); er besuchte Goethe erstmals im November 1803 in Weimar. Am 3. Juli 1806 berichtete Runge ausführlich über seine Farbstudien; diesen Brief nahm Goethe (mit einigen Kürzungen) in den didaktischen Teil seiner «Farbenlehre» auf, unter der Überschrift «Zugabe» (16, 235).

Der Ring: Ein Siegelring, den Goethe als Geschenk für Zelter anfertigen ließ.

An Goethe Berlin, 30. August 1806.

Ihr lieber, süßer, goldner Brief, den ich gestern mittag wie den Ring erhalten habe, macht mir unsägliche, ja unendliche Freude. So oft habe ich ihn gelesen, daß ich ihn auswendig weiß, und ich lese ihn immer wieder und wieder. So hat die Hoffnung, das Leben der Liebe, eine neue Liebe zum Leben in mir erweckt, die auch mir aus der Karlsbader Quelle kömmt, und auch ich bin genesen, wie mein ganzes Wohlsein jetzt mit dem Ihrigen zusammenhängt.

Mit dem Ringe haben Sie mir ein erhebendes Geschenk gemacht, dessen ich so gewiß wert sein will, als ich an Wahrheit und Tugend glaube. Er paßt auf das genaueste zu meinem Finger, wo er nicht herunter soll.

Keinen aber beneide ich mehr als Ihren jungen Maler. Wie reich ist, wer Ihnen von dem Seinigen abtreten kann! und doch – wenn er Ihnen nur zurückgäbe, was er von Ihnen hat? schon längst von Ihnen hat? Denn so geht es mir: ich kenne nichts in mir, das nicht auch klar vor meiner Seele als Ihr Eigentum stände.

Künftig ein Mehreres, damit Sie nur gleich erfahren, daß ich Ihren Brief und den Ring erhalten habe. Zelter.

Ihren jungen Maler: Philipp Otto Runge.

*

An Zelter

Haben Sie, mein verehrter Freund, tausend Dank, daß Sie das peinliche Stillschweigen endlich brechen mochten. Seit dem 14. Oktober bin ich täglich in Gedanken bei Ihnen gewesen, und noch eben, wie dieses geschrieben wird, steht ein zugesiegelter Brief an Sie auf meinem Schreibpult, den ich fortzuschicken nicht den Mut hatte: denn was soll man sich einander sagen? Am 12. Dezember habe ich Ihren Geburtstag im stillen gefeiert, und so werden wir wohl auch künftig nur das stille Gute im stillen feiern können.

Durch die bösen Tage bin ich wenigstens ohne großen Schaden durchgekommen. Es war nicht not, mich der öffentlichen Angelegenheiten anzunehmen, indem sie durch treffliche Männer genugsam besorgt wurden, und so konnt' ich in meiner Klause verharren und mein Innerstes bedenken.

In den schlimmsten Stunden, wo wir um alles besorgt sein mußten, war mir die Furcht, meine Papiere zu verlieren, die peinlichste, und von der Zeit an schick' ich zum Drucke fort, was nur gehn will. Die «Farbenlehre» schreitet stark vor. Auch werden meine Ideen und Grillen über die organische Natur nach und nach redigiert, und so will ich von meinem geistigen Dasein zu retten suchen, was ich kann, da niemand mehr weiß, wie es mit dem Übrigen werden wird.

Von meinen Werken bei Cotta sind Aushängebogen da. Einige Lieder des ersten Bandes sollen, hoff' ich, bei Ihnen Melodien hervorrufen, damit wir fühlen und sehen, daß wir noch die alten sind. Daß Sie Ihre Musikschätze unversehrt fanden, dazu wünsche ich Glück. Daß Sie in die Administration mit verwebt sind, wie manches andre, was mir Herr Schmidt erzählt, bedaure ich. Doch ist es freilich in der jetzigen Zeit unserer Wahl nicht anheimgestellt, auf welche Weise wir tätig sein wollen. Der gute Geist wird Sie nie verlassen; möge der gute Mut auch nie von Ihnen weichen! Lassen Sie manchmal etwas von sich hören; ich will das Gleiche tun. Ein herzliches Lebewohl.

Weimar, den 26. Dezember 1806. Goethe.

Stillschweigen: Dieses war bedingt durch den Vierten Koalitionskrieg, den Napoleon I. im Herbst 1806 gegen Preußen führte und in dem er der preußisch-sächsischen Armee in der Doppelschlacht bei Jena und Auerstädt eine vernichtende Niederlage bereitete. Der preußische König Friedrich Wilhelm III. verlegte daraufhin seine Residenz nach Königsberg, und Napoleon konnte kampflos in Berlin einziehen. Bis zur Ableistung hoher Kontributionen blieb Preußen bis Anfang 1813 unter französischer Besatzung. – Über diesen Besatzungszustand von «noch nicht ganz zwei Monaten, da wir Gäste sind in unseren Häusern», erstattete Zelter am 17. Dezember 1806 erstmals einen knappen Bericht.

14. Oktober: Die preußische Niederlage bei der Doppelschlacht von Jena und Auerstädt am 14. Oktober 1806 machte auch Weimar zum Besiegten, das bis zum Friedensschluß 1807 der französischen Besatzung unterstand. Die Stadt Weimar wurde durch die Kriegsereignisse stark in Mitleidenschaft gezogen.

«Farbenlehre»: Vgl. Anm. zu Goethes Brief vom 2. Juni 1806, S. 36.

Von meinen Werken: Vgl. Anm. zu Goethes Brief vom 2. Juni 1806.

Administration: Am 17. Dezember 1806 schrieb Zelter: «Ich bin durch das Unglück des Landes Munizipal geworden und damit, anstatt dem Ufer näher zu kommen, in offne See verschlagen. Von mir kann dabei keine Rede sein, und wie die gute Stadt dabei fahren wird, mag die Zeit ausweisen.

Herr Schmidt: Heinrich Schmidt (1779–1857), Schauspieler in Weimar, später Theaterdirektor in Wien und Brünn; er weilte am 24. und 26. Dezember 1806, von Wien hergereist, bei Goethe zu Besuch.

*

An Goethe Berlin, 23. April 1807.

Indem ich heute früh so dachte, daß Sie nun wohl meinen letzten Brief könnten erhalten haben, schickt mir der Geheime Rat v. Müller Ihr angenehmes Päckchen mit den lieben Büchern und Ihren Brief vom 27. März. Die beiliegende Komposition hat sich auf der Stelle während der Lesung des Gedichtes von selber gemacht. Die Sorge fiel beim Lesen mir wie ein Stein vom Herzen, und wenn die Melodie getroffen ist, so ist es kein Wunder und nicht meine Schuld.

Als ich meinen letzten Brief zur Post gegeben hatte, erhielt ich die Nachricht von dem Tode der Herzogin Mutter Amalia. Auch diese also soll ich nicht wiederfinden! Wer wird sich denn hinfort unsere lieben Lieder gefallen lassen, wenn alles Liebenswürdige dahingeht? Ach! ich wußte wohl, daß sie alt war und voll Schrecken über eine Zeit, die sie nicht mehr abwenden können, und doch muß ich trauren in meiner Entfernung.

25. April. Seit vorgestern habe ich noch fünf Ihrer Lieder in Musik gesetzt und unter andern auch: «Stirbt der Fuchs, so gilt der Balg.» Dieses habe ich sozusagen durchkomponiert und bin eben nicht unzufrieden damit. Ich stelle mir diese Überschrift als ein gesellschaftliches Spiel vor, das ich aber nicht kenne. Lassen Sie mich doch wissen: wie dieses Spiel beschaffen ist. Etwas fehlt meiner Komposition, und ich vermute, es ist die Wissenschaft dieses Spieles. Es müßte aber bald sein, da mir die Idee meiner Komposition noch frisch und neu ist.

Ich habe nun unter den in dem ersten Bande dieser neuen Ausgabe befindlichen Liedern sechsunddreißig in Musik gesetzt, und es werden noch mehrere nachfolgen. Etliche werde ich nicht komponieren, die Reichardt unübertrefflich gemacht hat, zum Exempel: «Das Veilchen», «Heidenröslein», «Der untreue Knabe».

Indem ich endlich aufs allerschönste für die vier Bände Ihrer Schriften danke und voll Wehmut bin, nichts dagegen senden zu können, frage ich: wo bleibt die «Farbenlehre»? und Ihre Ideen über die organische Natur? Kommen diese auch mit der Ostermesse ans Licht?

Ich erwarte mit großer Ungeduld den nahen Frühling, und – Gott weiß, was er bringen wird. Aber wir hoffen doch: *pacem te poscimus omnes.*

Wie soll ich es machen, Sie zu sehn? mich verlangt es sehnlich, und manchmal weiß ich tagelang nicht, was mir fehlt. Gott befohlen! Zelter.

Rat v. Müller: Friedrich Theodor Adam Heinrich von Müller (1779–1849), Justizbeamter, ab 1815 Kanzler in Weimar, Goethes Vertrauter und sein Testamentsvollstrecker.

Päckchen: Die ersten vier Bände von Goethes neuer Werk-Ausgabe.

beiliegende Komposition: Zelters Vertonung von Goethes Gedicht «Vanitas! Vanitatum Vanitas!» (1, 93).

Herzogin Mutter Amalia: Die Herzogin Anna Amalia war am 10. April 1807 gestorben.

«Stirbt der Fuchs ...»: Goethes Gedicht «Stirbt der Fuchs, so gilt der Balg» (1, 17).

Reichardt: Der Komponist Johann Friedrich Reichardt.

«Das Veilchen ... «Der untreue Knabe»: Goethes Gedichte «Das Veilchen» (1, 113), «Heidenröslein» (1, 18) und «Der untreue Knabe» (1, 114).

«Farbenlehre»: Der erste Band von Goethes «Farbenlehre» erschien, allerdings nicht im Rahmen der dreizehnbändigen Werkausgabe, 1808 bei Cotta.

pacem te poscimus omnes: (lat.) = Frieden wollen wir alle von dir.

*

An Zelter

Für die Komposition des Liedes danke ich zum allerschönsten. Es ist in den jetzigen Augenblicken sehr erquicklich, wenn man sich nur kurze Zeit in eine leichte lose Stimmung versetzen kann.

Das gesellschaftliche Spiel, wonach Sie fragen, besteht in folgendem: Man nimmt einen dünnen Span oder auch einen Wachsstock, zündet ihn an und läßt ihn eine Zeitlang brennen. Dann bläst man die Flamme weg, daß die Kohle bleibt; dann sagt man so eilig als möglich das Sprüchelchen:

Stirbt der Fuchs, so gilt der Balg,
Lebt er lang, so wird er alt,
Lebt er, so lebt er,
Stirbt er, so stirbt er.
Man begräbt ihn nicht mit der Haut,
Das gereicht ihm zur Ehre.

Nun gibt man die glimmende Kerze geschwind dem Nachbar in die Hand, der dasselbige Gesetzchen wiederholen muß, und das geht so lange fort, bis die Kohle bei einem auslischt, der denn ein Pfand geben muß.

Der Verlust unserer Herzogin Mutter ist bei so manchen andern zerrütteten und verrückten Verhältnissen sehr groß. Man darf, wie gegenwärtig überhaupt, über nichts, also auch darüber nicht weiter nachdenken. Man muß von einem Tage zum andern leben und eben tun und leisten, was noch möglich ist.

Sie wiederzusehen wär' mein großer Wunsch; aber ich mag Sie nicht einladen. Mit meiner Gesundheit will es nicht recht fort, und ich eile gleich nach Pfingsten nach Karlsbad; komm' ich zurück, so läßt sich vielleicht auf irgendeine Weise an eine fröhliche Zusammenkunft denken.

An meiner «Farbenlehre» wird sachte fortgedruckt; aber es geht wohl noch ein Jahr hin, bis ich fertig werde. Ich bin auf gar zu vielerlei Weise unterbrochen worden, ob ich gleich den Faden niemals ganz habe fahren lassen.

Gelegentlich meld' ich Ihnen, was ich von Ihren Kompositionen meiner Lieder besitze, und Sie haben die Gefälligkeit, mir die fehlenden zu senden.

Leben Sie recht wohl! Soviel für heute. Eh ich weggehe, schreibe ich noch einmal, oder von Karlsbad aus.

Weimar, den 4. Mai 1807.

Ihrer Briefe, die nacheinander ankommen, erfreue ich mich gar sehr und fahre fort, einiges zu erwidern. Wie erwünscht wäre mir gewesen, Ihr Oratorium mit anhören zu können: denn leider bin ich von Musik gar zu sehr abgeschnitten, und das bißchen Operette, ob wir gleich mitunter recht gute Stimmen haben, will's doch auch nicht tun. Daher scheint auch in mir aller Sang und Klang verschwunden, so wie alle Imagination, die sich auf Musik bezieht. Vielleicht führt uns das gute Glück und ein vernünftiger Vorsatz bald wieder zusammen, und wir finden uns imstande, etwas in Gesellschaft zu arbeiten.

Daß Ihnen mein «Elpenor» Freude gemacht hat, ist mir höchst angenehm und der Zweck dieser Blätter nun schon erreicht. Doch ist vielleicht bei dem Beifall, den Sie meinem Fragmente schenken, Ihre Neigung zu mir und meinem Wesen als mitwirkend anzusehen: denn ich gestehe gern, daß ich diese Arbeit selbst nicht mehr beurteilen kann. Wenn etwas ins Stocken gerät, so weiß man immer nicht, ob die Schuld an uns oder an der Sache liegt. Gewöhnlich aber wirft man eine Abneigung auf etwas, das man nicht vollenden kann, als auf ein Ding, das uns widerstrebt und das wir nicht Herr werden können. Überhaupt habe ich bei Herausgabe meiner Werke sehr lebhaft gefühlt, wie fremd mir diese Sachen geworden sind, ja daß ich fast kein Interesse mehr daran habe. Das geht so weit, daß ich ohne freundliche, treu fortgesetzte Beihülfe diese zwölf Bändchen gar nicht zusammengebracht hätte. Jetzt haben wir sie aber meist hinter uns, und bis auf einen kommen sie diese Tage sämtlich in Cottas Hände. Da mag nun weiter aus uns werden, was will, so wäre doch soviel gerettet. Ich freue mich zum voraus auf den Spaß, den Ihnen der fortgesetzte «Faust» machen wird. Es sind Dinge darin, die Ihnen auch von musikalischer Seite interessant sein werden.

Können Sie mir das Verzeichnis der von Berlin weggeführten Kunstschätze erteilen, so geschieht mir ein Gefallen. Wenn man nur weiß, wo sie aufbewahrt werden, so sind sie uns nicht verloren.

Leben Sie recht wohl und schreiben mir noch einmal vor Pfingsten, und dann lassen Sie nach Karlsbad von sich hören.

Weimar, den 7. Mai 1807 G.

Komposition: Vgl. Zelters Brief vom 23./25. April 1807, Anm. zu «beiliegende Komposition», S. 40.

Karlsbad: Goethe weilte vom 28. Mai bis 7. September 1807 in Karlsbad.

Ihr Oratorium: Zelters Kantate «Die Auferstehung und Himmelfahrt Jesu», komponiert für 4 Solostimmen, Chor und Orchester auf einen Text von Karl Wilhelm Ramler (1725–1798). Die Kantate wurde am 29. März 1807 in der Berliner Singakademie uraufgeführt; am 4. April 1807 berichtete Zelter: «Was hätte ich darum gegeben, wenn Sie die Musik hätten hören können! Ich habe darin unsere Idee des Chors nach meiner Art zu realisieren gesucht und bin, dem Gedichte zum Trotz, vielleicht nicht ganz unglücklich damit gewesen, ohne das Gedicht zu verletzen.»

«Elpenor»: Goethes Fragment gebliebenes Trauerspiel «Elpenor», veröffentlicht im vierten Band der dreizehnbändigen Werk-Ausgabe. Am 30. April 1807 schrieb Zelter: «Wie danke ich Ihnen für den unendlich schönen ‹Elpenor›, und wie werd' ich überrascht, am Ende zu finden, was ich aus dem Titel schon wußte, daß es ein Fragment war! Aber welch ein Fragment!»

«Faust»: Die Fortsetzung und Vollendung des ersten Teils von Goethes Tragödie «Faust» (5, 141); das Werk erschien als achter Band innerhalb der dreizehnbändigen Werk-Ausgabe.

*

An Zelter

Sie haben, lieber teurer Freund, lange nichts von mir gehört. Jetzt will ich im kurzen zusammenfassen, wie es mir bisher gegangen. Ich kam nach Karlsbad in dem übelsten Befinden, das sich durch einen zwar gewöhnlichen, aber für meine Zustände nicht passenden, schlendrianischen Gebrauch des Wassers anfänglich so vermehrte, daß ich in einen höchst peinlichen Zustand geriet. Durch eine Abänderung der Kur und den Gebrauch einiger Mittel nach Verordnung des Dr. Kappe von Leipzig wendete sich's auf einmal ins Bessere; wobei es denn auch schon sechs Wochen anhaltend verharrt, welches ich sehr gern meinen Freunden zu wissen tue. Acht Wochen bin ich nun schon hier und habe mich in verschiedenen Epochen auf verschiedene Weise beschäftigt: erst kleine Geschichten und Märchen, die ich lang im Kopf herumgetragen, diktiert, sodann eine Weile Landschaften gezeichnet und illuminiert; jetzt bin ich beschäftigt, meine geologischen Ansichten der hiesigen Gegend zusammenzustellen und eine Sammlung von Gebirgsarten, welche hier ausgegeben wird, kürzlich zu kommentieren.

Interessante Menschen von sehr verschiedener Art habe ich kennen lernen, unter welchen der französische Resident Reinhard, der zuletzt in Jassy gestanden und dessen Schicksale Ihnen gewiß im ganzen bekannt sind, wohl den ersten Platz einnimmt. Übrigens lebe ich denn doch sehr einsam: denn in der Welt kommen einem nichts als Jeremiaden entgegen, die, ob sie gleich von großen Übeln veranlaßt werden, doch, wie man sie in der Gesellschaft hört, nur als hohle Phrasen erscheinen. Wenn jemand sich über das beklagt, was er und seine Umgebung gelitten, was er verloren hat und zu verlieren fürchtet, das hör' ich mit Teilnahme und spreche gern darüber und tröste gern. Wenn aber die Menschen über ein Ganzes jammern, das verloren sein soll, das denn doch in Deutschland kein Mensch sein Lebtag gesehen noch viel weniger sich darum bekümmert hat, so muß ich meine Ungeduld verbergen, um nicht unhöflich zu werden oder als Egoist zu erscheinen. Wie gesagt, wenn jemand seine verlorenen Pfründen, seine gestörte Karriere schmerzlich empfindet, so wäre es unmenschlich, nicht mitzufühlen; wenn er aber glaubt, daß der Welt auch nur im mindesten etwas dadurch verloren geht, so kann ich unmöglich mit einstimmen.

Sagen Sie mir, mein Lieber, wie es mit Ihnen geworden ist. Ich habe tausendmal an Sie gedacht und an das, was Sie als Privatmann geleistet haben, ohne von seiten der Reichen und Mächtigen unterstützt oder sonderlich aufgemuntert zu werden. Vielleicht ist das, was wir bei der politischen Veränderung am meisten zu bedauern haben, hauptsächlich dieses, daß Deutschland, und besonders das nördliche, in seiner alten Verfassung den einzelnen zuließ, sich so weit auszubilden als möglich, und jedem erlaubte, nach seiner Art beliebig das Rechte zu tun, ohne daß jedoch das Ganze jemals eine sonderliche Teilnahme daran bewiesen hätte.

Diesen allgemeinen Reflexionen, welche freilich nicht zulänglich sind und die ich wohl einmal mit Ihnen mündlich weiter ausführen möchte, füge ich eine besondere Bitte hinzu, um deren baldige Gewährung ich Sie freundlichst ersuche.

Ob wir gleich Stimmen und Instrumente in Weimar haben und ich noch dazu der Vorgesetzte solcher Anstalten bin, so habe ich doch niemals zu einem musikalischen Genuß in einer gewissen Folge gelangen können, weil die garstigen Lebens- und Theaterverhältnisse immer das Höhere aufheben, um dessentwillen sie allein da sind oder da sein sollten. Nun haben wir von Schleswig wieder ein paar neue Leute, einen sehr guten Tenor und eine Art von Korrepetitor, bekommen, die ich noch nicht persönlich kenne, die aber gute und verständige Leute zu sein scheinen.

Mit der Oper, wie sie bei uns zusammengesetzt ist, mag ich mich nicht abgeben, besonders weil ich diesen musikalischen Dingen nicht auf den Grund sehe. Ich möchte daher das Seculum sich selbst überlassen und mich ins Heilige zurückziehn. Da möchte ich nun alle Woche einmal bei mir mehrstimmige geistliche Gesänge aufführen lassen, im Sinne Ihrer Anstalt, obgleich nur als den fernsten Abglanz derselben. Helfen Sie mir dazu und senden mir vierstimmige, nicht zu schwere Gesänge, schon in Stimmen ausgeschrieben. Ich ersetze die Auslagen mit Dank. Zeigen Sie mir an, ob man im Notendruck, oder gestochen, dergleichen findet. Auch Kanons und was Sie zu dem Zwecke nützlich halten. Sie sollen immer in unserer Mitte sein, geistig, und herzlich willkommen, wenn Sie persönlich erscheinen möchten. Schreiben Sie mir ein Wort hieher, denn ich bleibe noch 4 Wochen hier, und schicken mir ein Paket nach Weimar, damit ich gleich anfangen kann, wenn ich nach Hause komme. Leben Sie recht wohl und bleiben meiner dauernden Freundschaft gewiß.

Karlsbad, den 27. Juli 1807. G.

Dr. Kappe: Der Leipziger Arzt Christian Erhard Kapp (1739–1824).

kleine Geschichten ...: Noch in Weimar begann Goethe mit dem Diktat des Märchens «Die neue Melusine» (8, 380); die Arbeit wurde Ende Mai abgeschlossen. Anschließend diktierte er die beiden Novellen «Die gefährliche Wette» (8, 406) und «Der Mann von funfzig Jahren» (8, 183).

meine geologischen Ansichten: Vom 19./23. Juli 1807 datieren Entwurf und Diktat von Goethes Aufsatz «Sammlung zur Kenntnis der Gebirge von und um Karlsbad angezeigt und erläutert» (17, 492).

Resident Reinhard: Karl Friedrich Graf von Reinhard (1761–1837), ab 1792 im französischen diplomatischen Dienst, 1799 Außenminister, 1808 Gesandter Napoleons in Kassel, 1815 Gesandter beim Deutschen Bundestag.

der Vorgesetzte solcher Anstalten: als Leiter des Weimarer Theaters.

das Seculum ... ins Heilige: Gemeint ist die Gegenüberstellung von weltlicher Musik (Oper, überhaupt Bühnenmusik, Orchestermusik) und geistlich-religiöser (Vokal-)Musik.

alle Woche einmal bei mir: Im Herbst 1807 gründete Goethe eine eigene Hauskapelle, die ab 1809 unter der Leitung Franz Karl Adalbert Eberweins (1786–1868) stand. Jeden Donnerstag versammelten sich Sänger des Weimarer Hoftheaters in Goethes Haus, um zumeist geistliche Gesänge, aber auch größere Partien aus Oratorien und Messen einzustudieren. Am Sonntag fand dann jeweils ein Hauskonzert vor geladenen Gästen statt.

An Goethe Berlin, den 6. August 1807.

Ihr Brief vom 27. Juli, mein göttlicher Freund, den ich gestern abend fand, war mir ganz unendlich erfreulich, ja unverhofft, da ich solange nichts von Ihnen gesehn und dagegen manches gehört, welches Ihr Brief geradezu widerlegt. Geheimer Rat Wolf wollte zum Exempel vorgestern wissen: Sie seien nach Wien gegangen und befänden sich daselbst ungemein wohl. Gestern aber sagte er mir, er habe für sicher gehört, Sie befänden sich in Töplitz, und so weiter. Gegen Ihre Relation Ihres Lebens und Bewegens kann ich Ihnen die meinige austauschen, die jedoch nicht so gloriös ist. Ich bin seit Anfang des Novembers selbstsiebenter in die Administration unserer Stadtangelegenheiten verflochten. Wie die Sachen im allgemeinen stehen, wissen Sie, und was das Besondere betrifft, so gehen die Sachen so, wie sie sich eben von uns wollen treiben lassen. Der Geheime Finanzrat Sack, der ein sehr gewandter, geschickter und arbeitslustiger Mann ist, dirigiert das Generalbureau unseres Geschäftswesens, indem er sich die besten und tätigsten Königlichen Staatsbedienten zu Hülfe nimmt. Alle zu bearbeitenden Sachen kommen täglich zum Vortrage und zur Entscheidung unseres *pleni*, werden ausgefertiget, von uns unterschrieben und gehen dann ins Weite und wirken, was sie können. Dies ungefähr macht mein Leben von einem Tage zum andern aus. Außerdem bewirte ich in Gemeinschaft mit meinen Kindern meine Einquartierung, die in französischen, schwarzburgischen, bayrischen, usingischen und so weiter Militärpersonen und Pferden besteht, welche müde und durstig ankommen, auch wohl mitunter ungern wieder von mir gehen und sich's im ganzen bei mir gefallen lassen müssen, da ich keine Frau habe und durch diese Umstände auch nicht reicher werde. Mein einsames und besseres Leben besteht nun darinne, daß ich täglich, ja stündlich an Sie denke, mich mit Lesen alter Bücher, Unterrichten junger Leute, Komponieren und dergleichen beschäftige, auch wohl der schweren Sorge hingegeben bin: wie das alles enden soll. Denn da gar nichts verdient wird und in der Regel alle Tage 15 Personen satt sein müssen, denen es besser zu schmecken scheint als sonst, so kommen wohl Sorgen und halten aus. Dann habe ich auch manche hübsche Lieder gemacht, meistens nach Gedichten von Ihnen. Dann habe ich seit dem Monat März eine Ripienschule für Instrumentalmusik angelegt, die mir viele Mühe und noch wenig Fortschritte macht. Endlich setze ich zwei Tage in der Woche die Singakademie fort, so still, daß es die Gäste nicht merken, die ich dabei nicht haben mag, und dies ist dann meine Beschäftigung von Woche zu Woche. Die Nebenzeiten muß ich dann anwenden, um die tausendmaltausend Jeremiaden und Beschwerden der Bürger und Freunde über Prägravationen geduldig anzuhören, zu bescheiden, zu trösten, zu poltern und dergleichen. Daß dabei aus dem Schlafen so gar viel nicht wird, können Sie denken. Jetzt zum Exempel ist es halb zwei nach Mitternacht, und vor einer guten halben Stunde bin ich erst vom Rathause gekommen. Morgen um 6 Uhr früh soll ich die Leiche eines nahen Verwandten bestatten helfen. So wird denn das Leben endlich ein Ende nehmen. Dessenungeachtet denke ich jetzt mit großem Ernste nach Italien, da ich mir nun einmal das Denken nicht wieder abgewöhnen will. Freilich hängt gar viel dabei von den öffentlichen Angelegenheiten ab. Sollte aber auch wieder nichts aus der Reise werden, so bin ich doch reisefertig. Mein Plan ist folgender: Ich sammle eben eine Anzahl junger Künstler um mich her. Je mehr je besser! Diese könnten eine Karawane formieren und gehn mit mir, oder sie nehmen mich mit. Es ist lehrreich, sicher und wohlfeil, in Gesellschaft zu reisen; ja es ist bequem, denn was einer nicht kann oder hat, ist beim andern. Ein gesellschaftlicher Vertrag muß das Ganze binden und halten. Jeder hat auf der Reise sein Amt. Man reiset soviel als möglich zu Fuße, über Wien. – Das ist das Allgemeine meines Plans, das Nähere sollen Sie auch zu seiner Zeit erfahren, da es sich noch nicht bestimmen läßt. *Den* 7. Was ich als Privatmann und ohne Unterstützung von Äußerm geleistet, lasse ich vor der Hand auf sich beruhen, indem ich bedenke: die politischen Verhältnisse mögen hingeraten, wo sie wollen, so wird einem doch Luft und Atem bleiben. Ich wüßte wirklich nicht, wie es schlimmer werden sollte, als es war. Was ich und meinesgleichen voraushabe, kann niemals weniger gelten, als es galt, denn niemand hat was dafür geboten; auch habe ich nichts gefordert und mich vielmehr vor den Großen und Reichen mehr bewahrt, als ich gesollt hätte, doch auch keineswegs bereue. Und wenn nur etwas Gutes von mir übrigbleibt und nachzuwirken vermag, so bin ich über mein Schicksal völlig getröstet. Freilich ist's sonderbar genug, wie sich alles absichtlich zu fügen scheint, mich ins Weltwesen zu reißen oder vielmehr mich mir selber zu entreißen. Denn wenn ich nach langem Rudern und Streben meinem Ufer nähergerückt zu sein glaube, kommt ein Windstoß, der mich wieder zurückewirft, wie es denn so eben wieder der Fall ist. Doch ich bleibe bei mir und will mich nicht verwirren lassen, wie ich denn auch aufrichtig nicht verlange, daß mein Ziel mir entgegenkommen soll. Ja ich sehe oft mit Ruhe und Wohlgefallen auf meinen Anfang zurücke wie auf die totale Entfernung dessen, was ich bin – und muß, wie ich in all das Wesen hereingepreßt werde, zu dem ich mich so sonderbar verhalte, da doch auf der ganzen Erde Heiß nicht Kalt und Unten nicht Oben ist. Ich gehe in der Regel, ja durchaus mit lauter Dingen um, die meinem Selbst auch nicht das Geringste abmerken, so wie ich ganz natürlich mir nicht das Geringste merken lasse und allemal hinterher herzlich zu lachen nicht unterlassen kann.

Ich kann aufrichtig sagen, daß mich noch nichts Mißlungenes geschmerzt und wohl eher angefeuert hat, obgleich ich den Neid nicht ganz verhehlen kann, der sich mir aufdringt, wenn ich sehe, wie dicht neben mir alles ganz anders ist, wie die Leute so ruhig wandeln können, indem sie tun, was sie ernährt, ja wohl mich tadeln, indem sie mich bemitleiden. Es gibt Stunden, in welchen dies sehr bitter ist, da man nicht allein und von der Meinung der Welt dependent ist; dieses und die Hemmung, da man nicht vom Flecke kommt, nicht zeigen kann, was man will, und nicht überspringen kann – dies ist der höllische Schmerz, der einen braven Kerl wohl einmal aus der Fassung bringt, und den habe ich genossen wie Einer, der gelebt hat; denn daß einer noch lebt, um es zu tragen, will mir gar nicht ein. Was nun lächerlich ist und worüber Sie vielleicht auch lachen müssen, ist, daß ich mir neue Kleider machen lassen muß, weil ich fett werde wie Ihr Hamlet, indem das Land mager, mein Verdienst und mein Geld von Tag zu Tag dünner wird.

Den 8. August. So habe ich Ihnen denn gesagt, was Sie in Ihrem Briefe fragen: was mit mir geworden ist, und woraus

Sie sich selber prophezeien sollen, was werden kann. Ich habe eine unwiderstehliche Sehnsucht nach Ihnen. Könnten wir uns nicht etwa in Leipzig treffen? Ich habe einen doppelten Grund, nach Leipzig zu gehen, wo ich gern etwas von meinen Kompositionen, die mir unter den Händen angewachsen sind, verschachern möchte, denn hier ist durchaus nichts zu machen.

Und nun von dem, was Sie ferner verlangen. Von solchen geistlichen Stücken, als Sie in Ihrem Hause unter 4 oder 6 Personen aufführen könnten, habe ich sehr wenige; denn das Meiste und Beste, was ich besitze, ist für einen großen, lang geübten Chor und besteht in *alten* Sachen, an welchen die neuern Sänger schon deswegen keinen Geschmack finden, weil sie solche ohne Willen, Ausdauer und gründliche Anweisung nie ordentlich singen lernen. Doch werde ich Ihnen schicken, was sich etwa schickt. Vor der Hand schlage ich eine Sammlung vierstimmiger, in ihrer Art sehr guter Gesangsstücke von Haydn vor, welche vor etwa 2 Jahren in Leipzig bei Härtel gedruckt erschienen sind und die Sie wahrscheinlich in Weimar kaufen können. Dann werde ich Ihnen kleine Gesänge von hieraus senden, wovon aber die meisten schlechte deutsche Texte haben. Da ich diese Sachen nicht selber besitze, so muß ich sie aufsuchen und werde Ihnen von Zeit zu Zeit solche zuschicken. Möchten Sie doch den schönen Herbst in Berlin verleben wollen, dann sollen Sie schon etwas hören, das so schlimm nicht ist. Denn gehe ich nach Italien, so ist die Singakademie so gut als verloren; denn es *kann* nicht bestehen, das sehe ich mit Trauern. Sie ist jetzt gegen drittehalb hundert stark, und ich sehe keinen, der dies Schiff flott halten soll. Es ist ein anderes, ein bezahltes Orchester, und ein anderes, so viel freie Leute in diesen Zeiten vor sich selber zu bewahren! – Kommen Sie doch! Sie sollen schon das Rechte finden. Geheimer Rat Wolf ist hier; der schlingt mir so ein Stück Arbeit, woran die Zeit ein Jahrtausend gearbeitet hat, hinter wie eine Tasse Tee. Das kann nicht bekommen. Übrigens befindet er sich wohl in Berlin, und ob wir ihn behalten, muß die Zeit lehren.

Geheimer Rat Wolf: Friedrich August Wolf (1759–1824), Professor der Altphilologie in Halle und Berlin, Homerforscher.

Administration: Vgl. Goethes Brief vom 26. Dezember 1806, Anm. zu «Administration», S. 38.

Finanzrat Sack: Johann August Sack (1764–1831), preußischer Verwaltungsbeamter, seit 1798 Geheimer Oberfinanzrat in Berlin.

Ripienschule: ripieno = voll angefüllt. Gemeint ist eine Schule für Orchestermusik.

Prägravationen: Überlastung, Überbürdung.

dependent: abhängig.

Ihr Hamlet: In Goethes Roman «Wilhelm Meisters Lehrjahre».

in Leipzig: Zelter pflegte Kontakt mit dem Leipziger Organisten Ambrosius Kühnel, der im Jahr 1800 – zusammen mit dem Wiener Kapellmeister und Komponisten Franz Anton Hoffmeister (1754–1812) – einen Musikverlag gegründet hatte; dieser ging 1813 in den Musikverlag C. F. Peters über. Trotz verschiedener Anfragen und Angebote ist eine geschäftliche Beziehung zwischen Zelter und dem Verlag Kühnels nur ein einziges Mal zustande gekommen: Zelters Goethe-Vertonung «Johanna Sebus» wurde 1810 bei Kühnel verlegt.

bei Härtel: Der Leipziger Verlag Breitkopf und Härtel.

*

An Zelter Karlsbad, den 30. August 1807.

Recht von Herzen sei es Ihnen gedankt, teuerster Freund, daß Sie mich so tief in Ihr Wesen, in Ihren Zustand hineinsehen lassen. Es ist wirklich etwas Prometheisches in Ihrer Art zu sein, das ich nur anstaunen und verehren kann. Indessen Sie das kaum zu Ertragende gefaßt und gelassen tragen und sich Plane zu künftiger erfreulicher und schaffender Tätigkeit bilden, habe ich mich wie ein schon über den Kocyt Abgeschiedener verhalten und an dem Letheischen Flusse wenigstens genippt. Übrigens, insofern ich mich noch als Erdebewohner fühle, habe ich auch nach meiner Art das Meinige getan, manche Erfahrung in mich aufgenommen, manches gelesen, gelernt, notiert, ausgearbeitet und wie es eben gehn wollte. Meine Gesundheit ist leidlich, und bei einem sehr strengen diätetischen Verhalten kann ich meine Zeit sehr wohl nutzen und angenehme Tage zubringen. Auf eine Nach-Hause-Reise über Dresden, wozu mich der Herzog, der in Töplitz ist, einlud, habe ich aber leider renunzieren müssen. Ich darf mir nichts zumuten. In der Hälfte Septembers bin ich zu Hause. Können Sie uns durch Ihre Gegenwart beglücken, so wüßte ich nichts Erwünschteres. Leben Sie recht wohl und schreiben mir bald. G.

Kocyt… Letheischen Flusse: Kokytos und Lethe sind Unterweltsflüsse aus dem griechisch-antiken Sagenkreis. Lethe hat zudem die (dichterische) Bedeutung als Trank des Vergessens.

der Herzog: Karl August (1757–1828), Herzog und ab 1815 Großherzog von Sachsen-Weimar-Eisenach; er weilte in Teplitz.

renunzieren: ablehnen, verzichten.

*

An Zelter

Erst konnte ich, mein Bester, von Ihnen nicht genug verlangen, erbat mir bald dieses bald jenes, ich plagte Sie mit meinen Kommissionen, da Sie ohnehin genug zu tun haben, und da nun alles angekommen ist, Gesänge, Preiskurant, Rübchen: so mache ich's wie die erhörten Beter und wende mich ohne weiteren Dank von dem Geber zu den Gaben.

Ich will das nicht entschuldigen, denn zu ein paar Zeilen an einen Freund gäbe es immer Zeit; allein ich bin seit meiner Rückreise aus dem Karlsbad so wunderlich von der Gegenwart geklemmt worden, als wenn ich für jene vier Monate, die ich wie ein abgeschiedener Gymnosophist auf ungetrübter Bergeshöhe zugebracht, wieder büßen sollte. Zwar ist mir nichts Unangenehmes widerfahren, doch drängte sich so manches Liebes und Unliebes heran, daß meine Kräfte weder physisch noch moralisch recht ausreichen wollten.

Endlich dachte ich auch die zweite Sendung meiner Werke an Sie abgehen zu lassen; sie ist aber bei mir selbst noch nicht angekommen, nicht einmal in vollständigen Aushängebogen, sonst hätte ich die einstweilen geschickt, insofern sie etwas Neues enthalten.

Mein kleines Singechor, das freilich noch kaum über vier Stimmen hinausgeht, bildet sich schon recht hübsch und wirkt auch schon auf das Theater zu. Kurz vor meiner Abreise ist es durch eine junge weibliche Stimme, die man fast einen Alt nennen könnte, sehr ausgeschmückt worden. Dürfte ich Sie gelegentlich um das Schiller'sche «Punschlied» bitten? Es ist davon leider bei mir nur eine Stimme übrig; die andern sind verschleppt.

Werner, der Sohn des Tals, ist seit zwölf Tagen hier bei uns in Jena. Seine Persönlichkeit interessiert uns und gefällt uns. Er liest von seinen gedruckten und ungedruckten Arbeiten vor, und so kommen wir über die seltsamen Außenseiten dieser Erscheinungen in den Kern hinein, der wohlschmeckend und kräftig ist.

Soviel, mein Liebster, für diesmal. Ich packe ein, um wieder nach Weimar zu gehen. Hier ist es mir ganz gut geworden, und was Sie wohl nicht raten würden: ich bin ins Sonettenmachen hineingekommen. Davon schicke ich Ihnen gelegentlich ein Dutzend, mit der einzigen Bedingung, daß sie niemand sieht und daß keine Abschrift genommen wird. Möchten Sie aber eins davon komponieren, so würde es mich recht glücklich machen. Ich mag gar zu gern meine Produktionen auf Ihrem Elemente schwimmen sehen. Sagen Sie mir bald wieder etwas, wenn es auch nicht viel ist. Ein Freundeswort ist in diesen trüben und kurzen Tagen doppelt erfreulich.

Geheime Rat Wolf hat uns mit einem trefflichen Hefte über das Studium des Altertums beschenkt, das einen großen Reichtum enthält und an alles erinnert, was wir wissen, und uns freundlich andeutet, was wir weiter noch wissen und wie das alles behandlen sollen. Ein nochmaliges Lebewohl.

Jena, den 16. Dezember 1807. G.

Kommissionen: Am 28. September 1807 schrieb Goethe: «Der bei uns engagierte Schauspieler Unzelmann, der jüngere, ist gegenwärtig in Berlin. Ich höre, daß er daselbst gespielt hat. Wollten Sie die Gefälligkeit haben, mir den oder die Komödienzettel, worauf er angezeigt ist, womöglich mit umgehender Post zu überschicken.»

Gesänge: Die von Zelter am 8. August 1807 vorgeschlagenen Gesangsstücke von Haydn.

Preiskurant, Rübchen: Am 28. September 1807 wünschte Goethe «ein Preiskurant von dem Berliner Porzellan zu erhalten, versteht sich, wie es gegenwärtig abgelassen wird, da, wie ich höre, die Preise heruntergesetzt sind. Sodann würden Sie mich sehr verbinden, wenn Sie mir einen Scheffel echte Teltower Rüben schicken könnten, aber freilich bald, ehe die Kälte eintritt.»

Gymnosophist: Asket.

Schillers «Punschlied»: Schiller hat zwei «Punschlieder» geschrieben und Zelter sie beide vertont. (Vgl. Zelters Brief vom 9. Januar 1808, S. 54.).

Werner, der Sohn des Tals: Friedrich Ludwig Zacharias Werner (1768–1823), Dramatiker in Warschau und Berlin, Verfasser des zweiteiligen Dramas «Die Söhne des Tals» (1803).

ins Sonettenmachen: In die Wintermonate 1807/08 fällt die Entstehung von Goethes Sonett-Zyklus (1, 267).

Geheime Rat Wolf: Der Berliner Professor Friedrich August Wolf.

*

An Goethe Berlin, 9. Januar 1808.

Für heute will ich nur nichts weiter schreiben, als den beifolgenden sieben Sachen einige Worte der Begleitung mitzugeben.

Ein Fäßchen Mixpikle soll gegen die faule Luft und zur Erregung guten Appetits dienen.

Dann liegt eine zweite Sendung von Singsachen schon gute Zeit bei mir und wartet auf Abgang. Von Schiller schicke ich zwei von mir komponierte «Punschlieder» mit, Sie werden schon das rechte herausfinden und sich die folgenden Strophen dazuschreiben lassen.

Endlich erfolgen die Komödienzettel bis Ende Dezember vorigen Jahres.

Ihren lieben Brief vom 16. Dezember vorigen Jahres habe ich am 23. *ejusdem* erhalten. Ich freue mich sehr über die Sonette und bitte herzlich: schicken Sie mir solche doch bald. Die Bedingungen sollen erfüllt werden. Niemand soll sie sehn und abschreiben, und was sich von mir will komponieren lassen, sollen Sie sogleich haben. In Erwartung einer neuen Sendung Ihrer Schriften habe ich die «Iphigenie» wieder gelesen, mit solchem Vergnügen, als ob mir erst jetzt ein Licht darüber aufgegangen wäre. Schicken Sie mir doch ja bald etwas Neues. Wann werde ich Sie denn einmal wieder sehn können? In diesem Monate wollte ich mich schon an den Ufern des Adriatischen Meers herumtreiben; eine ungeheure Traurigkeit befällt mich, wenn ich daran denke. Leben Sie wohl, künftig ein Mehreres.

Ihr Zelter.

Mixpikle: mixed pickles = in Essig eingelegte Stückchen von verschiedenen Gemüsesorten, insbesondere von Gurken.

«Iphigenie»: Goethes Trauerspiel «Iphigenie auf Tauris».

wieder sehn können: Die nächste Begegnung Zelters mit Goethe fand erst 1810 statt, und zwar vom 15. bis 20. Juli in Karlsbad und vom 7. bis 23. August in Teplitz.

Endlich muß ich nun auch wieder einmal etwas von mir zu vernehmen geben. Diese Tage ist Werner von uns abgereist, nachdem er beinahe vier Monate bei uns zugebracht. Er wird Sie von mir grüßen. Warum können wir nicht auch, wenigstens einige Wochen, wieder zusammen sein?

Wenn ich meine neusten kleinen Gedichte ansehe, so findet sich leider nichts Singbares darunter, und da mag ich sie nicht schicken. Dagegen erhalten Sie in einiger Zeit Versuche eines jungen Musikus, der bei meiner kleinen Singschule diesen Winter mitgewirkt hat. Sie haben die Gefälligkeit, mir eine kleine Rezension drüber zu machen. Es sind vierstimmige Gesänge, und wenn sie Ihnen einiges Zutrauen erregen, so schicke ich den jungen Mann selbst vielleicht auf künftigen September, damit er sich Ihres gegenwärtigen Einflusses einige Wochen erfreue.

Indem ich nun immer in meinen Briefen, anstatt Ihnen etwas mitzuteilen, Ihnen etwas Angenehmes zu erzeigen, immer nur wieder etwas Neues von Ihnen suche und erwarte, so sehe ich um mich her, ob ich denn nicht auch etwas Erfreuliches für Sie wüßte, und da ist mir das Außenbleiben meiner folgenden Bände verdrießlich. Ich vermute, Cotta will die acht letzten Bände zusammen herausgeben. Sobald sie in meinen Händen sind, soll Ihr Exemplar auf den Postwagen. Es ist manches darin, was Ihnen gewiß Freude machen wird.

Reichardt ist, wie Sie wissen, in Kassel engagiert. Aus der Aufführung seiner Opern hier, wovon die Rede gewesen, ist also nichts geworden. Himmel, höre ich, ist in Rom gestorben. Es ist doch schade für das schöne Talent! Leben Sie recht wohl und sagen mir noch vor Ende Aprils etwas. Dann hören Sie von mir aus dem Karlsbad. G.

Werner: Der Dramatiker Friedrich Ludwig Zacharias Werner.

meine ... Gedichte: Der im Winter 1807/08 entstandene Sonett-Zyklus (1, 267).

Versuche: Gemeint sind Liedkompositionen Franz Karl Adalbert Eberweins.

die acht letzten Bände: Band 5 bis Band 12 der bei Cotta erscheinenden Goethe-Ausgabe. Diese ursprünglich auf 12 Bände berechnete Ausgabe wurde 1810 um einen weiteren Band erweitert; er enthielt Goethes Roman «Die Wahlverwandtschaften» (9, 7).

Reichardt: Der Komponist Johann Friedrich Reichardt wurde 1808 Hofkapellmeister bei Jérôme Bonaparte in Kassel.

Himmel: Der Komponist Friedrich Heinrich Himmel (1765–1814), in Berlin als königlicher Kapellmeister tätig. Die Meldung von seinem Tod war demnach ein Gerücht.

*

An Zelter Karlsbad, den 22. Juni 1808.

Ihr lieber Brief vom 6. April ist mir erst hier in die Hände gekommen. Die Eberweinischen Gesänge habe ich sogleich zurückgeschickt und Ihre gefällige Rezension abschriftlich nachgeschickt. Wie vorteilhaft würde es diesem jungen Menschen sein, wenn er eine gehörige Zeit unter Ihnen studieren könnte. Jetzt aber widerfährt ihm, was allen Anfängern begegnet: sie gehen in der Irre wie die Schafe, und ein Jeglicher sieht auf seinen Weg.

Für alles Übrige, was Sie auf meine Fragen mir zum Trost und Belehrung sagen, danke ich zum allerschönsten; nur habe ich bei Ihren theoretischen Äußerungen, welche, wie ich recht gut weiß, mit den Überzeugungen der physikalischen und musikalischen Welt übereinstimmen, nach meiner Art etwas zu erinnern. Wie sehr wünschte ich über diese Sache, welche mit andern, die ich ruminiere, so genau zusammenhängt, mit Ihnen zu sprechen, weil sich mir alsdann gewiß einige Hauptknoten lösen würden. Ich lege ein Blatt bei, worauf Ihre Äußerung wiederholt steht, dahinter meine Zweifel, Einwendungen und Fragen, insofern ich mich in einer so komplizierten Sache zusammenfassen konnte. Da ich die Punkte numeriert und eine Abschrift davon behalten habe, so könnten Sie mir nur auch Nummer für Nummer freundlich antworten und ich würde Ihre Aufschlüsse mit meinem Konzept zusammenhalten können.

Schon seit dem 15. Mai bin ich hier, habe die ersten vierzehn Tage bei dem schönsten Wetter auch fleißig genug zugebracht; nachher ist gute Gesellschaft gekommen und schlecht Wetter eingefallen, wodurch denn meine Lebensweise sich verändert hat. Eine dritte Epoche steht mir bevor: schönes Wetter und große Gesellschaft; da ich denn wohl meine Zeit abermals in der Einsamkeit nutzen werde.

Das Exemplar meiner letzten acht Bände ist wohl noch nicht bei Ihnen angekommen. Auch bei seinem etwas späteren Erscheinen werden sie Ihnen hoffentlich willkommen sein. Die Fragmente eines ganzen Lebens nehmen sich freilich wunderlich und inkohärent genug nebeneinander aus; deswegen die Rezensenten in einer gar eigenen Verlegenheit sind, wenn sie mit gutem oder bösem Willen das Zusammengedruckte als ein Zusammengehöriges betrachten wollen. Der freundschaftliche Sinn weiß diese Bruchstücke am besten zu beleben.

Wenn Ihnen das Vossische Sonett zuwider ist, so stimmen wir auch in diesem Punkte völlig überein. Wir haben schon in Deutschland mehrmals den Fall gehabt, daß sehr schöne Talente sich zuletzt in den Pedantismus verloren. Und diesem geht's nun auch so. Für lauter Prosodie ist ihm die Poesie ganz entschwunden.

Und was soll es nun gar heißen, eine einzelne rhythmische Form, das Sonett zum Beispiel, mit Haß und Wut zu verfolgen, da sie ja nur ein Gefäß ist, in das jeder von Gehalt hineinlegen kann, was er vermag? Wie lächerlich ist's, mein Sonett, in dem ich einigermaßen zu ungunsten der Sonette gesprochen, immer wieder[zu]käuen, aus einer ästhetischen Sache eine Parteisache zu machen und mich auch als Parteigesellen heranzuziehen, ohne zu bedenken, daß man recht gut über eine Sache spaßen und spotten kann, ohne sie deswegen zu verachten und zu verwerfen.

Den beikommenden Gedichten dieser Art wünsche ich bei Ihnen eine desto bessre Aufnahme. Nur bitte ich inständig, sie nicht aus Händen zu geben.

Von hier wüßte ich nun weiter nichts zu schreiben, als daß ich mich recht wohl befinde und auch fleißig bin, wie es gehen will. Sind Ihnen die beiden ersten Hefte des Wiener «Prometheus» zur Hand gekommen, so haben Sie ja auch wohl meiner «Pandora» einen günstigen Blick geschenkt. Im fünften oder sechsten Stück werden Sie dieses hübsche Kind näher kennen lernen. Lesen Sie doch ja: Friedrich Schlegel, «Über die Sprache und Weisheit der Indier», und bewundern, wie er ein ganz krudes christkatholisches Glaubensbekenntnis mit den herrlichsten Ansichten über Welt-, Menschen- und Kulturgeschichte zu verweben gewußt hat. Man kann dieses Büchlein also auch für eine Deklaration seines Übertritts zur alleinseligmachenden Kirche ansehen. Alles dieses Hokuspokus, es mag nun wirken, wie es will, wird ihm aber doch im Ganzen nichts helfen. Die echte Sinnesart ist zu weit verbreitet und kann nicht mehr untergehen, sie mag sich auch durch Individualitäten soviel modifizieren, als sie will. G.

erst hier: Goethe weilte vom 15. Mai bis 11. September 1808 abwechselnd in Karlsbad und in Franzensbad.

Die Eberweinischen Gesänge: Vgl. Goethes Brief vom Anfang April 1808, Anm. zu «Versuche», S. 55.

Ihre... Rezension: Im Brief vom 6. April–2. Mai 1808 hatte Zelter ein ausführliches, etwas zur Pedanterie neigendes Urteil über einige von Eberweins Liedvertonungen abgegeben.

ruminiere: ruminieren = wiederkäuen, wiedererwägen, nachsinnen.

das Vossische Sonett: Das Sonett «An Goethe» von Johann Heinrich Voß, veröffentlicht in Cottas «Morgenblatt» vom 8. März 1808; darin polemisierte Voß gegen die seiner Meinung nach auch von Goethe gepflegte zeitgenössisch-romantisierende Art des Sonett-Dichtens.

Prosodie: In der antiken Metrik die Lehre von der Tonhöhe und der Qualität der Silben; Lehre von der metrisch-rhythmischen Behandlung der Sprache.

mein Sonett: Goethes Sonett «Sich in erneutem Kunstgebrauch zu üben...» (1, 445).

Den... Gedichten: Goethe legte dem Brief sechs Sonette bei: «Mächtiges Überraschen» (1, 269), «Freundliches Begegnen» (1, 269), «Wachsende Neigung» (1, 271; unter der Überschrift «Wachstum»), «Gewöhnung» (1, 270; unter der Überschrift «Kurz und gut»), «Trennung» (1, 272; unter der Überschrift «Abschied») und «Entsagen» (1, 271; unter der Überschrift «Reisezehrung»).

Wiener «Prometheus»... «Pandora»: Im ersten und zweiten Heft der Wiener Zeitschrift «Pandora» wurden die Verse 1 bis 402 von Goethes Festspiel «Pandoras Wiederkunft» (6, 406) erstmals veröffentlicht.

Im fünften... Stück: Obgleich die zweite Folge des «Pandora»-Abdrucks mit dem Vermerk «Die Fortsetzung folgt» schloß, wurde mit dem Abdruck nicht fortgefahren.

«Über die Sprache...»: Friedrich Schlegels 1808 veröffentlichte Abhandlung «Über die Sprache und Weisheit der Indier. Ein Beitrag zur Begründung der Altertumskunde». Der Dichter und Ästhetiker Schlegel (1772–1829) behandelte in diesem Werk hauptsächlich die indischen Vorstellungen von Seelenwanderung.

Brief um die Beilage gekürzt.

*

An Goethe Berlin, 9. September 1808.

Der junge Herr Eberwein ist am 19. vorigen Monats hier eingetroffen, und am Tage darauf haben wir zusammen unsere scholastische Unterhaltungen begonnen, welche nun in den letzten Tagen anfangen, einen leichtern Gang zu nehmen, da er schon ziemlich in die allgemeine Wildnis übergegangen war. Da er nur einen kurzen Urlaub hat, so wird es schwer halten, manche Vorbedingungen der Kunst, welche eigentlich schon von Jugend an ins Blut übergehn müssen, für diesen Urlaub zuzuschneiden; er wünscht daher, daß ich mich verwenden möge, ihm bei Ihnen, mein Freund, einen längern Urlaub zu erbitten. Dieses tue ich denn recht gern, um so lieber, als ich hoffe, er werde diesen längern Urlaub nach seiner Zurückkunft desto reichlicher vergüten. Ich bitte daher, daß Sie ihn wenigstens den nächsten Winter in Berlin lassen, der hier zu Lande für Musik allein einigen Vorteil gewährt. Selbst seine Teilnahme an der Singakademie kann ihm nur insofern als Artist nützlich werden, wenn er einer *Reihe* von Lektionen beiwohnt, deren Produkt er entstehn und wachsen sieht, besonders aber, wenn er tüchtige und meisterhafte Kompositionen von derbem deutschen Stil hört, an denen er entweder sein Unvermögen wahrnimmt oder sein tieferer Eifer erweckt wird. Ergriffen hat es ihn, das bemerke ich wohl, er sieht aber noch nicht, wo es sitzt, indem er es von außen sucht. Er hat sich schon viele Freunde gemacht. Gestern hat er sich zum ersten Male öffentlich, nicht ohne Beifall, auf der Violine hören lassen. Sein Ton ist schön und rein, aber er hat sich, Gott weiß nach welchem Muster, eine weinerliche retardierende Kantilena angewöhnt, deren Nachteile ich ihm gehörig auseinandersetzen werde. Auf seine Frage, wieviel er mir für den Unterricht zu bezahlen habe, habe ich erklärt, daß ich diese Sache mit Ihnen abzumachen gedenke: Ihnen will ich also auch im voraus sagen, daß je mehr er lernt, je weniger soll er mir bezahlen, und sein längerer Aufenthalt in Berlin soll ihm bei mir deswegen nicht höher zu stehn kommen, wenn er nicht bemittelt ist.

Seit Monat August habe ich die frühen Morgenstunden dazu angewandt, meine Jugendjahre aufzuschreiben. Da ich nicht mehr so hoffnungsvoll vor mich hinaussehn kann, so habe ich mein Auge auf Frühgeschehenes gerichtet. Vielleicht kann ich, wenn ich zum zweiten Male mein funfzigstes Jahr wiedererreicht habe, noch eine Weile mit der Welt fortgehn, die mir in den letzten Tagen mühselig genug erschienen ist.

Den 11. September. Da dieser Brief gestern liegen geblieben ist und also erst Mittwoch abgehn kann, so muß ich bitten, mit umgehender Post wegen des jungen Eberwein zu antworten. Ich habe ihm gesagt, ich hätte einen Brief von Ihnen, worin Sie die Anlegung eines *Diariums über seine Fortschritte* verlangt hätten.

Es ist notwendig, daß der junge Mann den Strom der Mitte versuche, dazu gebe ich ihm selber Anlaß, und er ist daher aufgenommen; da jedoch seine Zeit auch gemessen ist, so habe ich ihn schon aufmerksam gemacht, sich nicht zu verlieren. Sonst kann er täglich in vortrefflichen Gesellschaften Beifall und Freundschaft genießen, wovon aber nichts bis nach Weimar gelangen dürfte. Zelter.

einen kurzen Urlaub: Der erste und kurze Urlaub Franz Karl Adalbert Eberweins bei Zelter (August und September 1808) wurde im darauffolgenden Jahr um einen zweiten ergänzt (Februar bis Oktober 1809).

meine Jugendjahre aufzuschreiben: Zelters selbstbiographische Schriften liegen in mehreren, einander zum Teil ergänzenden Fassungen vor. Die erste, 1808 begonnene Niederschrift, führt bis zu Zelters erster Vermählung; die zweite, 1820 vollendete Fassung bis zur zweiten Vermählung. Die beiden Selbstbiographien, herausgegeben von Johann-Wolfgang Schottländer: «Carl Friedrich Zelters Darstellung seines Lebens», im 44. Band der «Schriften der Goethe-Gesellschaft», Weimar 1931.

*

An Zelter

Nehmen Sie den besten Dank, lieber Freund, für das, was Sie an dem jungen Eberwein tun wollen und können. Die Kunstwelt liegt freilich zu sehr im argen, als daß ein junger Mensch so leicht gewahrwerden sollte, worauf es ankommt. Sie suchen es immer wo anders als da, wo es entspringt, und wenn sie die Quelle ja einmal erblicken, so können sie den Weg dazu nicht finden.

Deswegen bringen mich auch ein halb Dutzend jüngere poetische Talente zur Verzweiflung, die bei außerordentlichen Naturanlagen schwerlich viel machen werden, was mich erfreuen kann. Werner, Oehlenschläger, Arnim, Brentano und andere arbeiten und treiben's immer fort; aber alles geht durchaus ins Form- und Charakterlose. Kein Mensch will begreifen, daß die höchste und einzige Operation der Natur und Kunst die Gestaltung sei und in der Gestalt die Spezifikation, damit jedes ein Besonderes, Bedeutendes werde, sei und bleibe. Es ist keine Kunst, sein Talent nach individueller Bequemlichkeit humoristisch walten zu lassen; etwas muß immer daraus entstehen, wie aus dem verschütteten Samen Vulkans ein wundersamer Schlangenbube entsprang.

Sehr schlimm ist es dabei, daß das Humoristische, weil es keinen Halt und kein Gesetz in sich selbst hat, doch zuletzt früher oder später in Trübsinn und üble Laune ausartet, wie wir davon die schrecklichsten Beispiele an Jean Paul (siehe dessen letzte Produktion im «Damenkalender») und an Görres (siehe dessen «Schriftproben») erleben müssen. Übrigens gibt es noch immer Menschen genug, die dergleichen Dinge anstaunen und verehren, weil das Publikum es jedem Dank weiß, der ihm den Kopf verrücken will.

Haben Sie die Gefälligkeit, lieber Freund, wenn Sie eine Viertelstunde Zeit finden, mir die Verirrungen der musikalischen Jugend mit einigen Zügen zu schildern: ich möchte sie mit den Mißgriffen der Maler vergleichen; denn man muß sich ein- für allemal über diese Dinge beruhigen, das ganze Wesen verfluchen, an die Bildung anderer nicht denken und die kurze Zeit, die einem übrigbleibt, zu eigenen Werken verwenden.

Indem ich mich aber so unfreundlich hierüber ausdrucke, so muß ich doch, wie es den gutherzigen Polterern zu gehn pflegt, mich sogleich zurücknehmen und Sie ersuchen, Ihre Aufmerksamkeit auf Eberwein wenigstens bis Ostern fortzusetzen, da ich ihn denn abermals zu Ihnen senden werde. Großes Zutrauen zu Ihnen, großen Respekt vor Ihrer Anstalt hat er gefaßt; aber auch das will leider bei jungen Männern nicht viel sagen: denn heimlich denken sie denn doch, man könne das Außerordentliche auch auf ihre eigene alberne Manier hervorbringen. Vom Ziel haben viele Menschen einen Begriff, nur möchten sie es gern schlendernd auf irrgänglichen Promenaden erreichen.

Durch die Zeitungen sind Sie diesen Monat über genugsam an uns erinnert worden. Bei diesen Begebenheiten persönlich gegenwärtig zu sein, war viel wert. Von einer so seltsamen Konstellation habe ich auch günstigen Einfluß erfahren. Der Kaiser von Frankreich hat sich sehr geneigt gegen mich erwiesen. Beide Kaiser haben mich mit Sternen und Bändern beehrt, welches wir denn in aller Bescheidenheit dankbar anerkennen wollen.

Wie sehr wünsche ich, daß auch Sie und Ihre Mitbürger von dieser Epoche an Trost und Beruhigung finden mögen: denn Ihre Leiden gingen bisher über das erträgliche Maß. Sie sind also persönlich noch immer in öffentlichen Geschäften? Sagen Sie mir gelegentlich ein Wort, in welchen Verhältnissen. Herrn Geheimerat Wolf grüßen Sie vielmals; wir denken bald sein Töchterchen bei uns zu sehen.

Verzeihen Sie, wenn ich über die neusten Begebenheiten nicht mehr schreibe. Verwundern werden Sie sich schon beim Lesen der Zeitungen, wie diese Flut von Mächtigen und Großen der Erde sich bis nach Weimar, bis auf das Schlachtfeld von Jena gewälzt. Ich enthalte mich nicht, Ihnen einen merkwürdigen Kupferstich beizulegen. Der Punkt, wo der Tempel steht, ist der fernste, wohin diesmal Napoleon gegen Nordost gekommen ist. Wenn Sie uns besuchen, welches der Himmel gebe! so will ich Sie auch auf den Fleck stellen, wo hier das Männchen mit dem Stocke in die Welt deutet.

Für heute nicht mehr. Ich habe so viele Briefschulden, daß ich nicht weiß, wo ich anfangen soll, sie abzutragen.

Weimar, den 30. Oktober 1808. G.

Werner... Brentano: Die Dichter Friedrich Ludwig Zacharias Werner und Adam Gottlob Oehlenschläger, dazu die beiden Romantiker Ludwig Joachim (Achim) von Arnim (1781–1831) und Clemens Brentano (1778–1842).

Jean Paul: Der Dichter Jean Paul (eigentlich Johann Paul Friedrich Richter, 1763–1825); in Cottas «Taschenbuch für Damen» auf das Jahr 1809 erschien dessen «Traum eines Wahnsinnigen».

Görres: Johann Joseph Görres (1776–1848), Schriftsteller und Mitarbeiter an der Jenaischen Literaturzeitung; seine «Schriftproben von Peter Hammer» wurden 1808 veröffentlicht.

Begebenheiten: Im Gefolge des Herzogs Karl August kam Goethe am 29. September 1808 nach Erfurt, wo er am Fürstenkongreß teilnahm. Am 2. Oktober fand Goethes Audienz bei Napoleon I. statt; am 6. Oktober kam es, diesmal in Weimar, zu einer zweiten Begegnung Goethes mit Napoleon.

Beide Kaiser: Frankreichs Kaiser Napoleon I. und der russische Kaiser Zar Alexander I.; Napoleon verlieh Goethe am 14. Oktober 1808 den Orden der Ehrenlegion, Alexander zeichnete ihn am 15. Oktober mit dem Sankt-Annen-Orden aus.

sein Töchterchen: Wilhelmine Wolf, die Tochter des Geheimrats Wolf.

einen ... Kupferstich: Die «Abbildung des Napoleon-Berges gegen Abend, am 7. Oktober 1808».

An Goethe

Als der Kaiser Napoleon mit seinem Heere vor den Toren dieser Residenz erschien, ging ihm der hiesige Magistrat, wie solches, glaube ich, der Gebrauch ist, entgegen und erhielt bei dieser Audienz seinen Abschied, indem der Kaiser erklärte: er wolle nur mit Bürgern der Stadt, nicht aber mit Behörden der bisherigen Regierung, wenn sie keine Bürger sei'n, zu tun haben. Der alte Magistrat mußte zu dem Ende 2000 Bürger in eine Kirche zusammenrufen. Diese 2000 mußten 60 wählen, aus welchen die Besteller der Geschäfte sollten genommen werden. Die 60 mußten sich in die Sakristei verfügen, die 1940 wurden entlassen. Den 60 ward nun vorgestellt, daß sie unter sich sieben Bürger zu wählen hätten, welche ein *comité administratif* bilden und die oberste bürgerliche Behörde der Stadt repräsentieren sollten. Unter diese sieben Bürger, welche aus vier Kaufleuten, einem Fabrikanten und zwei Handwerkern bestehn, gehöre nun ich. Dieses *comité* der Sieben ward nun aufs Rathaus berufen, um seinen Präsidenten zu wählen; auch diese Wahl fiel auf mich, welches ich jedoch sogleich ablehnte und den Buchhändler Delagarde dazu vorschlug, weil ich der französischen Sprache nicht vollkommen mächtig bin. Das *comité* ward nun auf dem Schlosse nebst dem bisherigen Ministerio und allen Königlichen Dikasterien vereidet. Der Eid bestand in der Auflage: die französische Armee gehörig zu verpflegen und keinen Briefwechsel mit den Feinden der französischen Monarchie zu unterhalten.

Das Geschäft des *comité* besteht nun darinne: alles, was von dem französischen Gouvernement für den Teil der Armee gefordert wird, der die Mittelmark okkupiert, von den Einwohnern der Stadt zu erheben und abzuliefern.

So, mein geliebter Freund, habe ich Ihnen die allgemeine Übersicht dargelegt von dem, was Sie wissen wollen. Was Sie wissen müssen: daß ich nämlich ohne Kenntnis des Finanzwesens und anderer in die Leitung der öffentlichen Angelegenheiten einschlagender Geschäfte bin, kann ich übergehn. Hätte das Leben einige Wochen oder Monate gewähret, so wäre das ehrenvolle Zutraun von mehr als hunderttausend Einwohnern einer bedeutenden Residenz allenfalls aufmunternd gewesen, besonders mir, der ich mich nicht eigentlich zur Bürgerschaft gehalten habe, als insofern ich von derselben meinen Erwerb bezog, dahingegen der jahrelange Druck auf einen Punkt Haß, Mißtraun und jeden Fluch auf diejenigen gebracht hat, die oben am nächsten stehn und endlich der ehemaligen, der jetzigen und zukünftigen Oberbehörde gleich verantwortlich sind. Die ersten acht Monate (bis zum Tilsiter Frieden) würden sich haben vergessen lassen; seit diesem Frieden hat unsere Stadt den Krieg gefühlt. – Übrigens sei'n Sie um Ihren Freund nicht bange: er hofft wo nicht bald und mit Dank, doch rein aus der Sache zu gehn, und seine höchste Ruhe besteht darinne, daß ihm Ihr Vertrauen und Ihre Liebe bleiben muß.

Eberwein ist am 16. Oktober von hier abgereiset, auch habe ich am 7. dieses einen Brief von ihm erhalten. Er muß sehr zusammenbleiben, wenn ihm nun noch etwas gelingen soll. Das Technische einer Kunst muß eigentlich in frühen Jahren ordentlich erlernt werden. Regt sich erst der Geist von innen heraus, so muß die Sorge für äußere Darstellung beseitigt sein, und wer das schöne Handwerk kennt, wird gestehn, daß es gleichsam dichten hilft, denn es ernährt die Lust und macht den Trieb frei.

Was Sie in Ihrem Briefe über Spezifikation der Gestaltung, Form und des Charakters sagen, gilt vielleicht von der Musik mehr (wenigstens ist es darin viel schwerer zu erreichen) als von den nachbildenden Künsten. Zu jedem Ihrer genannten poetischen Geister könnte ich Ihnen einen musikalischen Gegenmann nennen, um Ihr Urteil zu bestätigen: mit Bewundrung und Schrecken sieht man Irrlichter und Blutstreifen am Horizonte des Parnasses. Talente von der größten Bedeutung wie Cherubini, Beethoven und mehr entwenden Herkules' Keule, – um Fliegen zu klatschen; erst muß man erstaunen und nachher gleich drauf die Achsel zucken über den Aufwand von Talent, Lappalien wichtig und hohe Mittel gemein zu machen. Ja ich möchte verzweifeln, wenn mir einfällt, daß die neue Musik verloren gehn *muß*, wenn eine Kunst aus der Musik werden soll.

Keine Kunst kann einen wohltätigen Einfluß gewähren, die so frech und formlos im unendlichen Raume umherirrt wie die neuere Musik, welche ihre geheimsten, ihre höchsten Reize, vom Ganzen abgesondert, dem allgemeinen Pöbel zur öffentlichen Schau entblößt, wie ein anatomisches Kabinett oder eine Anekdotensammlung von Liebesgeheimnissen, um die gemeine Neugierde zu übersättigen. Man mag gegen die Tonkünstler der frühern Jahrhunderte einwenden, was man will (denn wer hat nicht dazuzulernen?) – nie haben sie die Kunst weggeworfen, das innere Heiligtum preisgegeben; wer sie *daher* kennen lernt, lernt sie auch achten. Soviel ist gewiß: wäre auf *ihrem* Grunde fortgebaut worden, wir könnten eine Kunst haben und wären ganz andere Leute, als wir uns halten müssen.

Hoffentlich ist meine Sendung grundechter Teltoer Rüben bei Ihnen *vor dem Frost* eingetroffen; erholen Sie sich daran, wie Sie können, und denken Sie, daß ich Ihnen vor der Invasion auch nichts Besseres von hieraus senden können. Hätten wir mehr solche echte Dinge gehabt und bewahrt, man hätte uns soviel nicht nehmen können, wenigstens würden wir jetzt nicht so arm sein.

Einer meiner Freunde, der auch Ihrer würdig zu sein sucht, sammelt schon seit manchen Jahren an Handschriften bedeutender Schriftsteller und bittet mich, etwas von Ihrer Hand anzuschaffen. Ich gebe nun nichts aus den Händen, doch hätten wohl Sie unter Ihren Papieren ein Gedicht von Ihrer Hand oder sonst etwas, das ich ihm zustellen möchte, und schenkten es mir für ihn? Ich sollte denken, so etwas müßte sich finden.

Den jungen Eberwein schicken Sie nur, sobald Sie wollen. Von mir soll er nichts lernen als das Beste, was ich weiß.

Z.

Den 12. November 1808.

Buchhändler Delagarde: Buchhändler und Verleger in Berlin. Goethe machte Anfang Mai 1800 in Leipzig seine Bekanntschaft.

Dikasterien: Dikasterium = Gerichtshof, Justizbehörde.

Tilsiter Frieden: Durch den Einspruch Rußlands entging Preußen beim Tilsiter Frieden (Juli 1807) der Auflösung. Es verlor lediglich die westelbischen Besitze, und Danzig wurde zu einer Republik mit französischer Garnison.

Cherubini, Beethoven: Die Komponisten Luigi Maria Salvatore Cherubini (1760–1842) und Ludwig van Beethoven (1770–1827).

Einer meiner Freunde: David Friedländer (1750–1834), ursprünglich Kaufmann, später Philosoph und Schüler von Moses Mendelssohn.

An Zelter

Von Ihnen, teuerster Freund, wieder einmal einige Worte zu sehen, war mir höchst erquicklich. Ich denke tausendmal an Sie und bedaure, daß diese verworrene Zeit uns noch mehr als sonst voneinander trennt. Selbst zum Schreiben fühlt man wenig Lust. Man entwöhnt sich des Korrespondierens, wie man sich in Staaten, wo scharfe Zensur ist, das Lesen abgewöhnt.

Eberwein preise ich glücklich, ja ich beneide ihn, daß er in Ihrer Nähe wohnen und von Ihnen Aufklärung über Leben und Kunst gewinnen kann. Da unsere Oper diesen Sommer nicht nach Lauchstädt geht, so ist er wohl entbehrlich, und er mag nur so lange ausbleiben, bis er wieder berufen wird. Ein kleines Gedicht lege ich bei. Vielleicht mögen Sie es selbst mit der nötigen musikalischen Deklamation begleiten; vielleicht geben Sie es Eberweinen zum Versuch auf. Ich bin dazu veranlaßt worden durch gute Menschen aus jener Gegend, die in einer alles verschlingenden Zeit das Andenken einer reinen Menschenhandlung erhalten wünschten.

Da es noch nicht rätlich war, nach Karlsbad zu gehen, so befind' ich mich in Jena, wo ich einen Roman fertig zu schreiben suche, den ich vorm Jahre in den böhmischen Gebürgen konzipiert und angefangen hatte. Wahrscheinlich kann ich ihn noch in diesem Jahre herausgeben, und ich eile um so mehr damit, weil es ein Mittel ist, mich mit meinen auswärtigen Freunden wieder einmal vollständig zu unterhalten. Ich hoffe, Sie sollen meine alte Art und Weise darin finden. Ich habe viel hineingelegt, manches hinein versteckt. Möge auch Ihnen dies offenbare Geheimnis zur Freude gereichen.

Seit Eberweins Abschied und allerlei theatralischen Händeln bin ich von der Musik ziemlich abgeschnitten. Ich hoffe künftig durch ihn desto froheren Genuß: Widerklänge aus Ihrem Himmel, zu dem ich selbst leider niemals gelangen sollte; worüber ich denn doch manchmal verdrießlich bin. Jetzt in kriegerischen Zeiten sieht man erst, wie unbehülflich und ungeschickt man sich im Frieden betragen hat. Der kleinen Ballade, wenn sie komponiert ist, geben Sie eine Publizität, welche Sie wollen, und lassen mich nicht gar zu lange ohne ein aufmunterndes teilnehmendes Wort. Leider ist mir dieser Winter sehr ungenutzt und unerfreulich hingegangen. Seit dem Frühjahre habe ich wieder angefangen, an der «Farbenlehre» zu redigieren und drucken zu lassen, bin in der Geschichte bis zu Ende des 17. Jahrhunderts und im Ganzen bald am 60. Bogen. Es sieht wunderlich aus, wenn eine so große Masse eigenen und fremden Lebens auf dem Papier steht und doch immer nicht nach was Rechts aussehen will. Das Geschriebene wie das Getane schrumpft zusammen und wird immer erst wieder was, wenn es aufs neue ins Leben aufgenommen, wieder empfunden, gedacht und gehandelt wird.

Herr Hirt hat mir sein großes Werk über die Baukunst geschickt. Ich habe mich höchlich gefreut, ein so bedeutendes überzwanzigjähriges Unternehmen endlich noch glükken zu sehen.

Leben Sie recht wohl und gedenken Sie mein.

Jena, den 1. Junii 1809. G.

berufen wird: Seit 1803 war Franz Karl Adalbert Eberwein Mitglied der Weimarischen Hofkapelle und Leiter des Theaterchors; später wurde er Musikdirektor in Weimar.

ein kleines Gedicht: Goethes Ballade «Johanna Sebus» (1, 291).

nach Karlsbad: 1809 verzichtete Goethe auf einen sommerlichen Badeaufenthalt.

einen Roman: Der Roman «Die Wahlverwandtschaften» (9, 7). Die Arbeit an diesem im Vorjahr entworfenen Werk nahm Goethe im April 1809 wieder auf; abgeschlossen wurde der Roman am 4. September 1809.

Der kleinen Ballade: s. o. zu «ein kleines Gedicht».

«Farbenlehre»: Während des ganzen Jahres war Goethe mit intensiven Studien zur Geschichte der Farbenlehre beschäftigt.

Herr Hirt: Alois Ludwig Hirt (1759–1839), Archäologe, später Hofrat und Professor in Berlin; seine Abhandlung «Die Baukunst nach den Grundsätzen der Alten» erschien 1809.

*

An Goethe Berlin, 12. Junius 1809.

Anbei sende ich das mir übersandte Gedicht mit meinen Noten aufgestellt, wie es hat werden wollen. Das Gedicht ist etwas spreißig gegen eine Balladenform, wie Sie wohl aus den vielen Noten ersehn werden; doch wird es sich wohl singen lassen. Ich dächte, Sie sendeten es an Cotta, der bessere Mittel, zum Exempel das «Morgenblatt», nutzen kann, um es zur Publizität zu bringen. Honorar nehme ich nicht dafür. Hier ist jetzt nicht einmal jemand dreist genug, es auf seine Gefahr zu drucken, und was von außen her zu uns kommt, hat noch immer den meisten Kredit.

Sowenig ich jetzt Gelegenheit und Ursache zum Lachen habe, so habe ich lächeln müssen über Ihr aufrichtiges Geständnis. Ja, wer es jetzt nicht sieht (und deren gibt es), wie unbehülflich man sich betragen hat, der wird schwerlich sehen lernen. Am traurigsten wäre es, wenn der verfluchte Schachergeist auch dies grausame Blutspiel fruchtlos machte, wenn gar keine Auferstehung zu hoffen wäre, bis der letzte Trieb kindischer Lust an Tand und Lappenwerk durch Menschenmark gebüßt wäre. Es ist ein Gräuel, die ruhigsten Lebensmomente durch einen Blick in dies Chaos getrübt zu sehn.

Eberwein freut sich über seinen verlängerten Urlaub, so wie ich. Er ist jetzt im Zuge, und diesmal sollen Sie ihn etwas schwerer zurückerhalten. Er ist vertrauter worden mit Dingen, die er sonst angestaunt hat, und sieht jetzt im Kreise der Kunst, der ihm sonst beschränkt schien, ein offnes Meer, worin man lange nach Herzenslust fischen kann. Auch sein Violinspiel hat sich verbessert und steigt nach und nach von dem trübseligen Leiern und Wimmern zum heitrern Leben auf. Er wohnt allein meinen Singlektionen auf der Akademie täglich bei und wird Ihnen gute Schüler ziehn, wenn er so dabeibleibt und sich nicht vom Fundo entfernt. Um ihn nicht durch Empfindsamkeit zu zerstreun, habe ich die Ballade selber in Musik gesetzt.

Wir haben hier ein neues Trauerspiel: «Ubaldo», von Kotzebue. Eine ungefähre, aber unglückliche Nachgeburt der «Emilia Galotti». Lessings Prinz, Marinelli und Odoardo, seine Claudia und Emilia sind mit oder ohne Willen nachgeäfft. Das Traurige darin ist ein alter Feldherr und Erzieher des jungen Königs (ein rechter Tugenddrache), der am Ende des letzten Akts sich ohne Not ersticht, nachdem der Regent seinen Fehler längst eingesehn. Alles, was dahin führt, ist gemein, gezogen und läppisch, und der heroische Atem des ganzen wüsten Treibens im Stücke kommt mir so verkehrt vor, als wenn einer sich mit dem Hacken die Augen auswischen wollte.

Über Ihre Tätigkeit bin ich sehr erfreut. Das soll einmal wieder ein Schmausen geben, das uns die Götter beneiden sollen.

Meine kleine Geschichte habe ich bis zu meiner ersten Verheuratung gebracht, und nun wird sie wohl ein Weilchen liegen können. Ihnen werden diese Kindereien Vergnügen machen, wenn ich Ihnen einmal etwas davon vorlesen kann. Es macht mir vielen Spaß, jetzt darinne zu blättern und einzuschieben, und endlich wird das Ding ein Roman werden müssen, um wahr zu scheinen.

Den 10. Julius. Aus der Zeitung werden Sie gesehn haben, daß ich Professor der Musik bei der Akademie der Künste geworden bin. Das Gewerbe hatte ich schon so gut als niedergelegt, und nun wäre ich in meinem Elemente und will sehen, was uns noch in unsern Jahren und Zeiten wird gelingen wollen. Hoffentlich wird unser Unglück uns den Nutzen bringen, uns die teuren fremden Schmarotzer mit ihren Geschmäcken zu vertreiben.

Den 14. Soeben reise ich nach Königsberg, und Sie erhalten – Ihre Ballade noch nicht und diesen Brief allein. Die Komposition ist zwar fertig, allein ich will sie Ihnen erst nach meiner Zurückkunft senden, weil ich allerlei daran zu verbessern gedenke. Ich habe nicht vergessen, was Sie mir einst von *dramatischen* Balladen schrieben; diese Idee ist hier einigermaßen zum Grunde gelegt, und seit der Ausführung derselben ist sie mir gerade durch die Ausführung reifer geworden. Gut Werk will auch Hände haben, und erst seit mir das Ding vor Augen steht, sehe ich, wo die Spitze hingehört. Überhaupt werde ich wohl nun anfangen müssen, Architektur zu treiben; o, wer doch dreißig Jahre jünger wäre!

Leben Sie tausendmal wohl, mein göttlicher Freund! Ich wollte *Sie* überraschen, und nun führt mich's nach Norden. Meines Stadtverwaltungsamtes bin ich mit Dank entlassen. Ich denke etwan in sechs Wochen zurückzusein. Eberwein ist hinlänglich beschäftigt, dabei setzt er einige meiner Lektionen fort, und nach meiner Zurückkunft will ich sehn, wie weit er's gebracht hat. Gott befohlen! Z.

das ... Gedicht: Goethes Ballade «Johanna Sebus» (1, 291); Zelters Vertonung ist für Sopran-, Bariton- und Baß-Solo, Chor und Klavierbegleitung geschrieben.

Das Werk erschien 1810 im Verlag des Leipziger Musikalienhändlers Ambrosius Kühnel (um 1770–1813).

«Morgenblatt»: «Morgenblatt für gebildete Stände«, bei Cotta von 1807 bis 1865 erscheinende Tageszeitung.

Fundo: von fundus = von Grund aus.

«Ubaldo»: Das 1800 entstandene Trauerspiel «Ubaldo» von August Friedrich Ferdinand von Kotzebue (1761–1819); die Berliner Erstaufführung fand am 9. Juni 1809 statt.

«Emilia Galotti»: Das 1771/72 entstandene Trauerspiel von Lessing.

Meine kleine Geschichte: Zelters Selbstbiographie; vgl. Zelters Brief vom 9./11. September 1808, Anm. zu «meine Jugendjahre aufzuschreiben», S. 58.

Professor der Musik: Auf Betreiben von Wilhelm von Humboldt (1767–1835), dem Sprachforscher, preußischen Staatsmann und Gründer der Berliner Universität, wurde durch eine Verfügung vom 17. Mai 1809 die Einrichtung einer Musikprofessur an der Akademie beschlossen und Zelter diese Stelle übertragen.

Königsberg: Zelter hielt sich vom 22. Juli bis Mitte September 1809 in Königsberg auf.

von dramatischen Balladen: Im Brief vom 26. August 1799 erwog Goethe den Gedanken, ob man die dramatische Ballade nicht so ausbilden könne, «daß sie zu einem größeren Singstück dem Komponisten Stoff» gebe.

*

An Goethe Berlin, 27. Oktober 1809.

Es gibt gewisse Sinfonieen von Haydn, die durch ihren losen liberalen Gang mein Blut in behagliche Bewegung bringen und den freien Teilen meines Körpers die Neigung und Richtung geben, wohltätig nach außen zu wirken. Meine Finger werden dann weicher und länger, meine Augen möchten etwas ersehn, das noch kein Blick berührt hat, die Lippen öffnen sich, mein Inneres will hinaus ins Freie.

So geht mir's, wenn ich Ihre Romane lese, und so ist mir's geworden, wie ich heute Ihre «Wahlverwandtschaften» las. Das mutwillige geheimnisvolle Spiel mit den Dingen der Welt und den Figuren, die darinne angestellt und geleitet werden, kann Ihnen niemals mißlingen, mag auch zwischendurchlaufen, was Platz hat oder sich Platz macht.

Dazu eignet sich endlich noch eine Schreibart, welche wie das klare Element beschaffen ist, dessen flinke Bewohner durcheinander schwimmen, blinkend oder dunkelnd auf- und abfahren, ohne sich zu verirren oder zu verlieren.

Man könnte zum Poeten werden über eine solche Prosa,

und ich möchte des Teufels werden, daß ich keine solche Zeile schreiben kann.

Der Titel Ihres Romans macht eine ganz besondere Sensation auch unter Ihren Freunden. Manche können gar nicht darüber wegkommen, daß ihnen alles Urteil wie abgeschnitten ist; sie möchten doch gerne ihre Meinung sagen und können eigentlich zu keiner gelangen. Einigen habe ich sogar darüber Rede stehn sollen, besonders soll der Titel erklärt werden: wie? warum? woher? wohin?

Da steh' ich denn wie ein armer Sünder, indem man mir die Ehre antut, mich für einen zu halten, der um Ihre Geheimnisse weiß.

Sie aber wissen, und Gott weiß es auch, daß ich nichts weiß und, so wahr als ich Sie beide liebe, nichts verraten werde.

Ihre Rübchen sind hoffentlich angekommen, und so leben Sie wohl und lassen Sie nicht ohne ein Zeichen von Ihnen Ihren Zelter.

Haydn: Joseph Haydn (1732–1809) komponierte insgesamt 104 Sinfonien. «*Wahlverwandtschaften*»: Goethes Roman «Die Wahlverwandtschaften», Erster/Zweiter Teil, erschien erstmals in der J. G. Cotta'schen Buchhandlung, Tübingen 1809.

*

An Zelter

Wann und was ich Ihnen zuletzt geschrieben, weiß ich wahrlich nicht mehr: denn die Tage versehen bei mir den köstlichen Dienst des Schwammes, daß sie das Nächstvergangene unmittelbaar vor der Erinnerung auslöschen. Im Gefühl bleibt mir alles, und das sagt mir, daß ich Ihnen mancherlei schuldig bin. Indem ich mir nun das wieder vors Gedächtnis hervorrufe, so erscheinen mir zuerst die kostbaren Rübchen, welche zu vergessen mir auch schwer werden würde, weil sie, ehe ich mich's versehe, wieder einmal ganz köstlich auf dem Tische stehen. Donnerstags und Sonntags zunächst läßt uns Eberwein gar manches hören, was er mitgebracht und was er uns nur in Kraft Ihrer Sendung und Salbung mitteilen kann. Die Schiller'schen Sachen sind ganz vortrefflich gefaßt. Die Komposition suppliert sie, wie eigentlich das Lied durch jede Komposition erst vollständig werden soll. Hier ist es aber ganz was Eignes. Der denkende oder gedachte Enthusiasmus wird nun erst in das freie und liebliche Element der Sinnlichkeit aufgehoben oder vielmehr aufgeschmolzen. Man denkt und fühlt und wird mit hingerissen.

Daß die scherzhaften Sachen ihren Effekt nicht verfehlen, können Sie gleichfalls denken, da ich zu diesen Dingen mehr Neigung habe und am Ende sich's jeder gefallen läßt, froh zu sein oder zu werden.

Eberwein nimmt sich recht gut. Er ist durch Ihre Hülfe in allem weiter gekommen als die, die er in der kleinen Anstalt zu dirigieren hat, und arbeitet sich, soviel ich in einer Sache urteilen kann, die ich gar nicht verstehe, ganz gut heraus. Der Vorrat unseres kleinen musikalischen Archivs ist für unsere Zwecke auch schon ganz ansehnlich, und so schwach das alles ist gegen das, was Sie getan und tun, so ist es doch immer etwas. Wie schätzen wir nicht einen Kupferstich von einem Gemälde, das wir nicht sehen können!

Diese Wintermonate bin ich fleißig, so gut es gehen will, um das Farbenwesen loszuwerden; alsdann will ich aber auch selbst dem Regenbogen den Rücken kehren, welcher durch diese boshafte Attitüde auf alle Fälle für mein Ich vernichtet wird. Wie sich der Frühling nur spüren läßt, gehe ich nach Karlsbad, um wo möglich nach meiner alten Weise dort zu leben.

Sagen Sie mir gelegentlich etwas von sich und schicken Sie mir irgend etwas, mich zu erfreuen. Wir haben zwar des Alten, Unerforschten sehr viel, aber das neue Nächste hat doch den größten Reiz.

Weimar, den 21. Dezember 1809. G.

Karlsbad: Am 16. Mai 1810 begab sich Goethe nach Karlsbad, wo er bis zum 4. August weilte; anschließend reiste er nach Teplitz und über Dresden nach Weimar zurück. Zweimal traf er mit Zelter zusammen: vom 15. bis 20. Juli in Karlsbad und vom 7. bis 23. August in Teplitz.

An Goethe Berlin, 17. Februar 1810.

Hier, mein göttlicher Freund, ist meine, unsere «Johanna»! der ich um alles kein Leid habe tun wollen.

So gehe hin, treue Seele, zu deinem Vater! Und wenn er dich wiedererkannt hat, wenn er dich sieht im Kampfe mit wilden Fluten, hört im Brausen der Woge dein Gebot: «Sie sollen, sie müssen gerettet sein!», im Herzen gewiß ward deiner Verklärung und Erhebung zu den Unsterblichen – dann sage, wer dich sendet und mit dir ist.

Herrn Eberwein bitte ich, außer dem Fortepiano, die andern Instrumente nicht eher dazuzunehmen, bis der Singchor (der nicht über neun Personen stark sein darf) ordentlich von dannen geht. Die Sänger müssen *gleichmäßig* vokalisieren, das heißt: wenn zwei oder mehr Personen den Vokal *a* zusammen singen und der eine singt *a* und der andere *o*, so wird der Ausdruck verworren; sie müssen daher alle den einen Vokal gleichmäßig *betonen*:

«Der Damm zerreißt,
Der Damm zerschmilzt,
Der Damm verschwindet,
Der Damm verschwand.»

Geschieht dies ordentlich, so wird auch die Komposition das Ihrige leisten, sie ist darauf berechnet.

Dann bitte ich, die Musik nicht aus den Händen zu lassen, indem ich sie bereits nach Leipzig zum Drucke gesendet habe. Sie soll auf Ostern herauskommen. Sie kann ja wohl in Ihrem Hause ausgeschrieben werden.

Welche Freude mir Ihr am 14. dieses erhaltenes Gedicht für meine Liedertafel gemacht hat, kann ich mit keinen Worten sagen. Ich habe es schon in Musik gesetzt. Das nächste Mal, den 10. März, auf dem Geburtstag der Königin, soll es aufgeführt werden, und dann soll Sie es sogleich erhalten.

«Und kein Dichter soll heran,
Der das Ächzen und das Krächzen
Nicht zuvor hat abgetan!»

Das sollen sie mir wie Tabak schnupfen und wie Senf aufs Essen kriegen, und von guten Früchten, die es tragen wird, sollen Sie, mein Freund, Ihren würdigen Anteil bekommen. Denn ein paar wackre Bursche sind unter uns, die Lust haben an guter Lehre. Ihre «Generalbeichte» wird unter uns mit einer Bußfertigkeit gesungen, woraus der alleinseligmachende Glaube klar wie eine Hippokrene hervorspringt. Der Großkanzler Beyme hat sich letzthin so mächtig daran erfreut, daß er mir sechs Flaschen Johannisberger am folgenden Tage sandte, die ich auf Ihre Gesundheit verzehre. Das, denke ich, soll auch helfen.

Wir haben den Gebrauch, die Liedertexte, welche an festlichen Tagen an der Liedertafel gesungen werden, drukken zu lassen. Da ich Ihr Lied als unser Eigentum ansehe, so lasse ich es mit abdrucken, wenn Sie es nicht expreß verbieten. Wollen Sie also, daß es *nicht* gedruckt werde, so bitte ich, es mich noch in diesem Monate wissen zu lassen.

Ich weiß nicht, ob Eberwein das «Trommellied» von Voß Ihnen mitgebracht hat und ob Sie es schon kennen. Es ist von durchschlagender Fröhlichkeit, aber in der Partitur ist ein fataler Schreibfehler: die letzte Note der Melodie muß nämlich in allen Stimmen *nicht* eine halbe Taktnote mit einer Fermate sein, sondern eine kurz abschlagende *Viertelnote*, und auf dieser Viertelnote muß der letzte Trommelschlag fallen. Ich bitte Herrn Eberwein, diesen Umstand in seinem Manuskripte herzustellen, und die Sänger müssen sich üben, diesen letzten Schlag auf ein Haar abzupassen.

Den 21. Februar. Da wir einmal im Gange sind, schicke ich Ihnen die Musik zu Ihrem Gedichte sogleich mit, ehe ich sie gehört habe. Sollte ich daran etwas zu verbessern finden, so kann's nachgeschehn. Wollen Sie nicht eine Überschrift dazu geben? einen Namen muß es doch haben. Die Post will fort. Gott befohlen! Z.

unsere «Johanna»: Zelters Vertonung von Goethes Ballade «Johanna Sebus».

Sie sollen… gerettet sein»: Schlußvers der zweiten Strophe von «Johanna Sebus».

«Der Damm zerreißt…: Refrain-Verse in der «Johanna Sebus».

Ihr… Gedicht: Goethes Gedicht «Rechenschaft» (1, 98).

Geburtstag der Königin: Der 10. März 1810, Geburtstag der preußischen Königin Luise Auguste Wilhelmine Amalie.

«Und kein Dichter…»: Die drei letzten Verse in Goethes Gedicht «Rechenschaft».

«Generalbeichte»: Zelters Vertonung von Goethes Gedicht «Generalbeichte» (1,89).

Hippokrene: (griech.) = Roßquelle; gemeint ist die Quelle der Inspiration für den Dichter im antiken Griechenland.

Großkanzler Beyme: Graf Karl Friedrich von Beyme (1765–1838), preußischer Staatsmann und Minister.

«Trommellied»: Gemeint ist Zelters Chorkomposition «Tafellied (Trommellied)» nach dem Gedicht «Tafellied für Freimaurer» von Johann Heinrich Voß.

zu Ihrem Gedichte: Goethes «Rechenschaft».

*

An Zelter

Die Komposition von «Johanna Sebus» habe ich zwar erst unvollkommen gehört, allein genugsam, um versichern zu können, daß sie mir ganz vortrefflich vorkommt. Ich müßte sehr weitläuftig sein, wenn ich alles sagen wollte, was mir bei dieser Gelegenheit durch den Sinn gegangen. Nur Eins will ich erwähnen: daß Sie auf eine sehr bedeutende Weise von demjenigen Gebrauch gemacht, wofür ich keinen Namen habe, das man aber Nachahmung, Malerei, und ich weiß nicht sonst wie, nennt und das bei andern sehr fehlerhaft wird und ungehörig ausartet.

Es ist eine Art Symbolik fürs Ohr, wodurch der Gegenstand, insofern er in Bewegung oder nicht in Bewegung ist, weder nachgeahmt noch gemalt, sondern in der Imagination auf eine ganz eigene und unbegreifliche Weise hervorgebracht wird, indem das Bezeichnete mit dem Bezeichnenden in fast gar keinem Verhältnisse zu stehen scheint.

Daß auf einem ganz natürlichen Wege in der Musik der Donner rollen und die Wellen brausen können, versteht sich von selbst. Wie glücklich Sie aber die Negation: «Kein Damm, kein Feld» durch den abgerissenen unterbrochnen Vortrag ausgedruckt haben, ist überraschend, so wie die Antizipation des Gefälligen vor der Stelle: «Doch Suschens Bild».

Lassen Sie mich nicht weitergehen, weil man ja des Ganzen so wie des Einzelnen erwähnen müßte. Nächstens hoffe ich es noch einigemal zu hören und mich daran recht von Grund aus zu ergötzen; welches besser ist als Reflexion und Urteil. Ihre Korrekturen sind auch angekommen und eingeschaltet.

Was das Lied betrifft, so könnte man es «Pflicht und Frohsinn» nennen. Fahren Sie so fort und suchen Sie, daß jedesmal, so oft es gesungen wird, von irgendeinem wohlgelaunten Manne eine neue Strophe eingeschaltet oder statt einer andern gesungen wird. Noch habe ich die Melodie nicht gehört; es war diese Tage gar zu vielerlei Drang um uns her.

Leben Sie nun recht wohl und senden mir das «Trommellied» von Voß, denn Eberwein hat es nicht mitgebracht. Unsere kleine Sozietät gab vor kurzem im Theater eine musikalische Unterhaltung, wo Ihr: «In Flammen nahet Gott», sowie die «Gunst des Augenblicks» und anderes den besten Effekt machten.

Weimar, den 6. März 1810 G.

Ihre Korrekturen: Am 25. Februar 1810 machte Zelter auf einige Fehler im Manuskript seiner «Johanna Sebus»-Vertonung aufmerksam und teilte Goethe die entsprechend vorzunehmenden Korrekturen mit.

das Lied: Zelters Vertonung von Goethes Gedicht «Rechenschaft».

«Trommellied»: Vgl. Anm. zu Zelters Brief vom 17./21. Februar 1810, S. 73.

«In Flammen nahet Gott»: Zelters «Hymnus an die Sonne», komponiert für Baß-Solo, zwei Chöre und Klavierbegleitung auf einen Text von Christoph August Tiedge (1752–1841).

«Gunst des Augenblicks»: Zelters Kantate «Die Gunst des Augenblicks», komponiert auf das gleichnamige Gedicht Schillers für vier Solostimmen, Chor, Klavier und Orchester.

*

An Goethe Berlin, 4. April 1810.

Schon seit manchen Wochen ist mir nicht, wie mir sollte. Mag es die saugende Märzluft oder sonst äußeres Einwirken sein, was mich wohl nicht krank, doch wehe und unlustig machte. Das Essen ist ohne Genuß, und das Leben, worauf ich sonst halte, wird mir fast sauer.

So hatte ich gestern mittag keinen Wein getrunken, weil ich keinen Reiz darzu spürte, und war nach dem Essen auf dem Sofa eingeschlafen. Unterdessen hatte mein verständiger Briefträger Ihr blaues Kuvert auf meine Brust gelegt, welches ich, wie mir die Augen aufgingen, freudig erkannte. Ehe ich's erbrach, ließ ich Wein geben, um mich völlig zu ermuntern. Unterdessen meine Tochter einschenkte, erbrach ich das Siegel und rief mit lauter Stimme: *Ergo bibamus!* Das Kind ließ vor Schreck die Flasche fallen, die ich auffing, da ward ich wieder lustig und mutig, wozu der

Wein, wahrscheinlich aus Dankbarkeit für seine Rettung, das Seinige tat.

Ich ließ mir die Feder bringen, um sogleich das Gedicht in Musik zu setzen und den ersten Eindruck nicht verrinnen zu lassen. Als ich auf die Uhr sahe, war es Zeit, in die Singakademie zu gehn, nach deren Endigung die Liedertafel heute beisammen war. Es waren 40 Männer an Tafel. Ich las das Gedicht vor. Am Ende jeder Strophe riefen alle *in unisono*, gleichsam im Doppelchore, von selber: *«Bibamus»!* Sie syllabierten den langen Vokal so fürchterlich, daß die Dielen erklangen und die Decke des langen Saales sich zu heben schien. Da war die Melodie wieder da, und Sie erhalten es hier, wie es sich von selber komponiert hat. Wenn es so recht ist, habe ich keinen Anteil daran, es gehört alles Ihnen allein.

Ihr Interesse an der Liedertafel wird unausbleibliche Früchte tragen. Die kräftigen deutschen Gesänge tun immer mehr erwünschte Wirkung. Statt des hängenden matten Lebens tritt ein munterer gestärkter Sinn hervor, den keiner vorher zu zeigen wagte. Man wird schon fähiger, seine Haut zu tragen; der Schritt wird sichrer durch helle Freude. Was Längelei und Wortwesen war, wird entschlossene Tat, und die Langeweile der Freßzirkel, wo nur der Nachbar käuend mit dem Nachbar über Gewerbskrämerei, wo nicht vom Fraße selbst spricht, ist unbekannt, wo alle am einen hängen, wo eines für alle gedacht und gemacht ist.

Wir haben einen ansehnlichen Vorrat von Liedern, doch die besten werden nur beliebt und immerdar solche wiederholt, wo die Sache sich zu einem Ausdrucke und das Wort sich zur Tat schickt, wo nur gilt, was bestehn muß. Die Begier und Ungeduld zum Neuen und immer Neuen verliert sich immer mehr, da es am Neuen nicht fehlt: das sind lauter gute Aussichten.

Die Freude, daß Sie so bald unserer wieder gedacht, hat alles belebt. Ihre Gesundheit ist getrunken worden wie noch keine. Das «Ächzlied» ward gefordert, man sang es animierter als das vorige Mal, man verstand es heut schon mehr. Zwischen jeder Strophe war gezecht und gerufen: «Es lebe die Pflicht!» und die letzte Strophe mit derber Entschlossenheit wiederholt.

Unter dem Treiben und Kleiben, das uns rückgängig und

werkfaul macht, habe ich mir wieder eine stille Hoffnung ausgedacht, womit ich mich nun täglich wiege. Seit geraumer Zeit bin ich schon mit dem Chiragra geplagt, welches so überhandnimmt, daß ich kaum etwas ohne Schmerzen angreifen kann. Außer dem Klaviere kann ich kein einziges Instrument mehr spielen und muß fürchten, auch das Eine zu verlieren. Immer hab' ich das Töplitzer Bad loben hören, und das möchte ich wohl versuchen. Ich arbeite wie ein Fröhner, um so viel Geld zusammenzutrommeln, einige Sommermonate auf meine Pflege zu verwenden. Die Reise des vorigen Sommers gen Norden hätte ich mir lieber erspart; sie mußte, sie ist geschehn, und was soll man von geschehnen Dingen reden? Dieses Jahr soll mir's, wenn Gott will, besser werden, und was das Wasser nicht hilft, will ich meine Augen in Ihrem Anschaun baden, da ich Ihnen so auf alle Fälle näherkomme.

Den 5. April. Gestern unterbrach mich Reichardt, der eben angekommen war. So hätten wir denn wieder 4 Kapellmeister hier beisammen, und wenn der Oberkapellmeister in Süden ihre Wechsel akzeptieren wollte, möchte uns geholfen sein. Ich muß mich sehr irren, wenn er nicht sucht, was uns eben abgeht. Er tut mir vor vielen leid. Ich habe mich bald genug an seine Eigenheiten gewöhnt und bin darinne bestanden, ja ich möchte ihn nicht vermissen, wie er ist. So denken wir aber nicht alle, und er wird sehn müssen, wo er bleibt.

Darf ich Sie mit einer Bestellung beschweren, so bitte ich, daß ich sogleich Ihr Farbenwerk erhalte, als das erste Exemplar zu haben ist. Es ist empfindlich, zu warten und immer zu warten, bis die Buchhändler von der Messe zurück sind, und dann noch zu warten, bis ihre Ballen nachgeschleppt ankommen. Das Leben vergeht unter lauter Warten.

Jetzt bin ich mit meinen Osterkonzerten beschäftigt, die mir eben diesmal keine große Lust machen. Könnte ich Sie unter meinen Zuhörern wissen, so möchten die andern alle reisen, wohin sie wollen. Z.

Ergo bibamus!: Goethe übersandte dieses Gedicht, versehen mit dem Untertitel «Ein Spätling zum 10. März», zuhanden des Geburtstages der preußischen Königin Luise.

Singakademie... Liedertafel: Ende 1808 wurde, auf Initiative Zelters und zur

Feier der Rückkehr des königlichen Hauses aus dem kriegsbedingten Exil nach Berlin, eine Männerchor-Liedertafel gegründet. Ihre Mitglieder mußten Sänger, Dichter oder Komponisten sein, und sie fanden sich einmal im Monat, jeweils anschließend an die Übungen der Singakademie, zu einem heiteren Abendessen bei Gesang und Wein zusammen.

Ächzlied: Zelters Goethe-Vertonung «Rechenschaft», die den Untertitel «Ächzlied» trägt.

Kleiben: kleben, kleben bleiben.

Chiragra: Gicht in den Hand- und Fingergelenken.

Töplitzer Bad: Teplitz in Böhmen, von Goethe häufig besucht.

Fröhner: Beamter, Diener.

Reichardt: Der Komponist Johann Friedrich Reichardt.

Ihr Farbenwerk: Goethes «Farbenlehre».

*

An Goethe Berlin, den 16. Februar 1811.

Endlich bin ich einmal wieder auf so lange mein, um an meine Schuld gegen Sie zu denken. Ich habe zu beobachten, zu berichten und einzurichten und kann weder Anfang noch Zweck finden in dem verfluchten Musiktreiben, worin sich alles so gefällt, daß mir die Haut schauert. Das alles ließe sich tragen, wenn man die Sachen selber ruhig machen und Schritt vor Schritt gehn könnte. Aber da muß berichtet werden und ellenlang geschrieben; darüber vergeht Zeit, Lust und Mut. Seit 6 Monaten hat das Departement den dritten Chef; einer will die Dinge so haben, der andere anders, und alle wissen nicht recht, was sie wollen. Die Schlechtesten befinden sich dabei am besten. Wäre nur das verfluchte Geschreibe nicht: das bringt mich um alle Lebensfreude; denn ordentlich lesen und verstehn tut's doch keiner. Und am Ende fehlt's am Gelde, das denn doch noch an Quackeleien weggeworfen wird.

An der «Pandora» ist nun die ganze Zeit soviel als gar nichts geschehen, obwohl ich nebenher eine hübsche Anzahl Liedchen gefertiget habe, die sich als kleine Ganzen und momentane Ergießungen von selber machen. Doch werde ich, wie ich dazu komme, Ihnen senden, was von der «Pandora» fertig wird. Ich bin von 6 Uhr morgens bis 3 Uhr mühsam beschäftigt. Gegen 4 Uhr komme ich zu Hause, mein kleines Diner zu verschlingen, und dann bin ich meist so ermüdet, an ernsthafte Arbeiten nicht mehr denken zu können. Habe ich aber erst etwas mehr Gehalt, so denke ich mir wieder Pferde anzuschaffen, weil die weiten Wege mir anfangen sehr sauer zu werden. Gesund bin ich wie eine Sonne, aber mein ganzes Haus war über 2 Monate krank.

Die eigentliche Ursache aber, warum ich solange nicht geschrieben, ist: ich wollte Ihnen gleich das Verlangte für den «Faust» senden und hatte auch gleich angefangen, wie ich Ihren Brief erhalten hatte; da traten verdrießliche Dinge ein, die Sache mußte liegen bleiben und liegt noch. Sie werden sich daher die Musik anderweitig besorgen lassen müssen, ich kann's jetzt nicht machen, indem eine aneinanderhängende Zeit dazu gehört; auch müßte ich mich mündlich mit Ihnen darüber besprechen, denn die Sache ist keine Kleinigkeit, sobald sie ins Ganze passen soll: das muß man machen, alles andere kommt von den Göttern. Ihr Unternehmen ist aber so schön als kühn. Der Fürst Radziwill will in der Zeit der Aufführung bei Ihnen eintreffen.

Allerdings haben Sie mir zwei Exemplare Ihrer neuen Ausgabe geschenkt. Das auf ordinärem Papier hat mir meine Tochter abgeschwatzt, die es täglich liest und küßt. Das auf Velinpapier sahe ein Mann bei mir stehn, dem ich sagte: es sei ein Geschenk von Ihnen. Kaum hatte er das Wort gehört, so war er wie verklärt, indem er die Teile einzeln in die Hände nahm und seltsame Gebärden machte. «Ich weiß nicht, was ich täte», sagte er, «wenn dies Exemplar das meinige wäre»; er wolle mir ein neues kaufen und binden lassen, ich solle ihm dies dafür lassen. – Nach meiner Wiederkunft von Teplitz fand ich eine Anweisung auf 600 rh. jährlichen Gehalt, wovon mir ein Quartal rückständig und eins pränumerando sogleich ausbezahlt wurde. Diese angenehme Begebenheit habe ich daher Ihnen zu danken. Nun aber kommt das Schlimme von der Sache: ich nahm meinen lieben «Goethe» und brachte ihn zum Opfer und machte damit große Freude, und nun behelfe ich mich wieder mit der alten Ausgabe und monatlich 50 rh. dazu, welche mir ganz warm sitzen. Er wollte mir sogleich ein neues Exemplar kaufen, ich sagte ihm jedoch: diese Ausgabe werde hoffentlich bald vergriffen sein und ich hoffte mich so aufzuführen, daß Sie mir bei einer neuen Auflage wieder ein Exemplar schenkten.

Das Farbenwerk lese ich mit einer Muße, die für einen

solchen, als ich bin, dazu gehört, um sachte hineinzukommen. Die Schreibart ist recht für meinen Schnabel, da ich nicht ununterbrochen lesen kann, und ein kleiner Abschnitt gibt mir zu denken eine Woche lang. Die Mathematiker sind, soviel ich kenne, alle dagegen; das wehre ich ihnen nicht, und Sie werden es auch nicht tun. Einige von ihnen taten, als ob sie das Buch nicht zu lesen brauchten, da sie den Inhalt wohl wissen könnten; an diese habe ich solche Trümpfe ausgeteilt, die doch durchgeschlagen haben müssen, denn einer ließ mir durch seinen Sohn (der mein Schüler ist) diese Woche sagen: er lese nun die «Farbenlehre». Ich ließ ihm durch den Sohn zurücksagen: es freue mich, ihn von der Anmaßung zurückekehren zu sehn, die er an andern Ehrenmännern so leicht zu entdecken verstehe. Doch solle er fleißig nachtrinken, damit ihm die Pillen nicht stecken bleiben.

Kügelgen aus Dresden hat dieser Tage an mich geschrieben. Er ist untröstlich, daß Sie ihn «Hochwohlgeborner Herr» in Ihrem Briefe genannt haben, und frägt: ob Sie mich denn auch so nennten? – Seine Schülerin Mademoiselle Bardoa hatte mich in einem Briefe «Wohlgeborner Herr Kapellmeister» getitelt. Diese Ehre habe ich ihr zurückgeschickt und noch Geld dazu für ein Bild, welches sie mir kopiert hat. Nun habe ich Kügelgen geraten, sich zu rächen und Ihnen zur Strafe für Ihren Fehler diesen vakanten «Kapellmeister» zu senden; wundern Sie sich daher nicht, wenn er Wort hält.

Hätten Sie etwa in Ihrer Antikensammlung bedeutende Dubletten, so hätte ich vielleicht Hoffnung, Ihnen einen sehr wohl konservierten antiken Stier von Bronze, von etwa 8 Zoll Länge und 4 Zoll Höhe, dagegen einzutauschen. Mir kommt das Stück (welches aus der Quintus Icilius'schen Sammlung erstanden ist) sehr bedeutend vor; für Geld will es der Besitzer aber auf keine Weise weggeben. Er ist derselbe, dem Sie die Güte gehabt haben einige Autographa zu senden: David Friedländer, ein braver Jude.

Abgegangen den 20. Februar 1811. Z.

«Pandora»: Goethes Festspiel «Pandora» (6, 406).

das Verlangte für den «Faust»: Am 18. November 1810 fragte Goethe bei Zelter an, ob er, im Hinblick auf die geplante Erstaufführung des «Faust», etwas

Musik beisteuern würde, insbesondere für den Ostergesang (Verse 737 ff.) und für das Einschläferungslied «Schwindet, ihr dunkeln Wölbungen droben» (Verse 1447 ff.). Zelter kam dem Wunsche nicht nach; er hat auch später keine Bühnenmusik zum «Faust» komponiert.

Fürst Radziwill: Anton Heinrich Radziwill, Fürst zu Olyka und Nieswiesz (1775–1833), ab 1815 preußischer Statthalter in Posen, Musiker; für die erste (nicht öffentliche) Bühnenaufführung von Goethes «Faust» steuerte er die Bühnenmusik bei.

von Teplitz: Vgl. Anm. zu Goethes Brief vom 21. Dezember 1809, S. 71.

Kügelgen: Der Kunstmaler Franz Gerhard Kügelgen (1772–1820), Professor an der Dresdner Akademie der Künste.

Mademoiselle Bardoa: Caroline Bardua (1781–1864), Bildnismalerin, Schülerin Heinrich Meyers in Weimar.

der Quintus Icilius'schen Sammlung: Gemeint ist die Sammlung des preußischen Offiziers und Militärschriftstellers Karl Gottlieb Guichard, genannt Quintus Icilius (1724–1775).

einige Autographa... Friedländer: Vgl. Zelters Brief vom 12. November 1808, Anm. zu «Einer meiner Freunde», S. 63.

*

An Zelter

Von dem berühmten ersten Sekretär der Londoner Sozietät, Oldenburg, habe ich gelesen, daß er niemals einen Brief eröffnet, als bis er Feder, Tinte und Papier vor sich gestellt, alsdann aber auch sogleich nach dem ersten Lesen seine Antwort aufgesetzt. So habe er eine ungeheure Korrespondenz mit Bequemlichkeit bestritten. Hätte ich diese Tugend nachahmen können, so würden sich nicht so viele Menschen über mein Stillschweigen zu beschweren haben. Diesmal aber erregt Ihr lieber angekommener Brief mir eine solche Lust zu antworten, indem er mir die ganze Fülle unsres Sommerlebens wieder vor die Gedanken bringt, daß wo nicht gleich beim ersten Lesen, doch wenigstens beim Erwachen des nächsten Morgens diese Zeilen an Sie gerichtet werden.

Zuvörderst also bedaure ich Sie, daß Sie schreiben müssen, da, wo Sie tun und wirken sollten. Die Geschäfte haben sich überall, besonders aber bei euch, seit langer Zeit ins Papier gezogen, und die Geschäftsleute bedenken nicht, daß «Akten», vom lateinischen *acta* hergeleitet, soviel heißt als *Getanes* und daß also darin keineswegs eingeheftet werden dürfe, was man tun werde oder wolle. Wenn es mir noch manchmal Spaß macht, ein Faszikel selbst zu heften, so ist es nur im Gange einer Sache, die zu ihrem Ende hineilt.

Daß die gute «Pandora» etwas zaudern würde, wenn Sie wieder nach Hause kämen, glaubte ich vorauszusehen. Das Leben in Teplitz war zu dieser Arbeit gar zu günstig und Ihr Sinnen und Trachten darauf so anhaltend und aus dem Ganzen, daß eine Unterbrechung notwendig auch eine Pause hervorbringen mußte. Doch lassen Sie es nur gut sein; es ist schon soviel daran getan, daß das Übrige bei gelegener Zeit wohl von selbst hervortreten wird.

Daß Sie ablehnen, die Musik zum «Faust» zu komponieren, kann ich Ihnen nicht verargen. Mein Antrag war etwas leichtsinnig, wie das Unternehmen selbst. Das mag denn auch noch ein Jahr lang ruhen: denn ich habe durch die Bemühung, welche mir die Vorstellung des «Standhaften Prinzen» gemacht, ziemlich die Lust erschöpft, die man zu solchen Dingen mitbringen muß. Genanntes Stück ist freilich über alle Erwartung gut ausgefallen und hat mir und andern viel Vergnügen gemacht. Es will schon etwas heißen, ein beinahe 200 Jahre altes, für einen ganz andern Himmelsstrich, für ein Volk von ganz andern Sitten, Religion und Kultur geschriebenes Werk wieder so hervorzuzaubern, daß es wie frisch und neu einem Zuschauer entgegenkomme. Denn nirgends fühlt sich geschwinder das Veraltete und nicht unmittelbar Ansprechende als auf der Bühne.

Was meine Werke betrifft, sollen Sie vor allen Dingen den 13. Band zweimal erhalten, Velin und ordinär. Sie haben sehr wohl getan, die Wurst an die Speckseite zu wenden. Ein anderes Exemplar für Sie wird sich schon finden.

Es ist sehr hübsch von Ihnen, daß Sie die «Farbenlehre» nicht außer acht lassen, und daß Sie solche in kleinen Dosen zu sich nehmen, wird sehr gute Wirkung tun. Ich weiß recht gut, daß meine Art, die Sache zu behandeln, so natürlich sie ist, sehr weit von der gewöhnlichen abweicht, und ich kann nicht verlangen, daß jedermann die Vorteile sogleich gewahrwerden und sich zueignen solle. Die Mathematiker sind närrische Kerls und sind so weit entfernt, auch nur zu ahnden, worauf es ankommt, daß man ihnen ihren Dünkel nachsehen muß. Ich bin sehr neugierig auf den ersten, der die Sache einsieht und sich redlich dabei benimmt: denn sie haben doch nicht alle ein Brett vor dem Kopfe und nicht alle haben bösen Willen. Übrigens wird mir denn doch bei dieser Gelegenheit immer deutlicher, was ich schon lange im stillen weiß, daß diejenige Kultur, welche die Mathematik dem Geiste gibt, äußerst einseitig und beschränkt ist. Ja Voltaire erkühnt sich irgendwo zu sagen: «*J'ai toujours remarqué que la géometrie laisse l'esprit ou elle le trouve.*» – Auch hat schon Franklin eine besondre Aversion gegen die Mathematiker in Absicht auf geselligen Umgang klar und deutlich ausgedrückt, wo er ihren Kleinigkeits- und Widerspruchsgeist unerträglich findet.

Was die eigentlichen Newtonianer betrifft, so sind sie im Fall der alten Preußen im Oktober 1806. Sie glaubten noch taktisch zu siegen, da sie strategisch lange überwunden waren. Wenn ihnen einmal die Augen aufgehen, werden sie erschrecken, daß ich schon in Naumburg und Leipzig bin, mittlerweile sie noch bei Weimar und Blankenhain herumkröpeln. Jene Schlacht war schon vorher verloren, und so ist es hier auch. Jene Lehre ist schon ausgelöscht, indem die Herren noch glauben, ihren Gegner verachten zu dürfen. Verzeihen Sie mir das Großtun, ich schäme mich dessen sowenig als die Herren sich ihres Kleintuns.

Mit Kügelgen geht es mir recht wunderlich, wie es mir mit mehrern ergangen ist. Ich dachte ihm das Freundlichste zu sagen, denn wirklich war Bild und Rahmen recht wünschenswert ausgefallen, und nun stößt sich der gute Mann an ein äußeres Höflichkeitszeichen, das man denn doch nicht versäumen soll, indem man durch Vernachlässigung desselben manche Personen verletzt. Man hat mir einen gewissen Leichtsinn in diesen Dingen oft übelgenommen, und jetzt betrübe ich gute Menschen durch die Förmlichkeit. Legen Sie ja, mein lieber Freund, keinen alten Fehler ab. Sie fallen entweder in einen neuen oder man hält Ihre neue Tugend für einen Fehler, und Sie mögen sich stellen, wie Sie wollen, so kommen Sie weder mit sich noch mit andern ganz ins Gleiche. Es ist mir indessen lieb, daß ich es weiß; denn ich wünsche mit diesem braven Manne in einem guten Verhältnis zu stehen.

Was den antiken Stier betrifft, so wäre mein Vorschlag: man packte ihn sorgfältig in ein starkes Kästchen und sendete ihn mir zur Ansicht. Dergleichen Dinge sind im Altertum oft wiederholt und die Exemplare von sehr verschiedenem Wert. Herr Friedländer, den ich schönstens grüße, zeigte mir zu gleicher Zeit an, was er etwa für Liebhabereien hat und womit man ihm dagegen dienen könnte: denn irgendeine gute Bronze in den Tausch zu geben, würde schwerhalten, da es unter diesen Dingen kaum Dubletten gibt und die etwanigen wegen Ähnlichkeit und Unähnlichkeit doppelt interessant werden. Was ich aber vorläufig anbieten könnte, wäre folgendes. Ich besitze eine sehr schöne Medaillensammlung, meist in Bronze, von der Hälfte des 15. Jahrhunderts an bis auf unsere Zeit. Sie ist hauptsächlich gesammlet, um den Gang der Kunst im Plastischen, dessen Widerschein man immer in den Medaillen sieht, dem Freund und Kenner vor Augen zu bringen. Hier habe ich nun schöne bedeutende Dubletten, sodaß ich wohl eine unterrichtende Reihe zusammenstellen und abgeben könnte. Ein Kunstliebhaber, der auch noch nichts von dieser Art besitzt, erhielte dadurch schon einen schönen Grund und einen hinreichenden Anlaß weiterzugehen. Auch gibt eine solche Sammlung Gelegenheit zu sehr interessanten Betrachtungen, so gut als die Suiten griechischer und römischer Münzen; ja sie ergänzt den Begriff, den uns jene geben, und läßt ihn bis auf die neueren Zeiten verfolgen. Ich darf wohl sagen, jener Stier müßte sehr vollkommen sein, wenn ich nicht bei dem hier vorläufig angebotenen Tausche noch im Kredit bleiben sollte. Lassen Sie mich das Nähere erfahren.

Da ich noch hübsches Papier vor mir sehe, so will ich noch hinzufügen, daß mir dieser Tage etwas sehr Erfreuliches widerfahren, indem mir von seiten der Kaiserin von Östreich Majestät eine schöne goldne Dose, mit einem brillantenen Kranz und dem darin nach allen Buchstaben ausgedruckten Namen *Louise*, zugestellt worden. Ich weiß, Sie nehmen auch Anteil an diesem Ereignis, da uns nicht leicht ein so unerwartetes und belebendes Gute begegnet. Nun leben Sie recht wohl, liebe Sonne, und fahren Sie fort zu erwärmen und zu erleuchten.

Weimar, den 28. Februar 1811. G.

Oldenburg: Henry Oldenburg (gest. 1677), 1653 als bremischer Konsul in London und ab 1663 Sekretär der «Royal Society».

«Pandora»: Zelter beschäftigte sich in den in Teplitz im vergangenen Sommer gemeinsam mit Goethe verbrachten Tagen (7.–23. August) mit der Komposition einer Bühnenmusik zu Goethes Festspiel «Pandora».

des «Standhaften Prinzen»: Die Aufführung von Calderons Drama «Der standhafte Prinz» fand am 30. Januar 1811 im Weimarer Hoftheater statt.

«J'ai toujours remarqué...: «Ich habe immer wieder bemerkt, daß die Geometrie den Geist, wo immer sie ihn auch findet, ungenutzt läßt.» – Das Zitat konnte nicht nachgewiesen werden.

Franklin: Benjamin Franklin (1706–1790), nordamerikanischer Politiker und Schriftsteller.

Kügelgen: s. Anm. zu Zelters Brief vom 16. Februar 1811, S. 79.

Kaiserin von Östreich: Maria Ludovica, Kaiserin von Österreich (1787–1816), weilte im Juni 1810 in Karlsbad; zu ihrer Huldigung verfaßte Goethe mehrere Gedichte, und es kam in der Folge auch zur persönlichen Begegnung Goethes mit der Kaiserin.

liebe Sonne: Anspielung auf Zelters Brief vom 16. Februar 1811, wo es heißt: «Gesund bin ich wie eine Sonne...»

*

An Zelter

Ehe ich von Karlsbad abreise, welches diesmal früher als gewöhnlich geschieht, um meinen Weg wieder sogleich nach Hause zu nehmen, will ich Ihnen, mein teurer Freund, für Ihren unterm 25. Mai an mich abgesendeten Brief zum allerschönsten dankgesagt haben. Ich hatte wenig oder nichts von unsern guten Wolffs gehört; desto angenehmer war mir die Nachricht, daß es diesem talentvollen Ehpaar auch in Berlin gut gehe. Bis auf einen gewissen Grad ließ es sich wohl voraussehen; doch hängt es auf der Bühne nicht immer von dem Talent ab, sondern von gar viel andern Zufälligkeiten, und überhaupt muß man doch immer einen Schauspieler erst gewohnt sein, bis man seine Vorstellungen recht genießen und billig beurteilen kann. Haben Sie vielen Dank, daß Sie sich dieser mir so werten Personen treulich und freundlich angenommen.

So möge Ihnen denn auch auf irgendeine Weise belohnt werden, was Sie an der «Pandora» tun. Wenn ich den Anteil hätte voraussehen können, den Sie an dieser Arbeit nehmen, so hätte ich den Gegenstand anders behandelt und ihm das Refraktäre, was er jetzt für die Musik und für die

Vorstellung hat, zu benehmen gesucht. Nun ist es aber nicht anders. Fahren Sie fort, wie es Ihnen gemütlich ist, und ich will sehen, ob ich an die Ausführung des zweiten Teils kommen kann. Ausgedacht und schematisiert ist alles. Allein die Gestalten selbst sind mir etwas in die Ferne getreten, und ich verwundre mich wohl gar über die titanischen Gestalten, wenn ich in den Fall komme, wie mir gestern geschah, etwas daraus vorzulesen.

Mögen Sie auf Ihrem Wege nach Schlesien alle harmonischen Geister begleiten und Ihr tätiges Ausharren durch geziemende Wirkungen belohnt werden: denn wahrhaftig, wenn man bedenkt, wie wenig die Welt Ihrem schönen und edlen Tun geantwortet hat, so darf man es wohl unziemlich nennen. Auf Ihrem gehofften Rückweg durch Böhmen finden Sie mich freilich nicht. Die vier letzten Monate, ja die fünfe, des Jahrs versprechen für Weimar sehr lebhaft und, will's Gott, glücklich zu sein. Im August erwarten wir die Niederkunft der Hoheit, im September Ifflands und im Oktober Brizzis Wiederkunft. Leider komme ich mir in allen diesen Fällen wie eine Doppelherme vor, von welcher die eine Maske dem Prometheus, die andre dem Epimetheus ähnlicht und von welchen keiner, wegen des ewigen Vor und Nach, im Augenblick zum Lächeln kommen kann.

Karlsbad ist jetzt belebt genug. Für diesmal hat es für mich eine eigene Physiognomie gehabt. Weil meine Frau hieher kam und die Equipage bei sich hatte, dadurch bin ich ins Freiere und Weitre gelangt, mehr als die letztern Jahre, und habe mich auch an der Gegend und in ihrem Inhalt wieder frisch ergetzt, weil ich sie mit frischen Personen, die über gar manches in ein billiges Erstaunen gerieten und sich sehr wohl gefielen, durchwandern konnte.

Himmel ist seit einigen Tagen hier und, obgleich leidend, doch immer der alte: lustig, mitteilend und durch sein Spiel auch die rohsten Instrumente verbessernd. Ich habe ihn immer zu wenig gehört und gesehen und komme wegen seiner lustigen Lebensart nicht viel mit ihm zusammen; aber doch ist mir diese Tage eingefallen, ob ich nicht die Maxime, Überzeugungen, Triebe, oder wie Sie es nennen wollen, wonach er sich bei seinen Kompositionen lyrischer Gedichte richtet oder von denen er geleitet wird, herausbringen könnte. Es scheint mir nicht unmöglich, und ich glaube ziemlich auf dem Wege zu sein; aber es geht mir doch zuviel ab, als daß ich damit so leicht fertig werden könnte. Mögen Sie mich gelegentlich darüber aufklären, so erzeigen Sie mir eine Liebe. Nun leben Sie recht wohl, und wenn Sie mir vor Ihrer Abreise von Berlin noch ein Wort sagen mögen, so geschähe es direkt nach Weimar.

Karlsbad, den 26. Juni 1811. G.

Karlsbad: Goethe weilte vom 17. Mai bis 28. Juni 1811 in Karlsbad.

von unseren... Wolffs: Am 17. Mai 1811 erstattete Zelter Bericht über die erfolgreichen Berliner Gastspiel-Auftritte des Weimarer Schauspielerehepaars Pius Alexander Wolff und Amalie Wolff.

das Refraktäre: = das Widerspenstige, Unempfindliche, nicht Beeinflußbare.

Niederkunft der Hoheit: Am 30. September 1811 wurde Maria Luise Augusta Katharina, Prinzessin von Sachsen-Weimar-Eisenach (1811–1890), geboren.

Ifflands... Brizzis Wiederkunft: Der Berliner Schauspieler und Intendant August Wilhelm Iffland sowie der von Goethe 1810 im Auftrag Karl Augusts nach Weimar berufene italienische Tenor Antonio Brizzi (1774–ca. 1830).

Doppelherme... Prometheus... Epimetheus: Doppelstandbild mit den Büsten von Prometheus und Epimetheus, beides Figuren aus Goethes Festspiel «Pandora».

meine Frau: Christiane, geb. Vulpius (1765–1816), seit 1788 im Hause Goethes lebend, 1806 mit ihm getraut; sie traf am 29. Mai 1811 in Karlsbad ein.

Himmel: Friedrich Heinrich Himmel (1765–1814), Komponist, königlicher Kapellmeister; hat einige Gedichte Goethes vertont.

*

An Goethe Berlin, 25. Oktober 1811.

Indem ich meiner Briefschuld gegen Sie eingedenk bin, kündigt mir meine Tochter an, daß Ihre Teltower Rübchen bereits abgegangen sind und also in Gesellschaft der Komödienzettel eines ganzen Jahres des ehesten in Weimar ankommen müssen.

Seit den letzten Tagen des vorigen Monats bin ich wieder in Berlin, nachdem ich mich beinahe drei Monate lang in den schlesischen Gebirgen umgetrieben habe, um alte musikalische Schätze aus dem Staube zu graben. Das Geschäft war nicht ganz undankbar, doch hätte weit mehr Zeit und eine Hülfe dazu gehört, die ich nicht fodern durfte, wenn ich die Reise nicht überteuern wollte.

Den meisten Wert lege ich gern auf den Unterricht, den ich selber dabei genossen, und wenn ich keinen Sinn gehabt habe für die Aufhebung der Klöster und Stifter, wie aller Sachen, welche mit Verstand angeordnet und auf Dauer berechnet sind, so habe ich doch auch gesehn, daß dies Wesen auf keine Art mehr Stich halten konnte. Doch mögen wir nun ein Weilchen warten, bis uns solche gute Materialien wieder zu Hause geliefert werden.

Das Schlimmste wäre, wenn die jetzige Aufhebung nicht die Mühe lohnte oder (als das unangenehmste Geschäft von der Welt) – für Fremde geschähe. Dem sei, wie ihm wolle, so habe ich dies gelobte Land noch vor Sonnenuntergang gesehn und danke meinem Schicksale dafür.

Wie sich die guten Schlesier in der Krisis ihrer Aufklärung ausnehmen, das wird wohl eine andere Hand beschreiben müssen, doch kommen sie mir nicht wenig gescheuter vor als die, welche sich, Gott weiß wie, zurechtstellen, um den Traum von gestern – morgen noch einmal zu träumen. Jene haben nach ihrem unglücklichen Falle sogleich wieder angefangen, sich aufzubauen, um zu stehn, wo sie standen, und sich fort und fort zu erheben, wenn diese unter krampfhaften unnatürlichen Anspannungen versinken, ohne es gewahrwerden zu wollen.

Endlich sehn die Schlesier, leichtfertig genug, das Heil, welches ihnen durch die neuen Wissenschaften werden soll, als eine Sache an, die stehn mag, wo Platz ist, und mitleben mag wie das Gevögel der Luft und das Gewürm der Erde, für die jeder mitarbeiten muß, er mag wollen oder nicht.

Am Tage nach meiner Ankunft in Berlin ließ mir Madame Bethmann sagen: ich möge ja nicht versäumen, ihren Sohn aus Weimar in der «Schachmaschine» spielen zu sehn; es sei das letztemal, daß er hier spiele.

Er hat allgemeinen Beifall von hier mitgenommen, obwohl wir mehr als Einen guten Komiker hier haben, und nahm sich trefflich aus gegen den alten Unzelmann, der sich ungemein zusammennahm. Das ganze Haus war wie ein lachender Chorus, als wenn's methodisch angeordnet wäre. Das Verdienst eines leichten freien Spieles und einer getragenen Sprache ist unter den Deutschen selten genug, und es ist eine Freude, so gute Anlagen im Begriff einer so guten Ausbildung zu bemerken. Der junge Unzelmann reiste denselben Abend ab, sonst hätte ich nicht versäumt, ihm ein'ge Zeilen mitzugeben.

Geheimer Rat Wolf hat mir einiges aus Ihrem Briefe an ihn zum besten gegeben. Lassen Sie mich doch baldigst: «Aus meinem Leben» lesen. Auf meiner Reise habe ich nur Einen Teil Ihrer Schriften bei mir gehabt und daraus die «Geheimnisse» in Musik gesetzt. Mich soll wundern, ob Sie Ihre Oktaven wiedererkennen werden; wenn ich sie Ihnen nur vorsingen könnte! Einige Freunde haben die Komposition nicht unrecht gefunden.

Über die «Farbenlehre» ist jetzt alles in Tätigkeit. Einige habe ich so gespornt, daß ihnen das faule Blut aus den Seiten geflossen ist. Aber es soll Ihnen zu Hause kommen, den ersten, ja alle Mathematiker in Harnisch gebracht zu haben! Vor der Hand arbeiten sie im stillen, wie die Freimäurer am Tempel Salomonis. Dann soll's Kugeln regnen. Sie sind alle meine guten Freunde und schimpfen wie Rohrsperlinge. Das ist meinem Ohre Balsam. Mir ist immer, als ob ich Sie nun erst recht liebte, wenn die andern recht unzufrieden sind. An die Liedertafel bitte ich mir immer ein paar zu Gaste; dann wird das «*Ergo bibamus*» gesungen, daß der Saal schüttert. Dies Stücklein ist nicht übel geraten, so daß es selbst Reichardt loben mußte, der sonst auf meine Lieder neidisch ist und sie nicht gern aufkommen lassen will. Er ärgert sich, daß Sie sich mit allerhand Geschmeiß abgeben: ich weiß schon, wen er damit meint, und lache dazu. Er stipitzt mir Ihre Gedichte weg, kackt sie auf ein Notenblatt und schickt sie warm in die Presse, um der erste zu sein. Sie sind aber auch darnach gemacht; so hat er den «Jungen Jäger» und mehreres auf ganz nachlässige Weise behandelt. Er mag gern jeden gutwilligen Narren zu seinem gehorsamen Diener machen, wie ich es denn auch eine Zeitlang gewesen bin, und dann glaubt er einen undankbar.

Eben zerquäle ich mich mit Vossens «Horaz». Ich verstehe unendlich wenig Latein, aber begreifen kann ich, wie eine solche Sprache einen jeden zum Dichter macht, der sie so kann wie Horaz. Es müßte eine Lust sein, wenn man (wie Lessing den Anfang des «Messias») Vossens «Horaz» ins Lateinische übersetzen und ihn so seinem Autor wieder insinuieren könnte. Für welche Deutsche solche Nachbildungen sein mögen, mag Gott wissen. Man müßte so geschwind als möglich Lateinisch lernen, um Vossens Deutsch zu verstehn. Schöne Grüße dem Freunde Riemer.

Gott befohlen, mein ewig geliebter Freund! Lassen Sie bald von sich hören oder lesen Ihren Zelter.

Aufhebung der Klöster: Die vom preußischen Staat 1810 verfügte Säkularisation von insgesamt 76 schlesischen Klöstern.

Madame Bethmann: Die Schauspielerin Friederike Auguste Conradine Bethmann, geb. Flittner (1760–1815), in erster Ehe mit dem Schauspieler Karl Wilhelm Ferdinand Unzelmann (1753–1832) und in zweiter Ehe mit dem Schauspieler Hans Eduard Bethmann (1774–1857) verheiratet.

ihren Sohn: Karl August Wolfgang Unzelmann (1786–1843); wirkte als Schauspieler, von Goethe mit besonderer Aufmerksamkeit gefördert, bis 1821 am Weimarer Hoftheater.

«Schachmaschine»: Das Lustspiel «Die Schachmaschine» von Heinrich Beck (1760–1803), Schauspieler und Bühnenschriftsteller.

«Aus meinem Leben»: Goethes autobiographische Schrift «Aus meinem Leben. Dichtung und Wahrheit»; der erste Teil (1. bis 5. Buch) erschien 1811.

Die «Geheimnisse»: Goethes episches Fragment (3, 271).

alle Mathematiker: Bezieht sich auf Goethes Brief vom 28. Februar 1811.

das «Ergo bibamus»: Zelters Vertonung von Goethes gleichnamigem Gedicht.

den «Jungen Jäger»: Möglicherweise ist Reichardts Vertonung von Goethes Gedicht «Jägers Abendlied» (1, 69) gemeint.

Vossens «Horaz»: «Des Horatius Werke» in der deutschen Übertragung von Johann Heinrich Voß, erschienen in zwei Bänden 1806.

Lessing... «Messias»: Gemeint ist Lessings Übersetzung der ersten 110 Verse von Klopstocks Epos «Messias» ins Lateinische; veröffentlicht im 19. Brief (1751).

Riemer: Friedrich Wilhelm Riemer (1774–1845), Philologe und Schriftsteller, ab 1803 als Lehrer von Goethes Sohn August in Weimar, 1812 Professor am Gymnasium, 1814 Bibliothekar und 1837 Oberbibliothekar in Weimar.

*

An Zelter

Als ich meinen letzten Brief weggeschickt hatte, fühlte ich mich recht verdrüßlich, denn es war mir bei dieser Gelegenheit lebhaft geworden, was wir einander sind und sein können; und nun schweigen wir auf die leichtsinnigste Weise eine ganze Zeitlang, eben als wenn wir tausend Jahre alt werden wollten und tausend gleiche Verhältnisse in der Welt gefunden hätten. Durch diese Betrachtungen bewegt, nahm ich mir vor, Ihnen eine kleine Arbeit des vergangenen Jahrs zu senden, damit doch wieder etwas Ordentliches zwischen uns zur Sprache käme.

Die Kantate oder Szene, wenn Sie wollen, arbeitete ich für den Prinz Friedrich von Gotha, der etwas dergleichen zu haben wünschte, um seine hübsche und gebildete Tenorstimme zu produzieren.

Kapellmeister Winter in München hat das Werk sehr glücklich komponiert, mit viel Geist, Geschmack und Leichtigkeit, so daß des Prinzen Talent in seinem besten Lichte erscheint. Nun behält er aber die Partitur für sich, welches ich ihm nicht verdenke. Aber warum sollte ich Ihnen das Gedicht nicht mitteilen, um wieder einiges Leben in unsere Unterhaltung zu bringen? – Leben Sie recht wohl und fahren fort, mich zu lieben.

Weimar, den 17. April 1812. G.

eine kleine Arbeit: Die im März 1811 entstandene Kantate «Rinaldo» (1, 292).

Friedrich von Gotha: Friedrich IV., Herzog von Sachsen-Gotha und Altenburg (1774–1825).

Kapellmeister Winter: Peter von Winter (1754–1825), seit 1776 Mitglied des Mannheimer Orchesters, 1778 Übersiedlung nach München, wo er 1787 Vizekapellmeister und 1798 Hofkapellmeister wurde.

Brief um die Beilage gekürzt.

*

An Goethe Berlin, den 25. April 1812.

Ja ja, mein Freund, Sie haben gewiß recht! Auch mir war das Gewissen erwacht, schon gleich nach Ihrem Briefe vom 8. April. Und flugs nahm ich meinen Brief und schrieb drei Ihrer Gedichte in Musik, an die ich mich noch immer nicht hatte wagen wollen: «Rastlose Liebe», «Neue Liebe, neues Leben», «Mailied».

Leider komme ich mit diesen schönen Sachen wie immer so spät, da sich andere schon krumm und dumm daran komponiert haben, und werden sie Ihnen nicht gefallen, so ist mir's nicht besser ergangen. Wo sollte auch in meinen Jahren und Tagen die rastlose Liebe, die neue Liebe, das neue Leben herkommen? Und doch: den will ich sehn, der Sie so liebt wie ich!

Ihr «Rinaldo» wird keine der leichten Arbeiten sein, wenn herauskommen soll, was drinnen steckt. Die zauberhafte Leichtigkeit, Lieblichkeit, die reizende Glätte: da müßte man bei den Italienern in die Schule gehn, wer nicht zu alt dazu wäre. Doch wollen wir uns zu guter Stunde daran versuchen.

Das Gedicht ist günstig genug für den Komponisten, der weiß, was zu tun ist, und sich vor der Gefahr hütet, des Guten zuviel zu tun. Alles ist leicht und frei angedeutet, die Worte sind nicht vorgreifend, und der Musikus hat es wirklich mit der Sache selber zu tun.

Dies versehen die, welche dem Musikus die Worte liefern, gar zu oft, indem sie ihn aufs beste zu bedienen glauben, wenn sie die Gedichte mit überflüssigen Kraftworten ausstatten, die manchmal sogar negativ sind, und den armen Teufel verleiten, mit gleichem Aufwande von Kunstmitteln – das Entgegengesetzte zu tun von dem, was geschehen sollte.

Ich muß mich sehr irren, oder dies ist der eigentliche Zustand unseres gegenwärtigen Kunstwesens und die Ursache, warum wir trotz alles Fortschreitens und Erhebens niemals aufs Rechte kommen.

Endlich hat der Musikus mit dem Dichter, oder vielmehr unter demselben, einen schweren Stand: er soll ein Mann von Genie, selbst Dichter und dabei höchst abhängig sein. Wenn der Dichter sich darf gehen lassen, so lang es gut geht, so sind dem Komponisten die Worte zugezählt, er mag sie brauchen können oder nicht; kurz, wenn ihm das Schwerste leicht abgeht, so hat er die größte Mühe mit Kleinigkeiten, denen oft kaum der Kenner selber abmerkt, welche Kunst drinne steckt.[...]

Es könnte sein, daß ich diesen Sommer noch einmal nach Schlesien ginge. Dann habe ich einen weitern Plan: von Breslau streifte ich nach Wien und von da über Weimar zurück.

Geschwind eingepackt, sonst bleibt der Brief wieder liegen! Gott befohlen und ewig der Ihrige Zelter.

Lassen Sie doch von sich hören. *Wenn* ich nach Schlesien gehe, schreibe ich auf alle Fälle vorher, wo ich bin.

«Rastlose Liebe»... *«Mailied»*: Zelters Liedvertonungen von Goethes gleichnamigen Gedichten (1, 60; 1, 50; 1, 58).

Brief gekürzt um den am 8. Mai geschriebenen Teil, wobei aber dessen Schluß gebracht wird.

An Zelter

Sehr oft und herzlich habe ich mich, teurer Freund, diese Wochen her nach Ihnen gesehnt, da unser wackerer und schätzbarer Langermann durch den Vortrag Ihrer Lieder und manches andern Guten, dessen er sich erinnerte, durch Erzählung von der köstlichen Singakademie, der erquickenden Liedertafel, und was sonst noch Gutes sich alles von Ihnen herschreibt und belebt wird, mich recht fühlen ließ, wie sehr ich verliere, daß ich von Ihnen entfernt lebe, und daß zwischen uns sich Klüfte befinden, die, je länger es dauert, sich noch immer zu erweitern scheinen. Wenn ich mich nicht besonders aufs Verzweifeln verstünde, so würden mich diese Betrachtungen sehr unglücklich machen. Haben Sie Dank für Ihre lieben Briefe und schreiben mir zunächst nach Weimar, wo ich durch Ihre Lieder und sonstige früheren Gaben mich wieder der Musik zu nähern hoffe, von der mich das leidige Weltwesen zu meinem großen Verdrusse weggetrieben hat. Ich finde zwar bei meiner Rückkehr das alte Theater und eine neue Orgel; ich fürchte aber, weder Belial noch Christus werden mir durch diese Organe viel anhaben.

Meine Zufriedenheit und Tätigkeit ist diesen Sommer einigemal durch meine alten Übel unterbrochen worden; aber auch in diesem Falle bleibt nichts übrig, als sich so geschwind wie möglich wiederherzustellen und die Reise weiter fortzusetzen. Es ist, als wenn man eine Achse bräche oder ein Leck kriegte.

Herrn Etatsrat Langermann bin ich gar manche schöne und lehrreiche Unterhaltung schuldig geworden. Er hat mich durch seine eigentümliche, höchst geregelte Tätigkeit sehr erfreut, meinen Unglauben bekämpft und meinen Glauben gestärkt. Ich hoffe, er wird auch abwesend fortfahren, mit mir in Verbindung zu bleiben, und dadurch fühle ich mich auch Ihnen um so mehr verbunden.

Was er mir von wackern und tüchtigen Männern in dem Berliner Kreise Gutes erzählt hat, macht auch, daß ich dorthin meinen Blick noch lieber wende, der sonst auf Ihnen und sehr wenigen mit Sehnsucht verweilte und dann wieder ohne weitern Reflex abgleitete.

Von mir selbst und meinem Tun habe ich weiter nichts

zu sagen, da Sie zu Michaelis wieder ein biographisches Bändchen aufsuchen wird. Betrachten Sie es freundlich. Es ist freilich nur der tausendste Teil von dem, was in jener Epoche auf mich losgehämmert und in mir gewaltig widerstanden und entgegengewirkt hat; da aber eigentlich eine solche Schrift nicht zu ernsthaft werden soll, so ist es besser, daß man ihr eine gewisse spezifische Leichtigkeit gibt, damit sie nicht, wie so viel anderes Bessere, für den Augenblick untergehe.

Können und mögen Sie mir Ihre Komposition der Memorialverse «Invocavit» pp. senden, so werden Sie mich erquicken. Langermann hat mir einen Vorschmack davon gegeben. Es sollte dabei Ihr Andenken aufrichtig gefeiert werden.

Von vielem andern will ich diesmal nichts sagen; denn man kommt gar zu bald tiefer in den Text, als es nütz ist.

Leben Sie recht wohl! und lassen uns nicht lange ohne Nachricht voneinander bleiben.

Beethoven habe ich in Töplitz kennen gelernt. Sein Talent hat mich in Erstaunen gesetzt; allein er ist leider eine ganz ungebändigte Persönlichkeit, die zwar gar nicht unrecht hat, wenn sie die Welt detestabel findet, aber sie freilich dadurch weder für sich noch für andere genußreicher macht. Sehr zu entschuldigen ist er hingegen und sehr zu bedauern, da ihn sein Gehör verläßt, das vielleicht dem musikalischen Teil seines Wesens weniger als dem geselligen schadet. Er, der ohnehin lakonischer Natur ist, wird es nun doppelt durch diesen Mangel.

Und nun nur noch ein herzliches Lebewohl!

Karlsbad, den 2. September 1812. G.

diese Wochen: Goethe weilte vom 3. Mai bis 14. Juli 1812 in Karlsbad. Nach einem Zwischenaufenthalt in Teplitz, wo er mit Beethoven mehrmals zusammentraf, kehrte er für die Zeit vom 11. August bis 12. September noch einmal nach Karlsbad zurück.

Langermann: Johann Gottfried Langermann (1768–1832), Arzt, Staatsrat und Geheimer Obermedizinalrat in Berlin.

Belial… Christus: Anspielung auf 2. Kor. 6, 15.

biographisches Bändchen: «Aus meinem Leben. Dichtung und Wahrheit», zweiter Teil (6. bis 10. Buch), erschienen 1812.

«*Invocavit*»: Zelters Vertonung von Goethes Gedicht «Versus memoriales» (1, 452).

Beethoven: Zu Goethes Beethoven-Charakteristik schrieb Zelter am 14. September 1812: «Was Sie von Beethoven sagen, ist ganz natürlich. Auch ich bewundere ihn mit Schrecken. Seine eigenen Werke scheinen ihm heimliches Grauen zu verursachen. Eine Empfindung, die in der neuen Kultur viel zu leichtsinnig beseitigt wird. Mir erscheinen seine Werke wie Kinder, deren Vater ein Weib oder deren Mutter ein Mann wäre. Das letzte mir bekannt gewordene Werk (‹Christus am Ölberge›) kommt mir vor wie eine Unkeuschheit, deren Grund und Ziel ein ewiger Tod ist. Die musikalischen Kritiker, welche sich auf alles besser zu verstehen scheinen als auf Naturell und Eigentümlichkeit, haben sich auf die seltsamste Weise in Lob und Tadel über diesen Komponisten ergossen. Ich kenne musikalische Personen, die sich sonst bei Anhörung seiner Werke alarmiert, ja indegniert fanden und nun von einer Leidenschaft dafür ergriffen sind wie die Anhänger der griechischen Liebe.»

*

An Goethe Sonnabend, den 14. November 1812.

So wie manche sonst wohlgesinnte Menschen mir übel tun, wenn sie es auch nicht wollen, so mögen Sie, mein teurer Freund, es anstellen, wie Sie wollen, es muß mir Gutes herauskommen. Soeben kommt Ihr zweiter Teil an, den ich freilich schon gelesen habe; ich blättre hier und dort und finde hier und dort, was mich an Sie, an mich erinnert, und Ihr kleines Briefchen ist ein rechtes Labsal in so trüben Tagen.

Mein ältester Sohn, den Sie kennen sollten, da Sie ihm in Weimar Gutes erzeigt haben, hat sich diese Nacht erschossen. Warum weiß ich noch nicht eigentlich, denn seine Schulden sind zu decken und sein Rechnungswesen in Ordnung. Er hatte eben angefangen, mir hülfreich zu werden, wie er denn, im Verhältnis zu den Seinigen, konnte ein geschickter Mensch genannt werden. Und nun verläßt er mich, eben da ich ihn recht heranzuziehen wünschte.

Sonntag, den 15. Zwei Briefe hat er am Tage vor seinem Tode geschrieben: einen an seinen Bruder, in dessen Gegenwart er sich den Tod gegeben hat. Darin empfiehlt er dem Bruder seine natürliche Tochter, ein Kind von drittehalb Jahren, und eine geliebte Witwe, der er die Ehe versprochen und die schon 2 Männer tot hat. An diese Witwe ist der 2. Brief gerichtet. Er stellt darinnen einen Ring zurück, beklagt, daß er ihren liebevollen Ermahnungen keine Folge geleistet, und sagt Lebewohl. Auf seinem Schreibpulte lag der «Don Carlos» aufgeschlagen. Auf dem Blatte stand: *«So ist denn keine Rettung? auch durch ein Verbrechen nicht? – Keine!«*

Einigemal ist mir das unangenehme Gefühl gekommen: ob ich durch strengen Ernst etwas bei ihm versehn. Seine vielen leidenschaftlichen, sinnlichen Verhältnisse waren nicht zu billigen. Obwohl er ganz von und mit mir lebte, war er vollkommen frei, hatte sein gutes Einkommen und eigene Ökonomie. In dem Briefe an seinen Bruder sagt er: er habe öfter versucht, an mich zu schreiben, aber umsonst.

Sein väterliches Vermögen, das in meinen Händen war (denn er ist mein Stiefsohn), habe ich ihm in der drückendsten Zeit, da er majorenn geworden, ausgezahlt; in seiner Kasse hat sich nichts gefunden.

Auf seinem Bette sitzend, neben seinem schlafenden Bruder hat er sich getötet. In diesem Akte sitzt er noch jetzt, da ich den Leichnam vor der Obduktion nicht anrühren darf, aber so schön und edel, wie [sich] ein erfahrner Schauspieler zufriedenen Kennern zeigen möchte. Die Witwe sagt mir: sie habe ihn einst freigeben wollen, da sie eben Gelegenheit habe, sich anständig zu verheuraten; darauf habe er das Pistol an seine Brust gedrückt und gesagt: dann solle dies seine Geliebte werden.

Er hat sich in den Mund geschossen und wenig Blut verloren, wo die Kugel durchgegangen ist. Der Mund ist rein und nur vom Pulverdampfe beschlagen. Sein Gesicht ist freundlich. Das andere Pistol ist auch geladen und die Pfanne mit Pulver versehn. Die Briefe sind einen Tag vorher, aber unleserlich geschrieben und mit großen Tränentropfen benetzt. Auch eine Art von Testament hat er über seinen Verlaß gemacht. Gegen seine Bekannte ist er seit Wochen still und in sich gewesen, ich habe ihn in 8 Tagen nicht gesehn. Meine Bücher, die er geführt hat, sind in der größten Ordnung.

Nun muß ich mich ganz neu wieder auf mich selber einzurichten suchen. Er war mir unentbehrlich worden. Seinetwegen hatte ich alles Geschäftswesen, von dem er den halben Nutzen gewann, beibehalten. Vorgestern hatte er seine Aufgaben zum Meisterstücke bekommen, die er vor vielen andern mit Ehren würde bestanden haben. So verläßt er mich, indem er sich befreit. Ich hätte nicht geglaubt, daß ich des bittern Neides fähig wäre, womit ich seine schöne Leiche gleich nach seinem Verscheiden ansah, und hätte ich in diesem Augenblick an das andere Gewehr gedacht, was im Pulte zur Reserve lag – nein, es ist hart, grausam! Hätte er gewußt, wie ich ihn liebe, er könnte nicht selig sein!

Sagen Sie mir ein heilendes Wort. Ich muß mich aufrichten, doch bin ich nicht mehr, was ich vor Jahren war. Ich habe Kraft, aber zu andern Sachen; hier will ich gehalten sein. Seit neun Monaten habe ich meine einzige, höchst geliebte Schwester, deren Sohn (der zugleich mein Tochtermann war) und nun diesen geliebten Frevler verloren. Was vielen abgeht, darüber wissen viele sich nur gar zu leicht zu trösten; was Einer verliert, darüber muß er alle entschädigen.

Ich habe mir das Kind bringen lassen; es ist von stillem und gedrängtem Wesen und hat Augen, die den Ihrigen ähnlich sind. Ihr Bild, welches in meiner Stube hängt, sieht sie unablässig an; ich werde es wohl zu mir nehmen, damit ich wieder zu verlieren habe.

Abends. Um meinen Gedanken eine Richtung nach vorn zu verschaffen, habe ich Ihr Buch angefangen und lese es nun mit doppeltem Nutzen. Ihre Erziehung, insoweit sie von Ihrem Vater ausging, flößt mir nach Haltung und Methode Ehrfurcht ein. Ihr Vater scheint mir zum Vater geboren gewesen zu sein, ja zum Vater eines solchen Sohnes. Was man daran Wunderlichkeit nennen wollte, kann es bei andern sein, nur bei einem Vater nicht, und so verhält sich's auch mit gewissen Kleinheiten, die es im Hausstande nicht sind. Ihr Vater baut sein Haus nach seinem Willen und Bequemen, als wenn er niemals hinausgehn wollte. So wie sein Haus für sich und die Seinigen recht sein soll, so müssen dann auch die Kinder und Zubehör für das Haus recht sein. Aus diesem Hause geht der Sohn auf die hohe Schule und findet, daß die weit und breit gepriesenen Lehren gepriesener Lehrer, so würdig sie sein mögen, schon zwischen den elterlichen Wänden an seinem Ohre vorübergegangen sind. Das kann wohl so übel nicht sein, selbst wenn etwas Früheres darüber vernachlässigt wäre; vielmehr könnte es für junge wissenschaftliche Köpfe diensam sein, Kopf, Mittel und Fuß alles Wissens sobald als möglich vor die Anschauung zu bringen, da selbst verehrte Männer kaum wissen, was sie treiben und sich wie ein Mühlrad bewegen. Wie herrlich und ruhig Sie das alles zutage gelegt haben, ohne zu loben, dafür sei Ihnen ein langer Dank, den wenige noch zu geben wissen.

Montag früh. Die Art, wie die Entwickelung Ihres poetischen Berufs aufgeführt wird, hat mir ausnehmend wohl gefallen: einem Quell darf um Wasser nicht bange sein, das so leicht keiner brauchen und verbrauchen wird, als wozu er kann. Der Erhitzte, der Durstige, der Ermattete, der Heilige, der Starke, der Gewaltige, alle diese suchen ihn, weil sie die Notwendigkeit seines Daseins fühlen, und für solche fließt er heilbringend; da ist Polarität, Grund, Mittel, Zweck. Um vieles kleiner erscheint dagegen Alfieris Bestreben, keine Dichter zu lesen, um die Keuschheit seiner Originalität nicht in Versuchung zu führen. Wie mir denn auch seine so hoch gestellte Abneigung gegen alle Tyrannei eifersüchtig, eigensüchtig, ja tyrannisch erscheint. Endlich scheint ihm für die moderne Dichtung das Religiöse und für die antike das Heidnische rein abzugehen, weshalb er sich den Franzosen, die er zu hassen glaubt, näher befindet als sich selber und dem Altertume, das er zu verehren sich gedrungen fühlt. Belehren Sie mich, wenn ich irre, denn ich habe sein Leben mit vielem Anteile gelesen.

Abends. Endlich heut am dritten Tage nach dem Tode ist die gerichtliche Obduktion erfolgt. Das Pistol war nicht mit Einer Kugel, sondern mit acht kleinern Körnern geladen, die man hier Posten nennt und womit er sich recht sicher durch den Mund ins Gehirn getroffen hat. Ein drittes Pistol, das er von mir mit sich genommen, ist auch noch geladen. Der Körper fand sich innerlich und äußerlich rein und gesund, bis auf die Eingeweide, welche Zeichen der Hypochondrie hatten. Der Magen war leer. Morgen früh wird er bestattet.

Dienstag früh. Jetzt bringen sie ihn zur Ruhe. Ich bin in der Qual und muß denken: ich hätte es hindern können. Höchst wahrscheinlich hat sein Versprechen, die Witwe zu heuraten, den unseligen Entschluß herbeigeführt, indem ich ihm schon vor mancher Zeit sagte, daß, wenn er frei sei, ich wenigstens Eine ganz vorteilhafte Partie für ihn wüßte, worauf er mir die Antwort schuldig blieb. Die Witwe ist arm, hat einen Sohn, und er hatte sein Vermögen, das freilich nur in ein paar tausend Talern bestand, vertan.

Nun, mein liebster Freund, Lebewohl! Den inliegenden Brief sende ich anbei, da er von Wien zurückgekommen ist. Vielleicht hätten Sie sich mit dem Bauinspektor Frick gern unterhalten, da er sehr geschickt in Bereitung der Glasfarben ist. Lassen Sie von sich hören. Zelter.

Ihr zweiter Teil: von «Dichtung und Wahrheit», vgl. Goethes Brief vom 2. September 1812, S. 94.

mein ältester Sohn: Zelters Stiefsohn Karl Ludwig Flöricke.

seinen Bruder: Zelters ältester Sohn Georg Friedrich (1789–1827).

seine… Tochter: Luise Flöricke (1810–1855); sie vermählte sich 1838 mit dem Leutnant Cäsar Gierke (gestorben 1854).

«So ist denn keine Rettung?…»: Friedrich Schiller, «Don Carlos», 4. Akt, 21. Auftritt.

meine einzige… Schwester: Zelters Schwester Luise Dorothea Rosine (1752–1812), verheiratet mit Carl Syring (1737–1809).

deren Sohn… Tochtermann: Johann Ferdinand Syring (1778–1812); er war mit Zelters ältester Stieftochter Susanne Henriette Wilhelmine, geb. Flöricke, verheiratet.

das Kind: Luise Flöricke.

Alfieris Bestreben: Vittorio Alfieri (1749–1803), italienischer Dramatiker; 1809 las Goethe Alfieris Autobiographie, welche Zelter hier in Beziehung setzt zu Goethes eigenem autobiographischen Werk «Aus meinem Leben. Dichtung und Wahrheit».

inliegenden Brief: nicht erhalten.

*

An Zelter

Dein Brief, mein geliebter Freund, der mir das große Unheil meldet, welches Deinem Hause widerfahren, hat mich sehr gedrückt, ja gebeugt, denn er traf mich in sehr ernsten Betrachtungen über das Leben, und ich habe mich nur an Dir selbst wieder aufgerichtet. Du hast Dich auf dem schwarzen Probiersteine des Todes als ein echtes geläutertes Gold aufgestrichen. Wie herrlich ist ein Charakter, wenn er so von Geist und Seele durchdrungen ist, und wie schön muß ein Talent sein, das auf einem solchen Grunde ruht!

Über die Tat oder Untat selbst weiß ich nichts zu sagen. Wenn das *taedium vitae* den Menschen ergreift, so ist er nur zu bedauern, nicht zu schelten. Daß alle Symptome dieser wunderlichen, so natürlichen als unnatürlichen Krankheit auch einmal mein Innerstes durchrast haben, daran läßt

«Werther» wohl niemand zweifeln. Ich weiß recht gut, was es mich für Entschlüsse und Anstrengungen kostete, damals den Wellen des Todes zu entkommen, so wie ich mich aus manchem spätern Schiffbruch auch mühsam rettete und mühselig erholte. Und so sind nun alle die Schiffer- und Fischergeschichten. Man gewinnt nach dem nächtlichen Sturm das Ufer wieder, der Durchnetzte trocknet sich, und den andern Morgen, wenn die herrliche Sonne auf den glänzenden Wogen abermals hervortritt, hat das Meer schon wieder Appetit zu Feigen.

Wenn man sieht, wie die Welt überhaupt, und besonders die junge, nicht allein ihren Lüsten und Leidenschaften hingegeben ist, sondern wie zugleich das Höhere und Bessere an ihnen durch die ernsten Torheiten der Zeit verschoben und verfratzt wird, so daß ihnen alles, was zur Seligkeit führen sollte, zur Verdammnis wird, unsäglichen äußern Drang nicht gerechnet, so wundert man sich nicht über Untaten, durch welche der Mensch gegen sich selbst und andere wütet. Ich getraute mir, einen neuen «Werther» zu schreiben, über den dem Volke die Haare noch mehr zu Berge stehn sollten als über den ersten. Laß mich noch eine Bemerkung hinzufügen. Die meisten jungen Leute, die ein Verdienst in sich fühlen, fordern mehr von sich als billig. Dazu werden sie aber durch die gigantische Umgebung gedrängt und genötigt. Ich kenne deren ein halb Dutzend, die gewiß auch zugrunde gehn und denen nicht zu helfen wäre, selbt wenn man sie über ihren wahren Vorteil aufklären könnte. Niemand bedenkt leicht, daß uns Vernunft und ein tapferes Wollen gegeben sind, damit wir uns nicht allein vom Bösen, sondern auch vom Übermaß des Guten zurückhalten.

Laß uns nun übergehn zu den andern Wohltaten Deiner Briefe, und ich danke Dir zuvörderst für die Betrachtungen über meine biographischen Blätter. Ich habe darüber schon manches Gute und Freundliche im allgemeinen erfahren; Du bist der erste und einzige, der in die Sache selbst eingeht. Ich freue mich, daß die Schilderung meines Vaters eine gute Wirkung auf Dich hervorgebracht. Ich will nicht leugnen, daß ich die deutschen Hausväter, diese Lorenz Starke und wie sie heißen mögen, herzlich müde bin, die in humoristischer Trübe ihrem Philisterwesen freies Spiel lassen und den Wünschen ihrer Gutmütigkeit unsicher in den Weg treten, sie und das Glück um sich her zerstören. In den folgenden zwei Bänden bildet sich die Gestalt des Vaters noch völlig aus, und wäre sowohl von seiner Seite als von der Seite des Sohns ein Gran von Bewußtsein in dies schätzbare Familienverhältnis getreten, so wäre beiden vieles erspart worden. Das sollte nun aber nicht sein und scheint überhaupt nicht für diese Welt zu gehören. Der beste Reiseplan wird durch einen albernen Zufall gestört, und man geht nie weiter, als wenn man nicht weiß, wohin man geht.

Habe ja die Güte, Deine Betrachtungen fortzusetzen: denn da ich, den Forderungen der Darstellung gemäß, langsam gehe und gar manches in Petto behalte (worüber denn schon manche Leser ungeduldig werden, welchen es wohl ganz recht wäre, wenn man ihnen die Mahlzeit von Anfang bis zu Ende, wohl gesotten und gebraten, in Einer Session vortrüge, damit sie solche auch geschwind auf den Nachtstuhl trügen und sich morgen in einer andern Restaurationsbude oder Garküche, besser oder schlechter, wie es das Glück träfe, bewirten ließen), da ich also, wie gesagt, hinter dem Berge halte, um mit meinen Landsknechten und Reutern zur rechten Zeit hervorzurücken, so ist es mir doch höchst interessant zu vernehmen, was Du als ein erfahrner Feldzeugmeister dem Vortrabe schon abmerkst.

Rezensionen dieses Werkleins habe ich noch nicht gelesen, das will ich auf einmal tun, wenn die zwei nächsten Bände gedruckt sind. Seit so vielen Jahren kann ich schon bemerken, daß diejenigen, die öffentlich über mich reden sollen und wollen, sie mögen nun guten oder bösen Willen haben, sich in einer peinlichen Lage zu befinden scheinen, und mir ist wenigstens kaum ein Rezensent zu Gesicht gekommen, der nicht an irgendeiner Stelle die famose Miene Vespasians angenommen und eine *faciem duram* gewiesen hätte.

Könnten Sie mich einmal unversehens durch den «Rinaldo» erfreuen, so wäre es eine große Sache. Ich habe mit der Musik keinen Zusammenhang als durch Sie, deswegen Ihnen auch für den «Invocavit» und die «Drei Könige» herzlicher Dank gesagt sei, ob ich gleich nur noch mit den Augen genossen habe.

Wir leben hier, mit einem ganz disproportionierten Aufwande auf Musik, doch eigentlich ganz sang- und klanglos. Die Oper mit ihren alten Inventarienstücken und denen für ein kleines Theater zugestutzten und langsam genug produzierten Neuigkeiten kann niemanden entschädigen. Indessen freut mich's, daß Hof und Stadt sich weismachen, es sei eine Art von Genuß vorhanden. Der Bewohner einer großen Stadt ist von dieser Seite glücklich zu preisen: denn dorthin zieht sich doch so manches bedeutende Fremde. Madame Milder hätte ich wohl hören mögen.

Auf Alfieri haben Sie einen Kernschuß getan. Er ist merkwürdiger als genießbar. Seine Stücke erklären sich durch sein Leben. Er peinigt Leser und Hörer, wie er sich als Autor peinigte. Seine Natur war vollkommen gräflich, das heißt: stockaristokratisch. Er haßte die Tyrannen, weil er sich selbst eine Tyrannenader fühlte, und das Schicksal hatte ihm eine recht gebührende Tribulation zugedacht, als es ihn durch die Hände der Sanskulotten noch leidlich genug bestrafte. Ebendiese seine innere Adels- und Hofnatur tritt zum Schlusse recht lustig hervor, da er sich selbst für seine Verdienste nicht besser zu belohnen weiß, als daß er sich einen Orden verfertigen läßt. Konnte er deutlicher zeigen, wie eingefleischt ihm jene Formen waren?

Ebenso muß ich einstimmen in das, was Sie von Rousseaus «Pygmalion» sagen. Diese Produktion gehört allerdings zu den monstrosen und ist höchst merkwürdig als Symptom der Hauptkrankheit jener Zeit, wo Staat und Sitte, Kunst und Talent mit einem namenlosen Wesen, das man aber Natur nannte, in einen Brei gerührt werden sollte, ja gerührt und gequirlt ward. Diese Operation soll, hoff' ich, mein nächster Band zum Anschauen bringen: denn ward ich nicht auch von dieser Epidemie ergriffen und war sie nicht wohltätig schuld an der Entwicklung meines Wesens, die mir jetzt auf keine andre Weise denkbar ist?

Nun muß ich noch Ihre Anfrage wegen der «Ersten Walpurgisnacht» erwidern. Es verhält sich nämlich folgendermaßen. Unter den Geschichtforschern gibt es welche, und es sind Männer, denen man seine Achtung nicht versagen kann, die zu jeder Fabel, jeder Tradition, sie sei so phantastisch, so absurd, als sie wolle, einen realen Grund suchen und unter der Märchenhülle jederzeit einen faktischen Kern zu finden glauben.

Wir sind dieser Behandlungsart sehr viel Gutes schuldig: denn um darauf einzugehn, gehört große Kenntnis, ja Geist, Witz, Einbildungskraft ist nötig, um auf diese Art die Poesie zur Prosa zu machen. So hat nun auch einer der deutschen Altertumsforscher die Hexen- und Teufelsfahrt des Brokkengebirgs, mit der man sich in Deutschland seit undenklichen Zeiten trägt, durch einen historischen Ursprung retten und begründen wollen: daß nämlich die deutschen Heidenpriester und Altväter, nachdem man sie aus ihren heiligen Hainen vertrieben und das Christentum dem Volke aufgedrungen, sich mit ihren treuen Anhängern auf die wüsten unzugänglichen Gebirge des Harzes im Frühlingsanfang begeben, um dort nach alter Weise Gebet und Flamme zu dem gestaltlosen Gott des Himmels und der Erde zu richten. Um nun gegen die ausspürenden bewaffneten Bekehrer sicher zu sein, hätten sie für gut befunden, eine Anzahl der Ihrigen zu vermummen und hiedurch ihre abergläubischen Widersacher entferntzuhalten und, beschützt von Teufelsfratzen, den reinsten Gottesdienst zu vollenden.

Ich habe diese Erklärung vor vielen Jahren einmal irgendwo gefunden, ich wüßte aber den Autor nicht anzugeben. Der Einfall gefiel mir, und ich habe diese fabelhafte Geschichte wieder zur poetischen Fabel gemacht.

Und nun das herzlichste Lebewohl! Wie sehr wünschte ich mich statt dieses Blatts in Deine Nähe!

Weimar, den 3. Dezember 1812. G.

Dein Brief: Wenn Goethe hier erstmals das brüderliche «Du» gebraucht, war das als Trost wie auch als Auszeichnung gemeint. Zelter war der einzige Freund aus der Spätzeit, den Goethe in dieser Weise ansprach.

taedium vitae: Lebensekel, Lebensüberdruß.

«*Werther*»: Goethes Roman «Die Leiden des jungen Werthers» (4, 268 resp. 4, 328). Zur Zeit, als ihn Zelters Unglücksbotschaft erreichte, arbeitete Goethe gerade an jenen Passagen seiner autobiographischen Aufzeichnungen, welche die «Werther»-Zeit und die Entstehungsbedingungen dieses Romans darstellen sollten. Goethes eigene Sturm-und-Drang-Zeit mit ihrem damals erfahrenen Lebensekel trat dem gereiften Dichter nun im Schicksal von Zelters Stiefsohn noch einmal unmittelbar gegenüber.

Appetit zu Feigen: Der Ausspruch geht auf eine von Zenobio überlieferte Sage zurück. Dort wird erzählt, daß ein Kaufmann, nachdem er mit seinem mit Feigen beladenen Schiff Schiffbruch erlitten hat, nun auf einem Felsen sitzt, auf das wiederum stille Meer hinausschaut und sagt: Ich weiß es, das Meer wollte Feigen.

die deutschen Hausväter... Lorenz Starke: Anspielung auf die in Schillers «Horen» 1795/96 veröffentlichte Erzählung «Herr Lorenz Stark. Ein Charaktergemälde» von Johann Jakob Engel (1741–1802), Schriftsteller und Oberleiter des Berliner Theaters.

dieses Werkleins: Goethes «Aus meinem Leben. Dichtung und Wahrheit», erster Teil.

faciem duram: strenger, unfreundlicher Blick.

«Rinaldo»: Goethes Kantaten-Dichtung (1, 292).

«Invocavit»... «Drei Könige»: Am 30. Mai 1812 übersandte Zelter seine beiden Vertonungen von Goethes «Versus memoriales» (1, 452) und «Epiphaniasfest» (1, 104).

Madame Milder: Die Opernsängerin Anna Pauline Hauptmann, geb. Milder (1785–1835); Zelter berichtete am 13. September 1812 über ihre Berliner Gastauftritte.

Alfieri: Vgl. Anm. zu Zelters Brief vom 14./16. November 1812, S. 96.

Tribulation: Drangsal, Quälerei.

Rousseaus «Pygmalion»: Am 19. November 1812 berichtete Zelter über eine Berliner Aufführung des einaktigen Monodramas «Pygmalion», auf einen Text von Jean-Jacques Rousseau komponiert von Georg Anton Benda (1722–1795).

Ihre Anfrage: Am 21. November 1812 fragte Zelter: «Könnten Sie mir wohl etwas Historisches nachweisen über die ‹Erste Walpurgisnacht›? Ich habe das Gedicht vor einiger Zeit angefangen in Musik zu setzen und bin über die Form mit dem Gedicht einig, doch möchte ich wohl etwas Spezielles darüber erfahren.»

*

An Goethe Berlin, den 24. Dezember 1812.

Mein süßer Freund und Meister! mein Geliebter, mein Bruder! Wie soll ich den nennen, dessen Namen immer auf meiner Zunge liegt, dessen Bild sich auf alles abspiegelt, was ich liebe und verehre!

Wenn das weimarische Kuvert meine Treppe heraufwandelt, gehen meinem Hause alle Sonnen auf. Die Kinder, die es kennen, reißen sich darum, wer von ihnen es mir bringen soll, um des Vaters Angesicht im Lichte zu sehn, und ich halte es denn lange uneröffnet, besehe es, ob es auch ist, was es ist, drehe es und drücke es und küsse es.

Herr Friedländer, dem ich sein Anerbieten in Ansehung der Jupitersbüste in Erinnerung gebracht habe, war sogleich bereit, das Kunstwerk einzupacken und abgehn zu lassen, und jetzt wird es wohl schon auf dem Wege sein.

Auch ich habe in diesen Tagen eine angenehme A[c]quisition gemacht, indem ich ein Originalgemälde von Denner gekauft habe, welches den von mir so hoch gehaltnen

Komponisten Hasse vorstellt, der im Jahr 1783 in Italien in seinem 78. Jahre gestorben ist und ein so fruchtreiches Künstlerleben geführt hat. Das Bild ist im Jahr 1740 gemalt, 2½ Fuß hoch, 2 Fuß breit, in Öl, wohl erhalten und stellt den Künstler als einen schönen Mann in der Fülle seiner Kraft und seines höchsten Applauses in Deutschland, besonders aber in Italien, wo er unter dem Namen «*il Sassone*» berühmt war, dar. Augen, Mund, Kinn und Nase sind von schönem Schnitt und saftiger Fülle, und das Portament nebst Ausdruck und Farbe bestätigen einen Künstlercharakter, der sich nur in Italien zufrieden fühlte; denn er hat in Italien gelernt, geliebt, gefallen, sich verheiratet und ist daselbst gestorben; wie er auch die dortige Religion angenommen hatte. Seine Frau war die berühmte Sängerin Faustina.

Dr. Werneburg ist mir persönlich bekannt worden, da er vor dem Kriege in Berlin war. Sein Werk hat er damals (wenn ich nicht irre, in Manuskript) der hiesigen Akademie vorgelegt, wodurch es auch mir bekannt wurde, indem von mir indirekte (ich glaube, durch Herrn Nicolai) ein Urteil darüber verlangt wurde. Die Sache selbst hat ihre Richtigkeit, und es ist nie geleugnet worden, daß unsere musikalische Zeichenlehre sehr weitschichtig ist. Allein wir haben sie, wir brauchen sie, wir sind daran gewöhnt; unsere Instrumente klingen, wie wir es haben wollen, und die vollkommenste Bezeichnung der Töne verlangt endlich immer solche Ausführer, die das Beste aus sich selber schöpfen müssen – damit Punktum!

Hat der Kopenhagner Schulz nicht einmal mit seiner äußerst leichten neuen Tablatur Platz gewinnen können, welcher die Sache klug genug anfing, indem er nur verlangte, die kritischen Blätter sollten sich derselben bedienen, weil seine Zahlen und Zeichen in allen Druckereien bei der Hand sind. Auch der Genfer Rousseau hat gute Vorschläge getan, und endlich neuerdings noch ein anderer Inventor. Das alles kann jetzt nichts mehr helfen, da höchstens nur jeder lernt, was alle schon wissen.

Den 24. Januar 1813. Solange liegt dieser Anfang unter andern Papieren, die auch nicht von der Stelle rücken; ja es kostet Gewalt, sich in diesen Tagen von der Stelle zu schieben. Gestern habe ich Deinen lieben Brief vom 15.

dieses durch Herrn Friedländer erhalten und danke aufs schönste für den belehrenden Inhalt; denn Herr Friedländer hat mir auch seine beiden letzten Briefe von Dir zu lesen gegeben. Welch ein Schatz von Leben geht doch aus solcher Ansicht der Kunst hervor, da man nach Jahrhunderten die Gestalt wiederfindet, welche ein Werk hatte, welche Zeit und Mißverstand zu vertilgen strebten, indem der Geist den Geist sucht und findet.

So auch habe ich über den «Don Ranudo» schon manche Fehde gefochten, da ich über das jämmerliche Wesen niemals habe mitlachen können. Doch hat es mir kein so schlimmes Blut gegeben als die gänzliche Vergreifung unseres Virtuosen an dem Charakter des Shylok, woran man freilich wohl sieht, daß niemand weiter kann, als sein Fell weit ist. Ich habe mir diesen Juden immer als einen wahren Kaufmann vorgestellt, der vollkommen recht hat und nichts sucht als sein Recht, welches ihm durch sogenannte Billigkeit und Tugend geschmälert wird, und kurz: dem Rechte geschieht Unrecht! Das ist die Pointe der Moral des Stücks! Das hat der Dichter gewollt, er mag gewollt haben oder nicht. Der ganze Haß des Juden geht dahin, einen Menschen zu vertilgen, der den Handel verdirbt. Darin hat der Jude, der Handelsmann recht, und der sogenannte Kaufmann Antonio ist nichts mehr als ein tugendhafter intoleranter Schwätzer, der nicht weiß, wie er reich geworden ist, und im Übermute seines humanen Kitzels doch den Reichtum für das Höchste hält. – Diesen venetianischen Juden nun zu einem knotigen lausigen Wasserpolacken erniedrigt zu sehn, ohne irgendein Verdienst an ihm erkennen zu lassen, und doch eine Schar edler Menschen, ja den Doge selber und den ganzen Staat in gewaltiger Bewegung zu sehn – das kann mich zum Zorne reizen, ja ich kann mich kaum darüber zufriedenstellen.

Aus diesem Grunde nun habe ich das ganze Schauspielwesen immer für etwas sehr Subordiniertes gehalten, da man mit den Besten dieses Gelichters so vorliebnehmen lernen muß, daß Sinn und Gedanke zur Hölle fährt und wir andern mit. Und endlich soll man sich noch dafür bedanken.

Das Werneburgische Werk ist noch nicht mit der Post angekommen, und obwohl ich es aus dem Manuskripte kenne, so wäre es mir dennoch wichtig genug, es nach manchen Jahren gedruckt zu sehn, ja, wenn Du es verlassen wolltest, es für mich zu behalten und gelegentlich etwas anderes dafür anzubieten. Nun lebe wohl, mein allerliebster Freund! Herr Friedländer will diesen Brief einlegen. Z.

Möchtest du mir doch einige Tropfen der schönen Milch zufließen lassen, welche Du Myrons Kuh entlockt hast.

Herr Friedländer: Der Berliner Kaufmann David Friedländer.

Denner: Der deutsche Maler Balthasar Denner (1685–1749).

«il Sassone»: der Sachse. – Zelter scheint hier allerdings zwei Komponisten miteinander zu verwechseln: Nicht der aus Bergedorf (Hamburg) gebürtige Johann Adolf Hasse (1699–1783), sondern der aus Köstritz bei Gera stammende Heinrich Schütz (1585–1672) wurde – während seiner in Venedig absolvierten Lehrjahre – von den Italienern «il Sassone» genannt.

Dr. Werneburg... Sein Werk: Johann Friedrich Christian Werneburg (1777–1851), Mathematiker und Physiker; Goethe lernte seine «Allgemeine neue, weit einfachere Musikschule für Dilettanten und Musiker. Mit einer Vorrede von J. J. Rousseau», erstmals 1812 veröffentlicht, bereits 1810 im Manuskript kennen.

Herrn Nicolai: Christoph Friedrich Nicolai (1733–1811), Schriftsteller und Buchhändler in Berlin.

der Kopenhager Schulz: Johann Abraham Peter Schulz (1747–1800), Komponist und Musikschriftsteller, Kapellmeister in Berlin, Rheinsberg und Kopenhagen.

der Genfer Rousseau: Der schweizerisch-französische Schriftsteller und Philosoph Jean-Jacques Rousseau (1712–1778).

«Don Ranudo»: «Don Ranudo de Colibrados», Posse von Ludwig Holberg (1684–1754), frei bearbeitet von Kotzebue. Über das Stück schrieb Goethe am 15. Januar 1813: «Merkwürdig war die Wirkung des ‹Don Ranudo›. Die Grundnichtswürdigkeit des Stücks, die unsittliche Forderung, daß der Geburtsadel auf seinen Schatz unwürdig Verzicht tun solle, trat wie ein Gespenst hervor, und beinahe tausend Menschen in einem kleinen Hause wurden verstimmt: denn selbst der gemeine Menschenverstand muß fühlen, daß jemand nicht verdient, erniedrigt zu werden, der sich seiner Natur nach nicht erniedrigen kann und will; vor Mitleiden konnte kein Mensch zum Lachen kommen.»

unseres Virtuosen: August Wilhelm Iffland; er gastierte vom 20. bis 30. Dezember 1812 in Weimar.

Shylok... Kaufmann Antonio: Hauptgestalt und Gegenspieler in Shakespeares Drama «Der Kaufmann von Venedig».

Myrons Kuh: Im November und Dezember 1812 arbeitete Goethe am Aufsatz «Myrons Kuh» (13, 637); überarbeitet und zum Abschluß gebracht wurde er erst im März 1818.

Endlich einmal, mein Alter, Guter, seh' ich Deine liebe Hand wieder! Du kündigst mir die Erdgewächse freundlich an, zum großen Troste, da ich hieraus ersehe, daß das ungeheuerste Schicksal nicht einmal den Rübenzyklus stören kann. Laß es mit unserm Übrigen auch so sein.

Vorerst also wirst Du mich höchlich verbinden, wenn Du mir den Text: «*In te Domine speravi et non confundar in aeternum*» vierstimmig setzest, aufs liebenswürdigste, wie Du nur kannst. Dabei soll Dein Name hoch gefeiert werden.

Hast Du mich hiedurch erquickt, so sende ich eine Partie Erheiterungen für die Liedertafel, an der ihr doch auch wohl wieder Teltower Produkte genießen werdet.

Gegen Weihnachten folgt dann wohl der dritte Band der «Tausendundeinen Nacht» meines törigen Lebens, welches doch in der Darstellung fast noch unkluger aussieht, als es an sich war.

Erlustigen wird es Dich, wenn Du findest, daß ich an Dir ein Plagium begangen habe. Wäre Dein Metier nicht ganz verschieden von dem meinigen, so geschäh' es öfter.

Dieses Blatt liegt schon lange, die Rübchen sind noch nicht gekommen, sie jeden Tag erwartend, wollt' ich nicht siegeln. Nun wünscht Herr Lieutenant Mendelsohn Dir ein Wort von mir zu bringen. Hier also das Wenige mit den besten Wünschen und Hoffnungen. Nächstens eine Sendung und Bitte. Das Nervenfieber hat auch unsre Druckereien wo nicht entvölkert, doch sehr gelähmt, sonst hättest Du schon den dritten Teil.

Sag mir bald etwas. Ich habe einige lustige Lieder im Vorrat. Auch haben wir diese Tage Deine «3 Könige» gesungen. Also muß man des Todes Bitterkeit vertreiben.

Weimar, den 26. Dezember 1813. Goethe.

Erdgewächse: Am 16. November 1813 kündigte Zelter einmal mehr eine Sendung Teltower Rüben an.

das ungeheuerste Schicksal: Die Völkerschlacht bei Leipzig vom 16. bis 19. Oktober 1813 (über hunderttausend Tote und Verletzte); in der Folge Zusammenbruch des napoleonischen Besatzungssystems und Abzug der französischen Truppen über den Rhein.

«In te Domine ...»: «In te, Domine, speravi, non confundar in aeternum»; Schlußsatz aus dem «Te Deum». (Auf dich, Herr, habe ich gehofft und möge in Ewigkeit nicht vernichtet werden.)

Erheiterungen: Mit dem nächsten Brief (29. Dezember 1813) übersandte Goethe sein Gedicht «Die wackelnde Glocke» (später unter der Überschrift «Die wandelnde Glocke»; 1, 142).

der dritte Band: Nicht aufs Jahresende 1813, sondern erst 1814 erschien der dritte Teil von Goethes «Aus meinem Leben. Dichtung und Wahrheit» (11. bis 15. Buch).

Deine «3 Könige»: Vgl. Goethes Brief vom 3. Dezember 1812, Anm. zu «Invocavit», S. 100.

*

An Goethe Berlin, den 26. Januar 1814.

Vor ohngefähr Jahr und Tag schickte mir Herr Rellstab, der nun tot ist, sein eben verfertigtes Tedeum mit dem Verlangen zu, ihm mein offenes Urteil darüber vernehmen zu lassen. Das Ding war zu arg, und ich verlor während der Arbeit Mut und Lust, bis ich an die letzten Worte gelangte: «*In te Domine speravi, non confundar in aeternum.*» Er hatte diesen Worten eine mehr als kecke, das heißt: eine trotzige, ja freche Musik zugelegt, und ich behielt meine Kritik zurück, indem ich unter seine Komposition dieser Worte die deutschen Worte unterlegte: «Mit Dir habe ich nichts zu schaffen, Verräter! Komm mir nicht mit Deiner Gnade!» Welche offenbar auf seine Musik passen.

Nun bringt mir vor wenigen Tagen Herr Lieutenant Mendelssohn Deinen Brief vom 26. Dezember mit den Worten: «*In te Domine*» etc., und ich mache mich sogleich an die Arbeit, wobei mich aber die hundsföttische Idee von jenem Tedeum unaufhörlich inkommodiert hat. Wenn nun die anfolgende Musik nicht besser ist, als sie ist, so weißt Du die Ursachen, und dennoch muß ich Dir danken, daß Du mich wieder flott gemacht hast, denn ich war fast aufs Trockene gekommen.

Dein Liedchen von der wackelnden Glocke lege ich bei. Ich erhielt den Brief vom 29. Dezember am 5. Januar und habe es auf der Stelle in Noten gesetzt, indem ich, Gott weiß wie, in die angenehme Erinnerung an die böhmischen Gebirge versetzt wurde.

Gestern ist die russische Kaiserin von hier abgereist, welche durch holdseliges Wesen und kaiserliche Geschenke viel Zufriedenheit zurückgelassen hat.

Warum ich nun zuerst bitte, das sind Deine heitern Tafellieder, die mich wieder anregen und beleben sollen; ich begreife kaum, wie ich habe leben können.

Auf Deine Plagiatschaft bin ich gespannt. Ich wünschte wohl, daß ich etwas hätte, was Du mir nehmen könntest, da ich mir so gern zueigne, was Dein ist.

Dein kleines allerliebstes Stück: «Die Launen der Verliebten» wird hier mit vielem Beifalle oft wiederholt und recht artig gespielt.

Den 2. Februar. Geheimer Rat Wolf grüßt bestens. Er lieset jetzt über den «Prometheus» des Aeschylus (wie er sagt, *gratis et frustra*) und hat die meisten Zuhörer. Kleine metrische Streitereien hatten uns vor einigen Monaten voneinander gebracht, anstatt uns zusammenzuhalten; doch ist alles wieder in Ordnung. Ich war leider so grob gewesen, nach mehrern von ihm veranlaßten Versuchen, die er mit gar zu vieler Geringschätzung aufnahm, ihm rund heraus zu sagen, daß seine und aller mir bekannten Philologen mündliche Produktionsarten der alten Versmaße noch unmetrischer seien als eine natürliche Prosa, die die Empfindung einer Sache ausdrückt. – Was sollen uns die Griechen und Römer, wenn wir nicht Deutsch lernen! kurz, was sollen uns die Alten, wenn wir nicht alt werden?

Wenn die Philologen reden, möchte man sich die Ohren zuhalten. Sie wissen weder was sie mit dem Munde noch mit der Zunge anfangen sollen, weil [sie] sich gewöhnt haben, alles mit den Augen zu tun: lesen, fühlen, gehn, stehn, und darüber kurzsichtig, lahm und trocken werden.

Seit dieser Zeit (doch will ich hoffen, auch vorher) beschäftigt sich Wolf, wie ich merke, mit dem Klange des Alphabets, und wir führen drüber manches für mich lehrreiche Wort. Kommen wir endlich dahin, daß dies Alphabet ein Werk des Mundes und das Metrum ein Werk des Pulses, also etwas ist, das von innen heraus, nicht von außen herein kommt: *da* mögen die Herren ihre Theorie (das heißt: mit der Praxis) anfangen.

Laß mich doch wissen, ob Du etwa Dein kleines Singkonzert wieder aufgenommen hast; in dem Falle könnte ich mit allerlei dienen.

Und nun lebe wohl, mein ewig Geliebter, an den ich

unablässig denke und sorge. Gott gebe uns Frieden und lasse ihn *uns* genießen! Dein Z.

Laß doch ja bald von Dir hören und lesen.

Den 5. Februar 1814.

Herr Rellstab: Johann Karl Friedrich Rellstab (1759–1813), Berliner Musikalienhändler, Pianist und Komponist, seit 1792 Mitglied der Berliner Singakademie.

«In te Domine...»: Vgl. Anm. zu Goethes Brief vom 26. Dezember 1813, S. 109.

die russische Kaiserin: Elisabeth Alexejewna (1777–1825), Gattin des russischen Zaren Alexander I.

«Die Launen der Verliebten»: Goethes dramatischer Erstling, das Schäferspiel «Die Laune des Verliebten» (4, 15), wurde am 3. Dezember 1813 erstmals in Berlin aufgeführt.

gratis et frustra: unentgeltlich und erfolglos.

Singkonzert: Die allwöchentlich in Goethes Haus stattfindenden Musikveranstaltungen.

*

An Zelter

Ein Paketchen poetisches Allerlei, welches ohngefähr vor acht Tagen abgegangen, wird Dir glücklich zugekommen sein. Nun will ich aber mit prosaischen Worten nachholen, Dir sagen und versichern, daß Dein langes Stillschweigen mir höchst peinlich gewesen. Ich gestehe gern, daß uns allen der Atem bis zum Außenbleiben mag gestockt haben, den man nur in freundschaftlicher Mitteilung wiederfinden kann.

Voran also will ich sagen, daß unsre kleine Sang- und Klanggesellschaft nur an Dir gezehrt und gelebt und nach trauriger Pause an Dir wieder auferstanden ist. Die Verklärung der Johanna Sebus haben wir als Sakrament unserer Rettung aus den unendlich breiten Fluten gefeiert.

Zu dem «*In te Domine speravi*» hätte ich auch ein langes Mährchen zu erzählen, wie ich mir bei sonderbaren innern und äußern Bedrängnissen diese Worte in meiner böhmischen Einsamkeit rhythmisch-klanglos, aber doch vierpersönlich, um nicht vierstimmig zu sagen, komponiert und keinen angelegentlichern Wunsch gehabt, als diese schönen Worte durch Dich musikalisch kommentiert zu hören. Ich kam in Versuchung, vier Linien untereinander zu ziehen, um die Art, wie ich es genommen, anschaulich zu machen. Jetzt, da ich Deine Komposition höre, bin ich darüber völlig belehrt und finde darin eine angenehme Erfahrung. Der Dilettant nämlich wird durchaus nur durch das Faßliche und eine unmittelbare Wirkung gerührt, und dies charakterisiert auch seine Produktionen, wenn er in irgendeiner Kunst sich versuchend auftritt. Meine Komposition, die sich ziemlich abgerundet und fixiert hat, ähnelt einer von Jomelli, und es ist immer wunderbar und lustig genug, daß man sich zufällig auf solchen Wegen ertappt und sich einmal seines eignen Nachtwandlens bewußt wird. Um hierüber in einem andern Fache klarzuwerden, dem ich mich ernstlicher gewidmet habe, sortiere ich ältere landschaftliche Skizzen und werde hierbei auch das Ähnliche gewahr.

In der «Wandelnden Glocke» muß doch etwas Magisches ertönen: denn wirklich habe ich sie in Töplitz geschrieben, wohin sie Dich zu rufen schien.

Daß meine «verliebten Launen» noch nach vierzig Jahren die Berliner interessieren können, gibt mir Vermutung, daß darin etwas Frisches müsse enthalten sein, welches der Zeit nicht unterliegt.

Riemern, der in seinem Amte immer froher wird, weil er sich dem Kreise, der für ihn viel zu eng ist, anzueignen und immer mehr zu tun lernt, indem er weniger tut, habe ich Deine Invektiven gegen die Philologen mitgeteilt. Er war darüber sehr erfreut und empfiehlt sich Dir aufs beste. Ich wünschte, daß Du seinen Kommentar darüber hören könntest. Da er selbst vom Metier ist, so weiß er am besten, wo sich eigentlich die Erbsünde dieser Mängel herleitet, die er verwünscht, weil sie, ob er sich gleich selbst davon befreit hat, durch andere auf ihn lastet. Die unendliche Schwierigkeit, eine große überlieferte Masse als eine zweite Natur mit Freiheit zu behandeln, ist um so größer, als wir ja der ersten Natur gegenüber uns, wenn wir recht aufrichtig sein wollen, immer unzulänglich fühlen.

Kannst Du mir etwas zu meinem kleinen Singekonzert mitteilen, so ist es eine große Gabe. Dieses Anstältchen zieht sich durch Zeit und Umstände hindurch wie Gänge und Klüfte durch die Gebirgsmassen; bald metallhaltig, bearbeitet man sie mit Vorteil, bald ist es aber auch nur Gangart, die zuletzt selbst so schmal wird und zu verschwinden droht, aber doch immer darauf hindeutet, daß man, beharrlich fortarbeitend, in derselben Richtung wieder etwas Erfreuliches finden werde.

Von hundert Dingen schweige ich und bringe sie gelegentlich zur Sprache. Wahrscheinlich entferne ich mich diesen Sommer nicht weit von Weimar. Könntest Du Dich auf einige Wochen dort losreißen, so würdest Du eine Welt zu mir bringen und wir wollten suchen, Dir ein Weltchen als Gastgeschenk zurückzugeben.

Zu lustiger Raumfüllung mögen hier ein paar Reimsprüche aus der *Tasche* des Weltlaufes schließen.

Die Jahre sind allerliebste Leute!
Sie brachten gestern, sie bringen heute,
Und so verbringen wir Jüngern eben
Das allerliebste Schlaraffenleben.
Und dann fällt's den Jahren auf einmal ein,
Nicht mehr wie sonst bequem zu sein;
Wollen nicht mehr schenken, wollen nicht mehr borgen,
Sie nehmen heute, sie nehmen morgen.

Das Alter ist ein höflich Mann,
Ein Mal übers andre klopft er an;
Aber nun sagt niemand: Herein!
Und vor der Türe will er nicht sein.
Da klinkt er auf, tritt ein so schnell,
Und nun heißt's, er sei ein grober Gesell.

Weimar, den 23. Februar 1814. Goethe.

Johanna Sebus: Zelters Vertonung von Goethes gleichnamiger Ballade.

«In te Domine...»: Vgl. Anm. zu Goethes Brief vom 26. Dezember 1813, S. 109.

Jomelli: Vermutlich die Motette «Confirma hoc deus» von Niccolò Jomelli (1714–1774), italienischer Komponist, von 1753 bis 1768 Operndirektor in Stuttgart. Goethe lernte Jomellis Komposition im März 1808 im Rahmen seiner Hausmusikveranstaltungen kennen.

«Wandelnde Glocke»: Zelters Vertonung von Goethes Gedicht «Die wandelnde Glocke».

meine «verliebten Launen»: Vgl. Anm. zu Zelters Brief vom 26. Januar/ 2. Februar 1814, S. 110.

Riemern: Friedrich Wilhelm Riemer, seit 1814 Bibliothekar in Weimar.

An Zelter

Nun ist alles, mein wertester Freund, was Du mir zugedacht, angekommen, und in der Zwischenzeit wirst Du auch einen Brief von mir erhalten haben, der, damit das letzte Blatt nicht leer bliebe, von einigen Reimspäßen begleitet ist. Dergleichen Dinge gedeihen unter Deinen Händen gar glücklich zum Kanon und anderer Art Wettgesänge. Ich bedauere nur, daß uns eine so weite Entfernung trennt, denn sonst würde mein Leben um vieles klangreicher werden. Ich hatte einen Freund, der zu sagen pflegte, er wünsche nur in zwei Fällen König zu sein, wenn nämlich bei Tafel frische Heringe oder englisch Bier präsentiert würde, damit er von jenen das Mittelstück und von diesem das erste Glas zu sich nehmen könne. Ein ähnliches Gefühl hatte ich, als Du mir den hohen Besuch meldetest, der sich an Deiner großen und einzigen Darstellung erquickt hat. Hier ist es nun freilich leichter, den hohen Gästen ihr übriges königliches Geschick nicht zu mißgönnen. Doch hätte ich wohl gern an dieser großen Tafel, die so viele Teilnehmende zuläßt, mitgeschwelgt.

Indessen Du Dir nun, freilich nicht ohne Müh' und Ausdauer, den Vorschmack des Himmels geben kannst, muß ich leider auf die wunderlichste Weise betteln und negoziieren, um dasjenige nur unvollkommen zu genießen, was Du mir gönnen magst. In diesem Fall empfindet man den engen und hülflosen Zustand einer kleinen Stadt nur allzusehr, nicht als wenn die Elemente gänzlich mangelten, aus welchen sich eine genußreiche Welt im kleinen schaffen ließe, aber weil eben diese Elemente sich, gerade wegen der Enge und Nähe, eher abstoßen als anziehen und dem Schöpfer kein Spielraum gegeben ist, sie dergestalt zu handhaben, daß sich ihre freundlichen Pole verbinden müßten. Die lächerlichsten Szenen in «Wilhelm Meister» sind ernsthaft gegen die Späße, zu denen ich meine Zuflucht nehmen muß, um zu bewürken, daß Deine Sendungen sich vom Auge losreißen und zum Ohr gelangen.

Die bildende Kunst hat darin größere Vorteile; sie gewährt dem Auge ein dauerndes Vergnügen, und wenn der Künstler einmal das Geschick gehabt hat, etwas Gutes zu machen, so erhält ja wohl das Glück auch sein Werk hundert, ja tausend Jahre und überliefert es den Einsichtigen zum Genuß. Es ist mir die letzte Zeit so wohl geworden, teils unter meinen frühern Besitzungen, die ich lange nicht gemustert, manches unerwartete Gute anzutreffen, teils, da jetzt so vieles in der Welt los ist, köstliche Dinge um leidliche Preise zu erhalten. Hierbei ist aber auch gerade der umgekehrte Fall: man kann sie nicht wie eine Partitur in die Ferne senden und seinen Genuß mit auswärtigen Freunden teilen.

Mit Gelegenheit sende ich eine Partitur, die jenen Christoph Kayser zum Verfasser hat, von dem Du einige Dinge kennst, besonders eine Weihnachtskantate; er war mit mir in Italien und lebt noch ein abstruses Leben in Zürich, und ich wünschte Dein Urteil über seine Art und Weise recht ausführlich zu hören. Was ich senden werde, ist die Ouvertüre und der erste Akt von «Scherz, List und Rache», das er ganz komponiert hat. Ich gedenke sein jetzt, da ich meine italienische Reise bearbeite, und möchte gern auch über seine Kunst im klaren sein, wie ich es bin über seine Studien und seinen Charakter.

Kürzlich und eilig danke für die große Freude, welche mir durch Deine Sendung geworden ist. Es gelang mir diesmal, meine wandelbare Hauskapelle recht gut zu organisieren.

Weimar, den 4. Mai 1814. G.

Reimspäße: Am 22. April 1814 übersandte Goethe seine beiden Gedichte «Gleich und gleich» (1, 24) und «Egalité» (1, 461) sowie – aus den «Zahmen Xenien» – die Verse «Zu verschweigen meinen Gewinn» (2, 391).

den hohen Besuch: Am 19. April 1814 weilte das sächsische Königspaar Friedrich August III. (1750–1827) und Maria Amalia Augusta (1752–1828) bei Zelter in der Singakademie. Über diesen «hohen Besuch» berichtete Zelter am 21. April 1814: «Vorgestern habe ich die sächsischen Majestäten auf der Singakademie nach unserer Weise bewirtet. Der König und die Königin haben ihre Zufriedenheit als Kenner sehr unverdächtig an den Tag gelegt, und da ich nicht glücklicher werden kann, als wenn ich braven Leuten etwas recht mache, so magst Du auf meine eigene Zufriedenheit schließen. Der Chor bestand, ohne mich, an diesem Tage aus 152 Sängern, und die Sachen gingen, wie sich's gehört.»

negoziieren: verhandeln.

«Wilhelm Meister»: «Wilhelm Meisters Lehrjahre».

Kayser ... Weinachtskantate ... «Scherz, List und Rache»: Philipp Christoph Kayser (1755–1823), aus Frankfurt a.M., seit 1775 als Musiklehrer in Zürich; hatte mehrere Goethe-Gedichte und Goethes Singspiel «Scherz, List und Rache» (6, 941) vertont. Kaysers Weihnachtskantate wurde in Goethes Hausmusikkreis Anfang November 1810 eingeübt.

italienische Reise: Im Dezember 1813 begann Goethe mit der Arbeit an der «Italienischen Reise» (11, 9); der erste Teil wurde als vierter Band von «Aus meinem Leben. Dichtung und Wahrheit» 1816 veröffentlicht.

*

An Zelter

Nur eilig vermelde, mein teuerster Freund, daß *Kraut und Rüben* glücklich angekommen sind. Diese Bezeichnung verdienen schon an und für sich die Komödienzeddel, geschweige denn in Begleitung von so erwünschten Eßwaren.

Die Frauenzimmer danken für die *Cölner Wohlgerüche. Frau Professor Riemer* wird sich an ihrem Teil in den Flitterwochen erquicken. Ferner ist das «Vorwärts» angekommen; es scheint aber dies nicht der Wahlspruch euerer Anstalten zu sein. Von allem übrigen nach dem neuen Jahre, wo wir zwar um vieles klüger, aber um weniges besser sein werden. Bis dahin habe ich auch noch zu tun, meine Schuld wegen unendlichen Gefälligkeiten, die mir auf der Reise erzeigt worden, nur einigermaßen zu mindern; das «Gastmahl der Weisen» wird indessen aufwarten. Mohamed Schemseddin hat sich auch wieder vernehmen lassen. Auch ich sehe dem Frühjahre und den warmen Bädern mit Verlangen entgegen. Im Alter täte man wohl, wie Karl der Große seine Residenz in einem solchen Dunstkreise zu fixieren. Und somit Gott befohlen.

Weimar, den 21. November 1814. Goethe.

Herrn Staatsrat Schultz grüße zum schönsten!

Kraut und Rüben: Am 8. November 1814 schrieb Zelter: «Am 3. dieses ist ein Faß mit Rübchen und ein Gläschen Eingemachtes an Dich nach Weimar abgegangen. In dem Fasse liegen die Komödienzettel, und der Fuhrmann hat versprochen, *vor* 18 Tagen an Ort und Stelle zu sein.»

Cölner Wohlgerüche: Kölnisch Wasser; während seines Kölner Aufenthalts vom 7. bis 11. September 1814 ließ Zelter einige Kistchen davon nach Weimar spedieren.

Frau Professor Riemer: Caroline Wilhelmine Johanna, geb. Ulrich (1790–1855), Gattin des Weimarer Bibliothekars Riemer.

«Vorwärts»: Zelters Chorkomposition «Vorwärts», geschrieben auf Verse aus Goethes Drama «Des Epimenides Erwachen» (6, 444).

Mohamed Schemseddin: Ursprünglicher Name des persischen Dichters Hafis (ca. 1300–1389); seinen «Divan» lernte Goethe im Juni 1814 kennen, ließ sich von diesem Werk inspirieren und schrieb in der Folge bis zum Jahresende ungefähr 50 Gedichte seiner späteren Lyrik-Sammlung «Der west-östliche Divan» (3, 285).

Staatsrat Schultz: Der preußische Jurist und Staatsrat Christoph Ludwig Friedrich Schultz (1781–1834).

*

An Goethe Berlin, den 31. März 1815.

Endlich und gestern ist der «Epimenides» glücklich vom Stapel gelaufen. Die Wirkung war bedeutend, und trotz der Verwöhnung unseres Publikums, der Verspätung des Stücks und mancher kleinen Umstände, deren Anordnung überall den Dichter selbst verlangt haben würde, hat es getroffen; ja es erschien wie eine prophetische Vision und zugleich wie eine Probe des Exempels. Man hatte geglaubt (wie denn der Unglaube der Gläubigste ist), das Stück werde auf die neusten Tage nirgend passen; eine gute Stimmung von vornherein war nicht zu erwarten; ich selber war verlegen und hatte mich ins Orchester geschlichen, um zwischen dem Theater und dem Publikum im Freien zu sein. Der Anfang verzögerte sich, das volle Haus ward unruhig und mir bange.

Die Ouvertüre kam: Weber hat entweder nicht Zeit gehabt, oder er hat gedacht, daß die Muse selbst die Ouvertüre spricht; kurz, er hat einen mäßigen, würdigen, wiewohl etwas lugubren Eingang zum Stücke gemacht, der sich sehr wohl ausnahm. Die erste Stanze schon, etwas breit aber gut gesprochen, erregte stille Bewegung, und beim Abgange der Muse bemerkte ich an mir selber und im Hause eine bessere Stimmung, die durch das heitere Lied der Genien vollkommen ward.

Der Dämon der Unterdrückung etwas affektuos, doch klar und fest gesprochen; seine Bestechung der «Liebe» und des «Glaubens» wie der unselige Zustand verlorner Freiheit und Unschuld und die endliche Befreiung durch die «Hoffnung» machen eine tief eindringende Szene. Die beiden Tugenden duckten sich wie getretene Hühner, und wie gesagt: mich hat die Szene in ungeheure Bewegung gesetzt. Und gefühlt haben sie's alle, Gott sei Dank! wenn sie's auch nie erkennen; es ist ein Griff in die Natur menschlicher

Verderblichkeit («*mors stupebit et natura*»), den sie rasend übelnehmen würden, wenn sie den Generalbaß wüßten.

Sonnabend, den 1. April. Gestern abend war die erste Wiederholung des «Epimenides». Hatte das Stück gestern den gewöhnlichen Beifall eines guten Stücks, so war heute der Hof darinne, der gestern fehlte. Ein bedeutender Teil des Publikums sahe es heute zum zweiten Male, und die Aufnahme war von vornherein wärmer, vorbereiteter, und die gestrige Aufführung wie eine Generalprobe zu betrachten. Weber ist über allen Ausdruck vergnügt. Er hat mit großer Anstrengung arbeiten müssen, weil der Graf Brühl ihn drängte, und man erwartete eine mühselig-kalte zusammengestoppelte Musik. Hat er manches verfehlt, ja manches *zu* gut machen wollen, so sind ihm dagegen Hauptmassen zur Bewundrung gelungen. Die Szene mit dem Brandschein auf dem Theater ist vollkommen. Er hat vieles auf sogenannte melodramatische Art komponiert und ganz vorzüglich, zu welcher Art er überhaupt viel Geschick hat. Mit der «List» hat er sich viel undankbare Mühe gegeben, und dadurch ist diese Person zu lyrisch geworden. Das Schlecken und Schleichen, was er ausdrücken wollte, geht dadurch in Empfindsamkeit über, daß er sich zu lange damit aufhält und den Gang des Stücks hindert; übrigens ist diese «List» ein wahrer Dämon für jeden Komponisten. Die Chöre, welche bei uns einen Apparat haben, wie nur große Theater haben können, machten sich, besonders durch das Auftreten der verschiedenen Völkerschaften, sehr imposant, am meisten für das Auge. Unsrer ersten Sängerin hat Weber eine große Prachtarie mit konzertierendem Chor gegeben, die ganz zuletzt ein *opus* ist. Das Stück spielt hier 2½ Stunde, doch ward es in beiden Tagen besonders dadurch aufgehalten, daß eine unendliche Menge Kraftphrasen und Sentenzen in langen Pulsen beklatscht und berufen worden, weshalb die Spieler solange innehalten müssen. Manchmal schien's, als wenn die Menge sich in 2 Chöre bildeten, um dies und jenes hier oder dort zu beklatschen; dann vereinigte sich wieder alles, und kurz, ich habe meine Lust daran gehabt. Am ersten Tage ließen die Schauspieler das, was sich auf die Person des Königs bezieht, aus, weil der König alle solche Beziehungen verbeten, ja verboten hat; dies hat jedoch gestern gesprochen werden müssen, und der Beifall war wütend. Dazugekommen ist noch gestern, daß am Schlusse, wo sich die allgemeine Gruppe bildet, über dem Frontispize des Tempels sich der Triumphwagen des Brandenburger Tores erhebt und aufstellt. Unter den sprechenden Personen hat sich Epimenides durch Zusammenhang, Deutlichkeit, Ruhe und Würde hervorgetan; die «Liebe» ward schön gesungen, weniger gut gesprochen. Die «List»: ein schlanker, schöner, glatter, länglicher, ducksamer Kurtisan, ausnehmend gut und reinlich gesungen; der Kerl hat eine Zunge wie eine Specknudel. Die Aufführung selbst war weit mehr im Ganzen als ehegestern. Die Leute spielten freier, runder, geistiger. Das Auftreten der «Hoffnung» ist von großer Gewalt. Diese Szene hat mich wieder tüchtig angepackt, wiewohl sie noch nicht vollkommen gegeben wird. Sie ist der geheime Leib, woran alle Glieder befestigt sind – in Ruhe, aber ungeheuer.

Mir ist der «Epimenides» ein rechtes Pflaster auf die Wunden gewesen, die mir Tags vorher der verruchte «24. Februar» wie mit Fleischerbeilen geschlagen hat. Der Mensch sieht das Schicksal an wie einen Frachtwagen, worauf man packen kann, was man will, oder ein Beinhaus für Armesünderknochen. Gott bewahre alles Mutterkind vor solchen Poeten! Die Pfaffen haben einen rechten Fang an ihm gemacht; der bringt sie alle an den Galgen.

Nun habe ich mich – zu entschuldigen will ich nicht sagen, daß ich auf zwei Briefe von Dir nicht geschrieben habe. Die Wahrheit ist, daß ich mich die ganze Zeit schlecht befunden habe und mit Schmerzen das eingetretene gute Wetter erwartet habe. Ob man diesen Sommer in ein Bad wird gehen können, weiß Gott, wie nötig ich's habe. Ich habe ein sehr gutes Osterkonzert gemacht und über 800 rh. reinen Gewinn davon. Auch das Departement hat sich geneigt erwiesen gegen mich, doch ist mir die Verlängerung der Abwesenheit des Staatskanzlers unbequem, da er meine gehoffte Zulage bestätigen muß. Die Sache ist kein Spaß, denn sie beträgt jetzt schon 700 Taler.

Herr Catel hat mir sein Buch gebracht, um es Dir zu überschicken, was er freilich wohl selber hätte tun können, da er recht gut weiß, was ich von solchen Theorieen halte, die auf den Geist unseres Zeitalters ruhen. Was in dem Buche nicht steht und Du nicht wissen kannst, ist: daß gerade der Geist der nämlichen Gemeinde, für die dies Buch und diese Kirche erdacht worden, gar nicht erpicht ist, eine neue Kirche zu haben, und vielmehr verlanget, daß der Platz, wo das alte, vom Brande zerstörte Gemäuer noch steht, rasiert werden und auf der Stelle ein Markt stattfinden soll. Diesem Volke Kirchen zu bauen, woran sie ihr Wasser abschlagen können, ist gerade an der Zeit. Nun haben die gebildeten Leute Prediger und keine Kirche, Suppe und keine Löffel.

Endlich will ich nur noch sagen, daß wir an Herrn *Devrient* einen neuen Schauspieler aus Breslau akquiriert haben, der alle Pferde reitet. Er hat seinen Debüt mit Franz Moor angetreten, und Dienstag wird er den Schneider Fips spielen. Diesen Franz spielte er wechselsweise pathetisch und leidenschaftlich; er spricht nicht schlecht, doch ohne Klang; seine Figur ist nicht unangenehm, doch nicht anziehend. Dies soll doch kein Urteil über den ganzen Mann sein, dem ein sehr günstiger Ruf voranging; vielmehr habe ich nur 2 Akte von den «Räubern» gesehn. In Breslau hielt man ihn weit über Iffland, mit dem er allerdings zu vergleichen ist, wenn es mir [gleich] vorkömmt, als wenn Naturell und Studium und Übung in Iffland sich in gewissen Rollen wunderbar vereinigt zusammengefunden hätten.

Sende mir doch einige Lieder. Deinem «Hans Adam» habe ich ein Kleid angezogen, worin er sich wird sehn lassen können. Nun lebe wohl, mein Einziger, und denke Deines

Zelter.

«Epimenides»: Die Berliner Erstaufführung von Goethes Festspiel «Des Epimenides Erwachen» (6, 444) fand am 30. März 1815 statt.

Weber: Bernhard Anselm Weber (1766–1824), Komponist und Kapellmeister am Nationaltheater in Berlin; er komponierte eine Bühnenmusik für die Berliner Aufführung von Goethes Festspiel.

lugubren: lugubre = düster, traurig.

«Liebe» ... «List»: Allegorische Figuren aus Goethes «Epimenides».

«mors stupebit ...»: Vers aus der katholischen Sequenz-Dichtung «Dies irae», Teil der Totenmesse.

Graf Brühl: Karl Friedrich Moritz Paul, Graf von Brühl (1772–1837), Generalintendant der Königlichen Schauspiele und der Königlichen Museen in Berlin.

«24. Februar»: Die Tragödie «Der vierundzwanzigste Februar» von Zacharias Werner; die Berliner Erstaufführung fand am 23. März 1815 statt.

Der Mensch: Der Dramatiker Zacharias Werner.

des Staatskanzlers: Staatskanzler Freiherr Karl August von Hardenberg.

Herr Catel ... sein Buch: Die Abhandlung «Grundzüge einer Theorie der

Bauarten protestantischer Kirchen» (1815) des Berliner Architekten Ludwig Friedrich Catel (1776–1819).

Herr Devrient: Der Schauspieler Ludwig Devrient (1784–1832), seit 1815 an der Berliner Hofbühne.

den «Räubern»: Friedrich Schillers Trauerspiel «Die Räuber».

Deinen «Hans Adam»: Zelters Vertonung von Goethes Gedicht «Erschaffen und Beleben» (3, 292); Zelters Lied trägt den Titel «Der erste Mensch».

*

An Zelter

So weit hätten wir es also gebracht, fünf Monate nichts voneinander zu hören! Durch eigene und fremde Leiden und Freuden hin- und hergewogt, hab' ich sie zugebracht. Jetzt, unter leidlichen Auspizien nach Hause gelangt, fühl' ich gleichmäßig, daß man immer auf innern und äußern Krieg gerüstet sein muß.

Nicht leer komm' ich von meinem Kreuzzuge; in einiger Zeit erhältst Du gedruckt meine Betrachtungen über Kunst und Altertum, beiläufig über Wissenschaft, in den Rhein- und Maingegenden. Es ist zwar meine Art nicht, auf den Tag zu wirken, diesmal aber hat man mich so treulich und ernsthaft zu solcher Pflicht aufgefordert, daß ich mich nicht entziehen kann. Eigentlich spiele ich auch nur den Redakteur, indem ich die Gesinnungen, Wünsche und Hoffnungen verständiger und guter Menschen ausspreche. In diesen Fächern, wie in allen andern, ist so viel guter Wille als Verwirrung und Unvertraun; jeder möchte etwas leisten und zwar das Rechte, und niemand begreift, daß das nur geschehen kann, wenn man mit und in einem Ganzen wirkt.

Sodann verkündige, wie mein «Diwan» um viele Glieder vermehrt ist, worunter sich welche von der jüngsten und frischesten Sorte befinden. Er kann nun schon dem verschiedenen Inhalt gemäß in Bücher abgeteilt werden; manches Singbare wird sich darunter finden, doch waltet nach orientalischer Art die Reflexion am meisten darin, wie sie auch den Jahren des Dichters geziemt.

Ferner ist mein Aufenthalt in Neapel und meine Reise durch Sizilien so ziemlich nach Tagebüchern und Briefen und aus der Erinnerung redigiert und steht auf dem Punkte, abgeschrieben zu werden. Die Reise bis Rom war schon in Ordnung, ehe ich wegging. Aus diesem Bändchen wird niemand viel lernen, aber Gegenden, Gegenstände, Menschen und Reisende werden dem Leser lebendig entgegentreten.

Von öffentlicher Musik habe ich auf meiner Reise nichts Erfreuliches gehört. Einzelne liebenswürdige Stimmen zu Klavier und Guitarre sind mir sehr anmutig entgegengekommen. «Gott und die Bajadere» hört' ich vortragen, so schön und innig, als nur denkbar. Ist denn das *erste* Heft Deiner gestochenen Lieder nicht mehr zu haben? in Frankfurt war es nicht zu finden, jedoch die folgenden. Am Main weiß man nichts von Dir, und der Rhein kennt Dich nicht; wir haben daher Dein Evangelium in diesen Gegenden gepredigt. In Heidelberg dagegen stehst Du im frischesten Andenken. Du erlaubst ja wohl, daß ich etwas von Deinen Kanons und mehrstimmigen Liedern hinschicke, auch schickte ich gern die Partitur von «Johanna Sebus». Eine Gesellschaft Liebhaber versammelt sich unter kluger und geistreicher Anführung. In Frankfurt hat ein wohlwollender junger Mann eine Singschule angelegt, die ich zu fördern hoffe; ich wünschte ihr Deine Prüfung. Das Unglück mit diesen Musikern ist dasselbe wie mit den Dichtern, daß jeder nur seine Arbeit vorträgt und das, was ihm ähnlich und erreichbar ist. Fräulein Hügel trägt die Händel'schen und Bach'schen Sonaten ganz trefflich vor, und ist leider in diesem Fache wie in allen übrigen kein Mittelpunkt, nach dem ein jeder seufzt, indem er nur gewohnt ist, sich um sich selbst zu drehen.

Die Erste Lieferung der neuen Ausgabe meiner Werke ist schon abgedruckt, Cotta sekretiert sie aber und wartet mit der Subskriptionsanzeige auf besseres Wetter; wem will man auch jetzt zumuten, sich mit solchen Dingen zu befassen? In den zwei Bänden kleiner Gedichte wirst Du allerlei wunderliches Zeug und, ich hoffe, manches für Deinen Gaum finden.

Unsere jungen Herrschaften sind in Berlin; ob sie für lauter Tätigkeit Raum finden werden, auf Dich und Dein schönes Tun achtzuhaben, weiß ich nicht.

Und so darf ich denn erwarten, daß Du mir von Deinem Tun und Lassen auch einige Nachricht gebest. Sage mir doch auch ein Wort, wie sich «Des Epimenides Urteil» ausgenommen, wie es mit Devrient steht und geht. Brühl hat uns Wolffs weggenommen, welches kein gutes Vorurteil für seine Direktion erregt. Es ist zwar nichts dagegen zu sagen, wenn man gebildete Künstler sich zuzueignen sucht, aber besser und vorteilhafter ist es, sie selbst bilden. Wär' ich so jung wie Brühl, so sollte mir kein Huhn aufs Theater, das ich nicht selbst ausgebrütet hätte. Nun lebe schönstens wohl und sende auch irgendein Liedchen oder Kanon.

Weimar, den 29. Oktober 1815. G.

Kannst du mir, nach Deiner einsichtigen Schilderungsweise, eine recht deutliche Darstellung von Demoiselle Düring machen und das je eher je lieber, so erzeigst Du mir einen großen Gefallen; laß es aber niemanden, am wenigsten sie selbst merken und bewahre mir dieses Geheimnis wie so manches andre.

fünf Monate: Vom 24. Mai bis 11. Oktober 1815 befand sich Goethe auf seiner zweiten Reise an den Rhein, Main und Neckar.

meine Betrachtungen: Der Aufsatz «Kunst und Altertum am Rhein, Main und Neckar. 1814 und 1815» (12, 511); Goethe berichtete darin über den kunsthistorischen Ertrag seiner 1814 und 1815 unternommenen Rhein-Main-Reisen.

mein «Divan»: Goethes Gedicht-Sammlung wuchs bis Ende 1815 auf über 140 Gedichte an.

Aufenthalt in Neapel: Vom April bis Juni 1815 setzte Goethe seine Arbeit an der «Italienischen Reise» fort mit den Schilderungen Neapels und Siziliens.

«Gott und die Bajadere»: Zelters Vertonung von Goethes Ballade «Der Gott und die Bajadere» (1, 158).

das erste Heft: Vermutlich das erste Heft von Zelters «Sämtlichen Liedern, Balladen und Romanzen», Kunst- und Industrie-Comptoir, Berlin 1810–13.

«Johanna Sebus»: Zelters Vertonung von Goethes Ballade.

Fräulein Hügel: Nanny von Hügel, die Tochter des österreichischen Diplomaten Johann Alois Joseph von Hügel (1753–1826).

erste Lieferung der neuen Ausgabe: «Goethes Werke. Erster – zwanzigster Band», Stuttgart und Tübingen, in der Cotta'schen Buchhandlung, 1815–1819.

Unsere... Herrschaften: Karl Friedrich, Prinz von Sachsen-Weimar-Eisenach, und seine Gattin Maria Paulowna.

«Des Epimenides Urteil»: Das erstmals am 16. Juli 1815 im Berliner Nationaltheater aufgeführte Festspiel von Jakob Andreas Konrad Levezow (1770–1835), Philologe, Archäologe und Bühnenschriftsteller, von 1804 bis 1824 Professor an der Berliner Kunstakademie.

Brühl... die Wolffs: Pius Alexander Wolff und Anna Amalia Wolff waren bis 1816 am Weimarer Hoftheater engagiert; dann wurden sie vom Intendanten Graf von Brühl ans Berliner Theater geholt.

Demoiselle Düring: Von der seit 1812 am Berliner Hoftheater tätigen Schauspielerin Auguste Crelinger, geb. Düring (1795–1865) gab Zelter am 8. November 1815 folgende Beschreibung: «Mademoiselle Düring ist von Gestalt und Gewächs sehr leidlich, wenn sie auch nicht hat, was man ein Theatergesicht nennt; auch ist sie nicht verzogen, wiewohl sie ohne Kunsterziehung ist, in Summa: eine junge, weiche, weiße, gestreckte Blondine. Nase, Brust und Hals sind nichts besonderes; Augen, Mund und Zähne sehr gut. Die Stimme ist ohne Metall, aber rein, und das Mädchen ist gut und musikalisch. Das wäre nun alles, was ich von ihr sagen könnte, und bei uns wird eben nicht auf sie gemerkt.»

*

An Goethe Berlin, den 9. März 1816.

Ich habe abermal schwere Arbeit bekommen. Mein jüngster Sohn ist am 17. vorigen Monats in Saint Michel an der Aisne am Nervenfieber gestorben, nachdem er die blutigsten Schlachten mitgefochten, ohne verwundet zu werden. In der letzten Affäre bei Versailles ist er gefangen worden. Zwei preußische Kavallerieregimenter fochten gegen 7 französische Kavallerieregimenter und 4 Infanterieregimenter. Er verlor sein Pferd und ist gesund geblieben. In seinem sechszehnten Jahre! Der schöne Knabe! Wie werde ich's überwinden?

Seit den sieben Tagen, da ich die Nachricht von seinem Rittmeister habe, habe ich mich in die Arbeit geworfen und schreibe Noten ab, und des Abends gehe ich ins Schauspiel, da mir das Schreiben bei Lichte Augenschmerzen macht.

Laß mich doch etwas von Dir wissen; es ist doch wohl zu lange, daß ich keine Nachricht von Dir habe.

Kennst Du denn schon das neue Produkt von Kotzebue: «Der Schutzgeist»? Es hat mit dem Prologe, der so lang ist wie ein Akt, sieben Akte und spielt gegen fünf Stunden. Das Stück kommt mir vor wie eine heutige Klaviersonate: es ist *alles* drin, was Effekt und lange Weile machen kann. Kaiser, Könige, Markgraf, Herzog, Geister, Geistliche, Hochzeit, Grab, Mord, Brand und dergleichen sind in einen Brei durcheinander gewürfelt, um nichts und wieder nichts. Die Großen sind wieder wie sonst nach seiner Art – gemeines Pack, und der Pöbel äußert edle Gesinnungen, und so wird man erbaut, jedes nach seiner Art.

Chladni geht unbefriedigt von hier weg. Ich bedaure, daß wir diesen Mann nicht hier behalten.

Ich denke diesen Sommer wieder nach Wiesbaden zu gehn. Vorher will ich jedoch zwei von meinen Töchtern verheiraten. Julie heiratet einen tüchtigen jungen Landwirt und Henriette einen guten Schreibmeister.

Lebe wohl, ich kann nicht mehr schreiben, wenn der Brief noch auf die Post soll! Ewig Dein Zelter.

Mein jüngster Sohn: Adolf Raphael Zelter; über ihn hatte Zelter am 16. April 1815 geschrieben: «Mein jüngster Knabe, der eben 16 Jahre alt worden ist, ist vorigen Montag zu seiner Schwadron am Rhein abgegangen. Er dient schon seit einem Jahre als gemeiner Husar beim Regimente Brandenburg und wollte sich durchaus nicht halten lassen; so mag er's denn versuchen, und doch muß ich ihn beneiden, denn er sieht im 16. Jahre, worauf ich 56 Jahre warten müssen.»

«Der Schutzgeist»: Dramatische Legende in sechs Aufzügen nebst einem Vorspiel von Kotzebue; das Stück wurde am 18. November 1814 erstmals in Berlin aufgeführt.

Chladni: Ernst Florens Friedrich Chladni (1756–1827), Physiker in Wittenberg, Entdecker der nach ihm benannten Klangfiguren.

Julie: Zelters Tochter Juliane vermählte sich 1816 mit Johann Ludwig Huschka in Bruchhagen/Pommern.

Henriette: Zelters Stieftochter Susanne Henriette vermählte sich in zweiter Ehe mit Gustav Friedrich Habermann (1769–1829).

*

An Zelter

Dir war freilich abermals eine harte Aufgabe zugedacht; leider bleibt das immer die alte Leier, daß lange leben soviel heißt als viele überleben, und zuletzt weiß man denn doch nicht, was es hat heißen sollen. Vor einigen Tagen kam mir zufälligerweise die erste Ausgabe meines «Werthers» in die Hände, und dieses bei mir längst verschollene Lied fing wieder an zu klingen. Da begreift man denn nun nicht, wie es ein Mensch noch vierzig Jahre in einer Welt hat aushalten können, die ihm in früher Jugend schon so absurd vorkam.

Ein Teil des Rätsels löst sich dadurch, daß jeder etwas Eigenes in sich hat, das er auszubilden gedenkt, indem er es immer fortwirken läßt. Dieses wunderliche Wesen hat uns nun tagtäglich zum besten, und so wird man alt, ohne daß man weiß wie oder warum. Beseh' ich es recht genau, so ist es ganz allein das Talent, das in mir steckt, was mir durch alle die Zustände durchhilft, die mir nicht gemäß sind und in die ich mich durch falsche Richtung, Zufall und Verschränkung verwickelt sehe.

Du hast unterdessen einen Brief von mir erhalten. Bald schick' ich einiges. Mein Rhein- und Mainheft ist geschlossen, die Versendung durch Zufälligkeiten aufgehalten. Es ist redlich gemeint und wird am Ende mir am meisten nützen, denn es gibt mir einen Maßstab, was denn auch in diesem Falle von vernünftigen Wünschen und Vorsätzen zustande komme. Ich fürchte, es wird nicht viel sein.

Daß ich diese Arbeit übernommen, reut mich nicht, besonders da ich diese Tage manche frühere auf Reisen sorgfältig gesammelten Akten wiederfand, nur fand ich bei meiner Rückkehr niemals Muße zur Redaktion und auch diesmal nur mit größter Anstrengung. Dich wird es indessen gewiß interessieren, wo ich innehalte und was ich über die Fortsetzung sage. Der Hergang der Kunst durch das Mittelalter und gewisse Lichtpunkte bei der Wiedererscheinung reiner Naturtalente haben, hoff' ich, durch meine Darstellung gewonnen. Nur werden leider die schreibseligen Legionen Deutschlands meine Ernte, wie sie auch sein mag, sehr geschwinde ausdreschen und mit den Strohbündeln als reichen Garben am patriotischen Erntefest einherstolzieren.

In eine sehr große wissenschaftliche Tätigkeit werde ich versetzt durch unsers Großherzogs Verlangen, unsere durch die ungeheuern Kriegsschicksale wundersamst erretteten Anstalten energisch belebt zu sehen. Da muß ich nun alles zusammennehmen, was ich weiß und will. Du sollst mancherlei erfahren, aber, was ich Dich ersuche, schreibe doch oft vom Theater, in welches Du einen so reinen, tüchtigen und doch so gutmütigen Blick hast. Sage mir bald was über die Erscheinung von Wolffs, und wie sich ihr Spiel zu der Umgebung und zum Publikum verhält. Grüße Herrn Staatsrat Schultz und ersuch ihn, mir bald zu antworten. Es ist gerade Zeit, das Eisen zu schmieden.

Gott erhalte Dich. Goethe.

Weimar, den 26. März 1816.

Wie es diesen Sommer mir mit einer Badereise ergehen wird, weiß ich noch nicht; bei unsern neuen Organisationen ist mir auch in meinem Kreise manches Mühsame und Verwickelte zugefallen, weswegen ich vor Pfingsten, ja vielleicht gar vor Johanni nicht von der Stelle kann. Sage mir von Zeit zu Zeit von Deinen Planen, vielleicht kann ich mich darnach richten.

meines «Werthers»: die Erstausgabe erschien im Herbst 1774 in der Weygandschen Buchhandlung, Leipzig.

Rhein- und Mainheft: Die 1816 erschienene Schrift «Über Kunst und Altertum in den Rhein- und Maingegenden», in der Goethe über die Kunstschätze im westlichen Teil Deutschlands berichtete. Eine beabsichtigte Fortsetzung dieser Schrift kam nicht zustande. Goethe änderte den Titel und ließ fortan – in 6 Bänden, Stuttgart 1816–1832 – seine Zeitschrift «Über Kunst und Altertum» erscheinen, worin er die Aufsätze zur Kunst und Literatur aus seiner Spätzeit veröffentlichte.

unsers Großherzogs Verlangen: Im Zusammenhang einer Neuordnung der Weimarer Behörden war Goethe am 12. Dezember 1815 vom Großherzog Karl August der Titel eines Staatsministers verliehen worden. Zu seinen Aufgaben gehörte die Oberaufsicht über die unmittelbaren Anstalten für Wissenschaft und Kunst in Weimar und Jena, die eine dem Großherzog unmittelbar unterstellte Staatsbehörde blieb.

Wolffs: Das Schauspielerehepaar Pius Alexander und Anna Amalia Wolff.

Schultz: Christoph Ludwig Friedrich Schultz (1781–1834), Jurist, preußischer Regierungsbeamter, Staatsrat und Regierungsbevollmächtigter bei der Berliner Universität.

*

An Goethe

Donnerstag, den 9. Mai. Ich muß nur noch beilegen, um etwas von dem zurückzunehmen, was mir gestern aus der Feder gelaufen ist. Gestern abend wurde die Beethoven'sche Schlachtsinfonie auf dem Theater gegeben, und ich hörte sie aus der weitesten Ferne am Ende des Parterre, wo sie ohne alle betäubende Wirkung ist und mich dennoch ergriffen, ja erschüttert hat. Das Stück ist wirklich ein Ganzes und teilt sich verständlich auf und zu. Die Engländer rücken aus der Ferne mit Trommeln an; wie sie sich nähern, erkennt man sie an dem «*Rule Britannia*». Ebenso rückt die Gegenarmee vor, die am «*Ma[r]lborough s'en va-t-en guerre*» sogleich erkannt wird. Kanonenschläge und Kleingewehrfeuer sondern sich von beiden Seiten erkennbar ab, das Orchester arbeitet wie ein Schlachtgewühl und Getümmel, das wirklich aus musikalischen, aneinander hängenden Gedanken besteht und das Ohr interessant beschäftigt. Die Armeen scheinen handgemein zu werden. Sturmlaufen auf Karrees und dergleichen wachsen bis zum höchsten Punkte. Eine Armee weicht, die andere folgt, erst hitzig und nahe, dann entfernt. Zuletzt wird es still. Wie aus dem Boden, dumpf und geheimnisvoll, tönt traurig das «*air de Ma[r]lborough*» in Moll, und dazwischen tönen hinsterbende Akzente der Klage und Jammerns. Darauf Viktoria der Sieger, welche an dem «*God save the king*» zu erkennen sind, und zuletzt ein komplettes lebhaftes Siegsstück.

Dies alles hängt nun wirklich gar gut aneinander, läßt sich aber selbst vom guten Ohre nicht gleich erfassen, denn gestern hat es mir ungemeinen Spaß gemacht; auch war die Ausführung prächtig, wiewohl noch 20 Violinen mehr nicht zuviel gewesen wären. *Vivat genius*, und hol' der Teufel alle Kritik!

Geheimer Rat Wolf grüßt schönstens und nimmt lebhaften Anteil an dem guten Berka. Für sein Mißfallen an dem Trompeterstücke, das noch obendrein gerettet ist, wird er jetzt gestraft. Er hat eine neue Wohnung bezogen dicht neben der Hauptwache der Gensdarmen, die ihn morgens 4 Uhr und abends 9 Uhr und mittags 12 Uhr aus seinen philologischen Schläfen gar unsanft auftrompeten, so daß er wieder ausziehn würde, wenn er eine andere Wohnung wüßte.

Frau v. Humboldt geht in diesen Tagen zu ihrem Manne nach Frankfurt am Main. Mit Wolf habe ich mich verabredet, ihr noch heute abend einen Besuch zu machen. Sie hofft über Weimar zu gehen und freut sich, Dich zu sehn.

Du hast mal ein Wort gesagt, das ich nicht vergessen habe (wenn einem in dem Weltgetümmel nur alles immer gegenwärtig wäre!): *Man ist nur insofern zu achten, als man achtet.* Unser Urteil liegt in der Selbstgefälligkeit und diese in dem Vermögen, zu erkennen, zu enträtseln, zu verstehen und auszudeuten. Eine unparteiische Kritik ist nur möglich, wenn man liebt, und wenn man liebt, ist man parteiisch.

Lebe wohl, mein Holdester, Guter, Bester, Einziger! Fühltest Du den Schmerz, womit ich Dich liebe, Du müßtest daran verbrennen. – Da trommeln sie schon wieder, *addio*!

gestern: Am 8. Mai 1816 schrieb Zelter über Beethovens «Schlachtsinfonie»: «Beethoven hat eine Schlachtsinfonie gemacht, wovon man so taub werden kann als er selbst. Nun wissen die Weiber auf einem Haare, wie es in einer Schlacht hergeht, wenn auch schon lange niemand mehr begreift, was Musik ist.»

die Beethoven'sche Schlachtsinfonie: Ludwig van Beethovens Orchesterwerk «Wellingtons Sieg oder die Schlacht bei Vittoria» (1815).

Trompeterstücke: Am 3. Mai 1816 berichtete Goethe vom Brand in Berka an der Ilm in der Nacht vom 25. auf den 26. April 1816: «Alle des Organisten alte, [...] in Erfurt noch erworbene Bache und Händel sind verbrannt. [...] Siehst Du Geheimrat Wolf, so sag' ihm das Allerfreundlichste, sag' ihm aber auch, daß bei diesem Brande das vermaledeite Trompeterstückchen gerettet worden sei [...]»

Frau v. Humboldt: Caroline von Humboldt, geb. von Dacheröden (1766–1829).

Brief um den Schluß gekürzt.

*

An Zelter

Unterm 19. ist ein Brief an Dich abgegangen, worin ich meinen Entschluß, nach Baden zu gehen, vermeldete; Cotta hatte mir daselbst im «Badischen Hofe» ein Quartier bestellt. Heute erhalte ich Deinen lieben Brief, der mir anzeigt, daß Du mir in Wiesbaden in der «Rose» gleichfalls ein Unterkommen besorgt hast. *In meines Vaters Hause sind viele Wohnungen*, wer weiß aber, welche ich beziehen werde, da man mir heute durch einen Boten in *Tennstedt* das dritte bestellt hat! Wende das Blatt um und lies die lamentable Geschichte. Was der Mensch denkt, wird anders gelenkt, es sei nun, daß sich die obern oder untern Dämonen dareinmischen. Sobald ich in Tennstedt angelangt bin, in Gottes großer Kaserne mein Käfterchen (nach neuer deutscher Mundart: meine Kofe) bezogen habe, sende ich einen Brief an Dich. Denn dieses Tennstedt liegt nicht außerhalb der Welt; Du findest es auf jeder Postkarte, zwischen Langensalze und Weißensee, auf dem Wege nach Leipzig. Ich sehne mich unsäglich ins Wasser, und zwar diesmal in Schwefelwasser, denn weder Gelenke noch Haut wollen mehr dem Willen gehorchen und spielen ihr eignes unbequemes Spiel. Antworte mir sogleich nach genanntem Ort, wohin von Erfurt aus schnelle Spedition ist. Eh' ich reise, schick' ich ein Exemplar Deiner Lieder an André nach Offenbach. Ich freue mich sehr, daß meine byzantinische düstre Ableitung Dich hat anziehen können; ohne dergleichen Begründung und Ableitung ist alles Urteil Narrensposse, und damit ist's noch nicht getan, denn es gehört noch ein ganzes Leben Betrachtung und Tat hinzu; deshalb gönn' ich niemanden die Oberfläche der Erde lieber als dem Pfuscher, der mit behaglicher Heiterkeit *Nachsicht* fordert, mit scheinbarem Ernst ein *aufrichtiges Urteil* verlangt und mit bescheidener Anmaßung *recht viel gelten will.* Möge mein Kommentar gegen Deinen Text dankbar sein.

Es ist mir diese Tage viel Gutes und Liebes widerfahren. Älter gewordene, seit 25 Jahren nicht gesehene jüngere Freunde kamen unversehens und freuten sich, vieles an der alten Stelle und manches Vorgeschrittene vorschreitend zu finden. Am Abende des 20., da ich mit Protest zurückgewiesen wurde, fand ich Chladni, der, die Meteorsteine und die Klangfiguren hartnäckig durcharbeitend, sich ein großes Verdienst macht. Er arbeitet für eine Zeit, wo man sich wieder freuen wird, von andern zu lernen und dankbar zu benutzen, was sie, durch Aufopfrung ihres Lebens, mehr für andere als für sich gewonnen haben. Wenn man jetzt sogar vorzüglichen Menschen von etwas spricht, was sie durch Überlieferung lernen sollten, so versichern sie mit bescheidenem Ernst, sie hätten noch nicht Zeit gehabt, es zu untersuchen.

Gebe Dir Gott wenig gelehrige Schüler, damit doch etwas von Deinen Tugenden auf der Erde bleiben möge; die andern aber, die sich dem Höchsten gleich stellen, indem sie, auf den ersten Stufen krabbelnd, dem Scheine huldigen, die laß ja in ihrer Behaglichkeit, denn es wäre Sünde, ihre Welt zu zerschlagen.

Man sollte eigentlich nicht wiederkehren, wenn man abgeschieden ist, doch diesmal gelang es mir noch, der Unterschied war nur um wenig Stunden. Indessen ist es doch wunderbar: das Leben krallt sich gleich wieder an, und ich habe gerade durch die Hast des Zustandes, weil man mich gleich wieder zu verlieren gedenkt, soviel erfahren und gewirkt als sonst in Wochen.

In meinem Hause sieht's ganz freundlich aus. August, wie Du ihn kennst, greift in alles ganz verständig ein; wir haben in wenigen Stunden Fundamente zu künftigen Winterunterhaltungen gelegt. Chemische und physische Fördernisse sind mir auch geworden, so daß ich nicht weiß, ob ich mich beklagen soll, heute abend nicht in Würzburg einzutreffen. Herrn v. Hundeshagen grüße zum allerschönsten, danke für seinen Brief, ich werde nächstens schreiben.

Weimar, den 22. Juli 1816. G.

Hast Du Auslagen wegen des bestellten Quartiers, so erstatte ich sie mit Dank.

[Auf der Rückseite des Blattes:]

Am 20. dieses früh 7 Uhr fuhr ich von hier ab; um 9 Uhr, kurz vor Münchenholzen, warf der ungeschickteste aller Fuhrknechte den Wagen um, die Achse brach, und der gute Meyer wurde an der Stirne beschädigt. Das heftige Bluten der Wunde schien mir bedenklich, wir rafften uns, so gut wir konnten, aus dem Wagen. Hier war nichts zu tun, als Sukkurs von Weimar zu berufen, welcher denn auch nach einigen Stunden ankam, die wir, glücklicherweise bei heiterem Himmel, im Freien zubrachten.

Meyers Wunde hat nur die Haut gespalten und ist nicht gefährlich, doch unter vierzehn Tagen an keine vollendete Heilung zu denken; dadurch würde eine ohnehin etwas weit ausgreifende Reise verspätet, und ich habe mich daher, um den besten Monat nicht zu verlieren, ganz kurz entschlossen, nach Tennstedt zu gehen. Hofmedikus Rehbein, der diese Wasser genau kennt, bestärkte mich darin und verspricht mir die beste Wirkung.

Hatte man mir doch vor einigen Jahren ähnliche Quellen angeraten. Was mir den Gedanken sehr annehmlich machte, war die Nähe von Weimar; sobald Hofrat Meyer geheilt ist, folgt er nach. G.

Weimar, den 22. Juli 1816.

Cotta: Johann Friedrich Cotta (1764–1832), seit 1787 Inhaber der J. G. Cotta'schen Buchhandlung, Buchhändler und Verleger in Stuttgart, seit 1806 alleiniger Verleger von Goethes Werken.

In meines Vaters Hause...: Anspielung auf Joh. 14, 2.

Käfterchen... Kofe: Kämmerchen, Verschlag.

André: Johann Anton André (1775–1842), Komponist, Schriftsteller und Musikverleger in Offenbach.

meine...Ableitung: In Goethes Aufsatz «Kunst und Altertum am Rhein und Main» (12, 511).

Chladni: Vgl. Anm. zu Zelters Brief vom 9. März 1816, S. 125.

August: Goethes Sohn.

Herr v. Hundeshagen: Helfrich Bernhard Hundeshagen (1784–1849), Architekt und Schriftsteller, 1813 Bibliothekar in Wiesbaden, 1817 Professor für Kunstgeschichte in Bonn.

Meyer: Der Maler und Kunstschriftsteller Johann Heinrich Meyer (1759–1832).

Rehbein: Der Weimarer Arzt Wilhelm Rehbein (gest. 1825).

*

An Zelter

Zu wenig waren die paar Tage; wie manches blieb noch zu besprechen und vorzuweisen. Auch wurde sogleich nach Deiner Abreise die «Heimliche Heirat» ganz vollkommen aufgeführt, wobei ich wohl Deine Gegenwart gewünscht hätte.

Den neuen Abdruck der «Pflanzenmetamorphose» sende hiebei; das Fehlende hab' ich nachschreiben lassen, denn es möchte in Berlin wohl schwerlich zu finden sein. Wenn Du das Werklein in ruhiger Zeit wieder liesest, so nimm es nur symbolisch und denke Dir immer dabei irgend ein anders Lebendige, was sich aus sich selbst fortschreitend entwikkelt. Ich habe diese Tage Linnés Schriften wieder vorgenommen, in denen er die Botanik begründet, und sehe jetzt recht gut, daß ich sie auch nur symbolisch benutzt habe, das heißt: ich habe diese Methode und Behandlungsart auf andere Gegenstände zu übertragen gesucht und mir dadurch ein Organ erworben, womit sich viel tun läßt. Und so mag dieses schnell abgehen, damit Du nur von mir hörest. Dank für Deinen Brief, ich mache bald wieder etwas für Dich zusammen. G.

Weimar, den 14. Oktober 1816.

die paar Tage: Zelter weilte vom 28. September bis 2. Oktober 1816 in Weimar. Schon im Sommer, vor Goethes geplanter Rhein-Main-Reise, war es, vom 5. bis 8. Juli 1816, zu einer Begegnung Zelters mit Goethe in Weimar gekommen.

«Heimliche Heirat»: «Il matrimonio segreto», Oper von Domenico Cimarosa (1749–1801).

«Pflanzenmetamorphose»: Goethes 1789 entstandener Aufsatz «Die Metamorphose der Pflanzen»; Erstdruck: Gotha, Ettingersche Buchhandlung, 1790. Der neue Abdruck erfolgte in Goethes Zeitschrift «Zur Naturwisschenschaft überhaupt, besonders zur Morphologie», erster Band, erstes Heft, S. 1–60, in der Cotta'schen Buchhandlung, Tübingen und Stuttgart 1817.

Linnés Schriften: Karl von Linné (1707–1778), schwedischer Naturforscher, 1741 Professor für Medizin, später auch für Botanik und Pharmakologie, in Uppsala; mit Linnés Werk beschäftigte sich Goethe Anfang Oktober 1816.

*

An Goethe

Es ist ein gutes, krankes, albernes Geschlecht, dem die Ärzte sagen, daß es gesund sei, weil es ihre Arzenei gebraucht. So haben sie sich einreden lassen, man müsse unparteiisch sein, was sich begreifen läßt, und nun halten sie sich zur Partei der Unparteiischen.

Einer unserer Freunde schreibt, sagt, meint: «Der liebe Goethe hat sich's mit der ‹Italienischen Reise› aber doch ein wenig sehr bequem gemacht; man erwartet doch etwas mehr als die nackten, damals an Freunde geschriebenen Briefe, mit denen der Leser gleich einem Heupferdchen in Zeit von 8 bis 12 Stunden von der Tepel bis zum Tibris springt.»

«Ja», sagt ein anderer, «das ist so seine Art, Brocken und Körner auszustreuen, als wenn die Menschen Hühner wären und Tauben und kein anderes Geschäft kennten, als dieses Gesäme aufzupicken und sich endlich den Hals umdrehen zu lassen.»

Nun kommt ein Dritter, sagend: «Euch geschieht ganz recht, indem ihr euch von eurem Vorurteile nicht losmachen könnt. Wer heißt euch denn erwarten, was nicht geleistet wird? Immer findet ihr euch betrogen, und immer hofft ihr.»

Ein Vierter sagt: «Ich sage nichts mehr! denn Kotzebue und Merkel haben's schon vor 13 Jahren gesagt, daß sein Genie all' ist.»

«Nein!» ruft ein Fünfter, «das sind meine Leute nicht! Aber Tieck, der darf reden, und Tieck hat gesagt: Der ‹Wilhelm Meister› ist sein letztes Buch.»

«Ja!» sagt ein Sechster, «das sagt Schlegel auch, und so sag' ich auch, und Friedrich sagt: Er hat kein Christentum; er ist ein Heide.»

«Was Heide!» (ein 7.) «Er mag mir ein rechter Heide sein! Alles ist ihm recht, und alles ist ihm nicht recht. Er haßt das Kreuz, und das Kreuzigen kann er *gar* nicht leiden. Sterne läßt er sich noch gefallen, und –»

«Halt!» schreit No. 8. «Ihr kommt ja aus der Materie! Laßt euch sagen, denn ich hab's: die ganze ‹Italienische Reise› ist nichts als ein neuer Abdruck der Werther'schen Briefe mit einem neuen Titel. Seht nur das Buch recht an! Den Werther und die Lotte und den Albert hat er klüglich ausgelassen, damit ihr es nicht merken sollt – und ihr merkt's auch nicht, weil ihr nichts merkt, aber Merkel, der wird's schon merken, und hat's der erst auf der Walze, so spielt er's auch ab.»

«Und was er undankbar ist und inhuman: dem edlen Konsul Smith ist er sein Exemplar des Palladio schuldig, dafür läßt er alle Engländer zu den Juden in den Dünen beisetzen! – Wer will das wissen? wenn's auch wahr wäre?»

Etwas nun, mein Guter, ist [an] alledem dran; denn ich springe diese Briefchen nun zum dritten Male durch und lecke und koste hier und dort, und indem sich meine Sehnsucht nach diesem Lande längst verkühlt hatte, preßt mir die Erinnerung einer versäumten Jugend bittre Tränen aus. Habe ich doch nie den Trieb gehabt, in Italien zu lernen.

Ich weiß recht gut, daß aus mir nichts Besseres geworden wäre, als ich bin und sein kann; ich wollte mich nur wärmen, nur einmal mein Wesen durch und durch erglühen lassen. Hier, wo Nebel und Wolken die Knospe der Sonnenstrahlen vorweg benaschen, erfährt man gar nicht, was man machen kann. Frisch sagte einmal: Winckelmann habe sein Deutsch in Italien gelernt, man könne sich die Augen daran wärmen, und Deine «Iphigenie» ist in Italien ein deutsches Werk geworden.

So sei denn Du mein Italien, meine Sonne, mein Alles

und verlaß mich nicht, wie ich Dich nimmermehr verlasse!

Dein Zelter.

Berlin, den 8. November 1816.

Mit der Beschreibung, wie die venetianischen Schiffer Stanzen singen, bin ich zufrieden, doch möchte ich die Melodie in Noten kennen, und in Rousseaus «*Dictionnaire de Musique*» suche ich sie vergeblich.

«Italienische Reise»: Am 25. Oktober 1816 übersandte Goethe den zur Herbstmesse 1816 erschienenen ersten Teil seiner «Italienischen Reise» an Zelter. Vgl. auch Goethes Brief vom 4. Mai 1814, S. 115.

Kotzebue und Merkel: Der Dramatiker August Friedrich Ferdinand von Kotzebue und der Kritiker Garlieb Helwig Merkel (1769–1850); beides Goethe-Gegner, die in ihrer gemeinsam herausgegebenen Zeitschrift «Der Freimütige oder Ernst und Scherz» ihre Angriffe gegen Goethe publizierten.

Tieck: Der romantische Dichter Johann Ludwig Tieck.

«Wilhelm Meister»: «Wilhelm Meisters Lehrjahre» (1795/96).

Schlegel: August Wilhelm von Schlegel (1767–1845), Dichter und Ästhetiker, 1798–1801 Professor in Jena, ab 1818 Professor für indische Philologie in Bonn.

Friedrich: Friedrich von Schlegel (1772–1829), Dichter und Ästhetiker, 1797 bis 1802 in Jena; in seiner «Geschichte der alten und neuen Literatur. Vorlesungen zu Wien im Jahre 1812» äußerte er sich in der 16. Vorlesung über Goethes Unglauben.

der Werther'schen Briefe: Goethes in Briefform geschriebener Roman.

Konsul Smith: Joseph Smith (1682–1770), englischer Konsul in Venedig; Goethe besuchte dort sein Grab. Vgl. die «Italienische Reise», Kapitel «Venedig» (11, 97).

Frisch: Johann Christoph Frisch (1737–1815), Maler in Berlin, seit 1805 Direktor der dortigen Kunstakademie.

Winckelmann: Johann Joachim Winckelmann (1717–1768), Begründer der neueren Archäologie und Altertumswissenschaft.

Rousseaus «Dictionnaire de Musique»: 1768 erstmals erschienenes Werk des Genfer Philosophen.

An Zelter Weimar, den 7. Februar 1817.

Schon lange hab' ich, mein teurer Freund, nichts von Dir vernommen, kann auch von mir nichts weiter sagen, als daß ich die Zeit in großer Unruhe gelebt. Eine bedeutende Veränderung bei unserem Theater hat uns ziemlich in Atem erhalten, und dies ist auch Ursache, warum ich gegenwärtig schreibe.

Ein junger Mann, namens Teichmann, der seit Ernennung des Grafen v. Brühl zum Generalintendanten in dessen Bureau als Journalist angestellt ist, hat sich bei mir zum Schauspieler erboten. Dieses geschah im November vorigen Jahres, wo ich es ablehnen mußte.

Gegenwärtig ersuch' ich Dich in Vertrauen, den jungen Mann zu sprechen und womöglich etwas von ihm rezitieren oder deklamieren zu lassen, sodann mir davon sowie von seiner Figur, Anstand und Betragen nach Deiner Weisheit auslangende Kenntnis zu geben, auch ihn zu veranlassen, daß er ein ausführliches *curriculum vitae* aufsetze, ingleichen ein Verzeichnis der Rollen, in welchen er zu reussieren denkt. Je geschwinder dieses zu mir gelangen kann, desto besser ist es. Nichts weiter also als die Versicherung meiner ewigen Anhänglichkeit. G.

Eine... Veränderung: Gemeint sind die zunehmenden Schwierigkeiten Goethes mit der Leitung des Weimarer Hoftheaters. Sie sind zur Hauptsache auf die Intrigen und Machtansprüche der Schauspielerin Karoline Henriette Friederike Jagemann, nachmals von Heygendorf (1777–1848), der Geliebten des Herzogs Karl August, zurückzuführen. Gegen Goethes Anordnung setzte sie ein Gastspiel des Wiener Schauspielers Carl Karsten (1792–1877) in Weimar durch, worauf Goethe umgehend sein Rücktrittsgesuch einreichte. Dieses wurde umstandslos angenommen, und Goethe legte am 13. April 1817 die Leitung des Hoftheaters nieder.

Teichmann: Johann Valentin Teichmann (1791–1860), Sekretär bei der Generalintendanz der Königlichen Schauspiele in Berlin. Über ihn gab Zelter am 13. Februar 1817 folgende Auskunft: «Er ist mittlerer Größe, 24 Jahre alt, blond, offne, blaue, etwas matte Augen, und nicht schlimm gebaut. Sein Gang will mir nicht recht gefallen, und an seiner Sprache wirst Du auch zu bessern finden. Mund und Stirne sind nicht schlecht, aber die letzte besser als der erste. Breite Oberzähne sind gerade gewachsen, doch von schlechter Farbe.»

des Grafen v. Brühl: Graf von Brühl, der Berliner Generalintendant.

An Goethe Berlin, 7. März 1817.

Wolff erzählt mir gestern aus seinen Nachrichten: die Großherzogin habe sich bei ihrem Gemahl über das Theater mit den Worten herausgelassen, das Theater sei solange ihr großes Vergnügen gewesen und jetzt, da es ihr nötiger sei als jemals, müsse sie eine solche Vorstellung erleben, womit man gar noch ihren Geburtstag zu feiern gedenke. Das Stück ist hier wohl schon öfter gegeben, doch habe ich es nicht gesehen, und da ich mich auf die Ursache besinne, warum nicht, so muß ich gestehen: der Titel hat mich abgeschreckt. Man kommt von solchen Kleinigkeiten nicht los, und doch dachte ich, ich halte nichts auf Titel.

Ein sehr artiges Stückchen in einem Akt: «Die Mißverständnisse» habe ich gestern gesehn. Es ist vom Herrn v. Steigentesch. Wolff und Devrient spielen darin ganz vollkommen. Ein kleines artiges Wesen, Mademoiselle Luise Rogée, tut sich bei uns auf durch eine leichte, natürliche, gehaltene Art und feine Sprache. Ein allerliebstes Theaterfigürchen. Augen, Füßchen, Mund und Jugend harmonieren recht munter miteinander.

Auch Madame Wolff hat im «Rätsel» von Contessa ausnehmend brav gespielt und schön gesprochen. Bei der Gelegenheit habe ich mir ihre Stimme recht auf die Kapelle gebracht. Die Stimme ist von Natur sanft und wohlklingend, bis auf einen gewissen Grad, den sie gestern beobachtet und ganz allgemein gefallen hat. Ich werde es ihr nächstens sagen, denn ihr Mann hat mich darum ersucht.

Sie muß ihr Fortissimo und Pianissimo kennen lernen. Wer lange auf einem mäßigen und ebendemselben Theater spielt und Talent hat, übt es aus, ohne daran zu denken. Der bald wiederkehrende Ton gibt sich selber Maß.

Auf einem großen Theater, ja solchem wie das unsere, das dem Schauspieler gar zu wenig zuhilft und ihm in gewisser Art immer fremd bleibt, ist es sehr anders: alle *Anstrengung* ist gewiß verloren, dagegen ein tüchtiges Zusammennehmen und Sich-selbst-Festhalten das einzige bleibt, um sich nicht die Lungensucht an den Hals zu reden. Das Ohr wird mit krank.

Madame Bethmann hat sich's recht ausgerechnet; sie fand gleichsam von Natur die Punkte auf den Brettern aus, wo sie stehn mußte, um das eine und das andere zu sagen. Aber auch bei dem besten Theater muß der Schauspieler auf diese Stehpunkte merken, denn sie erleichtern ihm sein Spiel, seine Lust und sein Glück wie ein bequemes musikalisches Instrument in der Hand des Spielers.

Von «Heinrich dem 4.» ist schon Leseprobe gewesen, ich freue mich unendlich auf Devrients Falstaff. Lebe wohl!

Dein Z.

Wolff: Der Schauspieler Pius Alexander Wolff.

Großherzogin... Vorstellung... Geburtstag: Gegen Goethes Anordnung wurde am 1. Februar 1817 zum Geburtstag der Großherzogin Maria Paulowna im Weimarer Hoftheater Kotzebues dramatische Legende «Der Schutzgeist» aufgeführt.

«Die Mißverständnisse»... Herr v. Steigentesch: «Die Mißverständnisse», Lustspiel von August Ernst Freiherr von Steigentesch (1774–1826); die Berliner Erstaufführung fand am 22. Februar 1817 statt.

Luise Rogée: Die Schauspielerin Luise Holtei, geb. Rogée (1800–1825).

Madame Wolff: Die Schauspielerin Anna Amalia Wolff.

«Rätsel»... Contessa: «Das Rätsel», Lustspiel von Karl Wilhelm Salice-Contessa (1777–1825).

Madame Bethmann: Die Schauspielerin Friederike Unzelmann-Bethmann.

«Heinrich dem 4.»: «Heinrich der Vierte», Schauspiel von Shakespeare; die erste Berliner Aufführung in der deutschen Übertragung von August Wilhelm von Schlegel fand am 22. März 1817 statt.

Brief um die Nachschrift gekürzt.

*

An Goethe Sonnabend.

Deine Briefe aus Neapel sind mit Sommerluft geschrieben statt der schwarzen Dinte. Man weiß nicht, was mehr ergötzt: die Sachen oder das Machen; man ist in Arkadien. Und wenn dies Gefühl durch etwas gestört wird, so ist es der Neid über die glücklichen Landsleute, die eines Gottes Hand zu Deiner Umgebung geführt hat.

Das Auge, womit die Dinge gesehn sind, die Geduld, mit der sie auf dies Auge warten, der behagliche Verkehr mit dem Leser, alles promoviert eine Kette von Betrachtungen, die sich, situiert und profiliert, ins Unendliche fortpflanzen.

Sonntag, den 14. September. Eben bin ich aus Sizilien wieder in Neapel angelangt, nicht ohne etwas von der Seekrankheit abgekriegt zu haben. Was mich nicht wenig ergötzt hat, ist gewesen Deine Predigt vom stillen, stürmischen Meere, da ich auch einmal in dem Falle gewesen bin. Warum mußte mir dieselbe Sache nicht auf dem Mittelländischen Meere vorkommen? Wasser ist doch Wasser. Das Natürliche dabei ist das Kurioseste, daß man selber hingehn muß, um seekrank zu werden, und selber essen, um sich den Magen zu verderben.

Was Du an Herder über Homer schreibst, ist mir, da ich ihn zum ersten Male gelesen, schon so vorgekommen, und diese Vorstellung hat sich durch alle Wiederholungen bestätigt. Auch habe ich selbst in kleinen und größern Produktionen nicht auf Wirkung, sondern auf Gehalt gedacht. Was Du darüber sagst, bleibt ewig wahr und – ewig neu, weil jeder daran zu glauben glaubt.

Ich meine damit den trefflichen Herder selber, der Dir den Vorwurf zu machen scheint, daß Du am Dasein klebst und es damit hältst, und selber damit aller Philosophie entsagt, indem er darnach sucht. Verlangt man den Schlüssel zu dieser unphilosophischen Philosophie, so darf man nur seine «Ariadne-Libera» auskleiden, um ein Skelett zu finden, das mit großer Künstlichkeit ausgeschnippert ist, um ohne Wirkung zu sein. Höchst edel ist die sanfte Hand, mit der Du den guten ernsten Mann hier aufhebst und gegen das Licht hältst. – Hat er es denn gemerkt?

Das Geheimnis der Urpflanze bewundere ich liebend und staunend. Es ist nichts natürlicher als die Natur, die immer da liegt, wo wir hinwegsehn. Man sucht das Pferd, worauf man reitet.

Staatsrat Schultz hat mir Dein Buch geliehen, denn es ist noch nicht zu haben, auch kommt es nicht aus unsern Händen. Müßte man nicht denken, daß kein wahres Wort untergeht, so möchte man es vor der Welt verschließen, wenn ein Mann wie Herder selber nicht gehörig achtet, was gefunden, und nur Ergrübeltes für etwas hält.

Schultz befindet sich nach seiner Reise sehr wohl.

August Wilhelm Schlegel soll, heißt es, hier angestellt werden. Noch ist es nicht dahin, seine Freunde sind zu zählen. Spontini soll der König in Paris zum Kapellmeister angenommen haben: da predige Du mit dem Homer, die Welt geht, wie sie kann. Unser Theater sieht einem langen Winter entgegen, auf die Brunst der Hitze.

Meine Augen sind besser. Wüßte ich nur zu machen, was ich nicht kann! was ich kann, weiß jeder besser. Dein Z.

Briefe aus Neapel: Im zweiten Teil von Goethes «Italienischer Reise», erschienen 1817 als fünfter Band von «Aus meinem Leben. Dichtung und Wahrheit».

an Herder über Homer: Goethes Brief an Herder vom 17. Mai 1787 in der «Italienischen Reise» (11, 351).

«Ariadne-Libera»: Das Melodrama «Ariadne-Libera» (1802) von Johann Gottfried von Herder (1744–1803), Geschichtsphilosoph, Übersetzer und Dichter.

Geheimnis der Urpflanze: In Goethes Abhandlung «Die Metamorphose der Pflanzen» (17, 22) – Vgl. auch Goethes Brief vom 14. Oktober 1816, S. 133.

Staatsrat Schultz: Der Jurist Christoph Ludwig Friedrich Schultz (1781–1834), preußischer Regierungsbeamter und Staatsrat.

Spontini: Gasparo Luigi Pacifico Spontini (1774–1851), italienischer Opernkomponist und Dirigent; wirkte seit 1803 in Paris, amtierte von 1820 bis 1843 als Generalmusikdirektor in Berlin.

der König: Ludwig XVIII. (1755–1824), seit 1815 König von Frankreich.

*

An Zelter

Von Weimar aus kommt mir die Nachricht, daß die periodischen Rübchen wieder glücklich angelangt sind, und so will ich mich denn durch dieses Erderzeugnis aufmahnen lassen, meine Gedanken zwar nicht, die oft bei Dir sind, aber doch ein schriftliches Zeugnis derselben an Dich zu wenden. Es ist so lange her, daß wir keine Nachrichten gewechselt, so daß wir also beide im Rest stehen; wie lange es aber auch sei, kann ich versichern, daß ich jeden Tag gemüht habe, das hast Du auch getan, noch kräftiger und notgedrungener als ich.

Meine Neapel- und Sizilienreise hast Du freundlich aus Schultzens Exemplar aufgenommen, und so habe ich jetzt weiter nichts zu schicken; denn was an Bänden, Bändchen und Heften auf Dein Teil kommt, liegt ruhig beisammen, bis zur endlichen allgemeinen Absendung.

Ich lebe zwischen Weimar und Jena; an beiden Orten habe ich Geschäfte, die mir Freude machen, in Jena kann ich sogar tun und lernen zugleich; die Naturwissenschaft, besonders die Chemie, ist so lebendig, daß man auf die angenehmste Weise wieder jung wird, indem man seine frühesten Ahndungen, Hoffnungen und Wünsche realisiert findet und Belege zu dem Höchsten und Besten, wozu man sich im Gedanken erheben konnte. Mein nächstes Heft zur Naturlehre soll Dir, hoffe ich, manches bringen, was Dir gewiß als Symbol Deiner lieben und guten Vorsätze dienen wird.

Auf diese unschuldige Weise halte ich mich im stillen und lasse den garstigen Wartburger Feuerstank verdunsten, den ganz Deutschland übel empfindet, indes er bei uns schon verraucht wäre, wenn er nicht bei Nordostwind wieder zurückschlüge und uns zum zweitenmal beizte.

In solchen Fällen muß es denn auch dem einzelnen, der an der allgemeinen Torheit leidet, erlaubt sein, sich mit einiger Selbstgefälligkeit zu sagen, daß er das alles, wo nicht vorausgesehn, doch vorausgefühlt, daß er in denen Punkten, die ihm klar geworden, nicht allein *wider*raten, sondern auch *ge*raten, und zwar das, was alle, da die Sache schief geht, getan haben möchten. Dieses berechtigt mich zur Impassibilität, deshalb ich mich denn auch wie die Epikurischen Götter in eine stille Wolke gehüllt habe; möge ich sie immer dichter und unzugänglicher um mich versammeln können!

Leider wenn ich an Musik denke, kommt es mir seltsam vor, daß ich von diesem höchsten und schönsten Genuß gänzlich abgeschnitten bin; finde ich nun dabei, daß mir doch noch manches Lied gelingt und Dein guter urkünstlerischer Wille mir immer zur Seite schwebt, so kommt es mir ganz wunderlich vor, daß, indessen die ganze Welt pfuscht, etwas der Ordnung gemäß nicht zustande kommen kann.

Ein Werk, das der Großherzog von Mailand mitgebracht hat, bezüglich auf das «Abendmahl» von Leonard da Vinci daselbst, hält mich sehr fest. Der Kupferstich von Morghen ist gewiß mehrmals in Berlin; wenn Du ihn auch schon kennst, laß Dir ihn wieder zeigen und betrachte ihn mit ehrfurchtsvoller Aufmerksamkeit. Alsdann wirst Du rührend finden, wenn Du durch mich aufs genauste vernimmst, wie das Bild veranlaßt, erfunden, ausgedacht, ausgearbeitet, verfertigt und als Weltwunder vollendet worden und wie es wieder alsogleich in sich selbst verfallen, vernachlässigt, beschädigt, hergestellt und durch die Herstellung selbst völlig zugrunde gerichtet worden. Ferner wird Dich freuen, wie die Mailänder durch Verehrung dieses Leichnams, durch Erhaltung und Belebung der Spur seines Andenkens sich immerfort Ehre machen.

Und soweit wären wir denn gekommen, wo ich nur, in Hoffnung einer baldigen Erwiderung, hinzufüge: Gruß an Freunde!

Herrn Schultz sag', daß ich täglich sein gedenke. Was uns beide beschäftigt, ist herrlich als Erscheinung, ehrenwert als Teil des Naturganzen und als Symbol seiner Geschwisterteile ehrwürdig. Diesen Gruß erließ' ich mit mehrerer Freudigkeit, würde mir die Hoffnung, euch künftiges Frühjahr zu sehen, nicht mit jedem Tag mehr umnebelt.

Herrn Direktor Schadow danke zum schönsten, daß er mir die Reformationsmedaillen semmelwarm überschikken wollte; ich bekenne die Schuld und werde sie nächstens abtragen.

Da hörten wir also mit einer abzutragenden Schuld auf, erinnert, wie es denn eigentlich mit uns beschaffen sei.

And so forth and for ever! G.

Jena, 16. Dezember 1817

Von Weimar aus: Goethe weilte im Jahr 1817 wiederholt in Jena, wo er mit dem Ausbau der wissenschaftlichen Anstalten und der Einrichtung eines botanischen Museums sowie einer Veterinärschule beschäftigt war.

Neapel- und Sizilienreise: Der zweite Teil der «Italienischen Reise».

nächstes Heft: Goethes Zeitschrift «Zur Naturwissenschaft überhaupt, besonders zur Morphologie»; das zweite Heft des ersten Bandes erschien erst 1820.

Wartburger Feuerstank: Das Wartburgfest der deutschen Burschenschaft vom 18. Oktober 1817, dem Goethe zunächst mit Interesse entgegensah, wurde – mit Bücherverbrennungen – zu einer politischen Demonstration, die Goethes entschiedene Ablehnung hervorrief. Die Regierungen Preußens und Österreichs verlangten vom Herzog Karl August, daß er Sanktionen gegen die Revolutionäre ergreife; dieser pochte jedoch auf seine Souveränität, so daß einschneidende politische Maßnahmen unterblieben.

Impassibilität: Unempfindlichkeit, Kaltblütigkeit.

Ein Werk: «Del cenacolo di Leonardo da Vinci» (1810) von Giuseppe Bossi (1777–1815), Maler und Sekretär der Kunstakademie in Mailand.

Morghen: Der 1800 entstandene Stich nach da Vincis «Abendmahl» von Rafaello Morghen (1758–1833), italienischer Kupferstecher in Florenz.

Herr Direktor Schadow: Johann Gottfried Schadow, Direktor der Berliner Akademie der schönen Künste.

And so forth...: Und so fort und auf ewig.

An Goethe Berlin, den 1. März 1818.

Auch ich war in Arkadien! mit Dir in Arkadien; durch Dich in Arkadien! auch ich habe geweint vor Freuden, daß ich Dir Freude machen werde, Du beste Seele aller Welt!

Hiermit erhältst Du das mitternächtliche Wesen, sauber abgeschrieben; in jeder Note stickt ein Gedanke an Dich: wie Du bist, wie Du warst, und wie der Mensch sein soll. Besser kann ich's nicht machen.

Dein Zettelchen aus Palermo macht mir unsägliche Freude. Wer ist denn die Glückselige, der diese Frühlingssonne aufgeht? Gott weiß, daß es Neid ist, warum ich frage, denn wie ich alle Huld der Welt auf Dich ausgießen möchte, so unmöglich ist mir's, Deine Liebe mit jemand zu teilen.

Und nun, wie steht's? In zwanzig Tagen ist Karfreitag. Du bist kommandiert, an diesem Tage hier zu sein und die Graun'sche «Passion» zu hören. Der König hat mir dazu das große Opernhaus bereits bewilligt, und ich habe keine Hoffnung, es je wieder zu erhalten. Daher setzest Du Dich still still in Deinen bequemen Wagen, fährst mit eigenen Pferden bis Naumburg, wo die Post wohnt, und so gerade fort bis an das hiesige Potsdamer Tor; Mondschein die ganze Nacht ist auf diese Zeit bereits bestellt. Vom Potsdamer Tore an fährst Du die Leipziger Straße geradeaus bis an die Friedrichsstraße, dann wird links in die Friedrichsstraße hereingefahren und wieder geradeaus bis vor meine Thür, No. 129 linker Hand. Deine Zimmer sind bereit. Dein Bett, Dein Sopha, Deine Sessel, und was sonst zur Leibes Notdurft gehört, und endlich Dein ewiger Freund erwarten ihren Herrn und Meister dergestalt, daß, Du kommst nun bei Tage oder bei Nacht, sich alles zu Deinem Empfange bereit finden soll.

Die Oper «Elena» von Mayer ist verbrannt; was schlimmer ist, sie ist nicht einmal gekannt, dennoch habe ich Kommission gegeben, mir wenigstens das verlangte Stück zu schaffen. Es ist doch der bekannte Simon Mayer? denn den Vornamen hast du nicht dabei geschrieben, und einen andern Meyer unter den Komponisten kennt hier niemand. – Doch, doch: Einer meiner frühern Jünger, namens Meyer Beer, hat voriges Jahr in Padua *furore* durch eine Oper gemacht, und das könnte ein jüngerer sein, da Du vom *alten* sprichst.

Von unserm Hierodulenspuk wirst Du wohl etwas gehört haben. Unser Grimbart ist in das Kloak gestiegen, um zu räuchern und zu purifizieren, was ihm jedoch keiner dankt. Wenn sie ihm doch mal das Fell recht zurechterükken wollten, das könnte aller Welt zu Erbauung und Troste gereichen, da er es endlich mit allen verdorben hat. Hat er Dir denn nicht seine 100 Hexameter geschickt? – Ja wohl! was wird er nicht? womit er nichts Geringeres intendiert, als solche Hexameter zu machen, die sich wie ein *non plus ultra* von Prose ausnehmen sollen. Viel des Guten hat er getan, das ist wahr, und wer wollte dafür nicht danken? Doch daß er den Gedanken von Dir hat, den Homer in tüchtige Prosa zu übersetzen, will er um keinen Preis Wort haben. Du erstaunst ihm nur nicht genug über die Neuheit und den Reichtum seiner Ideen, denn wenn Du wolltest, Du könntest ihn zum besten haben nach Noten. Wir sind ihm zu grob und sagen's ihm geradezu, wo es ihm sitzt, und da tut er zwar verächtlich, aber er ist doch höflich. Letzthin kam einmal die Rede auf Deine Interpunktion, die ihm hinten und vorn nicht recht war. Da sagte ich ihm: er habe bis jetzt immer gescholten auf unsere musikalischen Taktstriche als Verderber einer wahren Metrik; diese Taktstriche seien jedoch nichts weniger als was er schelte, sie seien vielmehr nur für das Auge des Lesers da, um einen sichtbaren Anhalt zu finden, würden aber weder mitgespielt noch -gesungen. Die nämliche Bewandtnis scheine mir es aber mit der Interpunktion der Sprache zu haben, und das wahre Kennzeichen einer vollkommenen Sprache sei kein anderes, als wenn man sie verstehend lesen und lesend verstehen könne ohne ein weiteres Zeichen. Er selbst glaube eine vollkommene Prosa zu schreiben, ob er aber diesen Versuch schon gemacht habe? Daß Deine Prosa diese Eigenschaft habe, wisse ich aus damit angestellten Versuchen; die Interpunktion dazwischenzusetzen, wäre allenfalls eine Arbeit der Philologen, die einmal gewohnt wären, Garben zu sammeln nach der Saat und nach der Ernte, und oft froh wären, ein ausgefallnes Korn aufzulesen, das der Schnitter nicht achte. Daß daraus kein gutes Blut wächst, kannst Du Dir vorstellen, aber ohne dies wäre es nicht auszuhalten, und man wird immer wieder gut miteinander.

Also noch einmal: vom Sonntag, den 15. dieses, an bis den 20. erwartet Dich um jede Stunde Dein Z.

Friedrichsstraße No. 129 am Oranienburger Tore.

Auch ich war in Arkadien: Goethes Motto zum ersten Teil seiner «Italienischen Reise».

das mitternächtliche Wesen: Zelters Vertonung von Goethes Gedicht «Um Mitternacht» (1, 492).

Zettelchen aus Palermo: Am 16. Februar 1818 übersandte Goethe seinen Brief, den er am 18. April 1787 aus Palermo an Charlotte von Stein (1742–1827) geschrieben hatte. Dazu bemerkt er: «Da ich so manches Liebe von Deiner eignen Hand empfange und dagegen wenig erwidere, so sende ich Dir ein uralt Blättchen, das ich nicht verbrennen konnte, als ich alle Papiere, auf Neapel und Sizilien bezüglich, dem Feuer widmete. Es ist ein so hübsches Wort auf dem Wendepunkt des ganzen Abenteuers und gibt einen Dämmerschein rückwärts und vorwärts. Ich gönne es Dir! Bewahre es fromm.»

die Graun'sche Passion: Das Oratorium «Der Tod Jesu» von Karl Heinrich Graun (1701–1759).

«Elena» von Mayer: Am 20. Januar 1818 schrieb Goethe: «In der Oper ‹Elena› des alten Mayer von Bergamo soll im zweiten Akt ein Sextett vorkommen von der größten Wirkung. [...] Wäre es wohl möglich, zur Partitur dieses Sextetts zu gelangen?» Gemeint ist die Oper «Elena e Costantino» von Simon Mayr (1763–1845). In Padua Furore machte hingegen Giacomo Meyerbeer mit seiner 1817 im Teatro Nuovo aufgeführten Oper «Romilda e Costanta».

verbrannt: Am 29. Juli 1817 brannte das Berliner Königliche Schauspielhaus vollständig nieder. Das neue, von Karl Friedrich Schinkel (1781–1841) erbaute Schauspielhaus wurde am 21. Mai 1821 mit Goethes Schauspiel «Iphigenie auf Tauris» eingeweiht.

Meyer Beer: Giacomo Meyerbeer (1791–1864), deutscher Opernkomponist.

Hierodulenspuk... Grimbart: Hierodule = Tempelsklave im griechischen Altertum. Zelter spielt hier auf eine Fragment gebliebene Übersetzung von Homers Odyssee des Berliner Homer-Forschers Friedrich August Wolf an. Mit Grimbart ist Wolf gemeint; es ist der Name des Dachses in Goethes Epos «Reineke Fuchs» (3, 7).

*

An Goethe Dienstag, 24. März 1818.

Meine Karfreitagsmusik ist so glücklich gewesen, mir reine 1000 rh., schreibe Ein Tausend Taler, einzubringen, wobei ich meine Gehülfen noch ganz honett honorieren können, denn die ganze Einnahme beträgt 1551 rh. 12 Gr.

Da nun eben im Hause Seife gekocht wird und ich anbei zwei Kinder, die sich verheiraten wollen, auszustatten habe, so kannst Du denken, daß mir diese Gabe meines Heilandes zur guten Stunde kommt.

Dies alles aber ist kaum etwas gegen die unermeßliche

Freude, die mir Dein Brief vom Grünen Donnerstage, der darum ewig grünen mag, verursacht hat.

Das Gedicht nahm sich auf dem Papiere wundersam aus: wie ein Werkstück, geadert, gekörnt, dabei durchsichtig; es lag wie eine Krone im Wasser. Mein Phidias regte sich, den Marmor appetitlich betrachtend, und dachte ihm die Gliedmaßen zu lösen vom dunkeln Wort und freigestaltet es vor den Augen anderer in Bewegung zu setzen, und zwar, wohlgemerkt, ohne abzuschlagen oder anzusetzen, denn das war das Rätsel.

Nun halte ich Deine Beschreibung mit den Noten zusammen und freue mich erst recht Deines Gedankens, wie Du ihn wieder für Dein erkennst.

Aber auch der schwer zu bewegende Sohn soll gelobt sein! und bittet er uns zu Gevatter, so komme ich, wenn ich auch nur Ein Bein habe.

Daß ich Dich gern hier gehabt hätte, kannst Du denken. Mein Gedanke war: es könnte Dir wohl noch einmal einfallen, einen Inkognitospaß zu versuchen, Donnerstag nachts anzukommen, Freitags die Musik zu hören und dann etwa nach Belieben mit uns zu meinen Kindern nach Pommern zu rutschen, woselbst wir uns unsere Feiertage selber gemacht hätten. Erwartet habe ich Dich, Tag und Nacht, bis zur letzten Stunde.

Endlich, ganz ehrlich gesprochen, wißt ihr Herren in der Ferne doch alle nichts von Berlin, wo, wie aller Orten, eine lebendige Gegenwart jede Vorstellung und Gedanken Lügen straft. Man könnte recht gut mit etwas weniger Denken fertigwerden, wenn man Ort, Zeit und Gelegenheit für das nehmen will, was es ist. Ich bin wenig herumgekommen, aber wo ich gewesen bin, habe ich bald genug wahrgenommen, daß sie auch mit Wasser kochen. Wenn meinesgleichen es nicht gar zu übel empfinden, wie wir, freilich zu oft mit Recht, gescholten werden, so ist es dagegen wie eine Pest, daß gescheute und würdige Menschen, wie sie den Fuß ins Tor setzen, uns mit der Vorrückung unserer Torheiten zu gastieren glauben. Fichte (seligen Andenkens), Wolf, Hirt *etc.* haben mich oft zu lachen gemacht, da bei aller Unlust keiner von ihnen das Herz gehabt hat, wieder zu gehn, wo er hergekommen ist, da sie doch wissen müßten, welche lange Weile sie uns machen.

Es ist noch die Frage, ob es Einen Ort in Deutschland gibt, wo Du so redliche Verehrer hast als bei uns. Du kannst es auf unsere Gefahr versuchen, und ich bin gewiß, Du gehst mit andern Gedanken von uns, als Du kommst.

Nun, mein Xenophon, sende ich hier wieder ein Stückchen. Wissen wirst Du, daß das Gedicht schon einmal von mir in Musik gesetzt und gedruckt ist. Wollte Gott, daß mir einer sagte, Händel habe ebenso schlechte Musik gemacht als ich; es sollte mir auf ein Faß Wein nicht ankommen, das ich auf seine Gesundheit rein austrinken wollte.

(Nun habe ich eine kleine Kommission: Dein freundlicher Sohn ist wohl so gut, an den Herrn Hofmusikus Müller in Weimar die anliegende Rechnung zu bezahlen und sich darüber quittieren zu lassen. Das Geld schicke ich dann mit Gelegenheit oder bringe es selber mit. Was ich dafür gekauft habe, habe ich schon in Händen und vom seligen Kapellmeister Müller einst geliehen erhalten.)

Auch ein neues Trauerspiel hat sich bei uns aufgetan: «Die Ahnfrau», von einem Herrn Grillparzer (wie er sich nennt). Elend und Jammer vom Anfang bis ans Ende, und weswegen? Die selige Ahnfrau ist von ihrem Manne auf Dilettantismus ertappt und erstochen worden, und nun gibt sich das Schicksal die Mühe, das kleine Ficksal am ganzen daraus hervorgegangenen Geschlechte zu rächen. Alle Lebende sind unschuldig und rein wie die Sonne, und der Teufel holt sie alle. Doch ist das Wesen lange nicht so ekelhaft als der säuische «24. Februar», wo das Tier sein Junges frißt. Talent ist nicht zu verkennen, wiewohl es verloren geht: es fehlt an Licht, und wo das nicht ist, danke ich für den Schatten.

August Schlegel kommt zur Berliner Universität; auch Seebeck wird erwartet. Langermann ist seit länger als 3 Monaten an einem Lungengeschwür krank und jetzt leidlich.

Welche schöne Seele aber ist denn deutsch genug gewesen, Dir das Lied ohne Italienerei so lebendig zu singen, daß es Dir gefallen mußte? da es mir selbst Deiner Zusage bedurft hat, um zu wissen, ob es sich löst und trifft. Dein «Kennst Du das Land» habe ich jetzt zum sechsten Male in Musik gesetzt, um es mir selber Einmal rechtzumachen, und die besten Stücke davon sollen nach Weimar wandern.

Der Sohn unseres Staatsrats Nicolovius geht nach Jena zur Universität. Er bringt Dir diesen Brief. Kannst Du ihm etwas Liebes erzeigen, so bitte ich darum. Der Vater hat sich einen Brief an Dich für seinen Sohn von mir erbeten, den ich nicht abschlagen kann, da er sich immer gefällig gegen mich erwiesen hat. Der junge Mann wird zugleich das Geld an den Hofmusikus Müller bezahlen, und deshalb ist die obige Bitte ausgestrichen.

Lebe wohl, Geliebtester meiner Seele, und laß mich wissen, wohin Du gehst. Gegen Pfingsten will ich zuerst meinen Sohn in Pommern besuchen, und wenn alles nach Wunsch geht, soll Weiteres beschlossen werden.

Der einliegende Brief ist von Boisserée. Ein junger Musikus aus Cöln am Rhein, der hier meines Unterrichts genießt, glaubte über Weimar zu gehn, was er nicht getan hat, und so bittet er mich, Dir den Brief zu übersenden.

Heut ist schon der 7. April. Dein Z.

zwei Kinder: Vermutlich Zelters Töchter Johanna Urania Adelheid vermählt mit Ludwig Wilhelm Rintel (1773–1861), und Angelica Auguste, vermählt mit Carl Grundmann (1791–1854).

Das Gedicht: Goethes Gedicht «Um Mitternacht», welches er seinem Brief vom 13. Februar 1818 an Zelter beilegte.

Gevatter: Bezieht sich auf die Geburt von Goethes Enkel Walter Wolfgang am 9. April 1818.

Fichte: Johann Gottlieb Fichte (1762–1814), deutscher Philosoph.

Wolf, Hirt: Der Homer-Forscher Friedrich August Wolf und der Archäologe Alois Ludwig Hirt.

mein Xenophon: Griechischer Geschichtsschreiber (ca. 426 – ca. 355 v. Chr.). Am 19. März 1818 schrieb Goethe: «Neulich versicherte mich jemand, Xenophon habe ebenso schlechte Prosa geschrieben als ich; welches mir denn zu einigem Troste dienen sollte.»

ein Stückchen: Nicht ermittelt.

Händel: Der Komponist Georg Friedrich Händel (1685–1759); Zelters Bezugsetzung zu Händel ist eine Parallele zur Beziehung Goethe-Xenophon.

Hofmusikus Müller: Nicht ermittelt.

Kapellmeister Müller: August Eberhard Müller (1767–1817), Komponist und seit 1810 Kapellmeister in Weimar.

«Die Ahnfrau»… Grillparzer: Das Trauerspiel «Die Ahnfrau» von Franz Grillparzer (1791–1872); die Berliner Erstaufführung fand am 16. März 1818 statt.

«24. Februar»: «Der vierundzwanzigste Februar», Trauerspiel von Zacharias Werner.

Seebeck: Thomas Johannes Seebeck (1770–1831), Physiker und Chemiker, 1802–1810 in Jena, dann in Bayreuth und Nürnberg, ab 1818 in Berlin als Mitglied der Akademie der Wissenschaften.

Langermann: Johann Gottfried Langermann (1768–1832), Arzt, Staatsrat und Geheimer Obermedizinalrat in Berlin.

schöne Seele: Am 19. März 1818 schrieb Goethe zu Zelters Liedvertonung «Um Mitternacht»: «In diesen Tagen hast Du mir eine große Wohltat erzeigt, denn das mitternächtige Lied ist mir gar gehörig und freundlich vorgetragen worden, von einem weiblichen zarten Wesen ...» Am 11. März 1818 vermerkte Goethe in seinem Tagebuch: «Abends Gräfin Egloffstein, Zelterisches Lied vorgetragen.» Gemeint ist Auguste, Gräfin von Egloffstein (1796–1862).

«Kennst du das Land»: Zelters insgesamt sechs Vertonungen von Goethes gleichnamigem Gedicht (1, 111).

Der Sohn ... Nicolovius: Heinrich Nicolovius, Sohn des Geheimen Oberregierungsrats und Berliner Staatsrats Georg Heinrich Ludwig Nicolovius (1767–1839).

Boisserée: Der Kunstsammler und Kunstgelehrte Johann Sulpiz Boisserée (1783–1854).

*

An Zelter

Gestern abend war ich eben im Begriff, einen Brief an Dich zu diktieren, damit nicht eine völlige Verjährung einer unterbrochenen Korrespondenz stattfände, als ich abermals abgehalten wurde, sogleich jedoch Dein freundlicher Brief mit kulinarischer Sendung ankam. Wofür ich denn schönstens danke und zugleich vermelde, daß die Rübchen, von der feinsten Sorte, zu rechter Zeit glücklich angekommen sind und heute nebst den Fischen ein freundschaftliches Mahl auszustatten Gelegenheit geben.

Seit Deiner Abreise habe ich fast nichts von dem getan, was ich mir vorgesetzt. Bei kaiserlicher Anwesenheit konnte nicht ablehnen, zu einiger Festlichkeit beizutragen, und so übernahm ich, einen *Maskenzug* auszustatten, wovon das Programm beiliegt, die explanatorischen Gedichte jedoch nachfolgen sollen. Der Zug bestand beinahe aus 150 Personen; diese charakteristisch zu kostümieren, zu gruppieren, in Reihe und Glied zu bringen und bei ihrem Auftritt endlich exponieren zu lassen, war keine kleine Aufgabe, sie kostete mich fünf Wochen und drüber. Dafür genossen wir jedoch des allgemeinsten Beifalls, welcher freilich durch den großen Aufwand von Einbildungskraft, Zeit und Geld (denn die Teilnehmenden ließen es an nichts fehlen, sich herauszuputzen), der denn doch aber zuletzt in kurzen Augenblicken wie ein Feuerwerk in der Luft verpuffte, teuer genug erkauft wurde.

Ich habe mich persönlich am wenigsten zu beklagen, denn die Gedichte, auf welche ich viel Sorgfalt verwendet, bleiben übrig, und ein kostbares Geschenk von der Kaiserin, erhöht durch freundliche, gnädige und vertrauensvolle Aufnahme, belohnte mich über alle Erwartung.

Nachdem wir nun diese große Hof- und Lebensflut zu euch hinströmen gesehen, habe ich mich sogleich wieder nach Osten gemacht und meine alten Bekanntschaften angeknüpft. Ich möchte meinen «Diwan» mit seinen Zugaben ebensogerne lossein, als ich ihn zu Ostern in euern Händen wünschte. Da müssen wir denn aber diese drei oder vier Monate, bei mancherlei Zwischenfällen, noch tätig und fleißig genug sein.

Daß Du und Deine treffliche Gesellschaft auch an die Reihe gekommen, hatte ich gleich gehört, und weil man bei solchen Schmuckdarstellungen nur Perle zu Perlen reiht, so kommt das, was einzeln für sich stehen und gelten sollte, auch bloß zur augenblicklichen Erscheinung, ohne verdiente Aufmerksamkeit zu erregen.

Der Unwille unseres Erbgroßherzogs über die Zigeunerwirtschaft eines Instituts, das Paläste, Tempel und Altäre verdiente, macht seinen Gesinnungen Ehre, die er, wie ich mehrmals erfuhr, immerfort äußert, wenn er eine Existenz sieht, die sich in einem disproportioniert engen Raume bewegt. Möge der gute Geist diese Gefühle zu rechter Zeit segnen und fördern!

Schon der Anblick Deiner Komposition macht mich wieder froh, ich will sie nun auch zu hören suchen und sehen, daß ich die dem Gesang widerwärtigen Stellen abändere. Bei dieser Gelegenheit muß ich erzählen, daß ich, um die Gedichte zum Aufzug zu schreiben, drei Wochen anhaltend in Berka zubrachte, da mir denn der Inspektor täglich drei bis vier Stunden vorspielte und zwar auf mein Ersuchen nach historischer Reihe: von Sebastian Bach bis zu Beethoven, durch Philipp Emanuel, Händel, Mozart, Haydn durch, auch Dussek und dergleichen mehr. Zugleich studierte Marpergers «Vollkommenen Kapellmeister» und mußte lächeln, indem ich mich belehrte. Wie war doch jene Zeit so ernst und tüchtig, und wie fühlte nicht ein solcher Mann die Fesseln der Philisterei, in denen er gefangen war!

Nun habe ich das «Wohltemperierte Klavier» sowie die

Bachischen Chorale gekauft und dem Inspektor zum Weihnachten verehrt, womit er mich denn bei seinen hiesigen Besuchen erquicken und, wenn ich wieder zu ihm ziehe, auferbauen wird.

In das Choralwesen möchte ich mich an Deiner Hand freilich gern versenken, in diesen Abgrund, worin man sich allein nicht zu helfen weiß: die alten Intonationen und musikalischen Grundbewegungen immerfort auf neue Lieder angewendet und durch jüngere Organisten einer neueren Zeit angeähnelt, die alten Texte verdrängt, weniger bedeutende untergeschoben, und so weiter. – Wie anders klingt das proskribierte Lied: «Wie schön leuchtet der Morgenstern!» als das kastigierte, das man jetzt auf dieselbe Melodie singt, und doch würde das echte älteste, wahrscheinlich lateinische, noch passender und gehöriger sein. Du siehst, daß ich wieder an der Grenze Deines Reiches herumschnopere, daraus kann aber nichts werden bei meiner Fischumgebung. Dies ist aber nicht der einzige Punkt, worüber man muß verzweifeln lernen.

Und so fort und für ewig! G.

Weimar, den 4. Januar 1819.

Brief mit kulinarischer Sendung: Zusammen mit seinem Brief vom 27. Dezember 1818 ließ Zelter Fische nach Weimar spedieren.

Seit Deiner Abreise: Zelter weilte vom 25. Oktober bis 1. November in Weimar.

kaiserlicher Anwesenheit... Maskenzug: Anläßlich des Besuchs der Zarin-Mutter Maria Feodorowna (1759–1842) in Weimar wurde Goethes «Maskenzug bei allerhöchster Anwesenheit Ihro Majestät der Kaiserin Mutter Maria Feodorowna in Weimar, 1818» aufgeführt (3, 715).

nach Osten gemacht: Wiederaufnahme und Abschluß der Arbeit am «West-östlichen Divan»; die Gedichte wurden erstmals im Herbst 1819 veröffentlicht.

auch an die Reihe gekommen: Anläßlich ihres Aufenthalts in Berlin stattete die Zarin-Mutter auch Zelters Singakademie einen Besuch ab.

unseres Erbgroßherzogs: Karl Friedrich, Prinz von Sachsen-Weimar-Eisenach.

Deiner Komposition: Zelters Vertonung von Goethes «Ballade» (1, 465).

Berka: Goethe weilte vom 27. November bis 6. Dezember 1818 in Berka.

der Inspektor: Johann Heinrich Friedrich Schütz (1779–1829), Badeinspektor und Organist in Berka.

Sebastian Bach... Dussek: Die Komponisten Johann Sebastian Bach und sein Sohn Carl Philipp Emanuel (1714–1788), dazu Beethoven, Händel, Mozart, Haydn und Johann Ludwig Dussek (1761–1812).

Marpergers «Vollkommenen Kapellmeister»: Hier scheint Goethe zu irren; «Der vollkommene Kapellmeister» (1739) ist vom Komponisten und Musiktheoretiker Johannes Mattheson (1681–1764).

das «Wohltemperierte Klavier»: Johann Sebastian Bach, «Das Wohltemperierte Klavier», Teil I (1720/22), Teil II (1742).
proskribiert: geächtet, verbannt.
kastigiert: gezüchtigt.

*

An Goethe Berlin, den 20. Mai 1819.

Deine Festgedichte machen ein Leckermaul aus mir. Wenn ich sie zuerst hintereinander weglas, um mit dem Ganzen bekanntzuwerden, so lasse ich mir nun, zum Frühstück, vor dem Essen, nach dem Essen, gegen Abend und vor dem Schlafengehn, eins nach dem andern, oder wie sie sich greifen lassen, schmecken, daß die Lippen nicht wieder voneinander wollen. Sie kommen mir fast vor wie Haydn'sche Menuetten, die ich auf ähnliche Art genieße. Allerliebste Sternschnuppen: fix, klar und wahr. Und allerliebste Verse, und Reime voller Musik – und Gedanken zum Küssen.

Über das neue Heft «Kunst und Altertum» ein andermal. Der Artikel «Antik und Modern» hat mich über das Buch hinausgeführt, so daß ich zuerst die Schubarth'sche Schrift gelesen habe und sie noch einmal lesen werde. Jetzt lese ich den «Werther» wieder.

Unsre Kinder lassen sich Berlin gefallen, wie sie müssen, da sie nun einmal hier sind. Wenn sie einige Zolle kürzer wieder nach Weimar kommen, so gebt ihr jedoch mir und meiner geliebten Vaterstadt nicht schuld, denn es wohnen zwei Lohnkutscher dichtan bei uns. Bis heut haben sie sich die Füße durch Schuh und Strümpfe bis ins Fleisch durchgelaufen, und wenn sie sich nicht belehren lassen wollen, so haben wir reine Hände wie die Wallensteiner. Heut ist Himmelfahrtstag, und sie – *laufen* nach dem Tiergarten. Wir Berliner sind schon müde, wenn wir davon reden hören.

Herz und Gruß meiner kleinen, schmächtigen, im stillen Angebeteten von Deinem Z.

Deine Festgedichte: Die Festgedichte Goethes «Maskenzug». Vgl. den Brief Goethes vom 4. Januar 1819, S. 150.
«Kunst und Altertum» ... «Antik und Modern»: Goethes Zeitschrift «Über Kunst und Altertum»; das erste Heft des zweiten Bandes erschien 1818, darin auch der Aufsatz «Antik und Modern».

Unsre Kinder: Von Mitte Mai bis Anfang Juni 1819 weilten Goethes Sohn August und seine Frau Ottilie in Berlin.

im stillen Angebeteten: nicht ermittelt. Möglicherweise Ulrike von Pogwisch, die Schwester von Goethes Schwiegertochter Ottilie.

*

An Goethe Berlin, den 2. Junius 1819.

Dein schmucker lieber Brief vom 29. Mai kam ebenst zu guter Stunde, um den schmerzlichen Abschied lieber Gäste zu mildern, die soeben abgefahren waren. Einige Wochen hätten sie es immer noch aushalten können bei uns; denn obwohl sie nicht versäumt haben, sich umzusehen, so sind sie fremd, von Fremden in der Fremde umhergeführt und haben – gewiß zuviel von dem gesehn und genossen, was allerorten zu Hause, ja wohl besser und mehr ist.

Daß Berlin etwas an sich und von sich ist, wird zwar selten zugegeben, aber es ist dennoch so wahr als gut. Dies ist keine Klage gegen Fremde, die sich mehrenteils gern hier sehen und ebensogern hier verweilen – weiß ich selbst, gegen wen? Der König selbst fühlt sich hier fremd und kann nicht von uns bleiben. Friedrich der Große wollte aus Potsdam etwas machen, aus Berlin hat er etwas gemacht und so auch seine Vorgänger. Genug, ein berlinischer Preuße ist eine für sich bestehende Rasse, die leben sollen, weil sie wollen, und das soll euch aufgehoben sein für künftige gute Tage.

Die Kinder haben übrigens ihr Glück gemacht: dem Könige hat die Frau gefallen, und August würde als *chargé d'affaires* nicht übel bei uns angestellt sein.

Daß Dir nirgends wohler ist als bei Dir selber, ist mir ganz begreiflich; ist mir doch selber so zumute, und bin ich einmal einige Monate abwesend, so freue ich mich auf meine Zurückkunft. So wie mit den Kindern müßtest Du es auch nicht halten wollen, denn das ist Arbeit für *junge* Leute. Man muß sich erst durchgefressen haben bei uns, ehe man daran denkt zu leben, und dazu ist freilich im 70. Jahre keine Zeit. Nein! man kann es anders einrichten, um es bequemer zu haben. Alles hat seine Zeit, und kommt Zeit, so kommt Rat.

Der gute Schubarth windet und dreht sich ab um eine Meinung über Dich, die ihm allein eigen und neu von der Elle sei. – Nicht wahr, das wäre Dir selber nicht eingefallen: daß im Felle das Tier und im Feuer der Funke hause? – Will ich nun wieder zu mir selber kommen, so muß ich Deine sämtlichen Schriften wieder von vorn lesen. Was sollte wohl die Welt anfangen, wenn diese Herren sich nicht so viele Mühe gäben, sie vor Überschätzung des Guten zu bewahren! – Hat sich was zu überschätzen! Gib nur her, alter Knabe, was Du noch unter dem Herzen hast; so wie ich *uns* kenne, haben wir noch Arbeit genug, Mäßiges nicht geringzuachten.

Deine Enträtselung des Myron'schen Geheimnisses hat uns unendlich befriedigt; was viele Geschlechter, zu Tausenden, lebendig empfunden haben, hat Jahrtausende auf das Wort warten müssen, womit es ausgesprochen ist; ja das selige Werk des Künstlers hat vergehn müssen, um seine Weisheit ans Licht zu ziehen. Habe Dank für mich allein! wer weiß, wie lange es nun gedruckt sein wird, bis ein besserer Dank erfolgt.

Deine Festgedichte gehen spazieren von mir zu Langermann und von da zurück. Ein Sonett habe ich allerdings am wenigsten vermißt, weil ich ihm trotz meiner Bemühungen noch niemals habe eine musikalische Form abgewinnen können, die natürlich wäre.

In Deinem Briefe sagst Du, daß Du den Marperger gelesen hast. Ist das Mar*purg*? oder *Kirn*berger? denn einen Marperger kenne ich nicht. Ist es Marpurg: der gehört zu den Besten, weil seine Schreibart die beste ist; aber es ist auch hier wie in den bildenden Künsten: das Wort fehlt, uns den Geist zu erklären, und was man wissen will, lernt man nur, wenn man selber Hand anlegt. Er hat viel geschrieben und ist mit Kirnbergern vielfältig im Streit gewesen über Dinge, in denen meiner Meinung nach Kirnberger recht hatte, wiewohl dieser sich, wenn's aufs Schreiben ankam, nicht mit jenem messen konnte und darüber vor der Welt immer im Nachteil erschien. Ich habe beide Männer noch recht gut persönlich gekannt und aus ihren gegenseitigen Meinungen das meiste von dem erlernt, was ich zu wissen wünschte.

Hirt ist abwesend, sonst würde August mit ihm bei Staatsrat Schultz Gevatter gestanden haben. Wolf hat sich eine Sommerwohnung in Charlottenburg zugelegt, so daß man ihn weder hier noch dort antrifft. August hat ihn auf der Straße zuerst gesprochen und am Sonnabend vor Pfingsten mit ihm beim Minister v. Altenstein gespeist. Ja es scheint, als wenn der Minister Wolf deswegen zur Tafel gebeten hätte, indem er, ich weiß nicht wen, gefragt hat: wen er sonst noch bitten dürfe, mit dem Wolf nicht verfeindet wäre.

Nun wünschte wohl zu wissen, wohin sich Deine Liebden wenden wollen, um eine andere Sommerluft zu atmen. Ich habe mir eben Urlaub erbeten und denke nach Wiesbaden zu gehn, doch möchte ich Deine Spur im Sinne behalten.

Lebe wohl, mein Allersüßester! Von Aufführung zweier Szenen des «Faust» werden Dir die Kinder weit und breit zu erzählen wissen. Es war doch ein Anfang, und am besten Willen hat's nicht gefehlt. Dein Z.

lieber Gäste: Ottilie und August v. Goethe.

Der König selbst: Friedrich Wilhelm III.

Schubarth: Karl Ernst Schubarth (1796–1861), Philologe und Ästhetiker; 1818 erschien seine Studie «Zur Beurteilung Goethes mit Beziehung auf verwandte Literatur und Kunst».

des Myron'schen Geheimnisses: In Goethes Aufsatz «Myrons Kuh», erschienen 1818 im ersten Heft des zweiten Bandes von Goethes Zeitschrift «Über Kunst und Altertum».

Langermann: Der Geheime Obermedizinalrat Johann Gottfried Langermann.

Marperger: Vgl. Anm. zu Goethes Brief vom 4. Januar 1819, S. 150.

Marpurg: Friedrich Wilhelm Marpurg (1718–1795), Musikschriftsteller und Komponist.

Kirnberger: Johann Philipp Kirnberger (1721–1783), Komponist und Musiktheoretiker.

Hirt... Wolf: Vgl. Anm. zu Zelters Brief vom 24. März 1818, S. 146.

Minister v. Altenstein: Karl Friedrich von Stein zum Altenstein (1770–1840), Minister für die geistlichen, Unterrichts- und Medizinalangelegenheiten.

Wiesbaden: Nach einem Treffen mit Goethe vom 22. bis 27. Juni 1819 in Weimar und Jena fuhr Zelter nach Karlsbad und anschließend, über Regensburg und Linz, nach Wien.

Szenen des «Faust»: Der Komponist Fürst Anton Heinrich Radziwill veranlaßte am 24. Mai 1819 eine Aufführung einzelner «Faust»-Szenen im Berliner Schloß Monbijou. Es handelt sich um die erste (nicht öffentlich zugängliche) Aufführung von Goethes Bühnendichtung.

Wie soll ich Dir, mein trefflicher Freund, dafür genug Dank sagen, daß Du mich auf Deiner Reise durchaus als guten Gesellen mitgeführt und Dich mit mir beständig unterhalten hast, wie Deine kostbaren Blätter Zeugnis geben. Die erste Sendung erhielt ich in Weimar, die zweite in Karlsbad, die dritte hier in Jena, wo ich seit zehn Tagen wieder eingetroffen bin.

Nun aber habe ich dem regsamen Leben, an dem Du bisher Teil genommen, nichts entgegenzubieten; in Karlsbad, wo mir die Kur sehr wohl bekam, lebte ich vollkommen einsam, außer daß zuletzt Graf Karl Harrach durch seine Unterhaltung mich in den Wiener Strudel mit fortriß, so daß mir manches Mal Hören und Sehen verging und ich mich daher auf Deine lebhafte Darstellung recht gut vorbereitet fühle.

Übrigens gab mir die Freundlichkeit meiner Landsleute das angenehme Geschäft, mich auf vielfachen Dank vorzubereiten, den ich ihnen für größere und kleinere Feste, für geistige und verkörperte Gaben nach und nach schuldig ward, wie die Kenntnis davon in das verschlossene Böhmen gelangen konnte. Und so sind mir vier Wochen hingegangen, auch übrigens nicht unbenutzt, indem ich gar manches, was ich diesen Winter bearbeiten will, durchgedacht und schematisiert habe. Da ich das erstemal seit langer Zeit ganz allein war, so trug es viel bei, mich zu sammeln und meiner eigenen Feder zu vertrauen, wie ich denn seit mehreren Jahren nicht so viel geschrieben habe.

Ferner setzte ich mein altes Grillenspiel mit Felsen, Gebirgen, Steinbrüchen und Steinrütschen wieder fort, und bei dem schönsten denkbaren Wetter ging und fuhr ich in der ganzen Gegend umher. Ellenbogen besuchte ich zweimal, Schlackenwerth, Engelhaus, Aich waren nicht versäumt; überall Steine geklopft, so daß ich zuletzt die bekannte Müllerische Sammlung von hundert Stücken eben so, als wenn der gute Alte noch lebte, zusammenlegen konnte.

Von menschlicher Einwirkung wüßte ich fast gar nichts zu sagen. Geheimer Medizinalrat Berends von Berlin, mein nächster Nachbar, gab mir ärztliche Sicherheit und manche verständige Unterhaltung. Grüße ihn, wo Du ihm begegnest.

Der große diplomatische Konvent ging drei Tage nach meiner Ankunft völlig auseinander. Einige der Herren habe noch gesprochen und sinne jetzt mit ganz Deutschland über die wichtigen Resultate dieses Zusammenseins.

Schreibe mir bald, daß Du in Berlin angekommen bist, und sage mir ja von dem Befinden Schadows das Genauste. Es war ganz nahe dran, daß er noch vor seinem gefeierten Helden hinabgestiegen wäre; freilich ist ein solches Unternehmen zwischen Berlin und Rostock schwieriger als mitten in Paris.

Nun lebe wohl und erwarte bald einige Sendung. – Daß Du meinen «Diwan» so teuer bezahlen müssen, geht mit in die Reisekosten; unterwegs, wo man das Geld am meisten braucht, scheint es weniger wert zu sein. Möchtest Du aus diesem Büchlein Dich wieder aufs neue erbaut fühlen. Es steckt viel drin, man kann viel herausnehmen und viel hineinlegen. Ein gutes Exemplar ist für Dich bestimmt. Außerdem schicke ich auch nächstens die Supplemente zur ersten Ausgabe, wodurch auch diese vollständig und brauchbar wird.

Was Du über «Mahomet» und «Tankred» sagst, ist vollkommen richtig; doch waren mir dergleichen abgemessene Muster zu meinen Theaterdidaskalien höchst nötig und haben mir unsäglichen Vorteil gebracht, weswegen ich ihnen nicht feind sein kann.

Und somit nochmals den besten Dank für Deine gehaltvollen Sendungen. Treulichst Goethe.

Weimar, den 7. Oktober 1819.

auf Deiner Reise: Von seiner Wiener Reise (Juli bis September 1819) erstattete Zelter ausführliche Briefberichte.

Karlsbad: Am 28. August 1819 traf Goethe in Karlsbad ein, wo er gerade noch die letzte Phase der unter dem Vorsitz des Fürsten Clemens Wenzel Lothar von Metternich (1773–1859) tagenden Ministerkonferenz der deutschen Bundesstaaten miterlebte, die in den «Karlsbader Beschlüssen» gipfelte. Goethe weilte bis zum 28. September 1819 in Karlsbad.

Harrach: Graf Karl Borromäus von Harrach (1761–1829), Jurist und Arzt in Wien.

die Kenntnis davon: Von Goethes 70. Geburtstag am 28. August 1819.

die... Müllerische Sammlung: Die Stein- und Mineraliensammlung von Joseph Müller (1727–1817) in Karlsbad.

Berends: Carl August Wilhelm Berends (1758–1826), Medizinalrat und Direktor der Berliner Universitätsklinik.

Der... Konvent: Vgl. o. Anm. zu «Karlsbad».

Schadows: Der Berliner Bildhauer Johann Gottfried Schadow; am 26. August 1819 wurde sein Blücher-Denkmal in Rostock aufgestellt.

meinen «Diwan»: Am 17. September 1819 berichtete Zelter aus Wien: «Gestern habe ich endlich den ‹Diwan› hier ganz fix und fertig angeschafft und sogleich noch einmal ganz durchgelesen. Er kostet hier beinahe 4 Reichstaler Sächsisch, die ich gern bezahlt habe, da ich glaube, daß Herr Cotta auch Dich gut honoriert.»

«Mahomet»... «Tankred»: Am 12. August 1819 berichtete Zelter über seine eher enttäuschend ausgefallene Lektüre von Goethes Voltaire-Übersetzungen «Mahomet» (15, 166) und «Tankred» (15, 222): «Gestern abend habe ich Deine Übersetzung des ‹Mahomet› und ‹Tankred› gelesen. Soll ich nach dem ersten Eindrucke urteilen, so muß ich sagen: es ist bewundernswürdig, ja zum Erstaunen, was ein gewisses Talent, Übung und Meisterschaft leisten – aber ich bin ohne Trost davongegangen.»

Theaterdidaskalien: Regieanweisungen altgriechischer Dramatiker für die Aufführung ihrer Werke.

*

An Zelter

Es ist gut, daß man von Zeit zu Zeit aus seinen Umgebungen zu scheiden und aufzuräumen genötigt wird; daher entstehen so die Zwischentestamente unserer Laufbahn. In vierzehn Tagen gedenk' ich nach Karlsbad zu gehen, und da hab' ich Dir auch noch einen «Hackert» vorgesucht und sende ihn sauber gebunden. Du hast dem Büchlein Sorgfalt und Sinn abgefühlt, die ich ihm gewidmet und verliehen habe; es ist in dem lieben Deutschland verschollen und mit vielem andern, Gutem und Nützlichen von den Sandweben des Tags zugedeckt, wird aber immer doch wieder einmal wie der Bernstein ausgeschwemmt oder -gegraben. Habe Dank, daß Du mich daran erinnern wollen.

Manches hast Du indessen von mir erhalten, gib in diesen Tagen nähere Nachricht. Mich verlangt sehr wieder ins Freie: denn der vergangene Winter war sehr lästig. Freilich wenn das Frühjahr eintritt, Märzenglöckchen und Krokus hervorbrechen, so begreift man kaum, wie man in dem Schnee- und Eiskerker fortexistieren konnte. Bei euch in großen Städten ist's freilich anders, da ist das Winterleben das lustigste. Nun gedenke meiner im Guten, wobei ich, um gegen die moralische Weltordnung nicht undankbar zu sein, bekennen muß, daß mir seit einiger Zeit gar manches Gute begegnete.

Das Gleiche wünschend. G.

Weimar, den 14. April 1820.

nach Karlsbad: Am 23. April 1820 fuhr Goethe – übrigens zum letztenmal – nach Karlsbad.

«Hackert»: «Philipp Hackert. Biographische Skizze, meist nach dessen eigenen Aufsätzen entworfen von Goethe», erstmals 1811 bei Cotta erschienen.

*

An Goethe Berlin, den 13. Mai 1820.

Eben da ich im Begriff bin, mit den Kindern nach Potsdam zu fahren, um den morgenden Sonntag dort in die Blüten zu schaun, kommt Dein liebster Brief aus Karlsbad vom 2. dieses, der mich doppelt vergnügt macht, weil Du mich darinne lobst.

Dachte ich doch, daß Dir von unserm Feste das Ganze anschaulich sein müßte; auch hat es den Gästen Vergnügen gemacht, insofern sie nichts von uns vernommen haben, als was uns und ihnen gemäß ist.

Den 16. Indem Dein Brief von musikalischer Malerei spricht, soll ich sagen, wer sonst dergleichen geleistet hat.

Hat es doch jeder Tüchtige nach seiner Art in allem, was Kunst heißt, hervorgebracht, und nur die, welche es nachmachen wollen, fallen ins Einzelne, Vergleichende, zu ihrem Schaden, wie die Maler, welche einen Kopf auf fremden Rumpf stellen.

Mit dem Genie ist es anders, wie Du mir einst bei Gelegenheit, als die Rede von Molière war, begreiflich machtest. Mit dem ist nicht zu hadern: es stellt uns, hält uns, jagt uns, wir wissen nicht wie, und am Ende finden wir uns zufrieden, wenn wir nur unsere Forderungen aufgeben.

Haydn in der «Schöpfung» und den «Jahreszeiten», Beethoven in seinen Charaktersinfonieen und in der «Schlacht von Vittoria» haben das Seltsamste auf die Tafel gestellt und ausgezeichnet.

Was ich dabei bemerke, ist folgendes: Nimmt man das Wort weg und die Sache bleibt im Zusammenhange, so wird man sich beruhigen. Die «Schlacht von Vittoria», welche ich nun 4 Male mitgemacht habe, hat mich noch immer in die herzhafte, furchtbar-furchtlose und geistige Stimmung versetzt, welche dazu gehört. Nur darf ich mir die Parteien nicht namentlich denken, weil sich gleich das Urteil einmischt, das allemal partei[i]sch ist. Und doch sind sie durch ihre Nationalmusik als Engländer und Franzosen kenntlich; man weiß nicht, ob es ein Fehler ist oder eine Schönheit.

Die Ouvertüre in Haydns «Schöpfung» ist das Wunderbarste aller Welt, indem durch ordentliche, methodische, ausgemachte Kunstmittel ein – *Chaos* hervorgebracht ist, das die Empfindung einer bodenlosen Unordnung zu einer Empfindung des Vergnügens macht.

In der Sinfonie zu den «Jahreszeiten», welche den Winter vorstellt, friere ich mit Wollust am warmen Ofen und weiß in dem Augenblicke nicht: ob es außer dem noch was Schönes in der Welt gibt.

Was der alte Bach und Händel geleistet haben, ist völlig grenzenlos, besonders in seiner Unzahl, so wie jede gelegentliche vorüberschwirrende Äußerlichkeit zu einem Abgrunde von Empfindung wird, welchen sie mit bekannten schwarzen Punkten bezeichnen. Ja wäre im Menschlichen keine Beschränktheit und das äußerliche Mittel reich genug, so würde man im Bauche der Erde und in der Brust der Sterne das Leben der Allmacht erkennen.

Was ich hiergegen an den Tag gebracht habe, ist eben von der Art, daß ich darüber nichts Verständliches zu sagen wüßte. Daß ich aus Neigung und Glück aus obigen Schätzen manches herausgeahnet habe, was also nichts weniger als einzig ist, mag darinne bestehen: aus wenigen Noten einen Knäul zu wickeln, woraus sich abwickeln läßt, was der Faden langt, und dahin haben mich Deine Gedichte gebracht, die ich verstehe, ohne sie zu erklären; welches letztere mir oft genug zum Vorwurf wird, der mich nicht befremdet und nicht kränkt, weil ich weiß, was darin ist, wenn ich es auch nicht herausschaffe.

So erschrak ich ganz anmutig, als ich im «Diwan» das «Dir zu eröffnen mein Herz» gedruckt fand und die Erklärung dabei, wie das Gedicht entstanden. Es war im Glauben an Dich, ohne weiteres Verständnis in Noten gesetzt, und der Ton desselben wird von mir hinterher ganz wahr befunden. – Wer mag sich das erklären?

Der Gebrauch des Marienbrunnens ist hier stark im Gange. Mein Arzt wollte mich schon voriges Jahr dahin schicken; als ich aber in Franzensbrunn und Karlsbad erfuhr, daß sie mehr Leute hätten als Wohnung, rannte ich nach Wien, wo sie freilich auch nichts *gratis* geben wollen. Lebe wohl, alter Herr, und gedenke unser im Guten.

Den 24. wird der vorjährige Geburtstag wieder gefeiert und der «Faust» wieder losgelassen. Es wäre doch gut, wenn Du dem Spaße ein wenig näher wärest, und solltest Du Dich auch nur über unsere Freude daran freuen. Dein Z.

Laß doch bald wieder von Dir hören. Werden wir ja immer älter; so laß uns doch so nahe zusammenrücken als möglich! Dein!

weil Du… lobst: Am 2. Mai 1820 schrieb Goethe: «Die reinste und höchste Malerei in der Musik ist die, welche Du auch ausübst: es kommt darauf an, den Hörer in die Stimmung zu versetzen, welche das Gedicht angibt; in der Einbildungskraft bilden sich alsdann die Gestalten nach Anlaß des Textes, sie weiß nicht, wie sie dazu kommt. Muster davon hast Du gegeben in der ‹Johanna Sebus›, ‹Mitternacht›, ‹Über allen Gipfeln ist Ruh› und wo nicht überall? Deute mir an, wer außer Dir dergleichen geleistet hat. Töne durch Töne zu malen: zu donnern, zu schmettern, zu plätschern und zu patschen, ist detestabel. Das Minimum davon wird als Tüpfchen aufs i in obigen Fällen weislich benutzt, wie Du auch tust. Und so verwandle ich Ton- und Gehörloser, obgleich Guthörender, jenen großen Genuß in Begriff und Wort. Ich weiß recht gut, daß mir deshalb ein Drittel des Lebens fehlt; aber man muß sich einzurichten wissen.»

von unserem Feste: Am 19. April 1820 berichtete Zelter von einer vom Berliner Künstlerverein und der Königlichen Akademie gemeinsam veranstalteten Feier zum Geburtstag des Malers Raffael (1483–1520).

Haydn… «Schöpfung»… «Jahreszeiten»: Die beiden Oratorien von Joseph Haydn, «Die Schöpfung» (1798) und «Die Jahreszeiten» (1801).

Beethoven… Charaktersinfonieen: Zu Beethovens Charaktersinfonien zählt man allgemein die dritte in Es-dur, op. 55, «Eroica», und die fünfte in c-moll, op. 67, die «Schicksalssinfonie».

«Schlacht von Vittoria»: Vgl. Anm. zu Zelters Brief vom 9. Mai 1816, S. 128.

«Dir zu eröffnen mein Herz»: Das gleichnamige, in den «Noten und Abhandlungen» zum «West-östlichen Divan» unter der Überschrift «Chiffre» erläuterte Goethe-Gedicht.

Den 24.… «Faust»: Vgl. Anm. zu Zelters Brief vom 2. Juni 1819, S. 154.

An Zelter Jena, den 6. Junius 1820.

Also will ich vor allen Dingen melden, daß Deine Briefe sämtlich, früher oder später, zu mir gelangt sind:

vom 19. April,
vom 13. Mai,
Pfingsttag,
«Evangelium am Pfingstmontag»,
vom 2. Juni, mit dem lieben «Nepomukchen»,

woran ich mich denn durchaus höchlich erbaut habe und mich zu dem allerschönsten Dank hiedurch bekenne. Einzelne Betrachtungen, wozu mich Deine Worte verleiteten, wurden sogleich aufgeschrieben, und ich werde sie Dir nach und nach aus meinen Papieren ausziehen. Gegen alles so vielfache Gute hab' ich freilich nur zu erwidern: daß ich, in meiner Einzelnheit mannigfaltige Existenzen berührend, in fremde Zustände eindringend, gar viel Gutes und Nützliches erfahren habe. Auch hat sich in vielen einsamen Stunden eine solche Schreib- und Diktierseligkeit bei mir entwickelt, daß mehr Papier in diesen sechs Wochen ist verschrieben worden als sonst jemals, welches viel heißen will, wobei manches Erfreuliche aus den letheischen Untiefen herausgefischt wurde, wovon Dir Dein gebührendes Teil nicht vorenthalten werden soll.

Vier Gedichte zum «Diwan», und zwar zum «Buche des Paradieses», haben mich selbst überrascht, deshalb ich nicht zu sagen wüßte, wie sie geraten sind.

Nun will ich also in umgekehrter Ordnung auf Deine Briefe einiges erwidern. Eigentlich bin ich so früh ins Bad gegangen, um die Monate Juni und Juli, auch den halben August in diesen Gegenden zuzubringen. Dein Besuch sollte mir höchst erfreulich sein, nur bitte um Meldung und Verabredung, weil ich die ganze Zeit über von mancherlei Äußerlichkeiten abhänge. Deine Gegenwart wird mir die erfreulichste Ermunterung werden. Soll ich aber nun nach Berlin denken, so macht mir's eine traurige Empfindung, daß ich des Guten, was mir dort zuteil werden sollte, mich nicht erfreuen darf.

Ich habe auf der letzten Reise zwar mancherlei gewagt und unternommen, und es ist mir alles geglückt, aber, genau gesehen, bloß deswegen, weil nicht allein jeder Tag und

Stunde, sondern auch jeder Augenblick von mir abhing; ich konnte bis ans Ende meiner Kräfte gehen und zuletzt ohne Rücksicht rechts, links wenden oder auch umkehren. Wie ist dies in einem so großen komplizierten Zustande denkbar? Wenn Du kommst, wollen wir das Weitere behandeln.

Was soll ich aber nun zu eurer Faustischen Darstellung sagen? Die treue Relation, die ich Dir verdanke, versetzt mich ganz klar in die wunderlichste Region. Die Poesie ist doch wirklich eine Klapperschlange, in deren Rachen man sich mit widerwilligem Willen stürzt. Wenn ihr freilich wie bisher zusammenhaltet, so muß es das seltsamste Werk sein, werden und bleiben, was die Welt gesehen hat.

Für den singbar zurückkehrenden Heiligen danke zum allerschönsten; der «Heilige Geist» wird sich zu seiner Zeit schon selbst auszubilden wissen, und so will ich nach und nach das Weitere vermelden, und für unser Zusammentreffen soll doch noch manches übrigbleiben, was von Angesicht zu Angesicht am besten sich ausnimmt.

Zu Ausfüllung des Platzes erzähle folgendes: Vor etwa einem Jahr erzähl' ich meiner Schwiegertochter, da wir gerade allein sitzen, ein Geschichtchen, dergleichen Du manche kennst und wie ich noch verschiedene im Sinne habe. Sie verlangt es zu lesen, ich muß ihr aber sagen, daß es nur in meiner Einbildungskraft waltet. Die Zeit her hab' ich kaum daran gedacht. Jetzt komm' ich nach Schleiz, etwas früh, und habe lange Weile, ziehe gerade ein Buch Schreibpapier und einen leichtschreibenden Wiener Schwarzkreidestift aus meinem Portefeuille, fange an, die Geschichte zu schreiben. Jetzt, da ich sie abdiktiere, wo ich wenig zu verändern weiß, find' ich sie ziemlich in der Hälfte; das Weitere wird sich wohl geben.

Jena, den 7. Juni 1820. G.

«Nepomukchen»: Zelters Vertonung von Goethes in Karlsbad entstandenem Gedicht «St. Nepomuks Vorabend» (1, 492).

aus den letheischen Untiefen: Vgl. Anm. zu Goethes Brief vom 30. August 1807, S. 51.

Vier Gedichte: Während des Karlsbader Aufenthalts entstanden die fünf Gedichte «Vorschmack» (3, 388), «Einlaß» (3, 391), «Anklang» (3, 392), «Deine Liebe...» (3, 393) und «Wieder einen Finger...» (3, 395).

Faustischen Darstellung: Am 24. Mai 1820 fand abermals eine von Fürst Radziwill veranlaßte «Faust»-Aufführung in Berlin statt, diesmal in Anwesenheit des preußischen Königs Friedrich Wilhelm III.

Für den... Heiligen: s.o. Anm. zu «Nepomukchen».

der «Heilige Geist»: Goethes Hymnen-Neudichtung «Veni creator spiritus» (2, 336); er sandte sie am 12. April 1820 an Zelter: «Zu beiliegender Hymne wünsche eine wahrhaft Zelterische Komposition, damit solche jeden Sonntags vor meinem Hause chormäßig möge gesungen werden.»

die Geschichte aufzuschreiben: Gemeint ist die später in «Wilhelm Meisters Wanderjahre» eingegliederte Novelle «Wer ist der Verräter?».

*

An Goethe Berlin, den 14. Juni 1820

Da ich immerfort Dich in Gedanken habe und mir Dein Weben und Leben wie ein Faden, wie eine schwingende klingende Saite vor der Seele schwebt, so sprang mir das «Nepomukchen» sogleich entgegen: ich fand mich in Prag auf der Schützeninsel, die schöne Brücke vor mir, dazwischen den sanften Strom, der tausend Schiffchen mit hellen Kerzen trägt; das Frohlocken der Kinder, das Gebimmel und Getön der Glocken und der ruhige Gedanke, daß mitten in dem poetischen Wirr- und Irrwesen die Wahrheit ruht wie ein schlafendes Kind – und das Stückchen stand vor mir.

Stelle ich mir nun noch vor, wie Du eben bei den Sängern stehst und sie nicht eher davon läßt, bis sie den Saft heraushaben, so genieße ich Deinen Dank wie eine selbstgewonnene Frucht und verstehe auch mich, wenn ich denken darf, Dich zu verstehn.

Dank also für Deinen Brief aus Jena vom 7. dieses, der gestern abend angekommen war; liegt doch in solcher Wechselwirkung nur allein Leben und Lebenslust.

Was Deine Anherkunft anlangt, so sehe recht gut ein, ja es schmerzt mich, Dich in einer Existenz gestört zu sehn, die unter den möglichen vielleicht die behaglichste für Dich ist. Jedoch uns wäre es nicht zu verdenken. Und wer uns nicht geradezu mit ungünstigem Auge sieht, wird finden, wie sich unser Boden selbst bessert, indem manches Wurzel schlägt, denn, was das Bestreben anlangt, wir in keinem, was nacher als gut erkannt worden, die Letzten gewesen sind. Betrachte ich endlich, was eine Gegenwart für eine Wirkung ins Unendliche haben und geben kann – das können Bücher und Lesen wenigstens so gut nicht wirken. Was wäre ein Krieg, wo keine Partei vorrückte, und was ein Friede, wenn niemand eine Heimat hätte?

Fürst Radziwill geht nun wieder in seine Statthalterschaft, und unsere Faustiade ruht nun wieder, um langsam nachzubrodeln. Ich selber habe dabei nichts zu tun, als daß mir dann und wann ein Wort vergönnt ist, wenn ich nicht noch zuletzt daran komme, die rote Feder zu bewegen, um einige Flatschen wegzustreichen. Denn da alles einzeln entsteht, so ist es kein Wunder, wenn sich manches vereinzelt.

Über meine Reise zu Dir hast Du Dir durchaus keine Gedanken zu machen, die ein bloßer Gedanke *in spe* ist. Ich will nur wissen, wo Du immer bist, um mir Deine Zustände gegenwärtig zu erhalten, und das ist alles. Verzeih es mir, ich kann's nicht lassen.

Freitag, 16. Im Namen des Herrn Professor Tölken soll ich Dir die anliegende Rede unseres Rafaelfestes zusenden, der sich vielleicht noch selbst an Dich wendet.

Sage mir doch, in welcher Beziehung Paulus und Magdalena mit der heiligen Cäcilia stehen, wie sie nämlich auf dem Bilde des Rafael abgebildet sind. Daß *sie* die Musik vom Himmel nicht hören, ist gewiß, weil sie sie hier nicht hören sollen; denn die heilige Cäcilia ist eben deswegen die Hauptperson des Bildes, weil sie die Musik allein hört. Ob nun Paulus und Magdalena etwa zu dem lieben Gute gehören sollen, was hier auf der Erde herumliegt, oder – und so weiter.

Zur Belohnung Deiner Auflösung sende anbei aus unserm Kabinette einige künstliche Naturalien, wenn Du etwa diese Dinger so gern speisest als ich; der Sohn eines Freundes hat sie aus Sevilla gesandt, woher sonst in den letzten Tagen nichts Genießbares zu kommen pflegte.

Vale! Sonnabend, 17. Juni 1820. Z.

Radziwill... Statthalterschaft: Seit 1815 amtierte Fürst Anton Heinrich Radziwill als preußischer Statthalter in Posen.

Flatschen: (mitteldt.) = Fetzen, Haufen, Stück.

Professor Tölken: Ernst Heinrich Tölken (1785–1869), Kunsthistoriker in Berlin; am Berliner Raffaelsfest (18. April 1820) hielt er eine Rede über «Das Leben Raffaels». (Vgl. Anm. zu Zelters Brief vom 13./16. Mai 1820, S. 160.)

Paulus ... Magdalena ... Cäcilie: Raffaels Gemälde von der Heiligen Cäcilia war anläßlich des Berliner Raffaelsfestes ausgestellt worden. Auf Zelters Frage bezüglich dieses Bildes antwortete Goethe am 9. Juli 1820: «Von dem Bild der heiligen Cäcilie wüßt' ich nur soviel zu sagen: die Heilige steht in der Mitte und läßt die in der Hand habende kleine Orgel sinken, so daß die Pfeifen herausrutschen, wodurch angedeutet wird, daß sie die irdische Musik fahren läßt, wie sie denn auch nach der himmlischen hinaufschaut; die andern Heiligen stehen ganz ohne Bezug auf sie, es sind sonst noch Schutzpatrone, der Stadt, der Kirche, des Bestellers, und haben kein Verhältnis untereinander, als das ihnen die Kunst des Malers zu geben wußte.»

*

An Zelter

Nun, das sieht nun doch einmal nach etwas aus! Ich verlasse Dich Champagnergesundheit anstoßend mit der unwiderstehlichen Fürstin, und jetzt erblick' ich Dich auf der salzigen Wogenbreite im Begriff, den schlechtesten Soff hinunterzuschlucken, welchem kein Prosit zu rufen ist.

In unserer Jugend haben wir auch solche Streiche gemacht, mit heiler Haut ohne Zweck und Not uns in Gefahr zu stürzen; dem Kaufmann soll man nicht übelnehmen, dergleichen zu unternehmen, aber auch uns nicht. Du hast durch die Tat bewiesen, daß noch einige Jugend in Dir stickt, und einen großen Gewinn als Mensch und Musiker erworben.

Daran laß uns nun genügen, wie Dir denn der Spiegel Deiner Reisefahrt abermals auf klarem Papier, von sauberer Hand, nächstens entgegenleuchten soll.

Mich, den mittelländischten Menschen, haben indeß die besten Wallfahrer auf meinen Höhen besucht. Die vier Berliner können manches erzählen und vorweisen. Was alles aus diesen bewegten Bemühungen werden soll und kann, möchte sich schwerlich vorhersagen lassen.

Im ganzen haben mir die vier Freunde durch Gegenwart und Erzählung, durch Tun und Reden die Turbulenz einer sehr großen Stadt gar lebhaft und erfreulich zur Einsiedelei gebracht. Es klingt manches nach, das sich heilsam bei mir ausbildet.

In der Zeit aber, da Du als Odysseischer Vagabund Dich erfrechtest, auf dem schwarzen gefährlichen Rücken des Meeres zu reiten, hab' ich mich stille zu Hause gehalten und werde Dir einige Hefte Zwieback, aber nicht von der Schiffsorte, zusenden können; daran magst Du Dich in den leider schon hereinbrechenden langen Abenden, oder zu welcher

Tags- und Nachtzeit es beliebt, so gut es gehen will, erquikken, vielleicht auch belehren. Verdrießliches wird nichts entgegenspringen.

Ich habe die Zeit her fast mit niemand gesprochen, besonders wenn sprechen allenfalls heißt: wechselseitig reden, wie man denkt. Mein ganzes Dasein seit fünf Monaten steht auf dem Papier; Du würdest [Dich] verwundern, die grenzenlosen Faszikel zu sehen, die immerfort geheftet werden; einiges, was ich in öffentlichen Anstalten, außer Hause getan habe, wird auch von Verständigen gebilligt.

Dieser meiner entschiedenen Einsamkeit und Diktiergewohnheit verdankst Du denn auch diesen Brief, welcher am Abend der Ankunft des Deinigen ausgefertigt wird. Damit aber Du Wellengeschaukelter, Meeresgeruchschnufflender, Ufersehnsüchtiger, im Stillen und Ruhigen diesen Winter, an das gefährliche Große Dich erinnernd, vergnügliche Stunden genießen könnest, so rat' ich Dir, ein Gedicht anzuschaffen: «Olfried und Lisena» in zehn Gesängen und über 600 Stanzen, von August Hagen, einem Jünglinge in Königsberg.

Wenn auch diese Speise Deinem derben Gaumen und guter Verdauungskraft hie und da allzuleicht erscheinen möchte, so wirst Du gewiß entzückt sein, gerade Deinen Ostseeduft durch das ganze Büchlein anwehend zu spüren. Es ist eine wundersame Erscheinung, die mir viel Freude gemacht hat.

Nun aber erst, womit ich hätte anfangen sollen, wenn die frohen Melodien dieser Welt nicht so oft mit Sordinen müßten gespielt werden: meine Schwiegertochter hat abermals einen tüchtigen Jungen zur Welt gebracht; nur hat sie bei ihrer zarten Natur in der Schwangerschaft grenzenlos gelitten, und wenn ich aufrichtig sein soll, so fürcht' ich noch immer für sie. Weiter kann ich nichts sagen, als daß ich auch hier mich im Islam zu halten suche.

Geht es in unserm Hause gut, so wär' es liebenswürdig, wenn Du Anfang November bei uns einsprächst; denn alsdann bin ich erst wieder bei mir selbst eingekehrt. Hierher kann und mag ich Dich nicht laden; auch hab' ich noch sechs Wochen soviel zu tun, daß ich wenig freie Stunden vor mir sehe. Zufällig trafen es die Berliner Freunde, sie kamen gerade in einer Pause meiner sämtlichen Tätigkeit. Somit mög' es denn auch genug sein, diese Blätter Dich begrüßen und bald wieder ein Schreiben vom festen Pflaster oder vom lockern, doch nicht wogenden Sande aus auf mich hervorlocken.

Jena, den 20. September 1820. Treulichst G.

Champagnergesundheit ... Fürstin: Bezieht sich auf einen Besuch Zelters bei der Herzogin Friederike Caroline Sophie von Cumberland (1778–1841). Am 29. Juli 1820 berichtete Zelter: «Man war schon von Tafel aufgestanden, als die Prinzeß noch eine neue Flasche Champagner geben ließ und mit mir expreß auf Dein Wohl zusammenstieß, und wenn's damit treu gemeint war, so muß ich noch sagen, der Champagner verdiente auch sein Lob.»

auf der ... Wogenbreite: Im August 1820 unternahm Zelter eine Reise nach Rügen; am 24. August traf er dort ein, und am 2. September fuhr er – in einer dreizehnstündigen, abenteuerlichen und nicht ungefährlichen Seefahrt – weiter nach Swinemünde.

Spiegel Deiner Reisefahrt: In einem langen Brief vom 18. August bis 16. September gab Zelter einen lebendig-anschaulichen Bericht von seinen Reiseabenteuern und seiner stürmischen Seefahrt. Goethe schätzte diese Reisebeschreibungen sehr, und er nahm sich von ihnen jedesmal eine Abschrift, die er Zelter dann umgehend übersandte.

Die vier Berliner: Am 17./18. August 1820 empfing Goethe den Besuch von vier Berlinern: von Staatsrat Schultz, Architekt Schinkel sowie den Bildhauern Christian Friedrich Tieck (1776–1851) und Christian Daniel Rauch (1777–1857).

einige Hefte Zwieback: Von Goethes Zeitschrift «Über Kunst und Altertum» erschienen 1820 das zweite und dritte Heft des zweiten Bandes; von «Zur Naturwissenschaft überhaupt, besonders zur Morphologie» erschienen 1820 das zweite und dritte Heft des ersten Bandes.

Faszikel: Aktenbündel, Heft.

«Olfried und Lisena» ... August Hagen: Das Epos «Olfried und Lisena. Ein romantisches Gedicht in 10 Gesängen» (1820) von August Hagen (1797–1880), Schriftsteller und Professor für Literaturgeschichte in Königsberg.

Sordinen: Dämpfer.

einen tüchtigen Jungen: Am 18. September 1820 wurde Goethes zweiter Enkel Wolfgang Maximilian geboren.

*

An Goethe Berlin, 14. Januar 1821. Abends.

Nach dem vielen schlechten Zeuge, woran Augen, Geschmack und Herz verderben, habe mich soeben an Shakespeares «Romeo und Julie» wieder gesund gesehn: ein unverwüstliches Stück Arbeit und in seiner borstigen Gestalt so rund wie ein Planet. Madame Stich und Herr Wolff mit allgemeinem Beifalle und vieler Anstrengung.

Das Stück dürfte sich allein spielen, wenn man's gehn ließe; vielleicht wäre der Beifall geringer und die Wirkung noch größer. Eine ganze Welt von altem Hasse und Morgenliebe, und alle moralische Deutung derselben – Firlefanz. Die Sonne weiß viel, was sie bescheint. Gleich drauf habe ich Vossens Übersetzung nachgelesen und sage noch einmal: das Stück ist unverwüstlich. Wer es gesehn, geschaut, gelesen, englisch, deutsch, der lese es auch Vossisch: es ist unverwüstlich!

23. Januar

Der Obermedizinalrat Jacobi aus Düsseldorf erbat sich einen Brief an Dich, und so wird es wohl einmal wieder Zeit sein, aneinander zu rücken. Daß Du gesund bist, hoffe ich, daß Du fleißig bist, erfahre ich, und doch kann ich nicht zufrieden sein, bis ich Deine Hand sehe. Ich habe an den Augen gelitten, und das trübe Wetter hat mir auch wehe getan. Schultz ist bedenklich krank, und die Not macht er sich dazu, das wäre das Neuste von hier. Sonnabend geht das Karneval an, vielleicht kann ich darüber künftig melden, wenn mein einsiedlerisches Leben es zuläßt; man kann bei solcher Witterung nicht zum Hause hinaus.

Dein neustes Stück «Morphologie» habe ich noch mit keinem Auge gesehn und sauge daher noch am letzten Stücke von «Kunst und Altertum». Laß doch vernehmen, was die Ostermesse von Dir bringen wird, und vergiß nicht

Deines Z.

«Romeo und Julie»: Am Berliner Königlichen Theater wurde Shakespeares Trauerspiel «Romeo und Julia» in der deutschen Übertragung von August Wilhelm Schlegel gespielt. – Johann Heinrich Voß d. J. (1779–1822) begann 1806 mit einer Übersetzung der beiden Shakespeare-Dramen «Othello» und «König Lear» ins Deutsche; ab 1810 beteiligte sich auch dessen Bruder Abraham Voß an der Übertragung sieben weiterer Dramen, darunter «Romeo und Julia». 1818 trat auch ihr Vater, der berühmte Homer-Übersetzer Johann Heinrich Voß, dem Team bei; eine Vossische Gesamtübertragung aller Dramen Shakespeares lag 1829 in insgesamt neun Bänden vor.

Madame Stich … Herr Wolff: Die Schauspielerin Auguste Stich, geb. Düring (1795–1865) sowie der Schauspieler Pius Alexander Wolff.

Vossens Übersetzung: s.o. Anm. zu «Romeo und Julie».

Obermedizinalrat Jacobi: Maximilian Karl Wiegand Jacobi (1775–1858), Regierungs- und Medizinalrat in Düsseldorf, 1825 Leiter der Provinzialirrenanstalt in Siegburg.

Schultz: Der preußische Staatsrat Christoph Ludwig Friedrich Schultz.
«*Morphologie*» ... «*Kunst und Altertum*»: Vgl. Goethes Brief vom 20. September 1820, Anm. zu «einige Hefte Zwieback», S. 167.

*

An Zelter

Dem guten vieljährigen Freunde Max Jacobi habe den besten Dank abzustatten, daß er ein flüchtiges Blatt von Dir herausgelockt, auf welchem Du mich mit einem Hymnus auf «Romeo und Julie» endlich wieder einmal begrüßest.

Seit dem Besuch meiner Kinder bei euch, dem tätigen Gegenbesuch der Künstler und Kunstfreunde, der dortigen Anwesenheit des umsichtigen Meyers steh' ich in einem stillen wunderlichen Verhältnis zu Berlin; ich begreife nämlich kaum, wie ihr, hastig lebend, soviel genießend, euch grenzenlos zerstreuend, doch noch nebenher auch wieder fürs Leben sorgen könnt. Deshalb man gern verzeiht, wenn euch eine Wirkung in die Ferne nicht immer anwandlen kann.

Solche Vorstellungen und Betrachtungen sind denn wohl dem Einsiedler zu verzeihen, der diesen ganzen Winter über weder Haus noch Stube verlassen, sich körperlich und geistig wohl befindet und keinen Tag, durch krankhafte Hindernisse genötigt, diesmal zu verpassen brauchte.

Zu Ostern denke ein frisches Heft «Kunst und Altertum» den Freunden darzubringen, sowie einen Band «*Wilhelm Meisters Wanderjahre*».

Dieses ist denn doch das höchst Reizende eines sonst bedenklichen Autorlebens, daß man seinen Freunden schweigt und indessen eine große Konversation mit ihnen nach allen Weltgegenden hin bereitet.

Der Musiker ist in demselben Fall, er muß sich aber anders benehmen wie gewisse Freunde, die weder die Reuetöne zarter Magdalenen noch den Appell an das allgemeine Weltgenie ihren stillen Abwesenden zugute kommen lassen.

Dem allen ohngeachtet will ich das letzte Heft «Morphologie» nicht länger zurückhalten, sondern solches mit dem Wunsch übersenden, daß auch Dir darinnen etwas Erfreuliches bereitet sein möge.

Zum Schluß melde noch, daß Fräulein Ulrike sich beschwert, von Dir seit langer Zeit keinen Gruß vernommen zu haben. Kinder und Enkel befinden sich übrigens wohl und grüßen. Treulichst G.

Weimar, den 18. Februar 1821.

Max Jacobi: Vgl. Anm. zu Zelters Brief vom 14./23. Januar 1821, S. 169. Jacobi besuchte Goethe auf seiner Rückreise von Berlin nach Düsseldorf und übergab ihm Zelters Brief.

Besuch meiner Kinder: Vgl. Anm. zu Zelters Brief vom 20. Mai 1819, S. 153.

Gegenbesuch ... Kunstfreunde: Vgl. Goethes Brief vom 20. September 1820, Anm. zu «Die vier Berliner», S. 167.

«Kunst und Altertum»: Das erste Heft des dritten Bandes «Über Kunst und Altertum», erschienen 1821.

«Wilhelm Meisters Wanderjahre»: Der erste Teil von Goethes Roman «Wilhelm Meisters Wanderjahre oder Die Entsagenden» erschien 1821 bei Cotta.

das letzte Heft «Morphologie»: Das dritte Heft des ersten Bandes von Goethes Zeitschrift «Zur Naturwissenschaft überhaupt, besonders zur Morphologie».

Fräulein Ulrike: Ulrike von Pogwisch (1804–1875), die Schwester von Goethes Schwiegertochter Ottilie.

*

An Goethe Berlin, Donnerstag, den 10. Mai 1821.

Die günstige Gelegenheit, Dir einige Worte zu schreiben, soll mir nicht entgehn.

Gestern hat sich unser Herr Boucher nebst Frau abermalen mit vergrößertem Beifalle und bei gefüllterm Hause hören lassen; sein Ton ist in der Tat schön und seine Fertigkeit ganz außerordentlich. Das Kapriziose in seinem Spiel glaube ich richtig als angeboren erkannt zu haben, denn es ist ohne Affektation und hat was Romantisches, das sich recht gut nachempfinden läßt, wenn auch ich mit diesem Konvolut von Talenten etwas anderes beginnen würde.

In etwa 8 Tagen denke ich nach Leipzig zu gehn und wünschte wohl zu wissen, wo man Dich aufzusuchen hätte. Sei daher so gut, mich mit der nämlichen Gelegenheit einiges darüber wissen zu lassen, denn ohne Dich noch einmal wieder ans Herz zu drücken, mag ich nicht sterben, soviel Lust zum Leben ich auch habe.

Alles sperrt hier wie die jungen Vögel die Schnäbel auf, um Deine Ostergaben einzunehmen.

«Bleibe Du mein Allerliebstes,
Denn Du hast es und Du gibst es» Deinem Z.

Herr Boucher nebst Frau: Alexandre Jean Boucher (1770–1861), Schauspieler und Violinvirtuose, sowie dessen Gattin Céleste Boucher, geb. Gallyot, Klavier- und Harfenspielerin.

wo man Dich aufzusuchen hätte: Am 13. Mai 1821 antwortete Goethe: «Wir sind zu Hause, der Freund willkommen.» Die Begegnung Zelters mit Goethe kam erst im November 1821 in Weimar zustande.

«Bleibe Du...»: Anspielung auf die beiden letzten Verse von Goethes Gedicht «Einladung» aus dem «West-östlichen Divan» (3, 344); im eigentlichen Wortlaut: «Bleibe du, mein Allerliebstes;/ Denn du bringst es und du gibst es.»

*

An Zelter

Ob Dir gleich, mein Teuerster, in Deinem stundstündlichen sündlichen Berliner Musikantenleben, wie ich gar wohl begreife, zu einer Wirkung in die Ferne keine Zeit übrigbleibt, so wünscht' ich doch, daß Du manchmal, was Dir so wohl gelingt, mit einigen Federstrichen den Augenblick festhieltest und ihn einige dreißig Meilen weiter schicktest. Ich dächte doch, meine Bemühungen um euch, o ihr Athenienser! wenn sie auch nicht jedem einzelnen, sondern der lieben Gesamtheit gesendet werden, verdienten einige Erwiderung.

Meinen Sommer hab' ich glücklich und kurhaft zugebracht; das Unglück von Karlsbad gab eine schlechte Nachkur, denn ich bin zu sehr mit diesem Orte verwachsen, als daß ich mir ihn zerstört denken dürfte. Von den Höhen über Franzenbrunnen sah ich, gerade am 9., jenes Unheil in die mir gar wohl bekannte Tepelregion herunterstürzen, und ohne wunderliche Zufälligkeiten wäre ich in das Unglück mit verwickelt worden; ich hatte sodann weder Mut noch Beruf, in den folgenden Tagen hinzugehen, und die zu einer Fahrt dorthin bestellten Pferde brachten mich nach Hause.

Hier find' ich nun Deine lieben Zuschriften und Sendungen, wofür der beste Dank gesagt sei; ich habe nun einen vieloktavigen Streicherischen Flügel angeschafft, man sagt, er sei glücklich ausgefallen, und ich hoffe, daß mein Winter dadurch etwas musikalischer werden soll.

Wollten Ew. Liebden also zum Besuch, Urteil und Genuß

sich selbst an Ort und Stelle verfügen, so bitte, daß es in der zweiten Hälfte des Oktobers geschehe, und zwar auf Anmeldung, nicht mit Überraschung.

Noch gute vierzehn Tage hab' ich hier zu tun, wo Dich zu empfangen weder Ort noch Zeit, weder Gesellschaft noch Gelegenheit sein möchte. Laß mich nächstens wissen, wie Du darüber denkst, was Du vorhast und ausführen kannst, denn ich darf in meinen Jahren und Tagen nicht mehr aus dem Stegreife leben.

Die Musik wirkt nur gegenwärtig und unmittelbar, und so wirke denn auch wieder einmal als ein echter zuverlässiger musikalischer Freund.

So weit war geschrieben, als ich erst Deine erwünschten Blätter vom 20. August bis 20. September erhielt und, wie Du leicht denken kannst, ganz zufriedengestellt bin. Gegenwärtiges erhältst Du durch einen Klavierspieler Hartknoch, einen Schüler unseres Hummels, der sich Dir am Flügel selbst empfehlen möge; und so den schönsten Dank für alles Mitgeteilte! Treulichst G.

Jena, den 28. September 1821.

Berliner Musikantenleben: Die von Goethe gewünschten Berichterstattungen über die Höhepunkte aus dem Berliner Musikleben folgten in Zelters umfangreicher Brieffolge vom 20. August/20. September 1821. Über die Berliner Uraufführung von Carl Maria von Webers Oper «Der Freischütz» am 18. Juni 1821 heißt es da: «Eine neue Oper: ‹Der Freischütz› von Maria v. Weber, geht reißend ab. Ein einfältiger Jägerbursch (der Held des Stücks) läßt sich von Schwarzkünstlern, die ebenso einfältig sind, verführen, vermittelst mitternächtlicher Zauberkocherei sogenannte Freikugeln zu gießen, um durch den besten Schuß seine eigene, schon mit ihm versprochene Braut zu gewinnen, die er endlich mit solcher Kugel – erschießt? Bewahre! Auch diese trifft er nicht. Das Mädchen fällt nur vom Knalle, steht gleich wieder auf und läßt sich Knall und Fall heiraten. Ob nun der Treffer das letztere besser kann, ist nicht angegeben. – Die Musik findet großen Beifall, und ist in der Tat so gut, daß das Publikum den vielen Kohlen- und Pulverdampf nicht unerträglich findet. – Von eigentlicher Leidenschaft habe vor allem Gebläse wenig gemerkt. Die Kinder und Weiber sind toll und voll davon; Teufel schwarz, Tugend weiß, Theater belebt, Orchester in Bewegung, und daß der Komponist kein Spinozist ist, magst du daraus abnehmen, daß er ein so kolossales Werk aus obengenanntem nihilo erschaffen hat.»

Unglück von Karlsbad: Am 9./10. September 1821 richtete ein Wolkenbruch schwere Verwüstungen in Karlsbad an.

Franzenbrunnen: Vom 26. Juli bis 15. September 1821 weilte Goethe in Marienbad; dazwischen schaltete er – vom 25. August bis 12. September – einen Aufenthalt in Eger ein.

einen … Streicherischen Flügel: Ein Flügel aus der Pianofortefabrik von Johann Andreas Streicher (1761–1833) in Wien.

zum Besuch: Vgl. Zelters Brief vom 10. Mai 1821, Anm. zu «wo man Dich aufzusuchen hätte», S. 172.

Hartknoch: Karl Eduard Hartknoch (1795–1833), Musiker, Pianist, bis 1827 in Weimar, anschließend in Moskau tätig.

unseres Hummels: Der Komponist und Pianist Johann Nepomuk Hummel (1778–1837), ab 1819 Kapellmeister in Weimar.

*

An Goethe Berlin, 13. Oktober 1821.

Halte mich, mein Geliebtester, nur nicht so vornehm beschäftigt, daß mir keine Zeit zur Korrespondenz mit Dir bliebe. Ich teile weniger, als Du glauben magst, ein gewisses Mitlaufen, und was mir vorkommt, ist selten mir so wert, daß ich mir deswegen die Finger mit Tinte beschmiere.

Manches muß man denn wohl mitmachen, und da mag's immer besser sein, mit zugrunde gehn, als allein schlecht enden.

Was die Musik anlangt, so ist freilich unser Sündenleben damit so unnatürlich wie möglich, und da darf man auch nicht allzuweit entfernt sein, um mitzulernen, was alle längst wissen; auch macht es mir wohl Spaß, meine Stupidität anerkannt zu sehn. Dabei wird jedoch der gewohnte Schritt verfolgt, und mancher wird mitgenommen, der selber nicht weiß, ob er will.

Unsre Stadt ist diesen Herbst wie ein grünender Baum, dem die lieblichsten Zug-, Schlag- und Singvögel zu- und abfliegen. Sänger, Pfeifer, Geiger und so weiter formieren sich aufs natürlichste zu einer *queue*, wie Lämmer geduldig, mit Noten, Geigen, Flöten, Klarinetten unterm Arme, um einander, wo nicht zu übertreffen, doch zu überbieten, und da wir reiche Leute sind, so geben wir auch so: viel für wenig und umgekehrt.

Am Donnerstage hat Boucher abermalen das nächste seiner letzten Konzerte bei vollem Hause gegeben. Dafür ist Berlin sein Athen, es kann ihm aber auch zu Haus und Hof kommen wie der Catalani; denn was uns recht gefällt, finden sie andernorts gern abscheulich.

Dein Brief vom 14. Oktober ist gestern den 20. angekommen. Auch ich habe diesen Tag nach meiner Weise mit ähnlichen Betrachtungen gefeiert, die man wohl jährlich wie ein Gedächtnismal wiederholt, wäre es auch nur, um die Zeit mit der Zeit–ung zu vergleichen.

Herr Rellstab ist der Sohn eines alten Schulfreundes und hat den Militärdienst verlassen. Seiner guten Mutter bin ich besonders bei ihrem Leben hold gewesen, und darum ist mir's lieb, daß er in Deinem Hause gute Aufnahme gefunden hat.

Herr Nägeli hatte sich völlig darauf gespitzt, daß mich seine Ausgabe meiner Lieder höchlich erfreuen sollte, und kann sich nicht genug wundern über meine Unverschämtheit, die vielen Druck- und Dreckfehler darin nicht zu billigen. Von dem Bildnisse habe ich die Satisfaktion, daß die Leute mich besser aussehend finden; das kann man denn doch nicht übelnehmen.

Daß Du meine Emendationen wieder zurücktust, hat meinen vollen Beifall. Man hat auch gute Freunde, denen man eins auswischen möchte, und da gleiche Ursachen gleiche Wirkungen haben können, so ist Übermut aus Übermut entstanden. Meine Gelegenheit war mir dabei so gelegen, daß ich ohne diese Gelegenheit nicht gewußt hätte, wie ich die Verse notieren sollen, was ich doch wollte. Ich bin eine Art von Botanikus, der schöne ausländische Pflanzen auf seinen Boden bringt, und wenn beides dadurch nicht besser wird, so merkt man am Dritten, welchen Wert das Element hat.

Wollte mich auch als Dichter beweisen
Und meine Helden rückwärts preisen.

Da läuft schon wieder der Emendator mit dem Poeten ins Freie.

Meine schöne Schülerin, wie Du sie nennst, werde ich hoch erfreuen, da Du ihrer so schön gedenkst. Sie und die Mutter sind die Besten ihres Stammes und, wie mit Fluch beladen, rechte Kreuzträgerinnen. Vielleicht spricht sich's einmal darüber.

Dein Schubarth soll nicht gescholten werden, wenn er kommt. Sein Buch hat mir Freude gemacht. Er wird schon längst erwartet, doch meines Wissens ist er nicht hier.

Über das Theater gelegentlich; denn wie ich oben zu verstehn gegeben, huldige auch ich der Göttin Gelegenheit und ärgere mich, wenn ich sie versäume. Da fällt mir Boucher ein, Boucher ist der Sohn des Tages. Wer ein

Konzert voll haben will, muß den Boucher dabei haben, sonst lassen sie Gesotten und Gebraten stehn. Er kennt die Welt und hat ein Gemüt, sollte es auch ein französisches sein. Er hat in der Tat etwas Moralisches getan, den angeflogenen aufgelogenen Nationalhaß zu verschleifen; denn: dämagogisch gesprochen, möchten wir alle in guten Stunden gern leichteres Blut haben, weil wenigstens ich sonst nicht wüßte, wo mir aller Appetit zum Weintrinken herkommt.

Da bin ich im Schwatzen auf die 4. Seite geraten, und Briefe wirst du gewiß mehr haben als Zeit, sie alle zu lesen; so lies denn das letzte allein: Ewig Dein Getreuster! Z.

Boucher: Vgl. Anm. zu Zelters Brief vom 10. Mai 1821, S. 172.

Catalani: Die italienische Sängerin Angelica Catalani (1782–1849); Goethe traf mit ihr 1818 in Karlsbad zusammen.

diesen Tag... Gedächtnismal: Der Jahrestag der preußischen Niederlage gegen Napoleon in der Doppelschlacht von Jena und Auerstädt vom 14. Oktober 1806.

Herr Rellstab: Heinrich Friedrich Ludwig Rellstab (1799–1860), Musiker und Theaterkritiker bei der Berliner Vossischen Zeitung, Sohn des Berliner Komponisten und Verlegers Johann Karl Friedrich Rellstab (1759–1813), welcher Zelters erste Kompositionen veröffentlichte. Der junge Rellstab überbrachte Goethe den Brief Zelters vom 10. Oktober 1821 sowie einige Exemplare einer neuveröffentlichten Sammlung von Liedkompositionen Zelters (vgl. dazu folgende Anm.).

Herr Nägeli: Hans Georg Nägeli (1773–1836), Musiker, Buchhändler und Verleger in Zürich; 1821 veröffentlichte er – unter dem Titel «Neue Liedersammlung (mit Zelters Bild)» – zwölf Liedkompositionen Zelters, elf davon auf Gedichte von Goethe.

meine Emendationen: Gemeint ist Zelters Chorkomposition «Derb und tüchtig» auf Goethes gleichnamiges Gedicht aus dem «West-östlichen Divan» (3, 297). Offenbar hatte Zelter bei seiner Vertonung den Wortlaut der Goetheschen Verse verändert, um ihn der Musik anzupassen. Goethe machte diese Eingriffe rückgängig, wie aus seinem Brief vom 14. Oktober 1821 hervorgeht: «Daß ich von Deinen guten Absichten auch etwas durchs Ohr vernehme, dazu macht Eberwein Anstalt. Wenn ich aber im Chorgesang ‹Dichten ist ein Übermut› den Autor gegen Deine Emendationen wiederherstelle, ohne dem musikalischen Rhythmus Eintrag zu tun, wirst Du's wohl verzeihen.»

Wollte mich...: Anspielung auf Goethes Verse «Willst du dich als Dichter beweisen...» aus den «Zahmen Xenien» (1, 624); die Verse stehen in Goethes Brief vom 14. Oktober 1821.

Meine... Schülerin: Vermutlich Laura Förster (gestorben 1863), Gattin des Berliner Schriftstellers und Publizisten Friedrich Christoph Förster (1791–1868); Goethe traf mit ihr im September 1820 in Jena zusammen. Am 19. Oktober 1820 berichtete Zelter: «Frau Förster ist nicht schlecht verliebt in Dich zurückgekommen und kann nicht genug erzählen, wie liebreich sie von Dir aufgenommen sei. Sie ist gut musikalisch und hat eine schöne helle und sichere Stimme.»

Schubarth: Karl Ernst Schubarth (1796–1861), Philologe und Ästhetiker,

Lehrer in Berlin, Breslau und Heidelberg. Über ihn schrieb Goethe am 14. Oktober 1821: «Begegnest Du einem Karl Ernst Schubarth von Breslau, so sei ihm freundlich in meine Seele; er hat über meinen ‹Faust› geschrieben und gibt jetzt heraus: ‹Ideen über Homer und sein Zeitalter›, ein Büchlein, das ich höchlich loben kann, weil es uns in guten Humor versetzt. Die Zerreißenden werden nicht damit zufrieden sein, weil es versöhnt und einet.»

*

An Zelter

Mit aufrichtigem, tausendfältigem, aber eiligem Dank für die gute und liebevolle Bewirtung des lieben Kindes sende Dir durch Herrn Rellstab ein Heft, welchem eine freundliche Aufnahme hoffen darf. Ich erquicke mich noch am Andenken unseres neulichen Zusammenseins; durch solche Tage wird gar viel gefördert.

Meinen Winter bring' ich beinahe in absoluter Einsamkeit zu, diktiere fleißig, so daß meine ganze Existenz wie auf dem Papiere steht; zu Ostern sollst Du allerlei zu lesen haben. Hören und reden mag ich nicht mehr, sondern vertraue wie des König Midas Barbier meine Geheimnisse den verräterischen Blättern.

Das lebendige Karneval wird Dich wohl auch im Atem erhalten, manches davon wünschte wohl an Deiner Seite zu genießen. Grüße Herrn Schinkel zum allerschönsten und danke ihm, daß er dem guten Kinde das Theatergebäude im einzelnen vorzeigen wollen; sie wird mir, hoffe ich, aufs treulichste bei Tische referieren.

Grüße Dorchen und rühme sie für die Teilnahme an Ulriken; auch Felix sag' ein gutes Wort und seinen Eltern. Seit eurer Abreise ist mein Flügel verstummt; ein einziger Versuch, ihn wieder zu erwecken, wäre beinahe mißlungen. Indessen hör' ich viel von Musik reden, welches immer eine böse Unterhaltung ist.

Lebe wohl in Deiner Berliner Herrlichkeit und denke meiner, der ich im sonnigen Hinterstübchen Deiner nur allzuoft gedenke. Treulichst G.

Weimar, den 5. Februar 1822.

des lieben Kindes: Ulrike von Pogwisch fuhr am 19. November 1821 mit Zelter zurück nach Berlin, wo sie bis zum Februar 1822 weilte.

Herrn Rellstab: Er hatte Goethe in Weimar besucht und ging nach Berlin zurück, wo er Zelter den Brief Goethes aushändigte.

unseres Zusammenseins: Zelter weilte zusammen mit seiner Tochter Doris, mit seinem Schüler Felix Mendelssohn-Bartholdy (1809–1847) sowie mit dem preußischen Staatsrat Georg Heinrich Ludwig Nicolovius (1767–1839) in Weimar bei Goethe, und zwar vom 4. bis 12. sowie vom 15. bis 19. November 1821.

des König Midas Barbier: Anspielung auf die Sage vom mythischen König Midas von Phrygien; dieser traf einst Apollon und Pan beim musikalischen Wettstreit, woraus Apollon als Sieger hervorging. Midas erklärte diesen Sieg für ungerecht und ungültig, worauf ihm Apollon zur Strafe Eselsohren wachsen ließ. Midas versuchte diese zu verbergen; dennoch entdeckte sie sein Friseur. Da dieser das Geheimnis nicht verraten durfte, grub er eine Grube, sprach darein die Worte: «Midas hat Eselsohren» und schüttete sie anschließend wieder zu. Daraufhin wuchs an dieser Stelle Schilf, dessen Blätter, vom Wind bewegt, in ihrem Rauschen die Worte des Friseurs weitergaben.

Herr Schinkel: Der Berliner Architekt und Maler Karl Friedrich Schinkel.

Dorchen ... Felix: s.o. Anm. zu «unseres Zusammenseins».

seine Eltern: Abraham Mendelssohn (1776–1835), Berliner Bankier und Stadtrat, und dessen Gattin Lea, geb. Salomon (1777–1842).

*

An Goethe

Pfingsten 1822. Die verfluchten Postchaisen sind so niedrig, daß, wenn sie oben ein Loch hätten, man sich bequem in der Welt umsehn könnte. Obschon ich nun die Männermützen ebenso lieb habe wie die Mützenmänner, so habe ich mir in Görlitz eine schöne Mütze gekauft, um nicht mehr wie eine Hypotenuse im Wagen zu sitzen und zu schwitzen, und so bin ich nun hier in Herrnhut – ein Herr ohne Hut.

Wie ich hieher gerate, mag Zeit und Gelegenheit lehren, genug, ich denke das ganze Fest hier zu verleben; man ist ja doch unter Christen, sollten sie sich auch in ihrer Knechtsgestalt etwas höher anschlagen als der Herr selber.

Das erste, was ich gestern mittag beim Eintritte in dies einzige Gasthaus tat, war, mich an den gedeckten Tisch zu setzen. Nicht lange darauf kamen ein paar muntere frische Mädchen böhmischer *race* angefahren, von denen die jüngste allerliebst war.

Ich bat den Kellner höflichst (denn hier ist an der Abtrittstür höflichst gebeten, die Brille nicht zu besch–reiben), ihnen an meinem Tische, wo eben 2 Plätze offen waren, zu servieren.

Sie waren offen und gesprächig, daß ich fast glaubte,

mein Glück bei der Jüngsten wagen zu dürfen, indem ich ihnen proponierte, mit mir nach Dresden zu gehn.

«Ach, wir danken sehr», sagte die Älteste, «wir müssen heut noch an Ort und Stelle, wo wir erwartet werden; wir haben nur einen kleinen Umweg genommen, um das schöne Herrnhut zu sehn; wir gehn nach Marienthal.» – Das ist ja ein Kloster; was haben Sie denn da zu schaffen? – «Dahin eben will ich, um dort Profeß zu tun.» – Sie beide wollen Ihre anmutige Jugend der Welt entziehn? – «Verzeihen Sie, ich allein. Meine Schwester begleitet mich und geht wieder nach Böhmen zur Mutter zurück.» – Und das ist Ihr entschloßner Ernst und Wille? – «Jetzt oder nie! Ich habe die Welt lieb und das Kloster noch mehr, und ist ja nicht außer der Welt.»

Sie schien geliebt zu haben, ja zu lieben; Ton und Tempo ihres ganzen Wesens verriet eine Leidenschaft. Ein Bruder von der Gemeine, der am andern Tische saß, näherte sich und sprach Böhmisch mit den Mädchen, und da sie beide auch hier sogleich einhakten, ging ich auf mein Zimmer.

Um 11 Uhr. Jetzt komme ich aus der zweiten heutigen Predigt. Das alles wußte ich, manches glaube besser zu wissen, wenigstens anders, und doch – was ein abstruses Wesen, mit Begeisterung vorgetragen, wirken kann, ist mir abermalen klar worden. Alle Spekulanten treffen sich auf Einem Markte beisammen.

Beide Männer sprachen so geschickt, eindringlich, ja frei, daß sich der Glaube meldet, indem sich das Herz öffnet, und hätte der Organist Jeschke seine Doppelschläge an sich behalten und weniger oder nicht gequirlt auf seiner Orgel, die aus lauter Flötenregistern besteht und kein einziges Rohrwerk hat, so wäre ich für diese Festzeit ganz gewonnen worden. Die Gemeine sang den Choral «Komm heil'ger Geist» bescheiden, andächtig, rein und mit Erhebungen, wie sie dem Liede zukommen.

Abends nach 9 Uhr. Nun komme ich heut zum dritten Male aus der Predigt und habe die Pfingstliturgie mitgesungen, die freilich prosaisch ist. Man entschuldigte sich: sie sei zu lang. Ich nahm die *Sache* in Schutz auf meine Weise: Nichts ist lang oder kurz, was recht und der Intention gemäß ist, und die Welt weiß schon abzukürzen, man braucht's ihr nicht zuvorzutun.

Man hat mir eine Missionspredigt gegeben. Was ich gelesen habe, ist mit Beredsamkeit, ja mit Glut geschrieben, nicht bloß für Heidenvolk und Stockmenschen.

Der Anblick des Bethauses hat mich frappiert. Der große Saal kreideweiß angestrichen, Fenster weiß verhängt, alle Frauen kreideweiß angezogen, spalierartig nebeneinander sitzend – ich fühlte mich wie unter Abgeschiedenen, Auferstandenen, schauerlich.

Die Stadt ist heiter, gerade, reinlich und ermangelt nahen Wassers, das kostbar muß hergeleitet werden. Die Lage ist ein gesundes weites Tal, rings von bequemen Bergen umgeben. Straßen wie die Landstraßen sind mit hunderteckigen Basalten gepflastert und den Füßen wenig zutulich. Ordnung, Zucht und Stille feierlich. Auch ist Feiertag. Eine weite Enge. Mir ist wunderlich dabei. Man sieht niemand auf der Straße. Eine Frau oder ein Mann läuft unbegleitet wie eine Kegelkugel über den Platz hin, dem Bethause, dem Schwester[n]hause, dem Brüderhause zu. Man redet nicht miteinander, niemand bleibt stehn, niemand sieht sich um; an keinem Fenster wird man jemand gewahr. Nur wenn die Glocke schlägt, eilt man gruppenweis zum Bethause, weil es mit dem Schlage anhebt und fast mit dem Schlage vorüber ist.

Pfingstmontag. Gestern abend um 10 Uhr (eine Stunde nach der Liturgie) ging einer, königlich besoffen, tobend in lustigem Ärger, den Platz entlang, durch die Straßen. Das wäre Einer auf Einen Tag. Heute wollen wir wieder hinhorchen: ob wohl 365 fürs Jahr herauskommen mögen.

Beispiele von Verbrechen gibt's auch. Ein Brandstifter hat dem Kriminalgerichte den Gefallen getan, sich aus Reue über seine Missetat selber zu erhängen; ob man immer so wohlfeil davonkommt, habe nicht nachgefragt.

Schöne Menschen sind mir noch nicht vorgekommen, was freilich unnötig wäre. Man sieht sich nicht an, man redet nicht miteinander, fast scheint es ein Sittengesetz zu sein.

Dagegen sieht man unbegreifliche Abgestalten, besonders weibliche; man sollte glauben, sie wären aus mythologischen Geschlechtsvermischungen erzeugt.

Eine alte preußische Offizierdame wohnt unter einem Dache mit mir. Sie ließ mich gestern zu sich einladen. Nach dem Abendessen ging ich auf ihr Zimmer. Es ward über die heutigen Predigten gesprochen; es ward gefragt: ob ich gewisse Bücher kenne – die mir auf mein Verneinen sogleich verehrt wurden. So klopft man einem alten Hengst den Hals, wenn man ihm aufsitzen will. Solange sie keine hübsche Mädchen zu Missionarien haben, werden sie mich schwer überwinden.

Von Toleranz wird gesprochen: ein Wort, das ich nicht leiden kann. Als wenn man einander nicht ertragen *müßte*! Aus dem allen siehst Du, mein Guter, daß ich von der Tollenranz was verstehe, mein Appetit mag sich anstellen, wie er kann. Alt muß man hier sein, denn geht's an. Das junge Volk nimmt sich wunderlich aus.

Der Gottsacker, hart an der Stadt, nimmt sich aus wie ein Spargelfeld. Geschichtet liegt das liebe Fleisch; jedes Stück hat seinen Stein, worauf Name, Geburt- und Todestag eingegraben sind. Solche Ordnung lockt wohl manchen in dies Leben, um nur unter diesen tot zu sein; der Mensch ist ein närrischer Kerl.

So wie die Menschen, so ist denn auch anderes hier unter der Schere gehalten. Die schönsten Linden, vier- und fünfeckig gestutzt, grünen, blühen und duften und lassen sich machen. Will man gerecht sein, so muß man finden, daß die Leute wissen, was konsequent heißt. Wer hier geboren oder gewöhnt ist, muß sich ohne Zweifel hier sicherer als anderswo finden.

Jetzt halb 9 Uhr ist Morgensegen. Den meinigen habe ich bereits abgehalten, und ich sitze hier und schreibe.

Vor dem Brüderhause, das ich aus meinem Fenster beobachte, finden den ganzen Tag Versammlungen statt, und selbst während der Betstunden ist der Platz nicht ganz unbesetzt. Sie scheinen der allgemeinen Aufsicht geeignet zu sein, indem man von hieraus das ganze Örtchen fast wo nicht übersieht, doch überhört.

Das Haus, worin ich wohne, ist das einzige Wirtshaus im ganzen Orte: eine vollkommene Einrichtung. Unten im Hause hält ein Jäger Aufsicht, der einzige Mensch, der hier ein Seitengewehr und Epauletten trägt. Auch dieser ist ausschweifend höflich, indem er jedem aus dem Wege tritt und mit Kutschern und Bedienten im vertraulichen Vernehmen ist.

Die Art, wie ein empfohlner Fremder hier aufgenommen wird, ist: Man bittet ihn halb 2 Uhr nach Tische zum Kaffee. Nach dem Kaffee folgt Limonade, Früchte, wie sie die Jahrszeit gibt, und dergleichen. Da eben *keine* Jahrszeit ist, so erfolgten gestern Äpfel, die hatten Runzeln, wie die schönste der Schwestern sie nicht besser wünschen könnte, wenn nicht alles schon aufs beste bedient wäre.

Doch muß man sagen, daß die hiesige ganz weiße Tracht den Matronen günstig ist wegen der Nettigkeit und Reinlichkeit.

3. Pfingsttag. Gestern abend habe das Schwesternhaus gesehn. Die Oberpflegerin und Ortsherrschaft, Gräfin Einsiedel, und die Hausvorsteherin, Schwester Fabricius, führten mich in Person allenthalben umher; auch der Schlafsaal von 150 Betten ward nicht vorenthalten. Die schönste Person, die ich hier gesehn habe, ist diese Schwester Fabricius: wohlgewachsen, fest, groß, eine 30erin. Anderswo hätte ich sie für einen verkleideten Mann gehalten. Oberlippe und ein starkes Kinn spiegelglatt spielen ins Blau; ich glaubte Bartwurzeln zu bemerken, wie denn die Kinne der meisten Schwestern behaart sind. Durch ein munteres gefälliges Wesen hat diese würdige Person in der Tat einen Eindruck gemacht.

Nachher war ich zum Tee bei meiner Hausgenossin, der Frau v. Döberitz, wo ich die Oberpflegerin und den ganzen Park der Oberschwestern ohne eine einzige andere Mannsperson beisammen und die Unterhaltung über Erwarten belebt fand. Sie hatten mich in der Tat dreist gemacht und eben war ich im Anlauf, mein Geschütz spielen zu lassen, als die Glocke 8 Uhr schlug zum Abendsegen. Man ging zum Bethause und ich auf mein Zimmer, allwo ich 6 Gänseeier verzehrte.

Bautzen. Abends. Ich bin davongelaufen. Um 11 Uhr, als ich aus der Predigt kam, bestellte ich mir sogleich die Pferde, aß einige Bissen, und nun bin ich schon 2 Stunden hier. Das halte aus, wer kann: auf den Abend wollten sie mir noch Konzert machen – Nein! das geht nit!

Zwischen Herr[n]hut und Löbau lag ein Kerl auf dem Rade, nicht weit von seinem eigenen Hause, worin noch heut seine Frau und seine beiden Töchter wohnen.

Bei Hochkirchen habe das Blutfeld gesehn, wo der tapfere

Keith geblieben ist, und ein marmornes Monument, das ihm sein König gestellt hat.

Die böhmischen Bergreihen sind unter allerlei Gedanken an mir vorübergegangen; hätte ich Dich in Teplitz gewußt, wer weiß, ob ich widerstanden hätte. — Abends. Bei meiner Ankunft hier in Bautzen fand ich die ganze Stadt in emsiger Bewegung: Ein vor manchen Jahren verstorbener hiesiger Einwohner hat eine Stiftung gemacht, derzufolge an jedem 3. Pfingsttage einige 100 Taler – groschenweis an die Armut ausgeteilt werden. Die Handlung geschieht unter Orgelspiel und Trompetenschall vom Stadtturme. Der Organist (Bergt), den ich bei seiner Funktion aufsuchen wollte und endlich aus der Schenke holen ließ, sagte: «Ich kriege 2 Taler, dafür soll ich 29 Strophen spielen. Das lasse ich bleiben und gebe diese 2 Taler einer blinden Matrone, und ohne einen Knochen zu rühren, tue ich armer Teufel so mehr Gutes im Leben als jener tote Herr, der gut schenken hat, was er nicht braucht.»

Dresden, 29. Mai. Ein Literator zu Herrenhut, namens Peter Mortimer, ein Mann von 72 Jahren, sandte vor 5 bis 6 Jahren durch den alten Körner ein Manuskript nach Berlin, worin er die Kirchentonarten (die man auch die griechischen nennt) auf feste Grundsätze bringt.

Da mir die Materie längst wichtig war, als ich manches darin zu erreichen gesucht, wie Du vielleicht aus manchen meiner Lieder, zum Exempel: «Mahadöh», «König von Thule» und anderen, bemerkt hast, so ist das Manuskript mit Hülfe unseres Ministeriums zum Drucke gekommen. Ich selbst wollte mich mit dem Verfasser in Korrespondenz setzen, schickte ihm neue Versuche als faktische Erstlinge seiner Grundlehre, der alte Patron aber antwortete nicht und ließ mir nur einmal sagen: es wäre recht, was ich gemacht hätte, was mich sehr verdroß.

Damit ist denn nichts abgetan, und unser Minister hat erlaubt, daß ich den Peter Mortimer heimsuchen durfte in seinem Herrnhut. Nachrichten über diesen Mann von berlinischen und andern Gemeindebrüdern wollten weder lauten noch stimmen: man müsse es nicht zu genau mit dem alten Manne nehmen, er sei podagrisch, wunderlich und was noch.

Die Ursache meiner Reise ist demnach dieser Peter, und

nun bin ich hier in Dresden, und der Peter hat mich nicht gegessen; es ist vielmehr die beste Haut in der Welt, hinter der manches Platz genommen hat, das nicht zu ihm gehört: er ist überflüssig verheuratet, und endlich ist er Herrnhuter. Das darf er nicht leugnen, das will er nicht sagen, das hat er vergessen, und kurz – er ist ein Erzschelm und Dein Hafis, wie er leibt und lebt. Ein vollkommen schöner Greis, ein kupider Mund, ein «gereizter Schlund» und ein Augenpaar wie die Gesundheit selbst; wie das zu einem gebückten schwerwandelnden Körper paßt, magst Du raten, aber so ist's.

So hat er sein Leben hingebracht, lateinische Verse auf Angelegenheiten der Brüderschaft zu machen, die man lobt, Missionsschriften in verschiedene Sprachen zu übersetzen und endlich für sich selbst das obengenannte Werk über den evangelischen Choral mit Hülfe einiger alten Gesangbücher des 16. Jahrhunderts zustande zu bringen.

Daß er arm ist, erfuhr ich, indem seine gute Frau mir sagte: sie beklage, daß sie mich nicht zum Essen bei sich sehn könne. «*Wir essen aus dem Brüderhause, und da*» – – und so weiter.

Im Brüderhause wird für alles gekocht, was sich einzuschränken hat: zu 6, zu 8 und zu 10 Groschen die Person, und zwar nicht für einen Tag, sondern für die ganze Woche, und daß für diesen Preis keine Lampreten zu haben sind, läßt sich begreifen, und hier ist also auch die Ursache, weshalb er mir nicht geantwortet hat – er scheut sich, das Porto zu übertragen, und zahlen kann er's nicht, und Gelegenheit ist ihm nicht geworden.

Am ersten Feiertage ging ich mit ihm zum Morgengebet. Das war früh um 8 Uhr. Um 10 Uhr war die Predigt angesagt. Er ließ sich bereden, mit auf mein Zimmer zu gehn, um über unsere Angelegenheit zu verkehren. Der Wein schmeckte ihm, schloß ihn auf, und siehe, ich erkannte zuletzt einen fidelen Kamraden. Er ist schüchtern und darf sich vielleicht auch seiner Frau und Tochter nicht vertrauen. In der Gemeine ist er wenig angesehn. Sie taten ganz kühl, als ich sagte, um einen solchen Manne könne man schon 40 Meilen reisen. Niemand anerkennt hier sein Choralwerk und haben Mosen und die Propheten; ich habe es in Schutz nehmen müssen. Er selbst hat nur ein rohes Exemplar, sein einziges Manuskript hat der Setzer bekommen. Er schreibt ein bequemes fließendes Deutsch und eine körnige Hand. Nun hat er versprochen, mir zu antworten, wenn ich schreibe.

Dresden kommt mir jetzt vor wie ein ausgebrannter Krater. Enge Straßen, hohe Häuser, kein Kirchturm zu sehn und der Geruch unausstehlich. Graff ist tot, Riedel tot, Becker, Naumann, Schuster tot, Kügelgen ermordet. An der Stelle bin ich vorbeigefahren, wo die entsetzliche Tat geschehn ist; fast in der Vorstadt, wo überall Leben ist. Ich weiß, es gibt keinen Zufall, es kann keinen geben. Ein infamer Dieb ermordet einen stillen, fleißigen, geliebten Mann, um wenige Groschen zu stehlen; ein unschuldiges junges Blut, fast ohne Arg, wird zum Meuchelmörder an einem Hundsfott, den man auf öffentliche Kosten in einer Pfütze hätte ersäufen sollen: es ist unmöglich, aber es ist wahr.

Nun rate: wen finde ich hier? Jean Paul Friedrich Richter, den ich nach 21 Jahren kaum wiedererkannt hätte, doch er mich. Ich war morgens bei ihm und fand ihn liebenswürdig, lebhaft und gesund.

Auch Tieck ist wieder erwacht und, wie er merken läßt, fleißig. Böttiger ist im Begriff, sich am rechten Auge den Star operieren zu lassen. Der alte Legationsrat Beugel, der hier bei der Bibliothek ist, will mir noch wohl und spielt und singt meine Liedchen. Da erzählt er mir über Tisch (denn wir essen zusammen), wie ihm dies und jenes so und so zusagt, und ich Narr höre es gerne und bin dem alten Manne gut. Außerdem fehlt es hier nicht an Berlinern, die, wie Du ja weißt, überall sein müssen.

Montag, 3. Juni. Ich wollte nur 2 Tage in Dresden bleiben, habe aber noch gestern eine Messe gehört und bin jetzt in *Pretzsch*, an der Elbe zwischen Torgau und Wittenberg. Der Oberprediger hier beschafft eine Singschule, die zu meiner Beobachtung gehört, und die Sache geht gut genug. Wohl kann ich danken, noch beim Leben des Glücks zu genießen, meines guten Fasch Saaten aufgehn zu sehen: in Frankfurt a.O. fand ich eine recht gute Singgesellschaft und eine fast noch bessere Liedertafel, wo Deine Lieder gesungen werden, in Görlitz desgleichen, sogar in Dresden. In letzterm Orte singen dagegen die Kreuzschüler kreuz und quer über die

Straße hin das schnödeste Zeug, woran sie selber keine Freude haben.

Dessau, den 6. Von Wittenberg bin ich nicht eben zufrieden hinweggegangen. Der Herr Musikdirektor liebt zu lesen, zu reden, zu essen und noch besser zu trinken und weiß sich nicht anzustellen. Seine Orgel ist im Verfall, und sein Kalkant hat in Begleitung eines Achtgroschenstücks einige Donnerschläge ruhig ausgehalten, wie ich die Balgenkammer in Staub begraben fand. Das ganze Nest ist schimmlig worden, und die große Glocke ist geborsten und schnurrt; da eilte ich dem frischen grünen Dessau zu, woher mich ein guter Orgelbauer gelockt hat.

Berlin. Sonntag, 23. Juni. Nun bin ich schon über 8 Tage wieder hier, in wenigen Tagen geht meine Doris nach Ems. Eben habe Zauperischen «Studien über Goethe» bestanden. Oft genug habe ich über Dich müssen schelten hören, auch von solchen, mit denen ich in gutem Vernehmen geblieben bin, es wollte mir nicht weh tun. Jeder glaubt, etwas sagen, ja unparteiisch sein zu müssen, und meint es eigentlich gut, besonders mit sich selber. Ein gewisses Gefühl war mir dabei natürlich wert: als wenn ich im stillen recht gut wüßte, was man nicht zu lernen braucht.

Höre ich Dich nun loben, so ist mir ganz anders zumute, als ob sie nur nicht tadeln wollten. Etwas Eifersucht mischt sich auch ins Spiel, eine Empfindung, die mir erst durch Calderon klar ist. Das ist nun nicht der Fall mit dem ehrlichen Zauper, der klettert von mehrern Seiten an Dich herauf, um Boden für eigene Füße zu finden. «*Wenn ich ein Maler wäre*», so spricht er, Seite 19, und merkt recht gut, daß Machen und Gemachtes Machen nicht einerlei ist. Da nun die warme Luft von der südlichen Seite kommt, woher sonst nur Hitze kam, so soll ihm Dein artiges Briefchen gegönnt sein. Du hast ihm darin einen guten Pfropf auf die Flasche gesetzt: ob er sich wohl daran machen wird, ihn auszuheben?

Deinen neuen Band: «Aus meinem Leben» habe bereits verschlungen, wenn auch noch nicht verschluckt; ich bin von Schlangenart und brauche Zeit zum Verdauen. Vorläufig will nur sagen, daß der «Champagnekrieg» eben zu rechter Zeit kommt, wenn auch die Wirkung sich nicht gleich zeigt. Mir geht's nicht besser, alles zerfließt mir auf der Zunge, hernach geht's erst ans Kauen, was Weile haben will. Ist Dir doch auch nicht alles angeflogen. Das Unheil aus dem schnöden Pfuschwesen ist denn doch so dargestellt, daß man nicht vor Scham verzweifeln muß und dazwischen manchmal lächeln kann. Das sollen die Prahlhänse, die Geschichtschreiber, wohl bleiben lassen.

Isegrim habe in Pankow vorigen Sonntag besucht, wo er sich bis an die Ohren in Sand und Bücher vergraben hat. Seine Gesundheit ist im Zunehmen, wiewohl er immer noch klagt; wir haben ein paar heitere Stunden miteinander gehabt. Vom Herrn v. Henning weiß ich, daß Du jetzt im Marienbade bist, doch sende dieses Papier nach Weimar, wo Du es nach Deiner Zurückkunft finden magst.

Den berühmten Schuldenmacher Herrn Müllner habe in Dresden kennen lernen, ohne mich zu seiner «Schuld» zu bekennen, die mich einigemal so in Schrecken gesetzt hat, daß ich nicht über den *zweiten* Akt hinausgekommen bin. Außer dem sieht der wütende Mann, den ich mir in Gestalt eines Reibeisens dachte – ganz gelassen aus.

Mein Vater hatte einem Manne Geld geliehen, dessen Namen er vergessen hatte. Darüber äußerte sich die Mutter mit den Worten: «So machst du es immer und läßt es dir sauer werden und kommst um das Deinige.»

Mein Vater erhob sein Antlitz gegen die Mutter und sprach: «Frau! wenn ich nur dich habe, so sch... ich in alles Geld der Erde! Weiß doch der Mann, wie *ich* heiße!»

Nach einigen Jahren kam der Mann von der Reise und brachte das Geld wieder. Er hieß Venus.

Das fällt mir eben ein, indem ich diesen Bericht mit den Worten des 73. Psalms Vers 25 schließen wollte. Gott sei mit Dir wie ich Dein getreuster Z.

Mittwoch, den 26. Juni 1822.

Männermützen ... Mützenmänner: Wortspiel im Hinblick auf die Herrnhuter Brüdergemeine. Anlaß für Zelters Reise nach Herrnhut (im Lausitzer Bergland) war ein Besuch bei Peter Mortimer (1750–1828), Musikschriftsteller, Komponist und Organist in Herrnhut. – Die Herrnhuter Brüdergemeine geht auf Graf Nikolaus Ludwig von Zinzendorf (1700–1760) zurück; auf seinem Herrnhuter Besitz ließ er 1722 eine Siedlung anlegen, aus der sich die Herrnhuter Brüdergemeine, eine aus dem Pietismus hervorgegangene Religionsgemeinschaft entwickelte, die in ihrer Gemeindeordnung die urchristliche Brüderlichkeit verwirklichen wollte. Die Verpflichtung zur Bruderliebe sollte an die Stelle von Religions- und Glaubensstreitigkeiten treten. Die Herrnhuter Brüdergemeine verstand sich als Teil der Lutherischen Kirche, doch erweckten ihre besonderen Einrichtungen – die wöchentlichen Singstunden sowie die Gottesdienst-Versammlungen – immer wieder Mißtrauen und Ablehnung.

Blutfeld... Keith: James Keith, geboren 1696, preußischer Feldmarschall, gefallen am 14. Oktober 1758 in der Schlacht bei Hochkirch.

sein König: Friedrich der Große.

Peter Mortimer: s.o. Anm. zu «Männermützen...».

den alten Körner: Christian Gottfried Körner (1756–1831), Jurist, Oberappellationsgerichtsrat in Dresden, seit 1815 Staatsrat in Berlin.

ein Manuskript: Vermutlich Peter Mortimers Abhandlung «Der Choral-Gesang zur Zeit der Reformation, oder Versuch, die Frage zu beantworten: Woher kommt es, daß in den Choral-Melodien der Alten etwas ist, was heut zu Tage nicht mehr erreicht wird?», erschienen 1821 im Verlag von Georg Andreas Reimer in Berlin.

«Mahadöh»: Zelters Vertonung von Goethes Gedicht «Der Gott und die Bajadere» (1, 158).

«König von Thule»: Zelters Vertonung von Goethes Gedicht «Der König von Thule» (1, 117).

unser Minister: Karl Freiherr von Stein zum Altenstein (1770–1840), preußischer Staatsmann, seit 1817 Minister für die geistlichen, die Unterrichts- und Medizinalangelegenheiten.

«gereizter Schlund»: Anspielung auf die zweite Strophe von Goethes Gedicht «Unbegrenzt» im Buch Hafis des «West-östlichen Divans» (3, 303).

Lampreten: Meeres- oder Flußneunauge, beliebter Speisefisch.

Graff: Anton Graff (1736–1813), Portraitmaler aus Winterthur, seit 1766 in Dresden.

Riedel: Johann Anton Riedel (1732–1816), Maler und Schriftsteller, Oberinspektor der Gemäldegalerie in Dresden.

Becker: Wilhelm Gottlieb Becker (1753–1813), Professor der Moral und Geschichte in Dresden, Inspekteur der Antikengalerie.

Naumann: Friedrich Naumann (1750–1821), Historienmaler.

Schuster: Der Komponist und Kapellmeister Joseph Schuster (1748–1812).

Kügelgen: Franz Gerhard von Kügelgen, Professor an der Dresdener Akademie der Künste, wurde am 27. März 1820 ermordet.

Jean Paul Friedrich Richter: der romantische Dichter.

Tieck: Der Dichter Johann Ludwig Tieck, seit 1819 in Dresden.

Böttiger: Der Altphilologe und Archäologe Karl August Böttiger (1760–1835).

Legationsrat Beugel: Nicht ermittelt.

Fasch: Der Komponist Karl Friedrich Christian Fasch.

Kalkant: Blasebalgtreter an der Orgel.

die Zauperischen «Studien über Goethe»: Joseph Stanislaus Zauper (1784–1850), böhmischer Philologe, Chorherr und Professor der Dichtkunst am Gymnasium der Benediktiner in Pilsen; seine «Studien über Goethe. Als Nachtrag zur deutschen Poetik aus Goethe» erschienen 1822.

Dein artiges Briefchen: Goethes Brief an Zauper vom 7. September 1821, den dieser in seinen «Studien über Goethe», S. 6–12, abgedruckt hat.

«Aus meinem Leben»: Goethes «Kampagne in Frankreich» (12, 239); die Erstausgabe erschien 1822 bei Cotta unter dem Titel «Aus meinem Leben. Zweiter Abteilung dritter Teil».

Isegrim: Der Berliner Altphilologe Friedrich August Wolf.

Herrn v. Henning: Leopold Dorotheus von Henning (1791–1866), Offizier und

Jurist in Weimar, studierte später Naturwissenschaft und, als Schüler Hegels, Philosophie.

im Marienbade: Vom 16. Juni bis 29. August 1822 weilte Goethe in Marienbad und Eger.

Herrn Müllner… «Schuld»: Der Kritiker und Dramatiker Amadeus Gottfried Adolf Müllner (1774–1829); sein Trauerspiel «Die Schuld» erschien 1814.

des 73. Psalms Vers 25: «Wen hätte ich im Himmel außer dir? Und wenn ich dich habe, so wünsche ich nichts auf Erden.»

*

An Zelter

Und so war es recht, daß in den fremden frommen Landen Du die Rede zuerst wieder an mich richtetest; dagegen soll abermals die sauberste Abschrift in weniger Zeit erscheinen. Wenn ich vergangnen ganzen Winter, dasjenige im Manuskript redigierend, im Druck revidierend, was Du jetzt verschluckst, stets an Dich dachte, so vergiltst Du mir's durch die lieben Blätter, die mir auf ewig den Wunsch, Herrenhut in seiner Individualität zu sehen, vollkommen befriedigten. Nun, so sei es denn! Der schneeweiße Saal (nach Werners unschätzbarem Narrensonett «in Christi Blut rein gewaschen») soll nun von mir, und wenn ich noch so mobil wäre, nicht betreten werden.

Von meinem Neustgedruckten sollen saubre Exemplare bald nachfolgen; besonders das Morphologisch-Wissenschaftliche, in zwei Bände geordnet, wo es eher nach etwas aussieht.

Für Dich ist mir übrigens nicht bange: Deine Natur weiß zu assimilieren, worauf doch alles ankommt. Verstünde man seinen Vorteil, man würde nichts Überliefertes tadeln, sondern, was uns nicht anmutet, liegen lassen, um es vielleicht künftig aufzunehmen. Dies begreifen die Menschen nicht und behandeln den Autor wie einen Garkoch; dafür liefert man ihnen denn auch Jahrmarktsbratwürste nach Herzenslust.

«Anders lesen Knaben den Terenz,
Anders Grotius.»
Mich Knaben ärgerte die Sentenz,
Die ich nun gelten lassen muß.

Lese ich heute den Homer, so sieht er anders aus als vor

zehen Jahren; würde man dreihundert Jahre alt, so würde er immer anders aussehen. Um sich hievon zu überzeugen, blicke man nur rückwärts: von den Pisistratiden bis zu unserm *Wolf* schneidet der Altvater gar verschiedne Gesichter.

Übrigens ist mir höchst erfreulich, daß er (genannter Freund) nicht verbrannt noch vom Fieber aufgespeist ist, denn ich mag ihn über der Erde nicht gern entbehren. Seinesgleichen kommt auch nicht wieder. Hätte ihn Gott zu so vielem noch freundlich gewollt! – Doch wie soll das alles beisammen sein, was sich widerspricht!

Daß Du meine Behandlung der schmutzigen Kampagne billigst, freut mich sehr. In einer solchen Tragödie den *Grazioso* zu spielen, ist immer auch eine Rolle.

Nun zum Nächstvergangnen! – Am 19. Juni gelangte ich nach Marienbad, bei sehr schönem Wetter. Herrlich Quartier, freundliche Wirte, gute Gesellschaft, hübsche Mädchen, musikalische Liebhaber, angenehme Abendunterhaltung, köstliches Essen, neue bedeutende Bekanntschaften, alte wiedergefunden, leichte Atmosphäre zweitausend Pariser Fuß über der Meeresfläche, Stiftsgelage pp., alles trug bei, das drei Wochen daurende schöne Wetter vollkommen zu benutzen, zu genießen und das folgende unfreundlichwechselnde zu übertragen. Nach der ausdaurenden Trocknis des Mais und Junis gönnte man dem Landmann erquicklichen Regen.

Erfahren hab' ich manches und notiert, anderes Mitgebrachte redigiert und gereinigt, so daß bei meiner Rückkunft der Druck wieder angehen kann, wodurch ich denn abermals den leidigen Winter zu betrügen denke.

(Da ich indessen einen guten Schreiber gewonnen, der mir sehr fehlte, so möge derselbe fortfahren.)

Der größte Gewinn aber, den ich in diesen Tagen zog, war die persönliche Bekanntschaft des Herrn Grafen Kaspar Sternberg, mit dem ich schon früher in brieflicher Verbindung stand. Von Jugend auf dem geistlichen Stande gewidmet, gelangte er endlich zur Stelle eines Domherrn zu Regensburg; dort gewann er, neben Welt- und Staatsgeschäften, die Natur, besonders das Pflanzenreich lieb und tat viel dafür. Als er nun bei Umkehrung Deutschlands auch von seiner Stelle vertrieben ward, ging er nach dem Mutterlande

Böhmen zurück und lebt nun teils in Prag, teils auf seinen von einem ältern Bruder ererbten Gütern. Hier kommt ihm dann die Natur wieder freundlich zu Hilfe. Er besitzt wichtige Steinkohlenwerke, in deren Dach die seltsamsten Pflanzen erhalten sind, welche, indem sie nur der südlichsten Vegetation analoge Gebilde zeigen, auf die entferntesten Epochen der Erde hinweisen. Er hat schon zwei Hefte derselben herausgegeben; lasse sie Dir gelegentlich von irgendeinem Naturfreunde vorlegen.

Und so möge denn auch dieses Blatt glücklich hinüberfliegen! Vielleicht schreib' ich noch einmal von hier, von Hause aber gleich.

Möge Dir alles wohlgeraten! Mir geht es nach Art, Jahren und Weise noch immer gut genug. Treulichst G.

Stadt Eger, den 8. August 1822.

Werners ... Narrensonett: Goethes Anspielung bezieht sich auf das Sonett «Der Witwer in der Brüdergemeinde» (1807) von Zacharias Werner.

das Morphologisch-Wissenschaftliche: Goethes Schriftenreihe «Zur Naturwissenschaft überhaupt, besonders zur Morphologie» erschien auch in Separatbänden: «Zur Morphologie», Erster/Zweiter Band, Cotta 1817/1823, sowie «Zur Naturwissenschaft überhaupt», Erster/Zweiter Band, Cotta 1817/1823.

«Anders lesen ...»: Aus Goethes «Zahmen Xenien» (1, 636).

Pisistratiden: Hippias, Hipparchos und Tessalos, Tyrannen von Athen um 600 v. Chr., Söhne des Pisistratus (Peisistratos).

Wolf: Friedrich August Wolf.

nicht verbrannt: Bezieht sich auf Zelters Brief vom 2. Februar 1822, wo es heißt: «Diese Nacht ist Geheimer Rat Wolf in Feuersgefahr gewesen. In seinem Hause ist Feuer entstanden, das ich aus meinem Fenster sehen konnte, doch viel weiter entfernt hielt. Er wohnt hoch und hat eine enge unbequeme Treppe; indessen ist alles für ihn ohne Gefahr und Schaden abgegangen.»

der schmutzigen Kampagne: Goethes «Kampagne in Frankreich».

einen guten Schreiber: Möglicherweise Friedrich Theodor David Kräuter (1790–1856), seit 1818 Goethes Privatsekretär; unmittelbar nach der Rückkehr Goethes nach Weimar begann Kräuter mit dem Sammeln, Ordnen und Redigieren von Goethes gedruckten und ungedruckten Werken sowie aller Tagebücher und Briefe.

Kaspar Sternberg: Graf Kaspar Maria von Sternberg (1761–1838), Theologe und Naturforscher, seit 1810 in Prag.

einen älteren Bruder: Graf Joachim von Sternberg (1755–1808).

zwei Hefte: Sternbergs «Versuch einer geognostisch-botanischen Darstellung der Flora der Vorwelt»; der Tafelband erschien 1820 in zwei Heften, der Textband folgte 1825.

An Zelter

Da unter uns die Passage doch einigermaßen wieder geöffnet ist, so sende alsgleich die versprochenen und erinnerten Bände. Mir kommen sie selbst, wenn ich sie aufschlage, wie ein Märchen vor, und so hab' ich ein frisches Heft gleich wieder angefangen; das neuste von «Kunst und Altertum» erhältst du nächstens.

Sonst hämmere ich gar manches durch in meiner einsamsten Schmiede; aus dem Hause komm' ich nicht, kaum aus der Stube, und da kann ich denn doch hoffen, den Freunden noch etwas zu werden. Wenn der Wunderlichste, von dem Du mir ein so sonderbares Dokument sendest, an mich schreibt, werd' ich ihm freundlichst antworten. Nimm folgende Betrachtung nachdenklich auf.

Mit Philologen und Mathematikern ist kein heiteres Verhältnis zu gewinnen; das Handwerk der ersten ist: zu *emendieren*, der andern: zu *bestimmen*; da nun am Leben so viele Mängel (*mendae*) sich finden und ein jeder Einzelne Tag nach Tag genug an sich selbst zu bestimmen [hat], so kommt in den Umgang mit ihnen ein gewisses Unleben, welches aller Mitteilung den Tod bringt. Wenn ich denken müßte, daß ein Freund, an den ich einen Brief diktiere, über Wortgebrauch und -stellung, ja wohl gar über Interpunktion, die ich dem Schreibenden überlasse, sich formalisiere, so bin ich augenblicklich paralysiert und keine Freiheit kann stattfinden.

Für das Liedchen dank' ich zum allerschönsten; ich hab' es erst mit den Augen gehört und mich abermals Deiner liebenswürdigen charakteristischen Konsequenz gefreut.

Die andern Gedichte hast Du ihrem übereinstimmenden Sinne nach ganz richtig gefaßt; man möchte es eine Duettkantate, vom unmittelbaren Scheiden bis in immer weiter- und weitere Entfernung, nennen, da denn der Regenbogen abschließt, der Nahes und Fernes verbindet.

Ob nun die Musik, die freilich dem Gefühle alles anzunähern vermag, was dem Begriff und selbst der Einbildungskraft fremd bleibt, auch hier eingreifen könne, wolle, sei dem Meister anheimgegeben.

Allen guten Geistern empfohlen! Für ewig G.

Weimar, den 18. Jänner 1823.

die versprochenen ... Bände: Vgl. Goethes Brief vom 8. August 1822, Anm. zu «das Morphologisch-Wissenschaftliche». S. 190.

«Kunst und Altertum»: Goethes Zeitschrift «Über Kunst und Altertum»; 1823 erschien das erste Heft des vierten Bandes.

der Wunderlichste: Gemeint ist Friedrich August Wolf. Zelter legte seinem Brief an Goethe vom 14. Januar 1823 Wolfs Gedicht «Ultimatum» bei, welches dieser am 7. Dezember 1822 an Zelter gesandt hatte: «*Ultimatum*. – Vor einem neuen Bildnis Goethens,/von dem Maler Franck zu Berlin aufgestellt. – Endlich schau' ich dich wieder, Götterjüngling!/Sei mir würdig gegrüßt, du Hochgeliebter,/Deß so sprechendes Bild ich stets vermißte,/Das mit Zaubergewalt um sechsunddreißig/Jahr' in eigene Jugend mich zurücktäuscht/Und des Alters verhaßte Schwell' hinweghebt./Ja bei längerm Beschauen fühl' ich innig/Mich an Körper und Geist so ganz wie damals,/Als zuerst ich dich sah und lieben lernte. – Nie nun rücket dies Bild von meiner Seite;/Es mag lindern der weiten Trennung Sehnsucht;/Freundlich weil' es um mich mit dieser heitern/Stirn, dem sinnigen Aug', und bis zum letzten/Tage spreche sein Mund mir Lebensmut zu. – Berlin, den 1. Dezember 1822. – W.»

emendieren: verbessern, berichtigen.

das Liedchen: Zelters Vertonung von Goethes Gedicht «Das Sträußchen» (1, 589).

Die andern Gedichte: Gemeint sind Goethes am 14. Dezember 1822 an Zelter übersandte Gespräch-Gedichte «Äeolsharfen» (1, 480).

*

An Zelter [März 1823]

Erstes Zeugnis erneuten Lebens und Liebens! Dankbar, anhänglich J. W. v. Goethe.

Erstes Zeugnis: Im Februar 1823 erkrankte Goethe an einer Herzbeutelentzündung; während dieser Zeit führte sein Sohn August die Korrespondenz.

*

An Goethe

Die ersten Zeilen Deiner Wiedergeburt haben gleich nach ihrer Ankunft mehr als hundert Augen in Strahlen gesetzt. Sie wurden mir kurz vor der Liedertafel gebracht, da sie von Hand zu Hand als Originalzeichnung zum erquicklichen Schaugerichte worden sind.

Wie bei der Geburt eines erstgebornen Reichserben haben hundert Schlünde sich dreihundertmal zu Deinem

Preise entladen; die Champagnerpfröpfe flogen wie Schlagröhren gegen die Decke.

Das hat mir denn für folgende Tage Mut zum Schanzen und Ochsen gegeben, bis ich meine Freitagsmusik hinter mir habe.

Lieber Gott! was man ein Wicht ist, wenn man Geld schneiden soll! und doch nur erst wieder ein Kerl ist, wenn man wieder Geld hat.

Und das Publikum – ja das Publikum! Man freut sich, daß ich meine Musik wieder im Opernsaale gebe, und abgerechnet, daß ich hier nicht soviel Leute lassen kann und doppelte Kosten habe, so ist der Saal im neuen Komödienhause bequemer für die Zuhörer und hat einen sehr guten Klang.

Da laufe ich denn mit und jammere im stillen, daß der Unverstand meine Sachen besser versteht als ich. – Alles will regieren und dirigieren, und meine Herren Schüler, sobald diese merken, daß sie mir könnten nützlich werden, sind sie krank, und ich bin der einzige Gesunde, und nach der Arbeit essen sie wieder mit, und ich habe mich denn im langen Berlin ein paar Zolle kürzer gelaufen.

Und das war gut! – Das kannst Du mir wohl glauben, die Rezensionen mögen sagen, was sie wissen. Heut ist Sonnabend, und für diesmal wäre ich mit mir wieder davon. Aber was eine gründlich-natürliche Darstellung eines 70jährigen, allgemein bekannten, viele hundertmal aufgeführten Werkes eines sichern Eindrucks fähig ist, habe ich gestern wieder an meinen Zuhörern vor Augen gehabt. Ramlers Gedicht sei, wie es will, und Grauns Musik auch, genug, ihr Werk hat sich ein Volk, einen Glauben erschaffen, dem alles Nacherschaffne nichts anhaben kann, wie man auch für Neueres, ja Besseres, Zeitgemäßes sich stimmen will. Auch die Königlichen Kapellisten, ein abgehetztes Völkchen, haben sich *con anima, con amore* vernehmen lassen, indem sie sich diesmal wieder an der Sache erfreuten. Daran hat denn auch die Anordnung und Führung Deines Getreuen einigen Anteil, und wenn ich ihnen nichts zu befehlen habe, so habe ich auch nicht nötig, Worte zu machen, da ich mir die Besten aussuche, sie etwas besser bezahle und dafür mit dem Zeigefinger die ganze Musik zu dirigieren imstande bin; ja sie sehen es fast als eine Ehrensache an, mit mir zu agieren.

Die Königliche Kapelle hatte zwei Tage vorher diese nämliche Musik in der Garnisonkirche zum Besten ihrer Witwenkasse vor dem vollsten Auditorium aufgeführt, und einer von ihnen sagte mir, daß ihre eigene Aufführung sich zur meinigen verhalte wie ein stumpfer Gipsabguß zum Marmor.

Da schwatze ich Dir nun solche Dinge, die Dich höchstens interessieren können, weil es *meine* Sache ist. – *Wem* soll ich's denn sagen? und wenn Du mir nicht wärst, müßt' ich's den Wolken klagen, «wie lieb sie mir's getan». O des sinnigen Unsinns! Verzeih! wenn ich jetzt an Dich denke, ist mein Herz wie ein frischer Honig, ich könnte es auf Brot essen. Dein Z.

Morgen ist Ostern 1823.

der Saal ... Komödienhause: Der Konzertsaal im 1819/21 von Karl Friedrich Schinkel errichteten neuen Schauspielhaus.

eines 70jährigen ... Werks ... Ramlers Gedicht ... Grauns Musik: Das am 26. März 1755 in Berlin uraufgeführte Oratorium «Der Tod Jesu» von Karl Heinrich Graun, komponiert auf einen Text von Karl Wilhelm Ramler; das Werk wurde traditionellerweise am Karfreitag aufgeführt.

«wie lieb ...»: Anspielung auf Goethes Gedicht «Unvermeidlich» aus dem «West-östlichen Divan» (3, 313); im originalen Wortlaut heißt der Vers: «Wie lieb sie mir's angetan.»

*

An Zelter

Da Deine freundliche Stimme mir bis in diese Wälder folgt, entgegne sogleich mit heitern Worten, um zu vermelden, daß es mir besonders wohl geht; denn vom Hause nach einem so harten Winter, nach einer gewaltsamen Krankheit und einsam-tätigen Monaten beinahe lebensunfähig wegzugehen, war nicht zu verwundern. Reise, neue Gegenstände, Veränderung aller Art, sogar auch Unbequemlichkeit, neue An- und Eingewöhnung riefen mich eigentlich wieder ins Leben. Hier finde ich Berg und Berggenossen leidenschaftlich entzündet wieder; der Funke, den sie von mir aufgefangen, lodert jetzt in ihnen auf den Grad, daß er mich selbst erleuchtet.

So tun auch manche frühere Menschenverhältnisse gar wohl, indem sie Zeuge sind, daß man nach einer Jahresnacht Neigung und Wohlwollen nicht verschlafen hat.

Das Lokale im ganzen, besonders auch wo ich wohne, ist der Geselligkeit günstig genug; es ist eine Terrasse von ansehnlich Häusern, flankiert von zwei gleichgroßen Gebäuden; in jeder Stadt würden diese Baulichkeiten für etwas gelten. Der Großherzog wohnt in der Mitte, und glücklicherweise ist die ganze Nachbarschaft von schönen Frauen und verständigen Männern eingenommen. Ältere Verhältnisse verknüpften sich mit neuen, und ein vergangenes Leben läßt an ein gegenwärtiges glauben.

Wie ich mit der Erdkunde mich vielleicht mehr als billig beschäftigt habe, so fange ich jetzt auch mit den atmosphärischen Reichen an, und wär' es nur, um zu erfahren, wie man denkt und denken kann, so ist das schon ein Vorgewinn; man weiß recht gut, daß der Mensch alles, Gott selbst und das Göttliche an sich heranziehen, sich zueignen muß. Aber auch dieses Heranziehen hat seine Grade, es gibt ein hohes und ein gemeines.

Was ich aber eigentlich fördere, ist die Redaktion meiner Lebenschronik. Nach mancherlei Versuchen hab' ich endlich von der neusten Zeit angefangen, da ich mich denn bei frischem Gedächtnis nicht lange um Stoff zu bemühen brauche; endlich merke, so rückwärts arbeitend, wie das Bekannte, Gegenwärtige, das Verschwundene, das Verschollene wieder zurückruft.

In diesem Sinne muß es mir sehr bedeutend sein, wenn ferne Freunde das, was von mir in Druck ausgeht, als an sie gerichtet ansehn; denn ich sehe die Zeit ganz nahe, wo ich mich direkt schriftlich nicht mehr werde vernehmen lassen. Daß ihr mein letztes Heft gut aufgenommen, ist mir deshalb sehr tröstlich; in jedem solchen Hefte ist mehr Leben niedergelegt, als man ihm ansieht. Leider liest niemand heutzutage, als nur das Blatt loszuwerden; darum soll der Schreibende immer tüchtiger werden, um der Nachwelt ein Zeugnis zu hinterlassen, daß er nicht umsonst gestrebt hat.

Wenn Du diese Briefblätter einstimmig findest mit den ernstesten Fichtengebirgen, auf hohem Standpunkt, so gedenke dabei meiner Umgebung, wo eben Gewitter weit ausgedehnt von den Bergen bis hinab ins Land blitzen, donnern und abregnen. Alle unsere nachbarliche Welt ist auswärts, und ich auf diesem wunderbaren Punkt so gut wie allein.

Nun laß mich aber in Dein weit- und breites herrliches Berlin hinabsteigen und Dir Glück wünschen, daß Deine Wallfahrt vollbracht ist. Setze ich mich an Deine Stelle und gedenke an ein Umziehn, so würd' ich wahrscheinlich in einem viel engern Raum mich auch behaglich finden, wie es mir ja schon zu Hause, besonders aber auf der Reise und in Bädern gar wohl geraten kann.

Mich freut es, daß Du mit unserm Griesgram näher zu leben kamst; im Grunde ist es ihm denn doch um Behaglichkeit zu tun, nur daß er nicht wußte, wo sie zu finden; grüß' ihn schönstens, ich habe gute Zeit mit ihm verlebt, nur ist meinem Elemente das Widersprechen fremd, und da konnten wir mit den besten beiderseitigen Willen niemals lange zusammen auskommen. Und so sei denn geschlossen! Vielleicht vernimmst Du brieflich lange nichts von mir; demohngeachtet denke mein, und wenn Du wieder einmal eine Reise antrittst, so laß von der ersten Stunde an mich gerichtet werden das Tagebuch, was und wie Du gesehen hast.

Das alles war geschrieben im Vorgefühl, daß mir von Dir was besonderes Gutes kommen werde, und so kommt ein allerliebstes Kind, mir *Gruß und Reim* bringend, wodurch ich mich überrascht und beinahe verwirrt fühlte. Also den schönsten Dank zum Schluß und die Zusage, daß vor meinem Scheiden aus Böhmen noch ein, ich hoffe, glücklich nachrichtliches Wort erfolgen soll.

Treulichst J. W. v. Goethe.

Marienbad, den 24. Juli 1823.

[Beilage]

An Lili.
Du hattest gleich mir's angetan,
Doch nun gewahr' ich neues Leben;
Ein süßer Mund blickt uns gar freundlich an,
Wenn er uns einen Kuß gegeben.

Marienbad, 23. 7. 1823.

in diese Wälder: Goethe weilte vom 26. Juni bis 17. September in Marienbad, wobei er vom 25. August bis 5. September einen Aufenthalt in Karlsbad einschaltete und vom 5. bis 11. September sich in Eger und Umgebung aufhielt.

Großherzog: Karl August von Sachsen-Weimar-Eisenach.

meiner Lebenschronik: Gemeint ist der Wiederbeginn von Goethes bis ins Jahr 1817 zurückreichender Arbeit an den «Annalen. Tag- und Jahreshefte» (11, 615).

mein letztes Heft: Goethes Zeitschrift «Über Kunst und Altertum»; 1823 erschien das zweite Heft des vierten Bandes.

Deine Wallfahrt: Im Brief vom 2. Juli 1823 schrieb Zelter von seinem Umzug in eine neue Wohnung: «So wäre denn ein abermaliger Zug durch die Wüste geschehn und ein neues Lager bezogen, wo man sich fürs erste wieder auf 4 Jahre ansiedeln und eingraben mag.»

mit unserem Griesgram: Friedrich August Wolf; am 18.4.1823 berichtete Zelter, daß Wolf «sich sehr günstig über unsere Karfreitagsmusik» geäußert habe.

ein ... Kind: Elisabeth (Lili) Parthey, gestorben 1829, Musikerin, Schülerin Zelters.

Gruß und Reim: Nach dem Tagebuch-Bericht von Lili Parthey (in: Goethes Gespräche, III/1, 523 ff.) hat Zelter ihr «nicht nur einen Gruß aufgetragen, sondern auch was sich darauf reimt«.

*

An Zelter

Auf Deinen teuren Brief, mein Wertester, der mir zur angenehmsten Stunde kam, soll zugesagtermaßen noch vor meinem Austritt aus dem böhmischen Zauberkreise Dir abermals eine Zuschrift gewidmet sein, die Du um desto freundlicher und liebevoller empfangen wirst, da ich nichts als Gutes zu melden habe.

Soviel also zuerst: daß ich die kurzvergangene Zeit in Marienbad ohne Unbilden, ja heiter und wie ins Leben zurückkehrend zugebracht habe, auch mich jetzt so wohl befinde, als ich mich lange Zeit nicht gefühlt.

Ferner sei gemeldet, daß mir nach jenem Kuß, dessen Spenderin Du wohl erraten hast, noch eine herrliche Gunst und Gabe von Berlin gekommen: Madame Milder nämlich zu hören, vier kleine Lieder, die sie dergestalt groß zu machen wußte, daß die Erinnerung dran mir noch Tränen auspreßt. Und so ist denn das Lob, das ich ihr seit so manchem Jahr erteilen höre, nicht ein kaltes geschichtliches Wort mehr, sondern weckt ein wahrhaft Vernommenes bis zur tiefsten Rührung. Grüße sie zum schönsten; sie verlangte etwas von meiner Hand und erhält durch Dich das erste Blättchen, das ihrer nicht ganz unwert ist.

In völlig anderem Sinne und doch für mich von gleicher Wirkung hört' ich Madame Szymanowska, eine unglaubliche Pianospielerin; sie darf wohl neben unsern Hummel gesetzt werden, nur daß sie eine schöne liebenswürdige polnische Frau ist. Wenn Hummel aufhört, so steht gleichsam ein Gnome da, der mit Hülfe bedeutender Dämonen solche Wunder verrichtete, für die man ihm kaum zu danken sich getraut; hört *sie* aber auf und kommt und sieht einen an, so weiß man nicht, ob man sich nicht glücklich nennen soll, daß sie aufgehört hat. Begegne ihr freundlich, wenn sie nach Berlin kommt, welches wohl nächstens geschehen wird, grüße sie von mir und sei ihr behülflich, wo Du es angewendet findest.

Herr Huß, der derbe unermüdete Sammler, dankt zum allerschönsten für das Andenken und die Schaumünzen. Er verdient wirklich, daß jeder Reisende von seiner Gegend her ihm ein Scherflein beitrage; auch dies Jahr ist er viel besucht gewesen.

Dieses führt mich auf Maler Henschel, der mir die Jetons überbrachte. Auch er, wie so manche andere, hat ein eingebornes Talent, was aber daraus werden kann, das weiß – nicht Gott, der sich um dergleichen schwerlich kümmert – aber ich weiß es, der diesem Irrsal seit mehr als zwanzig Jahren zusehe. Auch er stickt in dem seichten Dilettantismus der Zeit, der in Altertümlei und Vaterländelei einen falschen Grund, in Frömmelei ein schwächendes Element sucht, eine Atmosphäre, worin sich vornehme Weiber, halbkennende Gönner und unvermögende Versuchler so gerne begegnen; wo eine hohle Phrasensprache, die man sich gebildet, so süßlich klingt, ein Maximengewand, das man sich auf den kümmerlichen Leib zugeschnitten hat, so nobel kleidet, wo man täglich, von der Auszehrung genagt, an Unsicherheit kränkelt [und,] um nur zu leben und fortzuwebeln, sich aufs schmählichste selbst belügen muß.

Verzeihe und laß mich schweigen, denn es ist schon zuviel gesagt; dem redlich denkenden Einsichtigen aber bleibt es gräßlich, eine ganze nicht zu verachtende Generation unwiederbringlich im Verderben zu sehen. Die Älteren merken es schon, können aber weder sich selbst retten noch mögen sie die andern warnen. Denn es ist schon *Sekte*, die zusammenbleiben muß, wenn sie gelten will, wo der Antretende sich und der Austretende die übrigen betrügt. Nochmals Verzeihung, denn ich erbitte sie von mir; man verdirbt sich immer eine Stunde, wenn man solche fruchtlose Schmerzen erneuert.

Auch ist es trostlos, von politischen Dingen, wohin man auch horcht, zu vernehmen. Mich von allen solchen wie von ästhetischen Gesprächen und Vorlesungen zu befreien, hatte ich mich auf sechs Wochen einem sehr hübschen Kinde in Dienst gegeben, da ich denn vor allen äußern Unbilden völlig gesichert war.

Nun aber doch das eigentlich Wunderbarste! Die ungeheure Gewalt der Musik auf mich in diesen Tagen! Die Stimme der Milder, das Klangreiche der Szymanowska, ja sogar die öffentlichen Exhibitionen des hiesigen Jägerkorps falten mich auseinander, wie man eine geballte Faust freundlich flach läßt. Zu einiger Erklärung sag' ich mir: du hast seit zwei Jahren und länger gar keine Musik gehört (außer Hummeln zweimal), und so hat sich dieses Organ, insofern es in dir ist, zugeschlossen und abgesondert; nun fällt die Himmlische auf einmal über dich her, durch Vermittlung großer Talente, und übt ihre ganze Gewalt über dich aus, tritt in alle ihre Rechte und weckt die Gesamtheit eingeschlummerter Erinnerungen. Ich bin völlig überzeugt, daß ich im ersten Takte Deiner Singakademie den Saal verlassen müßte. Und wenn ich jetzt bedenke, alle Woche nur einmal eine Oper zu hören, wie wir sie geben, einen «Don Juan», die «Heimliche Heurat» in sich zu erneuern und diese Stimmung in die übrigen eines tätigen Lebens aufzunehmen, so begreift man erst, was das heiße, einen solchen Genuß zu entbehren, der wie alle höhren Genüsse den Menschen aus und über sich selbst, zugleich auch aus der Welt und über sie hinaushebt.

Wie schön, wie notwendig wär' es nun, daß ich an Deiner Seite zu verweilen Gelegenheit fänd'! Du würdest mich durch allmähliche Leitung und Prüfung von einer krankhaften Reizbarkeit heilen, die denn doch eigentlich als die Ursache jenes Phänomens anzusehen ist, und mich nach und nach fähig machen, die ganze Fülle der schönsten Offenbarung Gottes in mich aufzunehmen. Nun muß ich sehen, durch einen klang- und formlosen Winter durchzukommen, vor dem mir denn doch gewissermaßen graut. Doch wollen wir mit gutem Humor und Mut auch die schwarzen Tage für uns und die Freunde zu nutzen suchen. Tausendfältiges treues Lebewohl!

Eger, den 24. August 1823. G.

Kuß ... Spenderin: Vgl. Goethes Brief vom 24. Juli 1823, Anm. zu «Gruß und Reim», S. 196.

Madame Milder: Die Opernsängerin Anna Pauline Hauptmann, geb. Milder.

Madame Szymanowska: Maria Szymanowska, geb. Wolowska (1795–1831), polnische Pianistin, Hofmusikerin bei der russischen Kaiserin Elisabeth Alexejewna.

Hummel: Der Pianist und Komponist Johann Nepomuk Hummel.

Herr Huß: Karl Huß (geboren 1761), Scharfrichter in Eger, später Kustos der Metternichschen Sammlung in Königswart (Böhmen). Am 19. Juli 1823 übersandte Zelter einige Münzen an Goethe mit dem Auftrag, diese an Huß weiterzuleiten: «Als ich das letztemal in Eger war und Herr Karl Huß mich mit vieler Güte seine hübschen Sammlungen sehen ließ, erklärte er, daß ihm ein Jeton der Berliner Königlichen Akademie fehle. Ob ich ihm versprochen, mich dafür umzutun, weiß ich selber nicht mehr, doch nahm ich mir vor, ihm dergleichen zu senden, sobald ich nach Berlin zurückkäme. Dies war jedoch nicht so leicht, als ich mir gedacht hatte ... Endlich hat mir ein alter Münzwardein mir anfolgende beide verschafft, die ich recht gut habe bezahlen müssen, und nun bist Du wohl so gut, diese beiden Stücke, welche ich Herrn Hensel mitgebe, in Empfang zu nehmen und in meinem Namen an den guten Huß abzuliefern.»

Maler Henschel: Wilhelm Hensel (1794–1861), Historienmaler, Professor an der Berliner Akademie der Künste und Hofmaler in Berlin; er porträtierte Goethe Ende Juli 1823.

einem ... Kinde: Ulrike Theodore Sophie von Lewetzow (1804–1899); zu ihr faßte Goethe eine leidenschaftliche Zuneigung, die zu einer ernsten Werbung führte. Es erfolgte eine aufschiebende Antwort, offenbar als höfliche Form einer Absage gemeint.

«Don Juan»: Die Oper «Don Giovanni» (1787) von Wolfgang Amadeus Mozart.

«Heimliche Heurat»: Die Oper «Il matrimonio segreto» (1792) von Domenico Cimarosa (1749–1801).

*

An Zelter

Um mich über die Zustände von 1802 aufzuklären, durchsuchte ich meine Briefhefte jener Tage, und da fand ich von Dir gar schöne, gute, freundlich-gründliche Worte, die sich denn immer noch bis auf die letzte Zeit bewähren. Und so mochte denn auch die Prüfung der bedenklichen Wochen, die wir zusammen zugebracht, dem vieljährigen Gewebe noch einige tüchtige Spannen zufügen! Freud' und Leid haben wir in diesen zwanzig Jahren einzeln und zusammen genugsam erlebt und erfahren, und so war mir denn auch Deine liebe Gegenwart in meinem peinlichen Zustand abermals höchst erquickend; ich fühlte es und weiß es, und es freut mich, daß die andern es auch anerkennen, die niemals recht begreifen, was ein Mensch dem andern sein kann und ist.

Daß Du mir die Mitteilung des Gedichtes durch innige Teilnahme so treulich wiedergabst, war eigentlich nur eine Wiederholung dessen, was Du durch Deine Kompositionen mir so lange her verleihest; aber es war doch eigen, daß Du lesen und wieder lesen mochtest, mir durch Dein gefühlvolles sanftes Organ mehrmals vernehmen ließest, was mir in einem Grade lieb ist, den ich mir selbst nicht gestehen mag, und was mir denn doch jetzt noch mehr angehört, da ich fühle, daß Du Dir's eigen gemacht hast. Ich darf es nicht aus Händen geben, aber lebten wir zusammen, so müßtest Du mir's so lange vorlesen und vorsingen, bis Du's auswendig könntest.

Das nachgesendete Reiseblatt wird, mit dem zu hoffenden, in den Kodex reinlich eingeschrieben und das Ganze sodann übersendet; ich hab' es teilweis mit Freunden gelesen, die es alle mit besonderm Anteil aufnehmen; Dir und den Deinigen wird es auch mit allen Segnungen zu Haus und Hof kommen.

Hier liegt auch ein Brief von meiner Mutter bei, den Du wünschtest; darin, wie in jeder ihrer Zeilen, spricht sich der Charakter einer Frau aus, die in alttestamentlicher Gottesfurcht ein tüchtiges Leben voll Zuversicht auf den unwandelbaren Volks- und Familiengott zubrachte und, als sie sich ihren Tod selbst ankündigte, ihr Leichenbegängnis so pünktlich anordnete, daß die Weinsorte und die Größe der Brezeln, womit die Begleiter erquickt werden sollten, genau bestimmt war.

Nun aber bring' ich in Erinnerung den Wunsch: das Nähere zu vernehmen über die Steigerung der Stimmen bei steigendem Barometer; nur gerade hingeschrieben, wie es Dir einkommt, von dem einzelnen Falle vor meinem Geburtstage anzufangen, bis dahin, wo die Feder zu laufen aufhört.

Ottilie west nun in Berlin und wird es von Stunde zu Stunde treiben, bis sie von Zeit zu Zeit pausieren muß; vielleicht gibt ihr das erreichte Ziel, wieder durchs Brandenburger Tor eingefahren zu sein, wenigstens einige Milderung der Hast, ohne die man sie freilich kaum denken kann. Du tust ihr, weiß ich, alles zur Liebe; das Beste kann freilich nicht ohne Aufregung ihres aufgeregten Wesens geschehen.

Ich aber muß mir selbst sagen, daß ich mich auch früher, das heißt: gleich nach meiner diesmaligen Rückkunft, hätte schonen sollen und mich jetzt zu schonen habe; denn die große Erregbarkeit, die sich schon in Böhmen, wie Du weißt, an der Musik manifestierte, ist's doch eigentlich, die mir Gefahr bringt; ob ich ihr gleich nicht feind sein kann, da ich ihr denn doch eigentlich jenes Gedicht verdanke, an dem Gefühl und Einbildungskraft von Zeit zu Zeit sich so gern wieder anfrischt.

Nächstens die zweite Hälfte des mitgeteilten Heftes, das abgeschlossen und ein neues schon wieder angefangen ist. In Dingen der Naturwissenschaft kam von außen glücklich einiges meinen innern Bestrebungen entgegen, und ich hoffe, zunächst manches Resultat noch auszusprechen, auch verschiedene Kapitel vor diesmal abzuschließen. Aber hiezu ist auch nötig, sich von der närrisch bewegten wissenschaftlichen Welt auszuschließen. Die Masse der unzulänglichen Menschen, die einwirken und ihre Nichtigkeit aneinander auferbauen, ist gar zu groß; selbst mit bedeutenden ist's mitunter nicht ganz just, doch kann und muß man sich über alles trösten, da es am Ende doch auch ganz vortreffliche Menschen gibt, auf die man für jetzt und künftig seine Hoffnungen niederlegen mag.

Kennst Du nachstehnde Reimzeilen? Sie sind mir ans Herz gewachsen, Du solltest sie wohl durch schmeichlende Töne wieder ablösen.

Ja, du bist wohl der Iris zu vergleichen!
Ein liebenswürdig Wunderzeichen:
So schmiegsam-herrlich, bunt in Harmonie,
Und immer gleich und immer neu wie sie.

Allen guten Geistern empfohlen! G.

Weimar, den 9. [Januar] 1824.

Zustände von 1802 aufzuklären: Im Hinblick auf die weiterzuführende Arbeit an den «Annalen».

der bedenklichen Wochen: Im Spätherbst 1823 erkrankte Goethe an einem Krampfhusten; zeitweise schienen die Ärzte seinen Tod zu erwarten. In dieser gefahrvollen Zeit – vom 24. November bis 13. Dezember 1823 – weilte Zelter in Weimar.

des Gedichts: Goethe zeigte Zelter seine «Elegie» (1, 475), entstanden in der ersten Septemberhälfte 1823 in Marienbad unter dem Eindruck der Begegnung mit Ulrike von Lewetzow; später ordnete sie Goethe als Mittelstück in seine «Trilogie der Leidenschaft» ein (1, 473).

Das ... Reiseblatt: Im Herbst 1823 unternahm Zelter eine ausgedehnte Reise, die ihn über Magdeburg, Braunschweig, Hannover und Utrecht bis nach Amsterdam führte. Über seine Reiseeindrücke erstattete er Goethe in mehreren Briefen einen ausführlichen Bericht. Dann kehrte er – über Düsseldorf – zurück, verbrachte drei Wochen in Weimar bei Goethe und traf am 20. Dezember 1823 wieder in Berlin ein. Mit dem nachgesendeten Reiseblatt ist Zelters Brief vom 19. November/27. Dezember 1823 gemeint, worin er Goethe von seiner Rückreise nach Berlin berichtet.

Brief von meiner Mutter: Der Brief vom 1. Oktober 1802 (in: Briefe aus dem Elternhaus, Erster Ergänzungsband der Goethe-Gedenkausgabe, S. 796); Zelter erhielt den Brief zum Geschenk.

Steigerung der Stimmen ... Barometer: Gemeint ist die Abhängigkeit der guten Stimmung eines Chores von hohem Barometerstand und schönem Wetter, wie es Zelter in seinem Brief vom 27. Dezember 1823/18. Januar 1824 ausführlich erläuterte: «Wenn der Barometer schönes Wetter anzeigt, ist unser Singchor vortrefflich ... Geht der Barometer tief herunter, so ist es nicht möglich – trotz alles Zurufens: Gehoben! Getragen! – die Stimmen flott zu halten: einer zieht den andern mit, und wenn ich sie gehn lasse, so ist das Ganze noch immer in seiner Art gut genug; will ich aber die Gewalt des Instruments geltend machen, so hört die Harmonie der Harmonie auf, und es entsteht ein innerer Unfriede bei aller Mühe.»

Ottilie ... Berlin: Goethes Schwiegertochter Ottilie brach Ende Dezember 1823 zu einem zweimonatigen Aufenthalt nach Berlin auf.

jenes Gedicht: Goethes Gedicht «Aussöhnung» (1, 479), das versöhnende Schlußstück der «Trilogie der Leidenschaft».

des ... Heftes: Vermutlich das dritte Heft des vierten Bandes von Goethes «Über Kunst und Altertum», erschienen 1824.

Ja, du bist ...: Die vier letzten Verse von Goethes Gedicht «Äolsharfen» (1, 480).

*

An Zelter

Nach kurzer Zeit, mein Guter, tret' ich wieder vor und zwar diesmal mit Wunsch und Ansinnen; vernimm also, wovon die Rede ist.

Es liegt ein Gesang bei, zu dessen Erklärung folgendes

notwendig sein möchte: Der Staatsrat *Thaer*, von dem Du im allgemeinen und besondern gewiß Kenntnis hast, erreicht am 14. Mai sein 73. Jahr. Zu diesem Tage werden seine weitverbreiteten Schüler bei ihm in *Mögelin* zusammenkommen; sie gedenken ihm ein stattliches Fest zu geben. Dazu wünschen sie nun nagelneue Tischlieder und haben sich deshalb nach Weimar als dem eigentlichen Stapelort deutscher Dichtkunst mit zierlichen und ziemlichen Bitten gewendet. Auch sind die Freunde dergleichen zu leisten nicht abgeneigt.

Und so kam denn auch mir beigehendes Lied in den Sinn, zu dessen vorläufigem Verständnis ich folgenden Kommentar schreibe.

Strophe 1.
Thaer, ein im Praktischen wie Theoretischen geschätzter Arzt, sieht sich nach einer froheren Unterhaltung in der Natur um, gewinnt die Gärtnerei lieb.

Strophe 2.
Allein er sieht sich hier bald beengt und sehnt sich nach einem weitern Wirkungskreis; wendet seine Aufmerksamkeit dem Feldbau zu.

Strophe 3.
Er nimmt die englische Landwirtschaft wahr und die ganz einfache Maxime, daß bei größerer Tätigkeit und verstandsgemäßer Umwendung des Bodens weit höherer Vorteil als bei dem bisherigen Schlendrian zu gewinnen sei.

Strophe 4.
Und so weiß er denn die Landwirte zur Wechselwirtschaft aufzuregen, erwirbt sich Schüler und Nachfolger, die seine Lehre und Anleitung probat finden und ihm jetzt in hohem Alter einen öffentlichen und lauten Dank vorbereiten.

Möge Dich dieses Lied, von einer großen Zahl Landwirte bei Tafel zu singen, zu einer heitern Komposition aufregen; es ist ein Fest, das nicht wiederkommt, und ich wünschte, daß unsere beiden Namen hier zu gleicher Zeit ausgesprochen würden. Der Mann gehört zuerst Preußen, sodann aber auch der Welt an, sein Ruf und Ruhm sind gründlich, und so darf man denn wohl etwas unternehmen, um sich mit ihm und den Seinigen zu erfreuen.

Mögest Du mir bald eine wohlgelungene Partitur überschicken, die ich alsdann weiter besorgen wollte; vorerst wünschte ich, daß es unter uns bliebe. Hast du zu wenig Notiz von dem Manne, so darfst Du nur Deine nächste Umgebung fragen, und sie sagen Dir soviel, um Teilnahme zu befördern. Auch kommt vielleicht von diesen hin- und herreisenden Schülern desselben jemand an euere Liedertafel, oder auch später, so könnt ihr einen solchen Gast nicht besser bewirten.

Bei mir geht das Getreibe täglich fort, und ich bin vergnügt, daß ich mich darin aufrecht erhalte. Lebe wohl und liebe! Wieder auf den Beinen G.

Weimar, den 11. März 1824.

Staatsrat Thaer: Albert Daniel Thaer (1752–1828), Arzt und Landwirt, 1807 preußischer Staatsrat, seit 1810 Professor an der Berliner Universität.

beigehendes Lied: Das zu vertonende Jubiläumsgedicht «Zu Thaers Jubelfest, dem 24. Mai 1824» (1, 693).

*

An Goethe Berlin, 20. März 1824.

Dein letzter Brief vom 11. März, der wenige Stunden nach dem frühern vom 8. März an mich gelangte, wollte mich fast erschrecken, etwas Unheimliches fürchtend. Durch die Eröffnung ward die Sorge sogleich gehoben. Das darin aufgegebene Gedicht auf den alten Thaer steht schon auf Noten und soll nur, daß es noch Zeit genug ist, ein wenig abdunsten. Müßtest Du es jedoch gleich haben, so darfst Du nur winken. Den Geheimen Rat Thaer kenne ich persönlich recht gut und habe ihn oft genug bei Graf Itzenplitz in Kunersdorf (dicht bei Mögelin) gesehen.

Fürs erste dank' ich für meinen guten Streckfuß. Deine Worte werden den herzlichen fleißigen Mann erfreuen. Mit seinem Dante ist er fertig und bearbeitet jetzt das Leben des Dichters.

Ferner ist uns allen lieb, endlich zu wissen, daß Ottilie gesund zurückgelangt ist, da sie hier manche kleine Unpäßlichkeit bestanden hat.

Daß Dir meine Relation über Felixens Fortschritte Wasser auf meiner Mühle sein würden, durfte ich hoffen. Du kennst ja das Elend mit den meisten Schülern länger als ich: große Intentionen, kleines Talent, gewaltige Mittel um nichts – das sind die Übel, und da ist man froh, wenn sich einer findet, der macht, was er machen kann, und immer bei Vorrat ist, es mag herauskommen, was da will.

Die Gemälde auf dem Schlosse habe gesehen und weiß nicht, was ich dazu sagen soll.

Wie man sagt, ist der König nicht sehr zufrieden mit dem Taufbilde; besonders tadelt er die Kostümen an beiden Bildern, gewiß mit Recht, denn sein natürlicher Sinn, wenn er ihn einmal von sich gibt, trifft mit dem, was gehörig ist, stets zusammen.

Köpfe, Hände, Gliedmaßen, Gewänder und Farben, Reinlichkeit und Fleiß sind nicht zu verkennen. Begasse hat das Bild seiner eigenen Familie gemalt und das schönste Beisammen erreicht: Gegenwart, Geist, Ruhe und Wahrheit, alles zum Sprechen. Auch hat dies Bild allgemein gefallen.

Nun ist er zu einem heiligen Gegenstande übergegangen, und ich bemerke den Unterschied, alles ist verdacht und will nicht passen zueinander.

Christus sieht nicht aus wie einer, der die Taufe einführt, anordnet, sondern wie ein armer Sünder, der um seiner Seelen Seligkeit getauft wird. Johannes treibt die Sache wie ein fahrender Täufer, mit Einer Hand, indem er in der andern den Pilgerstab festhält, als ob er heute Eile hätte. Sein Kopf und seine Figur sind schön, ja imponierend. Boden und Wasser sind nicht das beste.

Die übrigen Figuren, Engel, welche den Moment begaffen, haben zu wenig Physio[g]nomie und würden mir wahrscheinlich besser gefallen, wenn sie auszulegen schienen, was oben aus dem geöffneten Himmel über ihnen hervorgeht. Das andere Bild ist von nämlicher Güte, doch hat es was Süßliches; ein paar anbetende Hirten sind sehr zu loben. Mehr weiß ich nicht zu sagen. Es ist schon eine Zeit her, daß ich die Bilder sah, und durchaus nicht in der Absicht, um mich darüber auszulassen. Du, der die Stücke gar nicht gesehn hast, weißt mehr von der Sache als der Zeitungsreferent, der sich um die Bilder herumwindet, und so winden sich denn auch die Bilder selber um den Zeitungsbericht.

Das Pachelbel'sche Manuskript schicke mir doch je eher

je lieber, und wie lange ich's behalten kann, indem ich wegen meiner Ostermusik jetzt nach und nach beschäftigt werde und es doch auch bald sehn möchte.

Indem Du Händels gedenkst, erinnerst Du mich, daß ich Rochlitzen noch zu danken habe; er hat mir sein Buch auch geschickt und sich freundlich genug über Händel und gegen mich ausgelassen.

Herder hat irgendwo Händels «Messias» ein christliches Epos genannt, und das ist das Rechte mit Einem Worte; denn in der Tat enthält dies Werk in seiner fragmentarischen Zusammensetzung das ganze Konvolut seines Christentums, so treu und ehrlich als vernünftig poetisch.

Die Intention des Ganzen, als Opus betrachtet, habe ich immer für zufällig entstanden gehalten und kann mich von der Meinung nicht entwöhnen.

Die christlichen Hauptfeste gaben zu Händels Zeit den Komponisten Gelegenheit, biblische Verse für alle Evangelien in Musik zu setzen, woraus die schönsten Einzelnheiten entstehen mußten. Händel, der Geschmack und Herz genug hatte, die infamen Kirchentexte der Brockes, Picander und anderer, woran er selbst, Bach, Telemann sich abarbeiten müssen, abzuwerfen, sammelte endlich die Chöre, welche sich auf das Leiden beziehn, in ein Konvolut, ließ sich von irgendeinem gescheuten Mann die Haken und Ringe dazwischen machen, wenn er's nicht selber tat, und so ist ein zyklisches Werk hervorgegangen, das ich mir in 4 oder 5 Teile zerlege.

1) Die Verkündigung des Messias durch die Propheten von oben her abgeleitet; das Geschäft der Erlösung: geheimnisvoll, doch morgendlich, «Tröstet Zion! spricht euer Gott.» Frühlingsfrische hauchend.

2) Die Geburt auf Erden, zuerst erkannt von Hirten: Einleitung (*Siciliana*), ein angenehmes Schäferstück; müßte dem Chor: «Uns ist ein Kind geboren» vorangehn. In der Mozart'schen Partitur steht, unrichtig, der Chor vorher. Der Chor fängt spielend und wiegend, kindlich, ja kindisch an und wickelt sich zum Kolossalen auf bei den Worten: «Welches Herrschaft ist auf seiner Schulter.»

Leben und Lehren: hirtenmäßig. «Er weidet seine Herde.» – «Kommt her, die ihr mühselig seid.»

3) Leiden und Tod: Mißkennung, Spott, Mißhandlung. «Kommt her und seht das Lamm.» – «Er litt unsre Qual.» – «Wir gingen alle wie irre Schaf' umher.» – «Er klag' es dem Herrn, der helfe ihm.» – «Solche Schmach bricht sein Herz.» – «Schau her und sieh» und so weiter. Das Leiden ist vollendet durch den Tod und durch diesen der Sieg. Die Erlösung ist vollbracht. Nun die Folge:

4) Auferstehung und ewiges Leben: nach oben, nach dem Unendlichen zurück. Prophezeiung tritt wieder hervor, anwendend: «Machet das Tor weit! der König der Ehren ziehet ein!» – «Der Herr gab das Wort!» – «Was toben die Heiden!» – «Auf! zerreißet ihre Bande! Halleluja!» – «Ich weiß, daß mein Erlöser lebt!» – «Wie durch Einen der Tod» *etc.*

5) Apotheose: «Würdig ist das Lamm.» – «Preis und Anbetung.» – «Amen!»

Der Ausdruck solchen Werkes ist im Großen aufzunehmen, wiewohl überall gute, ja feine Arbeit nicht fehlt.

Die Ouverture ist nur insofern zum Stücke gehörig, als sie zum Vorgrunde, zur Folie dient, den blauen heitern Himmel der Prophezeiung daraufzusetzen: die Herrlichkeit Gottes des Herrn soll offenbar werden. Klarheit, Kraft, Wahrheit beherrschen den ganzen ersten Teil.

Im zweiten Teile: warme heitre Nacht, man fühlt das Leuchten der Gestirne. Hirtenmäßig, lockend, rein und milde.

Im 3. Teile: Leiden und Tod; kurz, ohne gedrängt, groß, still, rührend, keine Quälerei, kein Kreuzigen und dergleichen. Das Leiden des Gerechten über Abwürdigung des Guten, Schönen ist der Grund, der Abgrund, über den ein krystallner Quell hinwegeilt: «Schau her und sieh! Wer kennet solche Qualen!»

Dies letzte Stück ist eine echte Kavatine und führt ins Geschichtliche der musikalischen Formen, worüber folgendes:

Ich sehe den deutschen Choral als eine Art von Urform an, der die Scheidwand macht zwischen der protestantischen und katholischen Kirche. Durch den Choral als Gemeindegesang, der das Evangelium enthält, wird die Gemeine zur *Fakultät* des Gottesdienstes.

Der alte *cantus firmus* war in seiner Abartung unförmlich worden. Der daraus hervorgegangene Choral stellt eine feste Form her; er ist das Bild, die Einfassung der Strophe, um Ohr und Gedächtnis für den *Gedanken* anzusprechen.

Nun geht die Sache wie gewöhnlich – weiter; der Figuralgesang entsteht. Anfangs will man ihn in der Kirche nicht dulden; was tut der Komponist? Er figuriert den Choral selber, gibt ihm einen bunten Baß, und die Figuralmusik wird in die Kirche einge*schwärzt*.

Der Tenor, als Halt-, Haupt- und Führstimme getragen vom Fundamente, dem Basse, macht sich dünn in der großen Kirche. *Trias harmonica* wird erkannt; eine dritte Stimme wird notwendig. Unter dem Basse gibt es keine *basis*; man wendet sich nach oben, es entsteht der *altus* als Oberstimme, und der ehemals herrschende Tenor ist nun oben und unten bedeckt. Die Schuljugend wird in den Chor gezogen, der Alt ist ihr zu tief, und über dem Alt entsteht der Sopran: die vierstimmige Harmonie ist da. Der Grundbaß wird entdeckt, und nun geht die Lehre der Akkorde in die Lehre von den Dissonanzen über.

Der neue Chor ist da und will beschäftigt sein; es entsteht *das* Chor und zuletzt die Fuge, die noch immer den Choral wo nicht als Thema, doch als *cantus firmus* einschließt. Nun wird das strenge Zeitmaß immer notwendiger, die strikte Bewegung wird zur Bedingung, und die *Motette* ist da (von *motus*), und der stolze Choral, der wie das gewaltige Meer sich kaum im Raume, noch weniger in der Zeit bewegen wollte, tanzt nun mit nach der Pfeife.

Von hieran geht das Kolossale des Kapellstils immer mehr ins Mikrologische. Die bewegsame Stimme fühlt sich, gefällt sich und will gefallen; der strenge Tenor ist um sein Ansehn gekommen, und der Sopran beherrscht tyrannisch das Ganze.

Die Kirche aber regt sich und will's nicht leiden, da sucht sich die Musik den Platz außer der Kirche. Die Kantate, das Oratorium, die Oper erscheint; hier ist der Sänger eine Hauptperson, der Choral ist kein Narr und geht mit ihm.

In der Oper gilt es dem Gange der Handlung; Leidenschaft, wachsend, reifend zu einem Wendepunkt, der eine Station verlangt, sich auszutoben; so entsteht die Cavata

(Aria), worin sich eine bestimmte Empfindung völlig ausläuft.

Der Sänger ist nun alleiniger Repräsentant des Ganzen. Er gefällt sich und andern: daher das *Da capo.* Dieses *Da capo* wird endlich in die Form aufgenommen, und nun weiß niemand mehr, wovon eigentlich die Rede ist: das *Da capo* selber wird zum *caput mortuum*, schlechte Münze gilt allein, und das reine Metall weiß keiner zu gebrauchen.

Nun will sich denn der Komponist die Urform nicht nehmen lassen: es entsteht die *Kavatina*, welche nichts anderes ist als eine Arie ohne zweiten Teil, die nicht *da capo kann* gesungen werden, und eine solche echte Kavatine finden wir im «Messias»:

«Schau her und sieh! Wer kennet solche Qualen, schwer wie seine Qualen!»

Womit das ganze Leiden still beschlossen und das Versöhnungsgeschäft vollbracht ist.

Willst Du Dir dann noch ein besonderes bildliches Vergnügen machen, so schaue noch einmal das Chor an: *«Uns ist zum Heil ein Kind geboren.»*

Nachdem das Hirtengeschlecht die Worte des Engels auf der nächtlichen Flur vernommen und sich vom Schrecken erholt hat, fängt eine Partie an: «*Uns [ist] zum Heil ein Kind geboren*» und tändelt mit dem Gedanken unschuldig daher; dann folgen andere auf die nämliche Art, dann die Dritten, dann die Vierten, und endlich bei den Worten: «Wunderbar, Herrlichkeit» und so weiter stimmt alles ein: die Herden der Flur, das Heer der Gestirne des ganzen Himmels, alles erwacht und bewegt sich mutig und froh.

«Nun, ihr Musen, genug», wo nicht zuviel.

Wenn nun aber euer «Messias» von Dir gehört ist, wünschte ich denn auch von *Dir* etwas darüber zu vernehmen. Ich lerne immer etwas, wenn Du Dich über so etwas vernehmen lässest.

Der gute Rochlitz verdient vielen Dank, aber seine Geschichte von der Entstehung des «Messias» *a priori* sieht mir aus wie alle Geschichte (die sich so nennt). Die Geschichte eines Kunstwerks (und jedes Kunstwerk hat seine aparte Geschichte) läßt sich nicht an den Fingern herzählen, wenn die Natur selbst Jahrtausende braucht, um Einen solchen Kerl zu machen, der ja auch nur zufällig da ist. Die Notwendigkeit selbst kann nicht bestehn ohne Zufall.

Eben fällt mir ein, die oben angegebene Hypothese von der Zufälligkeit des Händel'schen «Messias», als Ganzes betrachtet, schon vor etwa 20 Jahren in einer Rezension ausgesprochen zu haben, da sie denn den gehörigen Widerspruch fand und noch findet. Die Rezension steht in der «Berlinisch musikalischen Zeitung» von 1805 oder 6, welche Reichardt herausgab, und ist gewiß in eurer Bibliothek vorhanden.

Mag sich doch jeder die Sache nach seiner Art denken: für mich ist diese Zufälligkeit eine *notwendige* Schönheit, an jedem Werke des Genies. Ich habe es dabei bequemer, indem ich ungestört genießen kann und nichts zu entschuldigen brauche. Lege ich mir das alles hinein, so ist es auch wirklich drinne; wer es herausziehen will, dem dürfte es wohl nicht vorhanden sein.

In Rochlitzens Buche steht ferne[r] Seite 76, die Mara habe beim Könige 3mal angesucht und endlich zum 3. Male die Erlaubnis erhalten, den Mara zu heuraten. Das ist, mit Gunst! nicht wahr. Der König hat's rund abgeschlagen.

Als die Mara das erstemal davonlief und zwar als engagierte erste Sängerin des Königs, war sie noch Mademoiselle *Schmeling*. Herr Mara war engagierter gut bezahlter Virtuos in der Kapelle des Prinzen Heinrich. So durfte dieser als Entführer gezüchtigt werden.

Der König wollte die Mara gern behalten, doch sie hatte sich nicht auf zeitlebens engagieren wollen. Nun aber bot sie dem König an, sich zeitlebens zu engagieren, wenn der König den Mara, der zum Trommelschläger avanciert war, losgeben und erlauben wollte, ihn zu heuraten. Dies wurde bewilligt, und nun liefen sie erst als *Eheleute* zum zweiten Male davon. Das war im Jahre 1778, nachdem die Mara noch im Januar die Rolle der Rodelinda gesungen hatte. Man hatte sie glücklich wieder aufgefangen; der König befahl, man solle sie laufen lassen.

Der König haßte den Mara. Dieser war nicht sowohl Kapellist des Prinzen Heinrich: der erhabene Prinz selbst bediente seinen Freund – *alla capella*; es mochte jedoch unmöglich sein, durch diese *escalier dérobé* und tausend

Wohltaten an sein Herz zu gelangen, denn Mara war der gemeinste Schuft und malträtierte seinen Herrn auf[s] äußerste. Er maulte mit ihm wochenlang, beging Freveleien, störte Sonntags den Gottesdienst und die Predigt in Rheinsberg. Ging in die Küche und fraß dem Prinzen die bestellten Gerichte auf, besoff sich viehisch, wenn er spielen sollte.

Das alles ward ihm Jahre hindurch verziehen. Der König wußte es, wollte es jedoch mit seinem Bruder nicht verderben. Endlich kam eine Geschichte dazu:

In der Karnavalszeit war der Prinz Heinrich mit seinem ganzen Hofe in Berlin und gab Maskeraden, welche die königlichen Redouten bei weitem überboten, wie alle andere Hoflustbarkeiten des Königs.

Einsmals war der ganze Königliche Hof zum Konzert beim Prinzen Heinrich eingeladen, um den bewunderten Mara auf dem Violoncello zu hören. Alles erschien, Mara gleichfalls, besoffen, und wer nicht spielte, war Mara. Der Prinz Heinrich, in Verzweiflung über solchen Affront, befahl, bat, flehete – Mara spielte nicht, und darauf gründete sich des Königs Haß.

Ich erzähle dies nach bestimmter Chronik, weil nach Rochlitzens Buche der König als Tyrann erscheint, der solche Rache an Mara übte und ein Paar Eheleute so grausam trennte. Sie waren damals noch nicht getraut.

Auch das Verhältnis der Mara zu Reichardt, der damals eben Kapellmeister des Königs geworden war, ist zu Reichardts Nachteile nicht im klaren.

Heut ist der 23. März, die Post geht.

Lebe wohl! Dein Z.

Graf Itzenplitz: Friedrich August von Itzenplitz (1769–1842).

Streckfuß: Adolf Friedrich Karl Streckfuß (1778–1844), Beamter in sächsischen und preußischen Diensten, Übersetzer italienischer Dichtungen. Zelter bat Goethe am 8. Februar 1824 um eine Stellungnahme zu Streckfußens Übersetzung des biblischen Buchs Ruth und schrieb diesbezüglich: «Er ist durch Dich selber angeregt, das Buch Ruth in vier metrische Gesänge zu bringen, und mag mancher gute Vers darin enthalten sein, wenn mir auch das Ganze nicht klar genug erscheint. [...] Magst Du in einem Briefe an mich ein gutes Wort niederlegen, so verdient er es auf mancherlei Weise.» Am 8. März 1824 antwortete Goethe: «Vor allen Dingen bitt' ich Dich nun, Herrn Streckfuß zu grüßen; ich bin seinem dichterischen und sonstigen literarischen Gange immer mit Hochschätzung gefolgt, wenn ich ihm schon auf Brief und Sendung früher nicht antwortete. Dies war mir oft bei meiner Lage und Gesinnung unmöglich; denn da ich nicht mit leeren oder scheinbaren Phrasen ein mir geschenktes Zutrauen erwidern konnte und doch das jedesmalige Vorgelegte im Augenblick zu schätzen nicht fähig war, so blieb ich gegen viel bedeutende Menschen im Rückstand, welches in späterer Zeit immer mehr der Fall ist. Empfiehl mich also schönstens und danke für das Andenken.»

Felixens Fortschritte: Der Komponist Felix Mendelssohn-Bartholdy, Schüler von Zelter; Goethe lernte ihn im November 1821 kennen (vgl. Goethes Brief vom 5. Februar 1822, Anm. zu «unseres Zusammenseins», S. 178).

Gemälde... Begasse: Gemeint ist der Berliner Historien- und Portraitmaler Karl Begas (1794–1854); Zelters Bildbeschreibung geht auf eine Anfrage Goethes vom 8. März 1824 zurück: «Hast Du im Königlichen Schlosse, im Pfeilersaale, die ausgestellten Gemälde der Herren Schadow und Begasse gesehen? wo nicht, so beschaue sie und melde mir ohne Umstände, wie Du sie findest.»

Das Pachelbel'sche Manuskript: Am 8. März 1824 schrieb Goethe: «Nun vermeld' ich aber vorerst, daß man bei hiesiger Bibliothek in einer Nürnberger Auktion ein Manuskript gekauft hat, welches den Titel führt: ‹Tabulatur-Buch Geistlicher Gesänge D. Martini Lutheri und anderer gottseliger Männer, samt beigefügten Choralfugen durchs ganze Jahr. Allen Liebhabern des Klaviers komponieret von Johann Pachelbeln, Organisten zu Sankt Sebald in Nürnberg. 1704.› Kann es Dich interessieren, so schick' ich es wenigstens zum Ansehen.»

Händels «Messias»: «Der Messias», Oratorium von Georg Friedrich Händel, uraufgeführt am 13. April 1742 in Dublin. Über seine Wiederbegegnung mit dem Werk schrieb Goethe am 8. März 1824: «Auf wundersame Weise bin ich wieder an Händel herangezogen worden; Rochlitzens Entwicklung des ‹Messias›, in seinem ersten Bande: ‹Für Freunde der Tonkunst›, Seite 227, hat mich an die Händel-Mozartische Partitur getrieben, wo ich freilich nur die rhythmischen Motive herauslesen kann; nächstens denk' ich mich durch Eberweins Vortrag auch den harmonischen zu nähern.» – Johann Friedrich Rochlitz (1769–1842), Theaterdichter und Musikschriftsteller in Leipzig, hatte Goethe am 21. Februar 1824 den ersten Band seiner Abhandlung «Für Freunde der Tonkunst», Leipzig 1824, zugesandt.

Herder: Johann Gottfried von Herder (1744–1803), Geschichtsphilosoph, Übersetzer und Dichter; im sechsundvierzigsten seiner «Briefe, das Studium der Theologie betreffend» (1781/86) heißt es: «O Freund, welch ein großes Werk ist dieser Messias, eine wahre christliche Epopee in Tönen!»

Brockes, Picander... Bach, Telemann: Barthold Heinrich Brockes (1680–1747), Hamburger Senator und Dichter, sowie Christian Friedrich Henrici (1700–1764), Leipziger Postbeamter, der seine Dichtungen unter dem Namen Picander veröffentlichte. Brockes' Passions-Dichtung «Der für die Sünden der Welt gemarterte und sterbende Jesus» (1712/1716) wurde u. a. vom Hamburger Komponisten Georg Philipp Telemann (1681–1767) und von Georg Friedrich Händel vertont; Bach hat Teile aus Brockes' Dichtung in seine «Johannes-Passion» aufgenommen. Zudem hat Bach zahlreiche Texte Picanders vertont, u. a. in der «Matthäus-Passion», im «Weihnachts-Oratorium» sowie in zahlreichen Kantaten.

Mozart'schen Partitur: Mozarts Bearbeitung von Händels «Messias», KV 572, erschien 1803 bei Breitkopf & Härtel; Goethe lernte das Werk in dieser Fassung kennen.

Kavatine: kurze einteilige Arie, meist in liedhafter Form.

cantus firmus: «fester», vorgegebener Gesang; gemeint ist die Hauptstimme (zumeist Tenor) eines mehrstimmigen Werks, um die sich die Begleitstimmen ranken.

Figuralgesang: figurierter, d. h. stark verzierter statt nur einfach melodischer Gesang.

Trias harmonica: Der harmonische Dreiklang.

Motette... (motus): Mehrstimmige Vokalkomposition; alle Stimmen beteiligen sich gleichmäßig und gleichwertig am musikalischen Geschehen. – Der Begriff «Motette» leitet sich nicht vom Wort «motus» (lat. = Bewegung) ab, sondern entstammt dem Wort «Motetus»: damit wird das Duplum als zweite Stimme im Unterschied zum Tenor als Hauptstimme bezeichnet.

des Kapellstils: Die Tradition des unbegleiteten A-cappella-Gesangs.

Da capo: (nochmals) von Anfang an.

caput mortuum: (lat.) Totenkopf.

Rochlitz: s.o. Anm. zu «Händels ‹Messias›».

die Mara... den Mara... Schmeling: Elisabeth Gertrud Mara, geb. Schmeling (1749–1833), Violinvirtuosin, später als Opernsängerin ausgebildet, 1771 an die Berliner Königliche Oper engagiert. 1780 entzog sie sich ihren dortigen Verpflichtungen durch Flucht, nachdem sie durch ihre Heirat mit dem Cellisten Johann Mara (1744–1808) beim preußischen König Friedrich dem Großen in Ungnade gefallen war. 1799 wurde die Ehe aufgelöst.

des Prinzen Heinrich: Prinz Friedrich Heinrich Ludwig von Preußen (1726–1802), Bruder Friedrichs des Großen.

escalier dérobé: geheime Treppe.

Reichardt: Der Komponist und Kapellmeister Johann Friedrich Reichardt, ab 1775 an der Berliner Königlichen Oper engagiert, 1791 wegen seiner freiheitlichen Gesinnung beurlaubt und 1794 endgültig entlassen.

*

An Zelter

Heute früh ist Geheimer Rat Wolf abgefahren; ich schweige über den Eindruck seiner Gegenwart und begreife nicht, wie weit er kommen will; doch das gibt sich bei einer solchen Unternehmungsweise.

Das Choralbuch ist wieder zurück; ich wünschte, es hätte Dich mehr erbaut. Mir ist diese Sendung freilich zum Vorteil geraten, da Du so gute und löbliche Worte hinzuzufügen wußtest.

Der Rittergutsbesitzer Herr Schultze auf Heinrichsdorf bei Bahn in Pommern als Hauptordner des Festes in Mög[e]lin und Freienwalde wird wohl bei Dir Gedicht und

Komposition abgeholt haben; ich danke zum schönsten, daß Du mir auf dieses Gesuch hast willfahren wollen. Die Melodie und Ausführung ist gar erfreulich; ich möchte wohl hören, wie sich diese landwirtlichen Kehlen darein zu fügen wissen. Sie haben aber, wie ich höre, doch einige Musiker mit in den Kreis gezogen.

Möge der «Tod Jesu» Dir auch diesmal ein frohes Osterfest bereitet haben; die Pfaffen haben aus diesem jammervollsten aller Ereignisse soviel Vorteil zu ziehen gewußt, die Maler haben auch damit gewuchert, warum sollte der Tonkünstler ganz allein leer ausgehen?

Mein «Messias», zwar nicht im Strickbeutel, aber doch in der Nuß, bringt mir auch Gewinn; der Begriff wenigstens wird lebendig, und da ist für unsereinen schon viel geschehen. Dem Gedanken, daß es eine Sammlung sei, ein Zusammenstellen aus einem reichen Vorrat von Einzelnheiten, bin ich nicht abgeneigt: denn es ist im Grunde ganz einerlei, ob sich die Einheit am Anfang oder am Ende bildet, der Geist ist es immer, der sie hervorbringt, und im christlich-altneutestamentlichen Sinne lag sie ohnehin. Ebendies mag am Ende für den Homer gelten, nur muß man es Wolfen nicht sagen, welcher, wenn man ihm Recht gibt, versichert, man verstehe es nicht.

Und so lebe denn recht wohl! ich sage dieses, damit das Blatt gleich fortkomme, denn das schöne Wetter nimmt uns viele Stunden im Freien weg; da man denn erst mit Entsetzen gewahr wird, was für eine elende Person man im Winter spielt. Möge dies Frühjahr Dir auch zum Besten gedeihen! übrigens habe ich Arbeiten vorgenommen, die mich vielleicht bis Michaeli zu Hause halten. Treulichst G.

Weimar, den 28. April 1824.

Wolf: In der Zeit vom 18.bis 26. April 1824 weilte der Homerforscher Wolf beinahe täglich bei Goethe.

Choralbuch: Vgl. Zelters Brief vom 20./23. März 1824, Anm. zu «Das Pachelbel'sche Manuskript», S. 207.

Herr Schultze: Laut Goethes Tagebucheintragung fuhr Schultze am 9. Mai 1824 von Weimar weg.

Gedicht und Komposition: Zelters Vertonung von Goethes Gedicht «Zu Thaers Jubelfest, dem 24. Mai 1824».

«Tod Jesu»: Grauns Oratorium.

«Messias»... Strickbeutel: Am 4. April 1824 berichtete Zelter von einer Aufführung einiger Stücke aus Händels «Messias» vor dem Kronprinzen; dieser

hatte dazu einen Chor von 8 bis 12 Mitgliedern aus der Singakademie bestellt. Die kammermusikalisch-kleine Besetzung erregte in der Folge Zelters Ärger: «So hoch ich diese Ehre zu nehmen habe, so tief hat sie mich betrübt, der ich gewohnt bin, das göttliche Werk seiner Würde gemäß seit 30 Jahren mit 180 frischen Kehlen einzulehren, einzupfropfen, um endlich darzutun: was Musik ist, und nun stehe ich wie ein armer Sünder und sehe das lebendige Werk tot vor mir in einem engen Sarge, wo es die Glieder nicht regen kann. Gleich drauf habe ich zwar den tiefen Schmerz in einer Flut von Champagner ersäuft, doch das hält nicht gegen – man möchte rasend werden, wenn man's nicht wäre. Solch ein Werk wollen sie im Strickbeutel davontragen!»

in der Nuß: Vgl. lat. «in nuce» = im Kern. Gemeint ist, daß Goethe keine Aufführung des Werks hörte, sondern sich mit diesem nur aufgrund der Partitur auseinandersetzte.

*

An Zelter

Ich freue mich sehr, daß es Dir mit «Troilus und Cressida» gelungen ist oder vielmehr dem Stück mit Dir. Wie ich ein Todfeind sei von allem Parodieren und Travestieren, hab' ich nie verhehlt; aber nur deswegen bin ich's, weil dieses garstige Gezücht das Schöne, Edle, Große herunterzieht, um es zu vernichten; ja selbst den Schein seh' ich nicht gern dadurch verjagt.

Die Alten und Shakespeare dagegen setzen an die Stelle dessen, was sie uns zu rauben scheinen, wieder etwas höchst Schätzenswertes, Würdiges und Erfreuliches. Auf diese Weise hat Dich denn auch das fragliche Stück eingenommen, ergötzt und befriedigt und zwar im ganz richtigen Sinne.

Über den «Cyklops» des Euripides liegt ein kleiner Aufsatz unter meinen Papieren, der freilich Erweiterung und nähere Bestimmung forderte; vielleicht werde ich hiezu durch Deine Anregung aufgemuntert. Den Thaerischen Gesang hab' ich diese Tage recht hübsch gehört, auch mich daran aufs neue erfreut, wie mit jeder Strophe die Pertinenz mit der Empfindung sich erhöht.

Rauch geht nun ab; ich hätte ihn gern noch einige Tage länger besessen, besonders da die Sozietät auf echt berlinische Weise mir einen großen Teil der Zeit verkümmert hat.

Doch sind wir über Bild und Gleichnis einig geworden; schaut nun das Begonnene freundlich an und helft weiter.

Nächstens kommt das schon unter den Händen des Buchbinders sich befindende neuere Heft von «Kunst und Altertum». Und immer so fort! G.

Weimar, den 26. Juni 1824.

«Troilus und Cressida»: Am 4. Juni 1824 schrieb Zelter über Shakespeares Drama: «Soeben habe zum ersten Male eine gute deutsche Übersetzung von Shakespeares ‹Troilus und Cressida› gelesen und mich herzlich satt dabei gelacht. Daß ich kein Gönner des Travestierens bin, kennst Du mich schon. Mein Totalsentiment während der Lesung hat sich gleichwohl in wunderbare Vergleichungen verwickelt, und ist mir diese Farce als eine Basis erschienen, von der die ‹Iliade› eine umgekehrte Travestie wäre. Der Spitzbube Thersites war mir immer heimlich lieb; hier erscheint er als ein Dämon, der über dem Ganzen, ja über den Göttern schwebt. Das muß aber niemand weiter erfahren; immer habe ich die Kenner auf dies Stück schelten hören.» – Vermutlich handelt es sich um die im Rahmen der Vossischen Gesamtübertragung aller Dramen Shakespeares entstandene deutsche Übersetzung. (Vgl. auch Zelters Brief vom 14./23. Januar 1821, Anm. «Romeo und Julie», S. 169.)

«Cyklops» ... Euripides ... Aufsatz: Gemeint ist Goethes Fragment gebliebener Aufsatz «Zum Kyklops des Euripides» (14, 686).

Den Thaerischen Gesang: Vgl. Goethes Brief vom 28. April 1824, Anm. «Gedicht und Komposition», S. 216.

Pertinenz: das Treffende.

Rauch: Der Berliner Bildhauer Christian Daniel Rauch weilte seit dem 18. Juni 1824 in Weimar.

«Kunst und Altertum»: Das erste Heft des fünften Bandes erschien 1824.

*

An Goethe Berlin, 15. Julius 1824.

Großen schönen Dank!

Über die Schiller'schen Briefe bin ich zuerst hergefallen, da ich eben um die Zeit in Weimar war, als sie geschrieben wurden. Was Du das Humane an Deiner «Iphigenia» nennst, wollte ich mir gern klar machen; da mußte ich denn erst das Stück wieder lesen, und so geriet ich tiefer hinein und zurück. Euripides, Sophokles, Aeschylus mußten herhalten. Beide «Iphigenien», «Orest», die «Eumeniden», «Elektra», «Agamemnon». Diese sind Griechen; Deine Leute sind Menschen, dazu gehöre ich und will so zu bleiben suchen.

Die «Iphigenie in Aulis» des Euripides hat mir unendlich gefallen, und der «Agamemnon» des Aeschylus hat mich furchtbar angepackt. Dann wieder zuhause, wo ich unsere deutsche, stille, reine, entsühnende, große Iphigenie auf ihrem alten Flecke in meinem Herzen wieder angetroffen habe.

Und so fühlt es ein jeder, mag er *sagen*, was er will.

Mir kommt Deine «Iphigenie» vor wie eine Komposition, die aus lauter Mark besteht. Alle festen Teile, Säulen, Balken, Riegel, sind haußen, einschließend; daher die bequeme Ökonomie, den in seinem Ursprunge und in seinen Folgen ungeheuern Gegenstand wie ein mentales Gebet zu herbergen.

An die «interessante Erscheinung», Deine anschauende Natur mit der Philosophie unter einem Hute zu sehn, glaube ich längst und habe mich mit allen daran auferbaut. Die Philosophen, wie ich sie kenne und verstehe, werden so leicht nicht fertig werden mit der Welt, und jeder fängt von vorn an. Sie haben gut arbeiten und schaffen an dem, was da ist und ihrer spottet, und finden überall Schloß und Riegel, wo der Mann von Genie das Gehirne der Welt wie eine ausgebreitete Karte vor sich aufgedeckt sieht.

Da ich die Griechen wieder lese, kann ich Deine «Iphigenie» nur allein mit sich selber vergleichen. Sie ist ein Segen der Väter und enthält uralte ewige Wahrheit und den Wendepunkt, fort und fort zum Rechten und Schönen zurückzukehren. Dem kolossalen übermenschlichen Gliederbau jener Alten hast Du zartes Menschenfleisch, der rauhen virtuosen Tugend die himmlische Liebe angetan. Die Nachwelt wird's nicht glauben wollen, daß diesen unsern Tagen das Herrlichste entwachsen können.

Den 14. August. Der Assessor v. Schiller aus Cöln ist angekommen, und ich habe ihn erst gestern wiedergesehn. Er findet seine Angelegenheiten hier gut angetan und verspricht sich gewünschten Erfolg von seinem Gesuch. Sein Vater ist hier hoch und allgemein verehrt, und das wirkt denn auch das Seinige.

Rauch habe noch kaum gesprochen, da er stets umgeben ist von dem, das über alle steht. Will man hier eine vernünftige Stunde haben, so muß man davonlaufen und – und wo ist es denn anders? Ein Erfurter, der eben von mir geht, erzählt mir aus seiner Nachbarschaft, was auch keinen Trost gibt.

Den 18. Hier sollte etwas über unser neues Königsstädtisches Theater folgen. Herr v. Schiller will heut fort und gern etwas an Dich mithaben; so gehe denn das Blatt und finde seinen Freund. Frau v. Grotthuß, eine 40jährige Bekanntschaft, wird sich selber empfehlen. Lieber Gott! *sic transeat* – Es war ein hübsches Wesen. Unser waren viele, und ich bin davongelaufen, weil ich das Schmachten nicht aushalte. Lebe wohl, altes Herz! Laß von Dir hören Deinen Z.

die Schiller'schen Briefe: Im ersten Heft des fünften Bandes von «Über Kunst und Altertum» wurden 20 Briefe Schillers an Goethe aus dem Jahr 1802 abgedruckt; im zweiten Heft folgten 25 Briefe Goethes an Schiller aus demselben Zeitraum.

das Humane ... «Iphigenia»: Zelter bezieht sich auf Schillers Brief an Goethe vom 20. Januar 1802, worin es über Goethes «Iphigenie» heißt: «Ich werde nunmehr die Iphigenia mit der gehörigen Hinsicht auf ihre neue Bestimmung lesen, und jedes Wort vom Theater herunter, und mit dem Publikum zusammen, hören. Das, was Sie das Humane darin nennen, wird diese Probe besonders gut aushalten, und davon rate ich nichts wegzunehmen.» (20, 872)

«interessante Erscheinung»: Anspielung auf Schillers Brief an Goethe vom 20. Februar 1802, wo es heißt: «Es ist eine sehr interessante Erscheinung, wie sich Ihre anschauende Natur mit der Philosophie so gut verträgt und immer dadurch belebt und gestärkt wird [...]» (20, 882)

Assessor v. Schiller: Ernst Friedrich Wilhelm von Schiller (1796–1841), Jurist, ab 1824 Gerichtsassessor in Köln, Sohn des Dichters.

Königsstädtisches Theater: Das vom Herzoglichen Braunschweigischen Hofbaurat Carl Theodor Ottmer (1800–1843) erbaute Königsstädter Theater am Berliner Alexanderplatz (1824).

Rauch: Vgl. Anm. zu Goethes Brief vom 26. Juni 1824, S. 218.

Frau v. Grotthuß: Sara von Grotthuß, geb. Meyer (gestorben 1828).

*

An Zelter

Auch von meiner Seite sei der schönste Dank erwidert, daß Du meine «Iphigenia» aus Wort und Buchstaben wieder ins Leben des Geistes und Herzens hervorgerufen hast. Ich darf mich wohl erfreuen, daß diese frühern Erzeugnisse immer von Zeit zu Zeit wieder auferstehen und fortwirken.

Und so sende denn auch ein paar Exemplare ältere Festgedichte, die bei Rauchs Gegenwart zur Sprache kamen. Sie sind fast ungekannt in dem Strom der Vergessenheit hinabgeschwommen und bei ihrem ersten Erscheinen nicht beachtet worden, weil sie zu einer Zeit hervortraten, wo der Haß gegen das Bestehende sich öffentlich zeigen durfte, wie er jetzt noch immer im Geheimen fortwühlt.

Gewiß freut es Dich, wenn ich vermelde, daß die ganze zehnjährige Korrespondenz mit Schiller von seiner und meiner Seite in meinen Händen und beinahe schon völlig redigiert sei. Tritt sie hervor, so wird sie dem Einsichtigen den Begriff von einem Zustande geben und von Verhältnissen, die so leicht nicht wiederkommen.

Soviel für diesmal, laß bald von Dir hören. Ich befinde mich nach meiner Art ganz wohl und werde dies Jahr zuhause bleiben. Treulichst G.

Weimar, den 24. August 1824.

Festgedichte: Goethes «Maskenzug bei allerhöchster Anwesenheit Ihro Majestät der Kaiserin Mutter Maria Feodorowna in Weimar, 1818» (3, 715). Vgl. auch Goethes Brief vom 4. Januar 1819, Anm. zu «kaiserlicher Anwesenheit», S. 150.

Rauchs Gegenwart: Vgl. Anm. zu Goethes Brief vom 26. Juni 1824, S. 218. Brief um die Beilage (25. August 1824) gekürzt.

*

An Goethe Berlin, 7. September 1824.

Unter den Kunststücken, welche eben ein Seiltänzer namens Kolter sehn läßt, ist eins, wo dieser nicht mehr junge Mann in Begleitung seiner Schwägerin auf zwei parallelen Seilen, etwa 150 Fuß lang, eine Klausnerei besteigt, die – auf einem starken Mastbaume in einer Höhe von 50 Fuß befestigt ist.

Die Wanderer sind in Pilgertracht, ruhen von Zeit zu Zeit kniebetend aus und erreichen nach etwa 10 Minuten das Ziel ihrer Andacht.

Oben werfen sie die Pilgerkleider herab und erscheinen nun, der Mann in Ritterkleidung, mit sichern Schritten zurückkommend bis an den Punkt des Ausgangs.

Das Kunststück hat sein Ängstliches für den Zuschauer. Unbeschreiblich befriedigend, ja rührend ist es, den letzten Schritt in die Klause unter dem allgemeinen Jubel der

Menge zu erwarten, und niemand wüßte sich der Tränen zu enthalten. Das Stück wird täglich wiederholt.

Man tadelt diese Leute, indem die junge, stark geformte Frau Witwe und Mutter ist, ja ihren Mann, so wie der Kolter seine Mutter, auf diese Art verloren hat, weshalb sie Freitags und Sonnabends auch nicht spielen.

Auch die Polizei wird getadelt, weil unsere Knaben nachahmend keinen Zaun und keine Höhe unbestiegen lassen.

Ich habe die Sache zweimal für Geld und einmal zufällig gesehen. Warum wüßte ich nicht zu sagen, es ist aber ein Sinn dabei und ein eigenes Talent dazu. Es mag wohl so sein sollen.

So kommt Dein angenehmstes Schreiben vom 24. August mit der vergleichenden Betrachtung und den herrlichen Beispielen von Kunstwerken des Altertums mir eben recht, und Dein höherer Parallelismus zieht mich von Obigem in meine alte Bahn zurück.

Was Du über Parodie und Travestie sagst, ist mir ganz verständlich, ja ich habe es nach meiner Art selbst geübt, wenn auch ohne klar zu wissen, was ich wollte.

Als Dir bekannte Gegenstücke nenne ich: die «Heiligen 3 Könige», «Fischpredigt des heiligen Antonius», «Invocavit», «Sankt Paulus» und so mehr.

Die Wirkung dieser Stücke ist jedesmal dieselbe, sie ist ernsthaft und komisch und fast durchaus beifällig, ja was man Melodie oder Cantilena nennt, ist kaum zu finden.

Ein einziger berühmter Mann hat Anstoß gefunden, den ich nicht erraten hätte: es war Chateaubriand, den ich freilich nicht weiter kenne, als daß er der angenehmste Franzose ist.

Wolfs Nachlaß ist mit meiner Zuziehung gerichtlich versiegelt. Man hat an Körtes nach Halberstadt geschrieben, und es ist noch keine Antwort da, was mir etwas wunderlich vorkommt.

Der Tod hat ihn allerdings überrascht, und ich fürchte, daß sein bibliothekarischer Nachlaß nicht in der von ihm gewünschten Ordnung sein möge.

Seine eigentliche Krankheit schien mir immer eine Art von Unzufriedenheit mit sich selber, da ich ihn sonst als einen ganzen Mann von gesunden Korne erfunden habe.

Die Nachricht seines Todes hat mich weniger überrascht als erschreckt, und sein schönes eigenes Verdienst, das ich nicht einmal ganz zu würdigen weiß, trat wie ein edles Bild vor mir auf. So stellt sich ein bedeutender Mann in seinen eigenen Schatten, indem er sich von außen beengt glaubt.

Man könnte auch hier was lernen, wenn man Zeit hätte zum Leben, solange man lebt. Nachher wäre Zeit genug, sich selber zu ängstigen. Wir haben den Gedanken, der auch Beifall findet, eine Medaille nach seiner Büste schneiden zu lassen. Sollte sich bei euch jemand finden, dazuzutreten, so laß mich's wissen.

16. Oktober. Zu den Landeseigenheiten in Pommern gehört, daß eine Hochzeit am 11. oder am 18. eines Monats und zwar an einem Montage oder Donnerstage gehalten werde. Den Grund habe nicht erfahren.

So bin gestern abend von der Hochzeit meines Sohnes aus *Garden* bei Stettin etwas stark angeraucht wieder hier angelangt.

Mein Georg hat endlich eine Frau für seinen Geschmack und Bedarf erfunden. Ein starkes, verständiges, hübsches Mädchen, nicht ohne Geist und von einer tüchtigen Mutter von Kindheit an zur Landwirtschaft angeführt.

Der Vater, ein studierter Mann von 48 Jahren, gesund, gebildet, wohlhabend durch die beste Wirtschaft, Besitzer eigen erworbener Güter und eines Ordens, heißt *Ratt*.

Nach Obigem war die Hochzeit am vorigen Montag, den 11. Oktober, und wenn es an etwas gefehlt hätte, so wäre es Platz gewesen für die Gäste.

Mir war unter anderm ein pommer'scher Polterabend was ganz Neues. Maskeraden, tollster Art und nicht ungeschickt, wechselten sich in die Nacht hinein. Alles in plattdeutschen Versen gut gesprochen. Auch Stottern und Plackern gab große Belustigung. Ein Bürschchen von 16 Jahren, in eine Bäuerin verkleidet, war das Reizendste in Bewegung und Reden, was man gesehn hat. Der Junge hatte sich so züchtig, artig und mädchenhaft, daß er stundenlang unerkannt blieb, wie ich ihn denn nachher als Knabe für ein verkleidetes Mädchen hielt.

Was Leuten meiner Jahre, die nach und nach bequem werden, wohl ungewohnt vorkommt, war das Lokal selber.

In einem mäßigen einstöckigen Hause auf dem Lande

mit einigen Dachstuben, was nur für diese Wirtschaft eingerichtet ist, hatten sich zwischen 60–70 Personen zu fügen, das heißt: zu schlafen, zu essen, zu tanzen und dergleichen.

Die Trauung sollte in der Kirche geschehen. Es regnete aber unablässig, und so des guten Bodens und der seidenen Schuhe wegen wurde denn die Trauung auch hier beschlossen, daher man sich denn Tag und Nacht wie ein Kiesel im Strome gewälzt und geschliffen sah. Einige alte, schön aufgesetzte Fräuleins, deren Knöchlein etwas vorstanden, nahmen sich zuletzt ganz rundlich aus. Solche Not wäre nur eine *halbe* Lust gewesen, da die Luft draußen warm und frühlingsartig war, um sich in Garten und Hofe zu zerstreuen, wenn nicht ein feiner dichter Regen so durchnässend gewesen wäre, daß man sein neues Kleid verdarb, um nur sein Wasser im Freien abzuschlagen, denn drinnen wäre dazu anständigerweise durchaus kein Raum gewesen. So blieb denn das Ganze hübsch beisammen, und ich wüßte nicht, ob man vergnügter hätte sein wollen.

Daß alle Männer Tabak rauchten, versteht sich in Pommern von selber, wie denn auch meine Pfeife kaum kalt geworden; hiermit war aber der Gipfel dieser Freudentage noch nicht erreicht.

Zu Beköstigung solch einer Versammlung war nämlich ein übermäßiges Küchenfeuer nötig worden, um Essen, Tee, Kaffee, Schokolade, Grog und Punsch parat zu haben; dadurch war das ganze Haus so in Rauch gesetzt, daß man die Augen nur öffnete, um einander zu erkennen.

Auch das recht gute Orchester aus Stettin nahm einen hübschen Raum ein, und dann kamen die Dorfbewohner mit ihren Tabakspfeifen, Weibern und Mädchen, um die Braut tanzen zu sehn, da denn der Küchenrauch durch die mitgebrachten Düfte dieser ungebetenen Gäste in etwas gemildert wurde.

Einige Spieltische für die alten Herren und Damen mußten ferner Platz finden, und gegen Morgen fand dann jeder von uns sein Bettchen, wo und wie es auch sein mochte, gar schön.

Nun mögen die guten Götter weiter helfen, denn ich habe meinen Kindern, von denen drei Landwirtschaft treiben, mein bares Vermögen ziemlich hergegeben, und ich muß mich noch rühren, was ich kann, und Gott danken, daß ich noch kann. *Vale!* Dein Z.

«Heiligen 3 Könige»: Zelters Vertonung von Goethes Gedicht «Epiphaniasfest» (1, 104).

«Fischpredigt...»: Zelters Lied «Fischpredigt», komponiert auf einen Text von Abraham a Santa Clara.

«Invocavit»: Zelters Vertonung von Goethes Gedicht «Versus memoriales» (1, 452).

«Sankt Paulus»: Zelters Liedertafel-Komposition «Sankt Paulus war ein Medikus».

Chateaubriand: François René, Vicomte de Chateaubriand (1768–1848), französischer Politiker und Schriftsteller.

Wolfs Nachlaß: Der Berliner Philologe Friedrich August Wolf war am 8. August 1824 in Marseille gestorben.

an Körtes: Friedrich Heinrich Wilhelm Körte (1776–1846), Domvikar in Halberstadt, und seine Gattin Wilhelmine, die Tochter Wolfs.

Mein Georg... Ratt: Zelters Sohn Georg Friedrich vermählte sich am 11. Oktober 1824 mit Agnes Laura Rosalie Carolina Ratt (1803–1851).

*

An Goethe [Ende Januar 1825]

«Ich dacht', ich habe keinen Schmerz.»

So ging ich guten Humors bei langersehntem mildem Winterfroste nach einem Spaziergange ins Theater, um den «Tankred» zu hören.

Der Madame Schulze, die hier den Tankred am besten singt und spielt, hatte ich etwas aus Deinem Briefe mitgeteilt und siehe, sie erschien als praller Jüngling mit starker, voller, klarer Stimme, und zwar – so gut als ohne Helm, sei es nun, um Dein Wort zu bewahren, oder ihr mannliches Gesicht mit derber Kaisernase, großen blauen Augen, Perlenzähnen und Polsterlippen nicht zu verdecken, so denn auch mir die Musik in ihren guten Eigenheiten noch lieber ward.

Man hatte die Oper, die wohl einen Puff aushalten kann, abgekürzt, weil noch ein Ballett von drei Akten folgte, zu diesem Zwecke aber zugleich Fremdes *eingelegt* – und das war – gut?

Es war ein Chor aus einem italienischen Oratorium: «*I pellegrini al sepolcro di N. S. Gesù Cristo*» und zwar von Naumann.

Wer das aushält wie ich, der begreift es auch wohl wie Du. Nach tausend mutwilligsten Verhöhnungen alles heroischen Ernstes richtete sich dies Chorgespinst oder -gespenst wie ein langes Gestänge trägselig auf. Die Fiedelbogen im Orchester wurden paralysiert, die Musici sahn einander an; wie eine Nebelbombe fiel schon mit den ersten Takten die Langeweile aufs Haus, daß niemand wußte, wo man war, da man endlich erfuhr, von waser Macht solche unverhoffte Wirkung kam.

Der Spaß als solcher wäre in der Tat auserlesen, wenn der in die Garnitur eingelegte Stein im Sinne hätte, das ganze Geschmeide durch seinen Glanz zu verdunkeln, wie denn Einer wissen wollte, daß Graf Brühl daran arbeite, den guten Naumann wieder flott zu machen. Aber es war eine Stille, als ob eine vornehme Leiche vorübergetragen werde.

Den 29. Januar. Unsere Speisewirte und Hoftraiteurs sind bemüht, das Andenken der großen Geister durch Mittagsnachtmahle zu begehen, wobei denn der Kelch das Beste tun muß. Vorgestern mußte Mozart herhalten, und die Sache war anständig genug, wenn man dazu nimmt, daß gegen 300 Köpfe mal über denselben Gegenstand unter Einem Hute sind. Sie waren nämlich alle vergnügt, ja sie blieben vergnügt, als die Wirkung des Champagners die Verklärung der Wahrheit ist. Die Gesundheit des Gefeierten ward durch unsern Generalmusikdirektor Spontini auf Deutsch gesprochen, und da sich auf Deutsch nichts reimt, so dürfte man denken, daß die Sache ungesund und ungereimt herausgekommen wäre; aber es – war auch so, und die Geschichte hat großen Spaß gegeben, da jeder was anderes verstanden hatte, wenn man jedem glauben will, daß der Sprecher gar nichts gemeint hätte.

Da unser Philologus nicht mehr bei der Hand ist, so dächte ich das Recht geerbt zu haben, Dir unsere Eßangelegenheiten vorzutragen; danke mir dafür, wie Du kannst, denn ich wüßte in der Tat nichts anderes zu schreiben und wollte doch gerne schreiben. Lebe wohl und laß von Dir hören. Dein Z.

«*Ich dacht'*...»: Erster Vers aus Goethes Gedicht «Äeolsharfen» (1, 480).

«*Tankred*»: Die heroische Oper «Tancredi» (1813) von Gioacchino Rossini (1792–1868); das Werk wurde in Berlin in der deutschen Bearbeitung von Johann Christoph Grünbaum (1788–1871) gespielt.

Madame Schulze: Die Sopranistin Josephine Schulze geb. Killitschky (um 1790–1880), seit 1813 an der Berliner Königlichen Oper.

aus Deinem Briefe: Am 3. Dezember 1824 berichtete Goethe: «Neulich abends besuchte ich den ‹Tankred›, er ward sehr löblich vorgetragen, und ich wäre auch recht zufrieden gewesen, wenn nur keine Helme, Harnische, Waffen und Trophäen auf dem Theater erschienen wären.»

Naumann: Johann Gottlieb Naumann (1741–1801), seit 1764 Hofkirchenkomponist und seit 1776 Kurfürstlicher Kapellmeister in Dresden.

Graf Brühl: Graf von Brühl, Generalintendant der Königlichen Schauspiele in Berlin.

Vorgestern ... Mozart: Der 27. Januar, Geburtstag von Wolfgang Amadeus Mozart (1756–1791).

Spontini: Der italienische Opernkomponist Gasparo Luigi Pacifico Spontini (1774–1851), 1820–1842 Generalmusikdirektor der Berliner Königlichen Oper.

unser Philologus: Friedrich August Wolf.

*

An Zelter

Alles, was mir Deine Zustände deutlich macht und mich an Deine Seite versetzen kann, ist mir jederzeit höchst willkommen: wo ich Dich denn diesmal in der Oper, sodann bei einer großen Gasterei recht auf gut Berlinisch im Schwelgen finde.

Die Geburtstagsfeier lebender Freunde und Freundinnen inkommodieren mich schon gar sehr; kommt nun noch dazu, daß man an die Seligen gleichfalls einen Tag wenden muß, so wird man für lauter Geborenheiten nicht mehr zu leben wissen.

Doch gönne ich es gerne den Brüdern und Schwestern, die das «*Ergo bibamus*» begierig überall ergreifen, und freue mich, daß mein Zelter einige heitere Stunden dabei genossen hat.

Damit aber dieses Blatt einige Begleitung habe, so lege einen Aushängebogen bei, Kunstbetrachtungen enthaltend von 1791, gleichzeitig mit den «Venetianischen Epigrammen». Sie sind mehr historisch-ästhetisch und technisch als artistisch und werden Dir daher leicht einigen Anteil abgewinnen.

Regierungsrat Schmidt, der einige Zeit wegen Geschäften sich in Berlin aufhielt, führte mich durch mancherlei Erzählungen gleichfalls in jene Regionen. Das Schlimmste ist nur, daß die interessantesten Überlieferungen nicht gesehen, nicht gedacht, nicht begriffen werden können, sondern an Ort und Stelle genossen werden müssen; denn wer von Berlin etwas Vorzügliches erzählen will, wird immer von Musik sprechen, und da habe ich denn weiter keine Freude und Anteil daran, als daß Deiner immer in hohen Ehren und Würden dabei gedacht wird.

Und so, damit der Weg sich nicht berase, wenigstens diese magere Botschaft. Deinigst G.

Weimar, den 4. Februar 1825.

Aushängebogen... Kunstbetrachtungen: Dem Brief legte Goethe einen Aushängebogen zum zweiten Heft des fünften Bandes von «Über Kunst und Altertum» bei. Darin (S. 5–23): «Ältere Gemälde. Neuere Restaurationen in Venedig, betrachtet 1791».

«*Venetianischen Epigrammen*»: Goethes zumeist im Frühjahr 1790 entstandene «Venezianische Epigramme» (1, 221).

Schmidt: Christian Friedrich Schmidt, Jurist, Regierungsrat in Weimar; laut Goethes Tagebucheintragung kam er am 1. Februar 1825 von Berlin zurück.

*

An Zelter

Hiebei schicke ein Büchlein, das Du am ersten vor allen zu beurteilen berufen bist; mir scheint, er wünscht, was Du zeitlebens getan hast und noch tust, er trachtet, das allgemein zu machen, was, wenn es gemein werden könnte, sogleich vernichtet wäre, und erscheint mir überhaupt wie ein Arzt, der eine unheilbare Krankheit deutlich zu beschreiben und ihre Wirkungen auseinander zu setzen sucht. Doch sei Dir alles anheimgegeben.

Herr Mendelsohn verweilte auf seiner Rückreise von Paris allzukurze Zeit; Felix produzierte sein neustes Quartett zum Erstaunen von jedermann; diese persönliche hör- und vernehmbare Dedikation hat mir sehr wohl getan. Den Vater konnte nur flüchtig sprechen, weil eine große Gesellschaft und die Musik abhielt und zerstreute. Ich hätte so gern durch ihn etwas von Paris vernommen. Felix hat den Frauenzimmern von den dortigen musikalischen Verhältnissen einiges erzählt, was den Augenblick sehr charakterisiert. Grüße die ganze Familie und erhalte mein Andenken auch in diesem Kreise.

Ferner habe zu vermelden, daß Gelegenheit und Möglichkeit die neue Ausgabe meiner Werke zu begünstigen scheint; nun arbeite ich fleißig an den Annalen meines Lebens, wovon schon eine große Masse, teils vorbereitet, teils ausgeführt, vor mir liegt. Nun find' ich, daß unser Verhältnis von 1800 an sich durch alles durchschlingt, und so möcht' ich es denn auch zu ewigen Zeiten erscheinen lassen, und zwar in reiner Steigerung, deren Wahrheit sich nur durch das vollkommenste Detail bezeichnen läßt. Soeben studiere ich Deine Briefe, welche sauber geheftet vorliegen, und nun äußere ich den Wunsch: daß Du mir die meinigen, von fünf zu fünf Jahren, auf kurze Zeit mögest zukommen lassen. Ich bearbeite eben jetzt die Epoche von Anfang des Jahrhunderts bis zum Tode Schillers; hast Du die Papiere in Ordnung, so sende sie mir baldigst, sie kommen schnell zurück, und wie ich vorschreite, bitt' ich Dich um die andern. Ich möchte diesen edlen Faden gern zart und sorgfältig durch- und ausspinnen; es ist der Mühe wert und eigentlich keine Mühe, sondern die größte Genugtuung, und ich freue mich schon, die große Kluft vom Anfang des Jahrhunderts bis heute stetig ausgefüllt zu sehen.

Noch eins fällt mir ein! Es ist in solchen Dingen ein gewisses Gefühl, das ich nicht tadeln kann, daß man Dokumente solcher Art allein zu besitzen wünscht. Die Briefe sollen ohne Deine ausdrückliche Erlaubnis nicht abgeschrieben werden; was ich ausziehe, wird mit Bleistift an der Seite bemerkt.

Lebe wohl! Ich freue mich auf das Von-vorne-leben, wodurch das Gegenwärtige nur um so viel teurer werden kann. Und so fort und fort! G.

Weimar, den 21. Mai 1825.

ein Büchlein: Die Abhandlung «Über Reinheit der Tonkunst» (1824) von Anton Friedrich Justus Thibaut (1772–1840), Professor der Rechte in Jena, seit 1806 in Heidelberg.

Herr Mendelsohn... Felix: Auf der Rückreise von Paris, wo Abraham Mendelssohn seinen komponierenden Sohn Felix dem italienischen Komponisten Luigi Cherubini vorgestellt hatte, besuchten die Mendelssohns Goethe. Im Tagebuch vermerkte dieser am 20. Mai 1825: «Abends Konzert und Gesellschaft. Felix Mendelssohn spielte ein Quartett mit Eberwein und anderen Musicis.» Es handelt sich um das Klavierquartett h-moll op. 3, welches Cherubini zur Begutachtung vorgelegt und später dann Goethe gewidmet wurde.

Ausgabe meiner Werke: Am 12. April 1825 erklärte sich der Verleger Cotta grundsätzlich bereit, eine auf vierzig Bände berechnete «Vollständige Ausgabe letzter Hand» von Goethes Werken zu veranstalten.

Annalen: Goethes «Annalen. Tag- und Jahreshefte».

*

An Goethe

Du hast mich abermalen angetroffen.

Deine Briefe sind mein Eigenstes, indem ich sie mir, Gott weiß wie, verdient habe. Aber ich habe sie, wie man auf dieser Welt etwas haben kann; so nenne ich sie mein, und wenn sie das sind, sind sie auch Dein, weil ich nichts habe, was nicht Dir gehörte.

Ob nicht ein- oder anderes an diesem Konvolut, das bis zur Invasion geht, fehlen möge, weiß ich nicht gleich zu sagen, da ich wohl dann und wann einen erhaltenen Brief wegen verwandter Dinge in ein Buch lege.

Dazu sei es Dir auch erlaubt, sie ihrem ganzen Inhalte nach abschreiben zu lassen, indem ich wünschen darf, daß sie aller Welt werden mögen, was sie mir geworden sind, wenn ich nur die Originale zurückerhalte.

Habe ich doch schon einmal einen ähnlichen, wenn auch nicht so bedeutenden Verlust erlitten. Ein Jugendfreund, Possin, Kapellmeister des Prinzen Heinrich, der einzige, mit dem ich in früherer Zeit Du und Du gewesen bin, nimmt, um unsern vieljährigen Briefwechsel komplett zu haben, mir auch seine Briefe mit nach London, stirbt daselbst vor drei Jahren, und so komme ich um eine Sammlung von mehr als ein halbes Tausend Dokumente historisch-musikalischen Inhalts, die mir von dort aus abgeleugnet werden.

Das überschickte Büchlein habe schon durchflogen und wüßte dem, was Du darüber sagst, kaum etwas zuzulegen. Der Heidelberger Freund möchte gern auf Einem Haufen sehn, was kreisende Jahrtausende, Jahrhunderte nacheinander geboren haben. Es möchte ihm nur bange werden, wenn es gelänge, alle Wie, Wo und Wann daran- und darumher zu sehn, da ich denn keinen Ort in der Welt wüßte, wo wir selber nur bleiben wollten, geschweige denn Gebrauch zu machen von dem, was *uns* macht, wie wir sind.

Vor vielen Jahren schriebst Du mir einmal: Natur- und

Kunstwerke lernt man nur kennen im Aufhaschen ihrer Entstehung; sind sie reif und fertig, da sehe zu, wer sie begreifen will.

Übrigens ist das Büchlein nicht schlimm zu lesen, möchte auch kein anderer Freude daran haben, als wer dergleichen macht, wie es der Verfasser vielleicht noch nicht kennt.

Felix ist aus Paris zurück und hat sich in den wenigen Monaten hübsch herausgetan. Er hat dem Cherubini ein Kyrie dort angefertigt, das sich hören und sehn läßt, um so mehr, als der brave Junge nach seinem gewandten Naturell das Stück fast ironisch in einem Geiste verfaßt hat, der, wenn auch nicht der rechte, doch ein solcher ist, den Cherubini stets gesucht und, wenn ich nicht sehr irre, nicht gefunden hat.

Lachen muß ich, daß Du meine Briefe *studierst*. Es muß ein ungeschlachtes Päckchen sein, was ich wohl selber bei Haufen sehn möchte. Sie mögen gelehrte Dinge enthalten, und doch begreifen sie mein eigenstes Leben seit fünfundzwanzig Jahren, da ich erst seit so lange lebe.

Mendelssohn hat seine jüngre Schwester mit von Paris gebracht, welche einige 20 Jahre daselbst Erzieherin der eben verheurateten Tochter des General Sebastiani gewesen ist und eine dadurch erworbene bedeutende Pension an ihrem Geburtsorte Berlin verleben will. Eine so anmutige Freiheit des Geistes, wie sich dies Mädchen seit ihrer Kindheit, die Pariser Höllenfahrt hindurch, erhalten hat, darf gelobt werden, und daß der alte gebrechliche Vater die Verheißung Abrahams an allen seinen Kindern erfüllt sieht, mag auch mit den Propheten wieder aussöhnen. Lebe wohl, mein Teuerster! auf Deine neue vollständige Ausgabe freut sich ganz und gar Dein Z.

Sonnabend, 28. Mai 1825.

zur Invasion: Die Invasion Napoleons im Rahmen des vierten Koalitionskriegs und die Niederlage des preußisch-sächsischen Heeres in der Doppelschlacht von Jena und Auerstädt.

Possin … des Prinzen Heinrich: Johannes Samuel Carl Possin (1753–1821), Pianist, ab 1786 Kapellmeister des Prinzen Friedrich Heinrich Ludwig von Preußen, seit 1793 in London als Musiklehrer tätig.

Büchlein … Heidelberger Freund: Vgl. Anm. zu Goethes Brief vom 21. Mai 1825, S. 229.

Felix … Paris: Vgl. Anm. zu Goethes Brief vom 21. Mai 1825.

Cherubini: Der in Paris lebende italienische Opern- und Kirchenmusik-Komponist Luigi Maria Salvatore Cherubini, Direktor des Pariser Konservatoriums.

ein Kyrie: Das Werk ist nicht erhalten.

jüngere Schwester… Sebastiani: Henriette (Jette) Mendelssohn (gestorben 1831), Erzieherin der Tochter des bonapartischen Grafen Sebastiani in Paris.

Brief gekürzt um den Nachtrag.

*

An Zelter

Die Briefe sind angekommen und schon in Arbeit; zur frommen architektonischen Begründung eures Lokals den besten Glückwunsch! Nun kann es nicht fehlen, da eure herrliche Anstalt schon so lange artistisch und sittlich aufs vollkommenste gegründet ist. Mögest Du ihr lange erhalten bleiben und sie Dir, damit Du nicht den Schmerz erlebest, das, was Du gepflanzt und gepflegt hast, vor Deinem seligen Hintritt untergehen zu sehen. Dies ist eine der großen Prüfungen, die dem lange Lebenden zugedacht ist; dem alsdann, wie dem ehrlichen Hiob, eine humoristische Gottheit anderweitigen Ersatz reichlich gewähren möge.

Herr Spontini eilte durch. Zufällig war ich nicht zu Hause, und doch hab' ich ihn noch eine Viertelstunde gesprochen. Wie gut es zwischen uns sich anließ, ersiehst Du daraus, daß wir mit einer Umarmung endigten und also Deiner Empfehlung die beste Anerkenntnis zuteil ward.

Mit eurem Bau seid ihr aus dem Grunde heraus und wir mit dem unsrigen, wenigstens teilweise, auf dem Gipfel. Beikommender Spruch ist von Riemern; wobei Du denn erfahren magst, daß ich und Coudray in der Sache nicht weiter wirken. Die Veranlassung ist nicht ganz neu, aber doch noch immer überraschend genug; Specialia lassen sich dem Papiere nicht anvertrauen. Ich bin heilfroh.

Hiebei noch einiges Neue, Halbalte, Uralte, das sich denn eben selbst erklären mag. Inliegenden Brief bitte an unsern Regierungsrat Schmidt, den Verfasser des beikommenden Sonetts, gelangen zu lassen.

In der letzten Zeit befind' ich mich so wohl, daß ich meinen Geschäften ununterbrochen vorstehen kann. Einiges Behagen ist aber auch nötig; denn zu allem andern gesellt sich noch die eingeleitete Ausgabe meiner Werke, die mich nicht wenig beschäftigt, aber auch viel Gutes verspricht. Und somit beiderseits Glück und Heil noch eine Strecke weiter! Laß ja von Zeit zu Zeit von Dir vernehmen, was es auch sei, das um Dich vorgeht und Dir selbst begegnet; ich werde das Gleiche tun.

Und so immer gleich G.

Weimar, den 5. Juli 1825.

zur ... architektonischen Begründung: Die am 30. Juni 1825 erfolgte Grundsteinlegung zu einem neuen Singakademie-Gebäude am Festungsgraben in Berlin; Schinkel hatte die Entwürfe geliefert, doch wurde der Bau-Auftrag dem jungen Hofbaumeister Carl Theodor Ottmer übergeben.

Spontini: Laut Tagebucheintragung traf Goethe am 4. Juli 1825 mit Spontini zusammen.

Deiner Empfehlung: In den beiden Briefen vom 26. und 27. Juni 1825 bat Zelter um eine freundliche Aufnahme des Berliner Generalmusikdirektors.

mit dem unsrigen: Nach dem Weimarer Theaterbrand vom 21./22. März 1825 unternahm Goethe, gemeinsam mit dem Architekten und Oberbaurat Clemens Wenzeslaus Coudray (1775–1845), die Planung des Neubaus. Dieser wurde nach einem schon früher gemeinsam entworfenen Projekt begonnen, später aber – auf Veranlassung des Großherzogs Karl August – dem Architekten Carl Friedrich Christian Steiner übertragen.

Beikommender Spruch ... Riemern: Dem Brief legte Goethe die von Friedrich Wilhelm Riemer verfaßte «Kranzrede bei Richtung des neuen Schauspielhauses in Weimar den 25. Juni 1825» bei.

Schmidt ... Sonett: Der Weimarer Regierungsrat Christian Friedrich Schmidt, Verfasser des dem Brief beigegebenen Sonetts «Vaterhaus».

*

An Goethe Montag, 12. Dezember 1825.

Ohne Schmausen tun wir's nicht; da findet sich noch eher Hülfe! Erst gestern also ist unser Richtschmaus abgehalten, weil die Teilnehmer es durchaus auf meinen Geburtstag verschieben wollten. An Munterkeit hat's nicht gefehlt, und nun ist auch das überstanden.

Unsre Poeten und Komponisten hatten sich zusammengenommen, und waren Gedichte und, versteht sich, alles gesungen.

Da aber die patriotischen Schlingel keinen Vers auf den König zu finden wissen, da hab' ich mir selber welche zusamm[en]gesucht, worüber die Deutschdreher das Maul hin- und herwerfen und – was geht das mich an?

Der König soll gepriesen sein,
Der König lebe hoch!
Und wenn er's auch nicht haben will,
Was gilt's, ich preis' ihn doch!
Und tun die Lieber Leid sich an,
Noch nie hat Liebe Leid getan:
Der König lebe hoch!

Der König soll mein Bruder sein,
Der König lebe hoch!
Ein König kann ein Bruder sein,
Ein König bleibt er doch!
Und tun auch Brüder Leid sich an,
Noch nie hat Liebe Leid getan:
Der König lebe hoch!

Der König soll mein Vater sein,
Der König lebe hoch!
Ein König kann ein Vater sein,
Ein König bleibt er doch!
Der Vater sieht die Kinder an,
Das ganze Land nimmt teil daran:
Der König lebe hoch!

Der König soll *mein* König sein,
Wohlan, Er lebe hoch!
Und sieht er manchmal sauer drein,
So ist er König doch!
Er ist mein König und mein Mann,
So sing' ich, was ich singen kann:
Der König lebe hoch!

«Nun sage mir, Vater» – ist das nicht allerliebst? Und ist aus der Musik herausgewachsen wie das Kraut aus der Kartoffel, denn die Musik habe vorher gemacht und kommt denn doch wohl anders heraus als das einfältige «Heil Dir im Siegerkranz», wobei ich immer seekrank bin.

Ein Hans A. hat gesagt: *es sei doch kein Volkslied.* – Was geht mich das Volk an, wenn ich nicht dabei bin! Und da fallen sie über her und haben mich zum besten; aber der eine sang *Cis* statt *C*, und ich habe ihm einen Puff wiedergegeben, daß er nun meine Poesie mag ungeschoren lassen.

«Lieber» (*ironice*, nach «Hasser» konstruiert) will niemand gelten lassen; der «Bruder» soll auch nicht passieren, und der «Sauer» will gar nicht rutschen – nun, so mögen sie ihn zuckern! Ich gebe die Dinge, wie sie Gott gibt.

Und mit ihren stolzen Worten und Phrasen, die wie vornehme Leute sich manchmal gar nicht gern wollen *sprechen* lassen, was meinen denn sie – als sich selber? Da soll man sagen: «Der Mann hat eine schöne Diktion, schöne Versifikation, Periodenbau» und dergleichen, und manchem mag dabei zumute sein als in der Kirche, wenn der Klingelbeutel kommt: man weiß schon, was er will und was man davon hat.

Donnerstag. Unsere beiden Höfe sind in tiefe Trauer versetzt, woran ich aufrichtigen Anteil nehme und niemand wissen kann, wie nahe solch ein Fall ihn und sein Haus berührt. Da man denn alles zu nehmen hat, wie es kommt, so wird mir nicht mehr bange – lange, lange Dein Z.

Es ist doch kuriose, daß das «Lange, lange» auch bei euch so wie bei uns gesungen worden.

Richtschmaus... Geburtstag: Das Richtfest für das neue Singakademie-Gebäude hatte schon am 25. November 1825 stattgefunden; die Feierlichkeiten wurden auf den 11. Dezember, den Geburtstag Zelters, verlegt.

«Nun sage...»: Anspielung auf die Verse 461f. in Goethes «Pandora» (6, 422).

«Heil Dir...»: Die von Gasparo Spontini komponierte, am 18. Oktober 1818 erstmals aufgeführte Hymne; sie wurde von 1820 bis 1840 alljährlich am Geburtstag des preußischen Königs gespielt. Der Text stammt von Balthasar Gerhard Schumacher.

ironice: spöttisch.

in tiefe Trauer versetzt: Am 1. Dezember 1825 war Kaiser Alexander I. von Rußland gestorben.

*

An Zelter

Du hast mir seit einiger Zeit, mein Teuerster, gar lebhafte Charakterzüge eurer Berliner Tagesweise mitgeteilt, daß ich doch endlich auch etwas von mir hören zu lassen schuldig zu sein glaube. Mir war es indessen wunderlich zumute. Eine notgedrungene Wirkung, sowohl gegen die Nähe als in die Ferne, hinderte mich, meinem Willen zu folgen, welchem nach ich Dich schon längst einmal wieder besucht hätte. Ihr Berliner jedoch seid mir die wunderlichsten Leute: ihr schmaust und trinkt und verzürnt euch untereinander, so daß Mord und Totschlag im Augenblick und tödlicher Haß in der Lebensfolge daraus entspringen müßte, wäre es nicht in eurer Art, das Widerwärtige auch stehen zu lassen, weil denn doch am Ende alles nebeneinander verharren kann, was sich nicht auf der Stelle aufspeist.

Dein sibyllinisches Blatt über «Macbeth» glaube nach meiner Weise recht gut auszulegen; ich dachte wenigstens dabei wie folgt.

Diese Bemühungen gehören zu denjenigen, welche König Saul der Hexe von Endor zumutete: die großen Toten hervorzurufen, wenn wir uns selbst nicht zu helfen wissen. Shakespeare ist noch widerborstiger als jener abgeschiedene Prophet, und wenn sie ihn gar in seiner Integrität hervorzaubern wollen, dann geht es am wenigsten. Ein solches Mickmack von Uraltem und Modernstem bleibt immer auffallend, wie Du es ganz richtig empfunden hast.

Was hilft alles Kostümieren! Genau besehen, sind denn doch am Ende Schauspieler und Kleider, Dekorationen und Gespenster, Musiker und Zuschauer untereinander nicht in Harmonie. Dies hat Dich bei einer so bedeutenden Exhibition zerrissen. Vielen ist es auch zuwider, ohne daß sie es gestehen; viele lassen es gut sein, weil es nicht anders ist; sie haben bezahlt und ihre Zeit hingesessen.

«Sieben Mädchen in Uniform» machen auch hier das Publikum glücklich; denn so etwas ist zeitgemäß. Das Soldatengespiele, zu einer halblüsternen Posse verwandt, läßt sich jedermann gefallen, wenn unter dem Druck eines Shakespearischen Alps das Publikum seufzt und sich sehnt aus einem schweren Traum des Ernstes in die freie Luft der Torheit.

Jetzt, da ich nicht mehr ins Theater gehe, sonst nichts damit verkehre, nur aber meine Kinder und sonstiges nachwachsendes Lebevolk zu beobachten habe, gehen mir ganz eigne Lichter auf. Immer nehmen sie Partei; bald seh' ich sie in gerechten Urteilen klar und verständig, bald in Vorurteilen und Vorlieben ungerecht befangen, und was alles daraus folgt, wie es uns längst bekannt ist; aber ich begreife doch erst das Mißbehagen der Danaidenarbeit während so vieler

Jahre, in welchen ich bemüht war, die wirklich großen, der Bühne verliehenen Vorzüge in Wirklichkeit zu setzen und zur Evidenz zu bringen. – In solche Betrachtungen haben mich Deine Hexen verhext; trage deshalb die Schuld eigner Veranlassung.

Als belebte Folge jener festlichen Tage ist mir, wie ich bekennen muß, manches Gute geworden; auch manches Gute zu tun gibt es Gelegenheit, da der aufgeregte und doch nicht flackernde Enthusiasmus einen jeden aus sich selbst ins Allgemeine trieb. Hiebei gelingt es denn auch, ein viele Jahre gewünschtes Gärtnerhaus an die Stelle des alten zu setzen, worin Du Dich auch einmal beholfen hast. Dies ging ganz einfach, die Gewerken gaben ihren Vorteil auf und ließen mit frohem Sinn die Anstalt genießen, was sie sonst für sich und die Ihrigen erworben hätten. Du weißt am besten, wie hoch dies anzuschlagen ist.

Und da nun von manchen klugen und tätigen Menschen dieser allgemeine gute Wille gestärkt und geleitet worden, so ist in dem kleinen Kreis sehr viel geschehen, weil alle Glieder, groß und klein, sich lebendig erwiesen. Und hieraus erwächst denn auch mir noch manche angenehme Beschäftigung, um das Begonnene und Eingeleitete durch- und ans Ziel zu führen.

Zu Ausfüllung des Raumes folgendes:

Eine große sorgfältige Zeichnung von Julius Roman mit vielen Figuren, zum größten Teil wohlerhalten, ist eine köstliche Akquisition, ohne Zweifel das Original, das Diana von Mantua in Kupfer gestochen hat: Christus vor der «schönen Türe» des Tempels, nach Raffaels Vorgang, mit gewundenen Säulen geschmückt. Er beruhigt warnend die neben ihm aufrecht stehende beschämte Ehebrecherin, indem er zugleich die pharisäischen Susannenbrüder durch ein treffendes Wort in die Flucht schlägt. Sie entfliehen so kunst[ge]mäß-tumultuarisch, so symmetrisch-verworren, daß es eine Lust ist. Sie stolpern über die Bettler, denen sonst ihre Heuchelei zugute kam und die für diesmal unbeschenkt auf den Stufen liegen. Der Federumriß ist von der größten Nettigkeit und Leichtigkeit und fügt sich dem vollkommensten Ausdruck. Das Kupfer findet sich gewiß in Berlin und ist nachzuweisen: Bartsch, *«Peintre-Graveur», Vol. XV.* Seite 434, *«Oeuvre de Diane Ghisi» No. 4.*, wo es für eine der schönsten und wichtigsten Arbeiten genannter Künstlerin gehalten wird. Unwandelbar Goethe.

Weimar, den 30. Dezember 1825.

Soeben kommt Dein «Euryanthischer» Brief, worauf nächstens fernere Erwiderung. – Zugleich empfehle: «Berlinische Nachrichten», bei Haude und Spener, No. 304.

«Macbeth»: Am 16. Dezember 1825 berichtete Zelter über die vom Berliner Königlichen Bibliothekar Samuel Heinrich Spiker (1786–1858) besorgte deutsche Übertragung von Shakespeares Tragödie «Macbeth». Die Erstaufführung – mit einer von Louis Spohr (1784–1859) komponierten Bühnenmusik – fand am 15. Dezember 1825 statt.

König Saul ... Hexe von Endor: 1. Sam., Kap. 28.

«Sieben Mädchen in Uniform»: Lustspiel von Louis Angely (1787–1835).

Danaidenarbeit: Goethes Einschätzung seiner Direktionstätigkeit für das Weimarer Hoftheater als letztlich ergebnislos.

Deine Hexen: Zelters Ausführungen über die Hexenszenen in «Macbeth».

Julius Roman: Goethe meint die Zeichnung «Christus und die Ehebrecherin» vom italienischen Maler und Baumeister Giulio Romano (1492–1546).

Diana von Mantua: Gemeint ist Theodoro Ghisi (Theodoro Mantuano, 1536–1601), italienischer Maler in Mantua, von Goethe stets als Diane Ghisi oder Diana von Mantua bezeichnet.

Bartsch: Johann Adam Bernhard von Bartsch (1757–1821), Kupferstecher und Direktor der Kupferstichsammlung der Wiener Hofbibliothek; seine Enzyklopädie «Le Peintre graveur» erschien 1802/1821 in 21 Bänden.

«Euryanthischer» Brief: Am 24. Dezember 1825 schrieb Zelter: «Gestern ist [Carl] Maria v. Webers neuste Oper ‹Euryanthe› auf unserem großen Theater mit vorentschiedenem Beifalle gegeben worden. – In Wien, Dresden und anderen Orten hat das Werk nicht greifen wollen, was seine hundert Ursachen haben mag. Das Gedicht will sich nicht exponieren. Graf Brühl hat es hier so imponierend ausgestattet, wie es dem Freunde, dem Intendanten wohl ziemt und der historisch-romantischen Oper zukommt.»

«Berlinische Nachrichten»: Die «Berlinischen Nachrichten von Staats- und gelehrten Sachen» (auch «Haude- und Spenersche Zeitung») im Verlag der Haude- und Spenerschen Buchhandlung. Seit 1772 zeichnete Carl Philipp Spener (1749–1827) als Herausgeber, ab 1828 dann Samuel Heinrich Spiker.

*

An Goethe Berlin, 4. Januar 1826.

Ja wohl hast Du's erraten! Mord und Totschlag müßte folgen, dürfte man nicht einlenken und ein neues Gesicht annehmen, wie ein Schauspieler, der zwei Rollen zugleich spielt.

Aber man *muß* manchmal durchschlagen. Grobheit ist dann das einzige Mittel, und wem der Respekt gegen die

Sache gar zu sauer wird, der muß sich doch fürchten, übel behandelt zu werden, was ihm denn der Neid gern gönnt. Man lernt endlich alles gebrauchen.

Du möchtest schon lachen, könnte ich Dich manchmal an der Hand haben, Dir meine Herrlichkeiten in ihrer Gestalt und Ungestalt zu zeigen. Wobei denn doch alles in der Freiheit besteht, wie sie auch sonst nach Würden mißverstanden wird.

Die Welt hat sich ein Wort Lessings gemerkt: «Kein Mensch muß müssen.» Ich aber sage euch: *Wer will, der muß*, und wer nicht wollen will, der soll mich ungeschoren lassen. So lauft mancher davon, und nach Jahr und Tag kommt er zurück und *will müssen*. Wird endlich aus der Wirkung das Rechte erkannt und genossen, so versöhnt sich alles wieder, wenn es nur Zeit hat.

Du hast ja einen bedeutenden Teil Deines Lebens unter ganz ähnlichen Verhältnissen verochst, daß Du eben aus Deinem ruhigen Spinnenneste herab kein saures Gesicht zu machen brauchst, wenn ich mein Leben lang zu kneifen und zu keifen und täglich von vorn anzufangen haben werde. Wem dabei die Lust vergeht, der ist nicht besser als die andern alle; gehe ich entzweit zu Bette, so steh' ich doch ganz wieder auf.

Freilich kann's kaum fehlen, daß man sich einmal überschlage und *peccavi* sagen müßte. Da sind denn wieder die Frauen mit Ausgleichen bei der Hand, denn diese allein können unparteiisch sein gegen Männer; unterdessen faßt man sich wieder, und die Uhr bleibt im Gange.

Vom alten Fritz hat man mir erzählt, daß er gegen einen jungen Offizier den Stock gehoben habe, der Jüngling aber sei davongelaufen. Andern Tages läßt der König den Offizier vor sich kommen und sagt ihm:

«Er ist Rittmeister! Das wollte ich Ihm gestern auf der Parade sagen, aber Er lief ja, als wenn Ihm der Kopf brennte. Adieu, Herr Rittmeister!»

So im Großen so im Kleinen. Was soll die Geschichte? wenn sie nicht geschieht und was nicht geschieht, ist auch nicht geschehn. Kann man sich nun solcher Muster rühmen, so lernt man sich fügen, und die Ehre bleibt auf beiden Seiten unangefochten.

Unser gute Schultz hat zu seinen letzten Fährlichkeiten

noch das Unglück erfahren müssen, daß sein Bruder, der Bergrat, sich im Gemütskrampfe in den Fluß gestürzt hat und sein Leichnam noch nicht einmal gefunden ist. Berichte ich dergleichen ungern, so wollte ich's doch nicht verschweigen, wegen der Folgen. Die unglückliche Witwe und Mutter von fünf kleinen Kindern ist die Schwester der Geheimen Rätin Schultz. Schultz, der mit großem Unwillen seines Vaters eine Katholische geheuratet hatte, mußte das sämtliche starke Geschwister seiner Frau, die elternlos war, zu sich nehmen und durfte bei anfänglich mäßigem Einkommen froh sein, eins nach dem andern versorgt zu sehn, und nun fällt die vervielfachte Last gerade zu einer Zeit auf ihn zurück, wo er an sich selber zuviel hat.

Gestern, Sonnabend, war «Hamlet». Vom Spiele so viel als wenig. Es war alles neu besetzt und alles viel zu schön. Der einzige Geist war ein ehrlicher schlichter Geist in Gang und Ton und Gestalt und Sprache, und er hat mich so frappiert, indem er von der Rechten her erschien und ich ihn von der entgegengesetzten Seite erwartete, daß mir das ganze Stück wie neu erschien.

Wenn nur die lieben Schauspieler sich das Agieren abgewöhnen wollten! ist es nicht manchmal, als ob sie uns zum besten hätten, indem sie fast immer ausfallen, wo sie parieren sollen, und *vice versa*? Sie selber zitieren sich einen Toten aus der Gruft hervor, der ihnen dick und derb die Wahrheit sagt; sie sagen's ihm nach – aber sie gläubeten nicht. O Himmel! ein unvernünftiges Tier muß trauern über solche Entstellung.

Andere Berichte fallen nicht tröstlicher aus. Ungeheure Kleinigkeiten oder vielmehr kleine Ungeheuer treten auf, Sperlinge wollen sie schießen mit Kanonen. Da hat Einer Dein «Jery und Bätely» neu komponiert und, wie ich vernehme, im großen Stil, es soll aber auch danach abgelaufen sein, und man hat Reichardts Komposition wieder gefordert. Der neue Komponist redigiert die hiesige «Musikalische Zeitung». In dieser war weit und breit von Reichardts schwacher Arbeit gesprochen, die einst Beifall gehabt hat. Die Leute aber merken's schon, wenn das Land durch Postmeilen und der Taler durch sogenannte Silbergroschen größer werden sollen.

Dienstag, den 10. Januar 1826. Indem ich das Blatt wieder

ansehe, muß ich bemerken, daß ich Deinen letzten Brief vom 30. Dezember 1825 beinahe wiederhole. Laß es die Probe sein auf Dein Exempel und ob ich Dich verstanden.

So bleiben wir immer gleichgesinnt,
Eins an des andern Herzen. Dein Z.

«Kein Mensch ...»: In Gotthold Ephraim Lessings Drama «Nathan der Weise», I. 3.

peccavi: (lat.) = Ich habe gesündigt.

Schultz: Der preußische Staatsrat Christoph Ludwig Friedrich Schultz.

Einer ... «Jery und Bätely» ... Reichardt: Goethes Singspiel «Jery und Bätely» (6, 916) wurde gegen zwanzigmal vertont, u. a. von Johann Friedrich Reichardt sowie von Zelters Schüler Adolf Bernhard Marx (1795–1866); dieser begründete 1824 die «Berliner Allgemeine Musikalische Zeitung».

*

An Zelter

Wenn ich gleich, mein Allerteuerster, in meinen alten Tagen mich nicht grade mit den Ellenbogen durchzufechten habe, so kannst Du Dir doch mit einiger Einbildungskraft schon vorstellen, daß ich, wenn Du mich auch nur als Lenker meines eigenen Fuhrwerks betrachtest, dieses Jahr her nicht viel dämmern, ruhen und säumen durfte; deshalb mir denn unterwegs Dein freundlich-aufmunterndes Wort sehr oft zugute gekommen, indem es mir anschaulich machte, daß andere anderes zu überwinden haben und daher ein jeder sich wacker halten und nach seiner Art und Stelle sich behaupten muß.

Ich kann mir in meiner fast absoluten Einsamkeit kaum vorstellen, daß solche Lust- und Lärmbilder an Dir vorübergehen, an denen Du mich aus Deinem Spiegel teil[nehmen] lässest. Mit «Macbeth» und «Euryanthen» geh' es, durch Aufwand, parteiische Anregung und selbst durch Anerkennung des Trefflichen, wie es will; beide geben keine eigentlich erquickende Vorstellung, jener aus Überreichtum des Gehaltes, diese aus Armut und Magerkeit der Unterlage. Doch weiß ich freilich nicht mehr, was ein Theaterpublikum sei, oder ob es im Großen und im Kleinen sich befriedigen, vielleicht auch nur beschwichtigen lasse. Ein Abglanz davon erscheint mir jedoch dorther, da meine

Kinder die Bühne nicht entbehren können, und das laß ich denn auch gut sein.

Die Rezensionen der Haude- und Spenerischen Zeitung mag ich gerne lesen; wie man denn überhaupt, wenn man auch nur selten in die Tagesblätter hineinsieht, manches ganz Vernünftige trifft, woraus eine allgemeine gute Richtung, eine redliche Kennung und Anerkennung sich hoffen läßt.

Ich bin persönlich das Widerbellen durch viele Jahre gewohnt worden und spreche aus Erfahrung: wir haben noch lange nicht zu fürchten, daß wir überstimmt werden, wenn man uns auch widerspricht. Nur keine Ungeduld! immer fortgehandelt und mitunter gesprochen! so findet sich am Ende noch eine genugsame Zahl, die sich für unsere Art zu denken erklärt. Niemanden aber wollen wir hindern, sich seinen eignen Kreis zu bilden; denn in unseres Vaters Hause ist Wohngelaß für manche Familie.

Angenehmes im Kunstfache ist mir widerfahren, daß ich eine schöne Zeichnung von Julius Roman und eine von Guercin erhielt. Zwei solche Männer unmittelbar vergleichen zu können, sich an jedem nach seiner Art zu ergötzen und zu belehren, ist für denjenigen vom größten Wert, der über Kunst und Kunstwerke auch wohl manchmal Worte macht, sie aber doch nur für notwendiges Übel hält. Könnte ich nur von Zeit zu Zeit an euren Gesängen teilnehmen, ich wollte versprechen, mir nie darüber auch nur eine Silbe zu erlauben.

Ein Heft suche zu lesen, etwa funfzig Seiten stark; es ist überschrieben: «Zwei Balladen von Goethe, verglichen mit den griechischen Quellen, woraus sie geschöpft sind, von Direktor Struve. Königsberg 1826.» Indem der Verfasser euch an den Born führt, woher ich den Trank geholt, ist er freundlich genug zu beweisen, daß ich das erquickliche Naß in einem kunstreichen Gefäß dargereicht habe. Was der Dichter vor so vielen Jahren wollte, wird doch endlich anerkannt. Es ist von dem «Zauberlehrling» und der «Braut von Korinth» die Rede. Mein Folgendes soll sich unmittelbar anschließen: «Wer will, der muß!»

Und warum sollten wir nicht auch müssen: angehörig sein und bleiben! Goethe.

Weimar, den 15. Januar 1826.

«Macbeth» ... *«Euryanthe»*: Vgl. Anm. zu Goethes Brief vom 30. Dezember 1825, S. 236.

der Haude- und Spenerischen Zeitung: Vgl. Goethes Brief vom 30. Dezember 1825, Anm. zu «Berlinische Nachrichten».

in unseres Vaters Hause: Anspielung auf Joh. 14, 2.

Julius Roman: Vgl. Anm. zu Goethes Brief vom 30. Dezember 1825.

Guercin: Guercino da Cento (eigentlich Giovanni Francesco Barbieri, 1591–1666), italienischer Maler.

Direktor Struve: Karl Ludwig Struve (1785–1838), Philologe, Direktor des Stadtgymnasiums in Königsberg; seine Abhandlung «Zwei Balladen von Goethe, verglichen mit den griechischen Quellen; woraus sie geschöpft sind» erschien 1826 in der Hartungschen Hofdruckerei in Königsberg.

«Zauberlehrling» ... *«Braut von Korinth»*: Goethes Balladen (1, 149 und 1,152), beide von Zelter vertont.

*

An Zelter

Heute nur ein Wort! das Dir nicht wunderlich vorkommen möge!

Dem Hofe, der Stadt und mir besonders ist leider ein Arzt weggestorben, dessen Verlust kaum zu ersetzen scheint. Du lebst und wirkst so lange in Berlin, siehst und hörst, genießest und leidest, kennst und denkst soviel; sollte Dir nicht ein tüchtiger Arzt zwischen dreißig und vierzig Jahren bekannt sein, den Du wo nicht empfehlen, doch nennen möchtest? Freilich einen Mann, der allenfalls noch mobil wäre.

Laß niemanden hievon merken und melde, was Du melden kannst, baldigst. Treu vertrauend Goethe

Weimar, den 20. Februar 1826.

ein Arzt: Ende Dezember 1825 starb Goethes Hausarzt Wilhelm Rehbein, seit 1816 Hofmedikus in Weimar.

*

An Zelter

Angekommen wäre er! uns gefällt er, gefällt sich auch und wird sich gut behagen, wenn nur erst die häuslichen Einrichtungen in Ordnung sind. Er ist klar, offen, heiter, sich selbst deutlich und wird es dadurch bald auch andern. Sein Handwerk versteht er, und so wird alles gut gehn. Er hat keinen Schein von Affektiertem, Anmaßlichem, Zurückhaltendem, und so wird er bei uns bald zu Hause sein.

Übrigens ist er, was die Verhältnisse gegen seine Kollegen betrifft, zur glücklichsten Konstellation angekommen, und nun bleibt noch, daß er nach Wilhelmstal zu Hofe ziehe, welches auch glücklich ablaufen wird. Sage dies unserm teuren Langermann. Grüße und danke zum schönsten.

Soviel für heute. Eingeladen bist Du; kannst Du kommen, so melde es wenige Tage voraus; beiden ist es wünschenswert und von großer Bedeutung. In treuer Hoffnung Goethe.

Weimar, den 27. Juni 1826.

Angekommen wäre er: Karl Vogel (1798–1864), als Nachfolger Wilhelm Rehbeins großherzoglicher Hofmedikus in Weimar und Goethes Hausarzt.

Langermann: Der Berliner Geheime Obermedizinalrat Johann Gottfried Langermann; Zelter hatte ihn im Hinblick auf Goethes Anfrage wegen eines neuen Weimarer Hofmedikus ins Vertrauen gezogen.

kannst Du kommen: Zelter kam für die Zeit vom 7. bis 19. Juli 1826 nach Weimar.

*

An Goethe Freitag, den 2. Februar 1827.

Damit die Korrespondenz wieder in Fluß gerate, so will ich vors erste sagen, daß Geheimer Regierungsrat Streckfuß mich seinen Brief von Dir lesen lassen, und ich habe ihm den «Swarto» (von Deiner Hand geschrieben) zur Abschrift gegeben. Meine Noten dazu liegen längst fertig, und habe nicht dazu kommen können, sie noch einmal anzusehn. Es eignet sich alles vollkommen zu einer gesungenen Rezitation. Dieselbe Bemerkung habe schon früher an den Calderon'schen Theaterstücken gemacht, ja indem ich die «Tochter der Luft» eben wieder und zwar zweimal nacheinander gelesen habe, finde ich Rezitativ, Arie, Duett, Trio und jede Art von Ensembleformen ganz deutlich angegeben; man dürfte nur zugreifen, wer es in Musik setzen wollte.

Deine Medaillen sind sogleich an ihre Behörden ausgeliefert worden. Langermann hast Du wohl vergessen; er hat sich ziemlich heiter durch den Winter geholfen, und auch Dr.

Seebeck, den ich gestern bei ihm fand, ist jetzt sehr gut auf den Beinen.

Von Rechts wegen mußt Du eben jetzt ein lustiges Leben führen, da unsere Prinzen diese Woche zu euch hin abgegangen sind. General v. Müffling hat Dir ja wohl die Kopieen nach antiken Wandgemälden schon abgegeben; Du bist wohl so gut, mir ein Wort darüber zu sagen (geradezu), wie Du sie findest. Das wünsche ich darum, weil Schinkel sie will bewundert haben und Hirt, der freilich alles besser, wenigstens anders weiß, behauptet, die Originale hätten an sich keinen Wert.

Wieder auf die «Tochter der Luft» zu kommen, so haben wir eben ein neues Trauerspiel dieses Namens von Raupach. Hätte ich viel von diesem Dichter gekannt, so würde ich sagen, es sei sein bestes, denn die drei ersten Akte haben mir wohlgefallen. Er hat beide Stücke in fünf Akte gebracht und sich dennoch verlaufen. Semiramis ist das Beste, was man von Madame Stich sehn kann; die Rolle ist ihr aufgemessen. Dabei ist der Charakter der Heldin geschont. Ninus will ihrer enthoben sein; sie aber ergreift den ihr nicht bestimmten Becher, und Ninus vergiftet sich selber.

Unser Karnaval ist still angegangen, und so will ich denn damit schließen. Sonnabend, den 3. Februar 1827. Z.

Streckfuß... seinen Brief: Goethes Brief vom 23.[27.] Januar 1827 an Adolf Friedrich Karl Streckfuß; darin ist von den Problemen bei der Übertragung fremdsprachiger Literatur ins Deutsche die Rede. Goethe verweist auf seine Übersetzung eines «Swarto»-Monologs und auf Zelters Vertonung dieser Verse: «Zur Übung hatte ich den Monolog von Swarto sorgfältig übersetzt und da sich besonders diese Stelle zum Rezitativ eignet, solche Zeltern mit Bitte sie mit Tönen zu begleiten gebeten; da er Ihnen wohl will und Sie gerne gefördert sieht, so regen Sie ihn an und lassen sich's vortragen.»

«Swarto»: Der Monolog des Swarto aus Alessandro Manzonis Tragödie «Adelchi» in der deutschen Übertragung von Goethe (2, 337).

«Tochter der Luft»: Drama von Calderon de la Barca (1600–1681).

Deine Medaillen: Vermutlich die vom Schweizer Medailleur Henri François Brandt (1789–1845) entworfene Medaille zum 7. November 1825, dem 50. Jahrestag von Goethes Ankunft in Weimar.

Langermann... Dr. Seebeck: Der Berliner Obermedizinalrat Johann Gottfried Langermann sowie der Physiker und Chemiker Thomas Johann Seebeck.

General v. Müffling: Der preußische Offizier Friedrich Karl Ferdinand von Müffling (1775–1851), seit 1815 Gouverneur von Paris.

Schinkel... Hirt: Der Architekt Karl Friedrich Schinkel sowie der Archäologe Alois Ludwig Hirt.

Trauerspiel... Raupach: Das am 17. Januar 1827 in Berlin uraufgeführte mythologische Trauerspiel «Die Tochter der Luft», nach der Idee des Calderon von Ernst Benjamin Salomon Raupach (1784–1852).

Semiramis... Madame Stich: Die Schauspielerin Auguste Stich verkörperte die Rolle der Semiramis in Raupachs «Die Tochter der Luft».

*

An Zelter

Eiligst will ich nur sagen, mein Allerbester, daß mich Dein letzter Brief ganz eigentlich beruhigt hat; denn wenn ich gleich wegen unseres Innersten ganz gewiß und sicher bin, so will mir doch ein äußeres Lieb- und Gnadenzeichen ganz unentbehrlich bleiben.

Nun kommt auch Dein zweiter Brief, und ich säume nicht zu sagen, daß es mir die Zeit her ganz wohl gegangen; mein Befinden war leidlich, so daß ich die mir zugedachten Besuche mit guter Behaglichkeit verehren und genießen konnte. Von Ihro Königlichen Hoheit dem Kronprinzen sage mit wenigem, daß er auf mich einen vollkommen angenehm-günstigen Eindruck gemacht und mir den Wunsch hinterlassen hat, ihn früher gekannt zu haben und länger zu kennen. Die drei Herren Gebrüder, von meinem Fürsten mir zugeführt, sah ich mit Freude und Bewunderung; man kann einem Könige Glück wünschen, drei so verschiedenartig wohlgebildete Söhne (mit einem vierten, den ich noch nicht kenne) vor sich heranwachsen zu sehen. Sie haben ein ganz frisches Leben in unsern Zirkel gebracht, und das Behagen unseres Großherzogs an ihnen und an dem neueingeleiteten Verhältnis war nur mit Rührung anzusehen.

Über die pompejanischen Gemälde vernimm hier der Weimarischen Kunstfreunde redliches Glaubensbekenntnis:

Es sind ganz unschätzbare Dokumente des Altertums, an und vor sich und in historischer Rücksicht aller Betrachtung wert. Wie hoch wir sie schätzen und wie sehr wir Herrn Ternite Glück wünschen, dieses Goldne Vließ geholt zu haben, werden wir in «Kunst und Altertum» ganz unbewunden aussprechen. Erfreulich ist's, mit Herrn Schinkel hierüber zusammenzutreffen, und mit Herrn Hirt hegen wir schon seit 40 Jahren die redlichste Freundschaft bei oftmaliger verschiedener Meinung.

Gib etwa mit meinem schönsten Gruße Dein Exemplar der Medaille an Langermann, ich erstatte sie Dir, und wenn Du sonst noch jemand weißt, so stehen deren noch einige zu Diensten.

Die «Tochter der Luft» ist ein grandioses Werk! Wie halten sie's denn in Berlin? Denn im Original ist die Absicht, daß Semiramis und Ninus von Einer Schauspielerin gespielt werden. Hat man das verändert, so ist der blaue Duft von der Pflaume abgewischt. Übrigens ist auf so eine Person wie Madame Stich, an deren Persönlichkeit und Talent man nichts auszusetzen wüßte, in diesen und in mehreren spanischen Stücken ausdrücklich gerechnet.

Und so fort und fort G.

Weimar, den 6. Februar 1827.

Fast aber, wie es zu gehen pflegt, hätte ich bald einen Hauptpunkt vergessen, daß Ihro Königliche Hoheit der Kronprinz mir von Deiner musikalischen Aufführung im neuen Saal gesprochen; er schien mit dem neuen Lokal zufrieden, sprach von Deiner Anstalt mit Teilnahme und bemerkte, die Anzahl der Zuhörer sei sehr groß gewesen. Sage mir auch von Deiner Seite etwas von dieser gesegneten Einweihung. Wie oben und immer G.

dem Kronprinzen ... drei Herren Gebrüder: Die drei Söhne des preußischen Königs Friedrich Wilhelm III.: der Kronprinz und spätere König Friedrich Wilhelm IV. (1795–1861); Friedrich Wilhelm Ludwig (1797–1888), ab 1861 als Wilhelm I. König von Preußen und 1871 deutscher Kaiser; sowie Friedrich Karl Alexander (1801–1883).

unseres Großherzogs: Karl August von Sachsen-Weimar-Eisenach.

Herrn Ternite: Friedrich Wilhelm Ternite (1786–1871), Maler, Galerieinspektor in Potsdam.

in «Kunst und Altertum»: Im ersten Heft des sechsten Bandes von «Über Kunst und Altertum», erschienen 1827, steht Johann Heinrich Meyers Aufsatz «Ternite: Kopien pompejanischer und herculanischer Gemälde» (S. 169–179).

Schinkel ... Hirt: Vgl. Anm. zu Zelters Brief vom 2./3. Februar 1827, S. 245.

Langermann: Vgl. Anm. zu Zelters Brief vom 2./3. Februar 1827.

«Tochter der Luft»: Vgl. Anm. zu Zelters Brief vom 2./3. Februar 1827.

Kaum ist der letzte Brief auf die Post, so muß ich einmal wieder Unangenehmes, ja Trauriges berichten. So erhalte ich die Nachricht vom Tode meines einzigen, meines *letzten* Sohnes Georg. Noch weiß ich nichts weiter, als daß er am 5. dieses zu Wobesde bei Stolpe im 38. Jahre an einer Gallenruhr verschieden ist und eine geliebte junge Frau und einen Sohn von 6 Monaten verläßt. Fehlt es nicht an Erfahrungen, daß man in solchen Fällen sich selber raten und helfen muß, so gestehe, daß es mich diesmal hart anfaßt. Die junge Frau hat vor wenigen Monaten ihren Vater bei noch guten Jahren verloren; nun waren diese jungen Leute eben im Begriff, die Wirtschaft des Vaters zu übernehmen, wo sie denn 30 Meilen näher an Berlin eine dankbarere Existenz gehabt hätten. Der brave Junge hat sich sechs Jahre lang in jener Wüste abgequält und nichts vor sich gebracht; wir haben mit starken Opfern dabei durchgeholfen und werden nun wohl – bezahlt sein. Nun wollen wir erst noch recht hinsehn, wenn der erste tiefe Riß abgeblutet hat. Doch Er – er ist über die Stunden hinaus und wird nichts mehr brauchen. Solch ein schöner, reiner, gesunder Mann, verständig, ruhig, kindlich, fleißig, und ich – ich soll nun von vorn wieder anfangen. Seine Schwiegermutter, deren Liebling er war, konnte die Stunde nicht erwarten, ihn bei sich zu sehn; nun ist auch sie wieder allein.

Verzeih, daß ich Dich mit solchen Klagen belaste, wie aber soll ich's loswerden, wenn ich hier keinen habe und doch noch leben soll?

Das Heftchen von «Kunst und Altertum» wollte ich eben selber an Langermann bringen, als sich die Hiobspost wie eine schwarze Wand vor mich stellt. Nun will ich's noch zurückbehalten und ganz durchkauen. Die Kinder sind unten und weinen, ich muß mir's verhalten.

So hat sich denn auch wieder ein echtes Steinchen zur Restauration des «Phaethon» gefunden, wozu ich Glück wünsche, und so will ich mich gleich daran machen und das Ganze von vornan rekapitulieren. Ich habe von Jugend an das größte Interesse für die Fabel gehabt; es war die erste Oper, welche ich in meinem 12. Jahre auf dem hiesigen italienischen Theater sahe und hörte, und erinnere mich des lebhaftesten jugendlichen Schrecks der mit Donnergerassel herunterstürzenden Puppe. Die Graun'sche Musik dazu besitze ich noch und möchte sich wohl wunderlich ausnehmen zum Texte des Euripides, wiewohl das Gedicht, nach seiner Zeit gemessen, nicht zu den schlechtesten gehört, wenn auch der Sinn der Fabel ganz ignoriert ist. Phaethon will nämlich, des Thrones wegen, eine Prinzessin heuraten, die mit einem Sohne Jupiters (Epaphus) versprochen ist, dieser schreit zu seinem Vater um Rache, wird erhört, und so wird Phaethon herabgeworfen aus seiner Kutsche.

Montag, 12. März. Herr Krüger, der hier erste ernsthafte Rollen hat und zusehends fortschreitet, ersucht um einen Brief an Dich, und Du siehst den hübschen Mann wohl einmal. Diese Leute haben mich nicht ungern, da ich ihnen ohne Prätension förderlich bin. Magst Du Dir's selber zuschreiben, wenn man glaubt, daß ich Dir näher sei als so mancher andere; auch geschieht es nicht allen. Er wird Dir daher ein eigenes Blatt bringen, und wer soll wünschen, Dich zu guter Stunde zu finden, zu grüßen, als Dein Z.

Georg ... Die junge Frau: Vgl. Zelters Brief vom 7. September/16. Oktober 1824, Anm. zu «Mein Georg», S. 222.

«Kunst und Altertum» ... «Phaethon»: Das erste Heft des sechsten Bandes; darin (S. 79–84) Goethes Beitrag «Euripides' Phaeton».

die erste Oper ... Die Graun'sche Musik: Gemeint ist die 1750 entstandene italienische Oper «Fetonte» von Karl Heinrich Graun; Zelter sah das Werk zum erstenmal im Januar 1770 in der Königlichen Oper in Potsdam.

Herr Krüger: Der Schauspieler Georg Wilhelm Krüger (1791–1841), unter Kotzebue in Mannheim tätig, ab 1819 am Berliner Königlichen Theater.

*

An Zelter

Was soll der Freund dem Freunde in solchem Falle erwidern! Ein gleiches Unheil schloß uns aufs engste zusammen, so daß der Verein nicht inniger werden kann. Gegenwärtiges Unglück läßt uns, wie wir sind, und das ist schon viel.

Das alte Märchen der tausendmaltausend und immer noch einmal einbrechenden Nacht erzählen sich die Parzen unermüdet. Lange leben heißt viele überleben: so klingt das leidige Ritornell unseres vaudevilleartig hinschludernden Lebensganges; es kommt immer wieder an die Reihe, ärgert uns und treibt uns doch wieder zu neuem ernstlichen Streben.

Mir erscheint der zunächst mich berührende Personenkreis wie ein Konvolut sibyllinischer Blätter, deren eins nach dem andern, von Lebensflammen aufgezehrt, in der Luft zerstiebt und dabei den überbleibenden von Augenblick zu Augenblick höheren Wert verleiht. Wirken wir fort, bis wir, vor- und nacheinander, vom Weltgeist berufen, in den Äther zurückkehren! Möge dann der ewig Lebendige uns neue Tätigkeiten, denen analog, in welchen wir uns schon erprobt, nicht versagen! Fügt er sodann Erinnerung und Nachgefühl des Rechten und Guten, was wir hier schon gewollt und geleistet, väterlich hinzu, so würden wir gewiß nur desto rascher in die Kämme des Weltgetriebes eingreifen.

Die entelechische Monade muß sich nur in rastloser Tätigkeit erhalten; wird ihr diese zur andern Natur, so kann es ihr in Ewigkeit nicht an Beschäftigung fehlen. Verzeih diese abstrusen Ausdrücke! man hat sich aber von jeher in solche Regionen verloren, in solchen Sprecharten sich mitzuteilen versucht, da, wo die Vernunft nicht hinreichte und wo man doch die Unvernunft nicht wollte walten lassen.

Daß Du mitten in Deiner Trauer noch des Heftes von «Kunst und Altertum» gedenkst, freut mich sehr, weil bei dem größten Verlust wir uns sogleich umherschauen müssen, was uns zu erhalten und zu leisten übrigbleibt. Wie oft haben wir in solchen Fällen mit neuer Hast unsere Tätigkeit erprobt, uns dadurch zerstreut und allem Tröstlichen Eingang gewonnen! Das entdeckte Verständnis der Aristotelischen Stelle war mir ein großer Gewinn, sowohl um ihrer selbst und des ästhetischen Zusammenhanges willen, als weil eine Wahrheit Licht um sich her nach allen Seiten verbreitet.

Ein überzähliger Aushängebogen des dritten Bandes liegt hier bei. Möge er Dir ein gutes Vorurteil für das Übrige geben! Man besorgt den Abdruck mit großer Aufmerksamkeit und Sorgfalt; freilich werden wir immer dabei erinnert, daß wir keine Engländer sind.

Lebe wohl und gedenke meiner treuen Anhänglichkeit in

guten und bösen Tagen; setze Dich nieder, öfters an mich zu schreiben, immer werd' ich eine Stunde und genugsamen Anlaß finden zu erwidern und zu senden.

Bei mir geht es ruckweise: erst muß ich den italienischen «Manzoni», dann «Kunst und Altertum», die nächste Lieferung meiner Werke, vielleicht bald die Schillerischen Briefe befördern. Auch sonst gibt's allerlei zu tun, Fremde nicht wenig; deshalb denn auch der empfohlene Krüger freundlich aufgenommen werden soll.

Für immer und ewig Der Deine Goethe.

Weimar, den 19. März 1827.

Ein gleiches Unheil: Der Selbstmord von Zelters Stiefsohn Karl Ludwig Flöricke; Goethe nahm ihn als Anlaß zum freundschaftlichen «Du» im Verkehr mit Zelter, vgl. seinen Brief vom 3. Dezember 1812, S. 100.

Die entelechische Monade: Entelechie = eine im Organismus liegende Kraft, die seine Entwicklung und Vollendung selbst bewirkt. – Monade = die nichtzusammengesetzte, unteilbare Ureinheit. In Goethes «Maximen und Reflexionen» aus den Heften zur Morphologie heißt es: «Das Höchste, was wir von Gott und der Natur erhalten haben, ist das Leben, die rotierende Bewegung des Monas um sich selbst, welche weder Rast noch Ruhe kennt; der Trieb, das Leben zu hegen und zu pflegen, ist einem jeden unverwüstlich eingeboren, die Eigentümlichkeit desselben jedoch bleibt uns und andern ein Geheimnis.» (9, 543)

Verständnis der Aristotelischen Stelle: In Goethes Aufsatz «Nachlese zu Aristoteles' Poetik», veröffentlicht im ersten Heft des sechsten Bandes von «Über Kunst und Altertum» (S. 84–91).

des dritten Bandes: Der «Vollständigen Ausgabe letzter Hand» von Goethes Werken.

den ... «Manzoni»: Gemeint ist die bei Friedrich Frommann in Jena 1827 erschienene Ausgabe «Opere poetiche di Alessandro Manzoni» mit einem Vorwort Goethes «Teilnahme Goethes an Manzoni» (14, 812).

die Schillerischen Briefe: Goethes Redaktion an seinem Briefwechsel mit Schiller zog sich bis zum November 1827 hin; die Ausgabe erschien bei Cotta 1828 (Bd. 1 und 2) und 1829 (Bd. 3 bis 6).

Krüger: Vgl. Anm. zu Zelters Brief vom 11./12. März 1827, S. 249.

*

An Goethe

Was ich an Sebastian Bach den französischen Schaum nannte, ist freilich nicht so leicht abgehoben, um nur zuzugreifen. Er ist wie der Äther, allgegenwärtig, aber unergreiflich. Bach gilt für den größten Harmonisten und mit Recht, und daß er ein Dichter ist der höchsten Art, dürfte man noch kaum aussprechen, und doch gehört er zu denen, die wie Dein Shakespeare hocherhaben sind über kindischem Brettgestelle. Als Kirchendiener hat er nur für die Kirche geschrieben und doch nicht, was man *kirchlich* nennt. Sein Stil ist Bachisch, wie alles, was sein ist. Daß er sich der gemeinen Zeichen und Namen *toccata, sonata, concerto etc.* bedienen müssen, ist soviel, als ob jemand Joseph oder Christoph heißt. Bachs Urelement ist die Einsamkeit, wie Du ihn sogar anerkanntest, indem Du einst sagtest: «Ich lege mich ins Bett und lasse mir von unserm Bürgermeisterorganisten in Berka Sebastiana spielen.» So ist er, er will belauscht sein.

Nun war er doch auch ein Mann, Vater, Gevatter, ja Kantor in Leipzig, und als solcher nicht mehr als ein anderer, wo nicht viel weniger als ein Couperin, der zwei Könige von Frankreich über 40 Jahre bedient hat.

Couperin ließ im Jahre 1713 die erste gründliche Anweisung, das Klavier (nicht zu schlagen, sondern) zu spielen (*toucher*), drucken und eignete das Werk seinem Könige zu.

Ein König von Frankreich spielt das Klavier, vielleicht gar die Orgel, das Pedal! Wer wäre da nicht hinterher gewesen? Die Couperin'sche neue Methode bestand vorzüglich in Einführung des Daumens, wodurch ein fließender sicherer Vortrag allein möglich wird. (Wenn ich nicht irre, so habe an der «Heiligen Cäcilia» des Carlo Dolce die Daumen wo nicht herunterhängend, doch müßig gefunden.) Die bessern Deutschen und Bach hatten diese Methode längst ausgeübt, da sie sich von selber versteht, doch war sie noch auf rechte und linke Hand beschränkt, wobei die letztere sichtbar geschont ist. Die Bach'sche Art nimmt den Gebrauch der 10 Finger in Anspruch, welche bei ihrer verschiedenen Länge und Kraft jeden Dienst lernen sollen, und dieser Art hätten wir nun das Unglaubliche zu verdanken, was die allerneusten *toucheurs* leisten. Da nun doch alle Menschen französisch sein müssen, wenn sie leben wollen, so ließ auch Bach seine Söhne die kleinen, feinen, niedlichen Couperins mit all den Frisuren der Notenköpfe üben, ja er selber versuchte sich mit größtem Glücke als Komponist in dieser Manier, und so schlich sich das französische Gekräusel bei ihm ein.

Bachs Stücke sind teils vokal, teils instrumental oder

beides zusammen. In den Singstücken kommt oft anderes heraus, als die Worte sagen, und er ist genug darüber getadelt worden; auch ist er nicht streng in Beobachtung der harmonischen und melodischen Regeln, die er sich mit größter Keckheit untertan macht. (Die Leipziger und Zürcher Ausgabe der Bach'schen Werke führt die Aufschrift: «im strengen Stile»; das sind sie jedoch nur, weil sie Bachisch sind, das ist: insofern sie ihm allein angehören.) Wenn nun aber biblische Texte zu *Chören* verarbeitet werden:

«Brich dem Hungrigen dein Brot» *etc.*
«Ihr werdet weinen und heulen» *etc.*
«Jesus nahm zu sich die Zwölfe» *etc.*
«Unser Mund sei voll Lachens» *etc. etc.*

so bin ich oft geneigt, ihn gerade hier zu bewundern, mit welcher heiligen Unbefangenheit, ja mit apostolischer Ironie ein ganz Unerwartetes heraustritt, das keinen Zweifel gegen Sinn und Geschmack aufkommen läßt. Ein *«passus et sepultus»* führt an die letzten Pulse der stillen Mächte; ein *«resurrexit»* oder *«in gloria dei patris»* in die ewigen Regionen seligen Schmerzens gegen die Hohlheit des Erdentreibens. Dies Gefühl aber ist wie unzerteilbar, und es möchte schwer sein, eine Melodie oder sonst ein Materialisches davon mit sich zu nehmen. Es erneut sich nur, ja es stärkt sich, verstärkt sich bei Wiederholung des Ganzen immerfort.

Bei dem allen ist er bis daher noch abhängig von irgendeiner Aufgabe. Man soll ihm auf die Orgel folgen. Diese ist seine eigentliche Seele, der er den lebendigen Hauch unmittelbar eingibt. Sein Thema ist die eben geborne Empfindung, welche, wie der Funke aus dem Steine, allenfalls aus dem ersten zufälligen Fußtritt aufs Pedal hervorspringt. So kommt er nach und nach hinein, bis er sich isoliert, einsam fühlt und dann ein unerschöpfter Strom in den unendlichen Ozean übergeht.

So ungefähr hat sein ältester Sohn Friedemann (der hallische), welcher hier gestorben ist, die Sache mit seinen Worten angegeben. «Gegen diesen», sprach er, «bleiben wir alle Kinder.»

Nicht wenige seiner größern Orgelsachen hören endlich wohl auf, aber sie sind nicht aus; bei *ihm* ist kein Ende.

So will ich denn auch hier aufhören, soviel noch zu sagen wäre. Alles erwogen, was *gegen* ihn zeugen könnte, ist dieser Leipziger Kantor eine Erscheinung Gottes: klar, doch unerklärbar. Ich könnte ihm zurufen:

Du hast mir Arbeit gemacht,
Ich habe dich wieder ans Licht gebracht.

Singen doch unsre Straßenjungen:

«Heil dir im Siegerkranz,
Nun ist das Bein wieder ganz.»

Freitag, 8. Juni 1827. Z.

NB. Das Tischzeug wird nun wohl angekommen sein.
Den 9. Juni.

Sebastian Bach: Am 8. April 1827 schrieb Zelter im Hinblick auf das Werk Johann Sebastian Bachs: «Der alte Bach ist mit aller Originalität ein Sohn seines Landes und seiner Zeit und hat dem Einflusse der Franzosen, namentlich des Couperin, nicht entgehen können. [...] Dies Fremde kann man ihm aber abnehmen wie einen dünnen Schaum, und der lichte Gehalt liegt unmittelbar darunter.» Goethe schien da Bedenken zu haben und antwortete am 22. April 1827: «Dein gewichtiges Wort, daß der grundoriginale Bach doch auch einen fremden Einfluß auf sich wirken lassen, war mir höchst merkwürdig; ich suchte gleich Franz Couperin in dem biographischen Lexikon und begreife, wie bei damaliger großer Bewegung in Künsten und Wissenschaften etwas Gallikanisches herüberwehen konnte. [...] Um wieder zu Couperin und Bach zurückzukehren, ersuche ich Dich schönstens: Du mögest demjenigen, was Du den französischen Schaum nennst und den Du Dir von dem deutschen Grundelement abzusondern getraust, einige gewichtige Worte gönnen und auf irgendeine Weise mir dieses belehrende Verhältnis vor den äußern und innern Sinn bringen.»

«Ich lege mich ins Bett...»: Vgl. Goethes Brief vom 4. Januar 1819, S. 150.

Couperin... zwei Könige: Der französische Komponist François Couperin le Grand (1668–1733), Cembalist am Hofe Ludwigs XIV. und Ludwigs XV.; seine Klavierschule «L'art de toucher le clavecin» erschien 1717.

Carlo Dolce: der florentinische Maler Carlo Dolce (1616–1686).

«passus et sepultus»... «in gloria dei patris»: Aus dem Ordinarium Missae, welches als Textgrundlage für Messe-Kompositionen dient.

Friedemann: Der ab 1764 in Halle wirkende Komponist Wilhelm Friedemann Bach; er starb am 1. Juli 1784 in Berlin.

«Heil dir...»: Parodie auf Balthasar Gerhard Schumachers Hymne (vgl. auch Anm. zu Zelters Brief vom 12. Dezember 1825, S. 234.)

An Zelter

Aus Deinem unschätzbaren Schreiben, mein Teuerster, geht hervor, daß Du die Gabe des Unterrichts bei Dir vollkommen ausgebildet hast und dadurch Deinen Schülern in jedem Falle gründlich genugtust. Meine Frage hast Du auf eine Weise beantwortet, daß ich sie, so schwer und entfernt sie auch sei, doch mir erleichtert annähern kann. Höchst merkwürdig ist es, daß die Musik, wie sie aus ihrer ersten einfachen Tiefe hervortritt, alsobald der flüchtigen Zeit angehört und dem leichtfertigen Ohre schmeicheln muß. Kein Wunder, daß nach soviel Jahren sie endlich auf dem Wege dahinläuft, den wir sie jetzt eilig verfolgen sehen.

Soweit war ich gekommen und wollte nun fortfahren, über das wunderbare Verhältnis des innern produktiven *Sinnes* zu dem praktisch-äußeren *Tun* mich weiter zu ergehen, als ein Schauspieler namens La Roche, nach Berlin gehend, um einige Worte an Dich ersuchen läßt. Er wird für den besten der neuen Schauspieler gehalten und ist in dem, was man mittlere, halb und ganz komische Charaktere nennt, gewandt und willkommen; ein Liebling des Publikums, begünstigt von meinem Sohne, ein verständiger rechtlicher Mann. Dieser wünscht von Dir freundlich aufgenommen zu sein, auch wohl der Singakademie beiwohnen zu dürfen, und was ohne Deine Unbequemlichkeit sich weiter ergeben möchte.

Zum Schluß vermelde, daß mich die Akquisition einiger ältern Zeichnungen diese Tage her sehr glücklich macht. Sie sind von der besten Art, unter dem Einfluß des edelsten Geistes hervorgetreten, eine unerschöpfliche Quelle guter Gedanken, zum Beispiel ein «Auflesen des Mannas» höher als alle Vernunft. Niemand als Raffael konnte es erfinden; nachgebildet sind sie auf das treuste, zarteste und zierlichste.

Soviel für diesmal. Wärest Du nur auf einige Stunden des Genusses teilhaftig und ich dessen, den Du so reichlich ausspendest! Doch muß ich noch gedenken, wie ich vorgestern abend mit Riemer in einem Deiner Briefe auf Dein Lied zu Ehren des Königs gelangte, das Dir anfangs so sehr bestritten wurde. Riemer machte die Bemerkung, daß nicht leicht etwas von solcher Konfidenz und innerer Zuversicht ausgesprochen worden; es habe so was von Luthers «Eine feste Burg ist unser Gott.»

Hiemit sei denn aber wirklich abgeschlossen.

Unwandelbar G.

Weimar den 21. Juni 1827.

Herr La Roche: Der Weimarer Sänger und Schauspieler Johann Karl August La Roche (1794–1884). Im Brief vom 13. Juli/8. August 1827 berichtet Zelter von den Berliner Gastauftritten des Weimarer Schauspielers La Roche in Domenico Cimarosas Oper «Il matrimonio segreto» sowie in Ifflands ländlichem Sittengemälde «Die Jäger».

Dein Lied: In Zelters Brief vom 12. Dezember 1825, S. 234.

*

An Goethe

Du bist im Mutterleibe der Natur so hübsch zu Hause, und ich höre Dich so gerne reden von Urkräften, die, von Geschlechtern der Menschen ungesehn, durch das Universum wirken, daß ich ein Gleiches ahne, ja Dich im Tiefsten zu verstehn meine und doch zu alt und viel zu weit zurücke bin, um ein Studium der Natur anzufangen.

Komm' ich nun auf einsamen Reisen über Höhen, Bergspitzen, durch Schluchten und Täler, so werden mir Deine Worte zu Gedanken, die ich *mein* nennen möchte. Aber es fehlt an allen Orten, und nur mein eigenes kleines Talent kann mich retten, daß ich nicht versinke.

Da wir doch nun einmal zusammen sind, wie wir sind, so dächte ich, Du ließest Dich herab, da ich Dich so gern verstehe, mir einen Grundstein zu legen, um mein innerstes Sehnen zu festen: wie Kunst und Natur, Geist und Körper überall zusammenhangen, ihre Trennung aber – Tod ist.

So habe auch diesmal wieder, indem ich wie ein Zwirnfaden das thüring'sche Gebirge von Koburg bis hieher durchzogen bin, schmerzhaft an den «Werther» gedacht: daß ich nicht überall mit Fingern der Gedanken, was unter und neben mir ist, befühlen, beschauen kann, was mir aber so natürlich vorkommt, als Körper und Seele Ein Wesen sind.

Freilich hat es unserer vieljährigen Korrespondenz nicht an Materie gefehlt; Du hast so redlich teilgenommen an meinem Stückwissen in musikalischen Dingen, wo wir andere freilich noch immer umherschwanken – wer hätte es uns denn sagen sollen?

Aber ich möchte doch auch nicht gar zu bettelhaft gegen andere vor Dir erscheinen. Nenne es Stolz – dieser Stolz wäre meine Lust. Von Jugend an habe mich hingezogen, hingezwungen gefühlt zu denen, die mehr, die das Beste wissen, und mutig, ja lustig mich bekämpft und ertragen, was mir an ihnen mißfiel – ich wußte wohl, was ich wollte, wenn ich auch nicht weiß, was ich erfuhr. Du warst der einzige, der mich trug und trägt; ich könnte von mir selber lassen, nur nicht von Dir.

Sage mir, zu welcher Stunde ich zu Dir komme; ich erwarte vorher unsern Doktor, weiß aber nicht, wann er kommen kann.

Weimar, Dienstag, 16. Oktober 1827. Z.

so gerne reden: Bezieht sich auf gegenwärtig geführte Gespräche; Zelter weilte vom 12. bis 19. Oktober 1827 bei Goethe zu Besuch.

das thüring'sche Gebirge... durchzogen: Anfang September begab sich Zelter auf eine ausgedehnte Reise, die ihn zuerst nach München und dann über Nürnberg, Coburg und Rudolstadt nach Weimar führte.

*

An Zelter

Wenn es gleich höchst löblich und erfreulich ist, daß alte Freunde sich wieder begegnen und aufs neue vereinigen, so scheinen sie doch gleich wieder unter Einfluß und Gesetzen des Tags zu stehen, so daß sie gleichfalls der Nichtigkeit vorüberfliehender Stunden ausgesetzt sind.

Diese Betrachtungen macht' ich nach Deiner Abfahrt, einigermaßen verdrießlich, im Bemerken, daß gerade das Wichtigste mitzuteilen versäumt worden. Die Reliquien Schillers solltest Du verehren, ein Gedicht, das ich auf ihr Wiederfinden *al Calvario* gesprochen, ferner eine Novelle der eigensten Art, kleiner Gedichte mancherlei, drunter eine Sammlung mit der Rubrik: «Chinesische Jahreszeiten», und was diesem noch alles sich hätte anschließen können und sollen.

Vielleicht ist es nicht wohlgetan, daß ich dergleichen hinterdrein sage und klage; warum sollte man aber nicht auch des Versäumten gewahrwerden, wenn des Gewonnenen und Genossenen soviel ist.

Erfolge Dir also der beste Dank für Deine liebwerte Gegenwart, daher mir manches Gute und Liebe geworden und geblieben ist. Danke Herrn Hegel für seinen Besuch, denn ich darf nicht sagen, wie tröstlich es mir erscheint, daß mir, an meine Wohnung Gefesselten, von allen Orten und Enden her soviel Klares und Verständiges zuteil wird; denn kaum ist mir durch genannten Freund so manche Aufklärung über die Pariser Zustände geworden, so trifft Herr Graf Reinhard ein, von Christiania in Norwegen zurückkehrend, und überliefert mir einen hellen Begriff von jenen nordischen Zuständen. Von Westen kommt mir zugleich eine Beschreibung der Insel Helgoland mit schönen Belegen unorganischer und organischer Natur, konsolidierte Reste des Urlebens und noch ganz frische Beweise des Fortlebens und Wirkens des ewigen Weltgeistes. Und so ward mir eine schöne Fortsetzung dessen, was eure Gegenwart mir so reichlich gewährt hatte.

Und so bleibe Gegenwärtiges nicht länger zurück. Vermelde mir bald etwas von Deinen Zuständen, auch kläre mich auf über das Unglück, was Rauchs betroffen hat; ich habe mir darüber als Welt- und Menschenkenner einige Hypothesen gemacht und bin neugierig, wie nah ich das Ziel berührt habe. Eilig und treulich Goethe.

Weimar, den 24. Oktober 1827.

Reliquien Schillers ... ein Gedicht: Am 17. September 1826 wurde Schillers Schädel in einem feierlichen Akt aus dem Kassengewölbe des Weimarer Jacobi-

Friedhofs in die Weimarer Bibliothek überführt und dort im Sockel der von Johann Heinrich von Dannecker (1758–1841) angefertigten Schiller-Büste deponiert. Aus diesem Anlaß entstand Goethes Gedicht «Schillers Reliquien» (1, 522).

Calvario: Leidensstätte, Leidensweg.

Novelle: Goethes im Oktober 1826 begonnene «Novelle» (9, 433).

«Chinesische Jahreszeiten: Goethes Gedicht-Zyklus «Chinesisch-deutsche Jahres- und Tageszeiten» (2, 51).

Hegel: Der Philosoph Georg Wilhelm Friedrich Hegel traf am 16. Oktober 1827 zu einem Besuch in Weimar ein und fuhr am 19. gemeinsam mit Zelter nach Berlin zurück.

Reinhard: Auf seiner Rückreise von Kristiania (Oslo) nach Frankfurt traf Graf Karl Friedrich von Reinhard am 20. Oktober 1827 in Weimar ein.

Unglück ... Rauchs: Der Sohn des Berliner Justizrats Wilhelm Mila hatte im Oktober seine Ehe mit Agnes Rauch, der Tochter des Bildhauers Christian Daniel Rauch, wieder aufgelöst. Über diese Berliner Affäre berichtete Zelter am 28. Oktober 1827: «Die bekannte Heiratsgeschichte ist etwas schlimmer, als man sie sich denken möchte. Die Braut soll als nicht intakt befunden sein. Das wäre nichts Neues, wenn es wahr wäre. Der junge Mann aber hat sich so stürmisch und mit Eklat betragen, daß ihm die Angetraute nach überhäuften Beschimpfungen entfliehn und ihre Zuflucht zur Gräfin v. d. Recke suchen müssen; endlich, als der Vater erschienen, hat er diesen Vater der Beflickung seines Kindes ins Angesicht beschuldigt. Der Vater ist nun bereits klagbar geworden und die Ehe soll aufgehoben werden. – Die Freunde des jungen Mannes sagen nun endlich aus, sie hätten schon in Rom von ihm gewußt, daß ihm eine gewisse Potenz abgehe; sogar sein natürlicher Vater (unser Antiquarius) und auch seine Mutter sollen davon unterrichtet gewesen sein. Der Vater des Mädchens wird am meisten bedauert, der noch an einem frühern Mißverhältnis zu schleppen hat, dessen Frucht diese Tochter ist, und nun rühren sich die beiden Familiengeschichten wie ein stinkiger Brei ineinander.»

*

An Goethe Berlin, 7. November 1827.

Der Vetter Alf-anz bringt mir soeben Deine frischen Grüße zu heiterm Frühstück.

Hat er die unsüße Geschichte, wie sie ihm in seiner Nähe bekannt sein muß, Dir ebenso konfuse vorgetragen wie mir, so hast Du Vorstellung von der Umgebung, worin sich der arme Vater gefällt oder nicht. Lauter Leute, deren jedem Eine Potenz abgeht, zärtelnde Weiber und Beigänger, und von diesen einen zum Schwiegersohn, der doch noch immer nicht der Schlechteste sein sollte.

Wäre das Kind schuldig, so ist der Vater doppelt geschlagen. Jedermann aber hält sie für unberührt, ja tadelfrei – und solch ein Kastratensohn darf laut aussprechen, daß er den Priestersegen vorsätzlich entweiht habe, um die Tochter eines berühmten Künstlers im Brautbette zur Hure zu machen und dann ruhig seine Straße zu gehn wie ein Hund von der Tiffe.

Das ist das öffentliche Geheimnis nach eigener Erklärung des grausamen Schänders. So erzählen sich's die züchtigen Weiber mit jedesmaligem Beifügen, es lasse sich's nicht sagen, nicht aussprechen.

Und nun die Ratgeber: da sollen die tödlich Beleidigten geschont werden, und niemand will bedenken, daß die Geschichte bedenklich, verdächtig wird durch ihr verdammtes Tuscheln und Muscheln.

Haben wir doch dergleichen wohl auch erlebt, wer wollte da schonen? – Ein Militärhoboiste, der die jungen Edelleute der *école militaire* in der Flöte unterrichtete, führte einem von seinen Eleven zuweilen Mädchen zu und vertraute einem andern Hoboisten folgendes:

«Dem Russen habe ich dasmal eine reine Jungfer versprechen müssen. Er war außer sich vor Wonne und hat einen Louisdor bezahlt; die reine Jungfrau aber war – *meine* Frau.»

Das geschah im Jahre 1775. Der alte Gaudieb mußte Spießruten laufen und kam ins Zuchthaus. Was fangen wir 1827 an, mit solchem Schwiegersohn! Brrr!

Den 16. Was ich Dir über Mademoiselle Sontag geschrieben, sollte eine Art von Enukleation des allgemeinen Eindrucks andeuten. Man kann sich vorstellen, daß solche Person, die in wenigen Wochen ein Honorar von 11 000 Talern (ohne die bedeutenden Geschenke) zurücklegen kann, den Neid ihrer nächsten Umgebung erregt. Die Mitspielenden gestehn ihr jedoch zu, gern mit ihr zu agieren und zu singen und immer guter Wirkung gegenwärtig zu sein.

Eine Komposition einer meiner Schülerinnen mag mit zu Dir gelangen. Das Mädchen ward mir von der «Friedensgesellschaft» in Danzig anher zum Unterrichte geschickt. Hübsch, gesund, 20 Jahr alt, schöne Stimme, Talent und unversiegbare Lust. Es ist schon die dritte Danzigerin, die wohl ausgerüstet zurückkommt. Bleibt sie so und wird nicht verplempert, so kann was Ordentliches werden. Auf dem Klaviere ist sie auch weit genug, um sich fortzuhelfen. – Wenn man nur sonst was davon hätt'!

Den 17. Es ist schon Sonnabend; ich will nur machen, daß das dumme Blatt mir aus den Augen kommt. Die Originalbriefe vom Jahre 1826 sind gestern richtig angelangt.

Schillers Ballade «*The Glove*» haben sie in England zu meinen Noten nicht schlecht ins Englische übersetzt – wenn man nur was davon hätt'! – Der alte Wieland mag recht haben: es ist nicht genug zu leben, man soll auch leben lassen!

Addio! Dein Z.

Alf-anz: Am 31. Oktober 1827 notierte Goethe im Tagebuch: «Alfred Nicolovius, die unselige Rauchische Geschichte ausführlich erzählend.» Gemeint ist Alfred Nicolovius (1806–1890), Professor der Rechte in Königsberg und Bonn; Goethes Großneffe.

Tiffe: mundartlich für Hündin.

Mademoiselle Sontag: Am 28. Oktober 1827 berichtete Zelter von Berliner Auftritten der Opernsängerin Henriette Gertrude Walpurgis Rossi, geb. Sontag (1806–1854).

Enukleation: operative Ausschälung.

«The Glove»: Eine englische Übersetzung von Friedrich Schillers Ballade «Der Handschuh»; Zelters Vertonung wurde 1801 veröffentlicht.

der alte Wieland: Der Dichter Christoph Martin Wieland (1733–1813), seit 1772 in Weimar, Erzieher Karl Augusts.

*

An Zelter

Ob ich gleich der Makkabäischen Familie niemals feind gewesen bin, vielmehr gefunden habe, daß die liebe Judenschaft sich auf diesem Punkt der Geschichte am besten ausnimmt, so darf ich mich wohl diesmal über sie beklagen, indem Du, beschäftigt, sie mit allem musikalischen Prunk einzuführen, schon seit zwei Monaten versäumst, Deiner auswärtigen Freunde zu gedenken.

Zwar wenn ich mir vorstelle, was alles über Deinem Haupte vorgeht, dessen Einfluß Du doch nicht ganz abwehren kannst, so wundere ich mich nicht, daß Du, in dem Strudel von musikalischen, ästhetischen, physikalischen, naturphilosophischen Exhibitionen hingerissen, kaum zu Dir selbst kommen könntest, wenn Du gleich nicht eine so bedeutende Rolle dabei selbst durchzuführen hättest. Blick' aber einmal wieder frei um Dich her und vermelde einiges, damit der Jahrgang 1828 künftighin nicht allzu mager ausfalle. Sende mir meine Briefe von 1827, auf daß ich die *codices* fortsetzen könne; auch lege das Büchlein von Kandler abermals bei: die Art und Weise dieses Mannes, musikalisch zu leben und leben zu lassen, hat auf mich einen besondern Eindruck gemacht.

Ich habe mich die Zeit ganz leidlich gehalten und meine Stunden zu allerlei guten und bedeutenden Zwecken verwenden können. Drei bis vier Szenen des *zweiten Teils* von «Faust» sind nach Augsburg abgegangen; möchtet ihr, wenn sie gedruckt erscheinen, in den Strömungen des Lebens diesen Darstellungen einige Augenblicke widmen können! Ich fahre fort an dieser Arbeit, denn ich möchte gar zu gern die zwei ersten Akte fertigbringen, damit «Helena» als dritter Akt sich ganz ungezwungen anschlösse und, genugsam vorbereitet, nicht mehr phantasmagorisch und eingeschoben, sondern in ästhetisch-vernunftgemäßer Folge sich erweisen könnte. Was gelingen kann, müssen wir abwarten.

Manches andere Hübsche, Muntere und Zweckmäßige ist auch die Zeit her gut geraten; ferner habe ich zu verschiedenen Sammlungen sehr angenehme Beiträge erhalten; an einem Stück «Kunst und Altertum» wird gedruckt, und so haben wir bis Ostern so viel zu tun, daß wir uns nach weiterer Unterhaltung nicht umzusehen brauchen.

In meiner Umgebung, wie Du sie kennst, hat sich nichts verändert; Ottilie beschäftigt sich, das Töchterchen heranzufüttern, das vor der Hand ganz niedlich und freundlich aussieht. Unsere junge Frauenwelt ist durch frisch angekommene englische Rekruten nicht wenig in Bewegung gesetzt, macht sich mit allerlei Liebschaften Lust, damit es ja an einem leidenschaftlichen Kapital nicht fehle, wovon man später, beim Abschied und endlicher Entbehrung, die Schmerzesinteressen reichlich einzunehmen habe.

Unwandelbar G.

Weimar, den 24. Januar 1828.

der Makkabäischen Familie: Anspielung auf Georg Friedrich Händels Oratorium «Judas Maccabäus» (1746), welches Zelter mit seiner Singakademie im Januar und Februar 1828 wiederholt zur Aufführung brachte.

codices: Sammlung von Handschriften.

Büchlein von Kandler: Im Brief vom 9. Juni 1827 berichtete Goethe von einem «bedeutenden Aufsatz über Musikstand von Neapel von einem, der sich F. S. Kandler unterschreibt, einem Manne, von dem ich wohl mehr zu erfahren wünschte.» Es handelt sich um den Aufsatz «Musikstand von Neapel im Jahre 1826» des österreichischen Musikers und Musikschriftstellers Franz Sales Kandler (1792–1831).

des zweiten Teils von «Faust»: Am 18. Mai 1827 hatte Goethe die Arbeit an seiner «Faust»-Dichtung wieder aufgenommen; zuerst entstanden die Szenen in der kaiserlichen Pfalz (1. Akt).

«Kunst und Altertum»: Im Juli 1828 erschien das zweite Heft des sechsten Bandes.

Ottilie... das Töchterchen: Am 29. Oktober gebar Goethes Schwiegertochter ihr drittes Kind Alma Sedina Henriette Cornelia.

*

An Goethe Freitag, 16. Mai 1828.

Mit einem kleinen Schrecken erhielt ich gestern Deine Sendung erbrochen (visitiert) durch die Post, was mir mit Deinen Sachen noch nicht geschehen ist; denn es fehlen von den Briefen die No. 12, 13, 14, 15 und 16. Du bist so gut und gibst mir Auskunft, ob diese 5 Nummern bei Dir liegen geblieben.

Alfred Nicolovius hat mir sein «Über Goethe»-Buch zugesandt, das mir sehr wert ist und dessen Fortsetzung ich wohl darum schon wünsche, um alles zu kennen, was *gegen* Dich geschrieben ist. Loben kann Dich ein jeder; Verstehn und Mißverstehn gehört in die Geschichte, und das gäbe eine «Deutsche Bibliothek», die ich jetzt mehr als jemals achte. Varnhagens Versuch ist mir noch nicht bekannt; kann man doch das Geschreibe des Tages nicht überwinden, und nebenan fehlt's auch nicht am Laufen hin und her in der Stadt.

Wenn Du den alten guten Facius siehst, dank' ihm vorläufig in meinem Namen; ich werde selber an ihn schreiben, für heute ist mir's am meisten um Nachricht wegen der 5 Briefe zu tun. Lebe wohl! Dein Z.

Nicolovius... «Über Goethe»-Buch: Der erste Teil von «Über Goethe. Literarische und artistische Nachrichten» (1828) von Alfred Nicolovius; weitere Teile sind nicht erschienen.

Varnhagens Versuch: Die Zusammenstellung «Goethe in den wohlwollenden Zeugnissen der Mitlebenden» (1823) von Karl August Ludwig Philipp Varnhagen von Ense (1785–1858), Schriftsteller, Offizier und Diplomat.

Facius: Friedrich Wilhelm Facius (1764–1843), Stein- und Stempelschneider, Weimarer Hofmedailleur. Ein von ihm geschnittenes Steinchen hatte Goethe am 2. Mai 1828 an Zelter übersandt.

*

An Zelter

Wegen der fehlenden Briefe habe vorläufig folgendes zu vermelden. In meiner Abschrift sind die Briefe nicht numeriert worden, allein bei näherer Untersuchung ist die Kopie vollständig. In Deinen Originalbriefen hingegen, wie ich sie verwahre, ist eine gleiche Lücke. Dein letzter Brief, der sich vorfindet, ist vom 14. Juni und meldet die Frau v. Zschocke an; der nächste ist vom 5. September und spricht von dem Begassischen Porträt. Solches ist folgendermaßen zu erklären. Der Abschreibende hat die Originale, wie er fertig wurde, lagenweis wieder abgeliefert, eine von diesen Lagen muß sich verschoben haben, wie es in den mannigfaltigen Verhältnissen bei der besten Ordnung wohl einmal geschieht. Sie finden sich aber gewiß wieder, und Dein Anteil soll alsobald erfolgen. Auf jeden Fall sind die Abschriften da und könnte die Lücke auf jede Weise ergänzt werden.

Für die nächste Zeit bitt' ich Dich, mit mir Geduld zu haben; das durch mancherlei widerliche Umstände verspätete Heft von «Kunst und Altertum» bringt euch dagegen auch das Mannigfaltigste, wovon euch die Spikerische Zeitung schon den Vorklang gegeben hat.

Die dritte Sendung meiner Werke empfehl' ich Dir und den Freunden, insofern sie etwas Neues bringt. An der vierten wird gedruckt. Die erste Lieferung in Oktav tritt gleichfalls hervor und nimmt sich besonders in Velin sehr gut aus. Dir wird ein Exemplar zurückgelegt, das aber nicht eher als nach abgeschlossenem Ganzen erfolgen soll.

Sodann bemerke, daß die von mir angerufene Weltliteratur auf mich wie auf den Zauberlehrling zum Ersäufen zuströmt. Schottland und Frankreich ergießen sich fast tagtäglich, in Mailand geben sie ein höchst bedeutendes Tagesblatt heraus, «*L'Eco*» betitelt; es ist in jedem Sinne vorzüglich, in der bekannten Art unsrer Morgenblätter, aber geistreich weitumgreifend. Mach die Berliner aufmerksam darauf, sie können ihre täglichen Schüsseln gar löblich damit würzen.

In Gefolg dieses habe zu vermelden, daß mir nun bekannt geworden, wie man «Helena» in Edinburgh, Paris und Moskau begrüßte. Es ist sehr belehrend, drei verschiedene Denkweisen hiebei kennen zu lernen: der Schotte sucht das Werk zu durchdringen, der Franzose es zu verstehen, der Russe sich es zuzueignen. Vielleicht fände sich bei deutschen Lesern alles drei.

Noch eins! Habe ja die Gefälligkeit, Herrn Tieck sogleich wissen zu lassen, daß der Abguß des Antinous von Mondragone anheute zu meiner großen Erinnerungserbauung glücklich angekommen. Ich hatte in Erwartung desselben, um Tag und Stunde noch mehr zu belasten, das Märchen meines zweiten Aufenthalts in Rom zu diktieren angefangen.

Lebe wohl und gedenke Deines Freundes im stillen Parke bei Weimar, [der,] indessen Du in Prachtherrlichkeit, Trommelrausch und Getümmelwoge der Königstadt Dich umtreibst und umgetrieben wirst, sich durch Tätigkeit gegen das zu Tuende wehrt und fast abmüdet.

Der Deinigste Goethe.

Weimar, den 21. Mai 1828.

Anmutige Übersetzung meiner kleinen Gedichte gab zu nachstehendem Gleichnis Anlaß, welches als Vorläufer des nächsten Heftes hier mit abgehen lasse.

Ein Gleichnis.

Jüngst pflückt' ich einen Wiesenstrauß,
Trug ihn gedankenvoll nach Haus;
Da hatten von der warmen Hand
Die Kronen sich alle zur Erde gewandt.
Ich setzte sie in frisches Glas,
Und welch ein Wunder war mir das!
Die Köpfchen hoben sich empor,
Die Blätterstengel im grünen Flor,
Und allzusammen so gesund,
Als stünden sie noch auf Muttergrund.

So war mir's, als ich wundersam
Mein Lied in fremder Sprache vernahm.

Frau v. Zschocke: Im Brief vom 14. Juni 1827 schrieb Zelter: «Frau Geheime Rat v. Zschock, Tochter unseres verstorbenen Postministers v. Seegebarth und Gattin des Geheimen Oberfinanzrat v. Zschock, endlich aber meine liebende und geliebte Schülerin, ist es würdig, Dein Antlitz zu sehen.»

«Kunst und Altertum»: Vgl. Anm. zu Goethes Brief vom 24. Januar 1828, S. 262.

die Spikersche Zeitung: Vgl. Anm. zu «Berlinische Nachrichten» in Goethes Brief vom 30. Dezember 1825, S. 236.

Weltliteratur: Bezieht sich auf Goethes insgesamt 19 Rezensionen und Aufsätze über fremdsprachige Dichtung, veröffentlicht im ersten Heft des sechsten Bandes von «Über Kunst und Altertum»; sie stehen, zum Teil programmatisch, im Zeichen einer neuen Idee von Weltliteratur.

auf den Zauberlehrling: Vgl. Goethes gleichnamiges Gedicht (1, 149).

«L'Eco»: Die Zeitschrift «L'Eco. Giornale di Scienze, Lettere, Arti, Commercio e Teatri».

«Helena»... der Schotte: Thomas Carlyle (1795–1881), schottischer Philosoph und Literarhistoriker; er besprach Goethes Helena-Akt aus dem «Faust».

der Franzose: Jean Jacques Antoine Ampère (1800–1864), Literaturprofessor in Marseille.

der Russe: Der russische Dichter Stephan Petrowitsch Schewireff (1806–1864), Verfasser einer Übersetzung des Helena-Aktes.

Tieck: Der Dichter Johann Ludwig Tieck.

*

An Goethe Berlin, 17. Juni 1828.

Meinen letzten Brief vom vorigen Sonntag hatte ich eben auf die Post gegeben, als die betrübende Todesnachricht hier laut wurde und mir zugleich eine Stelle dieses Briefes, die ich ohne Ahndung flüchtig hingeworfen hatte, auf einmal vor das Gedächtnis trat, die Dir wohl selber mag aufgefallen sein. Was man auch alles erfahren hat und versucht ist, so wirkt ein solcher Schnitt ins fließende Leben immer wieder von neuem; ich konnte mich in der Tat nicht sogleich wieder fassen.

Gewiß ist, daß der hochselige Herr sich sichtbar hier zusammengenommen hat, um an soviel verschiedenen Dingen lebhaften Anteil zu nehmen; er hat sich jedoch dabei geistig wohl gefühlt und übers Jahr wiederkommen wollen. Unser König hat sich dabei munter und liebewollend erwiesen, und nun geht mit eins alles wieder andern Gang.

23. Juni. Der Musikdirektor Rungenhagen (zweiter Dirigent der Singakademie), der Musikdirektor Bach (nicht von der alten Familie), der Kammergerichtsrat Gedike (Sohn des berühmten Biestergedike), sämtlich Schüler und Teilnehmer der Singakademie, sind auf einer Reise über Thüringen gen Süden in Arbeit und wollen diese Zeilen überbringen. Will es Dein jetziger Wirrwarr und körperliches Befinden zulassen, diese guten Menschen einen Augenblick zu sehn, so werden sie Dir sagen, daß sie mich gesund verlassen haben. Durch ihre zweimonatliche Abwesenheit werde ich mehr beschäftigt sein und – leichtere Arbeit haben, man kommt am besten ohne sogenannte Hülfe vom Flecke. Gottlob, daß mir, was ich verstehe und kann, noch leicht genug von Handen geht, wie ernsthaft man auch gemahnt wird, daß man kein Jüngling ist.

Ein Herr Wolfgang Menzel hat zwei Bände von sich gegeben, worin er gegen Dich von Leder zieht. Ich gestehe, daß ich von Zeit zu Zeit mit Interesse vernehme, was gegen Dich geäußert wird, da denn doch von Dir immer die Rede ist. Dieser Menzel aber ist ein echter Lumpenkönig. Förster hat ihn im «Konversationsblatte» derb zurechte gewiesen, wodurch denn die Angelegenheit im Gange bleibt und begreiflich wird, wie die schönsten Worte das dummste Zeug aussprechen und solche Leute sich deutlicher signalisieren, als ihnen selber lieb wäre, wenn sie nicht vernagelt wären.

Gott befohlen! Dein Z.

Johannistag.

Todesnachricht: Am 29. Mai 1828 war Großherzog Karl August zu einem längeren Aufenthalt in Berlin aufgebrochen; am 14. Juni 1828 ist er unerwartet auf Schloß Graditz bei Thorgau gestorben.

Rungenhagen: Karl Friedrich Rungenhagen (1778–1851), Komponist, Schüler Zelters und nach dessen Tode Leiter der Singakademie und Meister der Liedertafel.

Bach: August Wilhelm Bach (1796–1869), Schüler Zelters, Organist der Berliner St. Marienkirche, seit 1822 Lehrer am Königlichen Institut für Kirchenmusik, dessen Leitung er nach Zelters Tod übernahm.

Gedike... Biestergedike: Der Kammergerichtsrat Gedike (gestorben 1839), seit 1806 Mitglied von Zelters Singakademie, Sohn von Friedrich Gedike (1754–1803).

Menzel: Wolfgang Menzel (1798–1873), Kritiker, Publizist und Literarhistoriker; 1828 wurde sein zweibändiges Werk «Die deutsche Literatur» veröffentlicht, worin er vehement gegen Goethe polemisiert.

Förster: Friedrich Christoph Förster (1791–1868), Dramatiker, Schriftsteller, Herausgeber des «Berliner Konversationsblattes».

Brief um die Nachschrift gekürzt.

*

An Zelter Dornburg, den 10. Juli 1828.

Bei dem schmerzlichsten Zustand des Innern mußte ich wenigstens meine äußern Sinne schonen, und ich begab mich nach Dornburg, um jenen düstern Funktionen zu entgehen, wodurch man, wie billig und schicklich, der Menge symbolisch darstellt, was sie im Augenblick verloren hat und was sie diesmal gewiß auch in jedem Sinne mitempfindet.

Ich weiß nicht, ob Dornburg Dir bekannt ist; es ist ein Städtchen auf der Höhe im Saaltale unter Jena, vor welchem eine Reihe von Schlössern und Schlößchen gerade am Absturz des Kalkflötzgebirges zu den verschiedensten Zeiten erbaut ist; anmutige Gärten ziehen sich an Lusthäusern her; ich bewohne das alte neuaufgeputzte Schlößchen am südlichsten Ende. Die Aussicht ist herrlich und fröhlich, die Blumen blühen in den wohlunterhaltenen Gärten, die Traubengeländer sind reichlich behangen, und unter meinem Fenster seh' ich einen wohlgediehenen Weinberg, den der Verblichene auf dem ödesten Abhang noch vor drei Jahren anlegen ließ und an dessen Ergrünung er sich die letzten Pfingsttage noch zu erfreuen die Lust hatte. Von den andern Seiten sind die Rosenlauben bis zum Feenhaften geschmückt und die Malven und was nicht alles blühend und bunt, und mir erscheint das alles in erhöhteren Farben wie der Regenbogen auf schwarzgrauem Grunde.

Seit funfzig Jahren hab' ich an dieser Stätte mich mehrmals mit ihm des Lebens gefreut, und ich könnte diesmal an keinem Orte verweilen, wo seine Tätigkeit auffallender anmutig vor die Sinne tritt. Das Ältere erhalten und aufgeschmückt, das Neuerworbene (eben das Schlößchen, das ich bewohne, ehemals ein Privateigentum) mäßig und schicklich eingerichtet, durch anmutige Berggänge und Terrassen mit den frühern Schloßgärten verbunden, für eine zahlreiche Hofhaltung, wenn sie keine übertriebene Forderungen macht, geräumig und genügend, und was der Gärtner ohne Pedanterie und Ängstlichkeit zu leisten verpflichtet ist, alles vollkommen, Anlage wie Flor.

Und wie es ist, wird es bestehen, da die jüngere Herrschaft das Gefühl des Guten und Schicklichen dieser Zustände gleichfalls in sich trägt und es mehrere Jahre bei längerem und kürzerem Aufenthalt bewährt hat. Dies ist denn doch auch ein angenehmes Gefühl, daß ein Scheidender den Hinterbliebenen irgendeinen Faden in die Hand gibt, woran ferner fortzuschreiten wär'.

Und so will ich denn an diesem mir verliehenen Symbol halten und verweilen.

Damit Du aber wissest, wie Dein Freund auf einem luftigen Schloß, von wo er ein hübsches Tal mit flachen Wiesen, steigenden Äckern und einer bis an die unzugänglichen steilen Waldränder sich erstreckenden Vegetation übersieht, wie er daselbst diese langen Tage von Sonnenaufgang bis Sonnenuntergang zubringt, will ich Dir vertrauen: daß ich schon seit einiger Zeit vom Auslande her die Naturwissenschaften wieder aufzunehmen angeregt bin. Das liebe Deutschland hat etwas ganz eigentlich Wunderliches in seiner Art; ich habe redlich aufgepaßt, ob bei denen nun seit drei Jahren eingeleiteten und durchgeführten naturwissenschaftlichen Zusammenkünften mich auch nur etwas berühre, anrühre, anrege, mich, der ich seit funfzig Jahren leidenschaftlich den Naturbetrachtungen ergeben bin; es ist mir aber, außer gewissen Einzelnheiten, die mir aber eigentlich doch auch nur Kenntnis gaben, nichts zuteil geworden, keine neue Forderung ist an mich gelangt, keine neue Gabe ward mir angeboten; ich mußte daher die Interessen zum Kapital schlagen und will nun sehen, wie das Summa Summarum im Auslande fruchtet. Verschweige das löblich, denn ich erinnere mich soeben, daß bei euch die Wissenschaft sich abermals in großer Breite versammelt.

Allem Guten befohlen! G.

Dornburg: Am 7. Juli 1828 ging Goethe nach Dornburg, wo er sich bis zum 11. September aufhielt.

jenen ... Funktionen zu entgehen: Gemeint sind die Bestattungsfeierlichkeiten für Karl August, die am 9. Juli 1828 stattfanden.

die jüngere Herrschaft: Prinz Karl Friedrich von Sachsen-Weimar-Eisenach (1783–1853), ab 1828 Großherzog, sowie dessen Gemahlin Maria Paulowna.

Zusammenkünften: Der 1822 vom Naturforscher Lorenz Oken (eigentlich Okenfuß, 1779–1851) ins Leben gerufene deutsche Naturforschertag.

*

An Goethe Dienstag, den 15. Julius 1828.

Dein liebes Schreiben aus Dornburg vom 10. dieses ist mir ein recht ersehntes Geschenk geworden, wie ich seit einigen Wochen durch allerlei Wirrwarr mich selbst nicht zu finden wußte und vergesse, was ich eben gewollt oder gesucht habe.

Die Beschreibung Deines Aufenthaltes in Dornburg ist so anziehend, daß ich mich gleich aufmachen möchte, Dich daselbst aufzusuchen, wenn ich nicht eben von mehren Seiten festgehalten wäre, da ich wieder allein tue, was ich allein angefangen habe; denn alles fliegt auf Reisen und Schnellposten umher.

Es sollte mich wundern, wenn ich Dir nicht öfter als einmal gesagt oder geschrieben hätte, welche herzliche Neigung sich in mir vom ersten Winteranblicke an zu der Gegend zwischen Naumburg und Jena wach erhalten hat, und nun kommt mir von daher ein Blatt von Dir.

Mein Haus war die letzten Tage besetzt; meine Tochter

Auguste aus Fiddichow (an der Oder) mit einem Teile ihrer allerliebsten Kinder ist gestern wieder abgereiset und hat die Luise mit aufs Land genommen, und nun ist's wieder still um mich her. Dann hat mein Schwiegersohn, der Landbaumeister Lohmeier aus Ratzeburg, sich hier einer bis jetzt glücklichen Augenoperation unterworfen, worüber ich denn wieder Ursache habe zufrieden zu sein, weil das Völkchen acht lebende Kinder zu pflegen hat. Mit Ende des kommenden Monats werden auch die Naturfreunde sich versammeln, und wenn ich dabei nichts zu wirken habe, so werde doch beihanden sein müssen, indem ihre Lesungen in unserm Saale stattfinden. Sollte sich der Herbst gefällig machen, so habe ich eine Besuchsreise nach Schlesien zu machen, doch was soll man lange vorher davon reden!

An mittelbarer Nachricht von Dir hat es nicht gefehlt; unser Oberzeremonienmeister Herr v. Buch hat uns von Deinen Zuständen Nachricht gegeben, und was nach Ankunft der neuen Herrschaft geschieht, werden wohl die Zeitungen enthalten. Lebe fein wohl. Dr. Stiegelitz, bei unserer Bibliothek angestellt, will dies Blatt mitnehmen.

Dein Z.

Auguste: Angelica Auguste Grundmann, Zelters jüngste Tochter aus erster Ehe.

Luise: Luise Flöricke, die Tochter von Zelters Stiefsohn Karl Ludwig Flöricke.

Lohmeier: Julius Friedrich Wilhelm Lohmeier (1772–1844), verheiratet mit Zelters Stieftochter Caroline Friederike Eleonore, geb. Flöricke.

Naturfreunde: Vgl. Anm. zu Goethes Brief vom 10. Juli 1828, S. 269.

Herr v. Buch: Christian Leopold von Buch, Freiherr von Gelmersdorf (1774–1853), preußischer Kammerherr.

Dr. Stiegelitz: Nicht ermittelt.

*

An Zelter Schloß Dornburg, den 26. Juli 1828.

Drei Deiner Briefe liegen nun vor mir, der vom 10. kam zuletzt durch Herrn v. Vitzthum; der erinnert denn freilich an die letzten Lebenstage unsres Verewigten, und man findet ihn bewundernswert, wie oft, daß er bei einem so tiefen Mißbehagen, welches er dort schon empfinden mußte, sich doch noch gegen die Welt stark hielt und stemmte und auch die Gewalt eurer Töne noch ertragen wollte.

Hier bin ich nun schon in der dritten Woche unter dem Einfluß eines wahrhaften Lusthauses. Die ganze Anlage, durch Jahrhunderte her, erst aus Not, dann aus Verstand, zu sinnlicher Lust mit Kunst und Geschmack angelegt und in den letzten Jahren durch die Akquisition eines nachbarlich am Ende der Felsreihe gelegenen Freigutes, wo ich jetzt wohne, erweitert. Hier fragt sich's gar nicht, ob man lustig ist oder sein will, das Ganze ist heiter, munter, verständig, schön, weitläufig und doch übersehbar. Ich erinnere mich recht gut, daß Du mir von Deinem Entzücken über das Saaltal von Naumburg bis Jena mitteiltest, auch gedenk' ich Deiner vom Anfang an im besten. Die Terrassen sind, als herrschaftlicher Garten, seinen Gebieter jeden Augenblick erwartend, sorgfältig rein und gepflegt, alle Sommerblumen blühen aufs munterste, und die Traubengeländer hängen so voll, daß man darüber zu erstaunen hat.

Ein Kupferblatt lege Dir bei, das ich nicht rühmen will, das aber doch mehr als alle Beschreibung einen schnellen Begriff gibt. Die Unterschriften, bezüglich auf die oberen Buchstaben, geben Dir die nötige Andeutung. Dein Freund aber diktiert Gegenwärtiges hinter den letzten, ins Unsichtbare verschwindenden Fenstern des kleinen Schlößchens am letzten Felsende linker Hand; es ist eben dies von der Herrschaft erst kurz akquirierte Privaterblehngut.

Weiter gehen nun aber meine Kräfte nicht, Dich mir näherzubringen, und so vollführe, was noch zu wünschen ist, durch Neigung und Einbildungskraft. Es gibt noch hübschere Darstellungen von Dornburg, die aber jetzt nicht in meinem Bereich sind.

Daß ich in diesen 20 Tagen aus Unruhe, Neigung, Trieb und langer Weile gar manches geleistet habe, wirst Du wohl glauben; leider ist es sehr vielerlei, dergestalt, daß es nicht leicht zur Erscheinung kommen wird. Meine nahe Hoffnung, euch zu Michael die Fortsetzung von «Faust» zu geben, wird mir denn auch durch diese Ereignisse vereitelt. Wenn dies Ding nicht fortgesetzt auf einen übermütigen Zustand hindeutet, wenn es den Leser nicht auch nötigt, sich über sich selber hinauszumuten, so ist es nichts wert. Bis jetzt, denk' ich, hat ein guter Kopf und Sinn schon zu tun, wenn er sich will zum Herrn machen von allem dem, was da hineingeheimnisset ist. Dazu bist Du denn gerade der rechte Mann, und es wird Dir auch deshalb die Zeit bis auf die erscheinende Folge nicht zu lange werden.

Der Anfang des 2. Akts ist gelungen; wir wollen dies ganz bescheiden aussprechen, weil wir ihn, wenn er nicht dastünde, nicht machen würden. Es kommt nun darauf an, den ersten Akt zu schließen, der bis aufs letzte Detail erfunden ist und ohne dieses Unheil auch schon in behaglichen Reimen ausgeführt stünde. Das müssen wir denn auch der vorschwebenden Zeit überlassen.

Von der allgemeinen Gesinnung kann ich Dir so viel sagen: daß jeder Treugesinnte vorerst nur darauf denkt, in den Wegen fortzuwandeln, die der Abgeschiedene bezeichnet und eingeleitet hat; dadurch wird denn auch wohl das allenfalls sich Abändernde erträglich sein und in einigen Punkten vielleicht Beifall verdienen. Allen Ankündigungen gemäß sollte der neuantretende Fürst heut in Wilhelmsthal eintreffen, nächstens seine Gemahlin. Daß sich unsre bisher so bewährte Fürstin auch immerfort gleichmäßig erweist, wirst Du Dir ohne meine Beteuerung selbst genugsam versichern.

Doch will ich hier, obgleich zu Ende eilend, nicht schließen, ohne zu bemerken, daß mein Aufenthalt auch dadurch angenehm ist, daß ich zwar vor jedem An- und Überlauf sicher bin, die jenaischen Freunde aber bei sehr gutem Weg nur ein Stündchen hierher haben, da sie sich denn mit einer leichten Erfrischung begnügend nach angenehmer Unterhaltung wieder zurückbegeben. Auch von Weimar aus sind sie schon früh ausgefahren, haben den Mittag froh bei mir zugebracht und abends wieder zurückgekehrt; man braucht immer 4 Stunden zur Fahrt.

Damit Dir nun nichts Notwendiges und Nützliches zuletzt verborgen bleibe, so muß ich Dir sagen, daß mein Tisch gut versorgt ist, durch einen sonderbaren Zufall, daß der Kastellan, mein gegenwärtiger Wirt, ehmals ein Hofküchenverwandter gewesen ist und seinem frühern Beruf noch immer Ehre zu machen weiß.

«Das klingt ja ganz bequem und behaglich!» wirst Du sagen, und das wär' es auch, erschiene nicht sogleich im Hintergrunde der düstere Katafalk, der alle jene Betrachtungen aufregt, die der Mensch in heiterer Stunde mit Recht beseitigt. Das Menschen- und Weltwesen dreht sich um einen herum, daß man schwindlig werden möchte.

Und so halte Dich denn auf Deinen Füßen, so gut es gehen will, ich muß das Gleiche versuchen.

Allen wohlwollenden Dämonen bestens empfohlen.

Dornburg, den 27. Juli 1828. Goethe.

Eben als ich Beikommendes abschließe, empfange ich Deinen werten Brief vom 22. Juli, da ich Dir denn gleich berichten will, daß ich am 20. abends, auf einer Rückkehr von Jena, in einen Regenguß gekommen bin, dergleichen ich auch nie erlebt habe, ohne Donner und Blitz, aber mit solcher Heftigkeit wohl eine Stunde anhaltend, daß einem wirklich bange werden mußte, besonders wenn man sich dachte, welche Landesbreite er einnahm, und zu befürchten hatte, es möchte sich Hagel drein mischen, da denn alles weit und breit zugrunde gegangen wäre. Man wird genötigt, sogleich an Hannover zu denken, und nun an euch. Ich habe nach meiner Himmelskenntnis gewaltige Wasserströme für diesen Sommer verkündigt, und ich fürchte, es wird noch schlimmer. Das Merkwürdigste ist, daß diese Wetter sich in flachen Gegenden entladen, die vorm Jahr, auf Berggipfel sich stürzend, so großen Schaden getan haben.

Nun aber wend' ich mich zu menschlichen Dingen und freue mich, daß Du meiner Anmahnung ein Ohr geliehen und Dich zu Molièren gewendet hast. Die lieben Deutschen glauben nur Geist zu haben, wenn sie paradox, das heißt: ungerecht sind. Was Schlegel zu seinen Vorlesungen über Molière sagte, hat mich tief gekränkt; ich schwieg viele Jahre, will aber doch nun eins und das andere nachbringen, um zum Trost mancher vor- und rückwärts denkenden Menschen jetziger und künftiger Zeit dergleichen Irrsale aufzudecken.

Die Franzosen selbst sind über den «Misanthrop» nicht ganz klar; bald soll Molière das Muster dazu von einem genannten, derb auftretenden Hofmann genommen, bald sich selbst geschildert haben. Freilich mußte er das aus seinem eigenen Busen nehmen, er mußte seine eignen Beziehungen gegen die Welt schildern; aber was für Beziehungen? die allgemeinsten, die es nur geben kann! Ich wollte wetten, Du hast Dich auf mehr als einer Stelle auf der Tat ertappt. Und spielst Du nicht dieselbe Rolle gegen Deine Tagsgenossen? Ich bin alt genug geworden und hab' es doch noch nicht so weit gebracht, mich an die Seite der epikurischen Götter zu setzen.

Dies also sei für diesmal genug! Ich schließe mit den treusten Hoffnungen, die Besserung Deiner anmutigen Luise möge sich bestätigen. Schreibe von Zeit zu Zeit, wie es vor den Schnabel Deiner Feder kommt; in meiner Einsamkeit find' ich manche Stunde zur Erwiderung, und ich möchte da wohl zutraulich aussprechen, was sonst ungesagt bliebe. Wie oben und immer G.

Dornburg, den 27. Juli 1828.

Herrn v. Vitzthum: Friedrich August Johann Freiherr von Vitzthum von Egersberg, weimarischer Kammerherr, 1818 bis 1820 Intendant des Weimarer Hoftheaters.

der erinnert ... unseres Verewigten: Bezieht sich auf Zelters Brief vom 11. Juni 1828, worin er vom Besuch des verstorbenen Großherzogs Karl August in der Berliner Singakademie berichtet.

Fortsetzung von «Faust»: Goethe nahm die Arbeit am zweiten Teil seiner «Faust»-Dichtung erst wieder auf, als er nach Weimar zurückgekehrt war.

der neuantretende Fürst ... seine Gemahlin: Vgl. Goethes Brief vom 10. Juli 1828, Anm. zu «die jüngere Herrschaft», S. 269.

Kastellan: Der Dornburger Hofgärtner und Schloßverwalter Karl August Christian Sckell.

Regenguß: Bezieht sich auf Zelters Mitteilung im Brief vom 22. Juli 1828: «Vorige Nacht war hier ein Unwetter, daß wir dachten, der Himmel werde zu Erden werden; dabei habe denn [...] den ‹Misanthrope› von Molière gelesen. Die Zeit war nicht weggeworfen, es war eben die rechte. Darüber mußten ein paar Jahrhunderte vergehen, und heute noch muß man mit der Nase drauf gestoßen werden.»

Hannover: Bezieht sich auf einen Zeitungsbericht über ein Hagelwetter in Hannover; Kanzler von Müller sandte diesen in seinem Brief vom 3. Juli 1828 an Goethe.

Schlegel: August Wilhelm Schlegel in seinen Wiener «Vorlesungen über dramatische Kunst und Literatur», erstmals 1809 veröffentlicht.

Luise: Vgl. Anm. zu Zelters Brief vom 15. Juli 1828, S. 271.

Brief um die Nachschrift gekürzt.

*

An Goethe

Deine lieben belehrenden Blätter vom 5. dieses kommen eben zurecht, um mich vor den Nachwehen einer ärgerlichen Konferenz zu präservieren. Was wäre nicht alles zu berichten gewesen, wenn von so langen und vielen wissenschaftlichen Präsentationen man alles hätte vernehmen, verstehen und sich aneignen können! Daß Du das alles besser von Vorüberfahrenden und Zeitungsberichtern überkommen würdest, konnte ich mir denken, und da ich gewohnt bin zu schweigen, wenn andere reden, so habe auch so lange her nicht an Dich geschrieben, wenn ich auch jede Stunde Dein gedenke, was denn doch auch Zeit und Weile haben will.

Von meiner Seite habe ich denn auch etwas zur Erheiterung der Gäste tun wollen. Den Tag vor der Eröffnung der Sitzungen hat die Singakademie Händels «Alexanderfest» aufgeführt, wiewohl mit einer einzigen lückenhaften Probe, da zwei Solosänger fehlten. Unsere Chöre sind dagegen im Zuge, und ich brauche sie nicht zu tadeln. Wenn es gilt, sind sie alle wie einer. Dann haben wir einen Mittag für unser Geld den fremden und einheimischen Gästen mit einer Liedertafel aufgewartet. Es waren zwischen 7- bis 800 Tischgenossen beisammen. Beide Berliner Liedertafeln hatten sich zusammengetan, und da das Lokal, im neuen Exerzierhause, weit und hoch genug ist, so ging die Sache selbst über meine Erwartung. 70 eingesungne Männerstimmen machten sich so kräftig, daß man selbst draußen um das Haus herum Worte deutlich vernehmen konnte und viele unserer fremden Gäste versicherten, dergleichen in ihrem Leben nicht gehört zu haben, was keine Schmeichelei zu sein braucht, insofern es doch ein Ensemble ist. Blieb mir ein Wunsch, so war es der, daß Du den «Liederstoff» («Aus wie vielen Elementen») gehört hättest. Man sieht es dem Gedichte nicht ab, man muß es hören, was drinne stickt und wirkt jedesmal das nämliche.

Den 19. Oktober. Du hast mir ein feines, ein wertes Geschenk gemacht mit Deiner Relation über das Barometer, und der Herbst, über den man sich freuen wollte, ist nicht faul, die Probe auf Dein Exempel zu machen.

Gestern abend aus Verzweiflung ins Theater. *Preciosa*, ein Mädchen vornehmster spanischer Abkunft, wird im 3. Jahre von Zigeunern gestohlen und lebt bis zum 17. Jahre unter dem elenden Volke. Durch Schönheit, Geist, Klugheit und Geschick bewährt sich ihre hohe Abkunft, und man erwartet, man wartet, es müsse stattlich einhergehn. – Warte Du! Das Mädchen spricht, in Reimen, altklug, langweilig; sie tanzt, sie singt; sie wahrsagt aus der Hand, auch kommandiert sie das ganze Bettelpack, das das Land durchstreift und nirgend gelitten ist. In dies Mädchen verliebt sich der Neffe des bestohlnen Vaters, geht unter die Zigeuner mit, indem ihn die Eltern beim Heere glauben. Zufällig wird der Diebstahl entdeckt, und die Liebenden sind glücklich.

Dazu ist nun eine Musik, das heißt: Tänze, Chöre, Rezitative, zur Musik gesprochen, so daß man weder das eine noch das andere versteht (sie nennen's: melodramatisch), und auf dem Zettel steht: «Schauspiel mit Gesang und Tanz», das heißt: weder eins noch anderes durch 4 kurze Akte, die viel zu lang sind, weil eigentlich nichts von seiner Stelle geht und sich alles ennuyiert. Sie begreifen selber nicht, warum sie alle so geputzt sind; einer wartet immer auf den andern, daß etwas geschehn soll. Der Komponist hat sich die größte Mühe gegeben, durch wunderliche Modulation, vielerlei Tempo ein traurig-humoristisches Werk hervorzubringen, um das Diebsgesindel zu bezeichnen. Die Leute auf dem Theater und im Orchester wissen nicht, was sie hören und was sie spielen. Und das Publikum sitzt mausstill, bis es aus ist.

Eine fremde Schöne trat zum ersten Male als Preciosa auf. Sie soll die intuitime Freundin ihres Fürsten sein. Wer wollte denn sein Geliebtes so auf der Straße herumlaufen sehn! Die sollte mir, wenn sie mein wäre, hübsch zu Hause bleiben.

Nun fällt mir erst ein, daß Dichter und Komponist nicht mehr am Leben sind. *De mortuis nil.* Du merkst wohl, waser Humors ich bin. Schmeiß das Papier weg und verzeih

Deinem Z.

einer … Konferenz: Vermutlich die Jahresversammlung des deutschen Naturforschertags (vgl. Anm. zu Goethes Brief vom 10. Juli 1828, S. 269).

Händels «Alexanderfest»: Georg Friedrich Händels Oratorium «Das Alexander-Fest», komponiert auf ein Libretto von John Dryden (1631–1700), uraufgeführt in London am 19. Februar 1736.

Beide … Liedertafeln: Zelters Liedertafel sowie die von Heinrich Friedrich Ludwig Rellstab (1799–1860) gegründete.

«Liederstoff»: Zelters Männerchor-Komposition «Liederstoff» auf Goethes Gedicht «Elemente» (3, 292).

Preciosa: Das Schauspiel «Preciosa» mit Gesang und Tanz in vier Abteilungen (1821), Text von Pius Alexander Wolff, Musik von Carl Maria von Weber.

nicht mehr am Leben: Wolff starb am 28. August 1828 in Weimar, Weber am 5. Juni 1826 in London.

De mortuis . . .: De mortuis nil nisi bene = Über die Toten [sprich] nur gut.

*

An Goethe Freitag, den 14. November 1828.

Gestern abend haben wir dem Publikum mit Händels «Simson» aufgewartet. Händel hat das Wesen und die letzten Stunden eines starken Mannes, der einem Weibe unterliegt, mit echter Kraft in Töne gekleidet. Das Ohr wird zum Auge, man möchte Farben unterscheiden, Gestalten, Geschlechter.

Es war eben die Trauernachricht eingegangen vom Ableben der russischen Kaiserin Mutter; das hat uns einen doppelten Verlust gebracht, indem der König absagen ließ. Sonst war ein aufmerksames, ein dankbares Publikum. Herzog von Cumberland, der sonst stets eine Orgel bei uns vermißt, hat sich diesmal sehr befriedigt erklärt.

Händel, der ein ausgezeichneter Organist war, hat zu keinem seiner Oratorien eine Orgel geschrieben, den Chor aber mit dem größten Fleiße und Kunst bedacht. Wenn er noch lebte, müßte er sagen: «*Wo man solchen Chor hat, da will ich keine Orgel brauchen!*» Hat er das *nicht* gesagt, so hat er's getan. Eine Orgel mag nötig sein, um einen schwachen Chor zu decken, zu vertreten. Ein nicht klug verhaltenes, nicht vollkommnes Spiel der Orgel kann den besten Chor schwächen, verderben. Das mußte ich selber dem vor kurzem hier anwesenden Kapellmeister des Königs von England Cramer sagen, indem ich weiß, wie es mit den Singchören in ganz England beschaffen war, aus der besten Quelle (von Händel selber), und so ist es noch. Die Leute könnten einen konfuse machen, wenn man nicht auch von Jugend auf gelebt hätte. Sind sie in *sich* verliebt und in ihre Steinkohlen, wer will's *uns* verdenken zu lieben, was wir haben können. Was reden *sie* von Händel!

Unser Ritter Spontini war voll Bewunderung und sagte: «*Laissez-moi vos choeurs!*» – Es ist wahr, eine Zucht, Ordnung, Maß und Wucht unter jung und schön aller Stände muß einen Eindruck machen, wer nicht wie ich seit Jahren von innen heraus einwirkt und wegen Ab- und Zugangs immer frisch aufzuschütten hat und nicht müde wird.

Die Unterweisungskosten der Königlichen Theaterchöre allein mögen jährlich an die 6000 rh. reichen, wofür sie besser sein müßten, wenn die Lehrer Vorstellung hätten des Notwendigsten. Viele Choristen kennen die Noten nicht und werden nach einer schlecht gespielten Violine eingeängstet. Unsere Chöre werden von *allen prima vista* gesungen, und bei der 3. Wiederholung geht das Schwerste oft am besten, indem man sich zusammennimmt und Plauderei nicht Sitte ist. Der letztverstorbene König von Sachsen war der erste und letzte, der sich darüber gegen mich wie ein Kenner aussprach und mir die schönste goldne Dose zustellen ließ.

Es liegt ein angefangenes Blatt über unsere diesjährige Ausstellung da. Das Tummelwesen um mich her zieht mich hier- und dorthin; Essen, Schlafen und Ungeschliffen-Sein will auch Zeit haben; so möge denn das früher Begonnene später nachfolgen.

Morgen geh' ich nach Potsdam, wo uns Ternite seine Galerie aufschließen will, die ich seit 40 Jahren nicht gesehn habe. Lebe wohl und gedenke Deines Z.

Händels «Simson»: Georg Friedrich Händels Oratorium «Samson», komponiert auf ein Libretto von Newburgh Hamilton (nach John Miltons dramatischem Gedicht «Samson Agonistes»), uraufgeführt in London am 18. Februar 1743.

Kaiserin Mutter: Die russische Kaiserin Maria Feodorowna starb am 3. Oktober 1828.

der König: Der preußische König Friedrich Wilhelm III.

Herzog von Cumberland: Herzog Ernst August von Cumberland (1771–1851).

des Königs von England: Georg IV. (1762–1830), seit 1820 König von England und Hannover.

Cramer: Vermutlich der in London tätige Komponist und Pianist Johann Baptist Cramer (1771–1858).

König von Sachsen: Vgl. Anm. zu «den hohen Besuch» in Goethes Brief vom 4. Mai 1814, S. 115.

Ternite: Der Potsdamter Galerieinspektor Friedrich Wilhelm Ternite.

An Zelter

Die Ankündigung, daß Du zum Ritterfeste eingeladen seist, hat mir freilich viel Freude gemacht, Dich sodann No. 17 in der Zeitung aufzufinden und in so guter Gesellschaft, vermehrte mein Behagen, und nun erzählst Du selbst das Nähere; dabei mag es denn sein freundliches Bewenden haben.

Was den Menschen auf irgendeine Weise aus der Menge hervorhebt, gereicht immer zu seinem Vorteil; wird er auch dadurch in eine neue Menge versenkt, so gerät er doch in ein frisches Element, worin er wieder schwimmen und waden muß. Diese Ehrenzeichen gereichen eigentlich nur zu gesteigerten Mühseligkeiten, wozu man aber sich und andern Glück wünschen darf, weil das Leben immerfort, wenn es gut geht, als ein stets kämpfend [zu] überwindendes zu betrachten ist.

Verzeih diesen abstrusen Worten, ich weiß mich aber nicht anders auszudrücken; denn wie ich mich immer besser zu verstehn glaube, schein' ich andern undeutlich zu werden. Du bist ja aber auch ein so wunderlicher Kauz, daß Dir von der Art nichts unerklärlich sein kann.

Ich bin seit acht Wochen kaum aus dem Zimmer gegangen, doch hat es mir da nicht an Anregungen zur Tätigkeit gefehlt. Die nächsten Anforderungen macht das verrückte Volk, das es aufs Wandern angelegt hat. Bis ich sie ausstatte, die Mobilen einschiffe und die Zurückbleibenden unterbringe, hab' ich nicht mehr viel, aber Beschwerliches zu tun. Mehr darf ich nicht sagen; zu Ostern wird ein jeder sehn, was er sich von meinem Krame zuzueignen beliebt.

Der Schauspieler Winterberger hat sich heute früh mir [vorgestellt], es ist eine angenehme Gegenwart; meine Kinder und Genossen sprechen gut von seinem Auftreten; daß man ihn engagiert hat, beweist, er gefalle doch im allgemeinen. Und so wollen wir abwarten, wie es ihm ferner gelingt.

Die neue Direktion ist bis jetzt auf guten Wegen, nicht negativ und ablehnend wie die vorige, und da ist schon alles gewonnen. Wenn man hübschen Männern und Frauen die Bretter gönnt, so ist schon viel getan, und wenn man in Gastrollen von Zeit zu Zeit ein vorzügliches Talent auftreten läßt, so findet sich unser kleiner Kreis schon zufrieden.

Dies scheint man zu verstehn. Mit neuen Stücken muß man's wagen, was auf dem Repertoire bleibt, dankbar bewahren, alte Stücke, die an den Schauspieler starke Forderungen machen, auch wohl einmal als Aufgabe aufstellen: mehr braucht es nicht, in unserm Verhältnis fortzuwirken, wovon doch jetzt nur die Rede sein kann. Übrigens steht die allgemein-ästhetische Bildung so hoch, daß es an Schauspielern nicht fehlen kann, weil sich so manches Talent schon in geselligen Kreisen entwickelt; wenn nur noch halbweg etwas von Handwerk übrigbleibt, so ist das deutsche Theater schon geborgen. In Berlin muß man freilich schon so viel Knicken in die Karte machen, wenn man nur einigermaßen Gewinn hoffen und ziehen will.

Wenn ich nun Gegenwärtiges am stillen Abend an Dich diktiere, ohne mich weiter zu bekümmern, wie Schnee und Kälte draußen ihr Wesen treiben.

Und so fortan! J. W. v. Goethe.

Weimar, den 26. Januar 1829.

Ankündigung ... Ritterfeste: Zusammen mit dem Brief vom 16. Januar 1829 übersandte Zelter folgende an ihn ergangene Einladung: «An den Königlichen Professor Herrn Zelter, Wohlgeboren. – Ew. Wohlgeboren haben wir die Ehre, auf Befehl Seiner Majestät des Königs einzuladen, am 18. Januar, morgens zehn Uhr, sich im Königlichen Schlosse von der Seite des Schweizersaals, in der Kammer hinter der Kleinen Galerie gefälligst einzufinden und demnächst mit der unterzeichneten Generalordenskommission zum Krönungs- und Ordensfeste in die Schloßkapelle und in den Rittersaal und nach beendigter religiöser Feier des Festes sich zur Königlichen Tafel zu begeben. – Berlin, den 15. Januar 1829. – Königliche Generalordenskommission v. Buch.» Es handelt sich um die Verleihung des Roten Adler-Ordens; über die damit verbundene Zeremonie berichtete Zelter am 19. Januar 1829: «Unserer waren viele im Rittersaale versammelt. Wir bildeten eine Gasse und standen 3 Mann hoch. Des Königs Majestät gingen hinauf, den höhern Ordensmännern Verbindliches zu sagen, und kamen zurück; ich hatte mich etwas zurückgestellt. Der König blieb stehen und sagte: es sei Ihm angenehm, mir ein Zeichen seiner Anerkennung – und so weiter. Dabei war aber etwas, das er kaum gesagt und mein Herz verstanden hat, denn tief in mir klang es wieder wie die große Glocke von Erfurt. Er hätte mir in dem Augenblicke viel geben können, denn er hat viel; aber diesen Klang wüßte ich mit nichts zu vergleichen, das ein Maß hat, und wenn ich nun etwas mehr bin, so weiß ich auch mehr. – Da ich viel unter Menschen sein muß, so habe nun vorerst die nächsten Tage zu bestehen, da ich mir vorkomme wie ein frischgeschorner Hund, ohne mich verstecken zu dürfen.»

das verrückte Volk: Gemeint sind die Gestalten in Goethes Roman «Wilhelm Meisters Wanderjahre» (8, 7). Das Werk wurde in der überarbeiteten Fassung Ende Januar 1829 abgeschlossen und anschließend noch um die Aphorismensammlung «Betrachtungen im Sinne der Wanderer» und «Aus Makariens Archiv» erweitert. Der Roman erschien im Frühsommer 1829 in drei Bänden (Bd. 21 bis 23 der «Vollständigen Ausgabe letzter Hand»).

Winterberger: Der Schauspieler Georg Friedrich Winterberger (1804–1860), von 1829 bis 1858 in Weimar.

neue Direktion: Freiherr Karl Emil von Spiegel von und zu Pickelsheim, seit 1815 Oberhofmarschall in Weimar, übernahm 1828 anstelle des ausscheidenden Direktors Karl Strohmeyer (1780–1844) die Leitung des Weimarer Hoftheaters.

*

An Goethe

Unsere Posten will ich doch gelobt haben. Die Wege sind jetzt voll Schnee und Wasser, und Dein Brief vom 26. dieses ist am 27. von Weimar abgegangen und gestern abend, den 28., in meinen Händen gewesen. Daß Dir Deine Wandergesellen zu schaffen geben, will ich nicht beklagen. Du kennst Deine Leute und wirst sie nicht länger herbergen, als sie Nahrung brauchen. Wir freuen uns darauf, sie einzunehmen; an Quartier soll's nicht fehlen.

Daß sich euer Theater wieder auftut, soll auch nicht gescholten sein; wir wissen zu sagen, wie sich solch ein Ding ausnimmt, wenn es abständig wird und vornehm dazu. Darf man denn wissen, wer die neue Direktion ist? denn ein Mann muß er sein. Was das Handwerk betrifft, da muß es bei euch noch alte Rester geben, die man nicht wegzuwerfen braucht, und euer Publikum ist im ganzen immer noch lange keine Leipziger Meßware; wo die Guten noch gelten, da ist nichts verloren, und aus dem Jammer, in welchem ich's zum letzten Male sah und hörte, kann es nicht zu schwer sein zum Bessern zu erwachen. Hier hat man gesagt, Frau v. Heygendorf werde sich in Berlin ansetzen, und sie soll meinem Hause willkommen sein, wie ich immer zu ihren stillen Verehrern gehört habe und sie selbst sich in Berlin nicht übel gefiel.

Heute wird endlich nach viel undankbarer Mühe unser «Messias» vom Stapel gehn und zwar artistisch ganz aus unsern eigenen Mitteln; denn Madame Milder, die Herren Stümer und Devrient sind sämtlich patientierend, und wir unter uns müßten von Gott verlassen sein, wenn wir's besser machen wollten, als wir können. Was mich betrifft, so habe schon lange auf solche günstig-ungünstige Gelegenheit gehofft, welche nun durch Geldnot herbeigeführt und falsche Scham beseitigt wird. So gibt sich endlich alles, und

«Wenn ich einmal ungeduldig werde,
Gedenk' ich an die Geduld der Erde.»

Lebe wohl, es ist heut zu tun genug. Dein Z.

29. Januar 1829.

Noch will ich berichten, daß gestern mein Schwiegersohn, der Lehrer Habermann, gestorben ist. Er war mit meiner ältesten Stieftochter verheuratet, und ich habe niemals eine schönere Handschrift und Notenschrift gefunden: richtig, zierlich, leicht, förmlich, rund. Man brauchte kaum das Auge, um zu lesen. Unsere Prinzessinnen wußten sich was damit, eine Abschrift von ihm (einen «Habermann») zu versenden. Nun habe ich wieder eine Tochter mehr und einen Sohn weniger. – Bleibe Du nun wacker!

Adieu.

Wandergesellen: Vgl. Anm. zu Goethes Brief vom 26. Januar 1829, S. 281.

neue Direktion: Vgl. Anm. zu Goethes Brief vom 26. Januar 1829.

Frau v. Heygendorf: Die Schauspielerin Karoline Henriette Friederike Jagemann, nachmals geadelte v. Heygendorf, die Geliebte des Großherzogs Karl August. Nach dessen Tod verließ sie Weimar und lebte anschließend abwechselnd in Mannheim, Berlin und Dresden.

«Messias»: Georg Friedrich Händels Oratorium.

Milder ... Devrient: Die Sopranistin Pauline Anna Milder, der Tenor Johann Daniel Heinrich Stümer (1789–1857) sowie der Bassist Eduard Devrient (1801–1877).

patientierend: Sich als Patient fühlend, also krank.

«Wenn ich ...»: Die beiden ersten Verse in Goethes Gedicht «Beispiel» (1, 460); im originalen Wortlaut: «Wenn ich mal ungeduldig werde,/Denk ich an die Geduld der Erde.»

Habermann: Gustav Friedrich Habermann, der Gatte von Zelters Stieftochter Susanne Henriette Wilhelmine, geb. Flöricke, starb am 28. Januar 1829.

*

An Goethe

Unsere Bach'sche Musik ist gestern glücklich vonstatten gegangen, und Felix hat einen straffen ruhigen Direktor gemacht. Der König und der ganze Hof sah ein komplett volles Haus vor sich; ich hatte mich mit einer Partitur neben dem Orchester in ein Winkelchen gesetzt, von wo aus ich mein Völkchen beobachten konnte und das Publikum zugleich. Über das Werk selber wüßte ich kaum zu reden; es ist eine so wunderbar sentimentale Mischung von Musik im allgemeinen, den Sinn der Sache in der höchsten Potenz in der Idee aufzubauen, daß das Wort des Dichters selbst zur Idee wird. Meldeten sich nicht hin und wieder melodische Ähnlichkeiten mit neuern deutschen Opernkomponisten, wie zum Exempel mit Gluck und Mozart, wodurch man wieder auf unsere Zeit auf einen Moment zurückkommt, so dürfte man sich zwischen Himmel und Erde und zugleich 30 Jahre älter fühlen. Und das mag es sein, was diese Musik im allgemeinen kaum ausführbar macht. Hätte doch der alte Bach unsere Ausführung hören können! das war mein Gefühl bei jeder gut gelungnen Stelle, und hier kann ich nicht unterlassen, meinen sämtlichen Jüngern der Singakademie wie den Solosängern und dem Doppelorchester das größte Lob zu spenden. Man könnte sagen, das Ganze wäre ein Organon, worin jede Pfeife mit Vernunft, Kraft und Willen begabt sei, ohne Zwang, ohne Manier. Da ist kein Duett, keine Fuge, kein Anfang, kein Ende, und doch alles wie eins, und jedes am Orte, was es allein und zusammen ist. Eine wunderbar dramatische Wahrheit ergibt sich: man hört, wie die falschen Zeugen, das ist: man sieht sie, auftreten. Die Hohenpriester: «Es taugt nicht» *etc.*, «es ist Blutgeld». Und die *turba*: «Ja, nicht auf das Fest» *etc.* und die Jünger: wahre ehrliche Jungens; Lumpen: «Wozu dienet dieser Unrat?»; es scheinen ganz eigene Töne zu sein, die man noch nicht kannte, aber erkennen muß. Dann dazwischen das herzliche Leid um den edeln Menschensohn, den Freund, den Ratgeber, den Helfer, den Bescheider und so weiter.

Daß das nun alles neu und doch natürlich ist, bemerkt sich daran, daß es nicht sowohl gern vernommen und danach gegriffen wird, als daß man es gleich noch einmal und wieder und wieder vernehmen und zuletzt begreifen möchte und Ein Guß ist, wie zerstreut auch die Handlung sich im Textbuche gestaltet. Der Evangelist, Stümer vom Königlichen Theater, einer meiner ehemaligen Schüler, hat so vortrefflich (besonders in der Ausführung) seine Relation abgesungen, daß man mit Genuß das Evangelium wiederholen hört. Ich hatte ihm vor der Aufführung den Rat gegeben, die Relation nicht durch Empfindsamkeit zu tardieren, und er hat's aufs beste getan.

«Nun, ihr Musen, genug!» Lebe wohl und: «*Erkenne mich, mein Hirte!*»

Berlin, 12. März 1829. Z.

Nun haben wir auf vieles Begehren die Passionsmusik bei vollem Hause abermalen wiederholt. Die alten sind wieder- und neue Hörer dazugekommen. Die Urteile sind billig verschieden, und von vielen soll nur einer genannt sein, der das Recht hat zu urteilen wie jeder andere und vor andern. Philosophen, welche das Reale von dem Idealen trennen und den Baum wegwerfen, um die Frucht zu erkennen, sind mit uns Musikern etwa so daran wie wir mit ihrer Philosophie, von der wir nichts weiter verstehen, als daß wir ihnen den gefundenen Schatz vor die Tür bringen. So Hegel. Er hält eben mit seinem Kollegium bei der Musik. Was ihm Felix recht gut nachschreibt und wie ein loser Vogel höchst naiv mit allen persönlichen Eigenheiten zu reproduzieren versteht. Dieser Hegel nun sagt, das sei *keine* rechte Musik; man sei jetzt weiter gekommen, wiewohl noch lange nicht aufs Rechte. Das wissen wir nun so gut oder nicht wie er, wenn er uns nur musikalisch erklären könnte, ob Er schon auf dem Rechten sei. Und so wollen wir immer unterdessen *piano* und *sano* gehen, wie uns der Gott es eingibt, dem wir alle dienen. Denn wir wissen ja alle nicht, *was* wir beten sollen, und tun immer dazu, und so mögen die andern auch tun.

Die Biographie Mozarts, welche ich soeben lese, macht mir die größte Freude, wegen der Originalien, die sie enthält. Die Briefe sind unschätzbar, indem sie mir jedes Urteil über den wunderbaren Menschen bestätigen und mit meiner Kunstansicht im ganzen vollkommen übereinstimmen. Sieht man die Masse des jetzigen Künstlergeschmeißes dagegen an, so weiß man kaum, ob man die Jungens auslachen oder vor Jerusalem weinen soll. Mozarts Liebe gegen seine Eltern und zu seiner Schwester ist höchst respektabel. Der Vater war ein tüchtiger Musikus; seine Violinschule ist ein Werk, das sich brauchen läßt, solange die Violine eine Violine bleibt; es ist sogar gut geschrieben. Wie sich diese Familie herumschleppen müssen – ich beneide ihren Jammer und denke: mir hätte nichts Angenehmeres widerfahren können als solche Gelegenheit, die weite Welt zu saufen. Heu- und Strohfressen sollte mich nicht abgehalten haben, wenn ich aus Gehorsam gegen meinen Vater und Mutter hier das Beste mit Ekel genoß. Meinem Karl schrieb ich nach der Grenze von Italien, wohin er nicht Lust zu haben schien, daß ich einen Wagen nach Italien und Frankreich ziehn wollte, wenn ich's *noch* haben könnte wie er. Ich hatte ihm durch den Minister Humboldt die schönsten Gelegenheiten vorbereitet, er konnte gehn, wohin er wollte. Und doch habe ich zu danken und danke auch. Verzeih meine Tränen und lebe wohl! Dein Z.

Bach'sche Musik: Die denkwürdige Aufführung von Johann Sebastian Bachs «Matthäus-Passion» am 11. März 1829 (mit Wiederholung am 22. März) unter der Leitung von Felix Mendelssohn-Bartholdy; es handelt sich um die erste Aufführung dieses Werks seit Bachs Tod im Jahre 1750.

Gluck ... Mozart: Die Komponisten Christoph Willibald von Gluck (1714–1787) und Wolfgang Amadeus Mozart (1756–1791).

Organon: Als Organum wird die mehrstimmige Vokalmusik aus dem frühen und hohen Mittelalter bezeichnet; der Name ist wohl im Hinblick auf die exakten Tonhöhen der Orgelpfeifen als Voraussetzung für das Zusammenklingen mehrerer Stimmen entstanden.

Stümer: Vgl. Anm. zu «Milder ...» in Zelters Brief vom 29. Januar 1829, S. 283.

«Nun, ihr Musen ...»: Aus Goethes Elegie «Alexis und Dora» (1, 187).

«Erkenne mich ...»: Choral (Nr. 21) aus Bachs «Matthäus-Passion».

Hegel ... Kollegium: Georg Wilhelm Friedrich Hegel in seinen «Vorlesungen über Ästhetik».

piano ... sano: ruhig und leise; gesund.

Biographie Mozarts ... Briefe: Die 1828 erschienene «Biographie W. A. Mozarts. Nach Originalbriefen, Sammlungen alles über ihn Geschriebenen ...», verfaßt von Georg Nikolaus von Nissen (1765–1826), dem Gatten von Mozarts Witwe Konstanze.

Eltern: Johann Georg Leopold Mozart (1719–1787) sowie Anna Maria, geb. Pertl (1720–1778).

Schwester: Maria Anna (Marianne, genannt Nannerl) Mozart (1751–1829).

Violinschule: Johann Georg Leopolds «Versuch einer gründlichen Violinschule», erschienen 1756 bei Johann Jakob Lotter (1726–1804) in Augsburg.

Karl: Zelters Stiefsohn Karl Ludwig Flöricke (vgl. Zelters Brief vom 14. November 1812, S. 96).

Humboldt: Der preußische Staatsminister Wilhelm Friedrich Karl von Humboldt.

Deine letzten Briefe, mein Teuerster, in Ernst und Spaß, haben mir zu guter Stunde wohlgetan. Der neuste, die Nachricht der glücklichen Aufführung des großen älteren Musikstücks enthaltend, macht mich denken. Es ist mir, als wenn ich von ferne das Meer brausen hörte. Dabei wünsch' ich Glück zu so vollendetem Gelingen des fast Undarstellbaren. In dem Innern des Kenners und Mitgenossen solcher Kunst mag es bei dem Anhören von dergleichen Werken vorgehen, was mit mir in diesen Tagen geschah, da ich die Verlassenschaft des Mantegna wieder vor Augen stellte. Es ist schon die ganze Kunst, das Mögliche und Unmögliche derselben, vollkommen lebendig, und doch noch nicht entwickelt; wäre sie es aber, so würde sie das nicht sein, was sie hier ist, nicht so ehrwürdig, nicht so reich an Grund und Hoffnung. Was Du an Felix erlebst, gönn' ich Dir von Herzen; mir ist es unter meinen vielen Schülern kaum mit wenigen so wohl geworden.

Zwar hab' ich einige Zeit Dir geschwiegen, aber indessen manches beseitigt und auch für Dich gesammelt und vorbereitet. Meinen Entwurf zu Deinem Wappen habe an Facius überliefert; ich will es gleich stechen lassen, denn was hilft da viel Fragen und Zaudern; ist der Stempel da, so siegelt man damit und gewöhnt sich dran. Möge Dir das Gebildete gefallen und ich es oft auf Deinen Briefen zu begrüßen haben!

Mit dem guten Meyer konnt' ich darüber nicht konferieren; er ist schon mehrere Wochen unwohl und wagt sich bei dem wunderlichen Wetter nicht aus, wie ich denn auch nicht.

Manches schöne Blatt von Zeichnungen und Kupfern ist mir zur Hand gekommen: eine Kapitalzeichnung von Rembrandt unter andern, welche ohne eine besondere Gunst der Dämonen nicht hätte zu mir gelangen können.

Doktor Eckermann, den ich täglich sehe, bildet sich schrittweise reiner aus zu Urteil und Anteil; er durchsieht mit löblicher Geduld meine alten, hoffnungslos zugeschnürten Manuskriptenmassen und findet zu meiner Freude manches darin wohl wert, erhalten und mitgeteilt zu werden, so daß man das Übrige nun mit Beruhigung verbrennen kann.

Unser Theater hat seinen ganz guten Fortgang. Schauspieler und Publikum leiden freilich an manchen neuen Stücken, dagegen spielen sich andere leicht und fröhlich weg zu Erheiterung des Hauses. Man martert sich nun mit einem neuen Quälodram, kommt durchgeprügelt nach Hause und holt sich doch noch einmal den Buckel voll. Genast und Frau, sonst am Leipziger, jetzt am Magdeburger Theater, sind engagiert, das verspricht neues Leben und Bewegung, und eure gute Wolff, hör' ich, wird auch zu einigen Gastrollen hierherkommen; das gibt also für die nächsten Wochen lauter freundliche Gesichter. Meinen «Faust» wollen sie auch geben, dabei verhalt' ich mich passiv, um nicht zu sagen leidend. Doch überhaupt darf mir für dieses Stück nicht bange sein, da es Herzog Bernhard in Obercarolina bei einem Indianer gefunden hat.

So weit für diesmal! Alle guten Wünsche begleiten gegenwärtiges Blatt. Treu verharrend Goethe.

Weimar, den 28. März 1829.

Mantegna: Andrea Mantegna (1431–1506), italienischer Maler und Kupferstecher; dessen Werk lernte Goethe auf seiner italienischen Reise in der Eremitanerkirche in Padua kennen (September/Oktober 1786).

Wappen... Facius... Meyer: Am 21. Februar 1829 schrieb Zelter: «Dann habe wieder eine Bitte: sollte wohl unser alte tüchtige Meyer mir einen Gedanken geben zu einem Familiensiegel? Meine Kinder dringen schon lange darauf, da ich einen einzigen Enkel meines Namens und keinen Sohn mehr habe. Die Hauptperson im Felde könnte ein Pferd sein oder ein Teil davon, und da Meyer weiß, was sonst an mir ist, so findet er etwas dazu.» Am 4. März 1829 antwortete Goethe: «Wegen des Wappens will ich mit Meyern sprechen, sobald ich ihn sehe; er ist nicht wohl, und wir kamen lange nicht zusammen. Verlangst Du aber ein Roß, so muß es wenigstens Flügel haben und aus einem Felde ins andere springen, welches noch weiter zu überlegen sein wird.» Den Siegel-Entwurf übergab Goethe dann nicht Johann Heinrich Meyer, dem Direktor der Weimarer Zeichenschule, sondern dem Weimarer Hofmedailleur Friedrich Wilhelm Facius.

Doktor Eckermann: Der Schriftsteller und Sekretär Goethes, Johann Peter Eckermann (1792–1854).

Quälodram: Das vaterländische Schauspiel «Lenore» von Eduard Karl von Holtei (1798–1880).

Genast und Frau: Das Opernsänger- und Schauspieler-Paar Eduard Franz Genast (1797–1866) sowie Karoline Christine Genast, geb. Böhler (1800–1860), beide seit 1829 in Weimar.

Wolff: Die Schauspielerin Anna Amalia Wolff, Witwe des 1828 verstorbenen Schauspielers Pius Alexander Wolff.

«Faust»: Die erste Weimarer Aufführung des ersten Teils von Goethes «Faust» fand – in einer Bühnenbearbeitung von Friedrich Wilhelm Riemer und Friedrich August Durand – am 29. August 1829 statt.

Herzog Bernhard: Herzog Karl Bernhard von Sachsen-Weimar-Eisenach (1792–1862), der zweite Sohn Karl Augusts; Goethe spielt auf Karl Bernhards Studienreise von 1825/26 an, die ihn nach Nordamerika führte.

*

An Goethe

Ja ja, so ist es: die ganze Kunst allein macht lebendig, und dann ist es gleichviel, alt oder neu, entwickelt oder nicht. Wie bin ich doch in Freuden, wenn Dein Wort zu meinem Wesen mir vorkommt wie die beiden Seiten eines Dinges, das ein Herz hat. Wissen wir ja doch auch, was sich alles ausstellen ließe hier und dort, da denn ja alles wieder anders und gewiß nicht das Nämliche bliebe. Wenn ein Heutiger ein Picander'sches Gedicht in Musik setzen sollte, er müßte sich kreuzigen und segnen, und sieht man, *was* sie in Musik setzen, so weiß man nicht, ob man lachen oder weinen soll über die Unschuld, mit welcher man sich im Bessern glaubt.

Schönsten Dank im voraus über Deinem Entwurf zu einem Siegel für mich. Größere Freude hättest Du mir nicht machen können. Aufrichtig gesagt: mit Meyern, das war nur ein Wink mit dem rechten Fuße, um Dich nicht selber zu inkommodieren, und daß es Facius schneidet, ist mir vollkommen recht; Du bist wohl so gut, mir nachher eine anständiges Honorar für ihn vorzuschlagen.

Dem Herrn Dr. Eckermann gib meinen Segen. Wollte Gott, ich könnte ihm helfen dabei, das Element sollte nicht viel zu verzehren finden! und doch bin ich selber hülfelos, der ich seit 40 Jahren so manchem auf die Beine geholfen. Es ist in der Tat zum Lachen: sowie sie nur merken, daß ich einen brauchen könnte, gleich bin ich allein. Aber auch das ist ein Vorteil, ja ein Gewinn, gäbe es auch nur einen leidlichen Humor in schlimmer Zeit.

Unser Theater ist ein anarchisches Nest. Sämtliche Sänger sind aufständig gegen Spontini. Diesen hat der Sänger Bader beim Könige selber verklagt und Satisfaktion erbeten, indem er nicht eher wieder in einer seiner Opern singen könne, und so weiter. Madame Wolff mag Dir das mündlich erzählen, mir ist es langweilig. Dagegen soll mir der Indianer gelobt sein, der Deinen «Faust» liest, und so ist die Sache in der Ordnung: unser deutsches Eigentum muß uns aus der Fremde offeriert werden, sonst kommen wir nicht zu uns. Wer will es den Franzosen verargen, daß sie sich ihren Corneille und Molière nicht nehmen lassen? Können *sie* etwas Besseres haben? und – faul sind sie nicht. In den letzten Tagen habe zum ersten Male unsere französischen Schauspieler gesehn und ist mir nicht leid. Ich hatte Furcht, sie möchten so geschwinde reden, daß ich sie nicht verstünde; sie sprechen aber so deutlich und mäßig, daß ich fast glaube, sie wissen sich in Deutschland. Die Hauptsache aber ist: sie *spielen* wirklich und sind ohne Manier, als insofern sie Franzosen sind, und – ich werde wieder hingehn. Lebe wohl! ich habe mehr zu tun. Dein Z.

Dienstag, 31. März 1829.

Dein Schreiben vom 28. dieses war gestern abend schon in meiner Hand.

ein Picander'sches Gedicht: Vgl. Anm. zu «Brockes...» in Zelters Brief vom 20./23. März 1824, S. 207.

Spontini: Gaspare Luigi Pacifico Spontini, Generalmusikdirektor der Berliner Königlichen Oper. Die Auseinandersetzungen um Spontini stehen im Zusammenhang mit dem 1828 als Nachfolger des Grafen von Brühl eingesetzten neuen Generalintendanten der Königlichen Schauspiele, Graf Friedrich Wilhelm von Redern (1802–1883).

Bader: Der Tenor Karl Adam Bader (1789–1870), ab 1820 an der Berliner Königlichen Oper.

*

An Zelter

Höchst erfreulich war es, den Abdruck des gewagten Siegels auf dem ersten Deiner Briefe zu sehen. Wir hatten unser Mögliches getan, ich und der gute Facius, und so war denn auch der Beifall des Besitzers ausgesprochen. Möge ich es oft wiederholt erleben!

Den törichten Ästhetiker hast Du gut bedient. Einen solchen beschränkten und eigendünkligen Menschen möchte man sich nicht leicht imaginieren. Auch würde man gewiß in solcher Umgebung nach und nach aufhören, für das Verständige und Nützliche zu würken, wenn uns nicht die Notwendigkeit eingeboren wäre, auf unsern Wegen unverrückt fortzuwandeln.

Ich habe über das Menschengeschlecht, besonders wie es jetzt nachwächst, allerlei Gedanken und werde sie wohl einmal in ruhiger Stunde Dir auf das Papier sprechen.

Auf alle Fälle ist man genötigt, weit in der Welt umherzusehen, um bedeutende und auslangende Stimmen zu vernehmen. Das neuste Vierteljahr der Edinburger Revision der ausländischen Literatur ist soeben angekommen und höchst merkwürdig, wie sie die Kontinentalautoren betrachten. Sie sind sehr gewissenhaft gegen sich selbst und haben Respekt vor ihrem Publikum. Ernst, Ausführlichkeit, Mäßigung und Offenheit ist durchaus ihr Charakter, und es ist unglaublich, wie weit und tief ihr Blick trägt.

Vorstehendes hatte einige Tage gelegen; inzwischen las ich in dem siebenten Bande der Calderon'schen Schauspiele, übersetzt von Gries, das merkwürdige Stück: «Die Locken Absalons». Vielleicht kommt es auch zu Dir an gerechten Tagen, und Du findest Muße, es zu lesen.

Bei mir ist die alte Wahrheit wieder aufgestanden: daß, wie Natur und Poesie sich in der neueren Zeit vielleicht niemals inniger zusammengefunden haben als bei Shakespeare, so die höchste Kultur und Poesie nie inniger als bei Calderon. Unsern Zeitgenossen ist ein klarer Begriff hievon nicht zuzumuten. Manches andere wunderbare Gelesene zeige nächstens an.

Herrn Direktor Klöden empfiehl mich bestens und danke ihm für sein willkommnes Heft. Eine gar klare geologische Umsicht leitet ihn durch die Labyrinthe jener nordischen Niederungen. Er ist aufmerksam und genau, wobei er uns immer ins Ganze schauen läßt; sodann aber ist seine Gewerbschule bewunderungswürdig. Er gehört unter die Männer, mit denen ich von Zeit zu Zeit konversieren möchte; sie werden immer seltener unter den Bekannten, und es gibt deren gewiß mehrere vorzügliche hie und da ausgesät.

Ein Franzose hat acht Stellen meines «Faust» komponiert und mir die sehr schön gestochene Partitur zugeschickt; ich möchte Dir sie wohl senden, um ein freundliches Wort darüber zu hören.

Hiebei fällt mir ein, daß Du noch eine Partitur bei Dir hast von meiner Kantate «Rinaldo» für Prinz August von Gotha, komponiert von Winter. Ich besitze die Stimmen noch, und gar manche wundersame Erinnerungen knüpfen sich an dieses *opus*. Laß es mir daher wieder zukommen, wenn Du es finden kannst.

Die königlichen Gedichte sind mir noch nicht zugekommen; kein freundliches Exemplar von des Herrn Verlegers Seite ist bei mir erschienen, und unser Buchhändler, ob er gleich Kommissionsrat heißt, besorgt seine Kommissionen sehr langsam und nur, wie es auch diesmal heißt, mit Meßbequemlichkeit. Übrigens würde ich in diesem Falle erst abwarten, was Dich selbst aufregte und anspräche; das Singbarste wirst Du gewiß herausfinden; alsdann ist es immer noch Zeit zu sagen, was ich mir allenfalls noch ausbäte. Ob ich gleich an Geduld und Harren gewöhnt bin, so verlangt mich doch, dieses merkwürdige Werk näher kennenzulernen. Gewiß gibt es Aufschlüsse über einen Charakter, der uns immer problematisch vorkommen muß.

Hiermit sei denn für diesmal geschlossen, um bald wieder einige gute Erwiderung zu vernehmen und weiter fortzufahren. Und so fortan! G.

Weimar, den 28. April 1829.

des ... Siegels: Zelter gebrauchte das neue, von Goethe und Facius gemeinsam erarbeitete Siegel, erstmals für seinen Brief vom 6./11. April 1829 an Goethe.

Ästhetiker: Friedrich Konrad Griepenkerl (1782–1849) hatte Goethe sein «Lehrbuch der Ästhetik» zugesandt und sich anschließend bei Zelter beschwert, weil Goethe ihm nicht gedankt habe. Zelter verteidigte daraufhin in einem Brief an Griepenkerl diese «Nachlässigkeit» Goethes; eine Abschrift dieses Briefes legte Zelter zudem seinem Schreiben vom 6./11. April 1829 an Goethe bei.

Edinburger Revision: Die Edinburger Zeitschrift «The Foreign Quarterly Review».

Calderon'sche Schauspiele ... Gries: Johann Diederich Gries (1775–1842), Jurist und Hofrat in Jena, Übersetzer spanischer und italienischer Dichtung; seine Übertragung der Dramen Calderons erschien in sieben Bänden 1815/1829 und, um einen Ergänzungsband erweitert, 1840/41.

Direktor Klöden ... Heft: Die Abhandlung «Über die Gestalt und die Urgeschichte der Erde» (1829) des Berliner Geographen und Historikers Karl Friedrich Wilhelm von Klöden (1786–1856).

Ein Franzose ... «Faust»: Der französische Komponist Hector Berlioz (1803–1869) übersandte Goethe am 10. April 1829 zwei Exemplare seiner Vertonung von acht Szenen aus Goethes «Faust» (basierend auf der Übersetzung von Gérard de Nerval, 1805–1855).

«Rinaldo» ... Prinz August ... Winter: Vgl. Anm. zu Goethes Brief vom

17. April 1812, S. 91. – Goethes Erinnerung unterliegt einer Täuschung: Er hatte den «Rinaldo» nicht für den Prinzen August, sondern für den Herzog Friedrich IV. geschrieben.

Die... Gedichte: Die 1829 veröffentlichten «Gedichte in zwei Teilen» von König Ludwig I. v. Bayern (1786–1868).

des Verlegers: Ein Exemplar der königlichen Gedichte bekam Zelter von Elisabeth von Cotta zugesandt, der Gattin von Goethes Verleger Johann Friedrich von Cotta.

*

An Goethe

Am vorigen Dienstage hat mich Paganini in der Akademie besucht und unsere Produktionen vernommen, und tags darauf habe ich endlich auch ihn gehört. Es ist außerordentlich, was der Mann leistet und dabei bemerkt werden muß, daß die Wirkung seines Spiels ganz allgemein erwünscht und andern Virtuosen auf seinem Instrumente ganz unbegreiflich ist. Sein Wesen ist also mehr als Musik, ohne höhere Musik zu sein, und bei solcher Meinung dürfte ich bleiben, wenn ich ihn öfter hörte. Ich war so placiert, daß ich alle Bewegungen seiner Hand und seines Armes sehn konnte, die bei einer ziemlich kleinen Figur von besonderer Biegsamkeit, Stärke und Elastizität sein müssen, weil er gar nicht ermüdet, das Fatiganteste in seiner Steigerung wie ein Uhrwerk hervorzubringen, das eine Seele hätte. Die hundert Künste seines Bogens und seiner Finger, welche sämtlich einzeln ausgedacht und eingeübt sind, erscheinen in einer geschmackvollen Folgereihe und zeichnen ihn auch als Komponisten aus. In jedem Falle aber ist er ein vollkommner Meister seines Instruments in *höchster* Potenz, insofern was ihm auch nach bestem Willen *nicht* gelingt, wie eine kecke Variation herauskommt.

1. Mai. Mein Siegel wird mir täglich werter, da es auch andern gefällt, die die Bedeutung erraten. So habe ich denn abermalen zu danken.

Mein Ästhetikus ist freilich eine schwache Haut, so groß und feist er ist und dem zarten Frauchen viel zu tragen gibt; was soll man viel mäkeln? Sich zurückeziehn? davonlaufen? fortjagen? Zuletzt hätte man seine Plage mit sich selber! – Draufschlagen ist doch eine Bewegung zum Verdauen.

Vielleicht bedankt er sich für mein Gegengeschenk und kennert darüber, dann soll's ihm eingetränkt werden; ein Restchen frühern *infarctus* sitzt noch in mir, das auch heraus muß.

Deine Vergleichung des Shakespeare mit Calderon ist mir so klar wie der Tag. Die große Ähnlichkeit und weite Entfernung solcher zwei Sterne wollte ich mir stets gern vergegenwärtigen: Du hast das Wort ausgesprochen, und ich bin ganz überzeugt.

Die Partitur des «Rinaldo» folgt anbei mit Dank zurück; ich wollte sie selber kopieren, ja sie besser machen; der willige Sinn dachte sich zum erstern noch Augen und zur Arbeit Zeit zu haben. Hättet ihr aber einen leidlichen Notenschreiber, so möchte ich wohl eine Abschrift haben.

Den «Faust» Deines Franzosen schicke immer einmal mit. Für heutige Komponisten ist das Thema wie erfunden.

Euer Kommissionsrat macht mich lachen; wir könnten mit mehrern aufwarten, und bezahlt ihr sie gut, so seid ihr auf dem alten Flecke. Daß Du die königlichen Gedichte noch nicht hast, ist eine Unaufmerksamkeit, die schwerlich dem Verfasser aufzuschulden ist, weil ihm gewiß daran liegt; aber es ist natürlich, wenn es wahr ist, daß die erste Auflage schnell vergriffen war.

Paganini: Der Violinvirtuose Niccolò Paganini (1782–1840); seine Konzerttätigkeit führte ihn auch nach Weimar, wo ihn Goethe am 30. Oktober 1829 spielen hörte.

Mein Ästhetikus: Vgl. Anm. zu Goethes Brief vom 28. April 1829, S. 291.

infarctus: infartum (lat.) = das Hineingestopfte.

Brief gekürzt um den Abschnitt vom 3./5. Mai 1829.

*

An Goethe

Streckenweise lese ich wieder den zweiten Teil der Schiller'schen Briefe über die damalige Erscheinung des «Wilhelm Meister», da auch ich zum ersten Male Dir hinter die obere Haut gekommen bin. Mir war aus tiefster Trauer eine neue Zeit gekommen. Eben war ich mit meiner zweiten Frau nicht weniger glücklich verheiratet, die ich von ihrer Kindheit an kannte und mit ihren Brüdern das Gymnasium besucht hatte. Ich hatte sie bis daher im Singen unterrichtet, oder vielmehr: durch ihre Kristallstimme und die Klarheit ihres ganzen Vortrages war ich erst innegeworden, was kein Unterricht geben kann. Meine Arien mußten mir gefallen, wenn sie sie sang. Man hielt den Atem an, um sich selber keine Modifikation ihres edeln Vortrages entschlüpfen zu lassen. An diese meine zweite Frau hatte ich schon früher die saftfrischen Eindrücke Deiner Lieder in einer Folge von Blättern niedergelegt, die sich leider verloren haben, da sie den Übergang eines angebürgerten Zustandes zu meinem angebornen Naturell bezeichneten.

Ich hatte so viele Kinder, soviel Brot, soviel Arbeit, soviel Lust an meiner Kraft und wieder eine sanfte Frau, welche die Kinder in Zucht hielt, und wenn der Vater zurück ins Haus kam, ging alles drunter und drüber. Ich baute Leuten Häuser, die mir das ausgelegte Geld noch heute wiedergeben sollen. Wenn andere sich kümmerten, wie wir enden wollten, so war ich obenauf. Freilich war mir nicht immer wohl; ich verdarb meine Leute, die es zu gut hatten und haben wollten, was ich selber nicht hatte. Das war der Humor davon. Da kommt der «Wilhelm Meister» mit seiner bunten Gesellschaft vernünftiger und unvernünftiger Bestien über mein Haus. Die Leute sagten, mein Witz sei abhanden gekommen. Ich sah nur grüne Wiesen und den Himmel voll Geigen.

Ein guter Mann (Kleinhans), der noch lebt, war in seinem Gewerbe zurückgekommen und wollte sich das Leben nehmen. Er hatte mir einst Gutes getan und wußte etwas in der Musik. Ich gab ihm meine Kinder zu unterrichten, und er nahm sich auf und lebte besser als zuvor. Neben meinem Hause, dicht an meiner Stube, wohnte eine Mademoiselle Niqué. Die sang morgens und abends: «Meinen Romeo zu sehn!» mit einer Zinkenstimme. Ich hatte das schon wie lange ausgehalten! Eines Tages ward mir's zu arg. Ich renne aus meiner Stube, und im dritten Zimmer finde ich den Kleinhans am Klaviere sitzen neben meinem Töchterchen. Ich packe von hinten seine Schulter und schreie: «Herr, schaffen Sie mir einen Mann für Mademoiselle Niqué, oder ich bin verloren!» Der zum Tod erschrockene Mann springt auf die Straße und hat nichts Eiliger zu tun und geht zu meiner Frauen Schwester. «Haben Sie was von Zeltern gehört? wissen Sie schon?» – «Mein Gott, was ist? was soll ich wissen?» – «Ach, der liebe Mann! ist das nicht ein Schicksal!» – «Himmel! reden Sie deutlich, ich versteh' kein Wort!» – «Ja ja, so geht's; der Mann arbeitet und schafft, und nun – ja, so geht's.» Die Schwägerin kommt gelaufen; die Kinder ihr laut entgegen: «Liebe Tante! – Mutter, Tante ist da!» – «Wo ist eure Mutter?» Meine Frau, die von dem ganzen Vorgange keine Ahnung hat, kommt aus der Küche. «Wo kommst du denn her, Schwester? vor Tische?» – «Nun, ich wollte sehn, was ihr macht! Wo ist dein Mann?» – «Gott weiß; er wird auf dem Bau sein.» – «Auf dem Bau. So, auf dem Bau. Daß er nur nicht zu Schaden kommt!» – «Er wird ja nicht! das wird ja Gott nicht wollen!» – «Nun, dein Mann ist doch gesund?» – «Ich erschrecke! Weißt du was? Ist mein Mann gefallen? Wo ist er?» und so weiter – und so fort, kurz in 24 Stunden hieß es in der Stadt, ich sei toll geworden. Das war über den «Wilhelm Meister». Und denn die «Xenien», wo meine Freunde Nicolai und Reichardt und andere wie lebende Schatten zitiert waren. Und ich sollte nicht auflachen, weil ich nicht wie andere gute Menschen an mich und meine nächste Umgebung verfallen war. Ich sollte den Blitz verfluchen, der eingeschlagen, und war froh, sein Leuchten zu sehn. «Wie können Sie dergleichen in Musik setzen? ‹Musen und Grazien in der Mark!› Sind Sie nicht ein Märker? Sind Sie nicht ein Maurer?» Ja, Gottlob! und ein Narr dazu. Denn wer sich ärgerte, freute sich auch, daß ein anderer getupft war. Mein Schwager Spener hat mir's niemals ganz verziehen, und um mir's nicht merken zu lassen, lud er mich zu Tische, und in seinem Weine trank ich die Gesundheit – der «Xenien». Was keiner leugnete, was auf jeder Zunge lag, war heraus wie ein Lotterielos. Dann ging's ans Raten: diese Xenie ist von Ihm; nein, die muß vom andern sein, und so weiter. Bewahre Gott, daß ich mich hätte ergötzen sollen an der Züchtigung guter Männer! ich war froh gewesen und blieb, wie ich gewesen; sie lebten ja alle und tobten auf ihre Art: was sollte ich nicht leben auf meine Art? Ich war wie ein Kind, das zu allem gleich Lust hat, wie der Arzt im «Wilhelm Meister», der gleich mit Messer und Schere bei der Hand ist, um die Leiche des wunderhaften Kindes auseinander zu pellen – was Schillern so auffällt, der, indem er einen Fehler zu tadeln meint, denselben Fehler selber begeht, indem er den ganzen Roman zu zergliedern sucht und aus den Teilen Kabinettsstücke macht. Mir ist eine zärtliche Empfindung so süß wie Einem Herzen; sie darf aber nicht zu lange währen, wenn sie mir nicht abständig werden soll. Das schönste Gemälde kann ich in hundert verschiedenen Zeiten mit Entzücken betrachten; ich darf aber nie zu lange dabei verweilen, ohne stumpf zu werden. Dies glaube sogar an manchem Philologen bemerkt zu haben, der sich sein Leben lang mit Einem trefflichen Autor abarbeitet, ja abmulstert, ohne Dank zu verdienen.

Deine Art, die Werke zu betiteln, hat schon manchen aufgehalten und stutzig gemacht. Alle wollen leben und genießen, und keiner hat Zeit zum Leben; man möchte das Werk gern in einer Pille haben, und das sollte der Titel sein. «Wilhelm Meisters Lehrjahre. Ein Roman.» Da rate einer! Es ist aber *kein* Roman; es ist die Welt, die kleingroße, die großkleine Welt. Mich selber find' ich, meinen Trieb, meine Torheit, und zwar ohne Anwendung und doch angewandt: das ist das Rätsel. Was geht *mich* das Volk da an? Bin *ich* eine Theaterperson? ein Abbé? ein Kaufmann und dergleichen? Diese unterwerf' ich meiner Beurteilung, meinem Hasse, meiner Liebe – ich für mich habe dabei gar nichts zu tun.

Eines Tages komm' ich zum alten Nicolai und finde den «Wilhelm Meister» vor ihm aufgeschlagen. «Aha», sag' ich, «lesen Sie das Ding auch wieder?» – «Es ist doch», sagt er, «entsetzlich törichtes Zeug darin.» – «Ja wohl», versetzt' ich. «Wer ist denn klug? bin ich's? sind Sie es?» – «Nun», sagt' er, «wenn Sie sich nicht ausnehmen, mag Goethe recht haben, denn er gehört ohne Zweifel mit dazu.»

Verzeih dies Kraut- und Rübengeschwätz durcheinander; aber

«Ich bin so guter Dinge,
So heiter und rein,
Und wenn ich einen Fehler beginge,
Könnt's keiner *sein*.» Lebe wohl! Dein Z.

Donnerstag, den 21. Mai 1829.

der Schiller'schen Briefe: Vgl. Anm. zu Goethes Brief vom 19. März 1827, S. 250.

aus tiefster Trauer: Am 24. Oktober 1795 starb Zelters erste Frau Johanna Sophia Eleonora, geb. Kappel.

zweite Frau: Am 1. Mai 1796 vermählte sich Zelter mit Caroline Juliane Auguste Pappritz.

Mademoiselle Niqué: Nicht ermittelt.

«Xenien»: Die «Xenien» im von Friedrich Schiller herausgegebenen «Musenalmanach auf das Jahr 1797» (S. 197–302).

Nicolai ... Reichardt: Der Berliner Buchhändler und Schriftsteller Christoph Friedrich Nicolai sowie der Komponist Johann Friedrich Reichardt.

«Musen und Grazien ...»: Vgl. Anm. zu «im Schiller'schen Almanach» in Zelters Brief vom 11. August 1799, S. 1.

Schwager Spener: Carl Philipp Spener (1749–1827), Verleger; seine Schwester Johanna Eleonora (1749–1803) war mit Hans Balthasar Pappritz (1750–1818), dem ältesten Bruder von Zelters zweiter Frau, verheiratet.

ans Raten: Die «Xenien» stammen von Schiller und von Goethe, teilweise in gemeinsamer Arbeit verfaßt; publiziert wurden sie ohne Angabe des jeweiligen Autors.

der Arzt im «Wilhelm Meister»: Bezieht sich auf Schillers Brief vom 2. Juli 1796 an Goethe, worin er dessen «Lehrjahre» einer ausführlichen Beurteilung unterzieht. Zu Mignons Tod heißt es da: «Mignons Tod, so vorbereitet er ist, wirkt sehr gewaltig und tief, ja so tief, daß es manchem vorkommen wird, Sie verlassen denselben zu schnell. [...] Besonders schmelzte das letzte Lied das Herz zu der tiefsten Rührung. Es fällt daher auf, wenn unmittelbar nach dem angreifenden Auftritt ihres Todes der Arzt eine Spekulation auf ihren Leichnam macht und das lebendige Wesen, die Person so schnell vergessen kann, um sie nur als Werkzeug eines artistischen Versuches zu betrachten.» (20, 187f.)

«Ich bin ...»: Aus den «Zahmen Xenien II.» (1, 613).

*

An Zelter

Wenn ich schon nicht glauben kann, mein Teuerster, daß Du jemals von meinem verrückten, auf Winters Partitur sich schaukelnden Helden irgend wieder Notiz nehmen werdest, so sende ich doch, Deinem früheren Verlangen gemäß, eine saubere Abschrift, mit Wunsch und Hoffnung, daß sie richtig sein werde.

Fürwahr, wenn ich denke, was für Anforderungen, Zudringlichkeiten und Zufälligkeiten Dein Zustand ausgesetzt ist, so komme ich mir fast untätig vor; denn wenigstens habe ich keine öffentliche Exhibition zu leisten und bin Herr von meinen Stunden, die guten benutzend, die schlechten verpassend oder, was besser getan ist, verschlafend.

Von «Faust» hab' ich noch ein Exemplar, deswegen Dir dieses erb- und eigentümlich gewidmet sei. Dagegen wirst Du aber die Freundlichkeit haben, mir ein Zelterisches Wort über dieses Werk zu sagen und mich über die im Anschauen so wunderlichen Notenfiguren nach Deiner Weise zu beruhigen.

Soviel für diesmal. Nächstens kommt in einer Rolle ein Bild, das Dich an vergangene Reisetage erinnern soll. Allen guten Geistern befohlen! Ich schreibe dies in den Stunden großer berlinischen Feste, an welchen wir kleinen Weimaraner so wichtigen Anteil haben. Dein getreuer G.

Weimar, den 11. Juni 1829.

Winters Partitur: Peter von Winters Vertonung von Goethes Kantate «Rinaldo».

«Faust»... Zelterisches Wort: Über Hector Berlioz' Vertonung von acht Szenen aus Goethes «Faust» schrieb Zelter am 5. Juli 1829: «Gewisse Leute können ihre Geistesgegenwart und ihren Anteil nur durch lautes Husten, Schnauben, Krächzen und Ausspeien zu verstehn geben; von diesen einer scheint Herr Hektor Berlioz zu sein. Der Schwefelgeruch des Mephisto zieht ihn an, nun muß er niesen und prusten, daß sich alle Instrumente im Orchester regen und spuken – nur am ‹Faust› rührt sich kein Haar. Übrigens habe Dank für die Sendung; es findet sich wohl Gelegenheit, bei einem Vortrage Gebrauch zu machen von einem Abs[z]ess, einer Abgeburt, welche aus greulichem Inzeste entsteht. Der ‹Rinald› des guten Winter hat dagegen noch immer eine Menschengestalt, die einem Tenor aufgepaßt ist; davon ist man aber jetzt schon wieder so weit entfernt wie jene sogenannte Tonkünstelei von der Musik. Überall setzen sie über; das heißen sie: Übersetzen.»

großer berlinischen Feste: Am 11. Juni 1829 vermählte sich Prinz Friedrich Wilhelm Ludwig von Preußen, der spätere deutsche Kaiser, mit der Prinzessin Maria Luise Augusta Katharina (1811–1890), der Tochter des Großherzogs Karl Friedrich von Sachsen-Weimar-Eisenach.

*

An Zelter

Ich muß nur wieder anfangen, dem Papier Neigung und Gedanken zu überliefern, zuvörderst aber aussprechen, daß ich nach Deiner Abreise äußerst verdrießlich geworden bin. Zu Dutzenden lagen und standen die liebenswürdigsten Bedeutenheiten umher, alles mitteilbar! Und was war[d] nun mitgeteilt? Kaum irgend etwas, das wert gewesen wäre!

Die Gegenwart hat wirklich etwas Absurdes; man

meint, das wär' es nun, man sehe, man fühle sich, darauf ruht man; was aber aus solchen Augenblicken zu gewinnen sei, darüber kommt man nicht zur Besinnung. Wir wollen uns hierüber so ausdrücken: der Abwesende ist eine ideale Person, die Gegenwärtigen kommen sich einander ganz trivial vor. Es ist ein närrisch Ding, daß durchs Reale das Ideelle gleichsam aufgehoben wird; daher mag denn wohl kommen, daß den Modernen ihr Ideelles nur als Sehnsucht erscheint. Hierüber wollen wir weiter nicht nachgrübeln, sondern es bei diesem ziemlichen und unziemlichen Vorwort bewenden lassen, ob ich gleich noch ein lange Litanei zu Aufklärung der allgemeinen neuern Lebensweise hienach wohl ausspinnen könnte.

Nun aber aus dem Grillenhaften ins Behagliche überzugehen, muß ich vermelden: daß Herr Ternite sich wirklich grandios bewiesen hat; denn indem diejenigen Blätter und Nachbildungen, die er mir zu eigen verehrt, des besten Dankes wert sind, so hat er durch den Schatz von Durchzeichnungen, der nun vor mir liegt, das ehrenvollste Vertrauen bewiesen. Ich halte aber auch darüber auf das sorgfältigste. Verdient sie jemand zu sehen, dem zeig' ich sie selbst vor.

Hier nun das Wundersamste des Altertums, dem, der sehen kann, mit Augen zu sehen: die Gesundheit nämlich des Moments und was diese wert ist! Denn diese durch das greulichste Ereignis verschütteten Bilder sind nach beinahe zweitausend Jahren noch ebenso frisch, tüchtig und wohlhäbig als im Augenblick des Glücks und Behaglichkeit, der ihrer furchtbaren Einhüllung vorherging.

Würde gefragt, was sie vorstellen, so wäre man vielleicht in Verlegenheit zu antworten; einsweilen möchte ich sagen: diese Gestalten geben uns das Gefühl, der Augenblick müsse prägnant und sich selbst genug sein, um ein würdiger Einschnitt in Zeit und Ewigkeit [zu] werden.

Was hier von der bildenden Kunst gesagt ist, paßt eigentlich noch besser auf die Musik, und Du kannst, alter Herr, Dein Bestreben, Deine Anstalt überdenkend, obige wunderlichen Worte gar wohl gelten lassen. Fürwahr, die Musik füllt in jenem Betracht den Augenblick am entschiedensten, es sei nun, daß sie in dem ruhigen Geiste Ehrfurcht und Anbetung errege oder die beweglichen Sinne zu tanzendem Jubel hervorrufe. Das Übrige frommen und richtigen Gefühlen sowie einsichtigen Gedanken überlassend.

Unsre beiden Prinzessinen haben mir durch ihre holde Gegenwart viel Vergnügen gemacht. Man mag solche schon lang gekannte und geliebte Wesen gar zu gern nach einiger Zeit in behaglichen Zuständen wiedersehen, deshalb denn ihre Gemahle, die königliche Familie und Berlin überhaupt gerühmt werden sollen.

Übrigens, ihr lieben Athenienser, wenn ihr mehr gewohnt wärt, einem treuen Autor etwas Gründlich-Verbindliches über seine Werke zu sagen, so würde ich meinen zweiten Aufenthalt in Rom, welcher mit der nächsten Sendung anlangt, nachdrücklicher empfehlen; doch mag es beim alten bleiben, und ich will damit auch zufrieden sein.

Zunächst aber bitte, meine Briefe von 1828 zu senden, damit auch diese Wechselreden zu dem übrigen *codicibus* können hinzugefügt werden. Wobei ich zugleich ermahne, noch diese letzten Monate fleißig zu schreiben, damit auch dieses Jahr neben seinen Geschwistern in Ehren bestehen könne. Wie zunächst so fortan! J. W. v. Goethe.

Weimar, den 19. Oktober 1829.

nach Deiner Abreise: Zelter weilte zusammen mit dem Potsdamer Galerieinspektor Ternite vom 14. bis 21. September 1829 in Weimar.

Durchzeichnungen ... verschütteten Bilder: Gemeint sind Ternites Kopien antiker Wandgemälde aus den verschütteten Herkulaneum und Pompeji.

Prinzessinnen ... ihre Gemahle: Die weimarisch-preußischen Prinzessinnen Maria Luise Alexandrine (1808–1877) und Maria Luise Augusta Katharina (1811–1890) weilten mit ihren Gatten, den preußischen Prinzen Friedrich Karl Alexander (1801–1883) und Friedrich Wilhelm Ludwig (1797–1888), in Weimar und besuchten Goethe am 16. Oktober 1829.

*

An Goethe

Deine bittere Betrachtung über Gegenwart und Beieinandersein muß wohl ihre Richtigkeit haben, da ein ähnliches Gefühl auch mich begleitet, wenn ich von Dir gehe. Weiß man doch nicht, mit wem man zu hadern hätte, da ein gutes, ein schönes Leben nichts anderes ist als eine Reihe glücklicher Momente, die, zufällig, unvorbereitet, uns kaum gegönnt scheinen. Wie oft muß man bemerken, daß ein unmittelbares persönliches Verhältnis, lange gewünscht und endlich erreicht, die Individuen auseinander treibt, wo nicht gegeneinander stellt, und so ist's nicht zu viel, wenn gesagt wird, daß die Gegenwart was Absurdes habe. An meinem Teile bin ich nun mit den verschiedensten Arten der Gegenwart begangen und befangen, und komme ich aus meinem Stalle in die freie Luft, so weiß ich kaum, was ich mit mir selber anfange, da mir kurz darauf wohl einfällt, wie schön man die Gelegenheit hätte nutzen können. Dir besonders hätte ich wieviel zu sagen und von Dir zu vernehmen, und sehe ich Dich von Angesicht, so habe ich genug zu tun, wenn ich glauben soll, daß es wirklich so ist. So war ich, so werd' ich wohl bleiben.

Mein närrischer Gefährte kommt bei dieser Gelegenheit am besten davon, indem er Dir die wirklich annehmlichen Früchte seines losen Geistes darbringen konnte, worauf er gar nicht vorbereitet war, da ich ihm in Halle erst den Vorschlag machte, mit mir zu Dir zu gehen. Es hat ihn getroffen wie ein Schlag, von dem er sich bis heut noch nicht wieder erholt hat und damit seine hiesigen Neider mit Füßen tritt. Und lese ich ihm die ihn betreffende Stelle Deines letzten Briefes noch vor, so fährt er aus seiner Haut. Ich kenne ihn von Kindheit an und will ihn nicht überschätzt haben; er ist aber ehrlich und an Talent denen nicht nachzustellen, die ihn beneiden um die Gunst von oben her, die ihm freilich auch moralisch schädlich ist. Ich müßte schließen oder gar nicht schreiben, was heut unter ewigem Zulaufe geschieht, und will mit einer Berliner Anekdote enden.

Unser Hufeland, den Du kennst, stellt den alten Geheimen Rat Doktor Heim zu Rede über den häufigen Gebrauch des Arseniks bei gewissen Krankheiten, besonders aber den Schaden, welchen junge Ärzte durch sein Beispiel anrichten. «Wie sollen Sie, lieber Heim, es an jenem Tage bei Gott verantworten, wenn er Ihnen die Rechenschaft dafür abfordert? Was können Sie sagen?» – «Was ich sagen werde? He?» Indem er seine Hand auf Hufelands Schulter legt: «Ich werde ihm sagen: Alter Junge, das verstehst du nicht!»

Künftig ein mehreres; heute bin ich im Bann. Lebe wohl!

Dein Z.

Donnerstag, 22. Oktober 1829.

Deinen Brief habe gestern abend erhalten.

Mein närrischer Gefährte: Friedrich Wilhelm Ternite.

Hufeland: Christoph Wilhelm Friedrich Hufeland (1762–1836), Arzt und Hofmedikus in Weimar, seit 1801 in Berlin.

Heim: Der populäre Berliner Arzt Ernst Ludwig Heim (1747–1834).

*

An Zelter

In Deine Zustände kann ich mich aufs innigste hineindenken und -fühlen, auch recht deutlich schauen, wie wunderlich Dein Verhältnis zu dem lieben Menschengeschlecht sich ausgebildet hat. Das liebe Volk (und so sind unsre charmanten anglomanen Freundinnen auch) glauben, man sei dazu da, ihre Bedürfnisse zu befriedigen, ihren Wünschen und Grillen Vorschub zu tun, und so sei es eben recht. Das wissen wir lange, aber es inkommodiert doch jeden Tag, wo es eintritt. Auf alle Fälle hab' ich es bequemer wie Du, mein Freund; denn wenn ich halbweg guten Humors bin, so geht denn doch ein Tag nach dem andern ganz leidlich hin; nur darauf muß man Verzicht tun, dasjenige getan zu sehen, was man sich vorsetzte. Ich bin zuletzt darauf gekommen, nur zu schieben: da muß denn doch zuletzt das Reifste abfallen.

Paganini hab' ich denn auch gehört und sogleich an demselben Abend Deinen Brief aufgeschlagen, wodurch ich mir denn einbilden konnte, etwas Vernünftiges über diese Wunderlichkeiten zu denken. Mir fehlte zu dem, was man Genuß nennt und was bei mir immer zwischen Sinnlichkeit und Verstand schwebt, eine Basis zu dieser Flammen- und Wolkensäule.

Wär' ich in Berlin, so würde ich die Möserischen Quartettabende selten versäumen. Dieser Art Exhibitionen waren mir von jeher von der Instrumentalmusik das Verständlichste: man hört vier vernünftige Leute sich untereinander unterhalten, glaubt ihren Diskursen etwas abzugewinnen und die Eigentümlichkeiten der Instrumente kennenzulernen. Für diesmal fehlte mir in Geist und Ohr ein solches Fundament, ich hörte nur etwas Meteorisches und wußte mir weiter davon keine Rechenschaft zu geben; bedeutend ist es jedoch, die Menschen, besonders die Frauenzimmer, darüber reden zu hören: es sind ganz eigentlich Konfessionen, die sie mit dem besten Zutrauen aussprechen.

Nun aber wünscht' ich zu erfahren, ob von dem werten Felix günstige Nachrichten eingegangen sind. Ich nehme den größten Anteil an ihm; denn es ist höchst ängstlich, ein Individuum, aus dem soviel geworden ist, durch einen niederträchtigen Zufall in seiner vorschreitenden Tätigkeit gefährdet zu sehen. Sage mir etwas Tröstliches.

Herr Graf Röder besuchte mich gestern, und es kam das deutsche Theaterwesen, wie es eben wes't, ziemlich klar zur Sprache. Er hat, als Vorgesetzter, gute Gedanken zur Behandlung des Ganzen, die ich billigen mußte und wodurch im Äußerlichen höchst wahrscheinlich gewonnen wird. Dem Innern wird der Genius helfen, wenn es ihm beliebt.

Leugnen kann ich übrigens nicht, daß die Franzosen mich vorzüglich unterhalten; den Vorlesungen von Guizot, Villemain und Cousin folg' ich mit ruhiger Betrachtung, «*Le Globe*», «*La Revue française*» und seit drei Wochen «*Le Temps*» führen mich in einen Kreis, den man in Deutschland vergebens suchen würde. Wenn ich ihnen aber in allem, was unmittelbar auf das Sittlich-Praktische dringt das größte Lob erteilen muß, so wollen mir ihre Naturbetrachtungen nicht gleichmäßig gefallen. Ist auch schon ihre Erfahrungsweise ganz respektabel, so können sie beim Überdenken sich von mechanischen und atomistischen Vorstellungen nicht losmachen, und werden sie eine Idee gewahr, so wollen sie solche zur Hintertüre hereinbringen, welches ein- vor allemal nicht geht.

Du wirst mir verzeihen, wenn ich von dem spreche, was mich am meisten beschäftigt, ohne daß ich gerade glauben kann, es interessiere Dich. Der 4. und 5. Band der Korrespondenz wird nun auch zu Dir gelangen und gelangt sein; dabei wirst Du wohl meiner im guten gedenken. Der 6. Band wird bald folgen, mit einer Widmung an den König von Bayern, und so erlebten wir denn auch noch den Abschluß dieses wundersamen Werkes.

Und so fortan! G.

Weimar, den 9. November 1829.

unsere... Freundinnen: Goethes Schwiegertochter Ottilie sowie deren Schwester Ulrike von Pogwisch.

Paganini: Vgl. Anm. zu Zelters Brief vom 30. April/1. Mai 1829, S. 294.

die Möserischen Quartettabende: Veranstaltet von Carl Möser (1774–1851), Violinist, Konzertmeister an der Berliner Königlichen Kapelle; Möser leitete als Königlicher Kapellmeister am 27. November 1826 die Berliner Erstaufführung von Beethovens Sinfonie Nr. 9 d-moll op. 125.

Felix: Über seinen Schüler Felix Mendelssohn-Bartholdy schrieb Zelter am 27. Oktober 1829: «Mein Felix hat in London einen Unfall oder vielmehr Umfall erlitten, er ist mit dem Wagen umgeworfen worden, daß er nicht zur Hochzeit seiner Schwester nach Berlin kommen können. Ich fürchte, daß er etwas zerbrochen habe, weil es so lange währt und er nicht schreiben kann, doch soll sich's mit ihm bessern.»

Graf Röder: Vermutlich Graf Friedrich Wilhelm von Redern, Generalintendant der Berliner Königlichen Theater.

Guizot: Der französische Historiker und Staatsmann François Pierre Guillaume Guizot (1787–1874). Im Frühjahr 1829 beschäftigte sich Goethe mit Guizots Werken «Cours d'histoire moderne» (1828) und «Histoire de la civilisation en Europe» (1828).

Villemain: Der französische Literarhistoriker und Politiker Abel François Villemain (1790–1870), Verfasser des «Cours de la littérature française» (1828).

Cousin: Vom Mai bis Juli 1829 beschäftigte sich Goethe mit der Abhandlung «Cours de l'histoire de la philosophie» (1829) des französischen Philosophen und Schriftstellers Victor Cousin (1792–1867).

«Le Globe»: Die von Pierre Dubois herausgegebene Zeitschrift der französischen Romantiker, erschienen von 1824 bis 1832, ab 1830 als politische Tageszeitung.

«La Revue française»: Von den Redakteuren des «Globe» gegründete Zweimonatsschrift für Literatur, Philosophie und Geschichte, erschienen von 1826 bis 1830.

«Le Temps»: Die 1829 gegründete französische Tageszeitung, erschienen bis 1842, Vorläuferin des «Temps» (1861–1940).

Korrespondenz: Der Briefwechsel zwischen Schiller und Goethe (vgl. Anm. zu Goethes Brief vom 19. März 1827, S. 250).

Widmung: Goethe setzte seinen Brief vom 18. Oktober 1829 an den Bayerischen König Ludwig I. (21, 868ff.) als Widmung vor den sechsten Band des Schiller-Goethe-Briefwechsels.

*

An Zelter

Da ich weiß, daß man Dich immer in den besten Humor versetzt, wenn man etwas Löbliches zu Deines alten Königs Erinnerung einleitet, so sende ich Dir hiebei eine gute Messerspitze Steinsalz, mit dem freundlichen Ersuchen: sie zunächst in Deine Suppe zu schütten und, wenn Du davon den Geschmack auf Deiner Zunge empfindest, dabei zu bedenken, daß Friedrich der Zweite nicht leicht eine angenehmere Mittagstafel genossen hätte, als wenn man ihm seine Speisen mit solchem Erzeugnis seines eigenen Reiches gewürzt und er seine goldnen Salzfässer damit reichlich angefüllt gesehen hätte. Laß uns das dankbar erkennen, daß wir, soviel Jahre ihn überlebend, von einer unglaublich fortschreitenden Einsicht und Tatgeschicklichkeit so manches Unerwartete genießen.

Seit der Zeit, daß ich Dir die wichtige Einsicht in den Staatskalender der Hölle gegeben, ist mir manches Gute von außen gekommen und hat sich aus dem Innern auch einiges Behagliche entwickelt.

Unterlassen aber darf ich nicht auszusprechen: daß Deine Zustimmung, die Du dem mentalen Musikgenusse gönnst, mir sehr wohltätig ist, denn ich muß mich jetzt damit begnügen, und es ist immer erbaulich, sich zu überzeugen, daß im hohen Alter die verständige Vernunft oder, wenn man will, der vernünftige Verstand sich als Stellvertreter der Sinne legitimieren darf. Du wirst, Deinem glücklichen Beruf zufolge, nie in dem Fall sein, dieser ernsten Surrogate zu bedürfen.

Deine Relation von Spohrs Oper gibt einen neuen Beweis, daß, wennschon die Poesie in völlige Nullität sich auflöst, der Musikus doch dabei seine Rechnung finden, eine Darstellung befriedigen, ja teilweise sogar entzücken kann.

Heute abend geben sie zum drittenmal die «Stumme von Portici», und ich höre viel Gutes von der Einleitung und Durchführung des Ganzen. Ich habe schon umständliche Relationen vernommen, von meinen Enkelknaben und so aufwärts, von wohlwollenden Zuhörern. Im Fortschritt und Zusammenhang mag es wohl ein anziehendes lebhaftes Stück sein.

Über alles dieses darf ich nicht vergessen, daß zu unsrer Danknehmigkeit die köstlichen Rübchen angelangt sind; sie behaupten auch diesmal ihre alten Tugenden, indessen die Kastanien, welche man ihnen zuzugesellen pflegt, dieses Jahr gar sehr zurückbleiben, so daß also, wenn der Teufel von Papefique diesmal auf Werneuchen gewettet hätte, er seinen Gegner, der auf Kronenburg pariert, möchte durchaus überwunden haben.

Vorstehendes liegt schon mehrere Tage, und nun send' ich es nicht ohne Entschuldigung; denn ich kann Dir vertrauen, daß ich bisher von bösen Geistern zwar nicht besessen, aber doch unterhalten und abgehalten worden. Mit dem alten Faust bin ich zeither in Konnexion geblieben und habe in der letzten Zeit ihn und seine Gesellschaft besonders kultiviert. Meine einzige Sorge und Bemühung ist nun, die zwei ersten Akte fertigzubringen, damit sie sich an dem dritten, welcher eigentlich das bekannte Drama «Helena» betitelt, in sich faßt, klüglich und weislich anschließen mögen. Du wirst mir also meine Retardation verzeihen und das Bröselein Salz im evangelischen Sinne aufnehmen, wie geschrieben steht: «Habet Salz bei euch und Friede untereinander!»

Schließlich aber beschäftigt mich eine häusliche Sorge, wegen der ich Dich zu Rate ziehen möchte. Du erinnerst Dich wohl, daß bei Deinem Hiersein Du uns ausscholtest wegen unsrer unsteten und intermittierenden Heizung und Dich rühmtest der immer gleichen Wärme Deiner Zimmer.

Nun werd' ich, obgleich mitten im Winter, veranlaßt, ein paar neue Öfen zu setzen, und da wollt' ich bei Dir anfragen, ob die Deinigen aus der Fabrik des Herrn *Feilner* sind, ob Du damit nach wie vor noch zufrieden bist.

Auf jeden Fall wünschte ich, gedachte Herren sendeten mir ihre Zeichnungen und Preiskurant, wie sie solche gewöhnlich mitteilen. Transport und Aufsetzung durch hiesige Töpfer gibt immer noch manche Bedenklichkeit. Erzeige mir den Gefallen, denn ich hoffe, durch Deine Vermittlung schneller und wohl auch billiger als vielleicht sonst bedient [zu] werden. Es versteht sich, daß ich die Zeichnungen, wenn sie nicht etwa lithographiert sind und abgelassen werden können, alsobald zurückschicke.

Und so fortan ins neue Jahr! G.

Weimar, den 16. Dezember 1829.

Deines alten Königs Erinnerung ... Messerspitze Steinsalz: Der preußische König Friedrich der Große. Über ihn schrieb Goethe am 13. November 1829: «Ein Wundersames, wie es die Zeit bringt, will ich doch auch zu Unterhaltung und Betrachtung mitteilen. Euer Friedrich, den man wohl mit Recht groß genannt hat, war nun einmal ein recht eingefleischter König und forderte, daß alles, was die weite Erde hervorbringt, auch in seinem Reiche gefunden werden solle. [...] Der König quälte sein Bergdepartement aufs peinlichste: man solle ihm Steinsalz in seinen Landen verschaffen; da es doch dort hinten in Polen und sonst an manchen Erdpunkten gefunden werde, so sei keine Ursache abzusehen, warum es nicht auch in Preußen angetroffen werden könne.» Tatsächlich wurde in der Nacht vom 22./23. Oktober 1829 in der Stotternheimer Saline erstmals Salz gewonnen. Auf Bitte des Salinedirektors Karl Christian Friedrich Glenk (1779–1845) verfaßte Goethe zu diesem Anlaß das Gedicht «Die ersten Erzeugnisse der Stotternheimer Saline» (3, 757). Das Gedicht wurde erstmals veröffentlicht im Leipziger Musenalmanach für das Jahr 1830 und – als eine «Messerspitze Steinsalz» – diesem Brief an Zelter beigelegt.

Staatskalender der Hölle: Gemeint ist «D. Johannis Faustii [...] unerforschlicher Höllenzwang» (Passau 1612); er handelt «von der Einteilung derer Geister und ihrem Namen auch was sie denen Menschen helfen können»; von Goethe auszugsweise dem Brief an Zelter vom 20. November 1829 beigelegt.

dem mentalen Musikgenusse: Bezieht sich auf Goethes Formulierung vom Quartett-Spiel: «Man hört vier vernünftige Leute sich untereinander unterhalten (vgl. Goethes Brief vom 9. November 1829).

Spohrs Oper: Die Oper «Faust» von Louis Spohr, komponiert auf ein Libretto von Josef Karl Bernhard (1780–1850); die Berliner Erstaufführung fand am 14. November 1829 statt.

«Stumme von Portici»: Die Oper «La Muette de Portici» (1828) von Daniel François Esprit Auber (1782–1871), komponiert auf ein Libretto von Eugène Scribe (1791–1861). Zelter lernte das Werk anläßlich der Berliner Erstaufführung – in der deutschen Bearbeitung des Librettisten und Regisseurs Freiherr Karl August von Lichtenstein (1767–1845) – vom 12. Januar 1829 kennen. Vgl. auch Zelters Urteil im Brief vom 17. Dezember 1829.

Teufel von Papefique: Anspielung auf die Erzählung «Le Diable de Papefigue» aus Lafontaines «Contes et Nouvelles en vers» (1665).

Mit dem alten Faust: «Faust», der Tragödie zweiter Teil; das Werk wurde im Juli 1831 abgeschlossen und das Manuskript von Goethe versiegelt mit der Bestimmung, daß es erst nach seinem Tode gedruckt werde.

«Habet Salz...»: Markus 9, 50.

Herrn Feilner: Der Berliner Ofenfabrikant T. C. Feilner.

*

An Goethe Donnerstag, 17. Dezember 1829.

Kleine Ursachen, große Wirkung. Ein stummes Fischermädchen, von dem Sohne des Vizekönigs von Neapel defloriert, ist die Heldin einer berühmten französischen Oper: «*La muette de Portici*». Das Mädchen ist stumm wie ein Fisch, die andern alle aber, Monsieur Aubert an ihrer Spitze, machen ein so horribles Getöse 5 Akte lang, daß zuletzt auch der Vesuv davon erwacht und sein grimmes Eingeweide brummend und brüllend gegen die Wolken speit. Unser Publikum schluckt und schlingt nun schon 27mal an dieser Titanenmahlzeit und will nicht satt werden. Die Sänger und Spieler sind nachher wie gekocht, bin doch ich davon beinahe reutergar geworden. Es fehlt nicht an Geist, der sich selber zu schaffen macht.

Heute abend geht unser «Samson», von Milton und Händel, in die Atmosphäre über. Das Singwesen ist gehörig initiiert, doch mit dem vollen Orchester geben die Götter Gedeihen! Ich habe nur Eine große Probe halten können und muß aufpassen wie ein Schnepfenschütze. Bete Du für mich, ich habe keine Zeit dazu.

Den 18. Dezember, früh 5 Uhr. Eben reiset meine Schwiegertochter, die Witwe meines Georg, wieder ab. Sie hatte mir meinen Enkel zu meinem Geburtstage hergebracht, einen allerliebsten Knaben von 3 Jahren, den sie recht ordentlich erzieht: frisch, gutgestaltet, bewegsam, folgsam, beredt und was zu einem Knaben gehört; so möge denn ein gutes Fatum das Wohlangetane fortführen!

Unser «Samson» ist gestern abend gar nicht schlecht von sich gegangen. Ich hatte sie vexiert und allen guten Erfolg abgesprochen, darüber haben sie sich zusammengenommen, daß ich während der Arbeit manchmal laut vor Freuden hätte aufschreien mögen, und so hätten wir denn wieder eins hinter uns. Ich möchte nicht gern Prahlens machen, denn hier begreift niemand, wie es beinah unmöglich ist, mit so viel schönen Mitteln etwas hervorzubringen, daran sich Sinn und Vernunft freuen könnte. Was keinen Pfifferling wert ist, dafür werden Summen ausgegeben; sie versetzen Juwelen, um Schimpf und Schande zu kaufen.

Unterdessen Du Deinen Bourrienne liesest, blättre ich einen ähnlichen Memoirenmacher, Bausset, durch. Man lernt wenig mehr, als man gewiß weiß, doch muß man sich gefallen lassen, immer wieder von dem Manne aller Zungen zu hören, dem jeder was ans Zeug flickt, um sich bei dieser Welt als unparteiische Partei zu gerieren. Wer mir von solchen Memorialisten am meisten zu denken gegeben hat, war Walter Scott, durch den ich das Geheimnis beglaubigt fand, das mir vorher schon durch Deinen «Epimenides» verraten war. Will man politisch billig sein, so muß man einsehn, daß England einen Mann nicht in der Welt dulden konnte, der wenigstens so nicht zu gewinnen war wie so viele, die heute noch nicht wissen, was sie nun haben. Wäre ich ein Engländer, ich gönnte keinem, was er mir nicht abgekauft hätte.

Abends. Soeben komme ich aus der Oper: «Die Braut» («*La fiancée*») von Aubert. Wenn man von einem Manne reden will, so gehören wenigstens zwei seiner Handlungen dazu. Diese Braut will und soll einen Tapezierer heiraten und kriegt an dessen Stelle einen Kavallerieobersten, und darüber ist großer Spektakel, den das Orchester allein zu machen hat und macht, weil Donner und Blitz diesmal anderswo versagt ist. Geist und Unterhaltung, Fülle und *force* fehlt nicht, wiewohl alles um sich selber herumgeht. – Da bringt man mir eben Deinen Brief vom 16. dieses, der von der «*Muette*» des nämlichen Komponisten spricht. Du selbst bist ganz auf Deinem Wege, der auch der meine ist. Alle wahre Musik kann nur mental sein und wirken; was drüber ist, hat schon Lykurg verboten und mit Recht; denn es ist vom Übel! Trotz dieses strengen Gesetzgebers lass' ich mir jedoch die Orgel nicht nehmen, weil sie mir von Jugend an bis heut das tiefste Gewissen wie ein ernsthafter Beichtiger aufregt, wie Du es längst im «Faust» ganz unwillkürlich dargestellt hast. Die Szene wirkt zermalmend an ihrem Orte, und wenn keiner weiß: womit, so weiß ich's und habe die ganze Kirche vor Augen.

Eure Kommissions- und Industrieräte würde ich mit euern Töpfern zum Teufel schicken, wenn ich sie bezahlen sollte. Wir essen täglich gute Maronen, die ihr näher habt als wir, und eure sogenannten Öfen sind in jeder Jahreszeit unnützlich und unausstehlich, weil sie Raum und Holz verschwenden.

Über diese Deiner Angelegenheiten sollst Du mit nächster Post nach Vermögen befriedigt werden, ich will heut noch zu Feilner gehn. Ein gutes Dutzend unserer Baumeister habe ich halb verfroren aus Italien zurückekommen sehn. Sie waren ganz geschwollen von hoher Architektur. Einer davon baute für den Minister Wöllner einen prächtigen Kuhstall auf 100 Kühe; es war aber nur Futter vorhanden für 20, von diesen starben den ersten Winter 3 vor Kälte, und im Frühjahr wollte der hohle Kasten zusammenfallen. Da ließ der Minister den Dorfmeister kommen, der zog Wände hinein, und nun sieht das Ding aus wie die Arche Noah; denn alles ist darin, was Gott gemacht hat. *Salve!*

«Samson»... Milton... Händel: Vgl. Anm. zu Zelters Brief vom 14. November 1828, S. 279.

Schwiegertochter: Agnes Laura Rosalie Carolina, geb. Ratt, Witwe von Zelters 1827 verstorbenem Sohn Georg Friedrich.

Bourrienne: Im April 1829 begann Goethe mit der Lektüre der «Mémoires sur Napoléon» (10 Bände, 1829/30) von Louis Antoine Fauvelet de Bourrienne (1769–1834).

Bausset: Nicht ermittelt.

Walter Scott: Sir Walter Scott (1771–1832), englischer Dichter und Romancier; Goethe zollte den historischen Romanen Scotts, sowie vor allem «The Life of Napoleon Buonaparte, Emperor of the French» (1827), große Bewunderung.

«Epimenides»: Goethes Drama «Des Epimenides Erwachen» (6, 444).

«Die Braut»: Die Oper «La fiancée» von Daniel François Esprit Auber, komponiert auf ein Libretto von Eugène Scribe. Die Berliner Erstaufführung – in der deutschen Bearbeitung des Freiherrn Karl August von Lichtenstein – fand am 3. August 1829 statt.

«Muette»: Vgl. Anm. zu Goethes Brief vom 16. Dezember 1829, S. 306.

im «Faust»: Die orgelbegleitete Dom-Szene im ersten Teil von Goethes «Faust» (5, 261).

Wöllner: Johann Christoph von Wöllner (1732–1800), evangelischer Theologe, 1788 Justizminister und Minister des Geistlichen Departements, 1798 vom preußischen König Friedrich Wilhelm III. entlassen.

*

An Zelter

Und so ist es denn recht und wahr: jeder hat zu schaffen und zu tun, es sei in die Breite oder Tiefe, wenn man auch nicht gerade in die Höhe will. Es freut mich, Dich immer nach alter Art resolut und wacker zu sehen, auch in dem Welttreiben rührig teilnehmend, worauf ich denn freilich längst verzichtete.

Deine guten Potsdamer Egoisten sind freilich nicht die einzigen, die sich abschließen, um etwas zu gelten. Genau besehen, ist es wirklich ein Rettungsmittel gegen das ungeheure Treiben der Welt, und man mag es ein Glück heißen, wenn junge Leute nicht einsehn, daß jetzt eigentlich niemand geboren werden kann, der dem Tag und der Stunde gewachsen wäre. Jedermann mag also *se defendendo* und *offendendo* sehen, wie er sich durchhilft.

Deine Briefe von den Jahren 1828 und 1829 liegen nunmehr sehr ordentlich geheftet vor mir; sende nun deshalb die meinigen der beiden Jahre, damit die älteren *codices*, die so wohl ausgefertigt worden, nicht unvollständig bleiben.

Der Abschreiber wird ohnehin damit ein Vierteljahr zu tun haben. Dagegen sehn wir aber auch an der Schillerischen Korrespondenz, daß ernsten Freunden der Tag immer das Beste bringt, wodurch denn zuletzt das summierte Jahr einen inkalkulablen Vorteil gewährt. Die Einzelnheiten sind eigentlich das Leben; die Resultate mögen schätzbar sein, aber sie setzen mehr in Erstaunen, als sie nutzen.

Unter diesem kommt nun Dein werter Brief vom 9. Januar an, worauf freundlich erwidere: wie mir sehr wohl erinnerlich ist, daß Du dem Schalk von Thimnath von jeher einige Neigung zugewendet hast, wobei ich Deinen Mut bewunderte, daß Du Dich für Samsons Rival zu erklären nicht Anstand nahmst.

Bei Milton durfte, dem antiken Sinne gemäß, nach der haßkräftigen Szene die Dame nicht wieder auftreten; daß der Musikus sie weiter nötig hat, begreife ich, nicht weniger, daß man neuerer Zeit eine vollständige Auflösung, es sei zum Glück oder Unglück, fordert. Ich will nachfragen, ob vielleicht die Partitur von alten Zeiten her noch auf dem Hofamte liegt und mich an fernerer Vergleichung ergötzen.

Die allgemeine Schneelast ruht auch auf uns. Ich komme kaum aus meiner Stube und sehe den Garten wie mit einem großen Teppich überdeckt, weder Beete noch Rabatten sichtbar, kaum die Wege zu unterscheiden. Die Streifen Buchsbaum erscheinen kaum als geringe Wülstchen, und zu allem diesem sind die atmosphärischen Erscheinungen aus aller Regel getreten. Barometer- und Thermometerstand, Windfahne und Wolkenzüge, nichts trifft mehr zusammen. Die Fuhrleute bleiben unterwegs liegen, die Eilposten werden ausgeschaufelt, und so wird es denn vollkommen bei euch dasselbe sein. Glücklicherweise stört es mich nicht in meinem Tun und Betreiben, wovon Dir denn doch zuletzt wohl einiges Vergnügliche zugehen wird.

Herr Kanzler v. Müller hat uns, aus Italien zurückkehrend, viel Gutes zu erzählen; er drang eilig nach Rom vor und schlug sich durch diese Hauptstadt der Welt in fünf Tagen durch. Mit seiner Art zu sehen und aufzufassen hat er wirklich Wunder geleistet.

Hiemit nun das freundlichste Lebewohl!

Weimar, den 12. Januar 1830. G.

Potsdamer Egoisten: Am 31. Dezember 1829 berichtete Zelter über eine in Potsdam gegründete Liedertafel, zu der ausschließlich Potsdamer Dichter und Komponisten zugelassen waren. «Auch haben sie mir die Sache so angenehm und ehrenvoll gemacht, daß ich zur Mitwirkung aufgefordert bin, welches mir nicht schwer werden kann, wenn sie gewisse Gesetze abwerfen, welche sie sich aufgelegt, ohne zu fragen, wer sie befolgen will. Hast Du etwa bei Menschengedenken von Potsdamer Dichtern und Komponisten gehört? Gleichwohl sollen nur solche gelitten sein. Goddam! ich will euch potzdamern! ‹Wer hat Appetit, Austern zu essen?› rief ich. Lauter Beifall. ‹Nun, so laßt euch deren in Potsdam – wachsen!›»

se defendendo ... offendendo: sich verteidigend bzw. angreifend.

mir ... erinnerlich ist: Bezieht sich auf Zelters Brief vom 25. April/8. Mai 1812, worin er Goethe einen detaillierten Plan zu einer «Samson»-Oper unterbreitete. Doch Goethe äußerte sich in seinem Antwortbrief vom 19. Mai 1812 recht skeptisch: «Zu dem ‹Simson› hätte ich im Augenblick kein Zutrauen; die alte Mythe ist eine der ungeheuersten. Eine ganz bestialische Leidenschaft eines überkräftigen gottbegabten Helden zu dem verfluchtesten Luder, das die Erde trägt, diese rasende Begierde, die ihn immer wieder zu ihr führt, ob er gleich, bei wiederholtem Verrat, sich jedesmal in Gefahr weiß, diese Lüsternheit, die selbst aus der Gefahr entspringt, der mächtige Begriff, den man sich von der übermäßigen Prästanz dieses riesenhaften Weibes machen muß, das imstande ist, auf den Grad einen solchen Bullen zu fesseln. Sehen Sie das an, mein Freund, so wird Ihnen gleich offenbar sein, daß das alles vernichtet werden muß, um nur die Namen nach den Konvenienzen unserer Zeit und unseres Theaters zu produzieren.»

Schalk von Timnath: Vgl. Buch der Richter, Kap. 14.

Bei Milton: Vgl. Anm. zu Zelters Brief vom 14. November 1828, S. 279.

Kanzler Müller: Friedrich von Müller weilte von Mitte August bis Ende November 1829 auf einer ausgedehnten Italienreise.

*

An Goethe

Gestern, Montag, 25. dieses, war unsere erste Karnevalsoper: «Die Belagrung von Korinth», Musik von Rossini, gegen den sich die deutschen Rezensenten seit 15 Jahren matt und müde schreiben. Das Buch ist ein wunderliches Gemächte. Mahomet II. steht mit seinem Heere vor Korinth, das sich nicht ergeben will. Kleomenes, Anführer der Griechen, hat eine Tochter, die er gegen ihre Neigung einem seiner Krieger verspricht. Bei einem Ausfalle der Griechen wird Kleomen samt seiner Tochter gefangen. Der Sieger läßt sie vor sich bringen, und es entdeckt sich, daß das Töchterchen in dem jungen schönen Mahomet (der unter dem

Namen Almansor sich in Athen mit ihr versprochen) den Herzgeliebten erkennt und zum Verdrusse des Vaters in die Arme des Verlobten fliegt, da denn der Vater, sein Kind verfluchend, zum Rasen vollen Anlaß findet, wobei das Orchester auch nicht faul ist. Das Mädchen wird zuletzt überredet, vom unchristlichen Geliebten abzufallen, worüber denn Mahomet in seiner Liebeswut alles über die Klinge springen läßt und das Mädchen sich selbst entleibt. Kurz vor der Bestürmung segnet ein Patriarch die griechischen Glaubensgenossen feierlich ein, verkündet gänzliche Erlösung von der türkischen Knechtschaft – nach 500 Jahren, und Korinth brennt und stürzt zusammen.

So gut konnten sie es freilich auch haben, wenn sie sich bis dahin gedulden wollten; denn «alles hat seine Zeit». Die Musik zu dieser traurigen Geschichte ist voll frischen kecken Geistes und hat Kraftstellen, die wie Feuerwerkskünste zerplatzen. Daß man mit so reichen Gaben das Vollkommenste machen könnte, das doch auch nur toleriert wird, ist ohne Zweifel, entschuldigt sich jedoch von selber. Am wenigsten gefiel mir das viele Beten und hinterher das Händegeklatsche. Unsre Vorstellung ist sehr glänzend; da man jedoch auch hieran gewöhnt ist, so habe ich diese Oper von mehren Seiten als die schwächste ihres Komponisten nennen hören. Wissen wir doch kaum zu erkennen, was einer allein hat, und was er nicht hat, kann er nicht geben. Er kann aber nicht schlimmer daran sein, als wenn er für seine Zeit und ihre Leute arbeitet, es müßte ihm denn so leicht werden wie diesem, der wie ein ungeduldiges Pferd lieber 20mal den nämlichen Kreis durchläuft und so das Weite findet, als sich greifen und halten zu lassen. Du kannst denken, daß mich das Ganze dennoch unterhalten hat, weil die Musik auch in ihren Abgestalten mein Interesse fordert, wenn ich mich gezwungen finde [zu gestehen,] daß er's nicht lassen konnte, und er kann's nicht lassen! Die Musik zu den Tänzen ist allerliebst, munter, erwecklich, man möchte mittanzen. Sie paßt so recht zu den kurzen Röcken der Haremsschwestern, die sich darin kreiselartig so oft herumdrehen, bis man alles, den ganzen *mannequin*, bis ans *centrum gravitatis* gesehn hat. Denn das ist die einzige Bedeutung daran. Von einer Handlung, nicht einmal von einer unmoralischen, kann die Rede sein; sie nennen es ein «*divertissement*» und scheinen sich auch zu divertieren. Einige lächeln, als wenn ihnen was weh täte oder fehlte.

Und auch Du, mein alter Brutus (magst Du sagen), auch Du läufst dahin, um Deine Seele zu morden? Freilich! wie oben gesagt! Die Leute sind mir alle gut; sie gestehn mir, daß sie mit Lust spielen, wenn sie mich bei sonst leerem Hause im Orchester sehen und an stillen Bewegungen meines Kopfes bemerken, was ihnen gelingt, und ich habe den Vorteil davon, manches gute Wort an sie erfüllt zu sehn. An dem alten Gern verliert das Theater ein bedeutendes Mitglied. Seine schöne wohltätige Stimme und würdige Haltung wird nicht leicht ersetzt. Solch einen Wasserträger, solch einen Pater Lorenzo und so weiter sehn wir schwerlich wieder. Ein Schlagfluß hat sein Gehirn getroffen. Ich schreibe Dir wohl zu viel. Wenn ich Arbeit habe, habe ich auch Zeit. Könnte man nur erst wieder früh aufstehn, das viele Lichtbrennen will meinen Augen nicht guttun. Lebe wohl! Dein Z.

27. Januar 1830.

«Die Belagerung von Korinth»: Die Oper «Le siège de Corinthe» von Gioacchino Rossini, 1826 in Paris uraufgeführt. Es handelt sich dabei um Rossinis Umarbeitung seiner 1820 für Neapel komponierten Oper «Maometto II». Die Berliner Erstaufführung von «Le siège de Corinthe» fand am 25. Januar 1830 statt.

mannequin: Puppe, Marionette, Büste.

centrum gravitatis: Schwerpunkt.

mein alter Brutus: Anspielung auf Cäsars letzte Worte vor seiner Ermordung; in Shakespeares Tragödie «Julius Cäsar», III, 1.

Gern: Der Bassist Johann Georg Gern, Mitglied der Berliner Königlichen Oper, auch als Schauspieler tätig; er starb am 11. März 1830.

Wasserträger ... Pater Lorenzo: Partien in Luigi Cherubinis Oper «Les deux journées» (der deutsche Titel der Oper: «Der Wasserträger») sowie in Shakespeares Tragödie «Romeo und Julia».

*

An Zelter

Da mir nun bekannt geworden, daß ganz Europa ebenso wie mein Klostergarten, durch den Schnee nivelliert, sich behelfen muß, so hab' ich mich um desto eher zu bescheiden, da ich nicht aufgefordert werde, den Fuß vor die Türe zu setzen. Daher will ich nun bei klarer nächtlicher Weile, wo

Frau Venus noch immer heiter und niedlich am westlichen Himmel über den Hörnern des jungen Mondes glänzt, sodann auch Orion und sein Hund blinkenden Halsbandes von Osten her über meinen dunklen Fichtenhorizont prächtig heraufsteigt, hiedurch aufgeregt, Dir ein munter-freundliches Wort in Deine wohlerleuchtete und bewegte Stadt hinsenden, dabei auch vor allem zu Deinen letzten Blättern bemerken:

Daß Freunde, besonders in unserem Alter, wohltun, nicht ein äußeres strittiges Vorkömmnis unter sich sogleich fallen zu lassen, sondern in Betrachtung darüber fortfahren sollen. Deshalb sind mir alle Deine Worte über den fraglichen Aristotelischen Casus höchst willkommen, sie kommentieren Deine und meine Überzeugung auf die vollständigste Weise. Auch sind solche Differenzen deshalb wichtig, weil, genau besehen, es nicht ein einzelner Fall ist, über den gestritten wird, sondern es stehen zwei Parteien gegeneinander, zwei Vorstellungsarten, die sich im einzelnen bestreiten, weil sie sich im ganzen beseitigen möchten. *Wir* kämpfen für die Vollkommenheit eines Kunstwerkes in und an sich selbst; jene denken an dessen Wirkung nach außen, um welche sich der wahre Künstler gar nicht bekümmert, sowenig als die Natur, wenn sie einen Löwen oder einen Kolibri hervorbringt. Trügen wir unsre Überzeugung auch nur in den Aristoteles hinein, so hätten wir schon recht, denn sie wäre ja auch ohne ihn vollkommen richtig und probat; wer die Stelle anders auslegt, mag sich's haben.

Zum Scherz und Überfluß lass' mich in Gefolg des vorigen erwähnen: daß ich in meinen «Wahlverwandtschaften» die innige wahre Katharsis so rein und vollkommen als möglich abzuschließen bemüht war; deshalb bild' ich mir aber nicht ein, irgendein hübscher Mann könne dadurch von dem Gelüst, nach eines andern Weib zu blicken, gereinigt werden. Das sechste Gebot, welches schon in der Wüste dem Elohim-Jehova so nötig schien, daß er es mit eigenen Fingern in Granittafeln einschnitt, wird in unsern löschpapiernen Katechismen immerfort aufrechtzuhalten nötig sein.

Verzeihung dieses! denn die Sache ist von so großer Bedeutung, daß Freunde sich immer darüber beraten sollten; ja ich füge folgendes hinzu. Es ist ein grenzenloses

Verdienst unsres alten Kant um die Welt, und ich darf auch sagen: um mich, daß er in seiner «Kritik der Urteilskraft» Kunst und Natur nebeneinander stellt und beiden das Recht zugesteht, aus großen Prinzipien zwecklos zu handeln. So hatte mich Spinoza früher schon in dem Haß gegen die absurden Endursachen gegläubiget. Natur und Kunst sind zu groß, um auf Zwecke auszugehen, und haben's auch nicht nötig, denn Bezüge gibt's überall, und Bezüge sind das Leben.

Kaum bin ich aber so weit gelangt, so fängt schon ein andrer Berliner wieder Händel mit mir an. Herr Spiker möchte auch wohl an mir zum Ritter werden. Wollten doch die guten Menschen, die mich gewöhnlich ignorieren, wenn sie mich benutzen, mich gleichfalls ruhen lassen, wenn sie mich nicht brauchen können, es hinge von ihnen ab, ihre Meinung recht kräftig und überzeugend auszusprechen und Anhänger zu finden, soviel es geben wollte. Ich habe jene Ansicht absurd gefunden, es einmal ausgesprochen und sprech' es wieder aus. Doch muß man sich darüber nicht verwundern noch erzürnen: finden sich doch wackere Geistliche, welche das Hohe Lied Salomonis auf das heilige Verhältnis Christi zu seiner bräutlichen Kirche deuten!

Indessen fand ich mich veranlaßt, das Original wieder nachzusehen, auf das man sich immer gerne hinleiten läßt. Ich diktierte über diesen Punkt einige Seiten, die ich Dir wohl schicke, unter dem Beding, daß Du sie niemand sehen lassest; denn wer will sich mit dieser kranken Armseligkeit weiter einlassen!

Ich wiederhole das oben Gesagte: überzeuge man sich immer mehr, daß diese Differenzen auf eine ungeheure Kluft hindeuten, welche die Menschen voneinander trennt; ja es ist nicht eine Kluft, es sind *Klüfte*, über die man in jüngerer Zeit wegspringt oder Brücken schlägt, im Alter aber als zur Befestigung des Zustandes gegeben berechnen muß.

Ich habe freilich gut meine Zugbrücken aufziehen, auch schiebe ich meine Fortifikationen immer weiter hinaus; Du hingegen mußt immer im Felde liegen und Dich nach Deiner Weise in der einmal gegebenen Richtung durchschlagen: das kleidet Dich so gut, daß man nicht wünschen kann, es möge anders sein. Zugleich erntest Du großen und unschätzbaren Genuß, von dem wir andern leider abgeschlossen sind.

Die anhergesendeten Briefe vom Jahre 1828 sind angekommen und werden, mit den meinigen durchschossen, sorgfältig abgeschrieben. Ich freue mich darauf, auch diese paar Jahre wie die übrigen anständig geheftet zu sehen. Diese dreißigjährige Sammlung gewinnt ein so hübsches Ansehn, daß ein ägyptischer königlicher Bücherfreund sie in seine Sammlung aufzunehmen kaum verschmäht hätte.

Melde mir ja von Altem und Neuem, auch vom Augenblick Mannigfaltiges; der Bärenpelz hat, besonders bei jetziger Witterung, auch hier gute Wirkung getan.

Soweit waren wir, als Dein Wertes vom 25. ankommt; was ich oben gesagt, gilt auch hier: Du tust sehr wohl, mäßig auch gegen wunderlich-widerwärtig denkende Menschen zu verfahren. Mach' ich's doch auch so mit Gegenwärtigen, ja mit Abwesenden und habe nichts weiter davon als den lieben Frieden, da Du Dir an einem schönen Abend doch noch immer einmal ein gut Glas Wein von irgendeiner hübschen Ellebogennachbarin einschenken läßt.

Im Bourrienne hab' ich nicht fortlesen können; das zupft alles an dem frischgestickten, früh abgelegten Kaisermantel und denkt dadurch etwas zu werden; wie Böttiger jubilierte, als der Doge von Venedig abgesetzt wurde, eben als wenn sein Vordermann gestorben wäre und er nunmehr avancierte.

Die neuere «Geschichte Frankreichs» von *Bignon* will ich nicht eben raten als Lektüre vorzunehmen; er ist jedoch ein wahrer und gründlicher Napoleoniste, als vieljähriger Diplomat ist er in dem Fall, tiefer in die Hauptanlässe und -wirkungen hineinzusehen. Das mag denn alles gelten, wie die Bemühungen der Astronomen, deren Beobachten und Rechnen wir nicht schelten wollen, da sie uns denn doch zuletzt den Begriff des Unbegreiflichen etwas näher bringen. Und so fortan! J. W. v. Goethe

Weimar, den 29. Januar 1830.

den... Aristotelischen Kasus: Bezieht sich auf den Aufsatz «Nachlese zu Aristoteles' Poetik» (14, 709), worin sich Goethe mit der Wirkung und der Vollendung des Kunstwerks in sich selbst auseinandersetzte. Zelter nahm Goethes Gedankengut auf und verteidigte es gegenüber der Position Friedrich von Raumers (1781–1873), der 1829 mit seiner Abhandlung «Über die Poetik des

Aristoteles und sein Verhältnis zu den neuen Dramatikern» teilweise gegen Goethe Stellung bezogen hatte. Am 13. Januar 1830 schrieb Zelter zusammenfassend: «Aristoteles ist im ganzen so deutlich, daß es unmöglich scheint, ihn nicht zu verstehn. Ich denke mir ihn vollkommen musikalisch. Nun aber kommen die Drehmeister und deuteln und drehen an dem Worte und schichten ein babylonisches Gebäu aufeinander, worüber man die Sache und sich selber vergessen kann.»

Katharsis: Der in der Aristotelischen Poetik zentrale Begriff von der Läuterung der Seele von Leidenschaften als Wirkung des (antiken) Trauerspiels.

das sechste Gebot: Vgl. 2. Mose, Kap. 20.

Kant... «Kritik der Urteilskraft»: Das 1790 erschienene dritte und letzte kritische Hauptwerk Immanuel Kants (1724–1804). Goethes Beschäftigung mit Kant geht auch auf die Anregung Friedrich Schillers zurück.

Spinoza: Goethes Studium der Werke Baruch Spinozas (1632–1677) reicht bis ins Jahr 1773 zurück; 1784 wurde er durch Friedrich Heinrich Jacobi (1743–1819) zu einem erneuten Spinoza-Studium angeregt, aus dem der Aufsatz «Studie nach Spinoza» (16, 841) hervorging.

Spiker: Samuel Heinrich Spiker, Herausgeber der Berliner «Haude- und Spenerischen Zeitung».

ein ägyptischer... Bücherfreund: Anspielung auf den makedonischen König Ptolemaios II. Philadelphos; er pflegte Wissenschaft und Dichtung und galt als Förderer der alexandrinischen Bibliothek.

Bärenpelz: Am 5. Januar 1830 schrieb Zelter: «Deine Beschreibung der Kuh des Myron und Erklärung des bekannten Aristotelischen Satzes haben mir auf der Stelle eingeleuchtet, und ich wüßte nicht, wie ich mich zu einer Gegenmeinung bekehren sollte. – Es kaufte einer einem polnischen Juden einen Bärenpelz ab und wollte nun wissen, auf welcher Seite er ihn tragen müsse. ‹Das versteh' ich nicht›, sagte der Jude, ‹da müßt Ihr den Bären selber fragen!› Könnte man die Kuh zur Sprache bringen oder den Aristoteles, sie würden den gelehrten Herren schon zurechthelfen.»

Bourrienne: Vgl. Anm. zu Zelters Brief vom 17./18. Dezember 1829, S. 309.

Böttiger: Karl August Böttiger (1760–1835), 1791–1804 Direktor des Weimarer Gymnasiums; er beriet zeitweise Schiller und Goethe in archäologischen und philologischen Fragen.

«Geschichte Frankreichs»... Bignon: Gemeint ist «Histoire de France depuis le 18 Brumaire jusqu'à la paix de Tilsit» des französischen Diplomaten und Historikers Louis Pierre Edouard Baron de Bignon (1771–1841).

*

An Goethe

Dein letztes Schreiben ist ein rechtes Schatzkästlein. So wie mit Deinen Aristotelern, so in andern wissenschaftlichen Dingen. Daß, wie der gute Fichte wollte, zum Wissen auch ein gutes Gewissen vorrätig sein müsse, fällt nicht jedem ein. Am Worte wird geknabbert, gewendet, gedreht, und beißt es ihnen einer auf, so sind sie nicht besser daran, wenn sie den Kern nicht von der Schale unterscheiden.

Da ich Vorfälliges melden soll, wie es der Tag bringt: eine kleine Probe, indem sogar meine Wenigkeit dabei kompromittiert ist. Es ward gesprochen von «Wahrheit und Dichtung», über welchen Titel recht gute Leute noch nicht hinweg sind. Da steht geschrieben: «Unsre Lehrer behandelten uns oft sehr unfreundlich und ungeschickt mit Schlägen und Püffen, gegen die wir uns um so mehr verhärteten, als Widersetzlichkeit und Gegenwirkung aufs höchste verpönt war.» Die Frauen jammerten, daß dergleichen ihrem Angebeteten sollte widerfahren sein; es sei kaum denklich, es sei vielmehr von rohen Mitgenossen zu verstehn, ja es sei dem Titel des Buches gemäß und der Urbanität des Verfassers würdig, sich selber nicht auszuschließen. «Abscheulich!» rief ein Dir aufs Blut ergebner Enthusiaste, «ich könnte solchen Kerl mit den Zähnen zerreißen!» Doch fände er die Sache ganz genau ausgedrückt, da geschrieben stünde: «unsre» Lehrer, «uns» und wieder «uns» und «wir». Schläge und Püffe aber seien Prügel, und so weiter.

Ich, der Senior unsrer Gemeine, wußte aus meinen Jugendjahren ein Gleiches zu sagen, daß nämlich wie überall so auch hierzulande in allen großen und kleinen Schulen der Stock und andere Beschämungen gewaltet. Doch wüßte ich trotz meiner oft bestraften Petulanz und Wildheit mich auch nicht Eines Stockschlages von Händen eines Lehrers zu rühmen, daher ich denn allenfalls eine Wette einginge, daß auch Dir dergleichen nicht persönlich widerfahren sei. «Topp!» rief mein Held, «ein Wort ein Mann, zwölf Flaschen Champagner, und es wird nachgefragt!» – «Tut das!» sagte ich, «ihr werdet keine Antwort haben, weil ihr keine verdient und gleichwohl von eurem Manne das Beste zu denken vermeint. Will es aber einer tun, so gelte es.»

Nun denke ich: wenn es binnen heut und vier Wochen keiner tut und Du auch mich nicht bescheidest, ob Du von Deinen Lehrern seist *mit dem Stocke geschlagen, ausgeprügelt* worden (denn dies ist das Wort des Enthusiasten), so habe ich zwölf Flaschen Champagner zu geben, wobei denn die Toasts auf Dein Wohl nicht fehlen sollen, dagegen denn unser Spaß grenzenlos sein sollte, wenn ich den Eiferer um seinen Triumph bringe.

Von was Besserm! Soeben habe ich den «*Cinna*» des

Corneille gelesen und zwar auf Veranlassung Deines letzten Briefes und zugleich Napoleons, der gesagt hat: er würde den Corneille zum Fürsten gemacht haben, wenn dieser unter ihm gelebt hätte. Gewiß ist der «*Cinna*» eine Krone der französischen Tragödie. Die Manier so bescheiden zurückestehend. Die kalkulierteste Intrige deutlich, wahr, groß, auf den höchsten Maximen ruhend. Alle Personen sind notwendig, alle schuldig, alle edel, doch sich selber untergrabend, da sie von sich selber nicht lassen können. Alle wollen herrschen. Cäsar herrscht, von Rechts wegen: er hat's erworben; Cinna, Maximus, Ämilia wollen herrschen, wollen keinen über sich leiden – Liebe und Haß, jedes will sein *prae* haben. Hier scheint mir ein ironisches Element zu fehlen, um die vielbesprochene Katharsis, die Reinigung des Stoffs selber (nicht der sogenannten Leidenschaften) zu vollbringen (denn diese bleiben, was sie waren). Ja, wehe der Menschheit, wenn dieses republikanische Ungeheuer sich je unter eine Verfassung niederlegen sollte, sie sei auch, welche sie wolle!

Nein, nein, ihr Guten! laßt euch nichts einreden von Reinigern. Euer Übel ist euer Gut, euer Leben euer Tod, aber ihr seid unsterblich. Z.

Berlin, Sonnabend, 6. Februar 1830.

der gute Fichte: Der deutsche Philosoph Johann Gottlieb Fichte.

«*Wahrheit und Dichtung*»: Gemeint ist «Dichtung und Wahrheit».

«*Unsre Lehrer...*»: Zitat aus dem zweiten Buch von «Dichtung und Wahrheit» (10, 76).

Petulanz: Heftigkeit, Ausgelassenheit.

«*Cinna*»... *Corneille*: Pierre Corneilles 1640/41 entstandene Tragödie «Cinna ou la clémence d'Auguste».

prae: voran, voraus.

*

An Zelter

«Was den freilich einigermaßen paradoxen Titel der Vertraulichkeiten aus meinem Leben: ‹Wahrheit und Dichtung› betrifft, so ward derselbige durch die Erfahrung veranlaßt, daß das Publikum immer an der Wahrhaftigkeit solcher biographischen Versuche einige Zweifel hege. Diesem zu begegnen, bekannte ich mich zu einer Art von Fiktion, gewissermaßen ohne Not, durch einen gewissen Widerspruchsgeist getrieben; denn es war mein ernstestes Bestreben, das eigentliche Grundwahre, das, insofern ich es einsah, in meinem Leben obgewaltet hatte, möglichst darzustellen und auszudrucken. Wenn aber ein solches in späteren Jahren nicht möglich ist, ohne die Rückerinnerung und also die Einbildungskraft wirken zu lassen, und man also immer in den Fall kommt, gewissermaßen das dichterische Vermögen auszuüben, so ist es klar, daß man mehr die Resultate, und wie wir uns das Vergangene jetzt denken, als die Einzelnheiten, wie sie sich damals ereigneten, aufstellen und hervorheben werde. Bringt ja selbst die gemeinste Chronik notwendig etwas von dem Geiste der Zeit mit, in der sie geschrieben wurde. Wird das vierzehnte Jahrhundert einen Kometen nicht ahnungsvoller überliefern als das neunzehnte? Ja, ein bedeutendes Ereignis wird man in derselben Stadt abends anders als des Morgens erzählen hören.

Dieses alles, was dem Erzählenden und der Erzählung angehört, habe ich hier unter dem Worte ‹Dichtung› begriffen, um mich des Wahren, dessen ich mir bewußt war, zu meinem Zweck bedienen zu können. Ob ich ihn erreicht habe, überlass' ich dem günstigen Leser zu entscheiden, da denn die Frage sich hervortut: ob das Vorgetragene kongruent sei, ob man daraus den Begriff stufenweiser Ausbildung einer durch ihre Arbeiten schon bekannten Persönlichkeit sich zu bilden vermöge.

In jeder Geschichte, selbst einer diplomatisch vorgetragenen, sieht man immer die Nation, die Partei durchscheinen, wozu der Schreibende gehörte. Wie anders klingen die Mitteilungen der Franzosen über englische Geschichte als die der Engländer!

So ist mir auch in der letzten Zeit höchst merkwürdig geworden der Herzog von Saint-Simon in seinen Memoiren; diese ausführlichen Berichte eines durchaus unterrichteten, Wahrheit liebenden Mannes sind nicht völlig genießbar, wenn man nicht zugibt, es sei ein *duc et pair*, der das niederschreibt. Es ist jene Zeit, die sich in einem Vornehmen abspiegelt, der weniger zu gewinnen findet, als er zu verlieren befürchten muß.»

Vorstehendes, mein Teuerster, habe einer verehrten Person auf eine ähnliche Anfrage wie die Deine zu erwidern [für] Pflicht geachtet und teile Dir sie als diesmal auch zweckerreichend mit. Man bedenke, daß mit jedem Atemzug ein ätherischer Lethestrom unser ganzes Wesen durchdringt, so daß wir uns der Freuden nur mäßig, der Leiden kaum erinnern. Diese hohe Gottesgabe habe ich von jeher zu schätzen, zu nützen und zu steigern gewußt.

Wenn also von Schlägen und Püffen die Rede ist, womit uns das Schicksal, womit uns Liebchen, Freunde, Gegner geprüft haben, so ist das Andenken derselben beim resoluten guten Menschen längst hinweggehaucht.

Solche nach Deiner Anfrage in einem gewissen Fall zu spezifizieren, würde mir schwer, ja unmöglich fallen; doch will ich mich Dir zuliebe erinnern: daß unser Schulmeister ein schwankes Lineal als ein sonst nicht unbrauchbares Majestätszeichen zu führen pflegte, hiemit gab es zu Zeiten strafende und aufmunternde Klapse. Jedoch war in jenen Tagen kräftiger Pädagogik schon ein milderndes Ausmittel gefunden und deutete auf das, was nachher in unsrer Kriminaljustiz seit Beccaria so anmutig einwirkte: die zu Strafenden waren nämlich genötigt, ein Pfötchen hinzuhalten und mehr oder weniger stärkere und wiederholte Klapse auszudauern. Dies gab Gelegenheit, die Hand wie Mucius Scävola kühn auszustrecken und mit unverwandtem Gesichte einen heroischen Märtyrkranz zu erwerben.

Wie es nun mit den zu gewinnenden oder zu verlierenden Flaschen Champagner auch aussehen mag, so hab' ich solches nach möglichster Erinnerung scheinbarster Wahrheit und vermiedener Dichtung hiedurch bezeugen und vorlegen wollen.

So weit waren wir gekommen, als uns ein zwar gefürchtetes, aber durch Hoffnung abgelehntes Übel überfiel, davon Dir die Nachricht schon zugekommen ist, welches mein schwarzes Siegel leider bekräftigt. Hiebei wirst Du manches zu denken haben als Mitgenosse unsres Denkens und Empfindens.

Versäume nicht zu schreiben, wie es um Dich aussieht, wie es zugeht, und auch wohl, wie dieses und jenes gelingt. Auch ich verfehle nicht, manches zu vermelden, wenngleich nicht in den ersten Tagen. Und somit fahren wir fort, gemeinschaftlich zu handeln und einander davon Kenntnis zu geben, solange es gegönnt ist.

Und so fortan! Beharrlichst J. W. v. Goethe.

Weimar, den 15. Februar 1830.

«*Was den freilich*...»: Goethe zitiert eine Passage aus seinem Brief vom 12. Januar 1830 an den bayerischen König Ludwig I.

Herzog von Saint-Simon: Die zwischen 1730 und 1750 entstandenen «Mémoires» von Louis de Rouvroy, Herzog von Saint-Simon (1675–1755); Goethe lernte die Memoiren bereits 1789 kennen, beschäftigte sich dann in der zweiten Hälfte des Jahres 1829 – anläßlich der Veröffentlichung der ersten authentischen Ausgabe der «Mémoires» – erneut mit dem Werk.

einer verehrten Person: Ludwig I. v. Bayern.

ätherischer Lethestrom: Ein Lufthauch des Vergessens.

Beccaria: Cesare de Beccaria-Bonesa (1738–1794), Staatsrechtler in Mailand, Verfasser der 1764 veröffentlichten aufklärerischen Schrift «Dei delitti e delle pene».

Mucius Scävola: Gaius Mucius Scävola; erwirkte durch eine Mutprobe – er ließ seine Hand im Feuer verbrennen – die Aufgabe der Belagerung von Rom durch den Etruskerkönig Porsenna.

Übel: Die Großherzogin Luise Auguste von Sachsen-Weimar-Eisenach starb am 14. Februar 1830.

*

An Goethe Berlin, 4. März 1830.

Gestern ward einmal wieder Dein «Tasso» gegeben und zwar mit einer Vollendung, wie sie nur hier möglich ist, von beiden Seiten, der Artisten und Zuschauer, wie wenn das ganze Stück neu, unverhofft, erwünscht gewesen wäre.

Den 10. Die Tage her habe nicht daran kommen können fortzufahren; nun wirst Du aus unsern Zeitungen erfahren haben, wie ich's doch nicht sagen könnte. Ich habe Leute gesprochen, die sich Tränen der Wonne rühmten; was sollte ich von mir sagen, der sich schon freut, wenn andere eine Freude haben? Man ist wie bei sich selber, der angenehmste Besuch intimster Freunde, ich möchte die Welt umarmen. Mein Triumph an behaglicher Stelle im Orchester ist grenzenlos. Und diesen Mann, flüstert mir der Genius, kennst du, liebst du bei Leib und Leben, ja er liebt dich, und alle, die da mitsitzen und fühlen und freuen sich, da ist nicht Einer, der da weiß, was du weißt.

Das Stück wurde am Montage wieder gegeben, und ich

konnte die mittlern drei Akte zugegen sein. Einer sagte: das seien einmal ganze Menschen, denen man glaubt, wofür sie sich geben. Der König soll gesagt haben, das sei einmal ein ernsthaftes Stück, das man ohne Angst und lange Weile ganz ausgenießen könne. Tragödien liebt er nicht. Besonders weiß er sich was mit der Stelle:

«Ein Feldherr ohne Heer scheint mir ein Fürst,
Der die Talente nicht um sich versammelt.»

Die Besetzung ist sehr gut. Wolffs Stelle als Tasso ist möglichst ersetzt, und wenn er vollkommen sprach, so ist ihm Krügers Gestalt und Stimme überlegen. Alfons würdig und gut; Prinzessin ganz vorzüglich. Antonio hat das zweitemal mehr allgemein gefallen, mir gefiel er gleich. Das Stück griff ein, es fehlte kein Wort, ja ich bewundere, was Leute leisten, die regelmäßig das dummste Gewäsch lernen müssen.

Morgen führen wir Mozarts «Requiem» öffentlich auf. Es geschieht Deiner hohen Verklärten zu Ehren. Ich habe es durchgesetzt. Man wollte die Bach'sche «Passion» wieder haben und meinte, es sei ja niemand gestorben. Dagegen wurde gesagt: das «Requiem» sei im schönsten Leben für Lebende gemacht. «Wer will denn sterben? Sie? Sie? Und ich auch nicht!» Also Mozarts «Requiem», und Gott gebe eine glückliche Stunde! denn wir mußten uns der unseligen Oper wegen mit einer großen Probe behelfen. Deine, meine Prinzessinnen sind eingeladen; mich soll wundern, ob sie es merken und ihre Verhältnisse es gestatten zu assistieren.

Sonntag habe wieder Spontinis Oper «Olympia» von Anfange bis zu Ende gegen vier Stunden ausgehalten. Es ist ein Jammer, soviel auszustehn beim Genusse eines Kunstwerks, das soviel Verdienst hat, das ich nicht billige und auch nicht davon lassen kann. Was ich davon habe, ist die Erkenntnis, nicht ohne Töne leben zu können. Deine Metapher im «Tasso» vom Seidenwurme hat mich beide Male ganz durcheinander geschmolzen. Man erkennt sich selber.

Dein Brief, welcher den 8. von Weimar abgegangen, ist am 10. bei guter Vormittagszeit in meinen Händen gewesen. Dank für die Einlage! *Have anima!* sag' auch ich und setze hinzu:

«Ewig bleibt sie meinem Geist und Herzen,
Und so hab' auch ich sie nicht verloren.»

Es ist ein eigenes Gefühl, sich zu sagen: das wirst du nicht wiedersehn! Bei aller Resignation gegen das Vergängliche erscheint das Verlangen der Fortdauer am dringendsten, wo sich ein Faden losspinnt. Bedächte man, daß unsre Zeit in der Ewigkeit ruht, so ließe sich viel tun. Läßt man's kommen und gehn? soll man's holen und treiben? – darüber will ich mich nicht weiter verführen.

Der hiesige Barometerstand seit dem 1. dieses Monats trifft mit dem Deinigen ziemlich zusammen: wir haben bis zum 10. den schönsten Sonnenschein bei scharfem Ostwinde gehabt, von da an ist das Quecksilber mit eins auf 3 Linien unter 28 Zoll gefallen. Ich beobachte Barometer und Thermometer täglich, doch nur in Hinsicht auf meine Chorexpeditionen, deren guter Erfolg sowohl als eine gefällige Aufnahme davon abhängig ist. In der Regel bin ich immer zufriedener mit uns bei mäßiger Temperatur und sogenanntem schönen Wetter, da denn wieder ein Maß ist, damit der Saal sich nicht erhitze. Ist das alles, wie es sein soll, so geht die Musik von selber; muß man sich viel bewegen, je mehr je schlimmer! Mir tut's gleich weh.

Graf Redern hat mir ein lithographiertes Blatt seiner Façade für Dich gegeben, welches Du mit baldiger Gelegenheit erhalten wirst. Felix geht in diesen Tagen nach Wien und wünscht etwas für Dich mitzunehmen.

Wir haben hier ein künstliches Naturschauspiel, wie man's nennen will. Auf Verordnung der Polizei hat der Schnee von den Straßen der Stadt mit sehr bedeutenden Kosten (ich allein mit über 30 Taler) vor die Tore müssen gefahren werden. Diese Weisheit scheint der Schnee übel aufgenommen zu haben und sendet nun seinen Inhalt in starken Strömen durch die Vorstadt und sucht sich den Weg in die Spree, so gut er ihn finden kann. Da stehn nun die Bürger und sehn das Wasser an und die Polizei, der eine lacht, der andere flucht, und das Wasser geht seinen Weg ihnen vor der Nase hin.

Gestern abend führte mich mein Weg dem Theater vorbei, ich ging hinein ohne zu wissen, was sie spielten. Es war «Emilia Galotti». Das ist nun eine Tragödie nach den

Regeln des Aristoteles. Vater und Mutter traurig, Bräutigam und Braut traurig, ein trauriger Prinz, eine abgesetzte traurige Geliebte, ein trauriger Maler, ein Scheißkerl von Marinelli – die sich und die Welt belügen. Da haben wir den *denkenden* Künstler!

Es ist Donnerstag, der 11. Das «Requiem» geht an. Lebe wohl!

«Tasso»: Goethes Schauspiel.

an behaglicher Stelle im Orchester: Zelter pflegte die Schauspielaufführungen vom Orchestergraben aus zu verfolgen.

«Ein Feldherr...»: «Torquato Tasso», V, 1.

Wolff... Krüger: Die beiden Schauspieler Pius Alexander Wolff und Georg Wilhelm Krüger.

Alfons... Prinzessin... Antonio: Personen im «Tasso».

Mozarts «Requiem»: Wolfgang Amadeus Mozarts im Sommer 1791 begonnenes, von Franz Xaver Süssmayr (1766–1803) vollendetes Requiem d-moll KV 626.

Deiner hohen Verklärten zu Ehren: Vgl. Anm. zu «Übel» in Goethes Brief vom 15. Februar 1830, S. 322.

die Bach'sche «Passion»: Die «Matthäus-Passion» von Johann Sebastian Bach. (Vgl. dazu auch Zelters Brief vom 12./23. März 1829, S. 284.)

«Olympia»: Die 1819 vollendete Oper «Olympie» von Spontini; die Berliner Erstaufführung – in der deutschen Bearbeitung des Dichters Ernst Theodor Amadeus Hoffmann (1776–1822) – fand am 14. Mai 1821 statt.

Metapher... vom Seidenwurme: «Torquato Tasso», V. 2.

Einlage: Dem Brief vom 7. März 1830 legte Goethe das Trauerblatt der von Ottilie v. Goethe geleiteten Zeitschrift «Chaos» bei mit Trauergedichten auf den Tod der Großherzogin Luise.

Have anima: Seele, sei gegrüßt.

Barometerstand: Bezieht sich auf Goethes Anfrage vom 7. März 1830: «Ob ihr am 2. dieses Monats auf einmal klaren Himmel bei ungewöhnlich hohem Barometerstande und scharfem Ostwind hattet, wie es wahrscheinlich ist.»

Chorexpeditionen: Vgl. Anm. zu «Steigerung der Stimmen» in Goethes Brief vom 9. Januar 1824, S. 202.

Graf Redern: Friedrich Wilhelm Graf von Redern (1802–1883), Generalintendant der Berliner Königlichen Theater.

*

An Zelter

Fahre ja fleißig fort, mein Teuerster, an mich niederzuschreiben, was Du sonst niemand sagen magst, auch was Deine Zustände und Umgebungen mir deutlich macht. Sehr hat es mich gefreut, daß Du Dein Bedürfnis nach Tönen aussprichst; was aus Dir selbst hervorquillt, willst Du auch von außen vernehmen. Eins fordert das andere, und nur in solchen Mitteilungen besteht der wahre Genuß. Bei mir ist das Auge vorwaltend, und ich ergötze mich höchlich, wenn mir gelingt, in Auktionen und von Kunsthändlern irgendein Kupfer, Radierung oder Zeichnung zu erlangen; freilich muß es aus älterer Zeit sein, denn die Neuern bringen uns auf ein- oder die andere Weise meist in Verzweiflung.

Ein herrliches Werk, wenn es vollendet ist, wird Toschis «Kreuzführung» nach Raphael. Es ist in Berlin gewiß mehrfach darauf unterzeichnet; ich besitze zwei Probedrücke, welche schon das Beste teilweise geben und das Beste im Ganzen zusichern. Versäume nicht, darnach zu fragen; das Original ist das herrlichste Werk und die Nachbildung desselben höchst würdig.

Unschätzbar, in einem mindern Genre, aber innerhalb dieses Kreises auf das liebenswürdigste gelungen, sind die zwei Hefte Neureuthers bildlich-musikalischer Kompositionen zur Seite meiner Balladen. Sie sind längst im Handel und sollten auch schon zu euch gekommen sein.

Dem altgegründeten Musiker wie dem wohlfundierten Poeten geht es denn doch in der neuern Zeit wie dem Zauberlehrling:

«Die ich rief, die Geister,
Werd' ich nun nicht los.»

Ich habe nun noch eine besondere Qual, daß gute, wohlwollende, verständige Menschen meine Gedichte auslegen wollen und dazu die *specialissima*, wobei und woran sie entstanden seien, zu eigentlichster Einsicht unentbehrlich halten, anstatt daß sie zufrieden sein sollten, daß ihnen irgendeiner das Speziale so ins Allgemeine emporgehoben, damit sie es wieder in ihre eigene Spezialität ohne weiteres aufnehmen können.

Doch fällt mir ein, daß auch manchmal etwas Anmutiges aus solchem Bestreben nach Partikularitäten entspringen kann.

Eine geistreiche Dame sagte mir bei Gelegenheit jener leidenschaftlichen Elegie, die Du mir so anmutig in meinen schlechten Zuständen vorlasest: «Ich möchte dem Frauenzimmer, das diese Elegie veranlaßt hat, irgend etwas zuliebe tun, um meinen Anteil an einem so liebevollen Gedicht auszudrücken.»

Dein reines eignes Verhältnis zu «Emilie Galotti» soll Dir nicht verkümmert werden. Zu seiner Zeit stieg dieses Stück wie die Insel Delos aus der Gottsched-Gellert-Weissischen pp. Wasserflut, um eine kreisende Göttin barmherzig aufzunehmen. Wir jungen Leute ermutigten uns daran und wurden deshalb Lessing viel schuldig.

Auf dem jetzigen Grade der Kultur kann es nicht mehr wirksam sein. Untersuchen wir's genau, so haben wir davor den Respekt wie vor einer Mumie, die uns von alter hoher Würde des Aufbewahrten ein Zeugnis gibt.

Nun aber möcht' ich Dich in Versuchung führen und Dir das Lesen eines Büchleins, von dem Du schon gehört hast, zumuten: *«L'âne mort de la femme guillotinée.»* Die muntern talentvollen jungen Franzosen glauben dem leidigen Genre der grausam-widerwärtigen Schauspiele und Romane dadurch ein Ziel zu setzen, daß sie solche geistreich noch übertreiben. Hiebei merken sie nicht, daß sie den Geschmack des Publikums an dergleichen Produktionen immer vermehren und ein lebhafteres Bedürfnis darnach erregen.

Weiter sag' ich nichts, als daß ich hoffe, Du wirst nach gelesenem diesem Bändchen Dein wildes Berlin ganz idyllisch finden. And so for ever! G.

Weimar, den 27. März 1830.

Hinzufügen aber muß ich noch die Bitte: Du mögest, wenn ich auch manchmal schweige, doch immer hübsch fleißig zu schreiben nicht unterlassen. Ich habe noch einige Haupt- und Nebenlasten fortzuschleppen, die ich unter ein paar Monaten nicht an Ort und Stelle bringe, deshalb meine Gedanken zu dem besten Freunde in der Ferne zu wenden nicht immer fähig bin.

Die Korrespondenz von 1828 ist abgeschrieben; Deine Originale erhältst Du zunächst; sende sodann das Jahr 1829 uns sorge, daß das laufende 1830 hübsch reich werde, damit unser Briefwechsel dereinst nicht endige wie der Schillerische: dem Rhein gleich sich im gemeinen Sande des Tags verlierend.

Hiemit noch die freundlichsten Grüße an Felix, den Du

mir ankündigst. Ich sage meiner Umgebung nichts, damit die Freude, ihn wiederzusehen, durch Überraschung noch gesteigert werde. Wie immer und überall G.

Weimar, den 27. März 1830.

Toschis «Kreuzführung»: Der Stich des italienischen Zeichners und Kupferstechers Paolo Toschi (1788–1854) nach Raffaels «Kreuztragung».

Neureuthers... Kompositionen: Gemeint sind Zeichnungen von Eugen Napoleon Neureuther (1806–1862) zu Goethes Gedichten und Balladen; sie erschienen als «Randzeichnungen zu Goethes Balladen und Romanzen» 1829–1839 in insgesamt fünf Bänden bei Cotta.

«Die ich rief...»: Verse aus Goethes Ballade «Der Zauberlehrling» (1, 149).

Elegie: Vgl. Anm. zu «des Gedichts» in Goethes Brief vom 9. Januar 1824, S. 202.

Delos: Insel im Ägäischen Meer; nach der griechisch-antiken Überlieferung war es eine schwimmende Insel.

aus der Gottsched-Gellert-Weissischen... Wasserflut: Bezieht sich auf die drei Dichter und Ästhetiker Johann Christoph Gottsched (1700–1766), Christian Fürchtegott Gellert (1715–1769) und Christian Felix Weisse (1726–1804); ihre von Goethe als überholt taxierten Ansichten waren um 1771/72, dem Erscheinungsjahr von Lessings Trauerspiel «Emilia Galotti», immer noch bestimmend für das literarische Leben in Deutschland.

kreisende Göttin: Vermutlich eine kreißende Göttin; gemeint ist die Titanin Leto, Gemahlin des Zeus; sie brachte auf der Insel Delos Artemis und Apollon zur Welt.

«L'âne mort...»: Der 1827 erschienene Roman «L'âne mort et la femme guillotinée» von Jules Gabriel Janin (1804–1874).

Felix: Felix Mendelssohn-Bartholdy besuchte Goethe vom 21. Mai bis 3. Juni in Weimar.

*

An Goethe [11./12. April 1830]

Es kommt mir doch immer mehr zu Hause, daß ich dem vielbesprochnen Rossini nichts abzubitten habe, denn er insinuiert sich gegen allen Widerspruch nach und nach auch bei uns, daß man kaum noch hinhört, wenn er getadelt wird. Die Vorwürfe gegen ein- oder anderes seiner Stücke sind freilich nicht ohne; man braucht ihm aber auch nichts zu schenken, er weiß es keinen Dank. Ehe man's denkt, tritt etwas aus ihm hervor, wie Duft aus einer unscheinbaren Blume, das sich als Musik eher empfinden als aussprechen ließe, da es weder nach Holz und Metall noch Fleisch und Bein wittert.

So wurde vorige Woche sein «Othello» gegeben. Mademoiselle Sontag betrat darin zum ersten Male als Desdemona das große Opernthеater. Habe ich Dir schon manches Gute von ihr gesagt, so brauch' ich nichts zurückzunehmen; was sie gut gemacht hat, habe ich nicht besser gehört, und Schlechtes ist in ihrem Wesen nicht vorhanden, sie würde umsonst danach greifen. Was ihr aber ganz besonders gelingt, ist, wie sie ihre natürliche volubile Singart mit den verschiedenen Graden der Leidenschaft so anmutig in dieser Rolle und dem freisten Spiele zu vereinen weiß, daß man zugleich erstaunt und gerührt und ergetzt ist. Und ich meine, was ich sage. Wenn ihre Stimme nicht die allerschönste ist, welche ich gekannt, so ist sie rein, ohne Harz, ohne Phlegma, und daher so ihrem Wesen und Willen gehorsam, daß sie stets das Rechte tut. Auch ihr Mund ist nicht der schönste, doch hört man keine Zunge, sie spricht mit den Lippen so klar, daß man der Worte nicht bedarf. In Summa: alles an ihr von Kopf bis zum Fuße, selbst ihr Anzug, ist Gesang.

Heut ist Ostern, und da ich in der Zwischenzeit zwei Passionsmusiken, am Palmsonntage (zum Besten unserer Amortisationsbaukasse) und am Karfreitage (für meinen Keller, der voll Wasser ist), aufgeführt habe, so hat es an Arbeit nicht gefehlt. Ich habe damit zwei Teile meines guten Berlin nach Vermögen befriedigen wollen, indem ich zwei echt deutsche religiose Komponisten aus gleicher Zeit in einer Woche nebeneinander auftreten lassen: Johann Sebastian Bach, den sie hier mit Calderon, und Karl Heinrich Graun, den seine Freunde mit Tasso vergleichen wollen. Beide Aufführungen hatten, jede im ganzen, ihr besonderes Publikum. Der «Tod Jesu» ist besonders denen wert, die am Karfreitage zum Abendmahle gewesen, und die Bach'sche «Passion» zieht solche an, welche sich etwas mehr zugeben, als die Menge zugesteht; diesen hätte ich zeigen mögen, wie sich zwei originale deutsche Talente gegeneinander verhalten, von denen der letzte ganz nach italienischen Mustern gebildet, ja meistens nach italienischen Worten gearbeitet, der erste aber nie aus Deutschland gekommen und (meines Wissens) kein italienisches Stück gesetzt hat, die sich naturgemäß der eine durch Tiefe und der andere [durch] Klarheit unterscheiden, wie sie durch Fruchtbarkeit einander gleichen, beide aber im Punkte der

Kantilena, da wo sie allgemein ansprechen, auch echt italienisch, das ist: natürlich sind.

Gestern nun, nachdem ich den ältesten, 90jährigen Freund zum Grabe begleitet hatte, bin ich sogleich nach Mozarts «Figaro» gegangen und habe die scharmante Sontag als Susanne vollkommen heiter, geistreich und liebenswürdig gefunden. Denkst Du nun, daß ich ihr etwas zugebe, so wisse, daß ich sie, seitdem sie hier ist, noch nicht gesprochen habe, weil ich verlange, daß Sie mich spreche, da sie Mitglied der Singakademie ist. Das arme Wesen aber weiß sich nicht zu retten vor grauen, alten, schalen Gesellen, die sie umschwärmen und beschenken, und ich selbst hätte auch nicht gewußt, wo ich die Zeit hernähme, sie außer Repetitionen, welche ich nicht besuche, und Vorstellungen, die ich selten von Anfang sehe, zu finden, wiewohl sie mir ganz nahe wohnt. Als Susanne hat sie mich auch darum entzückt, weil ihr Naturell das errät, was diese Oper nach meinem Gefühl von Mozarts übrigen Werken unterscheidet: den Stil der Intrige in der Musik. Man findet diesen Stil auch wohl in einzelnen andern Stücken irgendeines italienischen Komponisten (Cimarosa, auch Grétry und andere), hier aber fängt dieser Stil schon mit der Sinfonie an und geht durch die ganze Handlung, und das kommt mir neu vor.

Felix hatte von mir einen Brief an Dich bekommen und ist krank hier geblieben; ich hatte ihm aufgetragen, diesen Brief an Dich abgehn zu lassen, und hoffe, es wird geschehen sein. Hier sagt man, Dein Sohn August gehe mit Eckermann nach Italien, und ich wünsche ihm eine glückliche Überkunft, schöne Tage und einen Ausbruch des Vesuv. Mein alter Gönner, der Großherzog von Darmstadt, ist auch zu seinen Vätern gegangen, und hier erwarte ich auch noch stündlich das Ende eines alten tüchtigen Freundes, des Generals der Artillerie v. *Brockhausen*, der dem Napoleon eine Division so zusammengeschossen hat, daß Napoleon soll ausgerufen haben: «Welcher Teufel von Preußen kommandiert denn diese Batterie?» Er wollte keinen Arzt, und man hatte dennoch einen kommen lassen, den er kannte. «Was haben Sie denn gemacht, alter Herr?» sagte der Doktor. – «Ich habe wenigstens 80 Eier gegessen!» war die Antwort. – «Nun, wenn das wahr ist, so ist es sehr ungeschickt!» – «Ungeschickt! Ich bin 80 Jahre alt, was ist denn das: alle Jahr ein Ei? Und was Sie mir verschreiben, wird mir keinen Appetit machen.» Lebe wohl! Dein Z.

Ostermontag 1830. Die Briefe vom Jahre 1828 kommen eben zurück; mit künftiger Woche werde die folgenden senden.

Mein alter v. Brockhausen ist verschieden.

Rossini... «Othello»: Die 1816 vollendete Oper «Otello» von Gioacchino Rossini; in Berlin wurde das Werk in der deutschen Bearbeitung von Johann Christoph Grünbaum (1788–1870) gespielt. Auch Zelter war sich – wie die meisten der Zeitgenossen – mit der Beurteilung der Oper nicht im Klaren, und er schrieb am 16. April 1830 an Goethe: «Eben komme ich wieder aus Rossinis ‹Othello›, wohin mich Spontini im Wagen abgeholt hat. Auch dieser ist (wie alle Kritiker) ganz und gar dagegen. Er behauptet, es wären kaum sechs Takte in der ganzen Oper der Handlung angemessen [...] Zu seiner Rechtfertigung hatte ich eben Shakespeares ‹Othello› wieder ganz durchgelesen, um mir die grausame Wirkung der Eifersucht in einer moralischen Depolarität zu entdecken – doch die Gegner des armen Rossini zu widerlegen vermag ich nicht, wie ich denn ein gehorsames Stillschweigen beobachte. Die Sache an sich ist in der Tat sonderbar. Die Handlung auf dem Theater geht ihren Gang, wiewohl singend; so geht auch das Orchestser wie für sich, nur daß von Zeit zu Zeit die beiden Elemente bald anziehend, bald abstoßend interessiert sind, wie an einem Feiertage die verschiedensten Pläsiers der Menschenwelt ganz homogen neben-, durcheinander und umeinander herumgehn und vergnügend sein müssen, denn es ist Feiertag. Kurz und gut: ich kann's nicht schelten, und wenn ich's noch einmal mitmachen müßte; ja, wenn das unsinnigste Schauspiel, die Oper mit Gesang, Tanz und Freud' und Ernst, seine eigene Stelle haben soll, so ist Rossini ein geborner Opernmann für mich allein, denn ich habe mich ergetzt, und – wider ihren Willen die andern alle. Das Klatschen, Schreien und Rufen wollte nicht enden, und das Haus war voll und toll. Daß Rossini endlich ein Mann von Genie ist, darüber bin ich mit ihm selber einig, und das Handwerk versteht er auch.»

Mademoiselle Sontag: Die Opernsängerin Henriette Gertrude Walpurgis Rossi, geb. Sontag (1806–1854).

volubile: beweglich, leicht fließend, biegsam.

zwei Passionsmusiken: Die «Matthäus-Passion» von Johann Sebastian Bach sowie das Oratorium «Der Tod Jesu» von Karl Heinrich Graun.

Cimarosa... Grétry: Der italienische Komponist Domenico Cimarosa sowie der französische Komponist André Ernest Modeste Grétry (1741–1813).

Sinfonie: Die Ouverture (sinfonia) zu Mozarts «Figaro».

Felix... ein Brief: Gemeint ist Zelters Brief an Goethe vom 26. März 1830.

August... Eckermann... Italien: Am 22. April 1830 brach Goethes Sohn August in Begleitung Johann Peter Eckermanns zu einer ausgedehnten Italien-Reise auf; in Rom – in der Nacht vom 26. zum 27. Oktober – erlag er einem Pockenfieber.

Großherzog von Darmstadt: Landgraf Ludwig X. von Hessen-Darmstadt (1753–1830), ab 1806 Großherzog.

v. Brockhausen: Der Legationsrat und spätere Staatsminister Karl Christian von Brockhausen (1766–1830).

Soeben, früh halb 10 Uhr, fährt, beim klarsten Himmel, im schönsten Sonnenschein, der treffliche Felix mit Ottilien, Ulriken und den Kindern, nachdem er 14 Tage bei uns vergnüglich zugebracht und alles mit seiner vollendeten liebenswürdigen Kunst erbaut, nach Jena, um auch dort die wohlwollenden Freunde zu ergötzen und in unsrer Gegend ein Andenken zurückzulassen, welches fortwährend hoch zu feiern ist.

Mir war seine Gegenwart besonders wohltätig, da ich fand, mein Verhältnis zur Musik sei noch immer dasselbe: ich höre sie mit Vergnügen, Anteil und Nachdenken, liebe mir das Geschichtliche; denn wer versteht irgendeine Erscheinung, wenn er sich von dem Gang des Herankommens [nicht] penetriert? Dazu war denn die Hauptsache, daß Felix auch diesen Stufengang recht löblich einsieht und glücklicherweise sein gutes Gedächtnis ihm Musterstücke aller Art nach Belieben vorführt. Von der Bachischen Epoche heran hat er mir wieder Haydn, Mozart und Gluck zum Leben gebracht, von den großen neuern Technikern hinreichende Begriffe gegeben und endlich mich seine eigenen Produktionen fühlen und über sie nachdenken machen; ist daher auch mit meinen besten Segnungen geschieden.

Dies hab' ich Dir alles frisch und eilig überschreiben und Dich zu neuen Mitteilungen aufrufen wollen. Sage den werten Eltern des außerordentlichen jungen Künstlers das Allerbeste, in bedeutenden Worten; gib einem willfährigen Pflanzenfreunde beiliegendes Zettelchen und gedenke meiner als eines zwar nicht immer behäglich, aber doch immerfort ernst, ja leidenschaftlich strebenden und wirkenden Freundes, der sich an Deinen Beispielen gern erbaut.

Und so fortan! G.

Weimar, den 3. Juni 1830.

Felix: Mendelssohn-Bartholdy.

Ottilien ... Ulriken: Goethes Schwiegertochter Ottilie und ihre Schwester Ulrike von Pogwisch.

einem ... Pflanzenfreunde: Der mit Zelter befreundete Botaniker Heinrich Friedrich Link (1767–1850).

Ein artiges Geschichtchen muß ich doch erzählen. Eine kleine junge Frau, welche als Mädchen die Singakademie frequentiert, dann einen artigen Mann geheuratet und nacheinander vier Kinder geboren und gesäugt hat, war alle die Zeit ausgeblieben. Diesen Sommer, da mehr als die Hälfte der Singakademie außer der Stadt wohnen oder sich in den Bädern von Europa umhertreiben, geht es mir wie immer in dieser Zeit, das ist: es fehlt an solchen Mitgliedern, mit denen ich das Beste zum besten geben kann, und mich, was auch not ist, mit Schulmeistern behelfe, um neues Gut anzulehren.

Da kommt vorige Woche das obengenannte Frauchen, und ich gebe ihr sogleich hübsch zu tun, was sie denn auch nach ihrer Art nicht zu schlecht vollbringt, und das war gut.

Zwei Tage darauf erhalte ich ein anonymes Schreiben im Namen mehrerer Mitglieder der Singakademie, worin ich aufgefordert werde, meine Aufmerksamkeit auf ein so vorzügliches Mitglied fortzusetzen, da sie vorgestern mit so ganz besonderm allgemeinen Wohlgefallen aufgetreten sei. Nun gesteh' ich, daß mir die Sache einigen Humor gab, als wenn ich es wäre, der dieses Mitglied bisher vernachlässigt oder mit Fleiß ignoriert habe; so packe ich das Geschreibe zusammen, schicke es der kleinen Frau und sage ihr dabei: aus der Anlage werde sie ersehn, wie großes Vergnügen sie durch ihre Wiedererscheinung und ihr Talent verbreitet habe, und wenn sie die letzten, uns entzogenen Jahre fruchtreich *ihr* Haus belebet habe, so möge sie sich einmal wieder zu uns wenden und ihrem Manne zu pausieren geben und somit die Singakademie entschädigen. Da nun die Weiber geborne Spürhunde sind, so hatte ich die Sache den Vorsteherinnen vorgelegt, und diese hatten bald ausgemittelt, daß der ungenannte Schreiber des Briefes «im Namen von mehrern» kein anderer als der Gemahl der kleinen Frau ist, die ihren lieben Mann aus allen Poren beglücken soll. Hieraus magst Du abnehmen, wie ich mich gegen ein paar hundert umgebende Weiblein, alt, jung, und ihren Anhang zu verhalten habe, wenn mir das Licht meiner Augen lieb ist; denn mit ihnen selber ist noch immer eher fertig zu werden als mit den Tanten, Mamaen und Ratgeberinnen, die mit Gewalt und Güte, Sauersehn und Maulen oder gestickten Hosenträgern zu kämpfen verstehn.

Gestern an Deinem Geburtstage haben meine Studenten ihre Ferien und zwar ganz feierlich begonnen; sie hatten sich selber Lieder gedichtet und in Musik gesetzt zu Deinem Preise und haben mich damit überrascht. Ein Herr v. Seckendorf hatte das Beste geliefert, und ich habe in Deinem Namen für ihre Liebe gedankt. Ich gestehe, daß mir die jungen Leute von Tage zu Tage lieber werden, und wenn ich einen Teil davon meiner freilich lang genug geübten Lehrart zuschreibe, so kannst Du denken, daß mir die Arbeit selber zu Ferien wird, in denen ich schwelge, insofern mir vieles auf halbem Wege entgegenkommt.

Heut ist schon der 31., und will ich nur noch sagen, daß der alte gute Bellermann ein ebräisches Gedicht auf Deinen Geburtstag in der «Deutschen Gesellschaft» hat absingen lassen. Vielleicht hat er es Dir selber gesendet; sollte dies nicht geschehen sein, so melde mir's und es soll Dir zugute kommen. Lebe wohl! ich habe Kopf und Hände voll. Dein Z.

an Deinem Geburtstage: Am 28. August 1830 beging Goethe seinen 81. Geburtstag.

Herr v. Seckendorf: Baron Emil von Seckendorf, ein Schüler Zelters.

Bellermann: Johann Joachim Bellermann (1754–1842), Direktor des Berliner Gymnasiums zum Grauen Kloster und Professor an der Universität.

*

An Zelter

Ich verglich Dich neulich in guter Gesellschaft einer wohleingerichteten Mühle, die zu dem Umschwung ihres Räderwerks Wasser braucht und, damit ihre Steine sich nicht selbst aufreiben, Weizen die Fülle nötig hat. Ob Du nun gleich, als ein organisches Wesen, dies alles selbst besitzest und hegst, so forderst Du doch von außen Zufluß in Deinen Mühlgraben und zahlreiche Mahlgäste. Dafür mag denn das Theater und das «*Ergo bibamus!*» gelten. Den besten Weizen wünschen wir Dir auch an gelehrigen Schülern, die Du freilich nicht zermalmen, aber desto erwünschter schroten und zurichten mögest. Nimm vorlieb mit diesem Gleichnis, welches ich, nach Galls Ausspruch, [in] meinen Äußerungen nicht vermeiden konnte.

Ich habe diese Tage wieder in Sternes «Tristram» hineingesehen, der gerade, als ich ein unseliges Studentchen war, in Deutschland großes Aufsehen machte. Mit den Jahren nahm und nimmt meine Bewunderung zu; denn wer hat *anno 1759* Pedanterei und Philisterei so trefflich eingesehen und mit solcher Heiterkeit geschildert! Ich kenne noch immer seinesgleichen nicht in dem weiten Bücherkreise.

Verzeihe! es ist Sonntag morgens, und von außen beunruhigt mich nichts; denn fast sind wir schon der neusten in der Volks- und Pöbelmasse aufgeregten Wildheiten gewohnt, auch Durchmärsche nehmen wir als bekannt an. Wundersam kommt mir freilich vor, daß sich nach vierzig Jahren der alte tumultuarische Taumel wieder erneuert.

Seitdem Herr v. Henning bei mir gewesen, hab' ich manches nach Berlin zu den «Jahrbüchern» gesendet; sie haben es freundlich aufgenommen, und so empfehl' ich Dir's, damit Du erfahrest, womit ich mich abgebe. Ich bin wieder in die Naturbetrachtungen geraten, welches für mich, der ich ein nachdenklicher Mensch bin, doch immer das beste bleibt; je tiefer man in ihr Gebiet dringt, desto wahrer wird sie. Sie wehrt sich zwar gewaltig gegen den unfähigen täppischen Menschen; der Beharrlichkeit gibt sie nach, um ihr Geschlecht zu rechtfertigen.

Die «Campanella» haben sie ins «Chaos» aufgenommen; schicktest Du die Komposition dazu, so sähe man doch auch einmal ein Notenblatt. Der Abschluß des Jahrgangs, das heißt: 52 Blätter, ist vor der Türe; ich animiere sie fortzufahren, es beschäftigt die kleine Gesellschaft und wirkt nach vielen Orten hin. Das Titelblatt wird, wie man Windrosen zeichnet, eine Ortrose als Vignette bringen, wo auf den Strahlen die Orte bezeichnet sind, wo sich die Mitarbeiter aufhalten können.

Die Frankfurter Gönner und Freunde haben mir zum Geburtstag einen bedeutenden silbernen Becher und viele Flaschen guten Weins gesendet, mit Verslein in bezug auf die «Generalbeichte»; so klingt das hin und wider und endlich wohl auch ergötzlich eimal an die Felsenquellen zurück.

Grüße mir Deine guten jungen Leute und hilf ihnen auf, so gut es gehen will.

Vorstehendes liegt schon viele Wochen. Das Pariser Erdbeben hat seine Erschütterungen durch Europa lebhaft verzweigt; ihr habt davon ja auch einen Fieberanstoß empfunden. Alle Klugheit der noch Bestehenden liegt darin, daß sie die einzelnen Paroxysmen unschädlich machen, und das beschäftigt uns denn auch an allen Orten und Enden. Kommen wir darüber hinaus, so ist's wieder auf eine Weile ruhig. Mehr sag' ich nicht.

«Außerhalb Trojas versieht man's und innerhalb Trojas desgleichen.» («Reineke Fuchs»).

Den 5. Oktober 1830.

«Ergo bibamus!»: Anspielung auf Zelters vielseitige Tätigkeit für die Liedertafel, wo seine Vertonung von Goethes Gedicht «Ergo bibamus!» (1, 101) zum Repertoire gehörte.

Galls Ausspruch: Bezieht sich auf Franz Joseph Gall (1758–1828), Anatom, Begründer der Schädellehre; Goethe lernte ihn im Juli 1805 kennen und erwähnt ihn im zehnten Buch von «Dichtung und Wahrheit» (10, 490).

Sternes «Tristram»: Goethe hatte «The Life and Opinions of Tristram Shandy» von Lawrence Sterne (1713–1768) bereits 1772 kennengelernt; Anfang Oktober 1830 begann er mit einer erneuten Lektüre des Romans.

Volks- und Pöbelmasse: Bezieht sich auf die Pariser Julirevolution; ihre Auswirkungen führten in Deutschland unter anderm zur Brandstiftung beim Dresdener Rathaus (9. September 1830), worauf die sächsische konservative Regierung zugunsten eines reformwilligen Ministeriums zurücktrat, sowie (am 6./7. September 1830) zur Belagerung des herzoglichen Schlosses in Braunschweig und zur Vertreibung des Herzogs Karl II.

Herr v. Henning: Leopold Dorotheus von Henning (1791–1866), Offizier und Jurist in weimarischen Diensten, seit 1825 Professor der Philosophie in Berlin, besuchte Goethe am 27. August 1830.

«Jahrbüchern»: Die Berliner «Jahrbücher für wissenschaftliche Kritik»; im ersten Band (März 1830) erschien Goethes Rezension der «Monatschrift der Gesellschaft des vaterländischen Museums zu Böhmen», im zweiten Band (September 1830) der Aufsatz «Principes de Philosophie Zoologique» sowie eine Anzeige der «Briefe eines Verstorbenen. Ein fragmentarisches Tagebuch aus England, Wales, Irland und Frankreich.»

«Campanella»: Das Gedicht «Die Campanella» des Berliner Schriftstellers Friedrich Christoph Förster (1791–1868), verfaßt zu Goethes Geburtstag am 28. August 1830; Zelter hat das Gedicht als Liedertafel-Gesang vertont.

«Chaos»: Die 1829 gegründete, von Ottilie von Goethe geleitete Zeitschrift «Chaos», ein jeweils nur in wenigen Exemplaren gedrucktes privates Mitteilungsblatt der Weimarer Gesellschaft.

«Generalbeichte»: Gedicht Goethes (1, 89), von Zelter vertont.

Pariser Erdbeben: die Julirevolution, s.o.

Paroxysmen: anfallartiges Auftreten einer Krankheitserscheinung.
«Außerhalb Trojas ...»: Der zitierte Hexameter kommt in Goethes «Reineke Fuchs» nicht vor.

*

An Zelter

Du tust mir einen wahren Freundschaftsdienst, wenn Du mir manchmal das lebendige Berliner Treiben als Schattenspiel durch meine Einsiedelei führst; kaum daß ich mein kleines Hinterzimmer verlasse, das Du kennst, Tag und Nacht beschäftigt, die Kräfte zu nutzen, die mir geblieben sind. Gar manche Forderung, von innen und von außen, setzen sich fort, erneuern sich auch wohl, und so geht ein Tag, oft ein Teil der Nacht hin, wo ich Deiner viel gedenke und oft wünschte, mich mit Dir auszureden; wozu Deine Briefe gar löblichen Text enthalten. Und so will ich denn das Nächstvergangene vornehmen.

Die werte Milder habe einen Augenblick bei mir gesehen, leider aber nicht gehört; ins Theater komm' ich nicht mehr, und ein Konzert bei mir einzurichten, wollte sich nicht machen. Auch Deine früher empfohlene Frau v. Wahl, die, wie mir Ottilie meldet, aus Italien munter und wohl zurückkehrt, konnt' ich diesmal nicht sprechen. Laß mich entschuldigt sein. Fremde Zustände mir zu vergegenwärtigen, will mir nicht mehr gefallen; ich habe an meinen eignen zu richten und zu schlichten.

Mich freut, daß Du v. Humboldt wegen seiner Äußerungen über meinen römischen Aufenthalt etwas Freundlich-Dankbares gesagt hast; mir haben sie zu Erinnerung und Nachdenken viel Gelegenheit gegeben. Es ist merkwürdig, wie er alles an- und aufregt, wie er sich in die dortigen Zustände versenkt hat und mich daselbst betrachtet. Ihm von innen heraus entgegenzugehen, fand ich alle Ursache und bin auf mancherlei Betrachtungen über mich selbst dadurch zurückgeführt worden.

Wie gern möcht' ich in eurem unschätzbaren Museum mein Erkennen und Wissen rekapitulieren, meine Unwissenheit gestehen, meine Begriffe bereichern und vervollständigen, am meisten aber einen freien Genuß einmal, ohne Kritik und Geschichte, mir gewinnen! Das Denken über ein Kunstwerk ist eine schöne Sache; der Beifall aber muß vorausgehen und das Urteil folgen.

In meiner Beschränkung mußte ich mir, um vorwärtszukommen, ganz besondere Wege eröffnen; so habe ich mich auf die Perlenfischerei gelegt, das heißt: zu versuchen, ob aus klaffenden Schalen und halbverfaulten Massen nicht etwa ein Juwel zu erlangen sei, und das ist mir gelungen. Ich habe besonders Zeichnungen gewonnen von der Art, die man sein Leben lang nicht wieder von sich läßt. Von Julius Roman ein ausgeführtes Blatt, vorstellend den Genius der Poesie, vollkommen dem tüchtigen, im Ernste halb ironischen Sinne jenes Meisters gemäß. Der hingelehnte Jüngling, in sich versenkt, scheint auf eine gute Eingebung zu harren, indes der Pegasus gelangweilt danebensteht und an den Zweigen des Lorbeerhaines knuspert. Anderes Unschätzbare dieses Blattes berühr' ich, ja verrat' ich nicht; wenn die guten Dämonen Dich wieder zu uns führen, so sollst Du es sehen und erstaunen.

Und so muß ich mich denn am Geiste der Erfindung in diesem Fache ganz im stillen befriedigen, indem ich Dir Dein rauschend-harmonisches Leben von Herzen gönne. Hiemit sei für diesmal geschlossen; manches andere zunächst. Deshalb so fortan! G.

Weimar, den 29. Oktober 1830.

Berliner Treiben: Besondere Aufmerksamkeit erregte Gioacchino Rossinis große Oper «Guillaume Tell» (1829); das Werk wurde wegen seines revolutionären Gehalts allerdings in einer das Original völlig entstellenden deutschen Fassung unter dem Titel «Andreas Hofer» gespielt. Die Berliner Erstaufführung fand am 15. Oktober 1830 statt; am 1. November 1830 berichtete Zelter: «Gestern habe endlich den vielgetadelten soi-disant ‹Andreas Hofer›, ci-devant ‹Wilhelm Tell› an mir vorübergehn sehn und gehört, und ich glaube, mein Spiel gewonnen zu haben. – Der Komponist hat diesmal eine Oper für Paris geschrieben, das ein vorzügliches Orchester und zu Sängern Schreier hat. Ihn selbst habe ich in seiner ganzen Eigenheit wiedererkannt, doch sein Werk ist ein Neues, wie sein neues Terrain, und ich halte diese Oper sogar in Italien für unausführbar, weil die Sänger sie nicht werden singen wollen und die Orchester sie nicht spielen können. Die Oper hat 4 Akte, und überall ist Geist und Leben. Läßt man sich in seinen italienischen Opern manche longueurs gefallen, so ist hier nichts als beständiges Aufleben durch flammende Variation. Das Gedicht ist eine lächerliche Verfälschung der Geschichte unserer Zeit und erinnert an die unzähligen Niederlagen der Triumphierer, ja an den schmählichen Untergang eines braven Patrioten, um den sich niemand bekümmert hat als der Feind des Vaterlandes. Wenn sie das nicht merken, können sie mehr verdauen als Knödeln; es ist gar zu grob. Zuletzt erscheint ein Graf Hugniatti und bringt ein Stückchen weißes Blech, etwas größer als ein Kopfstück, hängt es dem guten Hofer um den Hals und geht still wieder ab. Die Musik hat mich so in Bewegung gesetzt, daß ich die Nacht nicht schlafen können; vielleicht berichte über einer zweiten Vorstellung ein mehreres.»

Milder: Anna Pauline Hauptmann, geb. Milder, gastierte in Weimar als Donna Elvira in Mozarts Oper «Don Giovanni»; Goethe traf mit der Sängerin am 7. Oktober 1830 zusammen.

Frau v. Wahl: Frau von Wahl aus Dorpat hatte Goethe aufgrund einer Empfehlung Zelters am 17. August 1829 besucht.

v. Humboldt: Wilhelm von Humboldt; über ihn schrieb Goethe am 26. September 1830: «Vor einigen Tagen kommt der Minister v. Humboldt auf mich zu: ‹Haben Sie denn wohl meine Anzeige des 29. Bandes von Goethens neuer Ausgabe (über Rom) gelesen, womit ich mir auch Ihren Dank verdienen wollen?› Glücklicherweise konnte ich eben Rede stehn, um das erwartete Lob auszusprechen.»

Museum: Das von Schinkel 1828 erbaute «Neue Museum» am Lustgarten.

Julius Roman: Der italienische Zeichner und Baumeister Giulio Romano.

*

An Zelter

Fortsetzung.

Von dem Zweige Deiner Liedertafel zu sprechen, mit dem Du nicht unzufrieden bist, möchte ich sagen: daß diese guten jungen Leute, der fortschreitenden Zeit gemäß, natürlicherweise auch vorwärts wollen; aber wohin? das ist die Frage. Wir andern, wie alle unsre Lieder zeugen, verlangten eine gesellig-abgegrenzte Heiterkeit und setzten uns in die unschuldige Opposition mit den Philistern. Diese sind zwar weder überwunden noch vertilgt, aber sie kommen nicht mehr in Betracht. Nun suchen sich die neuen Muntern auf einer höhern Stufe ihre Gegner, und es sollte mich wundern, wenn Deine Schüler nicht auf die Sprünge von *Béranger* kämen. Das ist freilich ein Feld, wo noch was zu tun ist und wo sie uns überbieten können, vorausgesetzt, daß sie soviel Talent haben als der Genannte; dieses aber so wie manches andere sei den Dämonen empfohlen, die ihre Pfoten in all dem Spiel haben.

Daß Bürgers Talent wieder zur Sprache kommt, wundert mich nicht; es war ein entschiedenes deutsches Talent, aber ohne Grund und ohne Geschmack, so platt wie sein Publikum. Ich habe gewiß als junger Enthusiast zu seinem Gelingen vor der Welt viel beigetragen, zuletzt aber war mir's doch gräßlich zumute, wenn eine wohlerzogene Hofdame im galantesten Negligé die «Frau Fips» oder «Faps», wie sie heißt, mit Entzücken vordeklamierte. Es ward bedenklich, den Hof, den man ihr zu machen angefangen hatte, weiter fortzusetzen, wenn sie auch übrigens ganz reizend und appetitlich aussah.

Schiller hielt ihm freilich den ideell geschliffenen Spiegel schroff entgegen, und in diesem Sinne kann man sich Bürgers annehmen; indessen konnte Schiller dergleichen Gemeinheiten ohnmöglich neben sich leiden, da er etwas anderes wollte, was er auch erreicht hat.

Bürgers Talent anzuerkennen kostete mich nichts, es war immer zu seiner Zeit bedeutend; auch gilt das Echte, Wahre daran noch immer und wird in der Geschichte der deutschen Literatur mit Ehren genannt werden.

Daß unsre sechs Bändchen, die Du nun verschlungen hast, Dich im Innern zugleich erfreuen und peinigen, liegt in der Natur der Sache. Wenn Du nun überlegst, daß Schiller gerade in der rechten Zeit von hinnen ging und uns die Epoche von 1806 und so weiter auf dem Halse ließ, so kannst Du allerlei denken, da Dir diese Folge auch genugsam gelastet hat.

Meine «Farbenlehre» war bis etwa in den 10. Bogen abgedruckt, die dazugehörigen Papiere waren das erste, was ich rettete. Wundersam genug fand sich, daß irgend jemand anders auch dieses Asyl für bedeutende Dinge gesucht, mein Geflüchtetes beseitigt hatte. Es war auch so gerettet. Ich fand mich instand gesetzt, das ganze Werk, nach bester Überzeugung, vier Jahre hernach herauszugeben; ich wüßte noch jetzt nicht viel daran zu ändern. Was zu supplieren war, hab' ich anderwärts getan, und noch weiß vielleicht niemand vollkommen, was er damit machen soll.

Mit diesem Besondern sprech' ich aus: daß wir seit Schillers Ableben nicht aufgehört haben, uns tausendfach zu bemühen, bis auf den heutigen Tag, der nach seiner Art gleichfalls auf uns lastet.

Erlaube mir diese wunderbar hin- und herspringende Manier, es gibt sonst kein Gespräch und keine Unterhaltung; ich erlaube Dir desgleichen ohne viel Besinnen.

Es gilt am Ende doch nur: Vorwärts!

Weimar, den 6. November 1830. G.

Béranger: Pierre-Jean de Béranger (1780–1857), volkstümlicher französischer Liederdichter; wurde wegen der in seinen Gedichten vorkommenden Angriffe auf die Regierung wiederholt inhaftiert.

Bürgers Talent: Zelter berichtete im Brief vom 9./21. Oktober 1830 ausführlich über sein Verhältnis zum dichterischen Werk Gottfried August Bürgers (1747–1794): «Habe ich an der Offenheit und Derbheit seiner geistesaufregenden Poesieen mit so vielen seiner Verehrer warmen Anteil genommen, so weiß ich nicht, wie es zugegangen, daß mich nie eins seiner Gedichte zu freiwilliger Bearbeitung animiert hat [...] Erst nachher ist mir eine subalterne, aufstößige, widerhaarige Tendenz mancher seiner Gedichte ungenießlich geworden. [...] Die allberühmte unliebenswürdige ‹Leonore› [sic!], an die er soviel Fleiß gewendet hat, war mir jedoch ein Greuel [...] Nun wird mir die Sache etwas deutlicher, indem ich seine prosaischen kritischen Aufsätze vor mir habe.»

«Frau Fips»... «Faps»: Bürgers Gedicht «Frau Schnips. Ein Märlein halb lustig, halb ernsthaft, samt angehängter Apologie», entstanden 1777.

Schiller: Schillers vernichtende Rezension der Ausgabe von Bürgers «Gedichten» 1789, erschienen 1791 in der «Allgemeinen Literatur-Zeitung».

unsere sechs Bändchen: Der in sechs Bänden veröffentlichte Briefwechsel zwischen Schiller und Goethe.

die Epoche von 1806: Vgl. Anm. zu Goethes Brief vom 26.Dezember 1806, S. 38.

«Farbenlehre»... vier Jahre hernach: Ende 1805 wurde mit dem Druck der «Farbenlehre» begonnen, deren Manuskripte Goethe abschnittweise an den Drucker sandte und die ihn in der Folge bis zu ihrem Erscheinen 1810 unablässig beschäftigte.

supplieren: ergänzen, ausfüllen, vertreten.

*

An Goethe Sonnabend, 13. November 1830.

Was ich eben, da mein Letztes an Dich schon auf der Post ist, von dritter Hand vernehme, wird Dir, Du guter Mann, kein Geheimnis sein. Diese Nachricht setzt ein altes Geschwür in mir wieder in Suppuration, das ich endlich verharscht dachte. Eben hatte ich gierig angefangen, des Thomas Carlyle «Leben Schillers» zu lesen, als der Brief aus Weimar wie Blitz und Schlag mir das Buch aus der Hand schleudert.

Unsere Brüderschaft, mein Guter, bewährt sich ernsthaft genug. Müssen wir das erleben und stillhalten und schweigen! – Ja, wir sollen mit eigenen Augen dicht an uns heran zusammenstürzen sehn, was nicht teilhat an uns! Das ist der einzige Trost, den wir brauchen können. Stolz sag' ich: *wir* indem ich den Schmerz habe, wenn Dich eine Nadel sticht. Daß August in Rom gestorben ist, will mich mit ihm und der Welt wieder versöhnen; unsere Saiten wollten nicht akkordieren, und an ein gutes Ende war kaum zu denken.

Nun habe das Buch wieder aufgenommen und glaube es besser zu verstehn, ja ich finde mich selber in ihm wieder. Wenn Du mit Schiller zwei Perioden, der Entfernung und Nähe, bestanden hast, so waren es mit mir drei, ohne mich darum neben oder zwischen euch beide zu drängen, da jeder von euch sich seiner Wirkung auf die Welt bewußt sein durfte.

«Die Räuber» war ein Stück, das mich ebenso schwer verwundete als hoch erfreute. Wenn ich den Franz Moor verabscheute und dem alten Narren von Vater was Unangenehmes gönnte, so war ich selber ein Karl Moor, wie wir junge Leute alle, um aus jugendlicher Gemeinheit als Helden hervorzutreten.

Nun erschien «Kabale und Liebe»; darin erschien ein Musikus, in dem ich das komplette Gegenbild unseres Stadtpfeifers George erkannte. Dieser war ein vorzüglicher Handhaber vieler Instrumente, ein wohlwollender Mann, doch von rohen Sitten, und mir ganz gewogen. Da erschien eine Beurteilung von «Kabale und Liebe», ich glaube, sie war von Moritz, die mich entrüstete. Ich hätte den Rezensenten totschlagen können; ich deklamierte so offen und laut dagegen, daß mein Vater einst sagte: «Du kommst mir vor wie einer, der sich mit seinem eigenen Unrate wäscht, indem du dir gefällst in dem, was dir mißfällt; was dich ärgert, das treibst und liebst du. Ich denke, du kannst Besseres tun, als was du nicht erlernt hast, und ich versteh' es auch nicht.» Das brachte mich zur Besinnung, wie alles, was mein Vater zu sagen pflegte, und als «Fiesco» erschien, der hier von Fleck mit großem Beifalle gespielt wurde, entstand eine Kühle in mir, die beinah in Kälte überging, so daß ich nun am liebsten die Opern im Orchester des alten Döbbelin, sie mochten sein, wie sie wollten, mitspielte. Diese zweite Epoche hat sich bis zum «Wallenstein» hingezogen. Ich war jetzt näher mit Engel, Nicolai, Zöllner, Moritz und andern bekannt worden. Da hörte ich reden von Fehlern des Stücks: es sei nicht der Geschichte gemäß, es habe 8 Jahre Arbeit gekostet und sei so mangelhaft, und so weiter. Hier mußte ich stillhalten, konnte aber nicht einstimmen. Fleck spielte den Wallenstein meisterhaft; je mehr ich ihn sah, je mehr ward ich angezogen, ich summierte mir alles bis jetzt Vernommene von Schiller, und es entstand das größte Verlangen, den Dichter persönlich zu kennen. Aufrichtig zu sagen, war ich das erstemal meistens zu euch gekommen, um Schillern kennenzulernen, und darum über Jena gegangen, weil ich nicht wußte, daß Schiller schon in Weimar wohnte.

Schiller war nicht längst in Dresden gewesen. Naumann hatte die «Ideale» in Musik gesetzt und sie dem Dichter durch seine Schülerin, eine Mademoiselle Schäfer, vorsingen lassen. Das erste, wovon Schiller zu mir sprach, war diese Komposition, über welche er ganz entrüstet war: wie ein so gefeierter berühmter Mann ein Gedicht so zerarbeiten könne, daß über sein Geklimper die Seele eines Gedichts zu Fetzen werde, und so ging's über alle Komponisten her.

Den Effekt solcher tröstlichen Oration brauch' ich nicht zu beschreiben; ich hatte Schillers und Deine Gedichte im Sacke mitgebracht und mit Einem Schlage die Lust verloren, sie auszupacken. Es war vor Tische. Schiller und ich sollten bei Dir essen.

Die Frau kam und sagte: «Schiller, du mußt dich anziehn, es ist Zeit.» So geht Schiller ins andere Zimmer und läßt mich allein. Ich setze mich ans Klavier, schlage einige Töne an und singe ganz sachte für mich den «Taucher». Gegen das Ende der Strophe geht die Tür auf, und Schiller tritt leise heran, in der Linken die halbaufgezognen Hosen, mit der Rechten nach obenauf schwingend: «So ist's recht, so muß es sein!» und so weiter. Dann wieder die Frau: «Lieber Schiller, es ist nach zwei Uhr, mach' doch nur, daß du erst angezogen bist; du weißt, Goethe wartet nicht gern zu lange», und nun war die Sache in Ordnung.

Wie oft ich ihm und Dir und euch allen damals meine Späße vorgemacht habe, wirst Du wissen; doch Du schicktest mir den Ehlers auf die Stube, dem ich die Stückchen eingeübt habe und der auch manche davon recht gut herausgebracht hat.

Ich bin ins Plaudern gekommen; verzeih! Es ist Sonntag, da man wohl eine Stunde Frieden hat, wiewohl ich schon eine starke Musikprobe von 3 Stunden abgehalten habe.

Was ich im Thomas Carlyle über Schubart finde, stimmt

so ziemlich. Auch ich nahm warmen Anteil an der Gewalt, die ihm geschah, weil er Musikus war, wenn ich auch an seiner Musik keine Freude fand, wie an seiner «Ästhetik der Tonkunst», worin er dozierte, was ich eben abzulegen im Begriff war: neben der Türe durch die Mauer zu brechen, um ins Heiligtum zu gehn. Er hatte nichts gelernt und ist dahin, wo er her war.

Dies Blatt sollte nicht eher abgehn, bis ich etwas Näheres von Dir wüßte. Nun ist heute schon der 18., so mag es hingehn. Felix ist den 1. November in Rom angekommen und hat an seine Eltern daher geschrieben. Laß mich ein Wort von Dir wissen; ich darf nicht auf die Straße treten, ohne gefragt zu werden, wie Du Dich befindest. Dein Z.

Diese Nachricht: Vom Tod August von Goethes, vgl. dazu Anm. zu «August» in Zelters Brief vom 11./12. April 1830, S. 331.

«Leben Schillers»: Die 1825 in London erschienene Biographie «Life of Friedrich Schiller», verfaßt von Thomas Carlyle (1795–1881). Für die deutschsprachige Ausgabe (Frankfurt 1830) schrieb Goethe ein Vorwort «Thomas Carlyle, Leben Schillers» (14, 933).

zwei Perioden ... mit mir drei: Bezieht sich auf den Briefwechsel Schillers mit Goethe in den Jahren 1794 bis 1805 und die beiden Wohnorte Schillers: Bis Dezember 1799 lebte er in Jena, dann zog er nach Weimar in Goethes unmittelbare Nähe. Zu diesen beiden Perioden der Entfernung und der Nähe, die auf den Briefwechsel nicht ohne Einfluß geblieben sind, kommt ab 1799 – als dritte Periode – die Bekanntschaft mit Zelter.

«Die Räuber» ... Franz Moor ... Karl Moor: Schillers 1781 erschienenes Schauspiel, darin das rivalisierende Brüderpaar Franz und Karl Moor.

«Kabale und Liebe» ... Musikus: Schiller 1784 erschienenes bürgerliches Trauerspiel, darin der Stadtmusikant Miller.

George: Johann Friedrich George (1726[27?]–1784), Stadtpfeifer der Königstädtischen Vorstadt zu Berlin, Freund Zelters.

Moritz: Der Ästhetiker und Schriftsteller Karl Philipp Moritz (1757–1793) schrieb am 21. Juli 1784 in den «Berlinischen Nachrichten von Staats- und Gelehrten Sachen» über Schillers «Kabale und Liebe»: «In Wahrheit wiedereinmal ein Produkt, was unseren Zeiten Schande macht! Mit welcher Stirn kann ein Mensch doch solchen Unsinn schreiben und drucken lassen, und wie muß es in dessen Kopf und Herz aussehen, der solche Geburten seines Geistes mit Wohlgefallen betrachten kann! – Doch wir wollen nicht deklamieren. Wer 167 Seiten voll ekelhafter Wiederholungen gotteslästerlicher Ausdrücke, wo ein Geck um ein dummes affektiertes Mädchen mit der Vorsicht rechtet, und voll krassen, pöbelhaften Witzes, oder unverständlicher Galimathias, durchlesen kann und mag – der prüfe selbst. So schreiben heißt Geschmack und gesunde Kritik mit Füßen treten; und darin hat denn der Verfasser diesmal sich selbst übertroffen.»

«Fiesco»: Schillers «Die Verschwörung des Fiesco zu Genua» (1783/84).

Fleck: Der Schauspieler Johann Friedrich Ferdinand Fleck.

Döbbelin: Karl Theophilus Döbbelin (1727–1793), Schauspieler, Leiter einer

Wandertheatergruppe, Begründer des nach ihm benannten Theaters in Berlin und Direktor des daraus hervorgegangenen Königlichen Nationaltheaters.

«Wallenstein»: Schillers Dramen-Trilogie (erschienen 1800).

Engel: Johann Jakob Engel (1741–1802), Professor am Joachimsthalschen Gymnasium in Berlin, Verfasser ästhetischer und kritischer Schriften, mit Zelter befreundet.

Nicolai: Christoph Friedrich Nicolai (1733–1811), Verleger und Schriftsteller in Berlin.

Zöllner: Johann Friedrich Zöllner (1753–1804), Oberkonsistorialrat in Berlin, pädagogischer Schriftsteller.

Naumann ... «Ideale»: Johann Gottlieb Naumanns Vertonung von Schillers Gedicht «Die Ideale».

Mademoiselle Schäfer: Nicht ermittelt.

«Taucher»: Schillers Ballade «Der Taucher»; die Vertonung Zelters wurde erstmals 1802 veröffentlicht.

Ehlers: Der Opernsänger und Komponist Wilhelm Ehlers.

Schubart ... «Ästhetik der Tonkunst»: Friedrich Christian Daniel Schubarth, Dichter und Musiker; seine Abhandlung «Ideen zu einer Ästhetik der Tonkunst» erschien 1806.

Felix: Der Komponist Felix Mendelssohn-Bartholdy.

*

An Zelter

«Nemo ante obitum beatus» ist ein Wort, das in der Weltgeschichte figuriert, aber eigentlich nichts sagen will. Sollte es mit einiger Gründlichkeit ausgesprochen werden, so müßte es heißen: «Prüfungen erwarte bis zuletzt.»

Dir hat es, mein Guter, nicht daran gefehlt, mir auch nicht, und es scheinet, als wenn das Schicksal die Überzeugung habe, man seie nicht aus Nerven, Venen, Arterien und andern daher abgeleiteten Organen, sondern aus Draht zusammengeflochten.

Dank für Deinen lieben Brief! Hatt' ich Dir doch auch einmal eine solche Hiobsbotschaft als gastlichen Gruß einzureichen. Dabei wollen wir es denn bewenden lassen.

Das eigentliche Wunderliche und Bedeutende dieser Prüfung ist, daß ich alle Lasten, die ich zunächst, ja mit dem neuen Jahre abzustreifen und einem jünger Lebigen zu übertragen glaubte, nunmehr selbst fortzuschleppen und sogar schwieriger weiter zu tragen habe.

Hier nun allein kann der große Begriff der Pflicht uns aufrecht erhalten. Ich habe keine Sorge, als mich physisch im Gleichgewicht zu bewegen; alles andere gibt sich von selbst. Der Körper muß, der Geist will, und wer seinem Wollen die notwendigste Bahn vorgeschrieben sieht, der braucht sich nicht viel zu besinnen.

Weiter will ich nicht gehen, behalte mir aber doch vor, von diesem Punkte gelegentlich fortzuschreiten. Meine herzlichsten dankbaren Grüße an alle so treulich Teilnehmende. Treu angehörig J. W. v. Goethe.

Weimar, den 21. November 1830.

«Nemo ante...»: Keiner ist vor seinem Tode glücklich zu preisen.

Hiobsbotschaft: Bezieht sich auf den Tod von Zelters jüngster Tochter Clara Antigone am 16. September 1816; Goethe hatte dem damals in Weimar zu Besuch weilenden Zelter die Nachricht zu übermitteln. (Ein entsprechendes Brief-Konzept abgedruckt in der Weimarer Ausgabe IV, 27, S. 169.)

*

An Zelter

Noch ist das Individuum beisammen und bei Sinnen. Glück auf!

Mit der leidigen Krankheitsgeschichte verschon' ich Dich. Hier, was mein trefflicher Arzt von der löblichen Genesung sagt:

«Man kann behaupten, daß jetzt alle Funktionen in Ordnung sind. Der Schlaf ist gut, der Appetit nicht unbedeutend, die Verdauung regelmäßig. Die Kräfte sind bei weitem nicht so geringe, als man bei solchen Vorgängen befürchten mußte. Die vortreffliche Konstitution des verehrten Kranken läßt eine baldige völlige Wiederherstellung mit gutem Grunde hoffen.

Weimar, den 29. November 1830. Dr. Vogel.»

Und so steht es noch heute, den 1. Dezember. Also bis auf weitere Ordre. Treulichst so fortan! Goethe.

Krankheitsgeschichte: In der Nacht vom 25. auf den 26. November 1830 erlitt Goethe – als Reaktion auf die Nachricht vom Tod seines Sohnes – einen heftigen Lungenblutsturz.

Dr. Vogel: Vgl. Anm. zu «Angekommen wäre er» in Goethes Brief vom 27. Juni 1826, S. 244.

An Zelter

Es wird sich wohl einleiten lassen, daß unsre Mitteilungen nicht unterbrochen werden. Ich schreibe manches mit Bleistift, welches mundiert wird. Alles kommt darauf an, daß die Kräfte, die mir geblieben sind und die sich allmählich verstärken, wohl genutzt werden; denn es bedarf deren. Die mir auferlegten Lasten vermindern sich nicht, doch verteil' ich sie auf Wohlgesinnte, die sich an diesem Falle doppelt erproben. Nach und nach hörst Du das Weitere. Schon seit einiger Zeit trau' ich dem Landfrieden nicht und befleißige mich, das Haus zu bestellen; das geht nun fort, rein und stetig, zu meiner großen Beruhigung.

Wegen unsrer Korrespondenz ist Vorsorge getroffen. Willst Du, wie ich denke, den künftigen, nicht unbedeutenden Betrag des Erlöses auch für Doris bestimmen, so drücke es in einem legalen Dokument gegen mich aus, damit es sich an die andern Verfügungen gesetzlich anschließe, wodurch ich möglichst die wunderliche Komplikation der Zustände für die nächste Zukunft zu sichern für Pflicht halte.

Freilich geht's Dir wie mir in Absicht auf Sammlungen; wir besitzen das für *uns* Kostbarste, das aber sich nicht *taxieren* läßt.

Soviel für diesmal. Ich lege das Original bei, damit Du siehst, wie wir uns behelfen.

Schritt vor Schritt! Wie immer G.

Weimar, den 6. Dezember 1830.

mundiert: Ins Reine geschrieben.
Doris: Zelters unverheiratete Tochter Dorothea Auguste Cäcilie.

*

An Goethe Berlin, den 9. Dezember 1830.

Dein treufreundliches Anerbieten vom 6. dieses würde mich um neuen Dank für Deine Liebe verlegen machen, wenn ich einer Sorge unterliegen könnte über das, was Du tust.

Wenn unsre Sammlung einst vor der Welt erscheinen soll, so habe ich die Ehre, den Namen meines würdigsten Vaters, meinen Nachkommen bewahrt, neben dem Deinigen gestellt zu wissen. Das ist mehr, als ich, der nur nehmen und nichts schaffen können, zu verdienen wüßte.

Was Du zu Deinem Vorhaben wissen mußt, ist, daß von meinen sechs lebenden Kindern (Töchtern) viere als versorgt anzusehen sind und meine beiden noch unverheurateten, Doris (38 Jahr) und Rosamunde (36 Jahr alt), ich gern so in der Welt zurückgelassen sehe, um ihren mit Kindern reichlich versehnen Geschwistern nicht beschwerlich zu werden. Außerdem bleibt mir meine Enkelin Luise, die ich auch bei mir habe, uneheliche Tochter meines unglücklichen Karl und jetzt zwanzig Jahre alt. Dieses schöne sanfte Mädchen denke ich ihren Wohltäterinnen Doris und Rosamunden zu empfehlen. Sie haben sich die stattliche Figur groß gezogen und mögen sie aufbewahren. Ein kleines Kapital habe ich bar für das Kind in die Sparkasse zu etwanigem Brautschatze auf Zinsen gelegt; aber das schönste Mädchen Berlins leidet an einem Übel, das allen unsern Ärzten bis heut unerkennbar geblieben ist. Der schönste Kopf, das schönste Auge, der stattliche Körper von den weichsten Formen und ein stilles Gemüt haben unsere kennerischen Freunde Rauch und Langermann in Verwunderung versetzt.

Da ich nun aus Deinem Schreiben ersehe, daß Du eine Vorsorge wegen unserer Korrespondenz getroffen hast, so empfehle ich Dir meine unverheurateten Töchter Doris und Rosamunde zu gleichen Teilen, da sie mir beide stets kindlich ergeben gewesen und geblieben und beide nicht von allzufestem Korne sind. Fromm, ehrbar, wirtschaftlich und allgemein geschätzt, tragen sie meine herangewachsenen Jahre mit Geduld, und ich wüßte nicht zu sagen, wie ich glücklicher leben könnte, es müßte denn die Sorge sein, diese treuen Wesen etwas sorgenfreier hinterlassen zu können. Ich schreibe dieses in gemäßer Bewegung, da ich mir nicht verhehlen kann, daß einer von uns beiden sich hier allein finden wird, weil ich wünschen darf, mit Dir zu sein, wo Du bist, und zu gehn, wohin Du gehst.

Laß mich nun wissen, ob es Dir genehm wäre, Dein Liebesvermächtnis auf meine Töchter beide, da Du nur eine persönlich kennst, zu verfügen, so will ich durch meinen Rechtsanwalt sogleich das Nötige besorgen lassen.

Ewig Dein getreuster Zelter.

Dein Brief vom 6. dieses ist vor einer Stunde angekommen.

Unsre Sammlung: Erstveröffentlichung der Briefe: «Briefwechsel zwischen Goethe und Zelter in den Jahren 1796 bis 1832», herausgegeben von Friedrich Wilhelm Riemer. 6 Teile, Berlin 1833/34.

Rosamunde: Zelters unverheiratete Tochter Charlotte Rosamunde.

Luise: Luise Flöricke, die uneheliche Tochter von Zelters Stiefsohn Karl Ludwig Flöricke; sie vermählte sich 1838 mit dem Leutnant Cäsar Gierke.

Rauch ... Langermann: Der Berliner Bildhauer Christian Daniel Rauch sowie der Geheime Obermedizinalrat Johann Gottfried Langermann.

*

An Zelter

Du hast vollkommen recht, mein Bester! Wenn ich das Uhrwerk meiner Lebensbetriebe nicht gehörig in Ordnung hielte, so könnt' ich in einem dergleichen leidigen Falle kaum weiter existieren. Diesmal aber hat der Zeiger nur einige Stunden retardiert, und nun ist alles wieder im alten mäßigen Gange. Jedoch hab' ich Dir vom Verlauf des Novembers noch einiges zu bekennen. Das Außenbleiben meines Sohns drückte mich auf mehr als eine Weise sehr heftig und widerwärtig; ich griff daher zu einer Arbeit, die mich ganz absorbieren sollte. Der vierte Band meines «Lebens» lag über zehn Jahre in Schematen und teilweiser Ausführung ruhig aufbewahrt, ohne daß ich gewagt hätte, die Arbeit wieder vorzunehmen. Nun griff ich sie mit Gewalt an, und es gelang so weit, daß der Band, wie er liegt, gedruckt werden könnte, wenn ich nicht Hoffnung hätte, den Inhalt noch reicher und bedeutender, die Behandlung aber noch vollendeter darzustellen.

So weit nun bracht' ich's in vierzehn Tagen, und es möchte wohl kein Zweifel sein, daß der unterdrückte Schmerz und eine so gewaltsame Geistesanstrengung jene Explosion, wozu sich der Körper disponiert finden mochte, dürften verursacht haben. Plötzlich, nachdem keine entschiedene Andeutung noch irgendein drohendes Symptom vorausging, riß ein Gefäß in der Lunge, und der Blutauswurf war so stark, daß, wäre nicht gleich und kunstgemäß Hülfe zu erhalten gewesen, hier wohl die *ultima linea rerum* sich würde hingezogen haben. Nächstens noch von andern Dingen, worauf ich den vergangenen sonnenlosen Sommer aufmerksamen Fleiß gewendet, zu vorläufiger und, wie ich fernerhin hoffe, zu künftiger Zufriedenheit.

Weimar, den 10. Dezember 1830.

Schon manchmal hab' ich bedacht, wie wir beiden gleichsam an die entgegengesetzten Enden der sozialen Welt angewiesen sind. Du, in die kreiselnde Bewegung einer volkreichen Königstadt verschlungen, hast alles persönlich zu bestehen, unterrichtest und lehrst, gibst und genießest, arbeitest und vollbringst, versammelst und dirigierst, gebietest und herrschest und was nicht alles; hiezu noch der Familienzirkel und fremde Gelage gerechnet, da gibt es denn schon etwas auszuhalten. Indessen ich einsam, wie Merlin vom leuchtenden Grabe her, mein eignes Echo ruhig und gelegentlich in der Nähe, wohl auch in die Ferne vernehmen lasse.

Von dieser Betrachtung laß uns zum gemeinsamen, nicht unbedeutenden Geschäft hinübergehen, zu dessen völliger Einleitung ich nächstens einen Aufsatz vorlege, ihn, der weiteres Vorschreiten befördern wird, Deiner Einstimmung empfehlend.

Der getreue Eckart ist mir von großer Beihülfe. Reinen und redlichen Gesinnungen treu, wächst er täglich an Kenntnis, Ein- und Übersicht und bleibt wegen fördernder Teilnahme ganz unschätzbar, so wie Riemer von seiner Seite durch gesellige Berichtigung, Reinigung, Revision und Abschluß der Manuskripte sowie der Druckbogen mir Arbeit und Leben erleichtert. Möge uns beiden soviel Kraft und Behagen verliehen sein, um bis ans Ende wirksam auszudauern!

Deshalb denn, manchmal zurückschauend, in diesem Gänsespiel getrost *vorwärts*!

Weimar, den 14. Dezember 1830. J. W. v. Goethe.

Der vierte Band meines «Lebens»: Am 9. November 1830 nahm Goethe die Arbeit am vierten Teil von «Aus meinem Leben. Dichtung und Wahrheit» auf. Er erschien 1833 als 48. Band (= 8. Band der Nachgelassenen Werke) der «Vollständigen Ausgabe letzter Hand».

Explosion: Vgl. zu Goethes Brief vom 29. November 1830, S. 349.

ultima linea rerum: Das letzte Ziel der Dinge.

Merlin: Zauberer aus der Artussage; Anspielung Goethes auf sein «Kophtisches Lied» (1, 92).

Aufsatz: Gemeint ist Goethes Testament, datiert vom 6. Januar 1831 (12, 769); es wurde in der Folge noch zweimal revidiert: am 22. Januar 1831 (12, 775) sowie am 10. Juni 1831 (12, 779).

Der Getreue Eckhard: Gemeint ist Goethes Sekretär Johann Peter Eckermann.

Riemer: Der Weimarer Bibliothekar Friedrich Wilhelm Riemer.

*

An Zelter

Hiebei, mein Teuerster, die beiden Dokumente. Das eine verwahrst Du, das andere sendest Du mir unterschrieben und legalisiert zurück; das übrige wird alles aufs genauste und zierlichste besorgt. Wir haben geglaubt, auf diese Weise die Angelegenheit möglichst ins enge zu bringen.

Verzeih, wenn ich schließe! Alle dergleichen Einrichtungen für die Zukunft nehmen mir die Tätigkeit des Augenblicks weg, und es ist zu fürchten, daß, wenn wir das hinter uns haben, ein neuer Leviathan seinen Rachen aufsperren wird. Vor einigen Tagen las mir Ottilie Deine Briefe von 1806 und 7 vor; da mag man sich denn sagen, daß man über Schlimmeres hinausgekommen ist.

Auch bleibt in literarischen und poetischen Dingen nichts im Stocken; ich suche alles, wenn auch nur Schritt vor Schritt, weiterzuführen.

Lebe wohl für diesmal und grüße Deine guten Töchter.

Wunsch und Segen! G.

Weimar, den 8. Januar 1831.

Dokumente: Dem Brief legte Goethe folgendes Dokument bei: «Nachdem Herr Professor Zelter zu Berlin mir das ausschließliche Eigentum der ganzen zwischen mir und ihm langjährig stattgefundenen Korrespondenz überlassen hat, dergestalt, daß auch meine ihm geschriebenen Briefe dereinst nach seinem Ableben an mich oder meine Erben ausgeliefert werden sollen, so verspreche ich dagegen für mich und meine Erben hiemit feierlichst, daß die Hälfte des Honorars, welches künftig aus dem öffentlichen Abdruck dieses Briefwechsels erlangt werden wird, an die beiden Töchter des Herrn Professors Zelter, Fräulein *Doris* und Fräulein *Rosamunde Zelter*, oder respektive an deren Erben abgewährt und ausgezahlt werden soll, wie ich denn auch dieserhalb das Nötige in meinem heute bei Großherzoglicher Regierung dahier niedergelegten Testamente, § 6, verordnet und festgestellt habe. – Urkundlich, Weimar, den 7. Januar 1831. – Johann Wolfgang v. Goethe. – – Daß Seine Exzellenz der Herr Geheimerat und Staatsminister v. Goethe hier sich zu dem Inhalte vorstehender Urkunde und zu seiner darunter gesetzten Unterschrift heute bekannt hat, wird andurch bezeugt. – Weimar, den 8. Januar 1831 – Der Großherzoglich Sächsische Geheimerat und Canzlar Friedrich von Müller.»

Leviathan: Drache in der altorientalischen Mythologie.

über Schlimmeres hinausgekommen: Vgl. Anm. zu «Stillschweigen» in Goethes Brief vom 26. Dezember 1806, S. 38.

*

An Goethe Berlin, den 1. Februar 1831.

Deine Mühe, das Manuskript unserer Korrespondenz für die Nachfahren in verantwortliche Ordnung zu bringen, muß ich Dir gar sehr danken. Wenn ich auch nicht besorgt und vielmehr überzeugt bin, daß, was in brieflichen Mitteilungen notwendigem Interesse des Moments gemäß ist, nicht in gleicher Gestalt vor der Welt erscheinen kann, so bewundre ich Deine Arbeit, eine so kopiose Korrespondenz, wozu ich nicht die Geduld hätte, zu redigieren, die gleichwohl als ein für sich bestehender Faden durch eine verhängnisvolle Zeit geht.

Professor Walch, der vor mehreren Jahren in Deinem großen Zimmer Deine Erscheinung erwartete, sagte mir schon damals, er habe 4–5 Foliobände, auf Deinem Flügel liegend, an der Aufschrift erkannt, und nun müssen wohl nach 7 bis 8 Jahren sich die Bände stark vermehrt haben. Was Du davon hinwegtust oder verschleierst, wird mir stets recht sein, da es an Derbheiten nicht fehlen kann und man nicht gedacht, in purer puter Leiblichkeit an die Lampe zu treten. Was Deine Briefe an mich betrifft, so war ich schon längst gewillet, solche nach meinem Ableben Deinen Erben zu überantworten. Nun hinterlasse ich den Meinigen einen Schatz, den sie dankbar zu bewahren haben, wenn sie sich die Achtung der Welt nicht selber vertreten wollen.

Dein Wort über die Rückseite der Medaille ist in meinem Sinne, auch wünschte ich sie etwas größer als einen preußischen Taler. Den Kunstphilosophen, deren überall kein Mangel ist, täte man unrecht, einen Gedanken abzufordern, der an seinen Ort gehört, da sie nur denken und machen, was gedacht und gemacht ist.

Die kleine Facius ist sehr traurig um ihren kranken Vater, und ich weiß nicht, was sie tut. Bei manchen Talenten wird die Trauer eine Berechtigung zum Nichtstun, der ungenießlichsten aller Sünden, die sie damit zu heiligen denken.

Daß Du meine Einleitung zu Händels «Tedeum» lobst, tut mir gar wohl, da sie auch hier gefällig ist sentiert worden. «Man weiß doch», sagte einer, «was man hört, wenn man dabei soviel offne Mäuler sieht.» Bedenke ich nun, wie auch mir es so oft ergangen ist, das wunderbare geheime Figurenspiel in mir wie auf Chladnischer Glastafel, so weiß ich nicht mehr als die andern alle, und selbst aus dem Geschreibe des ehrlichen Rochlitz über den «Messias» sollte man schließen, das Los stecke noch im Rade, da die Welt, und er mit, schon so lange den Gewinst gezogen und fort und fort daran genießt. Man mystifiziert sich selber, und das mag der wahre Name des Kindes sein.

Vor 14 Tagen habe meinen Doktorschmaus gegeben; mir war so hundsföttisch zumute, daß ich nicht essen und trinken konnte. Mich ärgert nur der schöne Wein und das schwere Geld, das wir bald notwendiger brauchen dürften. Lebe wohl! Dein Brief vom 29. vorigen Monats ist eben angekommen, und so möge auch dies Blatt sogleich wieder den Weg machen. Dein Z.

kopiose Korrespondenz: kopiös: reichlich, umfangreich.

Walch: Der Philologe Georg Ludwig Walch (1785–1838), Professor in Jena, von 1811 bis 1825 Professor im Grauen Kloster in Berlin, anschließend Professor der alten Sprachen in Greifswald.

Rückseite der Medaille ... Facius: Eine Medaille mit Zelters Bildnis, angefertigt von der Steinschneiderin Angelika Facius. Über die Gestaltung der Rückseite dieser Medaille erbat Zelter den Rat Goethes. Dieser schrieb am 29. Januar 1831: «Ich beschäftige mich mit Deinem Wappen auf der Rückseite der Medaille; hier darf es durchaus nicht aussehen wie ein Petschaft, und ob ich gleich der Mittelalterei keineswegs günstig bin, so mag ich doch gern ihren Geist und Geschmack alsdann walten lassen, wenn von Dingen die Rede ist, die sich dort herschreiben. Dies ist nun gerade das Wappen! Du erhältst eine Zeichnung; die Skizze hab' ich entworfen und will sie nur ins reine bringen lassen.»

Händels «Tedeum»: Eine Einführung in eine der «Te Deum»-Kompositionen von Georg Friedrich Händel, die Zelter im Januar 1831 in Berlin zur Aufführung brachte. Diese Einführung legte er seinem Brief vom 8.–20. Januar 1831 an Goethe bei und schrieb: «Eigentlich weiß kein Mensch, wie ein Tedeum sein soll, und Tausend haben mehr als eins gemacht. Hier wollte ich eklarieren, wie Händel es in diesem einen Falle von sich gegeben hat: als ein Deutscher in England, als Luther'scher deutscher Christ, und kein anderer als Händel! Daß ich das Werk seit 50 Jahren kenne, versteht sich schon.»

auf Chladnischer Glastafel: Bezieht sich auf die vom Physiker Chladni entdeckten und entwickelten Klangfiguren.

Rochlitz... «Messias»: Der Dichter und Musikschriftsteller Johann Friedrich Rochlitz (1769–1842); von 1798 bis 1818 Herausgeber der in Leipzig erscheinenden «Allgemeinen Musikalischen Zeitung», wo er einen Aufsatz über Händels «Messias» veröffentlichte.

Doktorschmaus: Im Juli 1830 wurde Zelter von der Philosophischen Fakultät der Berliner Universität die Doktorwürde honoris causa verliehen.

*

An Zelter

Dein stöbernder Professor hat denn doch durch Vergrößerungsbrillen sich umgeschaut; bis auf den heutigen Tag liegen fünf stärkere und schwächere Bände Manuskript bis Ende 1829 vor mir, 1830 wird den 6. Band anfangen. Alsdenn möchte man acht gedruckte Bände wie die Schillerische Korrespondenz, den Band zu einem Alphabet und drüber, garantieren können. Du siehst, daß es ein Schatz ist, von welchem die einzelnen Originale festzuhalten sind. Riemer übernimmt die nicht geringe Arbeit der Redaktion; das Recht, sich auf dem Titel als Herausgeber zu nennen, wird er mit großer Sorgfalt zu gewinnen wissen. Solange ich lebe, werd' ich ihm nachhelfen; denn es verlangt nicht allein Aufmerksamkeit, sondern auch Resolution, weil ich besonders alles Auffallende und Beleidigende möchte getilgt sehen, ohne daß dadurch der Derbheit und Tüchtigkeit Eintrag geschehe.

Dein Wappen, das mir ein guter Geist eingegeben, wird mir immer lieber. Überhaupt muß man sich nicht versagen, dasjenige aber- und abermal gut zu finden, was uns und andern einmal gelang, da dergleichen nicht immer zur Hand kommt. Daß ja die gute Facius in dem bisherigen Sinne fortfahre! Sendet mir das Resultat eurer Bemühungen! Gerade da, wo vom Entstehen eines Kunstwerks die Rede ist, kommt unter vernünftigen Menschen das Beste zur Sprache.

Junge Künstler in meiner Nähe jammern mich oft; sie sind dem Falschen dergestalt leidenschaftlich ergeben, weil es ihren mäßigen Talenten zusagt, daß sie sich über die Verblendung von unsereinem wundern und betrüben müssen. Unglücklicherweise sind sie bescheiden und hoffen und streben, es immer besser zu machen, ohne freilich nur zu ahnen, daß der eingeschlagene Weg zuletzt nur zur Verzweiflung führt.

Indessen fahr' ich immer fort, sachte zu sammeln, und habe die kostbarsten Dinge erhalten, auf die glücklicherweise niemand ein Auge hat. Eine Zeichnung von Augustin Carracci übertrifft alle Erwartung, weil ein ganzer Mann aus seiner ganzen Natur etwas glücklich hervorgebracht hat; man fragt nicht nach einem Höheren und Bessern.

Das begreifen unsre neusten Kunstaristokraten nicht, welche gegen diese höchst schätzbare Familie und ihre Wirkung eine ganz absurd-vornehme Stellung nehmen, und doch sind jene gerade die Leos und Durantes ihrer Kunst und Zeit.

Du tust wohl, in Deiner Kunst zu leben und leben zu lassen, ich mach' es im Grunde auch so; denn wo nur halbweg ein menschlicher Funke hervortauchet, mag ich gerne beifällig sein.

Beispiele, wo ich segnete und wo ich fluchte, mag ich selbst diesem Blatte nicht anvertrauen; mögen sie doch herauf- und herabwandeln, wie sie können.

Da ich Dir übrigens nichts abschlagen kann, so folgen auch die paar Strophen zu Maras Feste. Ich weiß nicht, was Hummel getan hat. Nach meinem Sinne hätte die erste Strophe ganz die «*Santa Elena al Calvario*» von Hasse anklingend zurückrufen müssen, die zweite konnte so original und modern sein, als sie wollte.

Nun noch einen löblichen Hauptpunkt! Das Außenbleiben meines Sohnes muß ich mir nun nach und nach gefallen lassen, der aufgedrungene Versuch, nochmals Hausvater zu sein, gelingt mir nicht übel; damit aber doch jene bedeutende Natur für seine Gönner nicht so stumpf abklinge, so habe ich zuerst den italienischen Freunden einen freilich nur sehr flüchtigen Abriß seiner Reisemonate aufgesetzt, den ich Dir nun auch nächstens abschriftlich übersende. Es ist immer etwas; freilich sind seine Tagebücher höchst interessant, aber wegen der immer hervorstechenden Individualität, die Du ja kanntest, nicht in ihrer eigensten Energie und Entschiedenheit mitzuteilen. Das wäre einmal eine Lesung, wenn es sich glücklich fügte, daß Du uns wieder besuchtest; der «Schwan» würde darüber seine Flügel ausbreiten.

Apropos vom «Schwane»: Herr Geheimer Oberfinanzrat Beuth hat mir wieder eine ganz unschätzbare Gabe gesendet; ich habe meinen lebhaftesten Dank sogleich erwidert, und gibt es Gelegenheit, ihm unmittelbar ein Wort darüber zu sagen, wie sehr er mich verpflichtet hat, so versäum' es nicht.

Und so fortan! G.

Weimar, den 19. Februar 1831.

Dein … Professor: Walch, vgl. Anm. zu Zelters Brief vom 1. Februar 1831, S. 355.

Augustin Carracci … höchst schätzbare Familie: Bologneser Malerfamilie: Annibale (1560–1609), Agostino (1557–1602) und Lodovico Carracci (1555–1619).

Leos … Durantes: Die beiden italienischen Komponisten Lionardo Oronzo Salvatore de Leo (1694–1744) und Francesco Durante (1684–1755).

Maras Feste … Hasse: Das Jubiläumsfest der Opernsängerin Elisabeth Gertrud Mara, geb. Schmehling; bis 1771 war sie an der Oper in Leipzig engagiert, wo Goethe «als ein erregbares Studentchen der Mademoiselle Schmehling wütend applaudiert hatte» (im Brief an Zelter vom 3. Februar 1831); anschließend wirkte die Künstlerin in Berlin. Zum Jubiläum schrieb Goethe die beiden Gedichte «Der Demoiselle Schmehling nach Aufführung der Hassischen ‹Santa Elena al Calvario›, Leipzig 1771» (2, 313) sowie «An Madame Mara zum frohen Jahresfeste, Weimar 1831» (2, 309). Das erste Gedicht nimmt Bezug auf Johann Adolf Peter Hasses 1746 komponierte Oper «Santa Elena al Calvario» (Libretto von Pietro Metastasio).

Hummel: Der Komponist und Kapellmeister Johann Nepomuk Hummel.

einen … flüchtigen Abriß: Am 23. Februar 1831 sandte Goethe einen Bericht über die Reisetätigkeit seines Sohnes August in Italien und über die Umstände, die zu dessen Tode führten. Dieser Bericht ist, bis auf einen kleinen Zusatz, identisch wiedergegeben in Goethes Brief vom 27. Dezember 1830 an Georg August Christian Kestner (21, 954f.).

«Schwan»: Das Weimarer Gasthaus «Zum weißen Schwan», wo Zelter jeweils logierte.

Beuth: Der preußische Staatsrat Peter Christian Wilhelm Beuth (1781–1853).

*

An Zelter

Vor allen Dingen habe zu vermelden, daß ich einen ganz allerliebsten ausführlichen Brief von Felix, datiert Rom, den 5. März, erhalten habe, welcher das reinste Bild des vorzüglichen jungen Mannes darstellte. Seinen Eltern und Berliner Freunden wird er gewiß das gleiche mit gleicher gemäßigten Freiheit melden. Für den ist nun weiter nicht zu sorgen, das schöne Schwimmwamms seines Talents wird ihn auch durch die Wogen und Brandungen der zu befürchtenden Barbarei hindurchführen.

Nun erinnerst Du Dich wohl, daß ich mich der kleinen Terz immer leidenschaftlich angenommen und mich geärgert habe, daß ihr theoretischen Musikhansen sie nicht wolltet als ein *donum naturae* gelten lassen. Wahrhaftig, eine Darm- und Drahtsaite steht nicht so hoch, daß ihr die Natur allein ausschließlich ihre Harmonien anvertrauen sollte. Da ist der Mensch mehr wert, und dem Menschen hat die Natur die kleine Terz verliehen, um das unnennbare Sehnsüchtige mit dem innigsten Behagen ausdrücken zu können. Der Mensch gehört mit zur Natur, und Er ist es, der die zartesten Bezüge der sämtlichen elementaren Erscheinungen in sich aufzunehmen, zu regeln und zu modifizieren weiß.

Brauchen doch Chemiker schon den tierischen Organismus als eine Reagens, und wir wollen uns an mechanisch bestimmbare Tonverhältnisse klammern, dagegen die edelste Gabe aus der Natur hinaus in die Region einer willkürlichen Künstelei hinüberschieben!

Dies magst Du verzeihen. Ich bin hierüber neuerlich aufgeregt worden, und ich möchte Dir vor allem Kenntnis geben, wo ich hartnäckig verharre und warum.

Herrn Spiker wirst Du aufs beste grüßen und danken, daß er mir jene Büchlein vor Augen bringen wollen; sie sollen treulich wieder zurückgesendet werden.

Gegenwärtiges sende weg, ob mir gleich noch gar manches zu sagen übrigbleibt; Du sollst aber wissen, daß ich an Dich denke zur Stunde, wo Du Dich zu wackern Taten vorbereitest; auch möchte ich der erste sein, der Dir zum ästhetischen und ökonomischen Gelingen Glück wünschte. Welches denn hiermit segnend geschehe!

Unverdrossen fortan! Goethe.

Gründonnerstag, den 31. März 1831.

Felix: Vom 8. Mai 1830 an befand sich Felix Mendelssohn-Bartholdy auf einer ausgedehnten Reise, die ihn über Leipzig, Weimar, München, Wien und Venedig schließlich nach Rom und Neapel führte (Aufenthalt vom 1. November 1830 bis 19. Juni 1831); anschließend kehrte er über Florenz, Mailand und einige Schweizer Städte nach München zurück (10. September 1831), von wo aus er sich über Düsseldorf und Paris nach London begab. Am 27. Juni 1832 traf er wieder in Berlin ein.

der kleinen Terz ... angenommen: Schon im Frühjahr und im Sommer 1808 – erstmals im Brief vom 20. April – hatte Goethe wiederholt sein Interesse an den Molltonarten und, damit verbunden, an der kleinen Terz bekundet und Zelter um entsprechende fachliche Auskünfte gebeten.

donum naturae: Gabe der Natur.

Herrn Spiker: Dank der Vermittlung durch den Berliner Bibliothekar Samuel Heinrich Spiker erhielt Goethe aus den Beständen der Berliner Königlichen Bibliothek je ein Exemplar ausgeliehen der 1793 in London erschienenen, von William Taylor of Norwich (1765–1836) besorgten englischen Übersetzung der «Iphigenie auf Tauris» sowie den 1794 beim Berliner Verleger Unger erschienenen Nachdruck dieser Übersetzung.

*

An Goethe

«Der Gott und die Bajadere.»

Eine neue Oper von Scribe, mit Musik, Gesang und Tanz von Auber, habe in diesen Tagen eingenommen.

Der Gott ist ein schnurriger Mann. Oben bei seiner Behörde, dem Schicksal, hat er was ausgefressen, weshalb er seiner Gottheit entsetzt und verurteilt ist, auf Erden unerkannt herumzuschweifen und das ewige Licht nicht eher wieder zu schauen, bis er ein Herz, ein Liebchen gefunden, das ihm mit ewiger Liebe zugetan ist. Auf Erden will's nun mit ihm auch nicht recht fort; er ist naseweise, rezensiert das alberne Menschenpack und wird verfolgt. Da geht er denn in die rechte Schmiede, in ein Bajaderenkloster, wo die Herzen nicht zu rar sind. Eine der Bajaderen entbrennt in Liebe zum *ci-devant* Gotte und tanzt vor ihm so züchtig, daß er, ihr bis ins Herz schauend, von gleicher Liebesqual entflammt ist. Eine strenge Prüfung ist aber nötig. Der Prüfungsakt wird nun sehr künstlich dadurch bewirkt, indem er sich an alle Bajaderen macht, die Treue der Geliebten auf Probe zu stellen, die aber Stich hält. Endlich wird die Erwählte selber (man sieht nicht warum) zum Scheiterhaufen verurteilt, aus dessen Flammen sie im Arme des entsündigten Gottes, der nun als Brahma selber erscheint, zum Lichte des indischen Paradieses aufsteigt.

Die Musik ist nicht zu verachten und hat viele glückliche Stellen, wird jedoch sehr getadelt, so wie ich, der einen guten Faden daran finden wollen. Dagegen wurde Madame Romain als erkorne Bajadere, trotz einzelner Mißbilligung, unaufhörlich beklatscht, indem sie ihren nicht ganz reizenden Leib – zum Zugreifen offenbarte.

Sei gelobet für Deinen Eifer zum Schutze der kleinen Terz. Ich muß mich wohl einmal ungeschickt, wo nicht unrichtig darüber ausgedrückt haben. Die kleine Terz ist sogar im harmonischen Dreiklange nach oben enthalten, wiewohl nicht als Terz des Grundtones, sondern der Mediante. Dagegen ist die kleine Terz als solche der Unterquinte des harmonischen Dreiklangs inwohnend und mitklingend, woraus sich sogar folgern ließe, daß die Natur selber die Molltonart als herrschend verlange und der Dreiklang mit der großen Terz, als Dominantenharmonie, der wahre Leitakkord für die Molltonart sei. Daß der unterste Ton eines Dreiklangs *in der Mitte* liege und über sich die große Terz, *unter* sich aber die kleine Terz mitklingend bei sich führe, hat schon Rameau bemerkt und seine Tonlehre darauf gebaut, die freilich nicht unangefochten geblieben ist, unterdessen wir alle der Natur folgen müssen, wir mögen wollen oder nicht.

Dein redlicher Anteil an meinen Produktionen ist mir immer gegenwärtig, so wie ich Dich unter unsern Zuhörern denke, absonderlich wenn alles recht in Zug kommt und allein geht. Der verstorbene Domorganist Schale, Grauns entschiedenster Verehrer, sagte mir schon vor 36 Jahren: er wünsche, daß sein seliger Freund Graun seine Musik *so* hätte hören können. Das ist es, was mich nicht zu beschämen braucht, wenn ich mit diesem Werke bereits an die zwanzigtausend Taler verdient habe, die freilich verfressen sind. Wer weiß, womit ich sie sonst hätte verdienen müssen!

14. April. Gestern war ich bei Fürst Radziwill, der Deinen Gruß freundlichst erwidert. Über den allgemeinen Lauf des Weltwesens ertönen von soviel Seiten her ebensoviele Meinungen und Gesinnungen, so daß jeder zu bedenken hat, wie und wo er steht und geht, ohne eine Teilnahme zu verleugnen, wenn Freunde gewaltsam untereinander hadern. Es fehlt nirgends an Ärzten und Rezeptoren, und keiner will von der Wurzel der Krankheit wissen. Hufeland liegt seit sechs Wochen an einem schmerzhaften äußerlichen Übel nieder, und alle Ärzte Berlins sowenig als der Königliche Leibarzt selber wissen, was dem Patienten fehlt.

Da soll man's denn bald mit der Krankheit, bald mit dem Remedieren halten, und der Kranke muß leiden.

Dr. Seebeck hat mir Deine beiden Gedichte zum Geburtsfeste der alten Freundin Mara, in Reval gedruckt, zugesendet und ein anderes dazu, das in Reval gedichtet ist. Man wird sie Dir auch wohl geschickt haben. So sei es für heute genug. Hier war seit sechs Tagen eine Sommerhitze von 18 bis 20 Grad im Schatten, und gestern hatten wir einen sechsstündigen Gewitterregen, der nach langer Trokkenheit alles in Frühlingsleben gesetzt hat. Nun werden sich die heiligen Engel sputen müssen, grüne Farbe zu reiben, wenn sie nicht gescholten sein wollen.

Lebe wohl! Donnerstag, den 14. April 1831. Dein Z.

«Der Gott und die Bajadere»: Die in Berlin am 8. April 1831 erstmals aufgeführte Oper mit Ballett und Pantomine, komponiert von Daniel François Esprit Auber auf ein Libretto von Eugène Scribe.

ci-devant: ehemals.

Madame Romain: Nicht ermittelt.

Rameau... Tonlehre: Die 1772 veröffentlichte Abhandlung «Traité de l'harmonie réduite à ses principes naturels» des französischen Komponisten und Musiktheoretikers Jean-Philippe Rameau (1683–1764).

Schale: Der Musiker und Komponist Christian Friedrich Schale (1713–1800), seit 1763 Domorganist in Berlin.

Grauns: Der Komponist Karl Heinrich Graun.

Fürst Radziwill: Fürst Anton Heinrich Radziwill.

Hufeland: Der Berliner Arzt Christoph Wilhelm Friedrich Hufeland (1762–1836), ehemaliger Weimarer Hofmedikus und Hausarzt Goethes.

Dr. Seebeck: Der Physiker und Chemiker Thomas Johann Seebeck.

Deine beiden... Gedichte... Mara: Vgl. Anm. zu «Maras Feste» in Goethes Brief vom 19. Februar 1831, S. 357.

Reval: Stadt in Estland.

*

An Zelter

Heute sind es gerade drei Wochen, daß ich durch einen widerwärtigen Rheumatismus abgeschlossen bin von allem eigentlich geselligen Leben. Meine Nächsten hatten die Freundlichkeit, mich diese Tage her zu sublevieren.

Das bißchen Tätigkeit, was mir übrigblieb, hab' ich angewendet, um zu beseitigen, was nur einen mäßigen Willen und keine Geisteskraft verlangte. Ich hatte die ersten Monate des Jahrs gut angewendet, so daß ich mich des Geleisteten erfreuen konnte, indem ich manches in Gedanken vorbereitete, was zunächst auch gelingen wird.

Das erste von Bedeutung, was ich vornehme, ist die Beratung über Dein Wappengebilde. Ich sende das Modell der guten Facius zurück, zugleich mit einem andern, das hier von einem geschickten jungen Manne gemacht worden; ich melde zugleich, was noch zu bedenken und zu überlegen wäre, so daß die gute Künstlerin wohl mit Leichtigkeit und Freiheit das vorgesteckte Ziel erreichen möchte. Es soll mich freuen, wenn der Anblick erheitert; ein leichtes Ehrenkreuzlein ist immer etwas Lustiges im Leben, das leidige Marterholz, das Widerwärtigste unter der Sonne, sollte kein vernünftiger Mensch auszugraben und aufzupflanzen bemüht sein. Das war ein Geschäft für eine bigotte Kaiserin-Mutter; wir sollten uns schämen, ihre Schleppe zu tragen. Verzeih! aber wenn Du gegenwärtig wärst, müßtest Du noch mehr erdulden. Mit 82 Jahren nimmt man es wirklich ernster in sich und für sich selbst, indem man die liebe leidige Welt in ihrem vieltausendjährigen Narrenleben in Gottes Namen fortwandeln läßt. Es ist schrecklich, wie sich das, ein über das andere Mal, wieder in seinen Irrtümern brüstet!

Da ich das wieder überlese, möcht' ich es zurückhalten, wie mir jetzt sehr oft geschieht; da man nicht einmal sagen mag, wie man denkt, wie fällt's einem [ein], so zu schreiben?

Nach allen diesen etwas Timonischen Ausdrücken, die man sich nicht immer versagen sollte, darf ich Dir wohl vertrauen: daß seit Anfang des Jahrs mir manches gelungen ist, was ich dafür halten kann, weil ich wenigstens es nicht besser zu machen wüßte. Sei Dir also dergleichen Vermächtnis hiemit angekündigt.

Auch bin ich sehr glücklich gewesen mit allerliebsten und schätzbaren Zeichnungen, wodurch mir vorzüglich alte Künstler, die ich bisher kaum dem Namen nach kannte, ganz nah gebracht werden. Dieses sind alles ganz stille Freuden unter dem bescheiden-klösterlichen Dache; laß mir nun immerfort auch wissen, wie Du Dich in Deiner breiten, rauschenden und tönenden Welt behaben magst.

In der «*Revue de Paris*», No. 1, den 1. Mai, dritter Jahrgang, steht ein merkwürdiger Aufsatz über Paganini. Er ist von einem Arzte, der ihn mehrere Jahre gekannt und bedient; dieser setzt auf eine gar kluge Weise heraus, wie dieses merkwürdigen Mannes musikalisches Talent durch die Konformation seines Körpers, durch die Proportionen seiner Glieder bestimmt, begünstigt, ja genötigt werde, das Unglaubliche, ja das Unmögliche hervorzubringen. Es führt uns andere dies auf jene Überzeugung zurück, daß der Organismus in seinen Determinationen die wunderlichen Manifestationen der lebendigen Wesen hervorbringe.

Hier will ich nun, da noch etwas Raum ist, eines der größten Worte niederschreiben, welches uns unsre Vorvordern zurückgelassen haben:

«Die Tiere werden durch ihre Organe unterrichtet.» Nun denke man sich, wieviel vom Tier im Menschen übrigbleibt und daß dieser die Fähigkeit hat, seine Organe zu unterrichten, so wird man gern auf diese Betrachtungen immer wieder zurückkehren. Und nun schnell ins Kuvert, damit es mich nicht reue, so Wunderliches auf das Papier gebracht zu haben.

Und also so fortan! J. W. v. Goethe.

Weimar, den 9. Juni 1831.

sublevieren: unterstützen, Erleichterung verschaffen.

Das bißchen Tätigkeit: Vom Februar bis Juli arbeitete Goethe an der Fortsetzung und Vollendung des zweiten Teils seiner «Faust»-Tragödie. Er schrieb am 1. Juni 1831 an Zelter: «Es ist keine Kleinigkeit, das, was man im zwanzigsten Jahre konzipiert hat, im 82. außer sich darzustellen und ein solches inneres lebendiges Knochengeripp mit Sehnen, Fleisch und Oberhaut zu bekleiden, auch wohl dem fertig Hingestellten noch einige Mantelfalten umzuschlagen, damit alles zusammen ein offenbares Rätsel bleibe, die Menschen fort und fort ergötze und ihnen zu schaffen mache.»

Facius ... Wappengebilde: Vgl. Anm. zu «Rückseite der Medaille» in Zelters Brief vom 1. Februar 1831, S. 355.

Kaiserin-Mutter: Die Heilige Helena (ca. 250–326), Mutter Kaiser Konstantin des Großen; sie soll das Kreuz Christi zu Golgatha gefunden haben.

Timonische Ausdrücke: Anspielung auf Timon von Athen, der Überlieferung zufolge ein Menschenhasser.

Vermächtnis: Goethe versiegelte das Manuskript des vollendeten «Faust II» mit der Bestimmung, daß das Werk erst nach seinem Tode gedruckt werde.

Zeichnungen: Am 18. Juni 1831 berichtete Goethe von einer Zeichnung Sachtlebens; gemeint ist der holländische Maler und Radierer Hermann Zaftleeven (1609–1685).

«Revue de Paris» ... Paganini ... Arzte: Die «Revue de Paris», eine 1829–1844 erschienene literarische Zeitschrift; über den italienischen Violinvirtuosen Niccolò Paganini veröffentlichte D. M. Benatti den Aufsatz «Notice physiologique sur Paganini».

«Die Tiere ...»: Vgl. dazu den in die «Maximen und Reflexionen» aufgenommenen Satz Goethes: «Das Tier wird durch seine Organe belehrt; der Mensch belehrt die seinigen und beherrscht sie.» (9, 649) Denselben Gedanken nahm Goethe nochmals in seinem letzten Brief an Wilhelm von Humboldt vom 17. März 1832 auf (21, 1041 ff.).

*

An Zelter

Deine Potsdamer Expedition gibt uns andern Nach- und Hinterdreindenkern die schöne Gelegenheit, dem egoistisch-anarchischen Wesen nachzuspüren, wonach sich jeder dahin drängt und stellt, wohin er nicht gehört, an einen hübschen Platz, den er nicht ausfüllen kann. Dabei bleibt denn aber doch immer das Löbliche an der Anarchie, daß, wenn sie einmal einen entschiedenen Zweck im Auge hat, so sieht sie sich nach einem Diktator um und merkt nun, daß es geht.

Dieses habt ihr Musiker aber vor allen Künsten voraus, daß ein allgemeiner, allgemein angenommener Grund vorhanden ist, sowohl im Ganzen als im Einzelnen, und daß also jeder eine Partitur schreiben kann, in vollkommener Gewißheit vorgetragen zu werden, sie sei auch, wie sie sei. Ihr habt euer Feld, eure Gesetze, eure symbolische Sprache, die jeder verstehn muß. Jeder einzelne, und wenn er das Werk seines Todfeindes aufführte, muß an dieser Stelle das Geforderte tun. Es gibt keine Kunst, kaum ein Handwerk, das dergleichen von sich rühmen kann. Ihr dürft ohne Pedanterie auf das Älteste halten, ihr könnt ohne Ketzerei und Hindernis euch an dem Neusten ergötzen, und wenn auch das Individuum in eurem Kreise etwas Wunderliches und Seltsames hervorbringt, so muß es doch zuletzt mit dem All des Orchesters wieder zusammentreffen.

Nun ein Wort von dem guten Felix. Der Herr Papa hatte sehr unrecht, ihn nicht nach Sizilien zu schicken; der junge Mann behält eine Sehnsucht ohne Not. Es muß in meinem letzten sizilianischen oder darauffolgenden neapolitanischen Briefen eine Spur sich finden, welchen unangenehmen Eindruck mir diese vergötterte Insel zurückgelassen hat; ich mag durch Wiederholung auf diesen Punkt nicht lasten.

Das Zweite, welches Du aber nicht verraten mußt, ist: daß jenes Gedicht «Der Wanderer» im Jahre 1771 geschrieben ist, also viele Jahre vor meiner italienischen Reise. Das ist aber der Vorteil des Dichters, daß er das vorausahnet und wert hält, was der die Wirklichkeit Suchende, wenn er es im Dasein findet und erkennt, doppelt lieben und höchlich daran sich erfreuen muß.

Bei manchen innern stillen Arbeiten, wobei ich Dein immerfort gedenke, bin ich doch auch in das neuere Französische mitunter hineingezogen worden und habe bei solcher Veranlassung über die *religion simonienne* nachzudenken gehabt. An der Spitze dieser Sekte stehen sehr gescheite Leute, sie kennen die Mängel unserer Zeit genau und verstehen auch das Wünschenswerte vorzutragen; wie sie sich aber anmaßen wollen, das Unwesen zu beseitigen und das Wünschenswerte zu befördern, so hinkt sie überall. Die Narren bilden sich ein, die Vorsehung verständig spielen zu wollen, und versichern, jeder solle nach seinem Verdienst belohnt werden, wenn er sich mit Leib und Seele, Haut und Haar an sie anschließt und sich mit ihnen vereinigt.

Welcher Mensch, welche Gesellschaft dürfte dergleichen aussprechen, da man ja von Jugend auf nicht leicht jemand kennen und die Steigerung seiner Tätigkeit beurteilen wird! Wodurch betätigt sich denn zuletzt der Charakter, als daß er sich in der Tagesbewegung, im Hin- und Widerwirken bildet! Wer unterstünde sich, den Wert der Zufälligkeiten, der Anstöße, der Nachklänge zu bestimmen! wer getraute sich, die Wahlverwandtschaften zu würdigen! Genug, wer sich untersteht zu schätzen, was der Mensch ist, der müßte in Anschlag bringen, was er war und wie er's geworden ist. Solche allgemeine Unverschämtheiten haben wir gar oft schon erlebt, sie kehren immer zurück und müssen geduldet werden.

Dies hab' ich bei Gelegenheit jener Unternehmungen gedacht, und ich zweifle nicht, daß dabei noch gar manches andere zu denken sein möchte.

Von der neusten französischen Romanenlektüre und ihrem nächsten Kreise will ich nur soviel sagen: es ist eine Literatur der Verzweiflung, woraus nach und nach alles Wahre, Ästhetische sich von selbst verbannt. «*Notre Dame de Paris*» von Victor Hugo besticht durch das Verdienst fleißiger wohlgenutzter Studien der alten Lokalitäten, Sitten und Ereignisse; aber in den handelnden Figuren ist durchaus keine Spur von Naturlebendigkeit. Es sind lebensunteilhafte Gliedermänner und -weiber, nach ganz geschickten Proportionen aufgebaut, aber außer dem hölzernen und stählernen Knochengerüste durchaus nur ausgestopfte Puppen, mit welchen der Verfasser auf das unbarmherzigste umgeht, sie in die seltsamsten Posituren renkt und verrenkt, sie foltert und durchpeitscht, geistig und leiblich zerfleischt, freilich ein Nichtfleisch ohne Barmherzigkeit zerfetzt und in Lappen zerreißt; doch das alles geschieht mit dem entschiedenen historisch-rhetorischen Talent, dem man eine lebhafte Einbildungskraft nicht absprechen kann, ohne die er solche Abominationen gar nicht hervorbringen könnte.

Deine Schreiben, auch das, die musikalische Blumenfeierlichkeit meldend, sind zu meinem besondern Vergnügen angekommen. Soviel für heute. Und so fortan! G.

Weimar, den 28. Juni 1831.

Potsdamer Expedition: Am 11. Juni 1831 fuhr Zelter nach Potsdam, um dort – in Vertretung des krankgewordenen Dirigenten – eine Aufführung von Joseph Haydns Oratorium «Die Schöpfung» zu leiten. Im Brief vom 10./15. Juni 1831 berichtete er: «Mein Potsdam'sche Expedition ist nicht zum schlimmsten abgelaufen und hat sogar mehr als gemeinen Beifall gefunden. Die Unordnung war exekrabel. Zuerst in der Probe ließ ich sie sich aufstellen, wie sie es gewohnt gewesen; da war nichts an seiner Stelle, alles durcheinander: Gänse, Hühner, Kühe, Schweine, wie sie abends von der Trift kommen. Die Besten standen bescheiden hinten, die vornehmen Liebhaber voran. Ich hatte ein par von Berlin mit, die mußten sich Platz machen, das gab Gesichter. Die Ouvertüre mußte dreimal wiederholt werden: ‹da ward aus Abend und Morgen der erste Tag›. Nun ging's immer glatter, und zuletzt hatten sie alle Freude an sich selber.»

Felix ... Herr Papa: Im Brief vom 10./15. Juni 1831 berichtete Zelter über den in Rom weilenden Felix Mendelssohn-Bartholdy: «Der Vater hat ihm durchaus nicht erlauben wollen, Sizilien zu sehn. Er mag seine Ursachen haben, doch soll ein Vater eines folgsamen Sohnes seiner Gewalt Grenzen kennen. Dies habe ich dem Alten bemerklich gemacht.»

sizilianischen ... neapolitanischen Briefen: In Goethes «Italienischer Reise»; gemeint ist der Bericht über die Rückfahrt von Messina nach Neapel, datiert vom 13. Mai 1787 (11, 341ff.).

«Der Wanderer»: Goethes gleichnamiges Gedicht (1, 378). Bezieht sich auf den Brief Mendelssohns an Zelter vom 7. Mai 1831, worin es heißt: «Von dem Gedicht: ‹Gott segne dich, junge Frau› behaupte ich nun gar das Lokal aufgefunden zu haben, ich behaupte sogar, daß ich bei der Frau zu Mittag gegessen habe;

aber natürlich muß sie jetzt schon ganz alt und ihr säugender Knabe ein stämmiger Vignerol geworden sein, und an beiden fehlte es nicht: zwischen Pozzuoli und Bajä liegt ihr Haus, ‹eines Tempels Trümmern›, und nach Cuma ist es ‹3 Meilen gut›. Da könnt ihr euch denken, wie einem die Gedichte neu werden und wie anders und frisch man sie wieder empfindet und kennenlernt.» Zelter hatte diesen Brief Mendelssohns auszugsweise an Goethe übermittelt.

religion simonienne: Der Saint-Simonismus, Lehre der Anhänger des französischen Sozialphilosophen Claude Henri, Comte de Saint-Simon (1760–1825). Im Frühjahr 1831 beschäftigte sich Goethe intensiv mit dem Saint-Simonismus; laut Tagebuch begann er am 21. Mai 1831 mit der Lektüre des ersten Bandes von «Exposition de la Doctrine de Saint Simon», dem Hauptwerk der Schule des Grafen.

«Notre Dame de Paris» ... Hugo: Am 14. Juni 1831 begann Goethe mit der Lektüre des 1831 erschienenen historischen Romans «Notre-Dame de Paris. 1482» von Victor Hugo (1802–1885).

Abominationen: Greuel, Abscheulichkeiten.

musikalische Blumenfeierlichkeit: Bezieht sich auf Zelters Brief vom 22./25. Juni 1831, worin er Bericht erstattete von einer im großen Saal der Singakademie veranstalteten und unverhofft vom preußischen Königspaar besuchten Blumenausstellung.

*

An Goethe Den 31. August 1831.

Was ich schmählich vergessen, Dir zu sagen, daß ich am 28. dieses von der allerschönsten jungen Frau einen Kuß für Dich in Empfang genommen habe. Es war die nämliche, die vorher die Rolle der Egle so artig und reizend gesprochen hatte. Als bei Tische Dein Toast ausgerufen wurde, kam sie, die weitab ihren Platz hatte, mit mir anzustoßen. Ich wollte ihr den weißen weichen Arm küssen, sie reichte mir den Mund und küßte mich herzhaft. Nach Mitternacht, als wir, auseinander zu gehn, aufgestanden waren, trat ich zu ihr und brachte ihr Deinen Kuß, und ich denk' es recht gemacht zu haben, denn die andern machten Kalbsaugen. Sie sagte: «Da werd' ich Händel kriegen mit meiner lieben Amine; warum aber folgt sie mir nicht? Ich hab's ihr genug gesagt, sie ist inkorrigibel.» So wurde ein Stück diesen Abend ausgespielt, das Dir selbst, unvollendet, und der Geliebten so viele Schmerzen gemacht hat.

Nun sage mir, mein Geliebter: ist der «Faust» zur Ruhe gebracht? Ich sage nicht zuviel, wenn ich bekenne, daß er beinahe meine letzte Sorge auf dieser Erde gewesen ist.

Denn eigentlich hab' ich keinen reinen Wohlgefallen mehr an der Welt, wie schön sie ist. Ich arbeite mit aller Kraft, mich vor hypochondrischen Anfällen zu bewahren, da man dergleichen infiziertes Volk in Scharen an sich vorüberschattieren sieht. Ist aber dieser Stein von meinem Herzen, so bin ich wieder mein und denke schon wieder auf Weiteres: ich meine die «Natürliche Tochter» und glaube gern, daß es keine kleine Arbeit ist. Aber ich will Dich noch erhalten, ja ich will nicht zuviel, wenn ich wünsche, daß nur aller Stoff zur völligen Vollendung klar und bar in die Zeit übergehe, um täppische Hände, die allenthalben fertig und aufgehoben sind, davon zu entfernen. Ich weiß wohl, daß nur unwahres Gewäsch des Tages den ewigen Kreislauf durch Kloake und Düngflächen und Gedärm unberufen wiederholt; ein ewiges Werk will aber fertig sein, der Unbelehrteste will es fertig wissen, und Du allein kannst Dein Werk vollenden.

Den 1. September. Hegel, den ich diesen Abend zu mir einladen lassen, läßt mir sagen, er sei verstimmt, melancholisch; das soll wohl philosophisch sein! Sie will nach Nürnberg, Er will bleiben; das wollen Eheleute sein! Man möchte verreden, mit Lebenden zu verkehren: lauter Vernunftmenschen, die sich nicht zu fügen wissen! Wer nicht an der Cholera stirbt, von dem ist sowenig die Rede, als wenn er über die Straße hingeht. Gestern war ich zu freundschaftlichem Mahle eingeladen; funfzehn ehrenwerte lautre Männer. Ehe man sich zu Tische setzte, wurde ausgemacht, nicht von der Cholera zu reden. Wir saßen zwei Stunden, und keiner wußte was anderes herauszubringen als Verbotenes. Das Essen war auserlesen, und die Hausfrau sagte: «Meine Herren, wie genießt ihr denn? Ihr redet ja gegen euren Willen nur von dem, was erst kommen soll. Ich gestehe, daß mir das ewige Leben auch lieber wäre, wenn ich's gleich hier haben könnte; da es aber einmal ist, wie es ist, so lass' ich kommen und gehn, was nicht dableiben will.»

Von mir sag' ich nur, daß ich lebe und gesund bin; schreib' auch Du fleißig und gehab' Dich wohl! Dein Z.

am 28. dieses: Goethes 82. Geburtstag.
jungen Frau: Laura Förster, geb. Gedike (gestorben 1863).

Egle ... Amine: Personen in Goethes Schäferspiel «Die Laune des Verliebten» (4, 15); dieses wurde beim Fest vorgelesen, welches die Berliner «Gesellschaft der Dichterfreunde» anläßlich von Goethes Geburtstag veranstaltete.

der «Faust»: Vgl. Anm. zu «Das bißchen Tätigkeit» in Goethes Brief vom 9. Juni 1831, S. 363.

die «Natürliche Tochter»: Das 1803 vollendete Trauerspiel «Die natürliche Tochter» war ursprünglich als erster Teil einer Dramen-Trilogie geplant; die Weiterarbeit an dieser Trilogie ist über einige schematische Entwürfe allerdings nicht hinausgekommen.

Hegel ... Cholera: Die asiatische Cholera trat 1831 erstmals in Deutschland auf und forderte in Berlin zahlreiche Todesopfer. Möglicherweise ist auch Georg Wilhelm Friedrich Hegels unerwarteter Tod am 14. November 1831 auf die Cholera-Epidemie zurückzuführen.

*

An Zelter

Sechs Tage, und zwar die heitersten des ganzen Sommers, war ich von Weimar abwesend und hatte meinen Weg nach Ilmenau genommen, wo ich in frühern Jahren viel gewirkt und eine lange Pause des Wiedersehens gemacht hatte. Auf einem einsamen Bretterhäuschen des höchsten Gipfels der Tannenwälder rekognoszierte ich die Inschrift vom 7. September 1783 des Liedes, das Du auf den Fittichen der Musik so lieblich beruhigend in alle Welt getragen hast:

«Über allen Gipfeln ist Ruh'» pp.

Nach so vielen Jahren war denn zu übersehen: das Dauernde, das Verschwundene. Das Gelungene trat vor und erheiterte, das Mißlungene war vergessen und verschmerzt. Die Menschen lebten alle vor wie nach, ihrer Art gemäß, vom Köhler bis zum Porzellanfabrikanten. Eisen ward geschmolzen, Braunstein aus den Klüften gefördert, wenn auch in dem Augenblicke nicht so lebhaft gesucht wie sonst. Pech ward gesotten, der Ruß aufgefangen, die Rußbüttchen künstlichst und kümmerlichst verfertigt, Steinkohlen mit unglaublicher Mühseligkeit zutage gebracht, kolossale Urstämme, in der Grube unter dem Arbeiten entdeckt (einen davon Dir vorzuzeigen, hatte ich vergessen, er steht im Gartenhause), und so ging's denn weiter, vom alten Granit durch die angrenzenden Epochen, wobei immer neue Probleme sich entwickeln, welche die neusten

Weltschöpfer mit der größten Bequemlichkeit aus der Erde aufsteigen lassen.

Im Ganzen herrscht ein wundernswürdiges Benutzen der mannigfaltigsten Erd- und Bergoberflächen und -tiefen.

Wenn ich mich von da zu Dir versetzte, wünscht' ich nichts mehr, als Dich den großen Kontrast zwischen Deinen äußern Zuständen und diesem empfinden zu sehn.

Von der weimarischen Feier meines Geburtstages, die sich schicklich und glücklich exhibierte, mögen Försters ja wohl erzählt haben. Das schöne Frauchen, das ich mit Vergnügen an meinem Tische sah, hat bedeutenden Effekt gemacht. Frauenzimmer behaupten: ihr vorzüglich geschmackvoller Hut habe daran großen Teil gehabt.

Wend' ich mich nun zu den Andeutungen Deines Briefes, so seh' ich wohl, daß die alten großen Anforderungen: «Laßt uns trinken, laßt uns küssen!» bei euch ganz folgsame Schüler haben, selbst unter den alten Herrn, denen es denn wohl bekommen möge.

Die Luft klingt wie von einem Glockenton von der Berliner Aufgeregtheit gegen den gottlosen Zudrang eines unwillkommenen Gastes. Um der lieben Kürze willen schreib' ich Dir ein altes kanonisch-klassisches Wort her, das Du vielleicht schon kennst:

Was ist ein Philister?
Ein hohler Darm,
Von Furcht und Hoffnung ausgefüllt,
Daß Gott erbarm'!

Und hiemit sei diese widerliche Frage vorerst abgetan.

Wenn Du nun aber nach dem «Faust» fragst, so kann ich Dir erwidern: daß der 2. Teil nun auch in sich abgeschlossen ist. Ich habe seit so vielen Jahren recht gewußt, was ich wollte, habe aber nur die einzelnen Stellen ausgeführt, die mich im Augenblick interessierten. Dadurch wurden Lükken offenbar, welche ausgefüllt werden mußten. Dieses alles nun zurechtzustellen, faßt' ich den festen Vorsatz, es müsse vor meinem Geburtstag geschehen. Und so ward es auch: das Ganze liegt vor mir, und ich habe nur noch Kleinigkeiten zu berichtigen, so siegle ich's ein, und dann mag es das spezifische Gewicht meiner folgenden Bände, wie es auch damit werden mag, vermehren.

Du hast eine wunderliche Szene oder vielmehr einen wunderlichen Teil des Ganzen gesehen; was Du davon Dir auch magst zugeeignet haben, so wird es im Zusammenhang doch noch lustiger erscheinen.

Nun aber, da diese Forderungen befriedigt sind, drängen sich neue sogleich hinten nach, wie an einem Bäckerladen *à la queue*. Was gefordert wird, weiß ich wohl; was getan werden kann, muß die Folge zeigen. Ich habe gar zu vielerlei Bauwerk angelegt, welches zu vollführen doch am Ende Vermögen und Kraft ermangeln. An die «Natürliche Tochter» darf ich gar nicht denken; wie wollt' ich mir das Ungeheure, das da gerade bevorsteht, wieder ins Gedächtnis rufen?

Soviel für heute; nächstens die schönen Worte von Longhi über Schmidt und vielleicht einiges über Deinen Abend mit Langermann. Empfiehl mich dem Werten und gedenkt mein in Treue und Liebe! Und so fortan! G.

Weimar, den 4. September 1831.

Ilmenau: Vom 26. bis 31. August 1831 weilte Goethe in Ilmenau im Thüringer Wald. Seine Beziehungen zu Ilmenau reichen bis ins Jahr 1776 zurück, wo er, als Leiter der Bergwerkskommission, die Wiedereröffnung des 1739 verschütteten Ilmenauer Bergwerks vorbereitet hatte.

«Über allen Gipfeln ...»: Goethes Gedicht «Wanderers Nachtlied» (1, 69), entstanden am 6. September 1780 auf dem Kickelhahn bei Ilmenau; Goethe schrieb es auf die Bretterwand einer Jagdhütte.

Försters... Das schöne Frauchen: Friedrich Christoph Förster (1791–1868), Schriftsteller, Hofrat und Kustos am Berliner Königlichen Museum, sowie dessen Gattin Laura Förster. – Försters Bericht über die Weimarer Feier von Goethes 82. Geburtstag ist abgedruckt in: «Goethes Gespräche», Dritter Band, Zweiter Teil 1825–1832, S. 799ff.

Berliner Aufgeregtheit: die Cholera, vgl. Zelters Brief vom 31. August/ 1. September 1831, S. 369.

Was ist ein Philister? ...: Aus Goethes «Zahmen Xenien» (2, 388).

einen wunderlichen Teil: Die klassische Walpurgisnacht, der zweite Akt von «Faust II» (5, 364).

à la queue: der Reihe nach, hintereinander.

Longhi... Schmidt: Der italienische Kupferstecher Giuseppe Longhi (1766–1831), Professor an der Mailänder Akademie. – Am 10. September 1831 sandte Goethe an Zelter eine deutsche Übersetzung von Longhis Artikel über den Berliner Maler und Kupferstecher Georg Friedrich Schmidt (1712–1775); der Artikel stammt aus dem ersten Band von Longhis «La Calcographia», erschienen 1830 in Mailand. (Vgl. auch Anm. zu «Flüchtling» in Zelters Brief vom 11./ 13. September 1831, S. 374.)

Langermann: Am 26. August 1831 berichtete Zelter von einem mit dem Berliner Geheimen Obermedizinalrat Johann Gottfried Langermann gemeinsam verbrachten Abend: «Wir sprachen von Dir und Deinen schönen Jahren, die Du einem doch gar zu lockern Boden hingeworfen, den man Dir noch dazu beneiden wollen. Wir wissen nur zu gut, wie Dich der Schuh gedrückt, wenn statt des Großen, Guten, Schönen, das man umsonst gehabt, Schwaches, Verächtliches mit schwerem Golde verschuldet und gebüßt worden. [...] Langermann sprach von einer Korrespondenz über Stolbergs Berufung zu euch und Klopstocks Beratung, daß nicht der gräfliche Christ und Poet und Homeride den zynischen Mantel anlegen sollen, und daß Du jenem geschrieben: ‹Leckt mich –!› Das gab uns Appetit, wir machten uns ans Abendessen und haben lange gelacht.»

*

An Goethe Sonntag, 11. September 1831.

Ein neues, wenigstens mir noch unbekanntes Schauspiel von 5 Akten von einem, der sich F. Metellus nennt, habe gestern gesehn: «Die Preußen in Italien».

Die Geschichte ist die Entsetzung von Turin im Jahre 1707 durch Fürst Leopold von Dessau, der, dem Prinzen Eugen von Savoyen zu Hülfe gegeben, die Franzosen vor Turin aufs Haupt geschlagen.

Die Moral liegt in strenger Handhabung der Disziplin, derzufolge ein österreichischer Obrist Mendoza wegen Insubordination vom Kriegsgericht zum Tode verdammt ist, den der Dessauer durchaus nicht begnadigen will. Dabei kommen nun altpreußische Dienstsentenzen wieder in Kurs, und Mendoza wird zuletzt vom Prinzen Eugen begnadigt. Darauf folgt die Hauptschlacht, bei welcher Mendoza den Dessauer, der sich zu weit vorgewagt hatte, befreit und die Schlacht gewinnt.

Das Stück erinnert an den «Grafen Walltron», der wohl auch Dich vor 50 Jahren verdrießlich gemacht hat, läßt aber kalt. Es fehlt nicht an guten Stellen, doch ist alles knapp und doch zuviel, spielt aber nur 2 Stunden, und man hat genug. Die Haupttendenz soll wohl sein, die alte preußische Militärordnung mit ihrer Kraft und Macht zur Anschauung zu bringen. Mir hat das alte preußische Militärkostüm wohl und wehe getan; was sie warm hielt, war ihnen nicht anzusehn, doch haben sie manchen heiß gemacht und will nicht vergessen sein, mit welchen Mitteln Trotz und fetter Übermut gezüchtigt worden und immer noch werden. In obenangegebenem F. Metellus ließe sich fast eine fürstliche Militärperson vermuten, wenn auch nicht erraten.

Dienstag, 13. September

Die Tage rennen vorüber und den kürzesten entgegen, die auch ihr Gutes haben mögen. Unsere Singakademie hat kurz nacheinander zwei Requiem unter sich selber zu bestehn gehabt. Zwei Mitglieder sind plötzlich gestorben und der letzte, der Justizrat Wollanck, an der erklärten asiatischen Cholera, in wenigen Stunden; doch ist keiner in unsern Wänden erkrankt. Öffentliche Gebäude werden hier geräuchet bis zum Ekel und Überdruß. Hier im Hause wird allein für frische gesunde Luft gesorgt; verständige Nachfolger tun das gleiche.

Gestern abend habe im Theater zwei neue Stücke gesehn: «Der Stiefvater» von Raupach (nach Holberg), nicht schlecht, und recht gut vorgestellt, und dann: «Demoiselle Bock», ein Stück, das sich mit dem «Schauspieler wider Willen» parallelisiert. Obgenannte Demoiselle meldet sich als berühmte *soi-disant* Schauspielerin bei einem stockdummen Theaterunternehmer, der sie stolz und verdrießlich abweiset. Sie geht aufgebracht davon und versichert, daß sie sich rächen werde. Hiervon nimmt der Herr Prinzipal ernsthafte Notiz, und nun erscheinen nach und nach mehrere männliche und weibliche Personen, die der verblendete Prinzipal alle für die eine verkleidete Mademoiselle Bock hält und zuletzt seine eigene Tochter als Mademoiselle Bock engagieren will, die sich aber soeben und wider seinen Willen einem jungen braven Geschäftsmann antrauen lassen. –

Eben erscheint Deine treffliche Verdeutschung der Longhi'schen Lobrede auf Georg Friedrich Schmidt, die mir den schönsten Morgen bietet. Kann ich mir doch eines gewissen Adelstolzes auf diesen mir so nah verwandten Mann nicht erwehren, der von der geringsten Abkunft, in ungünstigsten Umständen, ganz aus sich allein zu solcher Glorie unter allerhöchsten Mitgenossen hinaufgefunden hat. Man wollte ihm vorwerfen, daß er sich keinen berühmten Schüler angezogen, als wenn sich das so ziehn ließe wie ein Darm zur Wurst. Ja – zieht nur! Er war gewachsen.

Nun komm' ich abermalen mit einer Mission. Ein junger Mann meiner Jünger, Otto Nicolai, diesmal nicht verwandt mit dem Allerweltsnicolai, hat sich recht hübsch im Gesange ausgebildet und manche Deiner Gedichte aufs artigste in Musik gesetzt. Diesem habe ich eine Empfehlung an unsere Ottilie mitgegeben und sie gebeten, Dir den kleinen Mann vorzustellen. Auch meine Kleinigkeiten singt er mir ziemlich zu Dank, was ich wohl zu erkennen habe, da ich durch ihn weiß, daß es nicht an mir liegt, wenn es manchem nicht munden will. Hättest Du nun eine läßliche Stunde, den jungen Mann anzuhören, so dürft' ihm das zeitlebens Freude machen.

Ich schließe: es ist Posttag, und ich habe noch mein Haus zur heutigen Versammlung in Ordnung zu stellen. Lebe wohl und nimm den schönsten Dank für Deinen lieben Longhi. So spricht ein großer italienischer Künstler und Kunstgelehrter nach einem halben *seculo* von einem armen deutschen Flüchtling, der nicht einmal die Ehre hatte, auf geweihtem Boden zu sterben. Dein Z.

«Die Preußen in Italien»: Schauspiel in fünf Akten von F. Metellus, in Berlin erstmals am 1. September 1831 aufgeführt.

den «Grafen Walltron»: Das 1776 entstandene Schauspiel «Graf von Waltron oder Die Subordination» von Heinrich Ferdinand Möller (1745–1798).

Justizrat Wollanck: Friedrich Wollanck (1782–1831), Justizkommissarius beim Berliner Stadtgericht, 1813 Justizrat; seit 1799 Mitglied der Singakademie; zählte 1826 zu den Mitbegründern der Berliner Philharmonischen Gesellschaft.

«Der Stiefvater»: Lustspiel in drei Aufzügen von Ernst Benjamin Salomon Raupach; die Berliner Erstaufführung fand am 11. Februar 1830 statt.

«Demoiselle Bock»: Lustspiel in einem Aufzug von J. E. Mand (= Karl Goldschmidt, 1792–1857); die Berliner Erstaufführung fand am 12. September 1831 statt.

«Schauspieler wider Willen»: Posse in einem Akt von August Friedrich Ferdinand von Kotzebue, in Berlin erstmals am 25. Juli 1811 aufgeführt.

der Longhi'schen Lobrede... Schmidt: Vgl. Anm. zu Goethes Brief vom 4. September 1831, S. 371.

Otto Nicolai: Der Komponist Otto Nicolai (1810–1849), Schüler von Zelter, 1837 Hofkapellmeister in Wien, ab 1847 Leiter des Berliner Domchors und Kapellmeister an der Königlichen Oper.

Allerweltsnicolai: Der Berliner Schriftsteller und Verleger Christoph Friedrich Nicolai.

manche Deiner Gedichte: Darunter das Duett für Sopran, Baß und Klavier auf Goethes Gedicht «Rastlose Liebe» (1, 60) sowie das «Mailied» nach Goethes gleichnamigem Gedicht (1, 52).

Flüchtling: Gemeint ist der Kupferstecher Georg Friedrich Schmidt; er war der Bruder von Zelters Großmutter mütterlicherseits, Maria Elisabeth Hintze, geb. Schmidt. Im nächstfolgenden Brief vom 15./17. September 1831 berichtete Zelter ausführlich über seinen Großonkel.

Die Tage und Stunden bisher waren sehr lebhaft angesprochen. Dem älteren Manne drängt sich immer Bedeutenderes zu, so daß man das Vorzügliche selbst für trivial achten muß. Deine schöne Sendung Schmidtischer Arbeit[en] konnte ich nicht energischer erwidern als durch das entscheidende Kapitel, das Du Deinem Stammbaum einverleiben magst.

Die Hans Narren des Tages wollen den Adel aufgehoben sehen, als wenn es möglich wäre, daß ein tüchtiger Mann von tüchtigen Vorfahren etwas verlieren könnte. Nehmen sie doch Dir und Deinen Nachkommen den Großonkel weg! Sie sollten täglich und stündlich auf den Knieen Gott bitten: daß man das Altgeprüfte legitim nennen möge und daß von Zeit zu Zeit eine Kreatur geboren würde, mit deren Namen Jahrhunderte könnten durchgestempelt werden.

Ich erinnerte mich an einem stillen Abend, Cicero habe ein kleines Werklein hinterlassen: «*De senectute*». Das wollt' ich mir zum erstenmal zu Gemüte nehmen und fand es allerliebst.

Es ist, wie jene meist alles *diskursiv* durchführen, als wenn das, was sich ohnehin versteht, nur so hingesprochen würde. Er läßt den alten Cato reden, und dieser spricht, wenn man es genau nehmen will, nur historisch aus, was für treffliche Menschen alt geworden sind und wie ihnen das zugute gedieh.

Sodann kommt auch beispielsweise zur Sprache, wie unvernünftig es sei, ein jedes, auch das Nächstvergangene, wieder zurückrufen zu wollen. Manches andere, was mich nicht berührt, lass' ich gesagt sein, nur muß ich erwähnen, wie er dem Alter hoch anrechnet: die Würde, die Achtung, die Verehrung, die man ihm nach anständig vollbrachter Lebenszeit erweist. Das klingt nun freilich aus dem Munde eines tüchtigen Römers, der im Sinn und Ton ganz herrlich von seinen Vorvordern spricht, daß man nicht viel taugen müßte, um nicht davon ergriffen zu werden.

So sieht es bei mir, in einsamen und doch gedrängten Stunden, aus. Unterlasse ja nicht, mich von dem, was Dich umgibt, Dir begegnet, nach Deiner treuen Weise in Kenntnis zu setzen.

Den allerliebsten Brief von Felix entschließe ich mich, durchs «Chaos» schicklichst ans Licht zu tragen.

Dein Empfohlner soll freundlich aufgenommen werden. Ottilie weiß, wie es einzurichten ist, daß ein Fremdes, mich im Augenblick nicht Interessierendes zur guten Stunde hereintrete. Bei dieser Gelegenheit will ich nicht verfehlen zu sagen: daß sie und die Kinder sich allerliebst benehmen, wovon viel zu melden wäre, aber nichts zu melden ist, weil das Zarte sich nicht in Worten ausspricht.

Ich selbst habe mich wieder mit dem vierundzwanzigjährigen Manuskripte, von dem Du einige Bogen gesehen hast, befreundet; möge es Dir dereinst zur heitern, auch im hohen Alter noch bildsamen Stunde gereichen! Hierinne bekräftigt mich das mir eben wieder erneuerte Wort des Alten: «Ich lerne immer fort; nur daran merke ich, daß ich älter werde.»

Friede mit Gott und ein Wohlgefallen an wohlwollenden Menschen!

Also sei es und bleibe! G.

Sendung Schmidtischer Arbeit[en]: Es handelt sich um insgesamt 38 Kunstblätter von Zelters Großonkel Georg Friedrich Schmidt.

das entscheidende Kapitel: Vgl. Anm. zu «Longhi» in Goethes Brief vom 4. September 1831, S. 371.

Cicero... De senectute... Cato: «Cato maior de senectute» stammt aus den Jahren 45/44 v.Chr.; laut einer Tagebucheintragung geht Goethes Beschäftigung mit dem Werk Ciceros auf den Februar 1825 zurück.

diskursiv: von einer Vorstellung zu einer anderen mit logischer Notwendigkeit fortschreitend.

Brief von Felix... «Chaos»: Felix Mendelssohn-Bartholdys Brief an Goethe vom 28. August 1831. Er wurde – unter der Überschrift «Berner Oberland» – auszugsweise in Ottilie von Goethes Zeitschrift «Chaos», 2. Jg. (1831), Nr. 5 bis 7, abgedruckt.

Dein Empfohlner: Otto Nicolai, vgl. Anm. zu Zelters Brief vom 11./13. September 1831, S. 374.

dem... Manuskripte: Nach Vollendung von «Faust II» nahm Goethe abermals die Arbeit am vierten Teil von «Aus meinem Leben. Dichtung und Wahrheit» auf und schloß das Werk im Oktober 1831 ab. (Vgl. dazu auch Anm. zu «Der vierte Band...» in Goethes Brief vom 10./14. Dezember 1830, S. 352.)

Worte des Alten: Die von Plutarch überlieferten Worte des griechischen Politikers und Dichters Solon (31 p 96 e).

Und so wäre es wohl das beste, sich nicht zu bekümmern, was andere tun, sondern immerfort zu suchen, wie weit man es selbst bringen kann.

Deshalb wird Dich denn gewiß erfreuen zu vernehmen, daß die «Kaiserin Elisabeth» auf Leinwand glücklich aufgezogen sei. Von Rissen, sonstigen Beschädigungen, von sehr beschnittenem Rande und dergleichen war ohnehin nicht die Rede, und nun, da das Ganze glatt und liebenswürdig dasteht, finden sich glücklicherweise die Moderflecken nur in dem Rahmen sichtbar, im Bilde aber nur ganz lind, hie und da ganz leise. Die Klarheit und Unbegreiflichkeit des Stichs, der sich nach den grenzenlosen materiellen Gegenständen zu schmiegen und nach den Eigenschaften der unzählbaren Oberflächen zu bewegen und zu richten weiß, leuchtet im vollsten Glanze, wie sich von einem Probedruck, bei Lebzeiten des Künstlers selbst gefertigt, nur erwarten läßt. Bei Deiner nächsten Anherkunft, welche so unvorgesehn als glücklich sein möge, soll Dir diese hohe, durch Deine Gunst wiedererstandene Dame die grazioseste Audienz geben.

Die Gebrüder Schlegel waren und sind bei so viel schönen Gaben unglückliche Menschen ihr Leben lang: sie wollten mehr vorstellen, als ihnen von Natur gegönnt war, und mehr wirken, als sie vermochten; daher haben sie in Kunst und Literatur viel Unheil angerichtet. Von ihren falschen Lehren in der bildenden Kunst, welche den Egoismus, mit Schwäche verbunden, präkonisierten, lehrten und ausbreiteten, haben sich die deutschen Künstler und Liebhaber noch nicht erholt; sogar muß man diesen den Irrtum auf eine Weile gönnen: sie würden verzweifeln, wenn ihnen die Augen aufgingen. Indessen haben wir andern die Not, die wir Künstlern forthelfen sollen, deren Werke doch am Ende niemand will, weil sie niemanden zusagen; deswegen haben die lobenswürdigen Vereine das Publikum redlich zum besten, indem sie verlosen, was niemand kaufen würde und woran derjenige, der's gewinnt, sich kaum erfreuen kann.

Ich würde sogar das Falsche lieben und fördern, wenn es nur gesucht und gut bezahlt würde. Und da mag es denn so hingehen.

Um zu jenen Dioskuren zurückzukehren, so erstickte

doch Friedrich Schlegel am Wiederkäuen sittlicher und religioser Absurditäten, die er auf seinem unbehaglichen Lebensgange gern mitgeteilt und ausgebreitet hätte; deshalb er sich in den Katholizismus flüchtete und bei seinem Untergang ein recht hübsches, aber falsch gesteigertes Talent, Adam Müller, nach sich zog.

Genau besehen, war die Richtung nach dem Indischen auch nur ein *pis aller*. Sie waren klug genug zu sehen, daß weder im deutschen noch im lateinischen und griechischen Felde etwas Brillantes für sie zu tun sei; nun warfen sie sich in den ferneren Osten, und hier manifestiert sich das Talent von August Wilhelm auf eine ehrenvolle Weise. Alles das – und + wird die Folgezeit reiner in Evidenz setzen. Schiller liebte sie nicht, ja er haßte sie, und ich weiß nicht, ob aus dem Briefwechsel hervorgeht, daß ich, in unserm engen Kreise wenigstens, soziale Verhältnisse zu vermitteln suchte. Sie ließen mich bei der großen Umwälzung, die sie wirklich durchsetzten, notdürftig stehen, zum Verdrusse Hardenbergs, welcher mich auch wollte deliert (ausgelöscht) haben. Ich hatte mit mir selbst genug zu tun, was kümmerten mich andere!

Schiller war mit Recht auf sie erbost; wie er ihnen im Wege stand, konnt' er ihnen nicht in den Weg treten. Er sagte mir einmal, da ihm meine allgemeine Toleranz, sogar die Fördernis dessen, was ich nicht mochte, nicht gefallen wollte: «Kotzebue ist mir respektabler in seiner Fruchtbarkeit als jenes unfruchtbare, im Grunde immer nachhinkende und den rasch Fortschreitenden zurückrufende und hindernde Geschlecht.»

Daß August Schlegel so lange lebt, um jene Mißhelligkeiten wieder zur Sprache zu bringen, muß man ihm gönnen. Der Neid, so viele wirksamere Talente auftauchen zu sehen, und der Verdruß, als junger Ehemann so schlecht bestanden zu haben, können unmöglich das Innere dieses guten Mannes ins Wohlwollen gelangen lassen.

Wir wollen das alles, wie seit so vielen Jahren, vorübergehen lassen und immer nur auf das hinarbeiten, was wirksam ist und bleibt. Ich habe gar manche hübsche Faden fortzuspinnen, zu haspeln und zu zwirnen, die mir niemand abreißen kann.

Und somit mag denn noch manches weiße Papier zu Dir

gelangen, manches bleibt für die nächste Mitteilung. Uns und euch ist zu gleicher Zeit ein neuer Stern aufgegangen, an dessen Anblick wir uns eine Weile ergötzen wollen.

Alles Gute, Schöne, Würdige!

Also sei und bleib' es! G.

Weimar, den 20. Oktober 1831.

«Kaiserin Elisabeth»: Am 15. September 1831 schrieb Zelter von einer Zeichnung Georg Friedrich Schmidts, «die, ihrer Verderbnis ungeachtet, ein Pretiosum bleibt. Es ist die ‹Kaiserin Elisabeth von Rußland› und scheint ein Probedruck zu sein, weil die Schrift nicht darunter ist. Ich hatt' es mit all seinen Stockflecken aus dem Winkel einer alten Kommode meiner Großmutter geschossen; vielleicht hilfst Du dem Blatte wieder zu honettem Ansehn.»

Die Gebrüder Schlegel: Im Brief vom 15. Oktober 1831 schrieb Zelter: «August Wilhelm Schlegel hat in dem Leipziger Almanach von 1832 unter Rubrik von Späßen sich einer gallig-wäßrigen Essenz gegen Schiller und Dich in Beziehung auf den bekannten Briefwechsel entladen wollen. Dagegen wäre nichts einzuwenden. ‹Schelm, wehre dich!› sagte mein Vater, wenn mir einer nach der Halsbinde griff; aber so wie Herr v. Schlegel, der sich so lange besinnt, um den Nachduft einer damals bang verhaltenen, nun seit 35 Jahren zerfloss'nen Blähung wieder zur Nase zu bringen – dazu hätt' er die Sprache der Hindu nicht zu studieren brauchen.»

präkonisieren: feierlich zum Bischof ernennen.

Adam Müller: Adam Heinrich Müller (1779–1829), politischer und philosophischer Schriftsteller der Romantik, Diplomat in österreichischen Diensten, mit Kleist Herausgeber der Zeitschrift «Phöbus».

nach dem Indischen: August Wilhelm Schlegel wirkte seit 1818 als Professor für indische Philologie in Bonn.

pis aller: im schlimmsten Falle, wenn alle Stränge reißen.

Hardenbergs: Friedrich Leopold Freiherr von Hardenberg (genannt Novalis, 1772–1801), Dichter der Romantik.

Kotzebue: Der Theaterdichter August Friedrich Ferdinand von Kotzebue.

ein neuer Stern: Gemeint ist die Geburt des preußischen Prinzen Friedrich Wilhelm Nikolaus Karl am 18. Oktober 1831, des späteren preußischen Königs und deutschen Kaisers Friedrich III.

*

An Goethe

Unser theologische Eiferer Hengstenberg soll eine bleischwere Kritik über die «Wahlverwandtschaften» entlassen haben. Ich kenn' ihn nicht, und wenn er Dich nicht versteht, wirst Du ihn auch nicht kennen.

Der Hamburger Bach hatte eine Fuge drucken lassen. Agricola fragte ihn: «Haben Sie denn Marpurgs Kritik über

Ihre Fuge gelesen? Er hat Sie scharf mitgenommen.» «Nein», sagte Bach; «hätte er mir seine Kritik vorher gesagt, so hätte man sich vielleicht darnach richten können; gefallen ihm aber seine eigene Fugen, so seh' ich nicht ein, wie ihm die meinigen gefallen sollen.»

Die Schlegel'schen Schmalzküchlein hatten mich wieder zu Schillers Briefen hingetrieben; da find' ich zum Troste bei Gelegenheit Deiner Schweizerreise im Jahre 1797 von Tübingen über Tuttlingen und Schaffhausen zum Rheinfall, daß ich unbewußt die nämliche Reise auch im Monat September fast zu Fuße und mit gleichen Empfindungen gemacht habe. Was mich dabei besonders freute, war, daß ich in meiner Musik zu Schillers «Taucher» dem liebenden Jüngling nichts Unwahres nachgesagt und solches nach 20 Jahren wieder erkennen dürfen.

Eine neue Oper von Scribe und Aubert: «Der Liebestrank» ist von so ertötender Schwäche und Nichtsheit, daß das Haus schon bei der zweiten Vorstellung wie ausgestorben erschien.

Dagegen haben die Königsstädter sich wieder eine neue Rossini'sche Oper: «Das Fräulein am See» so artig angepaßt, die sich wohl erhalten wird. Ein schottischer Ritter Douglas hat seine schöne Tochter einem Herrn Roderich versprochen; Jakob V., König von Schottland, will sie auch haben, sie aber will auf Tod und Leben einen Herrn Malcolm Grame haben. Und das könnte überall geschehen. Der Text ist daneben die wunderlichste Kompilation ewig wiederholter, längst bekannter italienischer Opernphraseologie, doch alles so faisabel und komponibel wie gutwillige Mädchen. So ist die Oper da.

Was mich sogleich anzog, war, daß der Komponist eine lange, breite, pathetische Sinfonie gar nicht vermissen läßt. Die Oper fängt mit sich selber an, enthält alles, woran man den bekannten Komponisten bald wiedererkennt, und zugleich sehr deutliche Zeichen, daß es noch lange nicht mit ihm all ist. Die Sänger haben genug, mehr als genug zu tun und sind dennoch geschont durch das Orchester, das er mit einer Leichtigkeit wie eine Schelle in fixer Hand leitet und mit soviel Geist hineinwebt, als wenn's gewachsen wäre. An Stoff zum Tadel fehlt's auch nicht, doch wer daran hängenbleibt, ist in Gefahr, die feinsten, kecksten Stellen wie ein fliehendes Wild zu versäumen. Der Chor greift nicht selten so geschickt und kräftig ein, daß man sich auf einen Augenblick ein paar tausend Jahre älter findet. Die Szene ist, wie gesagt in Schottland, und so glaubt' ich mich in der Tat zuweilen von der Berliner Königsbrücke in ein ernstes Hochland versetzt, wiewohl sich der Komponist nicht einmal die Mühe gegeben hat, auch nur ein schottisches Nationallied aufzusuchen.

Das Königsstädt'sche Theater ist recht gut montiert und trotz der heutigen Tage niemals leer. Zwei gute erste Sängerinnen, zwei gute Tenore, mehr als zwei gute Bässe, ein sehr leidliches Orchester sind nichts Gemeines. Der Direktor des Ganzen aber wieder ein Jude, der für ganz ununterrichtet gilt, und doch ein ganzer Jude! Einer erzählte von ihm, er habe auf der Straße einer alten Bettlerin einen Silbergroschen gegeben. Sie habe ihm zugerufen: «Gott vergelt' es tausendmal!», worauf er unwillkürlich erwidert habe: «Macht 33 rh. 10 Silbergroschen.» Diese Geschichte wird freilich auch andern Juden nachgesagt, was mich nicht angeht.

Ich bin froh, meine «Kaiserin Elisabeth» in Deiner Hand zu wissen. Der große Wert, den ich auf diese Rarität, auch aus Familieninteresse, legte, gehört mir nun nicht mehr allein; eine Sammlung wie die Deinige, die an sich unschätzbar ist, fordert auch ein solches Unikum. In allem, was sonst die Kunst betrifft, denk' ich wie Du, sonst hätten wir vielleicht einander niemals mit Augen gesehn.

Wie schon gesagt, war ich wieder in den Schiller'schen Briefwechsel hineingeraten. Da find' ich mich denn durch die beiden Nummern 389 und 390 zu neuer Betrachtung ermuntert. Schiller sagt nämlich: «Sollte es wirklich an dem sein, daß die Tragödie ihrer pathetischen Gewalt wegen Ihrer Natur nicht zusagte?» – und ferner: «Eine gewisse Berechnung auf den Zuschauer geniert Sie, und vielleicht sind Sie eben gerade deswegen weniger zum Tragödien*schreiber* geeignet, weil Sie ganz zum Dichter in seiner generischen Bedeutung erschaffen sind. Wenigstens find' ich in Ihnen alle poetischen Eigenschaften des Tragödienschreibers im reichsten Maß, und wenn Sie wirklich dennoch keine ganz wahre Tragödie sollten schreiben können, so müßte der Grund in den nichtpoetischen Erfordernissen liegen.»

Ich an meinem Teile versteh' dies Helldunkel nicht und weiß auch viel, was es heißt: eine Tragödie *schreiben*, oder ob sich dergleichen schreiben lasse, da sich das Dichten zum Schreiben verhält wie etwa die Musik zu den Noten. Etwas klarer wird mir's, wenn ich bedenke, daß Schiller eben in schwerem Kampfe ist mit seinem «Wallenstein», dem er das Poetische gleichsam anheften will. Deine Antwort, No. 390, enthält den ganzen Aristoteles und noch mehr:

«Übrigens», sagst Du, «fahren Sie nur ohne Sorge fort. Die innere Einheit, die der «Wallenstein» haben wird, muß gefühlt werden, und Sie haben große Privilegien auf dem Theater. Ein ideales Ganze imponiert den Menschen, wenn sie es auch nicht im einzelnen zu dechiffrieren noch den Wert der einzelnen Teile zu schätzen wissen.»

So spricht einer, der fördert und das Produkt auf die produzierende Kraft anweist. Hiervon abgesehn, bleibt mir der «Wallenstein» ein einziges Werk und zugleich der Wendepunkt der ganzen Höhe des Dichters, die sich nur darum selber im Lichte steht, weil sie mir nichts übriglassen will.

Der sehr unvollkommne «Götz» (ich habe das Wort hundertmal gehört) läßt mir darum die Ehre, sämtlich[e] umgebende Individuen so vollkommen auszubilden, daß ihnen gar nichts fehle.

Wenn Poesie ein Geist der Wahrheit ist, so sucht sie, so irrt sie nicht; sie aber aus der Tragödie erst zu entwickeln, kommt mir vor, wie gemalte Bilder durch Personen ins Leben zurückrufen. In Summa: die Musik macht den Musikus, die Poesie den Dichter, der Schuh den Schuster. – Die beiden Briefe sind nicht mit Golde zu bezahlen.

Über die prätendierten *Erfordernisse einer ganz wahren* das ist: vollständigen Tragödie gedenk' ich eben eines lebendigen Geschichtchens – doch davon künftig.

Ewig Dein Z.

Berlin, Donnerstag, 27. Oktober 1831.

Hengstenberg: Der reformierte Theologe Ernst Wilhelm Hengstenberg (1802–1869), Professor für Altes Testament in Berlin.

Kritik ... «Wahlverwandtschaften»: Die anonym erschienene Kritik «Über Goethes Wahlverwandtschaften» in der von Ernst Wilhelm Hengstenberg herausgegebenen Berliner «Evangelischen Kirchen-Zeitung», 1831, Nr. 57–61.

Hamburger Bach: Carl Philipp Emanuel Bach, der zweitälteste Sohn von Johann Sebastian Bach.

Agricola... Marpurger: Johann Friedrich Agricola (1720–1774), Schüler von Johann Sebastian Bach und später Hofkomponist Friedrichs des Großen, sowie Friedrich Wilhelm Marpurg (1718–1795), Komponist und Musiktheoretiker.

Schweizerreise: Goethes dritte Reise in die Schweiz vom 30. Juli bis 20. November 1797.

Schillers «Taucher»: Vgl. Anm. zu Zelters Brief vom 13./18. November 1830, S. 344. – In den Briefen aus der Zeit von Goethes dritter Schweizer Reise ist, im Zusammenhang mit der Aufnahme einiger Lieder Zelters in den von Schiller herausgegebenen Musenalmanach, wiederholt vom Komponisten die Rede.

Scribe... Aubert... «Der Liebestrank»: Die Oper «Le Philtre» (1831) von Daniel François Esprit Auber, komponiert auf ein Libretto von Eugène Scribe; die Berliner Erstaufführung fand am 15. Oktober 1831 statt.

«Das Fräulein am See»: Die Oper «La donna del lago» (1818) von Gioacchino Rossini, komponiert auf ein Libretto von Andrea Leone Tottola.

«Kaiserin Elisabeth»: Vgl. Anm. zu Goethes Brief vom 20. Oktober 1831, S. 379.

in den Schiller'schen Briefwechsel: Zelter zitiert zwei Stellen aus Schillers Brief vom 12. Dezember 1797 an Goethe (20, 466).

Deine Antwort: In Goethes Brief vom 15. Dezember 1797 an Schiller (20, 467f.).

*

An Zelter

Vor allen Dingen hab' ich Dir den schönsten Dank zu sagen, daß Du Dich der guten Facius in einem zweifelhaften Falle so treulich angenommen hast. Ich bin wegen der Zukunft des guten Kindes in einiger Verlegenheit; denn es ist kaum abzusehen, wie man nach Verlauf des gegenwärtigen Jahres die Pension verlängern wolle und werde. So manche junge Hülflose empfehlen sich dringend, und nach den gegenwärtigen Um- und Zuständen muß man Maß und Ziel zu treffen suchen. Sage mir Deine Gedanken, inwiefern sie etwas verdienen, sich selbst forthelfen kann, damit man ihr allenfalls einen Zuschuß auswirkte.

Gar manches andere geht mir durch den Sinn, jetzt will ich mich nur erst an Deine letzten Briefe halten.

Es freut mich, daß Du manchmal wieder an den Schillerischen Briefwechsel gehst; man sieht darin ein paar ernstlich strebende Menschen auf einer ziemlichen Höhe des Standpunktes, man wird zu gleicher geistiger Tätigkeit angeregt, sucht sich neben sie, wo möglich über sie zu stellen, und dadurch ist für den Heranwachsenden alles gewonnen.

Nächstens erhältst Du die ersten Nummern des «Chaos»; es kommt mir vor wie das zweite Jahr eines übrigens ganz leidlichen Ehestandes. Frage aber bei Dir an, ob ich nicht Deine einzig liebenswürdigen Äußerungen über das «Fräulein am See» und das Königstädter Theater überhaupt darf einrücken lassen.

Du könntest künftig, wenn Du einen Brief an mich geschrieben hast, beim Wiederdurchlesen mit Gänsefüßchen oder sonst einem beliebigen Zeichen mir andeuten, was ich dürfte abdrucken lassen. Es ist die wunderlichste und unschuldigste Art, jetzt etwas unter die Leute zu bringen.

Die Frömmler habe ich von jeher verwünscht, die Berliner, so wie ich sie kenne, durchaus verflucht, und daher ist es billig, daß sie mich in ihrem Sprengel in den Bann tun. Einer dieses Gelichters wollte mir neulich zu Leibe rücken und sprach von *Pantheismus*; da traf er's recht! Ich versicherte ihm mit großer Einfalt: daß mir noch niemand vorgekommen sei, der wisse, was das Wort heiße.

Neulich kommt ein recht hübscher junger Mann, auch ein Preuße, mir nach einer ganz schicklichen Unterhaltung zu vertrauen, er übe sich auch im Dichterfach, und fügte hinzu: er suche gegen mich und meine Anhänger zu wirken. Ich versicherte ihm, daß das sehr wohlgetan sei; denn da niemand leicht denke wie der andere, so sei nichts natürlicher, als daß jeder sich, in Versen und in Prosa, auch anders ausspreche.

Was die Tragödie betrifft, ist es ein kitzlicher Punkt. Ich bin nicht zum tragischen Dichter geboren, da meine Natur konziliant ist; daher kann der reintragische Fall mich nicht interessieren, welcher eigentlich von Haus aus unversöhnlich sein muß, und in dieser übrigens so äußerst platten Welt kommt mir das Unversöhnliche ganz absurd vor. Ich darf nicht fortfahren, denn im Laufe der Rede könnte man doch abirren, und das wollen wir vermeiden.

Daß dem werten und würdigen Herrn Begas meine Sendung angenehm war und Dir Freude machte, trifft mit meinen Wünschen überein. Auch Dein Exemplar ist halb gepackt. Sogar auch nur diese mechanisch-technischen Besorgungen können bei mir nicht rasch gehen. Am Morgen jedes Tags find' ich immer mehr zu tun, als ich aufräumen kann; doch auch das geht frisch weg, und so kommt doch eins nach dem andern an die Reihe.

Schreibe nur immer das Unmittelbarste, was Dich berührt; ich kann nicht ganz das gleiche tun, doch erinnerst Du Dich wohl eines Aufsatzes über die Händel der französischen Naturforscher in euren «Jahrbüchern für wissenschaftliche Kritik», welcher in Frankreich großes Aufsehen machte, weil er zwischen zwei Parteien hineintrat. Ich fuhr seit jener Zeit immer fort, die Angelegenheit durchzudenken, welche wirklich im Fache von großer Bedeutung ist. Ich schrieb auch manches, welches ich jetzt redigiere und durcharbeite; dies ist aber einer von den Fällen, in welchen der Geist ohne mühsame Vorbereitung nichts ausrichten kann.

Hiezu gib mir also Deinen Segen und schreibe, wie Dir's vor die Feder kommt; ich muß es auch so machen. Gott sei Dank, daß wir überhaupt zu denken gewöhnt sind; über die jetzigen Umstände zu denken wäre penibel.

Die guten Nachrichten von dem Potsdamer Neuen Palais haben großen Einfluß auf unsre guten Stunden. Hiemit lebe wohl! und erfreue Dich theatralischer und musikalischer Unterhaltung, deren ich nun ganz und gar entbehre.

Also sei und bleib' es! G.

Weimar, den 31.Oktober 1831.

Facius: Im Brief vom 26. September/4. Oktober 1831 berichtete Zelter: «Den 30. September. Am 17. dieses hat mir Angelika Facius einen Dankbrief ihrer Mutter überbracht: die Tochter habe ihr geschrieben, sie sei zu mir ins Haus gezogen und habe damit ihren Angehörigen in Weimar sehr schwere Sorgen erleichtert, und so weiter. Das Wahre ist: Angelika hat eine Nacht ein heiteres Zimmer neben meinen Töchtern ganz allein bezogen, ist am Morgen früh darauf still von dannen gegangen, ohne ein Wort zu sagen, und ist in ihrer vorigen Wohnung verblieben. Ob sie nun ihre Eltern auch davon unterrichtet hat, weiß ich nicht und schreib' es bloß, damit Du es wissest. Nun erfahr' ich von ihr, daß sie am Hallischen Tore bei einer Witwe, eine halbe Meile von der Akademie, wo sie täglich arbeitet, wohnt, da sie von mir nur zwei Minuten bis zur Akademie braucht. Sie selbst hat sich gegen mich darüber nur stotternd ausweisen wollen, und daß ihr von meiner Umgebung kein Leid widerfahren können, des bin ich gewiß. – Den 4. Oktober. Die kleine Facius ist nun wirklich bei mir als Hausgenossin eingezogen. Eine Unpäßlichkeit meiner Tochter Rosamunde scheint sie das erstemal in Furcht gesetzt zu haben, und so möge nun das Leben fortgehn.»

«Fräulein am See»: Vgl. Anm. zu Zelters Brief vom 27. Oktober 1831, S. 381.

Die Frömmler: Bezieht sich auf Ernst Wilhelm Hengstenberg; vgl. Anm. zu Zelters Brief vom 27. Oktober 1831.

Herrn Begas: Am 15. Oktober 1831 berichtete Zelter: «Du hast zwei mit eins glücklich gemacht. Gestern war Begas da, in Freuden schwimmend, und mir hätte nicht Angenehmeres widerfahren können. Seine Frau hatte einen Anfall von der Cholera gehabt, und wie er sagt, so ist sie durch die Freude an Deiner Sendung von Deiner eigenen Hand genesen.» Goethe hatte am 28. September 1831 dem Berliner Hofmaler Karl Begas ein Exemplar der «Vollständigen Ausgabe letzter Hand» gesandt.

eines Aufsatzes: Goethes Aufsatz «Principes de Philosophie Zoologique» (17, 380), erschienen im September 1830 in den Berliner «Jahrbüchern für wissenschaftliche Kritik». Den zweiten Teil dieses Aufsatzes beendete Goethe im Dezember 1831; er erschien im März 1832.

Die guten Nachrichten: Vgl. Anm. zu «ein neuer Stern» in Goethes Brief vom 20. Oktober 1831, S. 379.

*

An Goethe Berlin, den 16. November 1831.

Eben sind sie dabei, den guten Hegel unter die Erde zu schaffen, der vorgestern plötzlich an der Cholera gestorben ist; denn am Freitag abend war er noch bei mir im Hause und hat den Tag darauf noch gelesen. Ich soll der Leiche folgen, doch habe ich eben Akademie und den Schnupfen dazu. Mein Haus hat wöchentlich gegen 400 Personen regelmäßig aufzunehmen, und wenn mir was zustieße, so leidet meine Anstalt, und ich hätte den Vorwurf, das Übel eingeschleppt zu haben, um so mehr, da ich gegen den allgemeinen Gebrauch weder räuchre noch desinfiziere, wie es ungeschickt genug heißt.

Unsere Universität ist so zersplittert und zerrissen, daß ich auch noch nicht wieder anfangen können. Nun soll mir Hegels Tod eine Gelegenheit werden, eine Musik zu seinem Andenken einzuüben und in der Universität aufzuführen.

Hermbstädt hat angefangen und, weil er nur 7 Zuhörer hatte, wieder aufgehört, welche unter 777 vielleicht die besten gewesen wären. Da wäre denn der abgeschiedene Hegel zu loben, der's nicht lassen können, frisch anzufangen und sich totzulesen. So lernt man den Wert der Männer kennen, wenn sie davon sind. Als Gesellschafter mag Hegel eben keinen Beifall gefunden haben; wir spielten am liebsten ein Whistchen zusammen, das er gut und ruhig spielte. Das ist mir nun für die bevorstehenden langen Abende auch dahin, da wir nicht weit zu laufen hatten, um uns zu sehn.

Eine junge Frau sagte vor nicht langer Zeit im Beisein anderer Frauen: sie habe noch nie ein recht bedeutendes Wort aus Hegels Munde gehört. Nach einer Pause antwortete ich: das wäre wohl möglich; denn es war sein Metier, zu Männern zu reden.

Hier ist eine besondere Geschichte im Umlauf. Ein stämmiger eifriger Wärter einer Choleraanstalt wird endlich selber vom Übel befallen und gehörig beseitigt. Man gibt ihm zwei Wärter, die in der Nacht einschlafen. Der Patient, im Paroxysmus, dem sich das angeborne Pflichtgefühl zugesellt, entspringt seinem Lager halb nackend, geht zu seiner Anstalt, schlägt an Tür und Fenster und schreit, ihm aufzumachen. Die Leute sind erschrocken über das Gesicht, erkennen ihn und wollen ihn zurückbringen, er entspringt ihnen aber. Unterdessen sind jene Wächter erwacht, und da sie den Kranken nicht auf seinem Lager sehn, laufen sie, ihn zu suchen. Endlich kommen die Leute aus der Anstalt und finden den braven Kerl auf seinem Bette tot. Daß sich solch ein Vorfall in eine Spukgeschichte metamorphosiert, wirst Du denken.

Dann ist auch gestern die jüngste Tochter Moses Mendelssohns begraben worden. Sie war unter allen Geschwistern ihrem Vater am ähnlichsten, auch eben klein und verwachsen, dabei feinen stillen Geistes und über alles liebenswürdig. Sie hatte von ihrem Vater nur wenig ererbt, damit ging sie nach Paris, wo sie, vom General Sebastiani gekannt, die Erzieherin seiner einzigen Tochter wurde. Dieses Kind hat sie bis zu seiner Verheiratung erzogen und gebildet und bis an ihren Tod eine Pension von nah an 3000 Franks bezogen, die sie in ihrer Geburtsstadt Berlin verzehren durfte. Es gehört doch zu den Besonderheiten, wenn ein berlinisches Judenmädchen ohne Persönlichkeit, zur Dame eines der ersten Pariser Standeshäuser geworden, gar keinen Abstand in Sprache, Sitte und ökonomischen Benehmen bemerken läßt. Seit den 10 Jahren, da sie nun wieder in Berlin von mir so oft und gern gesehn worden, hab' ich kaum ein französisches, englisches oder italienisches Wort aus ihrem Munde gehört, vielmehr sprach sie das klarste, fließendste Deutsch mit einer Heiterkeit, in der ich Deine *Schöne Seele* zu erkennen glaubte. Wegen ihres Berufs als Erzieherin in Paris hatte sie sich katholisch gemacht, und außer ihrem täglichen Besuch der Messe wäre kein Schein einer positiven Religiosität an ihr zu bemerken gewesen. Felix ward von ihr am meisten geliebt; meine Briefe an ihn mochte sie gern haben und schrieb sie sich ab. Noch vor kurzem ist sie hier bei mir gewesen, und nun bleibt mir nur ein schönes Andenken von ihr.

Ich bin abermalen zum Lobredner meiner Hauptstadt geworden. Da Du aber einmal selber von einem Berliner rühmlich redest, so sollen es Deine Thüringer und Frankfurter nun auch bei mir besser haben. Die Menschen sind alle, wie sie sind und wie sie waren, und wir beide haben es lange genug mit ihnen ausgehalten. Deine Einladung auf die schönsten Weintrauben nehm' ich wohl an, wenn ich mich auch jetzt nicht von hier entfernen mag, wo mich so manches bindet, indem ich mich frei genug weiß. Was die Trauben betrifft, so hab' ich es dieses Jahr besser damit als je, indem der Genuß derselben verdächtig gemacht worden. Darüber erhalt' ich fast täglich die schönsten Trauben geschickt und kann ihre Süßigkeit und Herzigkeit nicht genug loben.

Eine der vorigen ähnliche Cholerageschichte erzählt mir soeben mein Schwiegersohn aus der Ukermark. Ein Ackerknecht wird, krank und erstarrt, vom Kreisarzte für tot ausgegeben. Der Mann wird aus dem Hause geschafft und auf die Tenne gelegt. In der Nacht richtet er sich auf, geht ans Haus und klopft und ruft nach seiner Frau. Diese, in der Angst ihres Herzens, ruft ihm von innen zu: «Wadderken, blif doch da, du bist ja dot!» Der Mann ist genesen und lebt.

Wer Voltairen nicht würdige Gedanken und Gesinnungen zugesteht, muß ihm noch immer die brillantesten Einfälle verzeihen, die sich in die glücklichsten Verse kleiden. So komm' ich eben davon her, die «*Pucelle d'Orléans*», welche ich oft genug angefangen, endlich ganz durchzulesen. Ungerechnet, daß ein schöner Geist sich *einundzwanzig* Gesänge lang *con amore* in grober Unzucht zu gefallen nicht ermüdete, ist mir die bestialische Gottlosigkeit gegen Poesie und Altertum widerständig gewesen, die mit breitem Fuße auf alles tritt, was Blume oder Blüte hat. – Ich bin froh, davon zu sein.

Aus Deinem Briefe vom 23. dieses, der soeben ankommt, seh' ich, wie wir beide aus den verschiedensten Regionen zusammentreffen: Du aus der Blütenzone griechischer Geistesklarheit und ich aus dem Zotensumpfe einer französischen Fleischgrube. Da nun das Blatt schon über 8 Tage liegt, so geh' es denn mit der Einlage zur heutigen Post. Auch eine Sendung von seiten des Herrn Riese und der kleinen Facius geht heut ab. Wenigstens heißt es so! *Vale!*

Sonnabend, 26. November 1831. Dein Z.

Hegel: Vgl. Anm. zu Zelters Brief vom 31. August/1. September 1831, S. 369.

Hermbstädt: Der Chemotechniker Sigismund Hermbstädt (1760–1833), Professor an der Berliner Universität.

Paroxysmus: Anfallartiges Auftreten einer Krankheitserscheinung.

die jüngste Tochter ... Mendelssohns ... General Sebastiani: Henriette Mendelssohn, vgl. Anm. zu Zelters Brief vom 28. Mai 1825, S. 231.

Schwiegersohn: Vermutlich Carl Grundmann, Amtmann in Fiddichow bei Greifenhagen.

Voltaire ... «Pucelle d'Orléans»: «La Pucelle d'Orléans», heroisch-komisches Epos in 21 Gesängen (1762) von François Marie Arouet Voltaire (1694–1778).

des Herrn Riese: Johann Karl Friedrich Riese (gestorben 1843), Modellmeister bei der Berliner Porzellanmanufaktur.

*

An Zelter

Ein Füllhorn von Blüten,
Ein zweites von Früchten,
Wie möcht' ich gemütlich
Zum Feste sie richten!
Doch saust ein Gestöber
In Lüften so wild;
Wo alles erstarret,
Genieße das Bild!
Begrüße die Bilder!
Sie gingen voran,
Und andere folgen –
So fort und fortan!

Zeltern. G.

Zum 11. Dezember 1831.

Zum 11. Dezember 1831: Zelters 73. Geburtstag.

Und so wären wir denn durch die Ankunft der guten Doris Dir wirklich um soviel näher gerückt, und ob mir gleich Berlin und Dein Wirkungskreis in dieser Königstadt ziemlich gegenwärtig sind, so ist es denn doch höchst erfreulich, gewisse Einzelnheiten sich aufklären zu sehen.

Sie hat so mancherlei mitgebracht, daß ich nicht begreife, wie man dergleichen Gepäck im Eilwagen unterbringt. Zuvörderst also meine Briefe, welche schon zwischen die Deinigen eingeschoben sind. Die Summe der letztern betragen 41, die der ersten 32. Du hast also um soviel Schritte Vorsprung; versäume nicht, in diesem Jahr mich abermals zu überbieten. Gesteh' ich's nur: meine Zustände sind aus so viel kleinen Teilen zusammengesetzt, daß man beinahe fürchten müßte, das Ganze würde sich zunächst verkrümeln; bei Dir gibt's doch noch Massen, daraus lebendige Genüsse hervorgehen, wodurch der unausweichliche Verdruß wieder verschmerzt und aufgehoben wird.

Herrn Friedlaender kannst Du vorläufig für die Medaille schönstens danken; sie hat mich und Meyern als ein wahres Kleinod höchlich erfreut, auch nimmt sie sich in der Reihe ihrer Geschwister gar vorteilhaft aus. Da die freundlichen Sender schon mit meiner Medaille versehen sind, so sollen einige ältere schätzenswerte Stücke dankbar sich einfinden. Unter den von meinem Sohn aus Mailand gesendeten Münzen haben sich einige Dubletten gefunden.

Das Büchlein von Judas Makkabäus nimmt sich gut aus; die alte Fabel: Überwundene, Bedrückte, erst duldend, dann sich auflehnend, nach wechselndem Erfolg sich zuletzt doch befreiend, ist ein sehr günstiges Thema, der Musik besonders zusagend.

Der Text von Jouy zur Spontini'schen Oper ist wirklich bewundernswürdig. Ich hab' ihn [erst] einmal durchgelesen. Große Einsicht in das theatralisch Wirksame, glückliche erneute Benutzung solcher Situationen, denen man niemals ausweicht, mitten im Strome einer teils feierlichen, teils leidenschaftlichen Bewegung recht hübsche Ruhepunkte, wo sich gemütlicher Gesang ergehen kann, brausende, gut gruppierte und bewegte Finales. Wer den dritten Akt auszuhalten hat, der mag eine Herz- und Sinne[n]stärkung bei der Hand haben! Übrigens wüßt' ich keine Stelle abzuraten und zu verändern, ich werde nur loben können und aus dem rechten Standpunkte meine gute Meinung gründlich motivieren.

Wegen der gewünschten Mitteilung hab' ich Skrupel, es ist eine gar kitzliche Sache; doch wollen wir das Weitere bedenken und überlegen.

Mit der kleinen Facius wird sich's machen, die Sustentation noch auf ein Jahr ist schon so gut wie gewährt; die Gegenwart des Professors Rauch in Berlin wird ihr auf alle Fälle höchst förderlich sein. Wer aufhört, mit den Meistern seiner Kunst zu konversieren, der kommt nicht vorwärts und ist immer in Gefahr zurückzuschwanken. Von jedem Talent soll man ein unermüdetes Bestreben, eine Selbstverleugnung fordern, von der sich aber niemand einen Begriff machen will. Jeder möchte die Kunst gern auf seine eigne Weise besitzen, sie aber will nur auf die ihrige geworben und erworben sein. Wie oft seh' ich Talente, die sich gebärden wie eine Wespe an der Fensterscheibe: sie möchten das Undurchdringliche mit dem Kopf durchbohren; das ginge, denken sie, weil es durchsichtig ist.

Die Eigenheiten Deiner Tonwelt vernehm' ich nun genauer durch die gute Doris. Wie viele haben denn eine Ahnung von der einsichtigen Gewalt, die erfordert wird, um einen solchen Körper zusammenzuhalten!

Ungesäumt, unverwandt, so fortan! G.

Weimar, den 14. Januar 1832.

Doris: Auf Goethes Einladung hin weilte Zelters Tochter Dorothea Auguste Cäcilie vom 10. Januar bis 18. Februar 1832 in Weimar.

Friedlaender: Am 22. November 1831 sandte Goethe zwei Exemplare der neuesten Ausgabe seiner Genfer Medaille an Zelter; dieser gab eine davon dem Berliner Kaufmann David Friedländer. Am 5. Dezember 1831 bedankte sich Friedländer bei Zelter: «Innig verehrter Freund, teurer Professor Zelter! Schriftlich wiederhol' ich meinen Dank für die Überlassung der schönen Denkmünze des hochehrwürdigen Herrn v. Goethe; auch im Namen meines Sohnes Benoni, in dessen Sammlung sie gewandert ist. – Er besitzt eine ebenso schöne als seltene Medaille auf Ludovicus Carbo, opus Sperandei [...] als Dublette und schreibt mir: ‹Wenn der Dichterfürst dieses Schaustück noch nicht besitzt, so wird sie eine wahre Bereicherung seiner Sammlung sein. Es ist so eigentlich keine Dublette, denn solche Stücke geben immer Abweichungen, wenn auch keine wesentliche. Aber es ist Pflicht, dem großen Manne, der uns allen so edlen, reichlichen und belehrenden Genuß bereitet hat, nach Kräften wieder zu erfreuen, und so erwerbe ich mir auf eine etwas tätige Weise den Titel eines Wohlwollenden.›» Dieses Schreiben Friedländers legte Zelter seinem Brief vom 31. Dezember 1831 an Goethe bei.

Meyern: Der Maler und Kunstschriftsteller Hofrat Johann Heinrich Meyer.

Judas Makkabäus: Am 12. Januar 1832 führte Zelter Händels Oratorium «Judas Maccabäus» auf; zur Information sandte er Goethe das von Thomas Morell (1703–1784) verfaßte Textbuch.

Jouy... zu Spontini'schen Oper: Die Oper «Les Athéniennes» (1832) von Spontini, komponiert auf ein Libretto von Victor Joseph Etienne Jouy (1764–1846).

Facius: Die Weimarer Stempelschneiderin und Bildhauerin Angelika Facius.

Sustentation: Unterstützung, Versorgung.

Rauch: Der Berliner Bildhauer Christian Daniel Rauch.

*

An Goethe

Nichts so fein gesponnen,
Es kommt endlich an der Sonnen.

In hiesiger Charité ist ein Weibsen von Zwillingen entbunden. Die Mutter, welche eine Zweigeburt nicht erwartete, hat sich sorgfältig nach der Farbe des Kindes erkundigt und sich unter allen Leiden getröstet erwiesen. Unterdessen hat sich ein zweites herangedrängt, das der Entbinder ein Mulattenkind genannt hat, worüber die Kreisende vor Schrecken außer sich gewesen, ihren Tod erwartet und gestanden hat, daß sie in einer und derselben Zeit zweien Männern verschiedener Farbe zur Unterlage gedient. Die Zwillinge (beides weibliche) sind nach der Geburt gestorben und unserm Anatomen Rudolphi zur Sektion übergeben, der beide Kinder als weiß geboren erkennen wollen.

Freitag, 10. Februar. Unsere gestrige öffentliche Produktion ist glatt genug von sich gegangen, und zwar nach einer einzigen Probe von 1½ Stunde für eine Aufführung von 2½ Stunden. Es waren zwei Proben angeordnet, da aber am Tage der zweiten eine starke Oper gegeben wurde, war das Königliche Orchester nicht zu haben, und man mußte sich helfen, denn auch diese Eine Probe geschah mit Übereilung, weil die Musiker noch ein öffentliches Konzert zu bedienen hatten.

Ich muß es wohl für eine besondere Gnade Gottes erkennen, daß mir mit einem Orchester, mehrenteils aus freiwilligen Liebhabern bestehend, noch nie ein Skandal geworden, wie ich doch solches an andern Orchestern wohl erlebt habe. Eine herzhafte Anrede an mein Volk (an die 300 stark) hat einmal wieder die Wirkung getan, welche Du aus dem Karton des Michel Angelo so prachtvoll deduziert hast. Alle liefen und kamen und standen wie die Mauern und gingen freudig auf die Sache los und erkannten meinen ermunternden Blick und freuten sich wie die Kinder über ein paar Fehler, die ich gemacht. Dergleichen wissen sie sich nicht klein anzuschlagen. Mein neuer Konzertmeister ist ein Bravo und paßt auf, als ob er nach Schnepfen schießt.

Ein paar neue vertrackte Opern habe auch wieder hinter mir. – Man muß machen («sagt der Patriarch») davonzukommen, eh' die Ware in den Müllkasten übergeht. *Sic:*

ad 1) «Die Marmorbraut.» Ein Korsar, ein Seehund, hat eine hohe Schönheit verführt und verlassen. Nach ihrem frühen Tode wird ihr marmornes Standbild von ihm verhöhnt, indem er der Statue einen Ring frech an den Finger steckt, den er ihr wieder abnehmen will, um eine neue zarte Schöne damit zu gewinnen. Der Marmor versteht den Scherz nicht, drückt den Finger in die Hand und hebt den rechten Arm gegen den Ehrenschänder in die Höhe, der, vor Schrecken und Bosheit außer sich, sein gewohntes Viehleben fortsetzt und zuletzt wie ein Don Juan endet.

ad 2) «Der Templer und die Jüdin.» Ein junger Tempelritter ist in die schöne Tochter eines alten dummen Juden verliebt, die ihn aus Abscheu vor der Christenlehre nicht will. Darüber wird das schöne Kind als Zauberin angeklagt und vom Orden zum Scheiterhaufen verurteilt. Soeben kehrt Richard Löwenherz (1194) aus Palästina nach England zurück. Einer seiner Ritter hebt den Handschuh für die Unschuld des Mädchens auf und siegt, und das Stück ist aus.

Die beiden Komponisten sind gleicher Unnatur, mehr und minder. Sie schlagen den Leuten ihre Musik mit solcher Gewalt um die Ohren, als wollten sie Leder gar machen. – Nun gibt ein Schelm mehr, als er hat; dahin ist es aber gekommen, daß älteste Wahrwort Lügen zu strafen. Weiß Gott, wie es kommt, daß ich nichts aus tiefer Seele zu sagen weiß, das Du nicht besser gesagt hast! So fällt mir eben ein, daß ich meine Weisheit hätte behalten können und Dich allenfalls verweisen, was Du unter dem Titel «Musik» im Anhange zu «Rameaus Neffen» längst ausgesprochen. Sei es nun Bestätigung alten treuen Glaubens und gleichen Sinnes oder die Frucht gesunder Saat: es steht einmal da und mag bleiben.

Meinst Du, ich habe mehr Zeit zu schreiben als Du zu lesen, so hast Du nicht ganz unrecht. Je mehr Leute man hat, je mehr Arbeit. Meinen Diener mußt' ich abschaffen, und der neue ist noch im dummen Vierteljahr wie die neugebornen Kinder, Rosamunde muß ihn zurechtrücken; Doris ist nicht im Hause, und so ist eine Stille wie in der Wochenpredigt. Es ist Sonnabend, und Freund Bornemann, den Dir Doris näher bezeichnen mag, hat mich auf Wildbraten gebeten. Lebe wohl und grüß' die Unsrigen von

Deinem Z.

Sollte Doris zu ihrer Rückreise Geld bedürfen, so bitt' ich, ihr soviel vorzuschießen; sie soll aber nicht zuviel ausgeben.

Charité: Berliner Krankenhaus.

Rudolphi: Karl Asmund Rudolphi (1772–1832), Professor der Anatomie in Berlin.

aus dem Karton des Michel Angelo ... deduziert: Im dritten Kapitel von Goethes «Benvenuto Cellini» (15, 436f.).

«sagt der Patriarch»: Redewendung des Klosterbruders in Lessings Drama «Nathan der Weise», I, 5.

«Die Marmorbraut»: Die Oper «Zampa ou La fiancée de marbre» («Zampa oder Die Marmorbraut», 1831) von Louis Joseph Ferdinand Hérold (1791–1833), komponiert auf ein Libretto von Anne Honoré Joseph Mélesville; die Berliner Erstaufführung – in der deutschen Bearbeitung von Karl Ludwig Blum (1786–1844) – fand am 31. Januar 1832 statt.

«Der Templer und die Jüdin»: Die 1829 entstandene große romantische Oper von Heinrich August Marschner (1795–1861), komponiert auf ein Libretto seines Schwagers Wilhelm August Wohlbrück (1796–1861); die Berliner Erstaufführung fand am 3. August 1831 statt.

Richard Löwenherz: Richard I. Löwenherz (1157–1199), König von England; nahm 1190–92 am dritten Kreuzzug teil und eroberte 1191 Zypern.

«Musik» ... «Rameaus Neffen»: Das Kapitel «Musik» in Goethes Anmerkungen zu seiner Übersetzung von «Rameaus Neffe» (15, 1038ff.).

Die Anwesenheit unsrer wackern Doris hat uns Deine Zustände recht anmutig aufgehellt und uns gar gemütlich so gut wie hineinversetzt. Glück zu der grenzenlosen Tätigkeit, die dem Menschen angeborne Vokalität zu regeln und das Gesetzliche der großen Kunst immerfort praktisch zu handhaben! Man hat schon vor alters gesagt: die Grammatik räche sich grausam an ihren Verächtern, Du sprichst es in Deinem letzten Briefe durch das Wort *nemesisch* gar vortrefflich aus; denn durch ein falsches Bestreben wird der ganze Organismus, Leib und Geist, aus den Fugen gerückt, und es ist gleich, ob eins oder das andere erkrankt und zuletzt bei verworrener Anstrengung zugrunde geht. Hier schalte ich ein, was ich vor einigen Tagen niederzuschreiben Veranlassung gefunden:

«Die kunstgemäße Ausbildung einer bedeutenden Naturanlage bewirkt zu haben, bleibt eins unsrer schönsten Gefühle; es ist aber zur laufenden Zeit ein größeres Verdienst als ehmals, wo noch jeder Anfänger an Schule, Regel, Meisterschaft glaubte und sich der Grammatik seines Faches bescheiden unterwarf, wovon die jetzige Jugend meistens nichts wissen will.

Die deutschen bildenden Künstler sind seit dreißig Jahren in dem Wahn, ein Naturell könne sich selbst ausbilden, und ein Heer von leidenschaftlichen Liebhabern, die auch kein Fundament haben, bestärken sie darin. Hundertmal höre ich einen Künstler rühmen: er sei nur sich selbst alles schuldig! Das hör' ich meist geduldig an, doch versetz' ich auch manchmal verdrießlich: *Es ist auch darnach.*

Was ist denn auch der Mensch an sich selbst und durch sich selbst? Wie er Augen und Ohren auftut, kann er Gegenstand, Beispiel, Überlieferung nicht vermeiden; daran bildet er sich nach individuellen Lüsten und Bequemlichkeiten, so gut es eine Weile gehen will. Aber grade auf der Höhe der Hauptpunkte langt das zersplitterte Wesen nicht aus, und das Unbehagen, die eigentliche Not des praktischen Menschen, tritt ein. Wohl dem, der bald begreift, was Kunst heißt!»

Soviel ich auch ins Ganze gewirkt habe und so manches durch mich angeregt worden ist, so kann ich doch nur Einen

Menschen, der sich ganz nach meinem Sinne von Grund auf gebildet hat, nennen: das war der Schauspieler *Wolff*, der auch noch in Berlin in gedeihlichem Andenken steht.

Freundlichem Erwidern entgegensehend, das Weitere nächstens. J. W. v. Goethe.

Weimar, den 23.Februar 1832.

nemesisch: wie die Nemesis, die griechische Göttin der Rache und der strafenden, ausgleichenden Gerechtigkeit. Bezieht sich auf Zelters Äußerung im Brief vom 16./18. Februar 1832: «Zu meinen Erfahrungen gehört auch, daß ein echtes Naturell, ohne Gelegenheit, sich fortzubilden, sich nemesisch an der ganzen Organisation rächt, da es nicht jedem Individuum gegeben ist, sich aus eigener Kraft aus- und durchzuarbeiten.»

«Die kunstgemäße Ausbildung ...»: Der erste Abschnitt dieses Zitats (ohne den abschließenden Nebensatz) auch in Goethes Brief an Marianne v. Willemer vom 23. Februar 1832.

*

An Goethe

Was Du in Deinem Letzten als die den Menschen angeborne Vokalität benamest, ist, was mir so viele Jahre her zu schaffen gibt. Bei einer Anzahl von Zungen, die hundertfältig das Eine Wort aussprechen, hat man von mehr als einer Seite her zu hacken, zu bügeln, ja wohl zu schelten, wenn Schlesier, Sächser, Westfaler *e tutti quanti* jedes nach seiner Art anbeißen, dagegen ich steif zu beharren habe, daß in dem nämlichen Kreise jedes Wort von jedem Munde nach Einem Klange herausgehe. Es sind schon bittere Tränen von schönsten Augen geflossen, die durch sanfte Härte bei gelindem Feuer getrocknet werden, wenn's auch bei dem «*Fiat justitia!*» bleibt, in einer Residenz, wo eine Akademie aller Wissenschaften und Künste, höhere und niedere Schulen, vier Theater mit Weisheit und Torheit zu Markte sitzen.

Wovon ich das Beste hoffe, das sind meine Studiosen. Entweder es sind die Besten, die sich zu mir halten, oder sie finden was Burschikoses an mir, indem wir uns untereinander stillhalten wie unterm Scheermesser, sie mir nichts zu geben haben, ich ihnen nichts zu schenken brauche, von der Leber weg rede und das Vorgefühl habe, ihnen nach langen Jahren noch recht und gerecht zu erscheinen. Wäre man nicht von obenher zu sehr beengt, da zu den natürlichsten Bedürfnissen es stets am Besten fehlt, so ließe sich mehr, wenn auch nichts Besseres tun. Und doch kann ich von Glück sagen, mir das Fach bereiten zu dürfen, woran hier sonst niemand gedacht hatte, und die mittelbare Wirkung mit Zufriedenheit besonders im Theater bemerke.

Ich hätte mir's kaum gedacht, mit dem jungen Geschlechte so gut auszukommen. Meist tüchtig und willig; meist Theologen oder dem Lehrfache ergeben, darf ich ihnen fehlerhafte Muster ihrer eigenen Dozenten, ohne sie alle zu kennen, bildlich hinstellen:

daß ein Redner, dem ein Buchstabe des Alphabets fehlt, gleich sei einem Instrumente, dem ein Ton der Skala fehlt;

daß die Zunge der Lenker der Rede sei und einen geschickten Steurer fordre;

daß der Vokal sich zum Konsonanten verhalte wie die Glocke zum Kleppel;

daß die Sprache ein Sprechen ist und die Rede vom Munde zu Munde über alles Lesen stehe;

daß das Sprechen den Zustand der Bildung offenbare, daß Tiere vieles lernen, nur nicht sprechen;

daß der Wohlklang das einzige Kriterium der Sprache und des Sprechens, der Rede sei;

daß der innere Bau des menschlichen Mundes der Wissenschaft der Akustik die erste Richtung gebe;

daß der Gebrauch des Odems sein Verhältnis zum Periodenbau habe;

daß ein Redner, dessen Odemzüge laut vernommen werden, gleich sei einem Pferde, das keiner kaufe, und einer Frau, die man nicht heurate;

daß mancher jetzt jenseits des Styx wandelnde Philologus alle Homerischen Götter zum Lachen aufregen würde, wenn er ihnen die Verse der seligen Dichter vorstöhnen und -ächzen wollte, und so weiter.

Dergleichen lebendige Gegensätze sind nicht ohne Wirkung in die Ferne der Zeit, wie ich mich wohl ähnlicher Lehren aus früher Jugend erinnere.

Sonntag, den 4. März 1832. Fürst Radziwill hat uns gestern mittag endlich wieder Neues und Altes aus dem «Faust» zum besten gegeben, wozu ich einige und 40 Helfershelfer geliefert. Der edle Komponist ist tief ins

Gedicht hineingedrungen, man könnte sagen: hineingefallen, indem ich mehr die Wirkung des Gedichts auf ihn selber als eine Rückwirkung durch die Musik erkennen kann. Ein austernhaftes Festhalten der Situationen ist lähmend, da keine Kunst vorübergehender ist als die Musik. Auch das «*Dies irae*» scheint mir verfehlt, wie denn Gewissenssachen in Töne zu kleiden, eine Aufgabe ist, die den Bösen Feind in sich hat. Im Gedichte ist es vollkommen angegeben durch die Worte.: «Dom. Amt, Orgel und Gesang.» Das war denn auch alles in Fülle vorhanden. Doch Gretchen sagt: «Das ist nicht recht, man muß dran glauben» – und das kann man nicht. Du hast durch jene bloße Überschrift den Nagel so getroffen, als wenn Dich die Orgel einmal selber so angepackt hätte. Auch mir ist sie noch immer ein strenger Beichtiger gewesen. Sie hat was Anklagendes, Satanisches in sich. – Dagegen ist der Spaziergang in Marthens Garten allerliebst: wie das höhnisch Ironische mit dem herzlich Verliebten sich wiegt und davonträgt. – Wir waren bloß mit dem Flügel, ohne Orchester, und hatten vornehme Zuhörer. Unser Kronprinz, Herzog Karl von Mecklenburg (Mephisto); der Großherzog von Strelitz war wie immer entzückt, und ob er's gewesen wäre, wenn er besser hören könnte, will ich nicht untersuchen. Hin und wider findet doch ein Funke eine empfängliche Stelle. Das Gedicht an sich hat im stillen unglaublich, ja furchtbar gefruchtet. Von allen Seiten her macht jeder ein anderes Gesicht dazu, und keiner kann den Asmodi verbergen. Sie lesen es heimlich wie die Katholischen die Bibel.

Über die Ausführung unseres «Messias» am letzten Donnerstage wüßt' ich kaum zu sagen. Wer auf der Sonne steht, sieht sie nicht, und der Kleppel hört die Glocke nicht. Die Rezensenten geben sich Mitleiden, tupfen wohl an Zufälligkeiten und machen sich lieber liebes Kind unter dem jungen Völkchen, das auch aus Rezensenten besteht und sichtbar den treusten Ernst erkennen läßt. So kommen wir am besten zusammen und wieder auseinander, wenn ich recht gut weiß, wie und wo es sitzt. Aber wir müssen Zinsen für 60 m Taler Kapital schaffen und froh sein, wenn musikalische Professionisten und Virtuosen der Popularität uns die Taler gönnen, die wir ihnen vorabzuverdienen suchen. Unser Saal war diesmal voll, und die Kenner und

Richter müssen auch bezahlen. Die Hoflogen hätten gern noch manch hohes Haupt aufgenommen. Haben wir doch unsern Willen, so müssen wir andern den ihrigen gönnen.

Dienstag. Gestern sistierte mich ein alter Schulkamerad, einer von unsern verglühten Bürgermeistern, der einige Fremde im Museum umherführte, denen er mich als eine bemerkliche Person zu präsentieren gedachte. Er sprach von unserer Jugend, schalt auf unser Gymnasium und meinte, was aus uns alles hätte werden können, wenn wir bessere Lehrer gehabt hätten. «Verehrter Freund und Geheimer Rat», sagt' ich, «ich meine es nicht so. *Wir* waren nichts. Wo nichts ist, wird nichts, und was wir nun sind, sind wir wieder, und damit gut oder nicht. Wären wir aber –». Als er hier merkte, daß ich noch lange nicht fertig sein dürfte, packte er seine Damen zusammen und ging fürbaß. Dies geschah auf dem Königlichen Museum, und das Essen darauf, mittags den 5. dieses, hat mir ganz gut geschmeckt. Lebe wohl! Dein Z.

Radziwill... «Faust»: Eine vom Fürsten Anton Heinrich Radziwill organisierte private Aufführung von Szenen aus Goethes «Faust»; Radziwill komponierte hierfür auch die Bühnenmusik.

«Dies irae»: «Tag des Zornes», Sequenz aus der lateinischen Totenmesse, in der Dom-Szene von Goethes «Faust».

«Das ist nicht recht...»: Gretchen in der Szene «Marthens Garten» aus Goethes «Faust».

Karl von Mecklenburg: Karl Friedrich August, Prinz von Mecklenburg-Strelitz (1785–1837).

Großherzog von Strelitz: Georg Karl Friedrich Joseph, Großherzog von Mecklenburg-Strelitz (1779–1860).

Asmodi: ursprünglich erotischer Dämon der persischen Mythologie, später Inbegriff des «Eheteufels».

«Messias»: Händels Oratorium.

sistierte: sistieren = ein Verfahren unterbrechen, auch: jemanden anhalten.

So ist es recht! Nachdem Du Dir Deine Zitadelle durch den Aufwand Deines ganzen Lebens erbaut und gegründet, einer tüchtigen Leibgarde und trefflicher alliierter Mitkämpfer nicht ermangelst, so schlägst Du Dich nun tüchtig herum, das Erworbene zu erhalten, den Hauptsinn zu fördern und dadurch die Lasten zu mindern, die eine solche Lage sich aufbürden mußte.

Es kommen mir hier allerlei Beispiele aus der alten Geschichte in die Quere, die ich aber beseitige, weil man meistenteils keinen Trost darin findet, daß es den größten unsrer Ahnherrn noch viel schlimmer als uns selbst ergehen mußte.

Glücklicherweise ist Dein Talentcharakter auf den Ton, das heißt: auf den Augenblick angewiesen. Da nun eine Folge von konsequenten Augenblicken immer eine Art von Ewigkeit selbst ist, so war Dir gegeben, im Vorübergehenden stets beständig zu sein und also mir sowohl als Hegels Geist, insofern ich ihn verstehe, völlig genugzutun.

Sieh mich dagegen an, der ich hauptsächlich in der Vergangenheit, weniger in der Zukunft und für den Augenblick in der Ferne lebe, und denke dabei: daß ich nach meiner Weise ganz wohl zufrieden bin.

Aus Neapel habe ich eine sehr angenehme Sendung von Zahn erhalten, von dem jungen, vorzüglich-tätigen Manne, dessen Du Dich noch wohl erinnerst. Sie haben dem neusten ausgegrabenen und noch nicht ganz enthüllten Hause meinen Namen gegeben, welches mir auch ganz recht ist. Ein Echo aus der Ferne, welches den Verlust meines Sohnes mildern soll. Es wird für eins der schönsten bisher entdeckten Häuser anerkannt, merkwürdig durch ein Mosaik, dergleichen uns aus dem Altertum noch nicht bekannt geworden. Dies meldeten die Zeitungen schon lange; vielleicht hast Du auch schon einiges davon vernommen.

Mir aber senden sie eine ausführliche Zeichnung des großen bebauten und besäulten Raumes und zugleich eine Nachbildung im kleinen von jenem berufenen Gemälde. Man muß sich hüten, daß es uns nicht wie Wielanden gehe, bei dessen zarter Beweglichkeit das letzte, was er las, alles Vorhergehende gleichsam auslöschte; denn hier möchte man wohl sagen, dergleichen von malerischer Komposition und Ausbildung sei uns bisher aus dem Altertum nichts überkommen.

Was würdest Du sagen, wenn man Dir ein verständliches Chiffernblatt aus jener Zeit vorlegte, woran Du einen Meister der Fuge mit ihren innern und äußern Kriterien erkennen müßtest? Ich sage: aus jener Zeit, welche auf ältere griechische Vorbilder hindeutet.

Daran haben nun die wenigen, aber gründlichen Freunde, die Du kennst, schon einige Tage genugsamen Stoff zur Unterhaltung und zur Erbauung. Dabei hat sich denn ein völlig Entgegengesetztes und doch vollkommen Gleiches bei mir eingefunden; ich sage: manche Exemplare einer vor allen geschichtlichen Zeiten versenkten organischen Welt. Fossile Tier- und Pflanzenreste versammeln sich um mich, wobei man sich notwendig nur an Raum und Platz des Fundorts halten muß, weil man bei fernerer Vertiefung in die Betrachtung der Zeiten wahnsinnig werden müßte. Ich möchte wirklich zum Scherze Dir einmal, wenn Du mit Deinen lebendigen Jünglingen lebenstätige Chöre durchprüfst, einen uralten Elefantenbackenzahn aus unsern Kiesgruben vorlegen, damit ihr den Kontrast recht lebhaft und mit einiger Anmut fühlen möchtet.

Nun bitte ich aber: fahre fort, wie Du in Deinem letzten Briefe getan, die alten ewigen Naturmaximen, wornach der Mensch dem Menschen durch die Sprache verständlich wird, aphoristisch auszusprechen, damit in der Folge auch wohl einmal erfüllt werde, was geschrieben steht. Es ist wundersam: Engländer, Franzosen und nun auch Deutsche erfreuen sich, unverständlich zu sprechen, sowie auch andere, das Unverständliche zu hören. Ich wünschte nur, daß manchmal ein Italiener hereinträte und seine emphatische Sprache hören ließe.

Also gescheh' es! J. W. v. Goethe.

Weimar, den 11. März 1832.

Sendung an Zahn: Wilhelm Johann Karl Zahn (1800–1871), Maler, Architekt, Kunsthistoriker und Archäologe, ab 1829 Professor an der Berliner Akademie der bildenden Künste. Im Brief vom 18. Februar 1832 an Goethe berichtete Zahn aus Neapel, daß ein im Herbst 1830 in Gegenwart von Goethes kurz danach verstorbenem Sohn August ausgegrabenes Haus nun Goethe zu Ehren «Casa di Goethe» genannt werde.

ein Mosaik: Ein in der «Casa di Goethe» im Herbst 1831 entdecktes und ausgegrabenes Alexandermosaik.

Fossile Tier- und Pflanzenreste: Bezieht sich auf Ausgrabungen von Elefantenzähnen in der Umgebung Weimars.

*

An Goethe

Dein Beifall über meine Wehrmannstaktik ist ein rechtes Labsal. Einen müßte jeder Mensch haben, der da wisse, was man will, wenn auch nicht kann; das ist aber eine Rarität, daß ich mich noch gestern mit zweien der Besten von uns herumbeißen müssen, wenn keiner den müßigen, neidischen, zerstreuenden Plunder loslassen will, womit sie sich selber peinigen. Da kommt denn das Wort: «So ist es recht!» zu guter Stunde.

Von dem herrlichen Funde im Goethe'schen Hause in Neapel hatte ich schon gehört und freue mich Deiner Zufriedenheit. So muß die Zeit aufdecken, was die Erde von unten und böser Wille von allen Winden her verwehen und verschlingen wollte.

Es wäre recht artig, wenn man von Jahrhundert zu Jahrhundert auf die Oberwelt zurückkehren könnte, welches Korn aufgegangen und fortgegangen ist? Das beiher. Wir haben noch zu säen und zu pflanzen und vom Erdreiche zu lernen, was ihm frommt.

Bei Deinem Vergleich der älteren griechischen Vorbilder fällt mir ein, Dir nichts von der Ouvertüre zum «Faust» gesagt zu haben. Der Komponist hat zu solcher Ouvertüre eine ernsthafte Klavierfuge von Mozart (eine sogenannte Studie) erwählt, ihr ein Kopfzeug aufgesetzt und am Ende eine lange *coda* daran geschwänzt, da sie sich denn im Gespann von Posaunen und desgleichen fortbewegen und (nicht ohne Geißel) mitziehn muß wie ein unwilliges Pferd vor einer Karthaune. Solch ein Wesen ist die Einleitung in die erste Szene, deren ironische Bedeutung – kurz: man ist froh, endlich den «Faust» zu haben! Da rate einer nach 3 Jahrtausenden, wenn die besten Freunde ihre Mitlebenden so verstehn! *Sat.*

Eben auch hast Du mich hübsch überrascht durch Sendung Deiner artigen Handschriftchen. Vor etlichen Wochen kommt Dr. Rusts Gattin mir unverhofft an den Tisch und bittet angelegentlichst um etwas Deiner Handschrift. Die Sache schien ein doppeltes Interesse zu haben. Du weißt, wie Rust in den letzten kontagiosen Tagen angewandelt, angebellt und angebissen worden. Er ist mein guter Arzt, und da ich mich selten so übel befinde, um eines solchen zu bedürfen, so war er seit lange nicht berufen. Nun hat er wohl wissen wollen, ob ich zu jener Clique gehöre und meiner Gesinnung Herr bin. Da ich nun von der Sache nicht mehr verstehe als die andern alle, die ich lieber mit treuer Gesundheit des Leibes und der Seele bediente als eine Ansteckung jeder Art des Wahns suche, so hatte ich das allerletzte Gedichtchen Deiner Hand der hübschen Frau sogleich hingegeben, die eine sichtbar doppelte Freude daran zu haben schien, indem sie treuherzig erzählte, in welcher Furcht und Angst gegen Brand und Mord sie und ihr Mann solche Tage hingebracht. – Nun hab' ich doch wieder was zu verschenken.

Bei uns will sich das Gute nicht lange halten. So verlieren wir auch den Spitzeder, der sich in München auf Lebenszeit – eingepökelt hat. Unter deutschen Komikern wüßte ich mich keines so wohltätigen Humoristen zu erinnern. Seine zufälligen halbsinnigen Berlinismen, die ihm so herauspurzeln, ohne den Anstand zu verletzen, gehn von Hause zu Hause und plätzern wie Taschenfeuerwerkchen durch die Konversation. So hat er gesagt: er habe zwei Brüder; der älteste sei ein Drilling, der andere ein Zwilling, er selber aber ein Illing. Eine hiesige Affiche läßt die «Sieben Wunder der Welt» mit einem Viergroschenstück bezahlen. Nach einer beifälligen Rolle eines erzdummen Menschen wird Spitzeder mit großem Geschrei gerufen. Er erscheint und dankt hocherstaunt über den ganz unvermuteten Beifall, der endlich eine Prophezeiung seiner guten Mutter offenbare, die unaufhörlich gesagt habe: «Du einfältiger Klotz! Wenn je etwas aus dir wird, so ist es das *achte* Wunder der Welt.» Nach dem Abgange dieses Spitzeder wird sich die berlinische Welt wieder mit den alten sieben Wundern behelfen müssen.

Das Blatt liegt schon manche Zeit, die mit ordinären Offizialien besetzt war und kein briefliches Interesse haben. Will sich doch nichts schreiben lassen. Ein solennes Gastmahl unter Priestern, Diplomaten und Geschäftsleuten war trotz besten Weins und Essens nahe daran, mich einzuschläfern. Lauter Politik! Langermann, der als Migueliste bekannt ist, verteidigte die Okkupierung von Ancona, und ward widersprochen und heftig gestritten über großes Unrecht und wollte kein Ende werden. Die Trüffelpastete kam. Einer, der von jener Sache kein Jota weiß (das war ich), sagte: «Ich muß mich wundern über die Aversion so vieler verständigen Männer gegen das Unrecht als die unversiegbare Quelle aller Beschäftigung in der Welt, wenn man zugleich bemerkt, welch eine teure Fabrikware das Recht ist.» Plötzlich geriet die Konversation in ganz verschiedene Bewegung. Der Diener des Hausherrn, umhergehend und einen neuen Wein einschenkend, wird vom Bischof Ritschl gefragt: was das für Wein sei. Der junge Mensch hatte vielleicht den französischen Namen, der auf der Flasche stand, nicht lesen können, geht an seinen Herrn heran und fragt. Der Herr, etwas ärgerlich, antwortet: «Schafskopf! Chambertin.» So geht der arme Tropf nicht faul zum Bischof und sagt: «Schafskopf Chambertin.» Und wie mit einem Zauberschlage war an der Stelle, wo Algier, Ancona, Belgien und wie das ABC weiter heißt, gestanden, die Losung «Schafskopf» aufgerichtet und zu belebter Umsprache geworden. Wäre der Bischof nicht lieber ein anerkannter Fuchs, so hätt' er den Zufall wohl übelnehmen können; so mag der ehrliche Überbringer seinen Schafskopf noch einmal wieder aufsetzen.

Gestern war Frühlingsanfang bei etwas rauher Temperatur, und heut bin ich so weit, um abends 7 Uhr mit Ruhe an die Aufführung unseres Oratoriums zu gehn. Unterdessen habe einige bedeutende Gutachten ans Ministerium abgehn lassen. Nun les' ich im 33. Bande die Sammlung Deiner Rezensionen zum ersten Male und bin zufrieden mit – mir, indem ich es mit Dir bin. Ein Urteil muß nicht überredend, aber unterrichtend sein, wenn der Sache an sich ihr Recht werden soll.

Dein Z.

Donnerstag, den 22. März 1832.

Ouvertüre zum «Faust»: Aus der von Fürst Radziwill komponierten Bühnenmusik zu Goethes «Faust».

Rust: Der österreichische Mediziner Johann Nepomuk Rust (1775–1840), seit 1815 in Berlin in preußischen Diensten, Geheimer Obermedizinalrat und Professor bei der medizinisch-chirurgischen Akademie für das Militär.

das allerletzte Gedichtchen: Goethes Gedicht zu Zelters 73. Geburtstag.

Spitzeder: Joseph Spitzeder (1795–1832), Sänger und Schauspieler, ab 1824 am Berliner Königlichen Theater.

Langermann: Der Berliner Geheime Obermedizinalrat Johann Gottfried Langermann.

Ancona: Als Reaktion auf die Auswirkungen der Pariser Julirevolution in Italien besetzten österreichische Truppen von 1831 bis 1838 die italienische Hafenstadt Ancona.

Ritschl: Georg Karl Benjamin Ritschl (1783–1858), Prediger an der Berliner Marienkirche, ab 1828 Generalsuperintendent, evangelischer Bischof von Pommern in Stettin; daneben Komponist und Sänger, seit 1805 Mitglied der Berliner Singakademie.

im 33. Bande: der «Vollständigen Ausgabe letzter Hand» von Goethes Werken; der 1830 erschienene Band enthält Rezensionen Goethes für die «Frankfurter Gelehrten Anzeigen» sowie für die «Jenaische Allgemeine Literatur-Zeitung».

*

ZEITTAFEL

1749	28. August: Johann Wolfgang Goethe in Frankfurt am Main geboren.
1758	11. Dezember: Carl Friedrich Zelter in Berlin geboren.
1765–68	Goethe studiert in Leipzig.
1771	6. August: Goethe promoviert in Straßburg zum Lizentiaten der Rechte.
1772–74	Zelter besucht das Berliner Joachimsthaler Gymnasium.
1774	Zelter beginnt eine Maurerlehre.
1775	Mai–Juli: Goethes erste Reise in die Schweiz.
	7. November: Einer Einladung des Herzogs Karl August von Sachsen-Weimar-Eisenach folgend trifft Goethe in Weimar ein.
1777	10. Februar: Zelter wird Maurergeselle.
1779	September–Januar 1780: Goethes zweite Reise in die Schweiz.
1783	Zelter beginnt seinen Kompositionsunterricht bei Karl Friedrich Christian Fasch.
	1. Dezember: Zelter wird Maurermeister.
1784	24. Februar: Wiedereröffnung des Bergbaus zu Ilmenau durch Goethe.
1786	3. September–18. Juni 1788: Goethes Reise nach Italien.
1787	28. Oktober: Vermählung Zelters mit Johanna Sophia Eleonora Flöricke, geb. Kappel.
1788	7. September: Erstes Zusammentreffen Goethes mit Friedrich Schiller.
1791	Januar: Goethe übernimmt die Leitung des Weimarer Hoftheaters.
	Gründung der Berliner Singakademie durch Karl Friedrich Christian Fasch; Zelter tritt ihr im Sommer bei.

1794	13. Juni: Schiller eröffnet den Briefwechsel mit Goethe.
1795	24. Oktober: Tod von Zelters erster Frau.
1796	1. Mai: Vermählung Zelters mit Juliane Caroline Auguste Pappritz.
1797	August–November: Goethes dritte Reise in die Schweiz.
1799	11. August: Zelter eröffnet den Briefwechsel mit Goethe.
1800	3. August: Tod Faschs; Zelter übernimmt die Leitung der Berliner Singakademie.
1802	24.–28. Februar: Erstes Zusammentreffen Zelters mit Goethe in Weimar.
1803	Juni: Zelter bei Goethe in Weimar.
1805	9. Mai: Tod Schillers.
	August: Zelter bei Goethe in Bad Lauchstädt.
1806	16. März: Tod von Zelters zweiter Frau.
	13. April: Goethe schließt den ersten Teil von «Faust» ab.
	14. Oktober: Schlacht bei Jena, anschließend Besetzung Preußens durch Napoleon.
	19. Oktober: Goethe läßt sich mit Christiane Vulpius trauen.
1808	Zelter gründet die Berliner Liedertafel.
1809	Zelter wird zum Professor für Musik an der Akademie der Künste in Berlin ernannt.
1810	Juli und August: Zelter trifft mit Goethe in Karlsbad und Teplitz zusammen.
1812	13. November: Selbstmord von Zelters Stiefsohn Karl Ludwig Flöricke; Goethe trägt Zelter daraufhin das freundschaftliche «Du» an.
1813	16.–19. Oktober: Völkerschlacht bei Leipzig.
1814	Juni und Juli: Zusammentreffen Zelters mit Goethe in Bad Berka und, Ende August, in Wiesbaden.
1815	12. Dezember: Goethe wird zum Staatsminister ernannt.
1816	6. Juni: Tod von Goethes Gattin.
	Anfang Juli und Ende September: Zelter trifft mit Goethe in Weimar zusammen.
1817	13. April: Goethe legt die Leitung des Weimarer Hoftheaters nieder.

1818	Ende Oktober: Zelter trifft mit Goethe in Weimar zusammen.
1819	22.–27. Juni: Zusammentreffen Zelters mit Goethe in Weimar und Jena.
1821	November: Zelter bei Goethe in Weimar; erstmals ist Felix Mendelssohn-Bartholdy mit dabei.
1822	Ende Mai: Reise Zelters nach Herrnhut. Goethe beginnt mit den Vorbereitungen zur Herausgabe des Briefwechsels mit Zelter.
1823	Februar und März: Goethe an Herzbeutelentzündung erkrankt. 24. November–13. Dezember: Zelter bei Goethe in Weimar.
1825	7. November: Feierlichkeiten zum 50. Jahrestag von Goethes Ankunft in Weimar.
1826	7.–19. Juli: Zelter bei Goethe in Weimar.
1827	12.–18. Oktober: Zelter bei Goethe in Weimar.
1828	14. Juni: Tod des Großherzogs Karl August; Goethe zieht sich vorübergehend nach Dornburg zurück.
1829	11. März: Aufführung von Bachs «Matthäus-Passion» durch die Berliner Singakademie unter Mendelssohns Leitung. September: Zelter bei Goethe in Weimar.
1830	26. Oktober: Goethes Sohn August stirbt in Rom. Zelter wird von der Philosophischen Fakultät der Berliner Universität zum Doktor honoris causa ernannt.
1831	22. Juli: Goethe schließt den zweiten Teil von «Faust» ab. 22.–26. Juli: Zelter bei Goethe in Weimar.
1832	22. März: Tod Goethes in Weimar. 15. Mai: Tod Zelters in Berlin.

VERZEICHNIS DER QUELLEN

Goethes Werke. Herausgegeben im Auftrag der Großherzogin Sophie von Sachsen. 4 Abteilungen, 133 (in 143) Bände. Weimar 1887–1919.

Johann Wolfgang Goethe, Gedenkausgabe der Werke, Briefe und Gespräche. Herausgegeben von Ernst Beutler. 24 Bände und 3 Ergänzungsbände. Zürich 1948 ff.

Briefwechsel zwischen Goethe und Zelter in den Jahren 1796 bis 1832. Herausgegeben von Dr. Friedrich Wilhelm Riemer. 6 Teile. Berlin 1833/34.

Briefwechsel zwischen Goethe und Zelter in den Jahren 1799 bis 1832. Mit Einleitung und Erläuterungen von Ludwig Geiger. 3 Bände. Leipzig 1902–1904.

Der Briefwechsel zwischen Goethe und Zelter. Im Auftrag des Goethe- und Schillerarchivs nach den Handschriften herausgegeben von Max Hecker. 3 Bände. Leipzig 1913–1918.

Goethes Briefe. Textkritisch durchgesehen und mit Anmerkungen versehen von Karl Robert Mandelkow. 4 Bände. Hamburg 1962 ff.

Briefe an Goethe. Textkritisch durchgesehen und mit Anmerkungen versehen von Karl Robert Mandelkow. 2 Bände. Hamburg 1965 und 1969.

Der Briefwechsel zwischen Schiller und Goethe. Im Auftrag der Nationalen Forschungs- und Gedenkstätten der klassischen deutschen Literatur in Weimar herausgegeben von Siegfried Seidel. 3 Bände. München und Leipzig 1984.

Goethes Gespräche. Eine Sammlung zeitgenössischer Berichte aus seinem Umgang. Aufgrund der Ausgabe und des Nachlasses von Flodoard Freiherrn von Biedermann ergänzt und herausgegeben von Wolfgang Herwig. 5 Bände. Zürich 1965 ff.

Goethes Leben von Tag zu Tag. Eine dokumentarische Chronik von Robert Steiger. Zürich 1982 ff.

Die Drucke von Goethes Werken. Herausgegeben von der Akademie der Wissenschaften der DDR. Bearbeitet von Waltraud Hagen. 2., durchgesehene Auflage. Berlin 1983.

Goethe-Handbuch. Herausgegeben von Julius Zeitler. 3 Bände. Stuttgart 1916 ff.

Zelter. Von Georg Richard Kruse. 2., vermehrte Auflage. Leipzig 1930 (= Reclams Musiker-Biographien, Band 54).

Carl Friedrich Zelters Darstellung seines Lebens. Zum ersten Male vollständig nach den Handschriften herausgegeben von Johann-Wolfgang Schottländer. Schriften der Goethe-Gesellschaft, Band 44. Weimar 1931.

Die Königlichen Theater in Berlin. Statistischer Rückblick auf die künstlerische Tätigkeit und die Personal-Verhältnisse während der Zeitraums vom 5. Dezember 1786 bis 31. Dezember 1885. Zusammengestellt von C. Schäffer und C. Hartmann. Berlin 1886.

Johann Valentin Teichmanns weiland königl. preußischen Hofrates Literarischer Nachlaß. Herausgegeben von Franz Dingelstedt. Stuttgart 1863.

PERSONEN- UND WERKREGISTER

Die Liedkompositionen Zelters sind unter dem Namen des jeweiligen Textdichters verzeichnet. Fürstlichkeiten stehen in der Regel unter dem Namen ihres Hauses. *Kursiv gesetzte Zahlen* verweisen auf die Anmerkungen, römische Ziffern auf das Vorwort.

INHALT